Hakî

Birinci Kısm

KUR'ÂN-I KERÎMDE
KIYÂMET ve ÂHIRET

Müellifi İmâm-ı Gazâlî

Mütercimi Ömer Beğ

Nefs Muhâsebesi

İkinci Kısm

MÜSLİMÂNA NASÎHAT
Vehhâbîlik

Hâzırlayan
Hüseyn Hilmi Işık

Yüzkırkbirinci Baskı

Hakîkat Kitâbevi
Darüşşefeka Cad. No: 53 P.K.: 35 **34083**
Fâtih-İSTANBUL
Tel: 0212 523 45 56-532 58 43 Fax: 0212 523 36 93
http://www.hakikatkitabevi.com.tr
e-mail: bilgi@hakikatkitabevi.com.tr
MAYIS-2025

KIYÂMET ve ÂHIRET KİTÂBININ İÇİNDEKİLERİ

Baskı: İhlâs Gazetecilik A.Ş.
Merkez Mah. 29 Ekim Cad. İhlâs Plaza No: 11 A/41
34197 Yenibosna-İSTANBUL Tel: 0.212.454 30 00

ISBN: 978-605-66709-4-7

Birinci Kısm

KIYÂMET ve ÂHIRET

ÖNSÖZÜ

Allahü teâlâ, dünyâda bütün insanlara acıyarak, fâideli şeyleri yaratıp göndermekdedir. Bütün insanların, dünyâda ve âhıretde râhat ve huzûr içinde yaşamaları için, nasıl hareket etmeleri lâzım olduğunu bildirmişdir. Âhıretde, Cehenneme gitmesi gereken mü'minlerden dilediğine ihsân ederek afv edecek, Cennete kavuşduracakdır. Her canlıyı yaratan, her vârı, her ân varlıkda durduran, hepsini korku ve dehşetden koruyan yalnız Odur. Böyle bir Allahın şerefli ismine sığınarak bu kitâbı yazmağa başlıyoruz.

Allahü teâlâya hamd olsun! Onun, verdiği ni'metlere, iyiliklere, sonsuz şükrler olsun! Herhangi bir kimse, herhangi bir zemânda, herhangi bir yerde, herhangi bir kimseye, herhangi birşeyden dolayı, herhangi bir sûretle hamd ederse, bu hamd ve şükrlerin hepsi, Allahü teâlâya yapılmış olur. Çünki, herşeyi yaratan, terbiye eden, yetişdiren, her iyiliği yapdıran hep Odur. Kuvvet, kudret sâhibi yalnız Odur. O hâtırlatmazsa, hiçbir kimse, iyilik ve kötülük yapmayı irâde, arzû edemez. Kul irâde etdikden sonra, O da istemedikçe, kuvvet ve fırsat vermedikçe, hiçbir kimse hiçbir kimseye, zerre kadar iyilik veyâ kötülük yapamaz.

Onun Peygamberlerinin hepsine "aleyhimüssalevâtü vetteslîmât" ve önce, onların en üstünü olan Muhammed Mustafâya "aleyhi ve aleyhimüssalevâtü vetteslîmât" selâmlar ve düâlar olsun! O yüce Peygamberin "sallallahü teâlâ aleyhi ve sellem" Ehl-i beytine ve Onun rûhlara şifâ olan güzel yüzünü görmekle, fâideli sözlerini işitmekle şereflenen, böylece bütün insanların en kıymetlileri olan Eshâbının herbirine "radıyallahü teâlâ anhüm ecma'în" bizden selâmlar ve düâlar olsun!

Müslimân olmak için, **(Kelime-i tevhîd)** denilen **(Lâ ilâhe illallah, Muhammedün resûlullah)** sözünü söylemek ve bunun ma'nâsını kısaca bilmek ve inanmak lâzımdır. Bunun ma'nâsını bilmek de, altı şeyi bilmek demekdir. Bu altı şeye **(Îmânın şartları)** denir. Bu altı şeyden beşincisi âhıret hayâtına inanmakdır. (450) hicrî yılında tevellüd ve 505 [m. 1111] de vefât etmiş olan, büyük islâm âlimi imâm-ı Muhammed Gazâlî "rahmetullahi aleyh" kıyâmet bilgilerini açıklamak için **(Dürre-tül Fâhire fî-keşf-i ulûm-il-âhıre)** adında ayrıca bir kitâb yazmışdır. Bu kitâbı, **(Keşf-üz-zünûn)**da da bildirilmekdedir. Kastamoni Askerî Rüşdiyye, ya'nî ortamekteb arabî mu'allimi Ömer beğ, bu kıymetli kitâbı, arabîden türkçeye çevirerek, **(Kur'ân-ı kerîmde kıyâmet ve âhıret hâlleri)** ismini vermiş ve 13 Kasım 1911 ve 5 Zilka'de 1329 hicrî yılında Kastamonide basılmışdır. Şimdi, bu kıymetli kitâbı yeniden basdırmak, kitâbevimize nasîb oldu. Başka mu'teber kitâblardan alarak sonradan yapılan açıklamalar, bir köşeli parantez [ ] içine yazıldı. Din kardeşlerimize bu hizmetde bulunmağı ihsân buyuran Allahü teâlâya sonsuz şükrler olsun! Allahü teâlâ hepimize, Ehl-i sünnet âlimlerinin bildirdiği doğru bilgileri öğrenmek ve bunlara inanmak ve sevgili Peygamberimiz Muhammed aleyhisselâmın bildirdiği emrlere ve yasaklara uyarak, iyi bir insan olmak nasîb eylesin! İyi bir insan, herkese iyilik eder. Kimsenin malına, canına, ırzına, nâmûsuna saldırmaz. Devlete, kanûnlara karşı gelmez. Peygamberimiz "sallallahü aleyhi ve sellem" **(İslâmiyyet, kılıncların gölgeleri altındadır)** buyurdu. Bunun ma'nâsı (İnsanlar, devletin, kanûnların idâresi, himâyesi altında, râhat yaşarlar. İbâdetlerini râhat yaparlar) demekdir. Devlet ne kadar kuvvetli olursa, râhat ve huzûr da o kadar artar. Bunun için, müslimânların devlete dâimâ yardım etmesi, vergilerini vaktinde vermesi, tatlı dil ve güler yüz ile herkese nasîhat etmesi lâzımdır. Din düşmanlarının yalanlarına, hîlelerine ve iftirâlarına aldanarak, dînine ve devletine hiyânet etmekden muhâfaza buyursun! Âmîn.

Bugün, bütün dünyâdaki müslimânlar üç fırkaya ayrılmışdır. Birinci fırka, Eshâb-ı kirâmın yolunda olan, hakîkî müslimânlardır. Bunlara **(Ehl-i sünnet)** ve **(Sünnî)** ve **(Fırka-i nâciyye)**, Cehennemden kurtulan fırka denir. İkinci fırka, Eshâb-ı kirâma düşman olanlardır. Bunlara **(Şî'î)** veyâ **(Fırka-i dâlle)** sapık fırka denir. Üçüncüsü, sünnîlere ve şî'îlere düşman olanlardır. Bunlara **(Vehhâbî)** ve **(Necdî)** denir. Çünki bunlar, ilk olarak Arabistânın Necd şehrinde meydâna çıkmışdır. Bunlara **(Fırka-i mel'ûne)** de denir. Çünki, bunların müslimânlara müşrik dedikleri, bu kitâbımızda ve **(Se'âdet-i Ebediyye)** kitâbımızda yazılıdır. Müslimânlara kâfir diyene Peygamberimiz la'net etmişdir. Müslimânları bu üç fırkaya parçalayan, yehûdîlerle ingilizlerdir.

Hangi fırkadan olursa olsun, nefsine uyan ve kalbi bozuk olan, Cehenneme gidecekdir. Her mü'min, nefsini tezkiye için, ya'nî nefsin yaratılışında mevcûd olan küfrü ve günâhları temizlemek için, her zemân çok **(Lâ ilâhe illallah)** ve kalbini tasfiye için, ya'nî nefsden ve şeytândan ve kötü arkadaşlardan ve zararlı, bozuk kitâblardan gelmiş olan küfrden ve günâhlardan kurtulmak için **(Estagfirullah)** okumalıdır. Ahkâm-ı islâmiyyeye uyanın düâsı muhakkak kabûl olur. Nemâz kılmıyanın, açık kadınlara bakanın ve harâm yiyip içenin, ahkâm-ı islâmiyyeye uymadığı anlaşılır. Bunların düâları kabûl olmaz.

Mîlâdî sene	Hicrî şemsî	Hicrî kamerî
2001	1380	1422

TENBÎH Misyonerler, hıristiyanlığı yaymağa, yehûdîler, Talmûtu yaymağa, İstanbuldaki Hakîkat Kitâbevi, islâmiyyeti yaymağa, masonlar ise, dinleri yok etmeğe çalışıyorlar. Aklı, ilmi ve insâfı olan, bunlardan doğrusunu iz'ân, idrâk eder, anlar. Bunun yayılmasına yardım ederek, bütün insanların dünyâda ve âhıretde se'âdete kavuşmalarına sebeb olur. İnsanlara bundan dahâ kıymetli ve dahâ fâideli bir hizmet olamaz. Bugün hıristiyanların ve yehûdîlerin ellerindeki Tevrât ve İncîl denilen din kitâblarının, insanlar tarafından yazılmış olduklarını kendi adamları da söylüyor. Kur'ân-ı kerîm ise, Allahü teâlâ tarafından gönderildiği gibi tertemizdir. Bütün papazların ve hahamların, Hakîkat Kitâbevinin neşr etdiği kitâbları dikkat ile ve insâf ile okuyup anlamağa çalışmaları lâzımdır.

KIYÂMET ve ÂHIRET

Hamd, zâtının ebedî olduğunu bildiren Allahü teâlâya olsun. Kendisinden başka bütün varlıkların yok olmalarını diledi. Kâfirleri ve günâhkârları kabr azâbı ile cezâlandıracakdır. Kullarının dünyâ ve âhiret se'âdetine kavuşmaları için Peygamberleri vâsıtası ile emrlerini ve yasaklarını bildirdi. Kullarının âhıretde azâb veyâ mükâfât görmelerini dünyâdaki yapdıkları birkaç günlük amellerine bağladı. Âhıret yoluna girip, rızâsına kavuşmağı, seçdiği ve sevdiği kullarına kolay eyledi.

Allahü teâlâ, sevgili peygamberi Muhammed aleyhisselâma, Onun Âline ve Eshâbına salât ve selâm eylesin ki, onların ismlerini müslimânlar arasında pek yüksek eyledi.

Bilmelisin ki, herşeyi dirilten ve öldüren Allahü teâlâ, Âl-i İmrân sûresinin yüzseksenbeşinci ve El-Enbiyâ sûresinin otuzbeşinci ve El-Ankebût sûresinin elliyedinci âyetinin meâl-i şerîfinde, **(Her canlı ölümü tadacakdır)** buyurdu. Bununla âlemlerin üç ölümünü bildirdi. Dünyâ âlemine gelen elbette ölür. Ceberût âlemine ve melekût âlemine gelenler de elbette ölür. Bunlardan dünyâ âleminde olanlar, Âdemoğulları (insanlar) ile karada, denizde ve havada olan hayvanlardır.

Melekûtî olan [ya'nî gözle görülemiyen] ikinci âlem, melekler ile cin sınıflarının bulunduğu âlemdir.

Ceberûtî olan üçüncü âlem ki, meleklerden seçilenlerin âlemidir. Nitekim Kur'ân-ı kerîmde, Hac sûresinin yetmişbeşinci âyetinde meâlen, **(Allahü teâlâ, meleklerden ve insanlardan Peygamberler seçdi)** buyuruldu.

İşte bu üçüncü sınıf Ceberût âleminin ehli, Kerûbiyân, Rûhâniyân, Hamele-i Arş melekleri ve Surâdıkât-ı celâl ehli olanlardır. Enbiyâ sûresinin ondokuz ve yirminci âyetlerinde meâlen, **(Allahü teâlânın indinde olan öyle melekler vardır ki, kendisine ibâdetde, kendilerini beğenmezler ve hiç yorulmazlar. Gece gündüz hep Allahü teâlâyı tesbîh ederler, usanmazlar)** buyurularak, bunları bildirmekdedir. Allahü teâlâ onları bu âyet-i kerîme ile medh buyurmuşdur. Bunlar çok şerefli olup, Cennet bağçelerinde bulunurlar. Bunlar Kur'ân-ı kerîmde bildirilmiş olup, sıfatları anlatılmışdır. Bunlar cenâb-ı Hakka yakîn oldukları ve bulundukları mekânları Cennet olduğu hâlde yine ölürler. Allahü teâlâya yakîn olmaları, ölmelerine mâni' olmaz.

Sana önce dünyâ ölümünü anlatacağım. Haber vereceğim şeyi dinlemek için kulağını iyi ver ki, eğer Allahü teâlâya ve Onun Resûlüne, kıyâmet gününe ve âhırete inanıyorsan; sana insanların bir hâlden diğer bir hâle nasıl geçdiklerini nakl edip, onların hâllerini, vasflarını haber vereceğim. Çünki, bu haberler ancak delîl ve şâhid iledir ki, anlatacaklarıma Allahü teâlâ ve Kur'ân-ı kerîm şâhiddir. Kur'ân-ı kerîm ile Resûlullahdan "sallallahü aleyhi ve sellem" nakl edilen sahîh hadîsler sözümü tasdîk eder. [İnsân ölünce, **(Dünyâ hayâtı)** biter. **(Âhiret hayâtı)** başlar. Âhiret hayâtı üç kısmdır: Tekrâr dirilinciye kadar, **(Kabr hayâtı)** dır. Sonra, **(Kıyâmet hayâtı)**, bundan sonra, **(Cennet ve Cehennem hayâtı)** dır. Bu üçüncü hayât, sonsuzdur.]

Dünyâda iyi, fâideli şeyler, kötü, zararlı şeylerle karışıkdır. Se'âdete, râhat ve huzûra kavuşmak için, hep iyi, fâideli şeyleri yapmak lâzımdır. Allahü teâlâ çok merhametli olduğu için, iyi şeyleri kötülerden ayıran bir kuvvet yaratdı. Bu kuvvete **(akl)** denir. Temiz ve sağlam olan akl, bu işini, çok iyi yapar, hiç yanılmaz. Günâh işlemek, nefse uymak, aklı ve kalbi hasta yapar. İyiyi kötüden ayıramaz. Allahü teâlâ, merhamet ederek, bu işi kendi yapmakda, iyi işleri Peygamberler vâsıtası ile bildirmekde ve bunları yapmağı emr etmekdedir. Zararlı şeyleri de bildirip, bunları yapmağı yasak etmekdedir. Bu emr ve yasaklara **(Din)** denir. Muhammed aleyhisselâmın bildirdiği dîne **(İslâmiyyet)** denir. Bugün, yeryüzünde, değişdirilmemiş, bozulmamış tek din vardır. O da islâmiyyetdir. Râhata kavuşmak için, islâmiyyete uymak, ya'nî müslimân olmak lâzımdır. Müslimân olmak için de, hiçbir formaliteye, imâma, müftîye gitmeğe lüzûm yokdur. Önce kalb ile îmân etmeli, sonra da, islâmiyyetin emr ve yasaklarını öğrenmeli ve yapmalıdır.

Süâl melekleri kabre geleler,
Nemâzını doğru kıldın mı diyeler.
Hemen kurtuldun mu sandın ölünce,
Senin için azâb hâzır diyeler.

BİRİNCİ FASL

Allahü teâlâ, Âdem aleyhisselâmı yaratınca, belini kudretiyle mesh buyurduğu zemân, ondan iki avuç aldı. Birisini sağ tarafından, diğerini ise sol tarafından aldı. Her insanın zerresini birbirinden ayırdı. Âdem aleyhisselâm onlara bakdı ki, onların zerreler gibi olduğunu gördü. El-Vâkı'a sûresindeki bir âyet-i kerîmede meâlen, **(İşte bu sağdakiler Cennet ehlinin amelini yapacaklarından, Cennetlik olanlardır. Bana bunların amellerinden bir fâide ve zarar yokdur. Bu soldakiler Cehennem ehlinin amelini yapacaklarından, Cehennemlik olanlardır. Bana bunlardan da bir fâide ve bir zarar yokdur)** buyuruldu.

Âdem "aleyhisselâm" Allahü teâlâya, **(Yâ Rabbî! Cehennem ehlinin ameli nedir?)** diye sordu. Allahü teâlâ da, **(Bana şirk koşmak ve gönderdiğim Peygamberlere inanmamak ve ilâhî kitâblarımda** (Peygamberlere verilen kitâblar) **olan emr ve nehyimi tutmayıp, bana isyân etmekdir)** buyurdu.

Bunun üzerine Âdem aleyhisselâm, Allahü teâlâya düâ ederek, (Yâ Rabbî! Bunları kendilerine şâhid kıl. Umulur ki, Cehennem ehli ameli işlemezler) dedi. Allahü teâlâ da, nefslerini şâhid yapıp **(Ben sizin Rabbiniz değil miyim?)** buyurdu. Hepsi, (Rabbimizsin. Biz şehâdet eyledik) dediler. Allahü teâlâ, melekleri ve Âdemi "aleyhisselâm" de şâhid tutdu ki, onlar Allahü teâlânın rubûbiyyetini ikrâr etdiler. Bu sözleşmeden sonra, onları tekrar eski mekânlarına gönderdi. Çünki bunların hayâtları yalnız rûhânî bir hayât idi. Cismânî bir hayât değildi. Allahü teâlâ bunları Âdem aleyhisselâmın sulbüne yerleşdirdi. Rûhlarını kabz edip, arşın hazînelerinden birinde muhâfaza kıldı.

Bir babanın nutfesi ananın rahminde karar edip, çocuğun cismânî sûreti temâm olduğu zemân, henüz ölüdür. Melekûtî bir cevheri olduğundan, cesedin fenâlaşması men edildi. Allahü teâlâ rahmde ölü olan bu çocuğa rûh vermeyi murâd buyurduğunda, arşın hazînelerinde bir müddet gizleyip muhâfaza buyurduğu rûhu, o cesede iâde eder. Çocuk o zemân hareket etmeye başlar. Çok çocuk vardır ki, anne karnında hareket eder. Vâlidesi ba'zan işitir. Ba'zan işitmez. Allahü teâlânın rûhlara, **(Ben sizin rabbiniz değil miyim)** diye sorduğu mîsâkdan (sözleşmeden) sonraki ölüm ya'nî, rûhunu arşın hazînelerine göndermesi birinci ölüm ve şimdiki ana karnındaki hayât, ikinci hayâtdır.

İKİNCİ FASL

Bundan sonra, Allahü teâlâ, insanı hayâtı boyunca, dünyâda durdurur. Belli olan eceli gelinceye kadar ve rızkı tükeninceye kadar ve ezelde takdîr edilmiş olan amelleri bitinceye kadar, dünyâda durur. Dünyâdaki ölümü yaklaşdığı vakt, dört melek gelir. Bunların biri, rûhunu sağ ayağından ve biri sol ayağından ve biri sağ elinden ve biri sol elinden çekerler. Çok def'a, rûhu gargara hâline gelmezden evvel **(Âlem-i melekûtî)**yi görmeğe başlar. Melekleri, yapdıkları işlerin hakîkatini, âlemlerinde durdukları hâl üzere görür. Eğer dili söyler ise, onların vücûdünü haber verir. Çok def'a da, gördüğü şeyleri, şeytânın bir işi zan eder. Lisânı tutuluncaya kadar hareketsiz kalır. Bu hâlde, yine melâike rûhunu parmak uçlarından çekerler. Soluğu ise, sanki saka kırbasından su boşalır gibi, gırıl gırıl öter. Fâcirin rûhu da yaş keçeye takılmış olan diken çekilir gibi çıkarılır ki, bunu insanların en üstünü olan Peygamberimiz "sallallahü aleyhi ve sellem" haber verdi. Bu hâlde ölü karnını diken ile dolu zân eder. Rûhunu da, sanki bir iğne deliğinden çıkıyor ve gök yere bitişiyor ve kendisi arasında kalıyor zan eder.

Hazret-i Kâ'bdan "radıyallahü anh", ölüm nasıl oluyor diye süâl olundu. Buyurdu ki: (Bir diken dalını bir kişinin içerisine koymuşlar. Ve kuvvetli bir kimse onu çekiyor. Kesdiğini kesiyor. Kalan kalıyor gibi buldum).

Peygamberlerin efendisi "sallallahü teâlâ aleyhi ve sellem" buyurdu ki, **(Elbette ölüm acılarından birinin şiddeti, üçyüz kerre kılınç vurmakdan dahâ şiddetlidir).**

İşte bu zemânda insanın cesedi terler. Gözleri sür'at ile iki tarafa gider. Burnunun iki tarafı çekilir. Göğüs kemikleri kalkar, soluğu kabarır, benzi sararır. Âişe-i sıddîka "radıyallahü anhâ" vâlidemiz, Resûlullah kucağında iken, bu hâli görünce, gözünden yaş dökerek şu meâlde şi'r söyledi:

(Nefsimi sana fedâ ederim yâ Resûlallah ki, seni fenâ hareketlerden birşey kederlendirmedi, incitmedi. Bu zemâna kadar seni cin de çarpmadı. Birşeyden dahî korkmadın. Şimdi ne oldu ki, güzel yüzün inci gibi terle örtülmüş görüyorum. Her ölünün rengi solduğu hâlde, senin mubârek yüzünün nûrları hakîkaten her tarafı aydınlatıyor.)

Rûhu kalbe gelince dili tutulur. Hiç kimse rûhu göğsüne gelmiş iken konuşamaz. Bunun iki sebebi vardır. Biri, iş gâyet büyük olduğundan, göğüs nefeslerle sıkışıp, daralmışdır.

Görmezmisiniz, insanın göğsüne vurulsa bayılır. Ancak az sonra söze kâdir olur. Çok kerre de söyliyemez. İnsanın neresine vurulsa seslenir. Göğsüne vurulsa, hemen sessiz ölü gibi düşer.

İkinci sebebi de, ses akciğerlerinden dışarı çıkan havanın hareketinden hâsıl oluyor idi. Bu soluk ise kalmadı. Nefes alıp veremediği için, bedenin harâreti kalmaz, soğur. Bu zemânda mevtâların hâlleri muhtelif olur.

Ba'zıları vardır ki, melek zehr ile su verilmiş kızgın demir ile vurur. Hemen rûh kaçar, hârice çıkar. Melek onu eline alır, civa gibi titremeye başlar. Çekirge kadar insan şeklinde olur. Sonra melek onu zebânîye (azâb yapıcı meleğe) teslîm eder.

Ba'zı mevtâ vardır ki, rûhu azar azar çekilir. Tâ ki, boğazında tutulur. Boğazında da kalmaz. Ancak kalbe bağlı olarak kalır. Bu zemânda, melek zehrli kızgın demir ile vurur. Zîrâ, o demirle vurmayınca, rûh kalbden ayrılmaz. Bu demirle vurmanın sebebi, demir ölüm denizine daldırılmışdır. Kalb üzerine konulunca, diğer yerlerine de sirâyet eden zehr gibi olur. Zîrâ, hayâtın sırrı ancak kalbdedir. Onun sırrı ancak dünyâ hayâtında te'sîr eder. Bunun için, ba'zı kelâm âlimleri (hayât rûhun gayrıdır) ve (hayâtın ma'nâsı, rûhun beden ile karışmasıdır) dediler.

Rûh çekilip, son bağı kopacağı zemân, kendisine birçok fitneler ârız olur. Bu, ol fitnelerdir ki, iblîs a'vânını (yardımcılarını) hâssaten o kimseye musallat eder. O hâlde iken o insana gelirler ve onun anası ve babası ve kardeşi ve kızkardeşi ve sevdiği kimselerden vefât etmiş olanlar sûretinde görünürler ve ona derler ki:

(Ey filân! Sen ölüyorsun. Biz, bu hâlde seni geçdik. Sen yehûdî dîninde olarak öl. Bu din, Allah indinde, makbûl olan hak dindir). Eğer bunların sözlerine aldanmaz, dinlemez ise, yanından giderler. Başkaları gelip, derler ki, (Sen nasrânî (hıristiyan) olarak öl! Zîrâ o din Mesîhin, ya'nî Îsâ aleyhisselâmın dînidir ki, Mûsâ aleyhisselâmın dînini, nesh etmişdir.) Böylece, her milletin dinlerini ona söylerler. O zemânda, Cenâb-ı Hakkın şaşırmasını dilediği kimse şaşırır. İşte bu; **(Ey bizim Rabbimiz! Dünyâda iken bize îmân verdiğin gibi, ölürken de kalblerimizi şaşırtma)** meâlindeki Âl-i İmrân sûresinin sekizinci âyet-i kerîmesinin haber verdiği hâldir.

Cenâb-ı Hak bir kuluna hidâyet ve îmânda sebâtını dilerse, o kimseye rahmet-i ilâhiyye gelir. Ba'zıları, bu rahmetden maksad Cebrâîl aleyhisselâmdır, dediler.

Rahmet-i ilâhiyye, şeytânı uzaklaşdırıp, hastanın yüzünden o yorgunluğu giderir. O zemân insan ferahlar, güler. Çok kimselerin bu hâlde güldüğü görülür ki, Allahü teâlâ tarafından rahmet gelmesi ile onu müjdeleyip, (Beni bilir misin, ben Cebrâîlim. Bunlar ise, senin düşmanların olan şeytânlardır. Sen Millet-i Hanîfiyye ve dîn-i

Muhammediyye üzre vefât et!) der. İnsana işte bu melekden dahâ çok sevgili ve ferahlandırıcı bir şey yokdur. **(Yâ Rabbî, bize rahmetini ihsân eyle. İhsân sâhibi ancak sensin)** meâl-i şerîfindeki, Âl-i İmrân sûresi sekizinci âyet-i kerîmesi, bu hâli haber vermekdedir.

Ba'zı kimseler vardır ki, ayakda nemâz kılarken vefât eder. Ba'zısı uykuda iken, ba'zısı, bir şeyle meşgûl iken, ba'zısı da, çalgı ve oyunlara dalmış iken, kimisi de, serhoş iken, ansızın vefât eder. Ba'zı kimselere, rûhu çıkarken kendinden evvel geçen tanıdıkları gösterilir. Bunun için, etrâfında olan kimselere bakar. Bu zemânda, o kimse için horuldamak olur ki, insandan başka herşey onu işitir. İnsan işitmiş olsa, elbette helâk olur, korkudan ölürdü.

Ölünün his duygularından en son gayb edeceği şey işitmesidir. Zîrâ rûh kalbden ayrıldığı vakt yalnız görmesi bozulur. Fekat işitmek, rûh kabz oluncaya kadar gayb olmaz. Bunun için Fahr-i âlem "sallallahü teâlâ aleyhi ve sellem" efendimiz, **(Ölüm hastalığında olanlara şehâdeteyn-i kelimeteyn ki, "Lâ ilâhe illallah Muhammedün Resûlullah"dır. Bu kelimeyi telkin ediniz!)** buyurmuşdur. Ölüm hâlinde olanın yanında çok söz söylemekden de nehy buyurmuşdur. Çünki o zemân, insan şiddetli sıkıntı içindedir.

Eğer ölünün ağzından tükrüğü akmış, dudağı sarkmış, yüzü kararmış, gözü dönmüş ise, bilmiş ol ki, o şakîdir. Âhıretdeki şekâvetini görmüşdür.

Eğer görür isen ki, ağzı açık, sanki gülüyor, yüzü gülümsiyor, gözü dahî kırpık gibidir. Bilmiş ol ki, o kimse âhıretde kavuşacağı sürûr ile tebşir (müjde) olunmuşdur.

Melekler, bu rûhu Cennet ipeklerinden bir ipeğe sararlar. O sa'îd olan kimsenin rûhu, bal arısı kadar insan şeklindedir. Aklından ve ilminden hiçbirşey gayb etmemişdir. Dünyâda ne yapmış ise, hepsini bilir. O melekler, bu rûhla berâber semâya doğru uçarak yükselirler. Bu yükselmeyi ba'zı ölü bilir, ba'zı ölü ise bilmez. Böylece, önceki geçmiş Peygamberlerin "aleyhimüsselâm" ümmetlerini ve yeni ölmüş olanları, bir yere yayılmış olan çekirgeler gibi görerek geçerler ve birinci kat semâ olan dünyâ semâsına varırlar.

Bu meleklerin başında olan Cebrâîl "aleyhisselâm", dünyâ semâsına çıkar. Kimsin diye sorulur. Ben Cebrâîlim, yanımdaki de filândır, diyerek o kimsenin güzel ve sevdiği ismleri ile haber verir. Dünyâ semâsının bekçileri olan melekler, (Bu ne iyi bir kimsedir ki, i'tikâdı, inancı güzel idi. Ve hiç şübhesi yokdu) derler.

Bundan sonra ikinci kat semâya çıkarlar. Kimsin denir. Cebrâîl "aleyhisselâm" birinci kat semâdaki meleklere söylediği sözünü tekrâr eder. İkinci kat semâdaki melekler, o sâlih rûha, (Hoş safâ geldi. Dünyâda iken nemâzlarını bütün farzlarına riâyet ederek edâ ederdi) derler.

Sonra geçer, üçüncü kat semâya ulaşırlar. Kimsin denir. Cebrâîl "aleyhisselâm" dahâ önce söylediklerini tekrâr eder. Bunun üzerine (Malının hakkını muhâfaza edip zekâtını, tarladan aldığı mahsûlün uşrunu emr olunan kimselere seve seve verip, hiç esirgemeyen bu zât hoş ve safâ geldi) denir. Oradan da geçerler.

Dördüncü kat semâya varırlar. Kimsin denir. Dahâ önce söylediği gibi cevâb verir. (Dünyâda, Ramezân orucunu tutup da, orucu bozan şeylerden ve yabancı kadınlarla görüşmekden ve harâm yimekden kendini muhâfaza eden kimse, hoş ve safâ geldi) denir.

Sonra geçerler. Beşinci kat semâya varırlar. Kimsin denir. Dahâ önce söylediği gibi cevâb verir. (Farz olduğu zemân haccını riyâsız ve Allahü teâlâ için edâ eden kimse hoş ve safâ geldi) denir.

Sonra geçerler. Altıncı kat semâya varırlar. Kimsin denir. Evvelce vermiş olduğu cevâbı verir. (Seher vaktlerinde çok istiğfâr eden, gizli çok sadaka veren ve yetimlere yardım eden zât, hoş, safâ geldi) denir.

Oradan da geçerek **(Surâdikât-i celâl)** denilen, celâl perdelerinin bulunduğu bir makâma varırlar. Kimsin diye sorulunca, öncekiler gibi cevâb verir. Yine (Hoş ve safâ geldi. Çok istiğfâr edip, [çoluk çocuğuna ve sözü geçenlere] emr-i ma'rûf yapan, Allahü teâlânın dînini, Onun kullarına öğreten, miskinlere [ve darda kalanlara] yardım eden, sâlih kula ve güzel rûha merhabâlar olsun) denir. Sonra meleklerden bir cemâ'ate uğrarlar ki, hepsi onu Cennet ile müjdeleyip, onunla müsâfeha ederler.

Sonra **(sidret-ül-müntehâya)** kadar giderler. Yine kimdir diye sorulunca, öncekiler gibi cevâb verir. (Hoş safâ geldi. Her iyiliğini Allahü teâlânın rızâsı için yapan zâta merhabâ) denir.

Bundan sonra ateş tabakasından geçer. Sonra nûr, zulmet, su ve kar tabakalarından geçer. Sonra soğuk denizine uğrar ve geçerler. Her tabakanın birbirine uzaklığı bin senelik yoldur.

Sonra Arş-ur-Rahmân üzerine örtülmüş olan perdeler açılır ki, seksen bin perdedir. Her perdede seksen bin şerefe vardır. Her şerefede bin kamer ya'nî ay vardır ki, Allahü teâlâyı tehlîl ve tesbîh ederler. Onlardan bir kamer dünyâda görünse, nûru âlemi yakar ve herkes Allahü teâlâdan başka olarak ona ibâdet ederdi. Bu zemânda, perde arkasından bir münâdî nidâ eder ki, bu getirdiğiniz rûh kimdir? Cebrâîl "aleyhisselâm" filân oğlu filândır, der.

Allahü teâlâ, (Bunu yakınlaştırın. Ve sen ne güzel kulumsun buyurur.) Allahü teâlânın huzûr-i ma'neviye-i ilâhiyyesinde durduğu vakt, ba'zı levm-ü itâb (azarlamak) ile Hak teâlâ onu utandırır. Hattâ o kul, zan eder ki, hakîkaten helâk oldu. Sonra, Cenâb-ı Hak onu afv eder.

Nitekim Kâdî Yahyâ bin Eksem hazretlerinden rivâyet olundu. Vefâtından sonra rüyâda görülüp de süâl olundu ki, Hak teâlâ sana ne mu'âmele eyledi. Yahyâ bin Eksem, (Allahü teâlâ beni manevî huzûrunda durdurdu. Ey Şeyh-i Sû [ya'nî fenâ ihtiyâr]! Sen şunu ve bunu işlemedin mi? buyurdu. Allahü teâlânın yapdıklarımı bildiğini anladığım zemân, beni korku kapladı ve yâ Rabbî, böyle süâl soracağını bana dünyâda bildirmediler, dedim. (Sana nasıl bildirildi) buyurdu. Ben de, bana Mu'ammer, İmâm-ı Zührîden, o da Urveden, o da Âişe-i Sıddîka "radıyallahü anhâ"dan, O da hazret-i Peygamberden "sallallahü teâlâ aleyhi ve sellem", O da hazret-i Cibrîlden, O da Zât-i teâlâdan haber verdiler. Raûf ve rahîm olan Allahü teâlâ, **(Ben azîmüşşan, islâmda ağaran saç ve sakala azâb etmekden hayâ ederim)** buyurdu; dedim. O zemân Allahü teâlâ buyurdu ki, (Sen ve Mu'ammer ve İmâm-ı Zührî ve Urve ve Âişe ve Muhammed aleyhisselâm ve Cibrîl sâdıksınız. Ben de seni mağfiret etdim.)

[Kâdî Yahyâ bin Eksem "rahmetullahi aleyh" Bağdâdda kâdî iken 242 [m. 856] de Medînede vefât etdi. Şâfi'î fıkh âlimi idi. **(Tenbîh)** adındaki kitâbı meşhûrdur.

Mu'ammer bin Müsennâ, Ebû Ubeyd-i Nahvi adı ile meşhûrdur. Edib idi. 110 da Basrada tevellüd, 210 [m. 825] da vefât etdi. Hâricî idi. Çok kitâb yazdı. Hadîs ve târîh âlimi idi.

Muhammed bin Müslim Zührî tâbiîndendir. Kitâblarını dıvar gibi dizip, içine kapanarak okumakla vakt geçirirdi. Zevcesi bir gün (Bu kitâblar bana üç ortakdan dahâ şiddetlidir) demişdi. 124 [m. 741] de vefât etdi "rahime-hullahü teâlâ".

Urve bin Zübeyr, Zübeyr bin Avvâmın ikinci oğludur. Esmâ bint-i Ebî Bekrin oğludur. Fukahâ-i seb'adan biridir. Âişeden "radıyallahü anhâ" çok hadîs-i şerîf bildirdi. 22 de tevellüd, 93 de Medînede vefât etdi "rahime-hullahü teâlâ".]

Yine, Abdül'azîz ibni Nübâte rü'yâda görülüp, Allahü teâlâ hazretleri sana nasıl mu'âmele buyurdu diye sorulunca, Allahü teâlâ bana buyurdu ki, (Sen şu kimse değilmisin ki, sözünü kısaltır. Ve sana bu ne güzel fesâhatli söz söyler denilsin diye konuşurdun.) Ben de, (yâ Rabbî! Yüce zâtını noksan sıfatlardan tenzîh ve takdîs ederim ki, ben hakîr kulun, dünyâda zât-i rubûbiyyetini vasf ve medh ve senâ ederdim.) (Öyle ise, dünyâda dediğin gibi vasf eyle) buyurdu. Ben dahî, (Önce yokdan yaratan, onların yine rûhlarını kabz ederek öldürür. Onlara nutk (konuşma hassası) veren, yine nutklarını yok eder. Yok etdiği gibi, sonra yine yokdan îcâd eder. İnsan öldükden sonra, uzvlarını birbirinden ayırdığı gibi, onları yine kıyâmet günü cem' eder) dedim. Günâhları afv edici olan Allahü teâlâ, (Doğru söyledin. Git ben de seni mağfiret etdim) buyurdu dedi. [İbni Nübâte şâir olup, divânı vardır. 405 [m. 1014] de Bağdâdda vefât etdi.]

Mensûr bin Ammâr da "rahmetullahi aleyh", rü'yâda görülüp, Allahü teâlâ sana ne mu'âmele buyurdu diye sorulunca, şöyle cevâb verdi. Cenâb-ı Hak, beni ma'nevî huzûrunda durdurup, (Bana ne ile geldin ey Mensûr) buyurdu. Ben de, yâ Rabbî, otuzaltı hac ile geldim. (Onlardan hiçbirini kabûl etmedim. Ne ile geldin?) buyurdu Ben de; yâ Rabbî, senin rızân için, okuduğum üçyüzaltmış hatm-i şerîf ile geldim. (Onlardan hiçbirini kabûl etmedim. Ne ile geldin, ey Mensûr?) buyurdu. Ben de yâ Rabbî, rahmetin ile geldim, dedim. Bunun üzerine, Allahü teâlâ da, (İşte şimdi bana geldin, git ben de seni mağfiret etdim) buyurdu dedi.

Bu hikâyelerin çoğu ölümün korkulu hâllerini haber verir. Ben sana, Allahü teâlânın yardımı ile, söz dinleyecek kimselerin uyabilecekleri şeyleri haber verdim. Ba'zı insanlar vardır ki, kürsîye ulaşdıkları zemân bir nidâ işitir. Ve orada, onu geri çevirirler. Ba'zıları da, perdelerden geri çevrilir. Allahü teâlânın huzûruna ulaşanlar, Ârif-i billâh olanlardır, ya'nî Evliyâ-i kirâmdır. Vilâyetin dördüncü derecesi ve dahâ üst makâmlarında olan kimselerin dışındakiler, Allahü teâlânın huzûruna ulaşamazlar.

Beterdir günbegün hâlim, begâyet, yâ Resûlallah!
Düzelsin artık ef'âlim, inâyet yâ Resûlallah!

Azıtdı bu denî nefsim, beni şeytâna uydurdu.
Ne mümkin bunca isyânla, dehâlet yâ Resûlallah!

Aceb kâbil mi kurtulmak, hevây-i nefs-ü şeytândan?
Erişmezse, eğer senden, hidâyet yâ Resûlallah!

Gelince feyz-ü ihsânın, günâhkâr kimseye bir ân,
Onun râhı, dü-âlemde, selâmet yâ Resûlallah!

Emri, nehyi ta'zîm etdim, harâma demedim halâl.
Her günâhın sonu oldu, nedâmet yâ Resûlallah!

Ey ins-ü cinnin Resûlü, insanların en üstünü,
İhlâsıma bağışla kıl, şefâ'at yâ Resûlallah!

ÜÇÜNCÜ FASL

Fâcirin, ya'nî kâfirin rûhu sert olarak şiddet ile alınır ve yüzü Ebû Cehl karpuzu gibi olur. Melekler ona hitâben, (Ey habîs olan rûh! Habîs olan cesedden çık) der. O da merkeb gibi bağırır. Rûhu çıkınca, Azrâîl aleyhisselâm, onu yüzü gâyet çirkin ve siyâh elbiseli ve fenâ kokulu zebânîlere (ya'nî azâb yapan meleklere) teslîm eder ki, ellerinde yünden yapılmış, eski kilim parçası gibi bir bez vardır. O rûhu buna sararlar. Bu zemânda, çekirge kadar insan şekline çevrilir. Bunun sebebi, kâfirin cesedi âhıretde mü'minin cisminden büyük olur. Hadîs-i şerîfde, **(Cehennemde kâfirin bir azı dişi Uhud dağı kadardır)** buyuruldu.

Cebrâîl aleyhisselâm, bu kötü rûhu yükseltir ve dünyâ semâsına ulaşırlar. Sen kimsin denir. Ben Cebrâîlim der. Yanındaki kimdir denir. Filân oğlu filân diye, kötü, çirkin ve dünyâda sevmediği fenâ ismleriyle onu zikr eder. Onun için gök ve semâ kapısı açılmaz ve deve iğne deliğinden geçmedikçe, bu gibi kimseler Cennete girmezler denir.

Cebrâîl aleyhisselâm bu sözü işitince, onu elinden bırakıverir. Rüzgâr onu uzaklara sürükler. İşte bu, Hac sûresinde, **(Allahü teâlâya ortak koşan kimse, şuna benzer ki, gökden düşüp, kendini yâ kuşlar kapışır. Yâhud rüzgâr onu uzak bir yere atar da orada helâk olur)** olan otuzbirinci âyet-i kerîmenin meâli şerîfidir. O kimse yere düşünce, bir zebânî onu alıp siccîne götürür. Siccîn yerin altında veyâ Cehennemin dibinde büyük bir taşdır ki, kâfir ve fâsıkların rûhu oraya götürülür.

Yehûdî ile nasârânın rûhları kürsîden kabrlerine geri gönderilir. Eğer bunlar kendi dinleri üzere olurlarsa (bozulmamış yehûdîlik ve hıristiyanlık) kendilerinin yıkanmalarını ve defn olunmalarını seyr ederler.

Müşrik ya'nî dinlere inanmayanlar, bunlardan birşey seyredemez. Zîrâ kendisi dünyâ semâsından hakîr olarak bırakılmışdır.

Münâfık, ikinciler gibi, ya'nî müşrik gibi, Allahü teâlânın kahrına uğramış ve red olunmuş olarak, mezârına geri gönderilir.

Mü'minlerden kullukda kusûr edenler çeşid çeşiddir. Ba'zılarını, kılmış olduğu nemâzı geri çevirir. Zîrâ bir kimse, nemâzını horozun yem yediği gibi çabuk çabuk kılarsa, nemâzından hırsızlık etmiş olur. Onun nemâzı eski bir bez parçası gibi toplanıp yüzüne vurulur. Sonra yükselir ve sen beni zâyi' etdiğin gibi, Allahü teâlâ da, seni zâyi' etsin der.

Ba'zılarını zekâtı geri çevirir. Zîrâ o kimse, zekâtını filân kimse tesadduk ediyor, zekâtını veriyor desinler diye verirdi. Ve çok def'a kadınların muhabbetini çekmek için zekâtını onlara verirdi. Biz bunları gördük. Biz bunu müşâhede eyledik. Halâl olan şeylerle Allahü teâlâ herkese âfiyet versin.

Ba'zılarını da orucu geri çevirir. Çünki o kimse yemekden oruc tutmuş, fekat mâlâ-ya'nî sözlerden ve gıybetden ve günâh işlemekden kaçınmamış idi. İşte bu oruc fuhş ve hüsrândır. Bu şeklde oruc tutarken, Ramezân ayı çıkar. Zâhirde oruc tutmuş, hakîkatde ise, oruc tutmamış olur.

Ba'zı kimseleri de haccı geri çevirir. Çünki o kimse, hac ediyor desinler diye veyâ harâm mal ile hac etmişdir.

Ba'zı insanı da anaya-babaya âsî olmak gibi bir günâhı geri çevirir. Bu hâlleri, esrâr âleminden haberi olanlar ve Allahü teâlânın rızâsı için ilm öğrenen âlimler bilir.

Şimdiye kadar anlatdığımız husûslar hakkında, Peygamberimizden "sallallahü teâlâ aleyhi ve sellem" hadîsler, Eshâb-ı kirâmdan ve tâbi'înden de haberler gelmişdir. Muâz bin Cebel "radıyallahü anh"ın rivâyetinde bildirildiği gibi, amellerin geri çevrilmesi ve bunun dışındaki husûslarda çok haberler gelmişdir. Ben bu mes'eleyi kısaca ayırarak anlatmak istedim. Eğer kısaltmamış olsaydım, çok kitâbları doldururdum. Ehl-i sünnet i'tikâdında olan ya'nî doğru i'tikâd ve îmâna sâhib olanlar, çocuklarını bildikleri gibi, bu anlatdıklarımızın doğru olduğunu bilirler.

Rûh cesede geri döndürüldüğü zemân cesedi yıkanırken bulur ve başı ucunda gasli bitinceye kadar durur. Allahü teâlâ iyiliğini istediği kimsenin gözünden perdeyi kaldırır ve o kimse, ölünün rûhunu dünyâdaki insan sûretinde görür. Bir zât oğlunu yıkarken başı ucunda olduğunu gördü. Kendisine korku gelip gördüğü tarafdan diğer tarafa geçdi. Kefenine sarılıncaya kadar bu hâli gördü. Kefene sarılınca, o şahsın şeklindeki rûh kefene geri döndü. Na'ş, ya'nî tabut içine koyunca da rûhu görenler oldu. Nitekim sâlihlerden çok kimseden rivâyet olundu ki, na'ş üzerinde iken filân nerededir. Rûh nerededir? diye ses işitildi. Kefen göğüs tarafından iki yâhud üç kerre hareket eyledi.

Rebî' bin Heysemden "rahimehullah" rivâyet edildi ki, bir zât, yıkayan kimsenin elinde hareket etmişdir. Yine Ebû Bekr-i Sıddîk "radıyallahü anh" zemânında bir ölünün tabut üzerinde konuşduğu görüldü ki, Ebû Bekr ve Ömer "radıyallahü anhümâ" nın fazîletlerini zikr etdi.

Mevtânın bu hâlini görenler, melekler âlemini seyr eden Velîlerdir. Allahü teâlâ dilediği kimsenin gözünden ve kulağından perdeyi kaldırır, o da bu hâli görür ve bilir.

Ölü kefene sarıldığı zemân rûh hâricde olarak göğüse yakın gelir. Bu sırada onun bağırması ve inlemesi vardır. Der ki, beni Rabbimin rahmetine acele götürünüz. Eğer bana ihsân olunan ni'metleri bilseydiniz, beni götürmekde acele ederdiniz.

Eğer şekâvet ile korkutulmuş ise, der ki, aman bana azâb-ı ilâhîden bir müddet mühlet verip, ağır götürünüz. Eğer bilseydiniz, elbette beni omuzunuzda taşımazdınız. Bunun için, Resûlullah "sallallahü teâlâ aleyhi ve sellem", bir cenâze görünce, hemen ayağa kalkarlar, kırk adım kadar berâber giderlerdi.

Sahîh hadîsde bildirildi. Peygamberimizin "sallallahü teâlâ aleyhi ve sellem" önünden bir cenâze geçirildi. Ta'zîm için Peygamberimiz ayağa kalkdı. Eshâb-ı kirâm "aleyhimürrıdvân" (Yâ Resûlallah, bu cenâze yehûdî cenâzesidir) dediler. Peygamberimiz "sallallahü teâlâ aleyhi ve sellem" (nefs değil midir?) buyurdu. Ya'nî insan değil midir? Resûlullah efendimizin böyle yapmalarının sebebi, mubârek zâtına melekler âlemi keşf olunmuş, gösterilmişdir. Bunun için, cenâze gördüğü vakt neş'eli olurlar idi.

[(Halebî)de diyor ki, önünden cenâze geçen kimse, cenâze için ayağa kalkıp dikili durmamalıdır. Cenâzeyi taşımak ve arkasından yürümek için kalkmalıdır. Resûlullah "sallallahü teâlâ aleyhi ve sellem" efendimizin cenâze görünce kalkdığı, geçdikden sonra oturduğu ve siz de böyle yapın diye emr buyurduğu bildirildi ise de, bu emr nesh edildi. Ya'nî bir zemân sonra, bu emrini değişdirdi. (Merâk-ıl-felâh) ve (Dürr-ül-Muhtâr)da da cenâzeyi görenin saygı duruşu olarak ayağa kalkmasının câiz olmadığı yazılıdır.]

Ölü kabre konulduğu zemân, üzerine toprak örtülünce, kabr meyyite şöyle söyler ki, benim üzerimde iken ferah idin. Şimdi altımda mahzûn olursun. Benim üzerimde yemekler yirdin. Şimdi de seni benim altımda kurtlar yir. Kabr dolup, toprakla üzeri örtülünceye kadar böyle çok acı sözler söyler.

İbni Mes'ûddan "radıyallahü anh" rivâyet olundu ki, Yâ Resûlallah, ölü kabre konduğu vakt, ilk karşılaşdığı şey nedir diye sordu. Peygamberimiz "sallallahü teâlâ aleyhi ve sellem" buyurdu ki, (Yâ İbni Mes'ûd! Bunu bana senden başka kimse sormadı. Ancak sen sordun. Ölü kabre konulduğu vakt, önce bir melek seslenir. O meleğin ismi (Rûmân)dır. Kabrlerin arasına girer. Der ki, Yâ Abdellah! Amelini yaz! O kimse der ki, benim burada ne kâğıdım, ne kalemim var. Ne yazayım? O melek der ki; bu sözün kabûl edilmez. Senin kefenin kâğıdındır. Tükrüğün mürekkebindir. Parmakların kalemindir. **Melek kefeninden bir parça kesip verir. O kul dünyâda her ne kadar yazı yazmak bilmese de, orada sevâbını ve günâhını, âdeta o bir günde işlemiş gibi yazar. Bundan sonra melek, o yazdığı kefen parçasını dürer. O ölünün boynuna asar.**) Bundan sonra Resûlullah "sallallahü teâlâ aleyhi ve sellem" efendimiz, **(Her insanın yaptığı işleri gösteren sahîfelerini biz boynunda kıldık)** meâlindeki İsrâ sûresinin onüçüncü âyet-i kerîmesini okudular.

Sonra, gâyet korkunç iki melek gelir. İnsan şeklinde görünürler. Yüzleri gâyet siyâh olup, dişleriyle yeri yararlar. Başlarının tüyleri yeryüzüne sarkmış görünür. Sözleri gök gürler gibi, gözleri şimşek çakar gibidir. Nefesleri de, şiddet ile esen rüzgâr gibidir. Herbirinin demir kamçıları vardır ki, insanlar ve cinler bir araya gelseler, yerden kaldıramazlar. Dağlardan dahâ büyük ve ağırdır. Bir kerre, bir kimseye vurursa, mâzallah parça parça eder. Rûh bunları görünce, hemen kaçar. Ölünün burnundan göğsüne girerler. Göğsünden yukarısı dirilir. Öleceği zemândaki hâli gibi olur. Hareket etmeğe kâdir olmaz. Fekat ne söylenirse onu işitir ve görür. Bunlar ona şiddet ile süâl ederler. Cefâ ederek onu üzerler. Toprak ona su gibi olmuşdur. Ne vakt kımıldarsa yer açılıp bir boşluk olur.

Bu iki melek (Rabbin kimdir? Dînin nedir? Peygamberin kimdir? Kıblen neresidir?) diye süâl sorarlar. Allahü teâlâ, kimi muvaffak eder ve kimin kalbine hak sözü yerleştirirse, der ki, (Sizi vekîl ederek bana kim gönderdi ise, rabbim odur. Benim rabbim Allah, Peygamberim Muhammed aleyhisselâm, dînim Dîn-i islâmdır.) Buna ancak, ilmi ile âmil olan hayrlı âlimler böyle cevâb verir.

O zemân bunlar da der ki, (Doğru söyledi. Delîlini getirdi. Bizim elimizden kurtuldu.) Bundan sonra onun üzerine kabrini büyük bir kubbe gibi yaparlar. Onun için sağ tarafına iki kapı açarlar. Sonra da kabrini güzel kokulu fesleğenlerle döşerler. Cennet kokuları, o meyyitin üzerine gelir. Dünyâda yaptığı güzel amelleri, en sevdiği dostu sûretinde gelip, onu eğlendirir ve ona güzel haberler söyler. Kabri nûr ile dolar. Kıyâmet kopuncaya kadar kabrinde neş'eli ve sevinçli olur. O kimseye kıyâmet kopmasından dahâ sevgili bir şey olmaz.

İlmi ve ameli az olan ve ilmden ve melekût esrârından haberi olmıyan mü'minlerin derecesi bundan aşağıdır ki, onun yanına Rûmândan sonra, güzel sûretde ve güzel kokulu ve güzel elbiseli olarak ameli gelir. (Beni bilmez misin) der. O da der ki, (Sen kimsin ki, Allahü teâlâ seni benim şu garîb olduğum zemânda bana ihsân eyledi.) O da der ki, (Ben senin sâlih işlerinim. Korkma, mahzûn olma! Biraz sonra, Münker ve Nekîr melekleri gelirler ve sana süâl ederler. Onlardan korkma) der.

Bundan sonra, süâl meleklerine söyleyeceği şeyleri öğretirken, Münker ve Nekîr melekleri gelir. Şimdi anlatacağımız şekilde onu sıkışdırırlar. Onu oturturlar. Ona (Men Rabbüke), ya'nî Rabbin kimdir, derler. O da evvelki söylediği gibi söyler: (Rabbim Allahdır. Peygamberim Muhammed aleyhisselâm, İmâmım Kur'ân-ı kerîm, kıblem Kâ'be-i şerîf ve babam İbrâhîm aleyhisselâmdır ki, Onun milleti benim milletimdir) der. Onun dili hiç tutulmaz. Onlar da, (Doğru söyledin) derler. Önceki melekler gibi mu'âmele ederler. Fekat onun için sol tarafından Cehennemden bir kapı açarlar. Cehennemin yılan, akrep, zincir, sıcak suyu ve zakkûmu, velhâsıl ne varsa hepsini görür. O kimse, onun üzerine pek çok feryâd eder.

Ona (Korkma, buranın dehşeti sana bir zarar vermez. Burası senin Cehennemdeki yerindir ki, Allahü teâlâ, bunu senin Cennetde olan yerinle değişdirdi. Uyu, sen saîdsin) derler. Sonra onun üzerine Cehennem kapısı kapanır. Aylarca, senelerce geçen zemânı bilmez, öylece kalır.

Birçok kimsenin, ölürken dili tutulur. Eğer i'tikâdı bozuk olursa, [Ehl-i sünnet âlimlerinin bildirdiklerine uygun olarak inanmadı, bid'at ehline uydu ise], (Rabbim Allah) diyemez. Başka söz söylemeğe başlar. Melekler bir kerre vururlar, kabri ateşle dolar. Sonra söner. Birkaç gün sönük olarak durur. Sonra yine kabrde, onun üzerinde ateş hâsıl olur. Kıyâmet kopuncaya kadar, bu hâl devâm eder.

Birçok kimse dahî, (Dînim İslâmdır) diyemez. Bunlar, yâ şübhe üzre vefât etmişlerdir. Yâhud, vefât ederken, kendisine fitnelerden bir fitne ârız olmuşdur. [Ehl-i sünnet olmıyan kimselerin sözlerine, yazılarına aldanmışdır.] Buna bir kerre vururlar. Kabri, yukarıda denildiği gibi ateşle dolar.

Ba'zı kimseler (El-Kur'ânı imâmî) ya'nî Kur'ân-ı kerîm imâmımdır diyemezler. Çünki bunlar, Kur'ân-ı kerîmi okurlar, fekat ondan nasîhat almazlardı ve Kur'ân-ı kerîmde olan emrlerle amel etmezler ve nehy etdiği şeylerden kaçınmazlardı. Bunlara da öncekilere yapdıkları gibi yaparlar.

Ba'zı kimsenin de ameli, korkunç şekl alır. Bunu çekerler. Kabrinde günâhları kadar azâb olunur. Ahbârda vârid oldu ki, (Ba'zı insanların ameli hunût şekline çevrilir.) Hunût, hınzır yavrusuna derler.

Ba'zı kimse de, Peygamberim Muhammed "aleyhisselâm"dır diyemez. Zîrâ bu kimse, dünyâda sünnet-i nebeviyyeyi (ya'nî islâmiyyetin emrlerini ve yasaklarını) unutmuş idi. Zemâna, modaya uymuş idi. Çocuklarına Kur'ân-ı kerîm okutmamış, Allahü teâlânın emrlerini, yasaklarını öğretmemiş idi.

Ba'zı kimse, kıblem Kâ'be-i şerîf diyemez. Zîrâ, nemâz kılmak için kıbleye az yönelmiş, yâhud abdestinde fesâd bulunurmuş, yâhud nemâzında başka şeylere iltifât eder, dünyâ işleri ile meşgûl olurmuş, yâhud rükû'ünde ve sücûdünde noksânlık olup, ta'dîl-i erkâna riâyet etmezmiş.

Sana, Peygamberimizden "sallallahü aleyhi ve sellem" rivâyet olunan **(Allahü teâlâ, üzerinde kazâya kalmış nemâz borcu bulunan kimsenin ve harâm elbise** [cilbâb] **giyen kimsenin nemâzını kabûl etmez)** hadîs-i şerîfi kifâyet eder. [Bundan anlaşılıyor ki, farz nemâzını kazâya bırakan kimselerin sünnetleri ve nâfileleri kabûl olmaz.] Ba'zı kimse, (Ve İbrâhîmü ebî) ya'nî İbrâhîm "aleyhisselâm" babamdır diyemez. Zîrâ, bir gün İbrâhîm "aleyhisselâm" yehûdîdir, yâhud nasrânîdir diye söz işitmiş ve bunun için şübheye düşmüşdü. [Yâhud, kâfir olan Âzer, İbrâhîm aleyhisselâmın babasıdır demişdi.] Buna dahî evvelkilere yapıldığı gibi yapılır. Bunların hepsini **(İhyâ-ül-ulûm)** kitâbımızda geniş olarak bildirdik.

[Yukarıdaki hadîs-i şerîf, nemâzını özrsüz olarak kılmamış ve derhâl kazâ etmemiş olan kimsenin, bundan sonra kılacağı nemâzlarının hiçbirinin kabûl olmıyacağını bildiriyor. Sonra kıldığı nemâzlar şartlarına uygun olarak ve doğru, ihlâs ile kılınırsa, sahîh olurlar, ya'nî nemâz kılmak vazîfesini yerine getirmiş, bunların günâhından kurtulmuş olur. Bu nemâzlarının hiç biri kabûl olmaz demek, Allahü teâlânın va'd etdiği sevâblara kavuşamaz, bunların fâidesini görmez demekdir. Beş vakt nemâzın sünnetleri, sevâb kazanmak için kılınıyor. Bu kimsenin sünnet nemâzları kabûl olunmıyacağı için, sünnetleri boşuna kılmış olur. Sünnet nemâzlarının kendisine hiç fâidesi olmaz. Bunun için, farz nemâzı özrsüz kılmıyan kimse, bu nemâzını hemen kazâ etmelidir. Kılmadığı nemâzların sayısı çok ise, sünnetleri kılarken, o vaktin kılınmamış nemâzını kazâ etmeğe niyyet etmelidir. Böylece, nemâzını kazâ etdiği için, bunun büyük azâbından kurtulmuş olur. Kazâları çabuk biterek, sünnetlerin sevâbına da kavuşmağa başlar. Özr ile kaçırılmış olan farz nemâzlar böyle değildir. Bu hadîs-i şerîf, özrsüz olarak, tenbellikle kılınmayan nemâzlar içindir. Bu husûsda **(Se'âdet-i Ebediyye)** kitâbında, kazâ nemâzları bahsinde geniş bilgi vardır.]

DÖRDÜNCÜ FASL

Fâcire, ya'nî kâfir olanlara Münker ve Nekîr melekleri (Men Rabbüke) dedikleri vakt, (Lâ-edrî), ya'nî (Ben bilmem)der. Onlar da, bilmedin ve hâtırlamadın derler. Sonra onu demirden kamçı ile döverler. Tâ ki, yedinci kat yerin altına girer. Sonra yer silkelenir. Yine kabrine çıkar. Böyle yedi def'a döverler. Sonra da, bunların hâlleri başka başka olur. Ba'zısının ameli köpek şekline çevrilip kıyâmete kadar onu ısırır. Bunlar, kıyâmet ve islâmiyyetin bildirdiği husûslarda şübhe edenlerdir. Kabrde bulunanların karşılaşacakları hâller çeşid çeşiddir. Ancak biz burada çok kısa anlatdık. Bu azâbın aslı şöyledir ki, bir insan dünyâda en çok neden korkarsa, kabrde onunla azâb olunur.

Meselâ, ba'zı insanlar, yırtıcı hayvan yavrusundan çok korkar. İnsanların tabî'atleri bunda muhtelifdir. Allahü teâlâdan selâmet ve nedâmetden evvel mağfiret isteriz.

Mevtâlardan çok def'a rivâyet olunmuş ve rü'yâda görülüp, hâlleri sorulmuş ve cevâblar alınmışdır. Bunlardan birisine hâli sorulunca, (Birgün abdestsiz nemâz kılmış idim. Allahü teâlâ, bana bir kurtcağız musallat etdi. Onunla hâlim pek fenâdır) dedi. [Nemâz kılmıyanların ve kılmadığı nemâzı kazâ etmiyenlerin hâllerinin ne olacağını, buradan anlamalıdır.]

Bir diğeri de, rü'yâda görülüp, Allahü teâlâ sana ne mu'âmele buyurdu diye sorulunca, (Bir gün cenâbetden gusl etmemişdim. Allahü teâlâ, ateşden bir elbise giydirdi. Onun içinde, kıyâmete kadar bir yerden bir yere çevirerek bana azâb ediyorlar) dedi. [Her müslimân ana ve baba, çocuklarına gusl abdesti almasını öğretmelidir.]

Bir diğeri de, rü'yâda görülüp, Allahü teâlâ sana ne mu'âmele buyurdu diye sorulunca, (Beni yıkayan kimse, bir tarafdan bir tarafa şiddet ile çevirirken, teneşirdeki demir çivi vücûdümü tırmaladı. Bundan çok zahmet çekdim) dedi. Sabâh olunca, yıkayan kimseden sorulunca, (İstemiyerek böyle birşey olmuşdu) dedi.

Bir başkası da, rü'yâda görülüp, hâlin nasıldır, sen ölmemiş miydin? diye sorulunca, (Evet, ben hayr üzereyim, lâkin üzerime toprak atılırken, bir taş düşüp, iki kemiğimi kırdı. Bana çok sıkıntı verdi) dedi. Bunun üzerine kabrini açdılar. Dediği gibi buldular.

Bir kimse oğluna, rü'yâsında gelip, (Ey fenâ oğul! Babanın kabrini düzelt! Zîrâ, yağmur çok ezâ verdi) dedi. Bunun da kabrini açdılar. Âdeta su arkı (harkı) gibi dolmuş buldular ki, sel doldurmuş idi.

A'râbîden biri, rivâyet eder ki, oğluma, Allahü teâlâ sana ne mu'âmele etdi diye sordum. (Zararım yok, lâkin filân fâsıkın yanına defn olunduğumdan, ona olunan azâblardan kalbime korku giriyor) dedi. Çok def'a haber verilen, bunlar gibi hikâyelerden açıkca anlaşılan şudur ki, kabr ehli kabrlerinde azâb çekerler. Onun için, Peygamberimiz "sallallahü aleyhi ve sellem" ölünün kemiklerini kırmakdan nehy buyurmuşlar ve bir kimseyi kabrin bir tarafında oturduğunu gördüklerinde, (Mevtâya kabrlerinde ezâ etmeyiniz) ve (Diri kimseler evlerinde nasıl elemi ve azâbı duyar ve his ederlerse, mevtâ da kabrinde öylece elem ve azâbı duyar, his eder) buyurmuşdur.

Peygamber efendimiz "sallallahü aleyhi ve sellem" vâlideleri hazret-i Âminenin kabrini ziyâret etdiklerinde ağladılar. Yanlarında bulunanları da ağlatdılar. Buyurdular ki, (Rabbimden bunun için mağfiret taleb etmeğe izn istedim. İzn vermedi), sonra (Kabrini ziyâret etmek için izn istedim, izn verdi. Öyle ise, siz de kabrleri ziyâret ediniz! Zîrâ, ziyâret ölümü hâtırlamağa sebebdir.) [Resûlullaha, mubârek anasına, babasına mağfiret için sonradan izn verildi. Zâten mü'min idiler. Sonradan diriltilip, bu ümmetden de oldular.

Bu hadîs-i şerîf, Resûlullahın "sallallahü aleyhi ve sellem" muhterem ana ve babasının mü'min olduklarını göstermekdedir. Çünki, kâfirlerin kabrini ziyâret etmek yasakdır. Bunların kabrlerini ziyâret etmeğe izn verilmesi, kâfir olmadıklarını açıkca bildiriyor. Mağfiret için izn verilmemesinin de sebebi vardı. Cenâb-ı Hak, Habîbinin hâtırı için, Onun şerefi için, mubârek ana babasını dahâ büyük ni'mete kavuşdurmak istiyordu. Ta'yîn buyurduğu, takdîr etdiği zemân gelince, onları diriltecek, oğullarının Peygamberlerin en üstünü olduğunu gösterecek, Ona îmân edecek, ümmeti olmakla şereflenecek ve sahâbîlik yüksek derecesine kavuşacaklardı.

Nişâncı zâde Muhammed bin Ahmed efendinin "rahmetullahi aleyh" [1] yazdığı türkçe (Mir'ât-ül-kâinât) kitâbı, birinci kısm, ikiyüzyirmiyedinci sahîfede diyor ki:

Resûlullahın "sallallahü aleyhi ve sellem" mubârek ana babalarının îmân edip etmediklerinde, âlimler başka başka söyledi. 911 [m. 1505] de vefât eden Abdürrahmân bin Ebî Bekr Süyûtî (Mesâlik-ül-hunefâ) kitâbında ve başka birçok kıymetli kitâblarında beş çeşid haber bildirmişdir:

---

[1] Nişâncı-zâde 1031 [m. 1622] de vefât etdi.

1 – Onların ikisi de, Resûlullahın dîne çağırmasından ya'nî bi'setden önce, câhillik zemânında vefât etdi. Şâfi'î âlimlerinin hepsine ve hanefîlerin çoğuna göre, bir Peygamberin dînini işitmiyen kimsenin îmân etmesi vâcib olmaz. Çünki, Peygamberin dînini işitmeden önce düşünerek îmânı akl ile bulmak vâcib değildir. İşitdikden sonra, Allahü teâlânın var olduğunu düşünüp anlamak, îmân etmek lâzım olur. Câhillik zemânında, geçmiş Peygamberler unutulmuş idi. Çünki asrlar boyunca, kâfirler, zâlimler idâreleri ele alarak, dinleri ortadan kaldırmışlar, din adamlarına baskı, işkence yapmışlar, îmânlılar azalmış, gizlenmiş, böylece, dîni, îmânı bilen kalmamışdı. Her asrda gelen zâlimler, kötü rûhlu, alçak kimseler, böyle çalışmakda, din adamlarını, din bilgilerini yok etmek için îmânlılara karşı amansız bir kin ile, canavar gibi saldırmakdadır. İngilizler ve komünistler böyledir. Fekat, bu zâlimlerden hiçbiri îmânı yok edememiş, kendileri kahr olmuş, çok acı, perîşan hâlde, saltanatlarından ayrılmış, zevklerine doyamadan ölümün pençesine düşmüşler, ismleri la'net ile anılmış veyâ unutulmuşdur. Allahü teâlâ, bir Peygamber veyâ bir âlim yaratarak, îmân ışığı ile yer yüzünü yeniden aydınlatmışdır. Aklı olanların, bundan ibret alması, uyanması, dünyâda ve âhıretde rezîl olmamak için, din düşmanlarına aldanmaması lâzımdır.

2 – Câhillik zemânında yaşamış olanlar, kıyâmet günü imtihân edilecek, orada îmân edenler, Cennete girecekdir, diyen âlimler de varsa da, bu sözün za'îf olduğu **(Mektûbât Tercemesi)** kitâbında, 259. ncu mektûbun tercemesinde açıklanmışdır.

3 – Allahü teâlâ, sevgili Peygamberinin "sallallahü teâlâ aleyhi ve sellem" mubârek ana babasını diriltdi. Oğullarına îmân edip, Ona ümmet olmakla şereflendiler ve tekrâr vefât etdiler. İmâm-ı Süyûtî "rahmetullahi aleyh", bunların diriltildiğini bildiren hadîs-i şerîfi yazıyor. (Za'îf bir hadîs ise de, çok kimse bildirdiği için, kuvvetli olmuşdur. Âlimlerin çoğuna göre, kuvvetli hadîsdir. İbâdetlerin kıymetini, bir müslimânın üstünlüğünü bildiren za'îf hadîse uyulur) buyuruyor.

4 – Fahrüddîn-i Râzî [1] ve birçok âlimler buyuruyor ki, Tevbe sûresinin yirmisekizinci âyetinde meâlen, **(Müşrikler necesdir)** buyuruldu. Ya'nî bütün kâfirler pisdir. Hâlbuki, Resûlullah "sallallahü aleyhi ve sellem" **(Ben her zemânda, temiz babalardan, temiz analara geçerek geldim)** buyurdu. Başka bir hadîs-i şerîfde, **(Her**

---

[1] Fahrüddîn Râzî 606 [m. 1209] da Hirâtda vefât etdi.

asrda, o zemânın insanlarının en hayrlılarından getirildim) buyuruldu. Kâfire hayrlı demek ise, câiz değildir. Hele Şuarâ sûresindeki ikiyüzondokuzuncu âyetinde meâlen, (Seni secde edicilerden geçirir) buyuruldu. Buradan, bütün babalarının, analarının mü'min oldukları anlaşılmakdadır. İbrâhîm aleyhisselâmın babası denilen Âzerin kâfir olduğu Kur'ân-ı kerîmde bildiriliyor ise de, Abdüllah ibni Abbâs ve İmâm-ı Mücâhid, (Âzer, İbrâhîm aleyhisselâmın amcası idi) dediler. Arabistânda amcaya baba denilir. Hadîs-i şerîfde buyuruldu ki, (Cehennemde en hafîf azâb, Ebû Tâlibin azâbıdır). Ebû Tâlibin azâbı, azâbların en hafîfi olunca, Resûlullahın mubârek ana-babası Cehennemde olsaydı, azâbın en hafîfi, bu ikisinin azâbı olurdu. Bu hadîs-i şerîf de, bu bakımdan, ikisinin de mü'min olduğunu göstermekdedir.

5 – Âlimlerden çoğu, bu mes'elede edebe, saygıya aykırı konuşulmamasını, işin doğrusunu Allahü teâlâ bilir deyip, susulmasını uygun görmüşdür. Şeyh-ul-islâm allâme Ahmed ibni Kemâl Pâşa da, (Ebeveyn) risâlesinin sonunda buyuruyor ki, (Ölüleri kötüleyerek dirileri incitmeyiniz!) hadîs-i şerîfî ve Ahzâb sûresinin (Resûlullahı incitenlere Allah la'net eylesin!) meâlindeki elliyedinci âyet-i kerîmesine göre, (Resûlullahın babası Cehennemdedir) diyen kimse mel'ûndur. (Mir'ât-ül-kâinât)ın yazısı temâm oldu].

Peygamberimiz "aleyhisselâm" bir kabr yanında hâzır oldukları vakt, (Dünyâ ve âhıret selâmeti, müslimânlardan ve mü'minlerden bu kabrde bulunanların üzerine olsun. Biz inşâallah size lâhık oluruz [kavuşuruz]. Siz bizden evvel göçdünüz. Biz de, size tâbi' olup, sonradan varırız. Yâ Rabbî! Bizi ve bunları mağfiret et ve afvınla günâhlarımızdan geç) buyururdu. Peygamber efendimiz "sallallahü aleyhi ve sellem" mubârek zevcelerine de "radıyallahü teâlâ anhünne" kabr ziyâretinde bu kelâmı (düâyı) söylemelerini emr ederdi.

Sâlih-i Müzenî "rahimehullah" buyurdu ki, ba'zı ulemâdan (Kabristânda nemâz kılmak niçin nehy olundu?) diye süâl eyledim. Bunun hakkında hadîs-i şerîf vârid oldu diye haber verdiler. (Siz kabrler arasında nemâz kılmayınız. Zîrâ bu, nihâyeti olmıyan hasretdir). Ya'nî pişmân olursunuz hadîs-i şerîfini okudular. [İsmâ'îl Müzenî, imâm-ı Şâfi'înin talebesi idi. 264 [m. 878] de Mısrda vefât etdi.]

Bunun içindir ki, necâset bulunan yerlerde, meselâ kabristânda ve hamâmda nemâz kılmak mekrûhdur.

Bir zâtdan rivâyet olundu. Dedi ki, birgün kabrler arasında nemâza durdum. Güneşin sıcaklığı pek şiddetli idi. Hemen pederime benzer bir şahsı kabrinin üzerinde oturur gördüm. Korkarak nemâzın secdesini noksan etdim. İşitdim ki, (Yeryüzünün genişliği sana dar geldi de, burayı mı buldun? Nemâzınla bir zemân, bize ezâ edersin) dedi.

Resûlullah "sallallahü aleyhi ve sellem" bir yetîme rastgeldi. Babasının kabri başında, yüksek sesle ağlıyordu. O yetîme merhamet ederek, kendileri dahî ağladılar. Buyurdular ki, **(Ölü elbette yakınlarının bağırarak ağlaması sebebi ile azâb olunur. Ya'nî hüzn ve fenâlık gelir.)**

Nice ölü vardır ki, rü'yâda görülüp, süâl eden kimseye, hâlim pek fenâdır. Filân ve filândan eziyyet görüyorum. Onların çok ağlayıp, feryâd ve figânı bana ezâ ediyor diye, haber verdiği vâki'dir. Lâkin zındıklar [kısa akllarına uyarak], bunu inkâr ediyorlar.

Resûlullah "sallallahü aleyhi ve sellem" efendimiz: **(Sizlerden biriniz dünyâda bildiğiniz bir ölmüş kimsenin kabrine uğrayıp da, selâm verince, o mü'min sizi tanır ve selâmınıza cevâb verir)** buyurdu.

Yine bunun gibi, Peygamberimiz "sallallahü teâlâ aleyhi ve sellem" bir cenâze defninden geldikde, **(Ölü, ayakların sesini işitir ve işitirim işitirim diyerek üzüldüğünü bildirir)** buyurdu.

Fıkh âlimlerinden "rahime-hümullahü teâlâ", rivâyet olunur ki, bir kimse vasıyyet etmeden vefât etmişdi. Sonra, gece çoluk çocuğunu dolaşıp (Filâna ve filâna şu kadar ekin verin. Filân kimseden emânet aldığım kitâbını verin) dedi. Sabâh olunca, her biri diğerine gördükleri rü'yâyı söylediler. Ekini verdiler. Lâkin kitabı araşdırdılar, bulamadılar. Buna te'accüb etdiler. Bir zemân sonra, evin bir köşesinde buldular.

Bir zâtdan rivâyet olundu ki, babam bizim için terbiye edici bir kimse ta'yin eylemişdi. Bize evde yazı öğretdirdi. Bu zât vefât eyledi. Altı gün sonra kabrine vardık. Allahü teâlânın emrini düşünüyorduk. Oradan bir tabak incir geçiriyorlardı. Onu satın aldık, yidik. Saplarını oraya atdık. O gece bizim üstâdımız babamızın rü'yâsında görünüp, hâlin nasıldır, diye sorunca, iyidir, ben de hayr üzereyim. Fekat evlâdın kabrimi mezbele ya'nî süprüntülük etdiler. Fenâ lâflar söylediler dedi. Babam bize sordu. Biz ise (Sübhânallah! Bizi dünyâda terbiye etmiş iken, âhırete gitdiği hâlde, yine terbiye ediyor) dedik. Bu gibi şeyler hakkında anlatılanlar çokdur. Fekat bu kadar va'z ve nasîhati kâfî gördüm ki, az sözden çok ibret alınsın.

BEŞİNCİ FASL

Kabrde ölüler dört hâlde bulunur. Ba'zısı ökçesi üzere oturur. Gözü dağılıp, bedeni şişip, cismi toprak oluncaya kadar bu hâlde kalır. Sonra rûhu, dünyâ göğünden başka melekût âlemini dolaşır. Ba'zısına cenâb-ı Hak bir uyku verir. Birinci sûra kadar ne olduğunu bilmez. Birinci sûrda uyanır, sonra yine ölür.

Ba'zısı kabrinde iki ay kadar yâhud üç ay kadar durur. Sonra rûhu bir Cennet kuşu üzerine biner, kuş onu Cennete kadar uçurur. Bunları bildiren hadîs-i şerîfler sahîhdir. İslâmiyyetin sâhibi "sallallahü aleyhi ve sellem" buyurdu ki: **(Mü'minin rûhu kuş ile berâberdir. Cennet ağaçlarından birine asılmış durur).**

Bunun gibi şehîdlerin rûhlarından sorulunca:**(Şehîdlerin rûhları, yeşil kuş kursaklarında olarak Cennet ağaçlarına asılı dururlar)** buyurdu.

Ba'zı insanlar, diledikleri zemân makâmlarından yükselirler. Ba'zıları da, sûr üfleninceye kadar orada durur.

Dördüncü nev' - Enbiyâ ve Evliyâya mahsûsdur. Bunların ba'zısı kıyâmete kadar uçar ve çoğu gece görünür. Ben inanıyorum ki, Ebû Bekr-i Sıddîk ve Ömer-ül-Fârûk "radıyallahü teâlâ anhümâ" bunlardandır.

Resûlullah "sallallahü aleyhi ve sellem", üç âlemi (Âlem-i nâsût, Âlem-i melekût, Âlem-i ceberût) dolaşmakda serbestdir. Buna tenbîh ve işâret için bir gün Peygamberimiz "sallallahü aleyhi ve sellem" efendimiz, **(Allahü teâlâ beni üçden ziyâde yeryüzünde durdurmamasını kereminden ricâ ederim)** buyurdu. Hakîkaten, üç aşerat olunca ya'nî otuz olunca, hazret-i Alî, Resûlullahın vefâtından otuz sene sonra [kırkbirinci yılda] şehîd olup, hazret-i Peygamber yerin ehâlîsine gücendi. Mubârek rûhu temâmen semâya yükseldi.

Bunu ba'zı sâlihler rü'yâsında gördü [1]. Bir zât buyurdu ki: (Yâ Resûlallah! Babam, anam sana fedâ olsun! Ümmetinin fitnelerini görmüyor musun?) Hazret-i Peygamber "sallallahü aleyhi ve sellem", **(Allahü teâlâ fitnelerini ziyâde eder. Hazret-i Hüseyni de şehîd etdiler. Benim hürmetimi muhâfaza etmediler)** buyurdu. Dahâ çok söylediler ise de, diğerlerine râvînin şübheleri olduğundan terk olundu.

---

[1] Çünki şeytân her şeye temessül eder. Fekat Enbiyâ sûretine temessül edemez. Bunun için, Peygamberimiz "aleyhisselâm" rü'yâda görüldükde, elbette sahîh ve doğru olur. Bu cihetle, bu rü'yâlar bize delîl olur.

Bunlardan ba'zısı (İbrâhîm aleyhisselâm gibi) yedinci kat semâyı seçmiş olup, orada bulunur. Peygamberimiz "aleyhisselâm" Mi'râc gecesi İbrâhîm aleyhisselâma uğradı. Gördü ki: Beyt-i ma'mûre sırtını vermiş, müslimânların çocuklarına oradan şiddetli nazarla bakmakdadır.

Îsâ aleyhisselâm da, beşinci kat gökdedir. Her gökde Resûller ve Nebîler "aleyhimüsselâm" vardır ki, oradan çıkmazlar ve gitmezler. Kıyâmete kadar orada dururlar. Bunlardan istediği yere gitmekde muhayyer olanları, ancak hazret-i İbrâhîm ve hazret-i Mûsâ ve hazret-i Îsâ aleyhimüsselâmla, hazret-i Muhammed Mustafâ "sallallahü aleyhi ve sellem"dir. Bunlar, üç âlemdeki istedikleri yere gidebilirler.

Evliyâ-i kirâmdan ba'zıları kıyâmet gününe kadar tavakkuf ederler, dururlar. Nitekim Bâyezîd-i Bistâmînin "rahimehullahü teâlâ" Arşı a'lâ altındaki sofradan yemek yimede olduğu rivâyet olundu.

İşte kabrde olanların halleri bu dört şekldedir. Ya'nî azâb olunurlar, rahmet olunurlar, tahkîr olunurlar, ikrâm olunurlar.

Evliyâ-i kirâmdan "rahimehümullahü teâlâ" çok kimse vardır ki, ölüm hâlindeki bir kimseye dikkat ile bakarlar. O kimseye geniş menziller daralır. Çok kerre de açılır. Bu hâli görürler ve haber verirler. Ben, bu cinsden haber vereni gördüm.

Ba'zı arkadaşlarımı gördüm ki, kalb gözünden perde kaldırılıp, ölmüş olan çocuğunun evine girdiğini gördü. Bu bâtınî (gizli) fâideler, ikrâmlar ancak kerîm yâhud nesîb, mubârek olan kimseler içindir.

Kabrde olanlardan ba'zısı, Cum'a ile bayramı bilirler. Dünyâdan bir kimse çıkdı mı onun yanına toplanırlar. Onu tanırlar. Kimi hanımından sorar. Kimi de babasından. Her biri kendisi ile alâkası olan şeylerden süâl ederler.

Çok ölüler vardır ki, bildiği kimselerden dahâ önce ölmüş olan birine tesâdüf etmez. Çünki, onun dünyâda iken kendinde bulunan şey, ölüm hâlinde gitmişdi. Bunun içindir ki, ba'zısı yehûdî olarak ölür. Ba'zısı nasrânî olarak ölür de onların içine gider. Bir kimse dünyâdan çıkıp mevtâların yanlarına vardı mı, mevtâlar, ona dünyâdaki komşularından sorarlar ve filân nerededir derler. O, çokdan ölmüşdü der. Biz onu görmedik, belki Hâviye Cehennemine gitmişdir, derler.

Bir kimse, rü'yâda görülüp (Allahü teâlâ sana ne mu'âmele buyurdu?) diye sorulunca, (Ben ve filân ve filân diyerek arkadaşlarından beş kimseyi sayıp, cümlemiz çok hayr ve ni'metlere nâil olduk) der. Hâlbuki, onu arkadaşları ile berâber, hâricîler ya'nî yezîdî denilen sapıklar öldürmüşdü. Komşusundan süâl olundukda, biz onu görmedik, dedi. Hâlbuki o kimse de, kendini denize atıp boğularak vefât etmişdi. Yemîn ederek dedi ki: (Vallahi ben onu, intihâr edenlerle, ya'nî kendisini öldürenlerle berâber olduğunu zan ederim).

Resûlullah "sallallahü aleyhi ve sellem" buyurdu ki: **(Bir kimse kendini bir demir parçasiyle öldürürse, kıyâmet gününde, o demir parçası elinde karnına vurarak gelir. Cehennem içinde müebbed olarak kalır. Ve bir kimse kendisini dağdan atar da öldürürse, kendini Cehennem ateşine atar).**

Bir kadın da böyle yapar, intihâr ederse, onun acısını sûr üfürülünceye kadar duyar. [Bu hadîs-i şerîf, dünyâda sıkıntıdan kurtulup râhata kavuşmak için intihâr edenler içindir. Çünki böyle düşünmek âhıret azâbını inkâr etmek olur ki, küfrdür. Aklını kaybederek intihâr eden veyâ hemen ölmeyip tevbe eden ise, kâfir olmaz.] Sahîh haberde bize geldi ki, Âdem aleyhisselâm Mûsâ aleyhisselâm ile buluşdu. Mûsâ aleyhisselâm ona dedi ki: (Sen o kimsesin ki, Allahü teâlâ seni kudretiyle yaratdı ve sana rûh verdi. Seni Cennetine koydu. Niçin Ona isyân etdin?) Âdem aleyhisselâm da dedi ki: (Yâ Mûsâ! Allahü teâlâ seninle konuşdu ve sana Tevrâtı indirdi. Tevrâtda görmedin mi ki, (Âdem, Rabbine karşı kendisinden zelle sâdır oldu.) Mûsâ aleyhisselâm, (Evet, gördüm) dedi. Hazret-i Âdem, (Ben bunu işlemeden kaç sene önce takdîr olundu) dedi. Mûsâ aleyhisselâm, (Sen işlemeden ellibin sene evvel takdîr olundu) deyince, yine hazret-i Âdem: (Öyle ise yâ Mûsâ, benim üzerime, işlemeden ellibin sene evvel takdîr olunan bir günâh ile mi beni aybliyor ve kınıyorsun) dedi.

[Böyle konuşmaları, **(Se'âdet-i Ebediyye)** kitâbının ikinci kısm, ellinci maddesinde dahâ geniş yazılıdır. Âdem aleyhisselâmın bu cevâbının (Bu işin yapılmasını irâde ve ihtiyâr edeceğimi, Allahü teâlânın ezelde bildiğini Tevrâtda okuduğun hâlde ve bu işden meydâna gelecek nice fâideleri bildiğin hâlde, beni ayblamak sana yakışmaz) demek olduğu **(Se'âdet-i Ebediyye)**de uzun yazılıdır.]

Sahîh olan hadîs-i şerîfde haber verildi ki: Resûlullah "sallallahü aleyhi ve sellem" Mi'râc gecesi Peygamberlerle "aleyhimüssalevâtü vetteslîmât" iki rek'at nemâz kıldı. Hârûn aleyhisselâma selâm verdi. Hârûn aleyhisselâm da hazret-i Peygambere ve ümmetine rahmet ile düâ buyurdu.

İdrîs aleyhisselâma da selâm verip, o da Peygamberimize "aleyhissalâtü vesselâm" ve ümmetine rahmet ile düâ eyledi. Hâlbuki, Hârûn aleyhisselâm Peygamberimizin "sallallahü aleyhi ve sellem" peygamberliği bildirilmeden evvel vefât etmiş idi. Mubârek rûhu göründü. İşte bu hâyat, hayât-i rûhânîdir.

Bu dünyâ hayâtından sonra üçüncü bir hayât dahâ vardır. Birinci hayât, ya'nî dirilmek, Allahü teâlâ, Âdem aleyhisselâmın belinden çıkarıp şehâdet etdirdiği ve **(Ben sizin rabbiniz değil miyim?)** buyurduğu vakt, (Evet, biz kabûl etdik. Sen bizim rabbimizsin. Yâ Rabbî) dedikleri zemândır. Dünyâ hayâtına i'tibâr olunmaz. Zîrâ bu hayât, insanın ni'metlenmesine vâsıta olup, geçici ve gidicidir.

Peygamberimiz "sallallahü aleyhi ve sellem" **(İnsanlar uykudadırlar, öldükleri vakt uyanırlar)** buyurdu.

Bu hadîs-i şerîf üçüncü hayâtı, ya'nî kabr hayâtını bildiriyor.

Kabr hayâtındaki hâller, mevtâların hakîkatleri, sıfatları zâhir olduğu vaktdeki hâllerdir. Mevtânın ba'zısı yerinde kalır. Ba'zısı dolaşır. Ba'zısı döğülür. Ba'zısına da şiddetli azâb edilir. Bunun doğruluğuna delîl, Mü'min sûresinin, **(Nâr, füccar üzerine sabâh akşam arz olunur. Kıyâmet gününde de, Cehennemde vazîfeli olan meleklere, Fir'avna tâbi' olanları azâbın en şiddetli mahalline atın)** meâlindeki kırkaltıncı âyet-i kerîmesidir.

ALTINCI FASL

Allahü teâlâ, Sûr üfürüldükden sonra, kıyâmetin kopmasını murâd buyurduğu vakt, dağlar uçar, bulutlar gibi yürümeğe başlar. Denizlerin ba'zısı ba'zısına taşar. Güneşin nûru giderek simsiyâh olur. Dağlar toz hâline gelir. Âlemler birbirine girer. Yıldızlar, dizili incinin kopup dağıldığı gibi olur. Gökler gülyağı gibi erir ve değirmen döner gibi deverân eder ki, şiddetli bir şekilde hareket eder. Ba'zı kerre toplanır, ba'zı kerre de dümdüz olur. Allahü teâlâ, göklerin parça parça olmasını emr eder. Yedi kat yerde ve yedi kat gökde ve kürsîde diri olarak kimse kalmaz. Her canlı vefât etmiş olur ve eğer rûhânî ise, rûhu gitmiş olur. Her dürlü varlık ölür. Yerde taş taş üstünde kalmaz. Göklerde hiç canlı kalmaz.

Allahü teâlâ ilâhlık makâmında tecellî buyurup, yedi kat gökleri sağ kudreti dâhiline ve yedi kat yeri sol kudreti dâhiline alıp der ki: **(Ey alçak dünyâ! Senin içinde rablık da'vâsı edenler ve ahmakların rab tanıdıkları âcizler nerededir ve senin güzel ve latîf görünerek aldatdığın ve âhıreti unutdurduğun kimseler nerededir?)** Bundan sonra kahr, yok edici kuvveti ve hikmeti ile iftihâr eder. Sonra, Mü'min sûresinde bildirildiği gibi, meâlen, **(Mülk kimindir)** der. Hiç kimse cevâb vermez. Kahhâr olan Allahü teâlâ kendi kendine meâlen, **(Vâhid ve kahhâr olan cenâb-ı Allahındır)** buyurur.

Bundan sonra evvelkinden dahâ büyük bir irâde ve kudret-i ilâhiyye zâhir olur. Sonra meâlen, **(Ben azîmüşşân, Melik-ü deyyânım** [Ya'nî kıyâmet gününün tek hâkimi ve sâhibiyim]. **Benim verdiğim rızkı yiyip de, bana ortak koşanlar ve benden gayrı, putlara ibâdet edenler nerededirler? Benim verdiğim rızk ile kuvvetlenip de âsî olan cebbâr ve zâlimler nerededirler? Kibrlenen ve öğünenler nerededirler? Şimdi mülk kimindir?)** buyurur. Buna cevâb verecek kimse bulunmaz. Hak sübhânehu ve teâlâ, murâd etdiği bir zemân kadar bekler, sessizlik olur ki, o zemân, Arş-ı a'lâdan makâm-ı ehadiyyete kadar düşünen ve görünen bir canlı yokdur. Zîrâ cenâb-ı Hak, hûrî ve gılmânın da Cennetlerinde rûhlarını kabz etmişdir.

Bundan sonra Allahü teâlâ, Cehennem derekelerinden, çukurlarından olan Sakardan bir kapı açar. Oradan ateş fışkırır. İşte bu ateş, her şeyi yakdığı gibi, ondört denizi kurutup, yeryüzünü kapkara eder ve gökleri sarı zeytinyağı yâhud erimiş bakır gibi bir hâle koyar. Sonra, ateşin şiddeti göklere yakın olduğu vakt, Allahü teâlâ öyle bir dehşet ile men' eder ki, temâmen söner. Ateşden hiç eser kalmaz.

Bundan sonra, Allahü teâlâ, Arş-ı a'lânın hazînelerinden birini açar. Onda hayât denizi vardır. Bu deniz, Allahü teâlânın emri ile yer üzerine şiddetli yağmur yağdırır. Yağmur, o derece devâm eder ki, yeryüzünü kaplayıp, kırk arşın kadar yukarı yükselir. O zemân, toprak olmuş olan insanlar ve hayvanlar, ot gibi biterler. Zîrâ, hadîs-i şerîfde buyuruldu ki: **(İnsan kuyruk sokumu kemiğinden yaratılmışdır. Sonra yine ondan yaratılacakdır).** Diğer bir hadîs-i şerîfde, **(Kişinin her yeri mahv olup çürür. Lâkin, kuyruk sokumu kemiği çürümez. İnsan ondan çıkmışdı. Yine ondan iâde olunur)** buyuruldu. [Bu kuyruk sokumu kemiği omurganın son kemiğidir.] Nohud kadar bir kemikdir ki, içinde iliği olmaz.

Canlılar ve bütün parçaları, mezârlarında yeşil ot gibi biter. Her biri o kemikden neş'et ederler. Ba'zısı ba'zısına girmiş ağ örgüsü gibi dolanmış olur ki, birinin başı diğerinin omuzunda, öbürünün eli, diğerinin sırtında olarak insanın çokluğundan böyle girift olurlar. Allahü teâlâ Kaf sûresinin dördüncü âyetinde meâlen, **(Hakîkaten biz biliriz ki, arz onlardan birini noksân etmez. Zîrâ, bizim indimizde mahfûz kitâb vardır. Ya'nî biz yaratdıklarımızın hepsini biliriz)** buyurur.

Bu dirilmek hâli temâm olunca, hesâb üzere, sabî, yine sabîdir. İhtiyâr, yine ihtiyârdır. Olgun yaşda olanlar, yine öyledir. Yiğit olanlar yine delikanlıdır. Ya'nî Fenâ âlemi olan dünyâdan Bekâ âlemi olan âhırete geçdikleri zemân ya'nî ölürken ne hâldeyseler, yine o sûret ile dirilirler. Allahü teâlâ, Arş-ı a'lânın altında bir latîf rüzgâr esdirir. Bu rüzgâr yeryüzünü baştanbaşa kaplar. Yeryüzü toz gibi ince kum hâline girer.

Bundan sonra, Allahü teâlâ, İsrâfil aleyhisselâmı diriltir. Kudüs şehrindeki mubârek taşdan sûr üfürülür. Sûr, nûrdan boynuz gibi bir mahlûkdur ki, ondört parçadır. Bir parçasında karada olan hayvanların adedince delikler vardır. Karada olan hayvânâtın rûhları onlardan çıkar. Arı sesi gibi sesler işitilir. Yerle gök arasını doldurur. Sonra her bir rûh kendi cesedlerine girerler. Hak sübhânehu ve teâlâ bunlara kendi cesedlerini ilhâm eder. Hattâ dağlarda ölmüş olan, vahşî hayvanların ve kuşların yimiş olduğu insanların rûhları, kendi cesedlerini bulur. Nitekim Allahü teâlâ Zümer sûresinin altmışsekizinci âyetinde meâlen, **(Kıyâmetin yok edici sûrundan sonra, ikinci bir sûr üflenir. Bu sese bütün beşeriyyet tâbi' olur. Bu emr ile kalkıp, hâzır olurlar)** buyurur.

İnsanlar kabrlerinden ve yanıp kül oldukları, çürüdükleri yerlerden kalkdıkları vakt görürler ki, dağlar atılmış pamuk gibi, denizler susuz kalmış, yer ise, kendisinde ne iğrilik, ne de yükseklik var. Hepsi dümdüz olmuş, bir kâğıd sahîfesi gibi görünür. İşte insanlar, kabrlerinin üzerine oturdukları vakt, uryân olarak, her tarafa hayret ve düşünceli bir şeklde bakarlar. Nitekim, hazret-i Peygamber "sallallahü aleyhi ve sellem" sahîh olan hadîsde: **(İnsanlar her biri elbisesiz olup, hepsi çıplak ve sünnetsiz oldukları hâlde haşr olunurlar)** buyurur. Fekat gurbetde elbisesiz olarak vefât etdi ise, onlara Cennetden elbise getirilir ve giydirilir. Şehîdlerin ve sünnet-i seniyyeye [ya'nî ahkâm-ı islâmiyyeye] tutunup vefât etmiş olanların iğne deliği kadar elbisesiz yeri kalmaz. Zîrâ Peygamberimiz "sallallahü aleyhi ve sellem": **(Ey ümmetim ve Eshâbım! Siz ölülerinizin kefeninde mübâlaga ediniz! Zîrâ, benim ümmetim kefenleriyle haşr olunurlar. Hâlbuki sâir ümmetler çıplakdırlar)** buyurdu. Bu hadîs-i şerîfi, Ebû Süfyân "radıyallahü anh" rivâyet eyledi. Yine Peygamberimiz "sallallahü aleyhi ve sellem" buyurmuşdur ki: **(Ölüler kefenleri ile haşr olunur).**

Bir hastanın, ölüm hâline gelince, bana filân elbisemi giydirin dediğini işitdim. İstediğini giydirmediler. Tâ ki, üzerinde bir kısa gömlek olduğu hâlde vefât etdi. Başka hiç kefen de bulunmadı. Birkaç gün sonra, rü'yâda görüldü. Üzüntülü idi. (Sana ne oldu?) diye süâl olundukda; (Benden, istediğim elbiseyi men etdiniz. Beni bu kısacık gömlekle haşr olunmağa terk eylediniz) dedi.

YEDİNCİ FASL
BU FASL, İKİ NEFHA ARASINDAKİ
TEVAKKUFU BİLDİRMEKDEDİR

Birinci nefhada olan ölüm ikinci ölümdür. Çünki bu ölüm bâtınî hisleri de giderir, yok eder. Birinci ölüm ise, sâdece [konuşma, işitme, tadma gibi] zâhirî hisleri gidermişdi. O zemân ba'zı cesedler hareket ederdi. [Peygamberlerin kabrlerinde nemâz kıldığını bildiren hadîs-i şerîf bunun açık delîlidir. Buna bozuk i'tikâdlı kimseler inanmıyor.] İkinci ölümden sonra ise, nemâz kılamazlar. Oruc tutamazlar. İbâdet edemezler. Allahü teâlâ bir yere melek koysa elbette orada dururdu. Zîrâ melek de âleminde bulunmağa hırslıdır. Nefs [ya'nî rûh] basîtdir. Eğer cesedde olursa his etmeğe ve harekete sebeb olur. Âlimler bu iki nefha arasındaki mevt zemânında ihtilâf etdiler. Çok âlimlere göre kırk senedir.

İlm ve ma'rifetde kâmil olduğuna inandığım bir zât haber verip, bunu Allahdan başka kimse bilmez. Bu ilâhî sırlardandır, dedi. Yine bana haber verdi ki, **(İllâ men şâ Allah)** âyet-i kerîmesindeki istisnâ, hâssaten Allahü teâlâdır, dedi. Ben de cevâben dedim ki: Hazret-i Peygamber aleyhisselâmın, **(Kıyâmet gününde, ilk benim kabrim açılacakdır. O zemân, kardeşim Mûsâ aleyhisselâmı, Arş-ı a'lânın ayağına yapışmış bulurum. Benden evvel mi ba's olundu veyâ Allahü teâlânın istisnâ etdiği kimselerden midir bilmiyorum)** hadîs-i şerîfinin ma'nâsı nedir?

Bizim anladığımıza göre, eğer cismsiz olup, Mûsâ aleyhisselâmın rûhu cism olarak görülmüş ise, bu hadîs-i şerîfden hâric olmaz ve hazret-i Peygamberin "sallallahü teâlâ aleyhi ve sellem" istisnâsından sonra, emr-i fezada ya'nî dehşet ve korku zemânında olur ise yine böyledir. Zîrâ her cânlı, o zemân korku ve fezadadır. Ya'nî, birinci sûr üfürüldüğü vakt insanı korku alır ve hemen vefât ediverir. İkinci nefhaya kadar, o hâlde devâm eder. İşte o zemân mahlûkâtda cesedli, cüsseli birşey bulunmaz. Hazret-i Fahr-i âlemin kendisine yerin yarılması zemânı bu zemândır.

Nitekim Ka'b-ül-ahbâr "rahmetullahi aleyh", hazret-i Ömerin "radıyallahü anh" meclisinde, bu makâmın korku ve şiddetinden haber verdiği zemân dedi ki: (Yâ Hattâb oğlu! Bu zemânda yetmiş Peygamberin amelini yapmış olsan, zan ederim ki, sen kurtulamazsın, bu meşakkat ve feryâddan Allahü teâlânın müstesnâ kıldığı kimseler kurtulur. Onlar da dördüncü kat semâda bulunan kimselerdir.) Şübhesiz Mûsâ aleyhisselâm onlardandır. Allahü teâlânın müstesnâ buyurması, **(Bugün mülk kimindir)** ilâhî süâlinin beyânından öncedir. Eğer emr olunduğu zemân, bir kimse bulunsaydı, Allahü teâlânın **(Limen-il-mülk-ül-yevm)** süâline cevâb verip, muhakkak (Ey Vâhid, ey Kahhâr olan Allahım, elbette senindir) derdi.

SEKİZİNCİ FASL

Herkes kabri üzerine çıkıp, ba'zısı çıplak, ba'zısı siyâh, ba'zısı beyâz elbiseli, ba'zısı da nûr saçar bir hâlde oturur. Her biri başlarını eğmiş olarak, ne yapacağını bilmiyerek, bin sene kadar dururlar. Sonra magribden bir ateş zuhûr eder ki, onun gürültüsüyle halk mahşere sürülür. Bu zemânda her mahlûk dehşete düşer. İnsan olsun, cin olsun, vahşî hayvanlar olsun, her birini kendi ameli alıp, kalk mahşere git, der.

Ameli güzel olan kimsenin ameli eşek, ba'zısının da katır sûretinde görünür. Amel sâhibini üzerine alıp mahşere götürür. Ba'zısının da, koç şeklinde görünür. Ba'zı kerre amel sâhibini üzerine alır götürür, ba'zan da bırakır. Her mü'minin bir nûru olur ki, önünden ve sağ yanından, o zemânki karanlık içerisinde her tarafı aydınlatır.

Sol taraflarında nûr yokdur. Belki karanlıkda hiçbir kimse hiçbirşey göremez. O karanlıkda kâfirler hayretde kalır. Îmânlarında şek ve şübhe olan kimseler [ve bid'at sâhibi olanlar, mezhebsizler] şaşırırlar. Ehl-i sünnet âlimlerinin "rahmetullahi aleyhim ecma'în" bildirdiklerine uygun olarak doğru inanmış olan [Sünnî] mü'minler ise, onların zulmet ve tereddütlerine bakıp, Allahü teâlânın kendilerine hidâyet nûru verdiğine hamd ederler. Zîrâ, Cenâb-ı Hak, mü'minler için, azâb gören şakîlerin hâllerini ortaya koyar ki, bunda ba'zı fâideler vardır. Nitekim, Cennet ehli ve Cehennem ehli ne yapmışlarsa hepsi belli olur. Onun için, Allahü teâlâ meâlen, **(Arkadaşına nazar etdi. Onu Cehennem ateşinde gördü),** buyurdu. A'râf sûresinin kırkyedinci âyetinde de meâlen: **(Cehennem ehline bakdıkları zemân, Cennet ehli: Ey Rabbimiz! Bizi zâlim kavmlerle berâber kılma derler)** buyurdu. Zîrâ, dört şey vardır ki, kadrini, kıymetini ancak dört kimse bilir:

Hayâtın kadrini ancak ölü bilir. Ni'metin kadrini azâb çeken bilir. Servetin kadrini fakîr bilir. (Burada dördüncüsü yazılmamış. Fekat, Cennet ehlinin kadrini, Cehennem ehli bilir, demekdir).

Ba'zısının nûru, iki ayağı üzerinde ve parmakları ucunda görünür. Ba'zısının nûru, bir parlar, bir söner. Bunların nûrları îmânları kadardır. Kabrlerinden kalkdıkları vakt, hareketleri de, amelleri mikdârıdır. Sahîh olan bir hadîs-i şerîfde Peygamber efendimize "sallallahü aleyhi ve sellem" (Yâ Resûlallah! Biz nasıl haşr olunuruz?) diye sorulunca, cevâbında, **(İki kişi bir deve üzerinde, beş kişi ve on kişi bir deve üzerinde haşr olunur)** buyurdu.

Allahü teâlâ bilir, bu hadîs-i şerîfin ma'nâsı: (Bir kavm, islâmda birbirine yardım eder, dîni, îmânı, halâli, harâmı birbirlerine öğretirlerse, Allahü teâlâ onlara rahmet eder. Onların amelinden deve yaratır da, onun üzerine binerler. Öylece haşr olunurlar) demekdir. Bu ise, amelin za'îf olmasındandır. Çünki bunların, kendi amelleri bir deve olamadığından, ancak bir kaçının ameli bir deve olmakda ve buna müşterek binmekdedirler.

Bunlar şu insanlara benzerler ki, yolculuğa çıkmışlar. Fekat hiç kimsenin bir hayvan satın almağa vakti olmadığından, hayvan alıp gidecekleri yere gidemezler. Bunlardan iki veyâ üç kişi, bir hayvan satın alıp yolda ona müşterek binerler. Bu yolda ba'zan bir deveye on kişi binerler. Bu âcizlik amellerindendir. Bunun ma'nâsı, malda elini kısmakdır. Ya'nî hasîs olmakdır. Bununla berâber, selâmete çıkarılırlar. Öyle ise, bir amel işle ki, o amel sebebiyle Allahü teâlâ sana binek hayvanını nasîb etsin.

Şunu bilmelidir ki, bu kimseler âhiret ticâretinde fâide görüp, kâr edenlerdir. Bu takdîrde Allahü teâlâdan korkanlar, Allahü teâlânın dînini yayanlar, binicilerdir. Bunun için, Allahü teâlâ Meryem sûresinin seksenbeşinci âyetinde meâlen, **(Allahü teâlâdan korkanlar, o gün, Rablerinin ni'metlerine müşterek olarak giderler)** buyurdu.

Peygamberimiz "sallallahü aleyhi ve sellem" birgün Eshâbına buyurdular ki: **(Benî-İsrâilde bir kişi vardı. Çok hayr yapardı. Hattâ, o zât sizin içinizde haşr olunacakdır).** Eshâb-ı kirâm dediler ki: (Yâ Resûlallah! Bu zât ne hayr yapardı?) Resûlullah "sallallahü aleyhi ve sellem" buyurdu ki: **(Ona babasından çok mal kalmışdı. Bununla, bir bostan satın alıp, onu fakîrlere vakf etdi. Rabbim huzûruna vardığım zemân, bu, benim bostanım olur dedi. Yine bir çok altın ayırıp, onu fakîr ve za'îf kimselere verdi. Bununla da, cenâb-ı Hakdan câriye ve köle satın alırım, dedi. Yine birçok köle âzâd etdi. Bunlar dahî, Allahü teâlânın huzûrunda benim hizmetçilerim olur, dedi. Birgün de, bir a'mâya rast geldi. Gördü ki, ba'zan yürür, ba'zan düşer. Ona bir binecek hayvan satın alıp, bu da, Allahü teâlânın huzûrunda benim binecek hayvanımdır dedi.)**

Peygamber efendimiz bu hikâyeyi haber verdikden sonra da, **(Nefsim, kudreti elinde olan Allahü teâlâya yemîn ederim ki, bu hayvan onun için eyerlenmiş ve gem vurulmuş hâzır olduğunu görüyorum. Bu zât, ona biner de mahşere öylece gelir)** buyurdu.

(Sırât-ı müstekîm üzre gidenle, gözleri a'mâ olup yüzüstüne gittiği yolu bilmiyen müsâvi midir) meâlindeki Mülk sûresi yirmiikinci âyet-i kerîmesinin tefsîrinde buyuruldu ki, Allahü teâlâ, kıyâmet günü için mü'minlerin haşr olunması ile, kâfirlerin haşrine, bu âyet-i kerîmeyi misâl kıldı.

Nitekim Meryem sûresi seksenaltıncı âyet-i kerîmesinde meâlen, (Kâfirleri yüzleri üzerine sürünerek, Cehenneme göndeririz) buyurdu. Bu ma'nâ, ba'zı kerre yürürler, ba'zı kerre de sürünürler demekdir. Çünki, cenâb-ı Hak, başka bir âyet-i kerîmede, (Yürürler) buyuruyor. Nûr sûresi yirmidördüncü âyetinde meâlen, (Ve yapdıklarını dilleri, elleri ve ayakları haber verir) buyurdu. Bunun gibi, âyet-i kerîmedeki (Kör olarak) ma'nâsı da, kâfirler, mü'minlerin önünde ve sağ yanında parlayan nûrdan mahrûm olurlar demekdir. Temâmen kör olurlar demek değildir. Ya'nî karanlıkda kalır, göremezler demekdir. Çünki, biliyoruz ki, kâfirler semâya bakarlar, bulut ile yarılmış olduğunu, meleklerin indiğini, dağların yürüdüğünü, yıldızların döküldüğünü görürler.

Kıyâmet gününün korkuları, meâli, (Bu Kur'ân-ı kerîm sihr midir? Yâhud siz onu göremiyorsunuz) olan Tûr sûresinin onbeşinci âyet-i kerîmesinin tefsîridir. Bunun için, kıyâmetde olan a'mâlıkdan murâd, karanlığa dalmakdır. Ve Allahü teâlânın cemâl-i ilâhîsini görmekden men' olunmakdır. Çünki, Allahü teâlânın nûru ile mahşer yeri aydınlanır. Hâlbuki, o zemân, onların gözlerine perde gelip bu nûrlardan birşey görmezler.

Allahü teâlâ, onların kulaklarına da perde çeker. Kelâmullahı işitmezler. Hâlbuki melekler, meâl-i şerîfi, (Şimdi sizin üzerinize korku yokdur. Siz mahzûn dahî olmazsınız. Siz ve zevceleriniz, Cennete sevincle dâhil oldunuz) olan A'raf sûresi kırkdokuzuncu ve Zuhruf sûresinin yetmişinci âyetleri ile nidâ ederler. Mü'minler bunu işitir, kâfirler işitmezler.

Kâfirler konuşmakdan da men' olunur. Onlar dilsiz gibidirler. Bu da, Allahü teâlânın meâli, (Bu bir zemândır ki, onlar söylemezler ve söylemeğe izn dahî verilmez) olan, Mürselât sûresinin otuzbeş ve otuzaltıncı âyet-i kerîmelerinden anlaşılmakdadır.

İnsanlar dünyâdaki işlerine göre haşr olunur. Ba'zıları çalgı çalmakla ve dinlemekle meşgûl olmuşdur. [Her çalgı kasd olunmakdadır. İbâdetleri, Kur'ân-ı kerîm ve zikr okumağı, çalgı ile yapmak da buna dâhildir. Çünki hiçbir çalgıda Allahü teâlânın rızâsı yokdur.] Hayâtlarında çalgı çalmağa ve dinlemeğe devâm edenler, kabrinden kalkdığı vakt, sağ eliyle onu alır ve atar. O çalgıya der ki, (La'net olsun sana! Beni Allahü teâlânın zikrinden meşgûl etdin!). O çalgı ona geri gelir. Der ki, (Allahü teâlâ, aramızda hükm edinceye kadar, ben senin arkadaşınım. O vakte kadar ayrılamam). Böylece dünyâda alkollü içki içenler, serhoş olarak haşr olunur. Başları, kolları, bacakları açık olarak sokağa çıkan kadınlar, kızlar, buralarından kanlar, irinler akarak haşr olunur. Zurnacı zurna çalarak haşr olunur. Her kimse, böyle Allahü teâlânın yolundan ayrılırsa, o hâl üzere haşr olunur.

Sahîh olan hadîs-i şerîfde rivâyet olundu ki: **(Şerâb içen kimse, ateşden şerâb kabı boynuna asılmış ve kadehi elinde olarak yeryüzündeki leşlerin hepsinden dahâ fenâ kokduğu ve yeryüzündeki eşyânın hepsi ona la'net etdiği hâlde haşr olunur).**

Zulm edilerek ölenler, zulm olundukları üzre haşr olunurlar. Sahîh olan hadîs-i şerîfde buyuruldu ki: **(Allah yolunda öldürülüp, şehîd olanlar, kıyâmet gününde, yaralarının kanı akarak gelirler. Rengi kan ve kokusu misk kokusu gibi olur. Huzûr-ı Mevlâya haşr oluncaya kadar, bu hâl üzre bulunurlar.)**

Bu zemânda melekler, onları, fırka fırka, cemâ'at cemâ'at sevk ederler. Herbirinin altında, kendilerine zulm edenler bulunarak haşr olunurlar. İnsan, cin ve şeytân ve yırtıcı hayvanlar ve kuşlar, bir yerde toplanırlar. O zemân yeryüzü düz beyâz, gümüş gibi düz olur.

Melekler, yeryüzündeki bütün cânlıların etrâfında bir halka olmuşlardır. Yeryüzünde bulunanlardan on katdan ziyâdedir.

Bundan sonra, Allahü teâlâ, ikinci kat gök meleklerine emr eder ki, birinci kat gök meleklerini ve mahlûkâtı çevirirler. Bunlar da, hepsinin yirmi mislinden ziyâdedir.

Sonra, üçüncü kat melekleri nâzil olup, hepsinin etrâfını bir halka olarak çevirirler. Bunlar da hepsinin otuz mislinden ziyâdedir.

Sonra dördüncü kat melekleri, hepsinin etrâfını bir halka olarak çevirirler. Bunlar da hepsinin kırk mislinden ziyâdedir.

Sonra, beşinci kat göğün melekleri nâzil olup, bir halka olarak çevirirler. Bunlar da hepsinin elli mislinden ziyâdedir.

Dahâ sonra, altıncı kat gök melekleri nâzil olup, hepsinin etrâfını bir halka olarak çevirirler. Bunlar da hepsinin altmış mislinden ziyâdedirler.

En sonra, yedinci kat gök melekleri nâzil olup, bir halka olarak hepsini çevirirler ki, bunlar cümlesinin yetmiş mislinden ziyâdedirler.

Bu zemânda, halk birbirine karma karışık olur. İzdihâmın çok olmasından birbirlerinin ayaklarına basarlar. Herkes, günâhına göre, tere gark olur. Ba'zısı, kulaklarına kadar, ba'zısı boğazına kadar, ba'zısı göğsüne kadar, ba'zısı omuzlarına kadar, ba'zısı dizlerine kadar, hamamdaki gibi bir tere gark olunmuşlardır. Ba'zı kimseler de vardır, susuz olan kimse, su içdiği vakt, nasıl terlerse, o kadar az terler.

(Eshâb-ı rey) ki, onlar minber sâhibi olanlardır. (Eshâb-ı rışh), terliyenlerdir. (Eshâb-ı ka'beyn), [ya'nî topuklarına kadar terliyenler] suda boğularak vefât edenlerdir. Melekler bunlara: (Sizin için şimdi korku ve hüzn yokdur) diye nidâ ederler.

Ba'zı Ârifler bana haber verdi ki, bunlar (Evvâbûn)durlar. (Fudayl bin İyâd) "rahmetullahi aleyh"[1] ve gayrıları bunlardandır. Çünki, Peygamberimiz "sallallahü aleyhi ve sellem" (Günâhından tevbe eden kimse, hiç günâh işlememiş gibidir) buyururdu. Bu hadîs-i şerîf mutlakdır. Ya'nî bir şarta bağlı değildir. Bu üç sınıf, ya'nî (ehl-i rey, ehl-i rışh, ehl-i ka'b), (O gün ba'zılarının yüzleri ak, ba'zılarının ise siyâh olur) meâlindeki Âl-i İmrân sûresinin yüzaltıncı âyet-i kerîmesince, yüzleri beyâz olanlardır. Bunlardan gayrisinin yüzleri siyâh olur. Nasıl ızdırâb ve terlemek olmasın ki, güneş başlarına yaklaşmışdır. Hattâ bir kimse elini uzatırsa yapışacağım zan eder. Güneşin harâreti şimdiki gibi değildir. Yetmiş kat kadardır. Ba'zı selef dedi ki: Eğer güneş, kıyâmetde olduğu gibi, şimdi yer üzerine doğsa, elbette yeryüzünü yakar, taşları eritir ve ırmakları kuruturdu.

Bu zemânda, mahlûkât Arasât meydânında beyâz yerde, gâyet şiddet ile sıkıntı çekerler. Bu beyâz yeri, Allahü teâlâ, meâl-i şerîfi, (O gün, Vâhid ve Kahhâr olarak yeryüzünü başka şekle, gökleri de başka şekle çevirdiğim zemândır. O gün, herşey bana itâat eder) olan İbrâhîm sûresinin kırksekizinci âyetinde beyân buyurmuşdur.

O zemân, yeryüzünde bulunanlar, çeşidli şekllerdedirler. Dünyâda büyük görünenler, büyüklenenler, mahşerde zerre kadardır. Hadîs-i şerîfde kibrlilerin zerre gibi olacakları bildirilmişdir. Onlar hakîkaten zerre kadar küçük değildirler. Belki ayaklar altında kalıp çiğnendiklerinden, zelîl ve hakîr olmalarından, zerreler gibidir buyurulmuşdur.

Bunların arasında bir kavm, tatlı ve soğuk sâf sular içerler. Zî-

---

[1] Fudayl 187 [m. 803] de Mekkede vefât etdi.

râ, sabî, küçük çocuk iken vefât eden mü'min çocuklar, babalarının etrâfında, Cennet ırmaklarından doldurdukları kâselerle dönerler ve onlara su verirler.

Selef-i sâlihînden ba'zılarından rivâyet olundu ki, bir zâtın rü'yâsında kıyâmet kopmuş. O zât, mevkıfde gâyet susuz olarak dururmuş. Küçük çocukların su dağıtdığını görmüş. O zât buyurur ki: (Aman bana da bir yudum su verin). İçlerinden bir sabî dedi ki: (Bizim içimizde senin çocuğun var mıdır?) Ben hayır dedim. (Öyle ise Cennet şerâbından sana nasîb yokdur) dedi.

Bu hikâyede evlenme ve çocuk sâhibi olmanın efdal olmasına işâret vardır. Su dağıtan çocukların şartları (İhyâ-ül-ulûm) kitâbımızda anlatıldı.

Bir kısm insanlar da bulunur ki, başlarına yakın bir gölge gelmiş. Mahşerin harâretinden onları muhâfaza eder. Bu gölge ise, dünyâda verdiği zekât ve sadakalardır.

Bu hâlde bin sene kadar dururlar. (İhyâ-ül-ulûm) kitâbımızda anlatılan Müddessir sûresinde meâl-i şerîfi, (Sûra üfürüldüğü zemân) olan âyet-i kerîmeyi işitince bu hâlde dururlar. Bu âyet-i kerîme Kur'ân-ı kerîmin sırlarındandır.

Sûra üfürmenin dehşetinden tüyler titrer, gözler nereye bakacağını şaşırır ve mü'min ve kâfirler sevk olunurlar. Bu kıyâmet gününün şiddetini ziyâdeleşdiren bir azâbdır.

Bu vakt, Arşı sekiz melek yüklenip götürür. Onlardan bir melek bir adımında, yirmibin senelik dünyâ yolunu yürür.

Melekler ve bulutlar, Arş-ı a'lâ karâr edinceye kadar, aklların anlayamıyacağı tesbîhler ile tesbîh ederler. Bu şeklde, Arş-ı a'lâ, Allahü teâlâ kendisi için halk eylediği beyâz arzın üzerinde karar kılar. Bu zemân, hiçbirşeyin tâkat getiremiyeceği, Allahü teâlânın azâbından, başlar aşağı eğilir. Cümle halk sıkıntı içinde mahbûs ve şaşkın kalıp, şefkat ararlar. Peygamberlere ve âlimlere korku gelir. Evliyâ ve şehîdler "rahmetullahi aleyhim ecma'în" hiç tâkat getirilemiyecek olan Allahü teâlânın azâbından feryâd ederler. Bunlar, bu hâl üzereyken, güneşin nûrundan çok dahâ fazla olan bir nûr bunları içine alır. Zâten güneşin harâretine tâkat getiremiyen kimseler, bunu müşâhede etdikleri gibi, karma karışık olurlar. Bin sene de, bu hâl üzere kalırlar. Allahü teâlâ tarafından kendilerine bir şey söylenmez.

Bu vakt insanlar, ilk Peygamber olan Âdem aleyhisselâma giderler. (Ey insanların babası! Hâlimiz pek fenâdır). Kâfirler ise: (Yâ Rab! Bize merhamet et. Bizi şu şiddet ve meşakkatden kurtar), derler.

İnsanlar Âdem aleyhisselâma derler ki, (Yâ Âdem "aleyhisselâm"! Sen azîz ve şerîf bir Peygambersin ki, Allahü teâlâ seni yaratdı. Melekleri sana secde etdirdi. Sana kendi rûhundan üfledi. Kazâ ve hesâba başlaması için bize şefâ'at eyle ki, Allahü teâlâ ne murâd ederse, onunla mahkûm olalım. Ve nereye emr ederse, herkes oraya gitsin. Herşeyin hâkimi ve mâliki olan Allahü teâlâ, mahlûklarına dilediğini yapsın) diye yalvarırlar.

Âdem aleyhisselâm buyurur ki: (Ben Allahü teâlânın yasak etdiği ağacın meyvesinden yidim. Bu zemânda Allahü teâlâdan utanırım. Fekat siz, Resûllerin ilki olan Nûh aleyhisselâma gidiniz). Bunun üzerine bin sene aralarında meşveret ederek dururlar.

Sonra Nûh aleyhisselâma giderler de: (Sen Resûllerin ilkisin. Hiç dayanılmayacak bir hâldeyiz. Bizim muhâkememizin çabuk yapılması için bize şefâ'at eyle! Şu mahşer cezâsından kurtulalım) diye yalvarırlar. Nûh aleyhisselâm onlara cevâb olarak: (Ben Allahü teâlâya düâ eyledim. Yeryüzünde ne kadar insan varsa, o düâ sebebiyle boğuldu. Bunun için, Allahü teâlâdan utanırım. Fekat siz, İbrâhîm aleyhisselâma gidiniz ki, o Halîlullahdır. Allahü teâlâ Hac sûresinin son âyetinde meâlen, **(İbrâhîm "aleyhisselâm" siz dünyâya gelmezden evvel, size müslimân diye ism verdi)** buyurdu. Belki o size şefâ'at eder) der.

Yine evvelki gibi aralarında bin sene dahâ konuşurlar. Sonra, İbrâhîm aleyhisselâma gelirler. (Ey müslimânların babası! Sen o zâtsın ki, Allahü teâlâ, seni kendine halîl, dost eyledi. Bize şefâ'at eyle! Allahü teâlâ, mahlûkat arasında, hükmünü versin) derler. İbrâhîm aleyhisselâm onlara: (Ben dünyâda üç kerre kinâye söyledim. Bunları söyliyerek din yolunda mücâdele etdim. Şimdi Allahü teâlâdan bu makâmda şefâ'at izni istemekden utanırım. Siz Mûsâ aleyhisselâma gidiniz. Zîrâ, Allahü teâlâ onunla konuşdu ve kendisine ma'nevî yakınlık gösterdi. O, sizin için şefâ'at eder) buyurur. Bunun üzerine yine bin sene durarak birbirleriyle istişâre ederler. Fekat bu zemânda hâlleri gâyet güçleşir. Mahşer yeri ise, çok daralır. Sonra Mûsâ aleyhisselâma gelip, derler ki: (Yâ ibni İmrân! Sen o zâtsın ki, Allahü teâlâ seninle konuşdu. Sana Tevrâtı indirdi. Hesâbın başlaması için bize şefâ'at eyle! Zîrâ burada durmamız çok uzadı. İzdihâm pek ziyâdeleşdi. Ayaklar birbirleri üzerine birikdi). Mûsâ aleyhisselâm onlara der ki: (Ben, Allahü teâlâya, âl-i Fir'avnın senelerce hoşlanmıyacakları şeylerle cezâlandırılması için düâ etdim. Sonra gelenlere ibret olmalarını ricâ eyledim. Şimdi şefâ'at etmeğe utanırım. Fekat, Cenâb-ı Hak rahmet, mağfiret sâhibidir. Siz Îsâ aleyhisselâma gidiniz. Çünki yakîn cihetiyle Resûllerin en esahhı, ma'rifet ve zühd cihetinden, en efdali ve hikmet cihetinden en üstünüdür. Size O şefâ'at eder) buyurur. Bunlar, aralarında bin sene müşâvere ederler. Hâlbuki, onların sıkıntıları dahâ ziyâde olur.

Sonra Îsâ aleyhisselâma gelirler. Derler ki: (Sen Allahü teâlânın rûhu ve kelimesisin, Allahü teâlâ senin için Âl-i İmrân sûresinin kırkbeşinci âyetinde meâlen, **(Dünyâda ve âhıretde "Vecîh" ya'nî çok kıymetli)** buyurdu. Bize Rabbinden şefâ'at eyle!) Îsâ aleyhisselâm buyurur ki: (Benim kavmim, beni ve annemi Allahdan başka ilâh ittihâz eylediler. Nasıl şefâ'at ederim ki, bana da ibâdet etdiler. Ve bana oğul ve Allahü teâlâya baba ismini verdiler. Fekat, siz gördünüz mü ki, birinizin kesesi olsun da, içinde nafakası olmasın. Ve ağzı da mühürlü olsun. O mührü bozmadan o nafakaya vâsıl olsun. Peygamberlerin en üstünü ve sonuncusu Muhammede "sallallahü teâlâ aleyhi ve sellem" gidiniz. Zîrâ O, da'vetini ve şefâ'atini ümmeti için hâzırladı. Çünki, kavmi Ona çok kerre ezâ etdiler. Mubârek alnını yardılar. Mubârek dişini kırdılar. Kendisine delilik isnâd etdiler. Hâlbuki, o yüce Peygamber "sallallahü aleyhi ve sellem" onların iftihâr cihetinden en iyisi ve şeref cihetinden en yükseği idi. Onların tehammül olunmıyacak ezâ ve cefâlarına mukâbil, Yûsüf aleyhisselâmın kardeşlerine söylediği, **(Şimdi sizin, başınıza kakmak yokdur. Erhamürrâhimîn olan Cenâb-ı Allah, size mağfiret eder)** meâlindeki âyet-i kerîme ile cevâb verirdi.) Îsâ aleyhisselâm, Peygamberimizin "sallallahü aleyhi ve sellem" fazîletlerini anlatır, hepsi Muhammed aleyhisselâma bir an evvel kavuşmak ister.

Hemen Muhammed aleyhisselâmın minberine gelirler. Derler ki: (Sen Habîbullahsın! Habîb ise, vâsıtaların en fâidelisidir. Bize Rabbinden şefâ'at eyle! Zîrâ, Peygamberlerin birincisi olan Âdem aleyhisselâma gitdik. Bizi Nûh aleyhisselâma gönderdi. Nûh aleyhisselâma gitdik. İbrâhîm aleyhisselâma gönderdi. İbrâhîm aleyhisselâma gitdik. Mûsâ aleyhisselâma gönderdi. Musâ aleyhisselâma gitdik. Îsâ aleyhisselâma gönderdi. Îsâ aleyhisselâm ise, size gönderdi. Yâ Resûlallah "sallallahü aleyhi ve sellem"! Senden sonra gidecek bir yer yokdur).

Resûlullah "sallallahü aleyhi ve sellem" efendimiz: **(Allahü teâlâ izn verir ve râzı olursa, şefâ'at ederim)** buyurur.

(Surâdikât-i celâl), ya'nî celâl perdesine varır. Allahü teâlâdan şefâ'at için izn ister. Kendisine izn verilir. Perdeler kalkar. Arş-ı a'lâya girer. Secdeye kapanır. Bin sene secdede durur. Bundan sonra, cenâb-ı Hakkı bir hamd ile hamd eder ki, âlem yaratıldığından beri, hiç kimse, Allahü teâlâyı böyle medh etmemişdir.

Ba'zı ârifler dedi ki: (Allahü teâlâ âlemleri yaratınca kendisini böyle hamdler ile medh ve senâ buyurmuşdu). Arş-ı a'lâ, Cenâb-ı Hakka ta'zîmen hareket etmekdedir. Bu müddet içinde hâlleri pek ziyâde kötüleşir. Meşakkat ve zahmetleri artar. İnsanlardan her biri, dünyâda sımsıkı sakladıkları malı boyunlarına geçirmişlerdir. Deve zekâtını vermiyenlerin, boynuna deve yüklenir. Öyle bağırır ve ağırlaşır ki, büyük dağlar gibi olur. Sığır, koyun zekâtı vermiyenler de, böyle olur. Bunların feryâdları âdetâ gök gürlemesi gibidir.

Ekin zekâtını, ya'nî uşrunu vermiyenlerin boynuna ekin denkleri yüklenir ki, dünyâda hangi cins ekinin zekâtını vermemiş ise, o nev'den, o denkler dolmuşdur. Eğer buğday ise, buğday, arpa ise arpa dolmuşdur ki, ağırlığından altında "vâveylâ", "vâseburâ" [1] diye bağırır. Altın, gümüş ve [kâğıd] para ve sâir ticâret malı zekâtından vermeyenler de, dehşetli bir yılanı yüklenir ki, o yılanın başında yalnız iki örgüsü vardır. Kuyruğu burnuna girmişdir. Boynu ile halkalanmış, boynu üzerinde yüklenmiş, hattâ değirmen taşlarını yüklenmiş kadar ağırlığı vardır. Bağırırlar, bu nedir, derler. Melekler onlara: (Bunlar, dünyâda zekâtını vermediğiniz mallarınızdır) derler. İşte bu dehşetli hâl, Âl-i İmrân sûresinin meâl-i şerîfî, **(Dünyâda esirgedikleri, kıyâmet günü boyunlarına takılır)** olan, yüzsekseninci âyet-i kerîmesi ile bildirilmişdir.

Diğer bir fırka ise, avret yerleri gâyet büyümüş, cerâhat ve irin akar. Onların fenâ kokusundan etrâfda bulunanlar çok râhatsız olur. Bunlar, zinâ yapanlar ve başları, saçları, kolları, bacakları açık sokağa çıkan kadınlardır.

Diğer bir fırka da vardır ki, ağaç dallarına asılırlar. Bunlar dünyâda livâta yapanlardır.

Diğer bir fırkası da, dilleri ağızlarından çıkmış ve göğüslerine sarkmış, gâyet çirkin bir hâldedirler ki, insan görmek istemez. Bunlar yalan ve iftirâ söyliyenlerdir.

Bir fırka dahî, karınları yüksek dağlar kadar büyümüş olduğu hâlde bulunur. Bunlar, dünyâda zarûret olmadan ve muâmele yapmadan fâizli mal ve para alıp verenlerdir. Bu gibi harâm işliyenlerin günâhları, fenâ hâlde açığa vurulur. [Fâiz için zarûretin ne olduğu ve muâmele ile satış yaparak fâiz almak **(Se'âdet-i Ebediyye)** kitâbında bildirilmişdir.]

---

[1] **"Veyl"** azâb kelimesidir. İnsan azâba tâkat getiremediği vakt, böyle bağırır. **"Sebûr"** da helâk zemânında kullanılır.

DOKUZUNCU FASL

Allahü teâlâ meâlen buyurur ki, **(Yâ Muhammed, başını secdeden kaldır! Söyle, dinlenir. Şefâ'at et, kabûl olunur).** Bunun üzerine, Peygamber "sallallahü aleyhi ve sellem": **(Yâ Rabbî! Kulların arasından iyileri ve kötüleri ayır ki, zemânları gâyet uzadı. Herbiri, günâhlarıyle arasât meydânında rezîl ve rüsvây oldular)** der.

Bir nidâ gelir: **(Evet yâ Muhammed!)** "sallallahü aleyhi ve sellem" denilir. Cenâb-ı Hak, Cennete emr eder ki, her cins zîneti ile zînetlenir. Arasât meydânına getirilir. O derece güzel kokusu vardır ki, beşyüz senelik yoldan duyulur. Bu hâlden kalbler ferâhlanır. Rûhlar dirilir. [Lâkin kâfirler, mürtedler ve müslimânlarla alay edenler, Kur'ân-ı kerîme hakâret edenler, gençleri aldatarak îmânlarını çalanlar ve] amelleri habîs, kötü olanlar, Cennetin kokusunu duymazlar.

Cennet, Arş-ı a'lânın sağ tarafına konulur. Bundan sonra, cenâb-ı Hak, Cehennemi getirmeği emr eder. Cehenneme korku gelir, feryâd eder. Kendisine gönderilen meleklere: (Allahü teâlâ, bana azâb etdirmek için bir mahlûk yaratdı da, onunla bana azâb mı edecek) der. Onlar da: (Allahü teâlânın izzeti ve celâli ve ceberûtü hakkı için, Rabbin seninle âsîlerden, islâm düşmanlarından intikam almak için, bizi sana gönderdi. Sen ise, bunun için halk olundun) derler. Cehennemi dört tarafından çekerek götürürler. Yetmişbin ip takıp çekerler ki, her bir ipde yetmişbin halka vardır. Dünyâdaki demirlerin hepsi toplansa onun bir halkası kadar olamaz. Her halkada, zebânî denilen azâb meleklerinden yetmişbin melek vardır ki, yalnız birine dünyâdaki dağları koparmak emr olunsa, parça parça ederdi. O vakt, Cehennemin bağırması ve gürültüsü ve ateş saçması ve şiddetli dumanı vardır ki, bütün gökyüzünü simsiyâh eder. Mahşer yerine bin senelik yol kalınca, meleklerin ellerinden kurtulur. Gürültüsü ve gümbürtüsü ve sıcaklığı tehammül olunmıyacak derecededir. Mahşerdekilerin hepsi, bundan çok korkarlar. Bu nedir diye sorarlar. Haber verilir ki, Cehennem, zebânîlerin elinden kurtulmuş, size yaklaşıyor da, onun gürültüsüdür derler. Bunun üzerine, herkesin dizinin bağı çözülüp çöküverirler. Hattâ Peygamberler ve Resûller dahî kendilerini tutamaz. Hazret-i İbrâhîm, hazret-i Mûsâ, hazret-i Îsâ, arş-ı a'lâya sarılır. İbrâhîm aleyhisselâm kurban etdiği İsmâ'îl aleyhisselâmı unutur. Mûsâ aleyhisselâm birâderi Hârûn aleyhisselâmı ve Îsâ aleyhisselâm vâlidesi hazret-i Meryemi unuturlar. Her biri: (Yâ Rabbî! Bugün nefsimden başka birşey istemem) der.

O zemân Muhammed "aleyhisselâm" ise: **(Ümmetime selâmet ve necât ver yâ Rabbî)** der.

Orada buna tehammül edebilecek kimse bulunmaz. Zîrâ Allahü teâlâ, bunu haber verip; Câsiye sûresinin yirmisekizinci âyetinde meâlen, **(Her ümmeti, dizleri üzre cenâb-ı Hakkın korkusundan çökmüş olarak görürsün. Herbiri, dünyâda işledikleri amellerin kitâbına da'vet olunurlar)** buyurmuşdur. Cehennemin böyle kurtulup kükremesi üzerine, herkes boğulma derecesinde ve kederlerinden yüzleri üzerine kapanırlar. Bu da, Allahü teâlânın Furkân sûresinin onikinci âyetinde meâlen: **(Nâr, ehl-i mahşeri uzak mahalden gördüğü vakt, nâs ondan boğuk ve çirkin ve gâyet büyük ses işitirler)** buyurmasıyle sâbitdir.

Allahü teâlâ, Mülk sûresinin sekizinci âyetinde meâlen, **(Gayz ve şiddetinin çokluğundan, Nâr ikiye ayrılacak gibi olur)** buyurur. Bunun üzerine, Peygamberimiz "sallallahü aleyhi ve sellem" ortaya çıkıp, Cehennemi durdurur. Buyurur ki, **(Hakîr ve zelîl olarak geriye dön! Tâ ki, sana ehlin gürûh gürûh gelsinler).** Cehennem dahî (Yâ Muhammed, bana müsâ'ade et! Zîrâ, sen bana harâmsın) der. Arşdan nidâ gelerek: (Ey Cehennem, Muhammed aleyhisselâmın kelâmını dinle! Ve ona itâ'at et) der. Sonra Resûlullah "sallallahü aleyhi ve sellem", Cehennemi çeker, Arş-ı a'lânın sol tarafında bir yere yerleşdirir. Mahşerdekiler, Peygamber efendimizin bu merhametli mu'âmelesini birbirine müjdelerler. Korkuları bir mikdâr azalır. Enbiyâ sûresinde yüzyedinci âyet-i kerîmenin **(Seni âlemlere rahmet olarak gönderdik)** meâl-i şerîfi zâhir olur.

Bu zemânda nasıl olduğu bilinmiyen mîzân kurulur. Mîzânın iki kefesi, ya'nî gözü vardır. Birisi nûrdan ve biri zulmetden ya'nî karanlıkdandır.

Bundan sonra, Allahü teâlâ zemândan, mekândan, cismden münezzeh ve berî, uzak olduğu hâlde, kudretini izhâr buyurması üzerine, insanlar ona ta'zîm ederek, secdeye varırlar. Fekat kâfirler, mürtedler, secde edemezler. Zîrâ, onların belleri demir kesilip secde etmeleri mümkin olmaz. İşte bu da, Nûn sûresi, kırkikinci âyet-i celîl-i ilâhiyyesinin **(Gözlerden perde kaldırılıp sıkıntıların artdığı zemânda secde etmeğe çağrılırlar. Fekat secde edemezler)** meâl-i şerîfidir.

İmâm-ı Buhârînin "rahmetullahi aleyh",[1] bunun tefsîrinde,

---

[1] Muhammed Buhârî 256 [m. 870] de Semerkandda vefât etdi.

Peygamberimize "sallallahü teâlâ aleyhi ve sellem" kadar senedini ya'nî râvîlerini zikr ederek bildirdiği hadîs-i şerîfde buyuruldu ki, **(Allahü teâlâ kıyâmet gününde sâkından keşf eder.** [Paçalar sıvanır. Ya'nî çok çetin ve sıkıntılı bir hâl olur. Secde ediniz denir.] **Bütün mü'minler secde ederler).** Ben, bu hadîs-i şerîfin te'vîlinden korkdum. Meseldir diyerek söz söyliyenlerin sözünü dahî beğenmedim. Mîzân ya'nî terâzî de, melekûta mahsûs olan bilinmiyen şeylerdendir, dünyâ terâzîlerine benzemez. Zîrâ iyilikler ve kötülükler, madde ve cism değildir. A'raz, ya'nî sıfatdırlar. A'razları, özellikleri, bildiğimiz terâzîler ile, maddeyi dartar gibi, vezn etmek sahîh olmaz. Ancak, bilinmiyen terâzî ile dartmak sahîh olur.

Mü'minler secdede iken, Allahü teâlâ nidâ eder. Yakından ve uzakdan işitilir. İmâm-ı Buhârînin rivâyet etdiği gibi, cenâb-ı Hak [hadîs-i kudsîde]; **(Ben azîm-üş-şân herkese mücâzât eden deyyânım. Bana hiçbir zâlimin zulmü tecâvüz etmez. Eğer tecâvüz ederse, ben zâlim olurum)** buyurur.

Bundan sonra, hayvânât arasında hükm eder. Boynuzlu koyundan, boynuzsuz koyunun hakkını alıverir. Dağ hayvanlarıyle kuşlar arasındaki hakları ödeşdirir. Sonra da bunlara: **(Toprak olunuz)** der. Hemen hayvanlar toprak oluverirler. Kâfirler, bu hâli görünce her biri, Nebe' sûresi kırkıncı âyetinin meâlinde haber verildiği üzere **(Ne olaydı, toprak olaydım)** derler.

Sonra, Allahü teâlâ tarafından nidâ olunup, **(Levh-i mahfûz nerededir?)** buyurur. Bu ses, akllara hayret verecek sûretde işitilir. Allahü teâlâ, **(Ey Levh! Tevrât ve İncîl ve Kur'ân-ı azîm-üş-şândan sende yazdığım şey nerededir?)** der. Levh-i mahfûz der ki: (Yâ Rabb-el'âlemîn! Bunu Cebrâîl "aleyhisselâm"dan süâl buyur!).

Bu vakt, Cebrâîl "aleyhisselâm" getirilir ki, âdetâ kendisini titremek alır. Hayretinden diz üstü çöker. Cenâb-ı Hak buyurur ki: **(Yâ Cebrâîl! Bu Levh der ki, sen benim kelâmımı ve vahyimi kullarıma nakl eylemişsin, doğru mudur?)** Cebrâîl "aleyhisselâm" (Yâ Rabbî doğrudur) der. Allahü teâlâ, **(Onu nasıl yapdın?)** buyurur. Cebrâîl aleyhisselâm, (Yâ Rabbî, Tevrâtı Mûsâ aleyhisselâma, İncîli Îsâ aleyhisselâma, Kur'ân-ı kerîmi Muhammed aleyhisselâma inzâl ve her bir Resûle risâleti ve her bir suhuf sâhibi Peygambere de sahîfelerini ulaşdırdım) der.

Bir nidâ gelir ki; **(Yâ Nûh!)**, Nûh aleyhisselâm getirilir. Titrediği hâlde, huzûr-i ilâhîye gelir. Ona hitâben: **(Yâ Nûh! Cebrâîl aleyhisselâm der ki, sen Resûllerdensin).** (Evet yâ Rabbî! Doğrudur) der. Yine buyurur ki, **(Kavminle ne iş gördün?).** Nûh aleyhisselâm, (Yâ Rabbî! Onları gece ve gündüz îmâna da'vet etdim. Benim da'vetim onlara bir fâide vermedi. Benden kaçdılar). O zemân, yine nidâ olunarak, **(Yâ Nûh kavmi!)** denir. Onlar bir fırka olarak getirilir. Denilir ki, **(İşbu kardeşiniz Nûh aleyhisselâm der ki, size benim risâletimi teblîğ etmiş).** Onlar: (Ey bizim Rabbimiz, yalan söylüyor. Bize birşey teblîğ etmedi) derler. Risâleti inkâr ederler.

Allahü teâlâ, **(Yâ Nûh! Senin şâhidin var mıdır)** buyurur. Nûh aleyhisselâm, (Yâ Rabbî! Benim şâhidim, Muhammed aleyhisselâm ile ümmetidir) der.

Allahü teâlâ, **(Yâ Muhammed!)** "aleyhisselâm". **Bu Nûh** aleyhisselâm **risâleti teblîğ etdiğine seni şâhid kılar)** buyurur. Peygamberimiz "aleyhisselâm", Nûh aleyhisselâmın risâleti teblîğ etdiğine şâhid olup, Hûd sûresinin yirmi beşinci âyet-i kerîmesini okur. Bu âyet-i kerîmede meâlen, **(Biz Nûhu insanlara Peygamber olarak gönderdik. Onları Allahü teâlânın azâbı ile korkutdu. Allahü teâlâdan başka şeylere ibâdet etmeyiniz dedi)** buyurulmuşdur. Cenâb-ı Hak, Nûh aleyhisselâmın kavmine: **(Sizin üzerinize azâb hak oldu. Zîrâ, azâb kâfirler üzerine lâyıkdır)** buyurur.

Böylece, hepsi Cehenneme atılır. Ne amelleri tartılır, ne de hesâb olunurlar.

Bundan sonra **(Âd kavmi nerededir?)** diye nidâ olunur. Nûh aleyhisselâmın kavmine yapıldığı gibi, Hûd aleyhisselâm ile, kavmi olan Âd kavmi arasında mu'âmele cereyân eder. Peygamberimiz "aleyhisselâm" ile ümmetinin hayrlıları şehâdet ederler. Peygamberimiz Şuarâ sûresinin yüzyirmiüçüncü âyet-i kerîmesini okur. Bu kavm de Cehenneme atılır.

Bundan sonra (Yâ Sâlih ve Yâ Semûd) diye nidâ olunur. Sâlih aleyhisselâm ve kavmi gelirler. İnkârları üzerine, hazret-i Peygamberden şehâdet taleb olunur. Peygamberimiz "aleyhisselâm" Şuarâ sûresinin yüzkırkbirinci âyet-i kerîmesini okur. Onlar da, evvelkiler gibi Cehenneme atılır.

Kur'ân-ı azîm-üş-şânın haber verdiği gibi, ümmetler, birbiri arkası sıra, Allahü teâlânın huzûruna gelirler. Furkân sûresinin otuzsekizinci ve İbrâhîm sûresinin sekizinci âyet-i kerîmeleri bunu haber vermekdedir. Bunda tenbîh vardır ki, bunlar âsî ve azgın kavmlerdir. (Bârîh, Mârih, Duhâ, Esrâ) kavmleri ve bunlar gibi kâfirlerdir. Bunlardan sonra, nidâ, Eshâb-ı res ve tübba' ve İbrâhîm aleyhisselâmın kavmine gelir. Bunların hiç birinde mîzân kurulmaz. Ve hesâb sorulmaz. Bunlar, o gün Rablerinden mahcûb-durlar. Allahü teâlânın kelâmını onlara bir tercümân söyler. Çünki, bir kimse, nazar ve kelâm-ı ilâhîye mazhar olursa, o kimse azâb olunmaz.

Bundan sonra, Mûsâ aleyhisselâma nidâ olunur. Şiddetli rüzgârda yapraklar nasıl titrerse, öyle titreyerek gelir. Cenâb-ı Hak, ona hitâben: **(Yâ Mûsâ! Cebrâîl sana risâletini ve Tevrâtı kavmine teblîğ etdiğine şehâdet ediyor)** buyurur. Mûsâ aleyhisselâm, (Evet yâ Rabbî) der. **(Öyle ise, minberine çık! Sana vahy olunan şeyleri oku!)** buyurulur. Mûsâ aleyhisselâm, minbere çıkar, okur. Herkes kendi mevkı'inde sükût ederler. Tevrâtı dahâ yeni nâzil olmuş gibi okur. Yehûdî âlimleri, sanki bundan evvel, Tevrâtı hiç görmemişler, bilmemişler gibi olurlar.

Sonra da, Dâvüd aleyhisselâma nidâ olunur. Bu da, sanki şiddetli rüzgârda yaprak titrer gibi, son derece titreyerek gelir.

Allahü teâlâ: **(Yâ Dâvüd! Cibrîl "aleyhisselâm" Zebûru ümmetine teblîğ etdiğine şehâdet ediyor)** deyince, Dâvüd aleyhisselâm, (Evet yâ Rabbî!) der. Cenâb-ı Hak, **(Minberine çık ve sana vahy olunan şeyi tilâvet eyle)** buyurur. Dâvüd aleyhisselâm minbere çıkar. Güzel sesle Zebûr-u şerîfî okur. Hadîs-i şerîfde bildirildi ki, Dâvüd aleyhisselâm Cennet ehlinin münâdîsidir. [Dâvüd aleyhisselâmın sesi çok güzel ve gür idi.] Nidâ edince sesini tâbüt-i sekînenin imâmı işitir ve cemâ'atin içine girerek safları yararak, Dâvüd aleyhisselâmın yanına gelir. Ona sarılır. Der ki: (Sana Zebûr va'z vermedi mi ki, benim için yanlış niyyet etdin?). Hazret-i Dâvüd, çok utanır, sıkılır. Cevâb veremez. Arasât ızdırâba gelir. İnsanlar Dâvüd aleyhisselâmdan gördüğü hâllerden dolayı çok üzüntülü olurlar. Bundan sonra Dâvüd aleyhisselâma sarılıp, huzûr-i Mevlâya çıkarır. Üzerlerine perde iner. Tâbütün imâmı der ki: (Yâ Rabbî! Dâvüd aleyhisselâmın hürmetine bana rahmet eyle ki, bu beni harbe gönderdi. Hattâ öldürüldüm. Nikâh etmek istediğim hâtunu kendine almak istedi. Hâlbuki o zemân bundan başka, doksandokuz hâtunu vardı). Allahü teâlâ, Dâvüd aleyhisselâma sorar, **(Yâ Dâvüd! Bunun sözü doğru mudur?)** buyurur. Dâvüd aleyhisselâm utancından ve Allahü teâlânın azâbı korkusundan, mağfiret va'dini ricâ ederek, başını aşağı eğer. Zîrâ, insan birşeyden korkar ve mahcûb olursa, başını önüne eğer. Birşey umar ve ricâ ederse, başını yukarı kaldırır. Bu vakt, Allahü teâlâ tâbütün imâmı olan zâta buyurur ki: **(Ben, buna mukâbil, sana köşk ve vildândan şu kadar, bu kadar şey verdim. Râzı mısın?)** O zât da: (Râzıyım yâ Rabbî) der. Bundan sonra, Dâvüd aleyhisselâma: **(Sen de yâ Dâvüd, git seni de mağ-firet etdim)** buyurur.[1]

Bundan sonra Dâvüd aleyhisselâma: **(Minberine dön, Zebûrun devâmını oku)** buyurur. O da, Allahü teâlânın emrini yerine getirir. Bu zemânda, Benî İsrâîle iki kısm olmaları emr olunur. Bir kısmı, mü'minler ile, bir kısmı da, kâfirler ile berâber olur.

Bundan sonra, bir ses işitilir ki: **(Îsâ "aleyhisselâm" nerededir?)** der. Îsâ aleyhisselâm getirilir. Allahü teâlâ ona hitâben Mâide sûresinin yüzonaltıncı âyet-i kerîmesinin meâl-i şerîfi olan, **(Yâ Îsâ! Sen insânlara Allahdan başka beni ve annemi ilâh edininiz dedin mi?)** buyurur.

Îsâ aleyhisselâm, Allahü teâlâya hamd eder ve çok senâlar eder. Sonra meâl-i şerîfi, **(Yâ Rabbî! Seni noksan sıfatlardan tenzîh ve takdîs ederim ki, hakkım olmıyan şeyi benim için söylemek olmadı. Eğer ben onu söyledimse, hakîkaten Sen onu bilirsin. Yâ Rabbî! Sen benim nefsimde olanı bilirsin. Ben Senin zâtında olanı bilmem. Yâ Rabbî! Sen gâibleri bilensin)** olan Mâide sûresinin yüzonaltıncı âyet-i kerîmesi ile cevâb verir.

Bunun üzerine cenâb-ı Hak, cemâl sıfatını gösterir ve meâl-i şerîfi, **(Bu zemân, sâdıklara sıdkının menfe'at vereceği zemândır)** olan Mâide sûresi yüzondokuzuncu âyet-i kerîmesini buyurur ve **(Yâ Îsâ! Sen doğru söyledin. Minberine git! Sana Cebrâîlin teblîğ etdiği İncîli tilâvet eyle)** der. Îsâ aleyhisselâm, (Evet Yâ Rabbî) der. Sonra tilâvete başlar. Tilâvetin te'sîrinden herkesin başı yukarı kalkar. Zîrâ, Îsâ aleyhisselâm rivâyet cihetinden insanların en ziyâde hakîmidir. Okumada, o kadar tâzelik ve nezâket gösterir ki, hıristiyanlar, ruhbânlar, kendilerini, İncîlden hiçbir âyet bilmiyorlarmış zannederler.

Bundan sonra, nasârâ da, iki kısm olurlar. Bozuk olanları, ya'nî hıristiyanlar kâfirlerle, bozulmamış olan mü'minleri, mü'minlerle haşr olunur.

Bundan sonra, bir nidâ işitilir ki, **(Muhammed** "aleyhisselâm" **nerededir?)** Peygamberimiz "aleyhisselâm" gelir. Cenâb-ı Hak buyurur ki: **(Yâ Muhammed! Cibrîl, sana Kur'ân-ı kerîmi teblîğ etdim diyor).** O da: (Evet yâ Rabbî) der. Cenâb-ı Hak: **(Yâ Muhammed, minberine çık ve Kur'ân-ı kerîmi kırâet et)** buyurur.

---

[1] Bu kıssa, Mevâhib tefsîrinde, Sâd sûresi yirmiüçüncü âyetinde dahâ geniş yazılıdır. Peygamberler en küçük bir günâh işlemez ve günâhı işlemek, hâtırlarına bile gelmez. Bu tefsîrden okuyunca, hakîkat iyi anlaşılır.

Peygamberimiz "sallallahü aleyhi ve sellem" Kur'ân-ı kerîmi tilâvet edip, gâyet güzel ve tatlı bir şeklde okur. Mü'minleri müjdeler. Onların yüzleri güler ve sevinirler. Kur'ân-ı kerîme inanmıyanların, bu mubârek kitâba **(Hâşâ)** çöl kanûnu diyenlerin ise, yüzleri gâyet çirkin olur.

Buraya kadar beyân olunan Peygamberlere olunacak süâli, A'râf sûresindeki, **(Biz kendilerine Peygamber gönderilen kavme elbette süâl ederiz. Peygamberlere de süâl ederiz)** meâlindeki beşinci âyet-i kerîmesi haber vermekdedir.

Ba'zıları, Mâide sûresinin yüzdokuzuncu **(Allahü teâlâ, büyük Peygamberleri cem' eylediği vakt, kavminizden nasıl icâbet ve kabûl olundunuz?)** meâlindeki âyet-i kerîme ile haber verilmişdir dediler. O zemân Peygamberler: (Yâ Rabbî! Seni tesbîh ederiz ki, bizim için hiç ilm yokdur. Sen gaybleri en iyi bilensin) derler. Evelki âyet-i kerîmenin haber verdiğini söyliyen âlimlerin sözü dahâ doğrudur. **(İhyâ-ül-ulûm)** adındaki kitâbımızda da bunu bildirdik. Zîrâ Peygamberlerin dereceleri vardır. Îsâ "aleyhisselâm" ise, onların büyüklerindendir. Zîrâ O **(Rûhullah)**dır. **(Kelimetullah)**dır. Peygamberimiz "aleyhisselâm" Kur'ân-ı kerîmi tilâvet buyurduğu zemân, ümmeti zan eder ki, hiç işitmemişlerdir. Bu bahsde, hazret-i Esma'îye[1] dediler ki: (Sen Kur'ân-ı kerîmi en ziyâde ezberlemiş olansın. Sen de, böyle mi olursun?) Cevâbında, (Evet, hazret-i Peygamberden işitdiğim vakt, hiç işitmemiş gibi olurum) buyurdu.

Kitâbların kırâ'eti temâm oldukdan sonra bir nidâ gelir ki: **Ey mücrimler, şimdi sizler ayrılınız!)** denir. Bu nidâ üzerine, mevkıf ya'nî Arasât meydânı harekete gelir. O zemân, herkesi büyük korku alır. Birbirlerine girift olurlar. Melekler cin ile ve cin insanlar ile karışır. Bundan sonra, nidâ gelir ki: **(Yâ Âdem! Evlâdından Cehenneme lâyık olanı gönder!)** Âdem "aleyhisselâm" ise, (Yâ Rabbî! ne kadar?) diye süâl eder. Cenâb-ı Hak, buyurur ki: **(Binde dokuzyüzdoksandokuzu Cehenneme ve biri Cennete).** Kâfirlerden ve Ehl-i sünnetden "rahmetullahi aleyhim ecma'în" ayrılmış mülhidlerden ve gâfillerden, çıkara çıkara, ancak Allahü teâlânın bir avuç buyurduğu kadar mü'min geride kalırlar. Ebû Bekr-i Sıddîkın "radıyallahü anh" **(Rabbimizin avuçlarından bir avuç kalır)** buyurduğunun ma'nâsı budur.

---

[1] Ebû Sa'îd-i Esma'î (122) de Basrada tevellüd, 216 [m. 831] de Mervde vefât etdi. Asl adı Abdülmelikdir "rahime hullahü teâlâ".

Bundan sonra İblîs şeytânlarıyle birlikde getirilir. Bunların mîzânının da seyyiâtları, hasenâtlarının üzerine ağır gelmişdir. Her kime ki, din ulaşmışdır, onun sevâbları ile günâhları muhakkak dartılacakdır. Şeytânlar, günâhları ağır gelip, azâb göreceklerini yakînen bildikleri vakt: (Bize Âdem zulm etdi. Zebânî denilen melekler saçlarımızdan tutarak bizi Cehenneme sürükledi) derler.

Bunun üzerine, cenâb-ı Hak tarafından bir nidâ gelir ki, Mü'min sûresinin onyedinci âyet-i kerîmesinin, **(Bu zemânda zulm yokdur. Allahü teâlâ hesâbda sür'atlidir)** meâlindedir. Herkes için büyük bir kitâb çıkarılır ki, şark ve garb arasını tutar. Onda mahlûkların bütün amelleri yazılıdır. Küçük ve büyük hepsini bildirir. Allahü teâlâ, hiçbir kimseye zulm etmez. Mahlûkların her gün yapdıkları amelleri bu kitâb ile Allahü teâlâya arz olunur. Allahü teâlânın emri ile Abese sûresinin onaltıncı âyet-i kerîmesinde bildirilen (Kirâmün berere) meleklerine ya'nî kerîm ve itâ'atkâr meleklere, o amelleri yazmağı emr eder. Bu kitâb işte odur. Câsiye sûresinin yirmisekizinci âyet-i kerîmesinin **(Biz yapdığınız amellerin hepsini yazdırdık)** meâl-i şerîfi bunu haber vermekdedir.

Bundan sonra, bir münâdî herkesi ayrı ayrı çağırır. Herkes, ayrı ayrı hesâba çekilir. Nûr sûresi, yirmidördüncü âyetinde meâlen, **(Yapdıklarının hepsine, o gün dilleri ve elleri ve ayakları şehâdet eder)** buyuruldu.

Doğru haberde bize bildirildi ki, bir kimse Allahü teâlânın huzûrunda durdurulur. Cenâb-ı Hak ona **(Ey fenâ kul! Sen mücrim ve âsî oldun)** der. O kul: (Yâ Rabbî! Ben işlemedim) der. **(Senin aleyhine delîller ve şâhidler vardır)** denir. O kimsenin Hafaza melekleri getirilir. O kimse: (Onlar benim üzerime yalan söylediler) der. Bu hâl, meâl-i şerîfi **(O gün herkes getirilir. Herkes kendi nefsi ile mücâdele eder)** olan, Nahl sûresinin yüzonbirinci âyetinde bildirilmekdedir. Sonra ağzına mühür vurulur. Bu da Yasîn-i şerîfin altmış beşinci âyetinin **(Kıyâmet gününde, ben azîmüş-şân, mücrimlerin ağızlarını mühürlerim. Ne ki kazanıp kesb etdiler ise, bize elleri söyler ve ayakları şehâdet eder)** meâl-i şerîfi ile bildirilmişdir. Öyle ise, âsîlerin a'zâsı şehâdet edip Cehenneme götürülmeleri emr olunur. Mücrimler [din düşmanları, harâm işliyenler, nemâza ehemmiyyet vermiyenler] a'zâlarına levm etmeğe, bağırmağa başlar. A'zâsı da, der ki, **(Bu şehâdet bizim ihtiyârımızla değildir. Bizi Allahü teâlâ söyletdi. Herşeyi söyleten Odur).** Bunlar Fussilet sûresiniň yirmibirinci âyet-i kerîmesinde bildirilmekdedir.

Hesâbdan sonra, bütün insanlar Sırât köprüsüne gönderilecekdir.

Sırât köprüsünden geçemeyip düşen mücrimler, Cehennem hazenesine, ya'nî azâb meleklerine teslîm olunurlar. Ağlamağa ve inlemeğe başlarlar. Hele mü'minîn ve müvahhidînin âsîleri Cehenneme konulurken, gâyet dehşetli ağlarlar. Melekler bunları yakalayıp atarken, **(İşte bu, va'd olunduğunuz kıyâmet günüdür)** derler. Bu hâl Enbiyâ sûresinin yüzüçüncü âyet-i kerîmesinde bildirilmekdedir.

Büyük feryâd – Cehennem ehlinin çok feryâd edip ağladıkları dört yerden birincisi, sûr üfürüldüğü vaktde, ikincisi, Cehennem meleklerden kurtulup, mahşer ehli üzerine sıçradığı vaktde, üçüncüsü, Âdemi "aleyhisselâm" Allahü teâlâya şefâ'atci göndermek için çıkdıkları vaktde, dördüncüsü, Cehennemdeki azâb meleklerine teslîm oldukları zemândır.

Cehennemlik olanlar mahallerine gidip, Arasât meydânında yalnız, Mü'minler, Müslimler, hayr ve ihsân edenler, Ârifler, Sıddîklar, Velîler, Şehîdler, Sâlihler ve Resûller kalır. Îmânlarında şübheleri olanlar, münâfıklar, zındıklar, bid'at sâhibleri [ya'nî Ehl-i sünnet i'tikâdında olmıyan mü'minler], zâten Cehenneme gönderilmişlerdir. Allahü teâlâ **(Ey insanlar! Rabbiniz kimdir?)** buyurur. Onlar (Allahdır) derler. Allahü teâlâ: **(Siz Onu bilir misiniz?)** buyurur. (Evet biliriz yâ Rabbî) derler. O zemân, onlara Arş-ı a'lânın sol tarafından bir melek görünür. O melek, o kadar azametlidir ki, yedi deniz başparmağının ucuna konsa içine alıp, hiçbir damlası gözükmez. O melek, mahşerde bulunanlara Allahü teâlânın emri ile, imtihân cihetinden (Ene Rabbüküm) ya'nî, ben sizin Rabbinizim der. Ehl-i mahşer: (Senden Allahü teâlâya sığınırız) derler.

Arşın sağ tarafında bir melek görünür ki, eğer ayağının ucu ile basmış olsa, ondört deniz, görünmez olurdu. Ehl-i mahşere (Ene Rabbüküm) der. Ya'nî, sizin Rabbinizim der. Ona dahî (Senden Allahü teâlâya sığınırız) derler.

Bundan sonra, Allahü teâlâ, onlara istedikleri şeklde gâyet yumuşak ve hoş mu'âmele buyurur. Mahşer ehlinin hepsi, secde ederler. Cenâb-ı Hak, onlara **(Öyle bir yere geldiniz ki, sizin için yabancılık ve korku yokdur)** buyurur.

Allahü teâlâ bütün mü'minleri Sırât üzerinden geçirir. Mü'minler derecelerine göre Cennete götürülür. İnsanlar gürûh gürûh geçerler. Önce Resûller, sonra Nebîler, Sonra Sıddîklar, sonra Velîler, Ârifler, sonra hayr ve ihsân edenler, sonra Şehîdler, sonra diğer mü'minler götürülür. Müslimânlardan günâhları afv edilmiyenler yüz üstü düşmüş, ba'zıları da A'râfda mahbus kalırlar.

Îmânı za'îf olanlardan ba'zısı Sırâtı yüz senede, ba'zısı da bin senede geçerler. Bununla berâber, Cehennemde yanmazlar.

Bir kimse ki, Rabbini görür, o kimse Cehenneme sokulmaz. Müslim ve muhsin olanların makâmlarını **(İstidrâc)** nâmındaki kitâbımızda anlatdık. Onlar yüzü gülenlerdir. Çoğu Sırâtı şimşek gibi geçer. Çoğu da, açlık ve susuzlukla giderler ki, ciğerleri parça parça olmuş, solukları âdetâ duman gibi çıkar. Bunlar, kâseleri gökdeki yıldızlar adedince ve suyu, kevser ırmağından ve büyüklüğü Kudüsden Yemene kadar ve Adenden Medîne-i münevvereye kadar olan Kevser havzından içerler. İşte bu, Peygamberimizin "sallallahü aleyhi ve sellem" **(Benim minberim, havzım üzerindedir).** Ya'nî, minberim, Kevser havzının iki kenârından biri üzerindedir buyurmasiyle sâbitdir. Kevser havzından uzak olanlar, kabâhatlerinin derecesine göre, Sırâtda habs olunurlar.

Nice abdest alanlar vardır ki, abdesti güzel almaz ve temâm etmez. Ve nice nemâz kılanlar vardır ki, sorulmadığı hâlde, nemâzını başkalarına anlatır. Hudû' ve huşû' ile kılmazlar. Eğer kendini karınca ısırmış olsa, nemâzı bırakıp o karınca ile meşgul olurlar. Hâlbuki, Allahü teâlânın azamet ve celâletini ârif olanların ellerini ve ayaklarını kesmiş olsalar hiç direnmezler. Zîrâ onların ibâdetleri Allahü teâlâ içindir. Allahü teâlânın huzûrunda duran kimse, Onun "celle celâlühü" heybet ve azametini bildiği, tefekkür etdiği kadar huşû' eder, korkar. Öyle olur ki, pâdişâhlardan birinin huzûrunda kişiyi akreb sokar, o da sabr eder. Pâdişâha hürmet için hiç hareket etmez. İşte bu, adamların mahlûkla berâber olduğu vaktdeki hâlidir. Mahlûk ise, o derece menfe'at ve zararını ayıramaz.

O, azîz ve celîl olan Allahü teâlânın huzûrunda duranın hâli nasıl olur ki, heybet ve saltanat ve azamet ve ceberût ve kahr-ü galebe-i ilâhiyyeyi bilen bir kimsenin Allahü teâlânın huzûrunda durması, elbette ziyâde huzûru ve huşû'u îcâb etdirir.

İbâdetleri yapdığı hâlde, zulm eden ve tevbe etdi ise de, mazlûmu bulamıyan, bununla dünyâda halâlleşmiyen bir kimse hakkında hikâye olundu ki, Allahü teâlânın huzûruna götürülür. Dünyâda halâlleşemediği kul hakları varsa, meydâna çıkarılır. Mazlûm onun boynuna sarılır. Allahü teâlâ mazlûma **(Ey mazlûm! Yukarıya bak)** buyurur. O mazlûm bakdığı vakt görür ki, bir köşk var. Gâyet büyükdür. Zîneti ve büyüklüğü akllara hayret verir. O mazlûm: (Yâ Rabbî! Bu nedir?) der. Allahü teâlâ: **(Bu satılıkdır. Benden satın alır mısın?)** buyurur. O mazlûm ise: (Yâ Rabbî! Bunun kıymetini ödeyecek benim birşeyim yokdur) der. Allahü teâlâ buyurur ki: **(Kardeşini zulmden afv edip halâs edersen,** köşk senindir). O kul da: (Yâ Rabbî! Emr-i ilâhin sebebiyle ondaki hakkımdan vazgeçdim) der.

Allahü teâlâ tevbe eden zâlimlere böyle mu'amele eder. Nitekim İsrâ sûresinin yirmibeşinci âyetinde meâlen, **(Ben azîm-üş-şân, tevbe eden kimseleri mağfiret ederim)** buyurur. Tevbe eden, zulmden, günâhdan ayrılıp da, ebediyyen bir dahâ o günâhı işlemiyendir. Dâvüd aleyhisselâm **(Evvâb)** ile tesmiye olunur. [Hâlbuki, Dâvüd aleyhisselâm hiç günâh işlemedi. Ondan **(Hilâf-i evlâ)** sâdır oldu.] Resûllerden hazret-i Dâvüdun gayrileri de böyledir.

Ey gönül, yakdı vücûdüm, o gizli nârın senin,
Fışkırıp çıkdı semâya âh ile zârın senin!

Çok garîb bir divânesin, niçin hiç uslanmazsın?
Herkesin rüsvâsı oldun, yokmudur ârın senin?

Ebedî aşk tuzağına düşdüğün günden beri,
Meyve mi verecek aceb, soldu behârın senin?

ONUNCU FASL

(Arasât meydânı)na **(mevkıf)** ve **(mahşer yeri)** de denir. Burada bulunanların nasıl da'vet edileceklerini âlimlerimiz başka başka söyledi. Tefsîrlerde anlatıldığı gibi, sahîh hadîslerde de bildirilmişdir. Allahü teâlânın en önce hükm edeceği, kâtillerdir. Ve en önce ecrlerini vereceği kimseler de îmânı doğru olan a'mâlardır. Evet! Bir münâdî nidâ eder ki: (Dünyâda görmekden men' olunanlar nerededirler?) Onlara denilir ki: (Siz Allahü teâlânın cemâline bakmağa herkesden dahâ çok lâyıksınız). Bundan sonra cenâb-ı Hak, onlara hayâ mu'âmelesi eder de **(Sağ tarafa gidiniz!)** buyurur.

Bunlar için bir sancak bağlanıp Şu'ayb aleyhisselâmın eline verilir. Şu'ayb aleyhisselâm onlara imâm olur. Onlarla berâber, nûr meleklerinden, hesâbsız melek vardır. Adedlerini Allahü teâlâdan başka kimse bilmez. Onların yanına varırlar. Ve sırâtı yıldırım gibi geçerler. Sabrda ve hilmde onlardan herbiri, Abdüllah ibni Abbâs "radıyallahü anhümâ"[1] ve ona bu ümmet içinde, benzeyen kimseler gibidir.

Bundan sonra (Belâlara sabr edenler nerededir?) diye nidâ

---

[1] Abdüllah 68 [m. 687] de Tâifde vefât etdi.

olunur. Ve meczûmîn ya'nî cüzzâm denilen miskin hastaları ve sârî hastalıklara yakalanmış olanlar getirilir. Allahü teâlâ, onlara selâm verir. Onlar dahî sağ tarafa emr olunurlar. Onlar için de, yeşil bir sancak bağlanır. Eyyûb aleyhisselâmın eline verilir. Eshâb-ı yemînin imâmı olur. Mübtelâ olanın sıfatı sabr ve hilmdir. Ukayl ibni Ebî Tâlib "radıyallahü anh" ve bu ümmetden Onun emsâli gibi olanlar böyledir.

Bundan sonra nidâ olunur ki: (İslâm düşmanlarının yalanlarına, iftirâlarına aldanmayıp, Ehl-i sünnet i'tikâdına sımsıkı sarılan ve bu doğru îmânını ve nâmûsunu kemâl derecede muhâfaza eden îmânlı ve iffetli gençler nerededirler?) Bunlar da getirilir. Allahü teâlâ bunlara da selâm verip, merhabâ, der. Ve murâd buyurduğu kelâm ile iltifât eder. Bunlara dahî **(Sağ tarafa gidiniz)** buyurur. Bunlar için de, bir sancak bağlanıp Yûsüf aleyhisselâmın eline verilir. Yûsüf aleyhisselâm onların imâmı olur. Böyle gençlerin sıfatı harâmlardan, yabancı kadın ve kızlardan sakınmakdır. Râşid bin Süleymân "rahimehullahü teâlâ" ve bu ümmetden onun emsâli gibi olanlar böyledir.

Bundan sonra bir nidâ dahî çıkar ki: (Allahü teâlâ için birbirlerine muhabbet edenler ve müslimânları sevenler ve kâfirleri, mürtedleri sevmiyenler nerededir?) denir. Onlar dahî Allahü teâlânın huzûruna götürülür. Allahü teâlâ, onlara da merhabâ deyip, ne murâd buyurur ise, onunla iltifâta mazhar olurlar. Sağ tarafa gitmeğe emr olunurlar. Allahü teâlânın düşmanlarını sevmiyenlerin sıfatı da sabr ve hilmdir ki dünyevî sebeblerden dolayı mü'minlere ne darılırlar ve ne de kötülük ederler. Hazret-i Alî "radıyallahü anh" ve bu ümmetden Ona benzeyenler bunlardandır.

Bundan sonra, bir nidâ dahî çıkar ki: (Allahü teâlânın korkusundan harâm işlemiyenler ve ağlayanlar nerededir?) denir. Onlar da götürülür. Bunların gözyaşları, şehîdler kanı ve ulemânın mürekkebi ile dartılır. Gözyaşı ağır gelir. Bunların da sağ tarafa gitmesi emr olunur. Onlar için her renkle süslenmiş bir sancak bağlanır. Zîrâ bunlar, muhtelif harâm işliyenlerin arasında bulunduğu, Allah rahîmdir, afv eder diye aldatılmağa çalışıldığı hâlde, harâm işlememişlerdi. Çeşidli günâhlardan sakınarak Allahü teâlânın korkusundan ağlamışlardı. Meselâ, biri Allahü teâlânın korkusundan, biri dünyâya düşkün olmakdan ve öbürü pişmânlıkdan ağlamışdı. Bunların sancakları Nûh aleyhisselâma verilir. Âlimler onların önlerine geçmek isterler. (Bunların ağlamalarının Allah için olmasını biz öğretdik) derler. Bir nidâ gelir ki: (Yâ Nûh, olduğun gibi dur!). Nûh aleyhisselâm hemen durur. O cemâ'at de Onunla berâber dururlar.

Ehl-i sünnet âlimlerinin mürekkebi ile şehîdlerin kanı dartılır. Âlimlerin mürekkebi ağır gelip, sağ tarafa emr olunurlar. Şehîdler için de safranlı bir sancak emr olunur. Yahyâ aleyhisselâmın eline verilir. Yahyâ aleyhisselâm önlerinden gider. Âlimler önlerine geçmek istiyerek derler ki: (Şehîdler bizim ilmimizden öğrenerek çarpışdılar. Biz onlardan ileri gitmeğe dahâ ziyâde lâyıkız). Bu zemânda Allahü teâlâ lütfünü ortaya koyup, meâlen buyurur ki: **(Âlimler benim yanımda Peygamberlerim gibidir).** Âlimlere hitâben: **(Dilediğiniz kimselere şefâ'at ediniz)** buyurur. Âlimler, ehl-i beytine ve komşusuna ve mü'min kardeşlerine ve talebelerinden kendilerine tâbi' olanlara şefâ'at ederler.

Şöyle ki, âlimlerden her biri için bir meleğe nidâ etdirilir. Melek insanlara bağırır ki: (Filân âlime Allahü teâlâ şefâ'at etmekle emr eyledi. Kim ki onun bir işini görüverdiyse, yâhud bir lokma yemek yidirdiyse, yâhud bir içim su verdiyse, yâhud kitâblarını yaydı ise, onlara şefâ'at edecekdir) der. O âlime bir iyilik yapanlar, kitâblarını dağıtanlar kalkarlar. O âlim de, o kimselere şefâ'at eder.

Hadîs-i şerîfde bildirildi ki, en önce şefâ'at edenler Resûllerdir. Sonra Nebîler "aleyhimüssalevâtü vetteslîmât", sonra Âlimlerdir. Âlimler için bir beyâz sancak bağlanır. İbrâhîm aleyhisselâma verilir. İbrâhîm aleyhisselâm gizli ma'rifetleri ortaya çıkarmak bakımından Resûllerin en ileride olanıdır. Bunun için sancak kendisine verilir.

Bundan sonra yine bir münâdî nidâ eder ki: (Nafakası için hergün çalışıp terliyen ve kazandığı ile kanâat eden fakîrler nerededir?) denir. Fakîrler de Allahü teâlânın huzûruna götürülür. Allahü teâlâ taltîf edip, **(Merhabâ ey dünyâ kendileri için zindân olan kimseler)** buyurur. Bunların da Eshâb-ı yemîn (Cennet ehli) ile berâber olmaları emr olunur. Bunlar için de, bir sarı sancak bağlanıp, Îsâ aleyhisselâmın eline verilir. Îsâ aleyhisselâm bunlara imâm olur.

Bundan sonra yine bir münâdî nidâ eder ki: (Agniyâ ya'nî şükr eden, mallarını, paralarını, dînî kuvvetlendirmek, müslimânları zâlimlerden korumak için veren zenginler nerededir?) denir. Onlar da götürülür. Onlara ihsân etdiği şeyleri cenâb-ı Hak, beşyüz sene ta'dâd etdirir. Ya'nî zenginlik ile ne yapdıklarının hesâbını sorar. Bunlar için dahî renklerle bir sancak bağlanıp Süleymân aleyhisselâma verilir. Süleymân aleyhisselâm bunlara imâm olur. Bunlara da, Eshâb-ı yemîne ulaşmalarını emr buyurur.

Hadîs-i şerîfde bildirildi ki, dört şey, dört şeye şehâdet etmelerini taleb ederler. Malları ile, mevki'leri ile müslimânlara eziyyet edenlere nidâ olunur ki, (Sizi Allahü teâlâya ibâdetden ne mal meşgûl etdi?). Onlar der ki: (Allahü teâlâ bize mülk ve rütbe verdi. Bizi onlar, Allahü teâlânın hakkını yerine getirmekden men' eyledi). Yine onlara (Mal mülk cihetinden siz mi büyüksünüz, yoksa Süleymân aleyhisselâm mı büyükdür?) denir. Onlar (Süleymân aleyhisselâm büyükdür) derler. (Öyle ise, onu benim için ibâdet etmekden, o mal mülk men' etmedi de sizi mi men' etdi) buyurur.

Bundan sonra, (Ehl-i belâ nerededir?) denilir. Onlar da getirilir. Onlara denilir ki: (Sizi Allahü teâlâya ibâdetden men' eden şey nedir?) Onlar da derler ki: (Allahü teâlâ, bizi dünyâda derdlere, sıkıntılara mübtelâ kıldı. Onun için zikrinden ve hakkıyle ibâdetden mahrûm olduk). Onlara denilir ki:(Belâ cihetinden size gelen belâ mı, yoksa Eyyûba aleyhisselâm gelen belâ mı çok idi?). Onlar (Eyyûb aleyhisselâma gelen çok idi) derler. (Öyle ise, Onu Allahü teâlânın zikrinden ve Onun dînini kullarına yaymakdan ve hakkını ikâmeden belâ men' etmedi de sizi mi etdi) denir.

Bundan sonra (Gençler ve memlûkler ya'nî köle ve câriyeler nerededir?) derler. Onlar da, Allahü teâlânın huzûruna getirilir. Onlara denilir ki; (Sizi Allahü teâlâya ibâdetden men' eden şey nedir?). Onlar da, (Allahü teâlâ bize cemâl ve güzellik verdi. Onunla aldandık, gençlik zevklerine daldık. Gençlik bizde hep kalacak sandık. Allahü teâlânın dînini öğrenmedik. Hakkını yerine getiremedik) derler. Memlûkler de (Kölelik ve câriyelik ve beğlere kulluk etdik. Dünyâ büyüklerine tapındık. Din câhili kaldık. Aldandık. Yâ Rabbî, Senin hakkını yerine getirmekden mahrûm olduk) derler. Onlara hitâben denilir ki; (Siz mi, yoksa Yûsüf aleyhisselâm mı dahâ güzel idi?) Onlar (Yûsüf aleyhisselâm idi) derler. (Öyle ise, hazret-i Yûsüfü, kul itâ'atinde iken hakkullahı ikâme etmekden hiç birşey men' etmedi de sizi mi etdi) denir.

Bundan sonra (Çalışmıyan, tenbel, fukarâ nerededir?) diye nidâ olunur. Onlar da götürülür. Onlara da, (Sizi Allahü teâlâya kulluk vazîfesini yapmakdan men' eden nedir?) denilir. Onlar (İş yapmadık. San'at öğrenmedik. [Kahvelerde, sinemalarda, maçlarda vakt geçirdik.] Allahü teâlâ da, bizi dünyâda fakîrlik ile mübtelâ kıldı. Fakîrlik ve tenbellik bizim kulluk vazîfemizi yapmamıza mânî' oldu) derler. Onlara hitâben, (Siz mi dahâ fakîrdiniz, yoksa Îsâ aleyhisselâm mı?) diye süâl olunur. Onlar da (Îsâ aleyhisselâm bizden dahâ fakîr idi) derler. (Öyle ise, o kadar fakîrlik Onu kulluk vazîfelerini yapmakdan, din bilgilerini yaymakdan men' etmedi de, sizi mi men' etdi?) denir.

Bir kimse bu dört şeyden birine yakalanırsa, bunların sâhibini düşünsün! Peygamberimiz "sallallahü teâlâ aleyhi ve sellem" düâsında **(Yâ Rabbî! Zenginlik ve fakîrlik fitnesinden sana sığınıyorum)** diye düâ ederdi.

Îsâdan "aleyhisselâm" ibret alınız ki, dünyâda birşeye mâlik olmadı. Bir yün cübbeyi yirmi sene giydi. Seyâhati esnâsında, ancak bir bardak ve bir kara kilim ve bir tarağı vardı. Birgün, birinin, eli ile su içdiğini gördü. Bardağı atdı. Birgün de, bir adamın eliyle sakalını tararken gördü. Tarağı da atdı. Der ki, benim hayvanım ayağımdır. Evim mağaralardır. Yiyeceğim yerin otlarıdır. İçeceğim ırmakların sularıdır. [Hâlbuki, islâm dîni böyle değildir. Çalışıp halâl kazanmak ibâdetdir. Çok çalışıp, çok kazanmak ve kazandığını, islâmiyyetin emr etdiği iyi yerlere vermek lâzımdır.

(Râmûz-ül-ehâdîs)de yazılı hadîs-i şerîfde buyuruldu ki, **(Eshâbım için, fakîr olmak se'âdetdir. Âhir zemânda gelecek olan ümmetim için, zengin olmak se'âdetdir.)** Şimdi âhir zemândayız. Günâh işleyenlerin, fitne çıkaranların, ibâdetlere bid'at karışdıranların çoğaldığı bir zemândayız. Bu zemânda halâlı, harâmı, bid'atleri ve küfre sebeb olan şeyleri öğrenmek ve bunlara uymak ve halâl yoldan kazanarak zengin olmak büyük ibâdetdir. Kazandığı ile fakîrlere ve Ehl-i sünnet bilgilerini yayan müslimânlara yardım etmek büyük se'âdetdir. Bu se'âdete kavuşanlara müjdeler olsun!]

Allahü teâlânın indirdiği ba'zı suhûflarda da bildirilmişdir ki, **(Ey Âdem oğlu! Hastalık ve günâh işlemek hayât hâllerindendir. Müte'ammiden** [kin güderek] **adam öldürmenin keffâretinden, hatâen öldürmenin keffâreti ehven görülür, buna kısâs olunmaz ise de, bu da çok kötü işdir. Bundan da sakın!)**

Büyük günâhların sâhibinin kalbinde îmân varsa, azâbdan sonra şefâ'ate kavuşur. Allahü teâlâ, onlara ikrâm eder. Binlerce sene geçdikden sonra, onları Cehennemden çıkarır. Hâlbuki, Cehennemdekilerin derileri yandıkdan sonra, tekrâr yaratılmakdadır. Hasen-i Basrî "rahmetullahi aleyh",[1] (Keşke ben, böyle olan kişi olsaydım) buyururdu. Şübhe yokdur ki, Hasen-i Basrî

---

[1] Hasen-i Basrî 110 [m. 728] de vefât etdi.

"rahmetullahi aleyh" âhiret hâllerini iyi bilen bir zâtdır. Kıyâmet gününde, bir müslimân getirilir. Onun hiç hasenesi (iyiliği) yokdur ki, mîzânında ağır gelsin. Allahü teâlâ, onun îmânına hürmeten ona rahmet olarak buyurur ki: **(İnsanlara git, sana hasene ve sevâb verecek bir kimse ara. Onun ikrâmı sebebiyle Cennete giresin!).** O kimse gider. İnsanlar arasında arzûsuna kavuşduracak bir kimse arar. Hâlini anlatacak bir kimse bulamaz. Kime söyler ve sorarsa: (Benim de mîzânımın hafîf gelmesinden korkuyorum. Ben senden dahâ çok muhtâcım) der. Bu hâline çok üzülür. Yanına bir kişi gelerek, (Ne istiyorsun?) der. Bu da, (Bir haseneye [sevâba] muhtâcım. Onu belki bin kişiden istedim. Her biri behâne edip esirgediler) der. Bu kişi, ona der ki, (Allahü teâlânın huzûruna vardım. Sahîfemde bir sevâbdan başka sevâb bulamadım. O da beni kurtarmağa yetmez. Onu sana hibe edeyim. Benden onu al!). O kimse, ferah ve sevinçli olarak gider. Allahü teâlâ, o kulun hâlini bildiği hâlde, (Nasıl geldin?) diye süâl eder. O kişi ile olan mâcerâyı haber verir. O hasenesini veren kulu da Allahü teâlâ huzûruna çağırır. Buyurur ki: **(Îmân sâhiblerine benim keremim, senin kereminden, ihsânından dahâ çokdur. Din kardeşinin elinden tut, Cennete gidiniz).**

Mîzânın iki gözü berâber olup, sevâb gözü ağır gelmezse, Allahü teâlâ buyurur ki: **(Bu, ne Cennet ehlindendir, ne de Cehennem ehlindendir).** Bunun üzerine, bir melek; bir sahîfe getirip seyyiât [günâh] kefesi üzerine kor ki, onda yalnız (üf) yazılmışdır. O göz hasene üzerine ağır basar. Çünki (üf) lâfzı, anaya, babaya isyân kelimesidir. Kişi bununla, Cehenneme atılması emr olunur. O kişi ise, iki tarafa bakınır. Allahü teâlâ tarafından kendisinin çağrılmasını talep eder. Allahü teâlâ bunu çağırır. Ve der ki: **(Ey âsî kul! Niçin seni çağırmamı istiyorsun?)** O kul: (Yâ Rabbî! Anladım ki anama babama âsî olduğum için Cehenneme gideceğim. Onların azâbını bana ilâve buyur da, onları Cehennemden azâd et!) deyince, Allahü teâlâ buyurur ki: **(Anana babana dünyâda âsî oldun. Âhıretde ikrâm etdin. Onların elinden yapış da, Cennete götür).**

Cennete gönderilmiyenleri melekler yakalarlar. Çünki melekler, âhiret ahkâmını çok iyi bilirler. Hattâ, âhıretden nasîbi olmıyan bir kavme nidâ olunur ki, bunlar âhıretin odunudurlar. Cehennemi doldurmak için halk olundular. Onlara hitâben Allahü teâlâ Sâffât sûresi yirmidördüncü âyetinde meâlen, **(Onları durdurun, onlar süâl olunacaklardır)** buyurur.

Bunlar habs olunurlar. Tâ ki, kendilerine, Sâffât sûresi yirmibeşinci âyet-i kerîmesinde meâlen, **(Size ne oldu ki, birbirinize**

yardım etmiyorsunuz?) buyuruluncaya kadar kalırlar. Böylece, teslîm olurlar. Günâhlarını i'tirâf ederler ve hepsi Cehenneme gönderilirler. Bu şeklde ümmet-i Muhammedin büyük günâh işliyenleri getirilir. İhtiyâr, genç, erkek, kadın nerede ise hepsi bir araya toplanır. Cehennemin bekçisi olan **(Mâlik)** onlara bakdığı vakt der ki: (Siz, eşkiyâ zümresindensiniz. Ammâ görüyorum ki, ne eliniz bağlanmış ve ne de yüzünüz kararmış. Sizden güzel kimse Cehenneme gelmedi). Onlar da (Yâ Mâlik! Biz Muhammed aleyhisselâmın ümmetiyiz. Lâkin işlediğimiz günâhlar Cehenneme sürükledi. Bizi bırak da günâhlarımıza ağlıyalım) derler. Mâlik onlara: (Ağlayınız! Fekat şimdi size ağlamak fâide vermez!) der.

Nice orta yaşlılar (derdlerim, sıkıntılarım artdı!) diyerek ağlarlar.

Bir ihtiyâr erkek ellerini beyâz sakalı üzerine koyup (Âh gençlik geçdi. Elem, üzüntü artdı. Zelîl oldum, rezîl oldum!) diye ağlar.

Nice delikanlılar (Âh gençliği elden kaçırdım! Ya'nî gençliğimin kıymetini bilmedim!) diye ağlarlar.

Nice kadınlar, saçlarından tutup (Eyvâh! Yüzüm kara oldu, rezîl oldum!) diye ağlarlar.

Allahü teâlâ tarafından **(Yâ Mâlik! Bunları birinci Cehenneme koy)** diye nidâ gelir. Cehennem bunları içine alırken, **(Lâ ilâhe illallah)** diye bağırışırlar. Cehennem bu sözü işitince, bunlardan beşyüz senelik öteye kaçar. [Bir şeyin çok olduğunu bildirmek için, bunu büyük rakamla bildirmenin Arabistânda âdet olduğu **(İbni Âbidîn)**in[1] (El-hazer vel-ibâha) kısmında yazılıdır. Ya'nî büyük rakamlar, mikdârı değil, çokluğu bildirirler.] Yine bir nidâ gelir ki: (Ey Cehennem! Bunları içine al! Yâ Mâlik! Bunları birinci Cehenneme koy!) Bu zemân gök gürültüsü gibi, bir gürültü işitilir. Cehennem bunların kalblerini yakmak isteyince, Mâlik, Cehennemi men' eder. (Ey Cehennem, kendisinde Kur'ân-ı kerîm olan ve îmân kabı olan kalbi yakma! Rahmân olan Allahü teâlâya secde eden alınları yakma!) der. Bu hâl üzre, Cehenneme atılır. Görülür ki, bir kişinin feryâdı Cehennem ehlinin seslerinden dahâ çokdur. Bunu Cehennemden çıkarırlar. Hâlbuki, sâdece derisi yanmış. Allahü teâlâ ona: **(Sana ne oldu ki, Cehennem ehlinin en çok bağıranı sensin?)** buyurur. O kişi der ki: (Yâ Rabbî! Beni hesâba çekdin. Senin rahmetinden dahâ ümmîdimi kesmedim. Bilirim ki, sen beni işitirsin. Onun için çok bağırdım) der. Allahü teâlâ, meâl-i şerîfi, **(Bir kimse Allahü**

---

[1] Muhammed ibni Âbidîn 1252 [m. 1836] da Şâmda vefât etdi.

teâlânın rahmetinden ümmîdini keserse, o kimse ehl-i dalâletdir) olan Hicr sûresinin elliâltıncı âyet-i kerîmesi ile hitâb buyurup, **(Git seni mağfiret etdim)** der.

Yine bir kişi Cehennemden çıkar. Allahü teâlâ: **(Ey kulum, Cehennemden çıkdın. Hangi amelinle Cennete gireceksin?)** diye süâl eder. O kul: (Yâ Rabbî! Ben âcizim, azıcık şeyden başka bir şey istemem) der. O kimse için Cennetden bir ağaç gösterilir. Allahü teâlâ: **(Gördüğün şu ağacı sana versem, başkasını ister misin?)** buyurur. O kul; **(Yâ Rabbî! İzzetin ve celâlin hakkı için, başkasını istemem)** der. Allahü teâlâ **(Bu sana benden hibe olsun!)** buyurur. O ağacın meyvesinden yiyip gölgesinde gölgelendikden sonra, ondan dahâ güzel başka bir ağaç gösterilir. O kimse, o ağaca çokca bakar. Allahü teâlâ: **(Sana ne oldu? Ona da mı muhabbet etdin?)** buyurur. O kul, (Evet yâ Rabbî) der. Allahü teâlâ: **(Sana onu da versem, başkasını istemez misin?)** buyurur. (İstemem yâ Rabbî) der. O ağacın meyvesinden yir. Gölgesinde gölgelenir. Ondan dahâ güzel bir ağaç gösterilir. Bu kimse, ona da bakakalır. Cenâb-ı Hak ona hitâben: **(Bunu da sana versem, başkasını istemez misin?)** buyurur. (İzzetin hakkı için, istemem yâ Rabbî) der. O zemân, Cenâb-ı Hak, râzı olup, o mü'min kimseyi, afv buyurur. Cennete idhâl eder.

Âhıretin şaşılacak işlerindendir ki, bir kişi de Allahü teâlânın huzûruna götürülür. Allahü teâlâ, onu hesâba çeker. Hasenât ve seyyiâti dartılır. O kimse, herhâlde bilir ki, Allahü teâlâ, o zemân, o kimsenin hesâbından başka bir şeyle meşgûl olmadı. Fekat öyle değil. Belki o anda milyonlarca, sayısını Allahü teâlâdan başka kimse bilemiyeceği mikdârda kimselerin hesâbına bakıldı. Onların her biri zan eder ki, hesâb, o anda ancak ona mahsûsdur.

Orada ba'zısı ba'zısını görmez. Birisi diğerinin kelâmını işitmez. Belki, her biri, Cenâb-ı Hakkın perdeleri altındadır. Sübhânallah ki, ne kuvvet ve ne büyük kudretdir. İşte bu Lokman sûresinin yirmisekizinci âyetinin, **(Sizin dünyâda ve sonra âhıretde yaratılmanız bir nefes alacak kadar zemândadır)** meâl-i şerîfi ile bildirilen zemândır. Cenâb-ı Hakkın bu kavlinde sırlar vardır ki, o zemânsız ve mekânsız olmak sırrıdır. Çünki, Allahü teâlânın mülkü için, ef'âli ve işleri için had ve gâye yokdur. Fe-subhânallah ki, fi'llerinden hiçbiri başka işleri yapmasına mâni' olmaz.

İşte bu zemânda, kişi oğluna gelir ve: (Ey oğul! Ben sana elbiseler giydirdim ki, sen kendin elbise giymeye kâdir değildin. Seni doyurdum ve su verdim ki, bunlardan elbette sen âciz idin ve çocukluğunda seni muhâfaza eyledim ki, sen kendine zarar veren şeyleri def' etmeğe ve fâide veren şeyi istemeğe kâdir değildin. Nice meyveleri benden istedin. Satın alıp sana getirdim. Sana dînini, îmânını öğretdim. Seni Kur'ân-ı kerîm hocasına gönderdim. Lâkin, işte kıyâmetin şiddetini görüyorsun. Günâhımın çokluğunu da biliyorsun. Bir mikdârını üzerine al! Tâ ki, günâhım azalsın. Bana bir iyilik, bir sevâb ver ki, mîzânım onun sebebi ile ziyâde olsun) der. Oğlu ondan kaçar ve der ki: (O bir sevâba, ben senden dahâ çok muhtâcım).

Böylece, evlâd ile ana arasında bu mu'âmele geçer, zevc ve zevce de birbirleriyle böyle konuşurlar. Kardeş kardeşle bu mu'âmeleyi yaparlar. İşte Allahü teâlâ hazretlerinin (Abese) sûresinin otuzdört ve otuzbeşinci âyetlerinde, **(O gün insân kardeşinden ve evlâd anasından kaçar)** meâl-i şerîfi bu hâli haber vermekdedir.

Hadîs-i şerîfde buyuruldu ki, **(İnsanlar kıyâmet günü çıplak haşr olunurlar).** Âişe-i Sıddîka "radıyallahü anhâ" vâlidemiz, bunu işitdikleri vakt, (Ba'zısı ba'zısına bakmazlar mı?) buyurdu. Peygamber efendimiz "sallallahü teâlâ aleyhi ve sellem" Abese sûresindeki, **(Kıyâmet gününde herkesin hâli, kendisini diğerinin hâlinden ve durumundan uzaklaşdırır)** meâlindeki otuzyedinci âyet-i kerîmeyi okuyuverdiler. Peygamberimiz "sallallahü aleyhi ve sellem" bu hadîs-i şerîfi ile murâd buyurdular ki, kıyâmet gününün şiddeti ile meşakkati, insanların birbirlerine bakmalarına mâni' olur.

İnsanlar bu zemânda bir yerde toplanırlar. Onların üzerine siyâh bir bulut gelir. O bulut insânlar üzerine **(Suhûf-i müneşşere)** ya'nî amel defterlerini yağdırır. Mü'minin sahîfesi, sanki gül yaprağı üzerine yazılmışdır. Kâfirlerin ise, sedir yaprağı üzerine yazılmış gibidir.

Sahîfeler uçarak iner. Herkesin sağ veyâ sol tarafından gelir. Bu ise, ihtiyârî değildir. Nitekim, Cenâb-ı Hak, İsrâ sûresinin onüçüncü âyetinde meâlen, **(Biz azîm-üş-şân insan için sahîfesi açılmış olarak kendisine vâsıl olan kitâb göndeririz)** buyurur.

Âlimlerden ba'zıları buyurur ki, Kevser Havzı Sırâtı geçdikden sonra getirilir. Bu ise, yanlışdır. Zîrâ Sırâtı geçen kimse, bir dahâ Havza gelmez.

Yetmişbin [ya'nî pek çok] kimse ki sıkıntılı hesâba çekilmeden Cennete girerler. Onlar için mîzân kurulmaz. Onlar sahîfeler almazlar. Ancak onlara verilen sahîfeler üzerinde, **(Lâ ilâhe illallah, Muhammedün resûlullah. Bu filân ibni filânın Cennete girmesinin ve Cehennemden kurtulmasının berâtıdır)** yazılıdır. Bir kulun günâhları mağfiret olduğu vakt, bir melek onu Arasât meydânına götürür. Ve nidâ ederek: (Bu filân oğlu filândır. Allahü teâlâ, onun günâhını afv eyledi. Bir dahâ şakî olmıyacak, se'âdetle sa'îd oldu) der. O kimseye, bu makâmdan ziyâde sevgili hiçbir makâm olmaz.

Kıyâmet gününde, Resûller "aleyhimüssalevâtü vetteslîmât" minberler üzerindedirler. Her bir Resûlün minberi, kendi mertebesi mikdârıncadır. Ulemâ-i âmilîn, ya'nî Ehl-i sünnet i'tikâdında olan ve bildikleri ile amel eden âlimler "rahmetullahi aleyhim ecma'în" dahî nûrdan kürsîler üzerinde olurlar. Allahü teâlânın dînini korumak ve yaymak için şehîd olanlar ile sâlihler, ya'nî ahkâm-ı islâmiyyeye uymuş olanlar, Kur'ân-ı kerîmi hürmet ile ve tegannî etmeden okuyan hâfızlarla, ezânı sünnete uygun olarak okuyan müezzinler, toprağı miskden olan yerlerdedirler. Bunlar, ahkâm-ı islâmiyyeye tâbi' olarak, iyi amel işledikleri için, kürsi sâhibidirler ki, Âdem aleyhisselâmdan Fahr-i âlem "sallallahü teâlâ aleyhi ve sellem" efendimize kadar gelen bütün Peygamberlerden sonra kendilerine, şefâ'at izni verilecek olanlardandır.

Hadîs-i şerîfde bildirildi ki, **(Kur'ân-ı kerîm kıyâmet gününde yüzü güzel ve ahlâkı güzel bir kimse sûretinde gelir. Kendisinden şefâ'at taleb olunur ve şefâ'at eder. Kendisini mûsikî ile** [gazel okur gibi okuyanlardan ve çalgı ve oyun yerlerinde keyflenmek için okuyanlardan ve para kazanmak için] **okuyanlardan da'vâcı olur. Böyle kimselerden hakkını ister. Râzı olduğu kimseleri alıp Cennete götürür).**

Dünyâ [ya'nî ibâdet etmeye mâni' olan ve harâm işlemeye sebeb olan şeyler ve kimseler] da, ihtiyâr, ak saçlı ve kadınların en çirkini sûretinde görülür. İnsanlara denilir ki: (Siz bunu bilir misiniz?) Onlar: (Biz bundan Allahü teâlâya sığınırız) derler. (Siz dünyâda buna kavuşmak için birbirinizle çekişirdiniz. Birbirinize de buğz ederdiniz) denilir.

Bu şeklde Cum'a dahî sevimli bir insan sûretinde gösterilir. Mü'minler ona dikkat ile bakarlar. Cum'a gününe kıymet verenleri misk ve kâfûr kumları üzerinde hıfz eder. Cum'a nemâzı kılan mü'minler üzerinde nûr bulunur ki, herkes ona bakıp te'accüb ederler. Cum'a gününe yapdıkları saygı sebebi ile Cennete götürülürler.

Ey müslimân kardeşim! Allahü teâlânın rahmetine ve Kur'ân-ı kerîmin ve islâmın ve Cum'anın cömerdliğine bak ki, Kur'ân-ı kerîm ehli nasıl kıymetlidir. Nemâz, oruc, zekât, sabr ve güzel ahlâkdan ibâret olan islâmiyyet ise ne kadar çok kıymetlidir.

Ölüm zemânında insanın çırpınmasından, sıkıntılı görünmesinden ma'nâ çıkaran kimseye kıymet verilmez. Zîrâ yevm-i Hendekde Peygamber "sallallahü aleyhi ve sellem" efendimizin (Ey, çürüyecek olan cesedlerin Rabbi ve yok olacak olan rûhların yaratıcısı olan Rabbim!) düâsı gösteriyor ki, Allahü teâlânın dilediği her cesed çürür. Ve rûhlar da, kıyâmet zemânı gelince, fenâ bulur. Bunların hepsinin yaratıcısı ve Rabbi Allahü teâlâdır. Bu anlatılanların hepsi, ayrı ayrı ilmlere muhtâcdır. Diğer kitâblarımızda bunları anlatdık.

İmâm-ı Gazâlî "rahmetullahi aleyh" burada âhıret hâllerini gâyet kısa bir şeklde anlatdığını haber veriyor. Diyor ki, biz bu kitâbda, Ehl-i sünnetin tarîklerine müslimânlar sülûk etsin için, ihtisâr kasd eyledik. İslâmiyyetin aleyhine olan bid'atlere [mezhebsizlere, dinde reformculara] iltifât etme! Kur'ân-ı kerîmden ve hadîs-i şerîflerden Ehl-i sünnet âlimlerinin çıkardıkları, anladıkları ma'nâlara sarıl! Başkalarının, insan şeytânlarının uydurduğu bid'atlere aldanma! Onlardan sakın! Bu sebebden, mü'minleri, Ehl-i sünnet yoluna sarılanları müjdele!

Allahü teâlânın emni ve keremi ve ihsânı ile, ismet ve muvaffakiyyet isteriz. Âmîn ve hasbünallah ve ni'mel-vekîl ve sallallahü alâ Muhammedin ve âlihi vesahbihi ecma'în.

Âdem oğlu aç gözünü, yeryüzüne kıl, bir nazar,
gör bu latîf çiçekleri, hangi kuvvet yapar, bozar.

Herbir çiçek bir nâz ile, öğer Hakkı, niyâz eder,
kurdlar, kuşlar, durmaz söyler, ol Hâlıka âvâz eder.

Öğer onun kâdirliğin, herbir işe hâzırlığın,
ille onun kâhirliğin, anlayınca, rengi döner.

Rengi döner günden güne, toprağa dökülür yine,
bu ibretdir anlayana, hakîkatı, ârif sezer.

Ger bu sırrı duya idin, yâ bu gammı yiye idin,
yerinde eriye idin, insan değil misin, meğer.

Bilir, gelen gider imiş, konan geri göçer imiş,
mevt şerbetin içer imiş, her kim, bu ma'nâdan geçer.

KIYÂMET VE ÂHIRET KİTÂBININ SON SÖZÜ

Dünyâda ve âhıretde se'âdete kavuşmak için, **(Ehl-i sünnet i'ti-kâdı)**nı öğrenip, îmânını buna göre düzeltmek, bundan sonra, fıkh bilgisi öğrenip, onunla amel etmek ve cenâb-ı Hakkın dostlarını, sevgili kullarını sevmek ve islâm dîninin düşmanlarını tanıyıp, onla-ra aldanmamak lâzımdır. Ehl-i sünnet i'tikâdını ve farzlardan ve harâmlardan lâzım olanları öğrenmek, her müslimâna farz-ı ayndır. Bunları öğrenmemek suçdur, büyük günâhdır. Öğrenilmesi zarûrî olan bu bilgiler, doğru ve açık olarak **(TÂM İLMİHÂL-SE'ÂDET-İ EBEDİYYE)** ve **(İslâm Ahlâkı)** kitâblarında yazılıdır. Her müslimân Ehl-i sünnet âlimlerinin kitâblarından toplanarak hâ-zırlanmış olan bir ilmihâl kitâbı alıp, çoluğuna çocuğuna, arkadaşla-rına, sevdiklerine okutmalıdır. Dünyâya ve âhırete fâidesi olmıyan, hattâ zararlı olan, dîni ve ahlâkı bozan bölücü gazete, mecmû'a ve ki-tâbları okumamalı, lüzûmlu ve fâideli olan kitâbları okuyup, öğren-melidir. Lüzûmlu kitâblardan çok kıymetlisi imâm-ı Gazâlînin kitâb-ları ile, imâm-ı Rabbânînin "kuddise sirruhümâ"[1] **(Mektûbât)** adın-daki kitâbıdır. Bu ikisinin hâl tercemeleri **(Se'âdet-i Ebediyye)** ve di-ğer kitâblarımızda yazılıdır. Hadîs-i şerîfde, **(Evliyânın anıldığı yere rahmet iner)** buyuruldu. Bu hadîs-i şerîf, Evliyâyı severek hâtırlaya-nın, feyz ve berekete kavuşacağını ve düâlarının kabûl olacağını ha-ber veriyor. Herkes muhabbeti mikdârınca, o büyüklerin feyzlerin-den ve nûrlarından istifâde eder. Onların bakışları devâ, sohbetleri hasta ve ölü kalblere şifâdır. Onları gören, Allahü teâlâyı hâtırlar. Şimdi onları bulmak, görmek imkânsız oldu ise de, kitâblarını oku-yup, yüksek, seçilmiş olduklarına inanan ve bunun için onları seven, onların rûhlarından feyz alır, fâidelenir. Bu husûsda, bu kitâbımızın içinde okuyacağınız, **(Müslimâna nasîhat)** kısmında geniş bilgi var-dır. Peygamberler "aleyhimüsselâm", kulları Allahü teâlâya yaklaş-dıran vâsıta ve sağlam ipdirler. Hadîs-i şerîfde, Evliyânın, ya'nî **(Ah-kâm-ı islâmiyyeyi iyi bilip, bildiği ile amel eden âlimlerin, Peygam-berlerin vârisleri olduğu)** bildirildi. Bunun için, Evliyâ da "aleyhi-mürrahme", insanı, Allahü teâlânın rızâsına ve merhametine kavuş-duran vâsıta ve ipdirler. Kur'ân-ı kerîmde, **(Allahü teâlâya yaklaş-mak için vesîle arayınız!)** buyuruluyor. Bu vesîlelerin en büyüklerin-den biri Peygamberler "salevâtullahi aleyhim ecma'în" ve onların vârisleri olan âlimlerdir "rahmetullahi aleyhim ecma'în". Hüccet-ül islâm imâm-ı Muhammed Gazâlî ve imâm-ı Ahmed Rabbânî mü-ceddid-i ve münevvir-i elf-i sânî Fârûkî Serhendî "rahmetullahi

---

[1] İmâm-ı Ahmed Rabbânî 1034 [m. 1624] de Serhendde vefât etdi.

aleyhimâ", bu vârislerdendirler. Peygamber efendimizin "sallallahü teâlâ aleyhi ve sellem" vârisi olan ve Onun mubârek kalbindeki nûrlarını ve ma'rifetlerini alıp, temiz kalblere ulaşdıran, bu iki büyük zâtı vesîle ederek se'âdete kavuşmak çok kolaydır. Zîrâ, bunların eserlerini, hâl tercemelerini okuyarak, kendilerini tanımak ve sevmek pek kolay olur. Evliyâyı sevenler, mağfiret olunmakla müjdelenmişlerdir.

Aşkın bağında açan güllere, bülbül olan,
İslâmın hasret ile, beklediği kahramân,
ma'şûkunun aşkından yanıp yanıp kül olan,
ağlasa yeri vardır, seni görmiyen zemân!

İlmîle, irfânîle, sâhib olan (Sıla)ya,
İki temel bilgiyi, vasl eden bir araya,
dalıp ucsuz bucaksız, o mu'azzam deryâya,
ve bu Zikr deryâsından en büyük payı alan!

Kimi sâhile gider ve bu bana yeter der;
kimi uzakdan görür, mest olur, başı döner;
kimi yalnız seyr eder, kimi bir katra içer;
bir sensin, bu deryâdan, içip içip de kanan!

Kur'ândan, hadîslerden sonra, gelir eserin,
rûhlara şifâ olan, o mubârek sözlerin,
baş kumandanısın sen velîlerin erlerin;
ve (Müceddid-i elf-i sânî) adını alan!

Bize seni duyuran, fıtraten dostun olan,
ve cihânda bir tekdir, senin izinde kalan,
(Seyyid Abdülhakîm) o, senin aşkınla yanan,
hurmetine nasîb et, bize şefâ'atından!

Eserinle cihânı, yeniden tenvîr eden,
sihrli bir kuvvetle, bizi kendine çeken
ondördüncü yüz yılın, zulmetini gideren,
(Arvâs)ın ışığıdır, gerisi hayâl, yalan!

Biz onun talebesi, o sizin tâlibiniz,
muhakkak aks yapar, o nûrlu kalbleriniz,
belli, birbirinize, âşıksınız ikiniz,
ve size âşık olur, (Mektûbât)ı anlıyan!

NEFS MUHÂSEBESİ

Büyük islâm âlimi imâm-ı Muhammed Gazâlî "rahmetullahi aleyh" [450] hicrî senesinde Tus şehrinde tevellüd etmiş, 505 [m. 1111] senesinde, yine orada vefât etmişdir. Yüzlerce kitâbı içinde, son yazdığı **(Kimyâ-i se'âdet)** ismindeki kitâbında, dördüncü rüknün altıncı aslında, fârisî olarak buyuruyor ki:

Enbiyâ sûresi, kırkyedinci âyetinde meâlen, **(Kıyâmet günü terâzî kuracağım. O gün, kimseye zulm edilmiyecekdir. Herkesin, dünyâda yapmış olduğu zerre kadar iyilik ve kötülüklerini meydâna çıkarıp, terâzîye koyacağım. Herkesin hesâbını yapmağa yetişirim)** buyurdu. Bunu haber verdi ki, herkes dünyâda kendi hesâbına baksın. Peygamberimiz "aleyhisselâm" buyurdu ki: **(Akllı şu kimsedir ki, günü dörde ayırıp, birincisinde, yapdıklarını ve yapacaklarını hesâb eder. İkincisinde, Allahü teâlâya münâcât eder, yalvarır. Üçüncüsünde, bir san'atde veyâ ticâretde çalışıp, halâl para kazanır. Dördüncüsünde, istirâhat eder ve mubâh olan şeylerle kendini eğlendirip, harâm şeyleri yapmaz ve onlara gitmez).** İkinci halîfe, Ömer-ül-Fârûk "radıyallahü anh", [23 senesinde Medîne-i münevverede vefât etdi. Hucre-i se'âdetdedir] buyurdu ki, hesâbınız görülmeden evvel, kendinizi hesâba çekiniz! Allahü teâlâ, meâlen buyurdu ki: **(Şehvetlerinizi,** [ya'nî nefsin arzûlarını] **harâmlardan almamağa uğraşınız ve bu cihâdda sebât ediniz, dayanınız!).** Bunun içindir ki, din büyükleri, bu dünyânın bir pazar yeri gibi olduğunu ve burada, nefs ile alış-verişde olduklarını anlamışlardır. Bu ticâretin kazancı Cennetdir. Ziyânı da Cehennemdir. Ya'nî kârı, ebedî se'âdet, ziyânı da, sonsuz felâketdir. Bunlar nefslerini, ticâretdeki ortak yerine koymuşlardır. Ortak ile, önce şartnâme yapılır, sözleşilir. Sonra, işlerine, sözünde durup durmadığına dikkat edilir. Nihâyet hesâblaşılıp, hıyânet yapmışsa mahkemeye verilir. Bunlar da, nefsleri ile, bir ortak gibi, sıra ile şu işleri yaparlar: Şirket kurmak, onu murâkabe edip gözetmek, muhâsebe, ya'nî hesâblaşmak, mu'âkabet ya'nî cezâlandırmak, mücâhede ya'nî onunla uğraşmak ve muâtebet ya'nî onu azarlamakdır:

1 - Birinci iş, şirket kurmakdır. Ticâret ortağı insanın para kazanmakda ortağı olduğu gibi, ba'zan da, hıyânet yapınca, düşmanı

olur. Hâlbuki, dünyâda kazanılan şeyler, muvakkatdir. Aklı olan, buna kıymet vermez. Hattâ, ba'zıları, (Geçici olan hayr, sonsuz kalan şerden dahâ kıymetsizdir) dedi. İnsanın herbir nefesi, kıymetli bir cevher gibidir ki, bunlardan bir hazîne yapılabilir. Asl bunu hesâb etmek îcâb eder. Aklı olan kimse, hergün, sabâh nemâzından sonra, hâtırına hiçbirşey getirmeyip, ortağı olan nefsine demelidir ki: (Benim sermâyem, yalnız ömrümdür. Başka birşeyim yokdur. Bu sermâye, o kadar kıymetlidir ki, her çıkan nefes, hiçbir şeyle tekrâr ele geçemez ve nefesler sayılıdır, azalmakdadır. Ömr bitince, ticâret sona erer. Ticârete sarılalım ki, vaktimiz azdır ve âhıret uzun ise de; orada ticâret ve kâr olmaz. Bu dünyâ günleri, o kadar kıymetlidir ki, ecel gelince, bir gün izn istenir, fekat ele geçmez. Bugün, bu ni'met elimizdedir. Aman nefsim, çok dikkat et de, bu büyük sermâyeyi elden kaçırma! Sonra ağlamak, sızlamak, fâide vermez. Bugün, ecelin geldiğini, dahâ bir gün müsâ'ade etmeleri için, yalvardığını, sızladığını ve sana, bir gün bağışladıklarını ve şimdi, o günde bulunduğunu farz et! O hâlde, bu günü elden kaçırmakdan, bununla, se'âdete kavuşmamakdan dahâ büyük ziyân olur mu? Yarın ölecekmiş gibi, dilini, gözlerini ve yedi a'zânı harâmdan koru!)

Cehennemin yedi kapısı var, demişlerdir. Bu kapılar senin yedi uzvundur. Bu uzvları harâmdan korumaz isen ve bugün ibâdet yapmaz isen, seni cezâlandırırım! Nefs âsî, emrleri yapmak istemez ise de, nasîhat dinler ve riyâzet yapmak, istediklerini vermemek, ona te'sîr eder. İşte nefs muhâsebesi böyle olur. Resûlullah "sallallahü aleyhi ve sellem" buyurdu ki, (Akllı kimse, ölmeden önce hesâbını gören, ölümden sonra kendisine yarıyacak şeyleri yapan kimsedir). Bir kerre de buyurdu ki: (Yapacağın her işi, önce düşün, Allahü teâlânın râzı olduğu, izn verdiği bir iş ise, onu yap! Böyle değilse, o işden kaç!). İşte hergün, nefs ile böyle şartlaşmalıdır.

2 - İkinci iş, murâkabedir. Ya'nî, nefsi kontrol etmek, ondan gâfil olmamakdır. Ondan gâfil olursan, kendi şehvetlerine ve tenbelliğine döner. Allahü teâlânın, her yapdığımızı, her düşündüğümüzü bildiğini unutmamalıyız. İnsanlar, birbirinin dışını görür. Allahü teâlâ ise, hem dışını, hem içini görür. Bunu bilen bir kimsenin, işleri ve düşünceleri edebli olur. Buna inanmıyan kâfirdir. İnanıp, muhâlefet etmek ise, büyük cesâretdir. Allahü teâlâ meâlen buyuruyor ki: (Ey insân! Seni her ân gördüğümü bilmiyor musun?). Bir Habeş, Resûlullah "sallallahü aleyhi ve sellem" efendimizin huzûruna gelip, (Çok günâh işledim. Tevbem kabûl o-

lur mu?) dedikde, (Evet, olur) buyurdu. O günâhları işlerken, O, görüyor mu idi? dedi; (Evet) buyurunca, Habeş, bir âh! çekdi ve yıkılıp cân verdi. Îmân ve hayâ böyle olur. Peygamberimiz "sallallahü aleyhi ve sellem" buyurdu ki, (Allahü teâlâyı görür gibi ibâdet ediniz! Siz, Onu görmüyorsanız da, O sizi görüyor). Onun gördüğüne inanan, Onun beğenmediği birşeyi yapabilir mi? Büyüklerden biri, bir talebesini, başkalarından dahâ çok severdi. Ötekiler, bu hâle üzülürdü. Her birine bir kuş verip, (Bunu, kimsenin görmediği bir yerde kesip getiriniz) dedi. Hepsi tenhâ bir yerde kesip getirdi. O talebe ise, kesmeden getirdi. (Niçin sözümü dinlemedin, cânlı getirdin?) buyurdukda, (Kimsenin görmediği bir yer bulamadım. O, heryeri görüyor) dedi. Diğerleri, bunun müşâhede makâmında olduğunu anladılar. Mısr mâliye nâzırının zevcesi olan Zelîha, Yûsüf aleyhisselâmı, kendisine çağırınca, önce kalkıp büyük olduğunu sandığı, bir heykelin yüzünü örtdü. (Bunu, niçin örtdün?) buyurdukda, ondan utandığım için, dedi. (Sen, bir taş parçasından utanıyorsun da, ben yerleri ve yedi kat gökleri yaratan, Rabbimin görmesinden utanmaz mıyım?) buyurdu. Biri, Cüneyd-i Bağdâdîden (207-298 [m. 910] Bağdâdda) "kuddise sirruh" sorup, (Sokakda, kadınlara, kızlara bakmakdan kendimi men' edemiyorum. Bu günâhdan kurtulmak için ne yapayım?) dedikde, (Allahü teâlânın seni, senin o kadını görmenden dahâ çok gördüğünü düşün!) buyurdu. Peygamberimiz "sallallahü aleyhi ve sellem" buyurdu ki: (Allahü teâlâ, Adn ismindeki Cenneti, şu kimseler için hâzırladı ki, günâh işliyecekleri zemân, Onun büyüklüğünü düşünüp, Ondan hayâ ederek, günâhlardan kaçınırlar).

[Kadınların, saçları, kolları, bacakları açık olarak sokağa çıkmaları harâmdır. Îmânı olan kadınlar, Allahü teâlânın gördüğünü düşünmeli, yabancı erkeklere çıplak görünmemelidir]. Abdüllah ibni Dînâr "radıyallahü anh" diyor ki, Ömer "radıyallahü anh" ile Mekke-i mükerremeye gidiyorduk. Bir çoban sürüsünü dağdan indiriyordu. Halîfe "radıyallahü anh" buyurdu ki, bu koyunlardan birini bana sat! Ben köleyim. Bunlar benim malım değil, dedi. Efendin ne bilecek, kurt kapdı dersin! O bilmezse, Allahü teâlâ biliyor ya, deyince, Ömer, "radıyallahü anh" ağladı ve efendisini bulup, bu köleyi satın aldı ve âzâd etdi ve (Bu sözün, seni bu dünyâda âzâd etdiği gibi, o cihânda da âzâd eder) buyurdu.

3 - Üçüncü iş, amellerden sonra yapılacak muhâsebedir. Her gün yatarken, o gün yapdığı işler için nefsi hesâba çekmeli, sermâyeyi, kârdan ve zarardan ayırmalıdır. Sermâye farzlardır. Kâr da,

sünnetler ve nâfilelerdir. Ziyân ise, günâhlardır. İnsan, ortağına aldanmamak için, onunla hesâblaşdığı gibi, nefse karşı dahâ uyanık davranmak lâzımdır. Çünki nefs, çok hîleci ve yalancıdır. Kendi arzûlarını, sana iyi, fâideli gösterir. Her mubâhı bile sormalı, bunu niçin yapdın demelidir. Zararlı birşey yapdı ise, tazmîn etdirmeli, ödetmelidir. İbnissamed, büyüklerden idi. Altmış hicrî senelik hayâtının hesâbını yapdı. Yirmibirbinbeşyüz gün idi. Âh! Her gün, en az, bir günâh yapmış isem, yirmibirbinbeşyüz günâhdan nasıl kurtulurum? Hâlbuki, öyle günlerim oldu ki, yüzlerce günâh işlerdim, diye düşünerek, bir feryâd edip yıkıldı. Bakdılar, rûhunu teslîm etmişdi.

Fekat, insanlar, kendilerini hesâba çekmiyorlar. Eğer her günâh işledikde, odasına bir kum koysa, bir kaç sene içinde oda kum ile dolar. Eğer, omuzlarımızdaki kâtib melekler, her günâhı yazmak için, bir kuruş isteseydi, malımızın hepsini vermemiz lâzım gelirdi. Hâlbuki, gaflet ile, çeşidli düşünceler ile, birkaç sübhânallah desek, tesbîhi alır, sayar, yüz kerre söyledim deriz de, her gün boşuna, nice şeyler söyleriz, bunları saymayız. Saymış olsak, her gün, binleri aşar. Sonra da, terâzîde sevâb kefesinin ağır basacağını umarız. Bu nasıl akldır. İşte, Ömer "radıyallahü anh", bunun için buyurdu ki: (Amellleriniz dartılmadan evvel, kendiniz dartınız!). Ömer "radıyallahü anh" her akşam, kamçı ile ayaklarına vurup, bugün niçin böyle yapdın? derdi. İbni Selâm "rahmetullahi aleyh" odun yüklenmiş taşıyordu. Sen hammal mısın? dediklerinde, nefsimi tecribe ediyorum, bakalım nasıl olacak, dedi. Enes "radıyallahü anh" [91 de vefât etdi] diyor ki, Ömeri gördüm "radıyallahü teâlâ anh", kendi kendine diyordu ki, (Yazıklar olsun sana ey nefsim ki, sana, emîr-ül-mü'minîn diyorlar. Yâ Allahü teâlâdan kork veyâ Onun azâbına hâzırlan!).

4 - Dördüncü iş, nefse cezâ yapmakdır. Nefs ile hesâb yapıp, kusûrlarını görüp, cezâ verilmez ise, cesâret bulur, şımarır. Kendisi ile başa çıkılamaz. Şübheli şey yimiş ise, aç bırakmalı, yabancı kadınlara bakmış ise, iyi mubâhlara bakdırmamalı. Her a'zâya böyle cezâ vermelidir. Cüneyd-i Bağdâdî "rahmetullahi aleyh" (298 [m. 910] de Bağdâdda vefât etdi) diyor ki, (İbnil Kezîtî "rahime-hullahü teâlâ", bir gece cünüb oldu. Gusl etmeğe kalkarken, nefsi tenbellik etdi ve hava soğuk, hasta olursun, sabr et, yarın hamama git dedi. Antâri ile gusl etmeğe yemîn eyledi. Öyle yapdı ve Allahü teâlânın emrinde gevşeklik yapan nefsin cezâsı budur, dedi.)

Birisi, bir kıza bakdı, sonra pişmân olup, cezâ olarak serin su içmemeğe yemîn etdi ve içmedi. Ebû Talha "radıyallahü teâlâ anh" bağında nemâz kılıyordu. Güzel bir kuş, yanına kondu. Ona dalarak, kaç rek'at kıldığını şaşırdı. Nefsine cezâ olarak, bağı fakîrlere sadaka verdi. [Ebû Talha Zeyd bin Sehl-i Ensârî bütün gazâlarda bulundu. (34) yılında 74 yaşında vefât etdi.] Mâlik bin Abdüllah-il Hes'amî "rahime-hullahü teâlâ" diyor ki, Rebâhül Kaysî "rahime-hullahü teâlâ" gelip babamı sordu. Uyuyor dedim. İkindiden sonra yatılır mı dedi ve gitdi. Arkasından gitdim. Kendi kendine: Ey boşboğaz! Senin nene lâzım ki, başkasının yatmasına karışırsın. Ahdım olsun ki, bir sene başını yasdığa koymıyacaksın, diyordu. Temîm-i Dârî "radıyallahü teâlâ anh" uykuya dalıp, akşam nemâzını kaçırmışdı. Nefsine cezâ olarak, bir sene uyumamağa ahd etdi. [Temîm-i Dârî Eshâb-ı kirâmdan idi.] Mecma' "rahime-hullahü teâlâ" büyüklerden idi. Bir pencereye bakarak, bir kız gördü. Bir dahâ yukarı bakmamağa ahd etdi.

5 - Beşinci iş, mücâhededir ki, ba'zı büyükler, nefsleri kabâhat yapınca, cezâ olarak çok ibâdet ederlerdi. Abdüllah ibni Ömer "radıyallahü anhümâ" bir nemâzda, cemâ'ate yetişmeseydi, bir gece uyumazdı. Ömer "radıyallahü anh", bir cemâ'ati kaçırdığı için, ikiyüzbin dirhem gümüş kıymetindeki bir malı sadaka verdi. Abdullah ibni Ömer "radıyallahü anhümâ", bir akşam nemâzını gecikdirmişdi. Hava kararıp iki yıldız görünmüşdü. Bu kadar gecikdirdiği için, iki köle âzâd eyledi. Böyle yapanlar çokdur. Nefsine ibâdetleri seve seve yapdıramıyan kimseye en iyi i-lâc, sâlih bir zâtın yanında bulunmakdır. Onun ibâdetleri zevk ile yapdığını görerek, kendi de alışır. Birisi diyor ki, ibâdet yapmak için, nefsimde tenbellik gördüğüm zemân, Muhammed bin Vâsî "rahime-hullahü teâlâ"[1] ile sohbet ediyorum. Onunla birlikde bulunmakla, nefsimin bir hafta içinde, ibâdetleri seve seve yapdığını görüyorum. Bir Allah adamını bulamıyanlar, dahâ evvel yaşamış, sâlih insanların hayâtını okumalıdır. Ahmed bin Zerîn "rahime-hullahü teâlâ" bir tarafa bakmazdı. Sebebini sordular. Allahü teâlâ, gözleri, dünyâdaki intizâma, her şeydeki inceliklere ve Onun kudret ve azametine ibret ile bakmak için yaratdı. İbret almadan, istifâde etmeden bakmak hatâdır dedi. Ebüdderdâ "radıyallahü teâlâ anh" diyor ki, dünyâda, üç şey için yaşamak isterim: Uzun gecelerde nemâz kılmak için, uzun günlerde oruc tutmak için ve sâlih kimselerin yanında oturmak için. [Ebüdderdâ

---

[1] Muhammed bin Vâsî 112 [m. 721] de vefât etdi.

"radıyallahü teâlâ anh" Eshâb-ı kirâmdandır. Hazrec kabîlesindendir. Şâmda ilk vâlî idi. (33) de vefât etdi.] Alkama bin Kays "rahime-hullahü teâlâ" nefsi ile çok mücâhede ederdi. Nefsine neden bu kadar azâb ediyorsun? dediklerinde, onu çok sevdiğim için, onu Cehennemden korumak için derdi. Sana bu kadar sıkıntı emr olunmadı dediklerinde, yarın başımı dövüp, niçin yapmadım dememek için, cevâbını verirdi. [Alkama, Tâbi'înin büyüklerindendir. İbni Mes'ûdün "radıyallahü teâlâ anh" talebesidir. Altmışbirde vefât etdi.]

6 - Altıncı iş, nefsi tekdîr etmek, azarlamakdır.

Nefs yaratılışda iyi işlerden kaçıcı, kötülüklere koşucudur ve hep tenbellik etmek ve şehvetlerine kavuşmak ister. Allahü teâlâ, bizlere, nefslerimizi, bu huyundan vaz geçirmeği, yanlış yoldan, doğru yola çevirmeği emr buyuruyor. Bu vazîfemizi başarabilmek için, onu ba'zan okşamamız, ba'zan zorlamamız ve ba'zan söz ile, ba'zan da iş ile, idâre etmemiz lâzımdır. Çünki, nefs, öyle yaratılmışdır ki, kendine iyi gelen şeylere koşar ve buna kavuşmakda iken rastlıyacağı güçlüklere sabr eder. Nefsin, se'âdete kavuşmasına mâni' olan en büyük perde, gafleti ve cehâletidir. Gafletden uyandırılır, se'âdetinin nelerde olduğu gösterilirse, kabûl eder. Bunun içindir ki, Allahü teâlâ, Zâriyât sûresinde, meâlen, **(Onlara nasîhat et! Nasîhat, mü'minlere elbette fâide verir)** buyurdu. Senin nefsin de, herkesin nefsi gibidir. Nasîhat ona te'sîr eder. O hâlde önce kendi nefsine nasîhat et ve onu azarla! Hattâ, onu azarlamakdan hiç geri kalma! Ona de ki: Ey nefsim! Akllı olduğunu iddi'â ediyorsun ve sana ahmak diyenlere kızıyorsun. Hâlbuki, senden dahâ ahmak kim var ki, ömrünü boş şeylerle, gülüp eğlenmekle geçiriyorsun. Senin hâlin, şu kâtile benzer ki, polislerin, kendisini aradıklarını ve yakalayınca, i'dâm edeceklerini bildiği hâlde, zemânını eğlence ile geçiriyor. Bundan dahâ ahmak kimse olur mu? Ey nefsim! Ecel sana yaklaşmakda, Cennet ve Cehennemden biri, seni beklemekdedir. Ecelinin, bugün gelmiyeceği ne ma'lûm? Bugün gelmezse, bir gün elbette gelecek. Başına gelecek şeyi, geldi bil! Çünki, ölüm kimseye vakt ta'yîn etmemiş ve gece veyâ gündüz, çabuk veyâ geç, yazın veyâ kışın gelirim dememişdir. Herkese ânsızın gelir ve hiç ummadığı zemânda gelir. İşte ona hâzırlanmadın ise, bundan dahâ büyük ahmaklık olur mu? O hâlde, yazıklar olsun sana ey nefsim!

Günâhlara dalmışsın. Allahü teâlâ, bu hâlini görmüyor sanıyorsan, kâfirsin! Eğer gördüğüne inanıyorsan, çok cüretkâr ve hayâsızsın ki, Onun görmesine ehemmiyyet vermiyorsun! O hâlde, yazıklar olsun sana ey nefsim!

Hizmetçin sana itâ'at etmezse, ona nasıl kızarsın! O hâlde, Allahü teâlânın sana kızmıyacağından nasıl emîn oluyorsun! Eğer Onun azâbını hafîf görüyorsan, parmağını aleve tut! Yâhud, kızgın güneş altında bir sâat otur! Yâhud da, hamam halvetinde fazlaca kal da, zavallılığını, dayanamıyacağını anla! Yok eğer, dünyâda yapdıklarına cezâ vermiyecek sanıyorsan, Kur'ân-ı kerîme ve yüzyirmidörtbinden ziyâde Peygambere "aleyhimüssalevâtü vetteslîmât" inanmamış oluyorsun ve hepsini yalancı yapmış oluyorsun. Çünki, Allahü teâlâ, Nisâ sûresinin yüzyirmiikinci âyetinde meâlen, **(Günâh işliyen, cezâsını çekecekdir)** buyuruyor. Kötülük eden, kötülük görür. O hâlde, yazıklar olsun sana ey nefsim!

Günâh işleyince, O kerîmdir, rahîmdir, beni afv eder diyorsan, dünyâda, yüzbinlerce kişiye niçin zahmet, açlık ve hastalık çekdiriyor ve tarlasını ekmiyenlere mahsûlünü vermiyor! Şehvetlerine kavuşmak için, her hîleye baş vuruyorsun ve o vakt Allahü teâlâ kerîmdir, rahîmdir, istediklerimi zahmetsiz bana gönderir demiyorsun. O hâlde, yazıklar olsun sana ey nefsim!

Belki inandığını, fakat sıkıntıya gelemiyeceğini söyliyeceksin. Fazla sıkıntıya dayanamıyanların, az bir zahmet ile, bu sıkıntıyı önlemeleri lâzım olduğunu, Cehennem azâbından kurtulmak için, dünyâda zahmete katlanmanın farz olduğunu, demek ki bilmiyorsun. Bugün dünyânın bir mikdâr zahmetine dayanamazsan, yarın Cehennem azâbına ve âhıretdeki zillet ve alçaklığa ve tard olmağa, kovulmağa nasıl dayanacaksın? O hâlde, yazıklar olsun sana ey nefsim!

Para kazanmak için çok zahmet ve aşağılıklara katlanıyor ve hàstalıkdan kurtulmak için, bir yehûdî doktorun sözü ile, bütün şehvetlerinden vaz geçiyorsun da, Cehennem azâbının, hastalıkdan ve fakîrlikden dahâ acı olduğunu ve âhıretin dünyâdan çok uzun olduğunu bilmiyorsun. O hâlde, yazıklar olsun sana ey nefsim!

Sonra tevbe ederim ve iyi şeyler yaparım diyorsan, ölüm dahâ önce gelebilir, pişmân olup kalırsın. Yarın tevbe etmeği, bugün etmekden kolay sanıyorsan, aldanıyorsun. Çünki tevbe, gecikdikçe zorlaşır ve ölüm yaklaşınca, hayvana yokuş önünde yem vermeğe benzer ki, fâidesi olmaz. Senin bu hâlin, şu talebeye benzer ki, dersine çalışmayıp, imtihân günü hepsini öğrenirim sanır ve ilm öğrenmek için, uzun zemân lâzım olduğunu bilemez. Bunun gibi, pis nefsi temizlemek için de, uzun zemân mücâhede etmek lâzımdır. Ömür, boşuna geçince, bir ânda, bunu nasıl yapabilirsin? İhtiyârlamadan önce gençliğin, hasta olmadan önce sıhhatin ve sıkıntı çekmeden önce râhatlığın ve ölmeden önce hayâtın kıymetini niçin bilmiyorsun? O hâlde yazıklar olsun sana ey nefsim!

Kışın muhtâc olacağın şeylerin hepsini, niçin yazdan hâzırlayıp hiç gecikdirmiyorsun ve bunları elde etmek için, Allahü teâlânın merhametine, ihsânına güvenmiyorsun? Hâlbuki Cehennemin zemherîri, kışın soğuğundan az değildir ve ateşinin sıcaklığı, temmuz güneşinden aşağı değildir. Bunların hâzırlığında, hiç kusûr etmiyorsun da, âhıret işlerinde gevşek davranıyorsun. Bunun sebebi nedir? Yoksa âhıret ve kıyâmet gününe inanmıyor musun ve kalbindeki bu küfrü, kendinden de mi saklıyorsun? Bu ise, ebedî felâketine sebebdir. O hâlde, yazıklar olsun sana ey nefsim!

Ma'rifet nûrunun himâyesine sığınmayıp da, öldükden sonra, şehvet ateşinin, cânını yakmasından, Allahü teâlânın lutfü ve merhameti ile kurtulacağını sanan bir kimse, kalın elbisesinin himâyesine girmeden, kışın soğuğunun, Allahü teâlânın lutfü ile kendisini üşütmiyeceğini sanan kimseye benzer. Bu kimse, bilemiyor ki, Allahü teâlâ, birçok fâideleri sağlamak için, kışı yaratmış ise de, lutf ve merhamet ederek, elbise yapılacak şeyleri de yaratmış ve insanlara, elbise yapmak için akl ve düşünce vermişdir. Ya'nî, Onun ihsânı, elbise te'mînini kolaylaşdırmakda olup, elbisesiz üşümemek şeklinde değildir. O hâlde, yazıklar olsun sana ey nefsim!

Günâhların Allahü teâlâyı kızdırdığı için, azâb çekeceğini zan etme ve günâhlarımın Ona ne zararı var ki, bana kızıyor deme! Zan etdiğin gibi değil. Seni yakacak olan Cehennem azâbı, senin içinde ve şehvetlerinden meydâna gelmekdedir. Nitekim, insanın hastalığı, yidiği zehrden ve içine giren zararlı şeylerden meydâna gelmekde olup, tabîbin sözlerini dinlemediği için, onun kızmasından hâsıl olmuyor. O hâlde, yazıklar olsun sana ey nefsim!

Ey nefsim! Anladım ki, dünyânın ni'metlerine ve lezzetlerine alışmışsın ve kendini onlara kapdırmışsın! Cennete ve Cehenneme inanmıyorsan, bâri ölümü inkâr etme! Bu ni'met ve lezzetlerin hepsini senden alacaklar ve bunların ayrılık ateşi ile yanacaksın! Bunları istediğin kadar sev, istediğin kadar sıkı sarıl ki, ayrılık ateşi, sevgin kadar çok olur. O hâlde, yazıklar olsun sana ey nefsim!

Dünyâya niye sarılıyorsun? Bütün dünyâ senin olsa ve dünyâdaki insanların hepsi sana secde etse, az zemân sonra sen de, onlar da toprak olacaksınız! İsmleriniz unutulacak, hâtırlardan silinecek. Geçmiş pâdişâhları hâtırlayan var mı? Hâlbuki sana dünyâdan az birşey vermişler. O da bozulmakda, değişmekdedir. Bunlar için, sonsuz Cennet ni'metlerini fedâ ediyorsun. O hâlde, yazıklar olsun sana ey nefsim!

Bir kimse, kıymetli ve sonsuz dayanıklı bir mücevheri verip, bununla, kırık bir saksı satın alırsa, ona nasıl gülersin? İşte dünyâ, alınan saksı gibidir. Onu kırıldı bil ve ebedî cevheri, elinden çıkdı bil ve sana pişmânlık ve azâb kaldı bil!

Bunlar ile ve bunlar gibi sözlerle, herkes nefsini azarlıyarak, kendi hakkını ödemeli ve nasîhate, önce kendinden başlamalıdır! Allahü teâlâ, doğru yolda gidenlere selâmet ihsân buyursun! Âmîn.

İlmsiz birşey olmaz, ilm herşeye başdır,
karanlık yollarda o, en azîz arkadaşdır.

Ondan sâdık dost olmaz, ondan vefâlı yâr yok,
herşeyde zarar olsa, onda aslâ zarar yok.

İlm, ucsuz bucaksız, bir ummânı andırır,
ilmden başka herşey, insanı usandırır.

Nasıl kıymetli olmaz, Allah onu övüyor,
bak! Nebî-yi muhterem, bir hadîsde ne diyor:

Ara, her yerde ilmi, o yer ister Çin olsun!
İlm öğrenmek farzdır, her mü'min için olsun.

Bak! Alî-yülmürtezâ, ne diyor dinlesene,
(Köle olurum bana, bir harfî öğretene).

Âlimler, dîn-i islâmı, yıkılmakdan kurtarır,
âlimler yer yüzünde, zıll-i sıfâtullahdır.

Mürekkeb-i ulemâ, azîzdir hattâ şundan:
fî sebîlillah akan, şehîdlerin kanından.

Çünki, cihâd-ı ekber, ancak ilmle olur,
dâreynde, ilmi ile, âmil olan kurtulur.

Âlim, zâhidden üstün, zühd, ilmin altındadır,
âlimler, âhıretde, nebîler yanındadır.

Dime! Cihânda âlim, kalmadı, belki vardır,
aç gözünü, kalbinden zulmet perdesin kaldır!

Bu dînin âlimleri, hadîsle övüldüler,
Benî isrâ'îldeki nebîler gibidirler.

Âlimlerin bir sözü, yıllarca, bâkî kalır,
insanı en alçakdan, bâlâlara kaldırır.

Şimdi âlim bulmak zor, o hâlde ne yapmalı?
âsâr-ı ulemâyı, durmadan okumalı!

Kitâb, altun bir kafes, ilm içinde kuşdur,
kafesi satın alan, kuşa mâlik olmuşdur.

Sarıl kitâblara ki, kalbin nûr ile dolsun,
önce okuyacağın, Kur'ân-ı kerîm olsun!

Sonra, kıymetli eser, Buhârî ve Müslimdir,
ba'dehu Mektûbât-ı İmâm-ı Rabbânîdir.

Tesavvuf ile fıkh, burada vaslolmuşdur,
öyle bir âlimdir bu, hadîsle övülmüşdür.

Hârikalar menba'ı, hiç duyulmıyan sözler,
asrlarca çözülmez, mu'ammâ mes'eleler.

Hepsi Mektûbâtda ve tercemesinde vardır,
onsuz kurtuluş zordur, onsuz ilm, noksandır.

Eshâb-ı kirâm risâlesi de, gör, ne iyi,
oku! Güzel anla da, takdîr et sahâbeyi.

Mektûbât tercemesi, ebedî se'âdetdir,
le-hül-hamd her yerde var, temâmı bil, üç cilddir.

İbni Âbidîne bak, bir deryâ ki, sonsuzdur!
hanefîde en büyük fıkh kitâbı budur.

Gör, İhyâ-ül-ulûmu, Kimyâ-ı se'âdeti,
Gazâlîyi yâdından çıkarmazsın ebedî.

Riyâdunnâsıhîni okuyunca anlarsın,
Muhammed Rebhâmîye, ne büyük âlim dersin.

Şeyhul-ekber, Geylânî, öğren Behâ'eddîni,
böyle zâtlar korumuş, yıkılmakdan bu dîni.

Mevâhib, her eserde, adı geçen kitâbdır,
Resûl-i müctebâyı, uzun uzun anlatır.

menkıbeler pınarı, Çihâr-ı yâr-ı güzîn,
İhtiyâcı çok ona, kararan kalbimizin.

Merâkıl-felâh ve Mevkûfât kıymetlidir,
Mecmû'a-yı zühdiyye, sana çok şey öğretir.

Ma'rifetnâmeyi gör, İbrâhîm Hakkıyı bil,
çok oku Birgivîyi, sanma fâideli değil.

Terceme-i hâlleri, tanınmış Evliyânın,
içinde anlatılmış, Reşehât, Nefehâtın.

Berekât-ı Ahmedî, Mu'cizât-ül-Enbiyâ,
ne güzel yazılmışdır, Hadîka-tül-Evliyâ.

Dürr-i yektâyı da gör, hem Umdetül-islâmı,
Miftâhul-Cenneti, ey oğul ilmihâlini.

Râbıta risâlesi, tesavvufu bildirir,
musannifi (esseyyid Velî Abdülhakîm)dir.

Dahâ nice kitâb var, denizde inci bunlar,
Rahmet-i Hakda olsun, her birini yazanlar.

Bizlerden selâm eyle, yâ Rabbî, sen onlara,
kolaylık ver onların yolunda olanlara!.

İkinci Kısm

MÜSLİMÂNA NASÎHAT

ÖNSÖZÜ

Allahü teâlâya hamd olsun! Onun çok sevdiği Peygamberi Muhammed aleyhisselâma salât ve selâm olsun! O yüce Peygamberin "sallallahü teâlâ aleyhi ve sellem" temiz Ehl-i beytine ve âdil, sâdık Eshâbının herbirine "radıyallahü teâlâ anhüm ecma'în" hayrlı düâlar olsun!

Allahü teâlâ Rabbül'âlemîndir. Her cânlıyı, hattâ cânlı cânsız her varlığı, hesâblı, düzenli ve fâideli olarak yaratmışdır. Hâlık, Bârî, Musavvir, Bedî' ve Hakîm sıfatları ile, varlıkların hepsini, çok düzenli, çok güzel yaratmışdır. Her varlığın düzenli ve güzel olmaları için, birbirleri aralarında bağlantılar kurmuş, var olmaları için, düzende kalabilmeleri için, birbirlerine sebeb, vâsıta, vesîle etmişdir. Varlıkların aralarındaki bu bağlantılara, birbirlerinin düzenine sebeb olmalarına tabî'at olayları, fizik, kimyâ kanûnları, astronomi formülleri, fizyolojik fe'âliyyetler gibi isimler veriyoruz. Fen bilgisi demek, Allahü teâlânın yaratmış olduğu varlıkların düzenlerini, birbirlerine etkilerini, aralarındaki bağlılıkları, hesâbları araşdırmak, incelemek, böylece bunlardan fâidelenmek demekdir.

Allahü teâlâ, cânlı cânsız bütün varlıkların düzenli, hesâblı olmalarını dilemiş ve dilediği gibi yaratmışdır. Böyle yaratmasına, maddeleri, kuvvetleri, enerjileri vesîle ve sebeb kılmışdır. Allahü teâlâ, insanların yaşamalarının da, düzenli ve fâideli olmasını dilemekdedir. Bunun için de, insanların irâdelerini vesîle ve sebeb kılmışdır. İnsan, birşey yapmak irâde eder, ister. Allahü teâlâ da isterse, o şeyi yaratır. İnsanların şahsî yaşamalarının ve âile yuvası kurmalarının ve sosyal hayâtlarının düzenli olması için, insanların iyi ve doğru ve fâideli şeyleri irâde etmeleri lâzımdır. İrâdenin, dileğin iyi olması için, Allahü teâlâ, onlara (Akl) vermişdir. Akl, iyiyi kötüden ayıran bir kuvvetdir. İnsanlar çok şeye muhtâç oldukları için ve lâzım olan şeyleri elde etmek zorunda oldukları için, bunları elde etmek isteyen (Nefs) denilen kuvvet, aklı şaşırtıyor. Lâzım olan şey, zararlı olsa da, nefs bunu akla güzel gösteriyor.

Allahü teâlâ, kullarına acıyarak, (Peygamber) denilen seçdiği insanlara, melek ile (Din) denilen bilgiler gönderdi. Peygamberler "aleyhimüssalevâtü vetteslîmât" bu bilgileri insanlara öğretdi. Muhammed aleyhisselâmın bildirdiği (İslâm) dîni, her yerdeki her insanın karşılaşabileceği, her şeyin iyi veyâ kötü, fâideli veyâ zararlı olduğunu ayırmakda, fâideli şeyleri yapmamızı emr etmekdedir.

Nefs, insanları yine aldatıyor. Din bilgilerine uymak istemiyor. Hattâ bunları ve îmân edilmesi, inanılması lâzım olan şeyleri değişdirmeğe, bozmağa kalkışıyor. Allahü teâlânın Peygamberi **Muhammed** aleyhisselâm, insanların nefslerine uyarak, islâmiyyeti değişdirmeğe kalkışacaklarını haber verdi. **(Ümmetim yetmişüçe ayrılacak, yalnız biri Cennete gidecek)** buyurdu. Bozuk inançlarından dolayı Cehenneme gidecekleri bildirilen yetmişiki fırka, meydâna çıkdı. Bu yetmişiki fırka, Kur'ân-ı kerîmin ve hadîs-i şerîflerin, açık olmıyan, şübheli olan ma'nâlarını yanlış anladıkları için, kâfir olmıyorlar. Fekat, islâmiyyeti değişdirdikleri için, Cehenneme gireceklerdir. Bunlara **(Bid'at)** veyâ **(Dalâlet)** ehli, ya'nî mezhebsiz ve sapık denir. Bunlar, müslimân oldukları için, Cehennemden çıkacak, yine Cennete gireceklerdir. Bunlardan başka, **(Müslimân)** ismini taşıyan, fekat islâmiyyeti, bozuk bilgilerine ve kısa görüşlerine göre değişdiren, bunun için, müslimânlıkdan çıkanlar vardır. Bunlar, Cehennemde sonsuz kalacaklardır. Bunlar zındıklar ve reformculardır.

Şimdi mezhebsizler milyonlarca altın saçarak, kendi inançlarını, her memlekete yaymağa çalışıyor. Din câhillerinden çoğunun, bol paraya kavuşmak için, çoğunun da aldatılarak, Ehl-i sünnet âlimlerinin bildirmiş oldukları doğru yoldan ayrıldıkları, acı acı görülmekdedir. Hattâ, Ehl-i sünnet kitâblarını lekelemeğe kalkışıyorlar. Bunun için, mezhebsizlerin bir kısmı olan vehhâbîlerin, Ehl-i sünnete uymıyan inanışlarını vesîkaları ile ayrıca bir kitâb hâlinde bildirmek ve bu kimselerin müslimânlara yapdıkları zararları sağlam kaynaklardan alarak yazmak zarûret hâlini aldı. Böylece müslimânların sahte, yalan sözlere ve yazılara aldanmakdan korunmaları lâzım oldu.

Abdülvehhâb oğlu Muhammed isminde bir kimse, **(Kitâb-üt-tevhîd)** adında küçük bir kitâb yazdı. Torunu Süleymân bin Abdüllah, bunu şerh etmeğe başladı ise de, binikiyüzotuzüç 1233 [m. 1817] senesi sonunda, İbrâhîm Pâşa Der'iyyeye girip, cezâlarını verdiği zemân, öldü. İkinci torunu Abdürrahmân bin Hasen,[1] şerh edip, **(Feth-ul-mecîd)** adını verdi. Sonra bu şerhini kısaltıp **(Kurre-ül-uyûn)** adında ikinci bir kitâb hâzırladı. Şerhin Mısrda 1377 [m. 1957] de, Muhammed Hamîd isminde bir vehhâbî tarafından yapılan yedinci baskısına ilâveler de yapıldı. Kâfirler için gelmiş olan âyet-i kerîmeleri ve birçok hadîs-i şerîf yazarak, müslimânların gözlerini boyamakdadır. Bunlara yanlış, bozuk ma'nâlar uydurarak **(Ehl-i sünnet)** olan doğru müslimânlara saldırmakda, bu temiz müslimânlara kâfir demekdedir. Kitâbının birkaç yerinde, şî'îlere mel'ûn müşrikler diyerek ateş püskürmekdedir. Bu şerhin çok yerlerini ibni Teymiyyeden[2] ve onun talebesi ibni Kayyım-ı Cevziyyeden[3] ve torunu Ahmed bin Abdülhalîmden almış, birine âllme, ikincisine şeyh-ül-islâm ve Ebül-Abbâs adını takmışdır. İbni Teymiyyeye de "radıyallahü anh" demekdedir.

İşbu, (Müslimâna Nasîhat) kitâbını hâzırlamakda iken, elimize türkçe yazılmış küçük bir vehhâbî kitâbı geçdi. **(Cevâb-ı Nu'mân)** adındaki bu

---

[1] Abdürrahmân 1258 [m. 1842] de öldü.
[2] Ahmed ibni Teymiyye 728 [m. 1328] de Şâmda öldü.
[3] Muhammed ibni Kayyım-ı Cevziyye 751 [m. 1350] de vefât etdi.

kitâb, 1385 [m. 1965] senesinde ikinci def'a olarak Şâmda basılmış. Türk hâcılarını aldatarak, **(Ehl-i sünnet)** yolundan ayırmak için, parasız dağıtılıyor. Allahü teâlânın lütfü ve ihsânı ile, bunun da bozuk, uydurma yazılarına, sağlam, vesîkalı cevâblar yazmak nasîb oldu.

İşbu **(Müslimâna Nasîhat)** kitâbımız iki kısm olarak hâzırlandı. Birinci kısmda, **(Feth-ul-mecîd)** kitâbından ve sonra **(Cevâb-ı Nu'mân)** kitâbından yazılar alınıp, bunlara islâm âlimlerinin "rahime-hümullahü teâlâ" kitâblarından cevâblar verildi. Böylece, otuzbeş madde hâsıl oldu.

Kitâbın ikinci kısmında, vehhâbîlerin nasıl meydâna çıkdıkları, nasıl yayıldıkları ve mal, mevki' ele geçirmek için, vehhâbîler arasına karışan câhil, vahşî kimselerin, müslimânların cânlarına, mallarına kıydıkları, islâm memleketlerine barbarca saldırdıkları, Osmânlı devleti tarafından nasıl cezâlandırıldıkları ve birinci cihân harbinden sonra, ingilizlerin bol para ve silâh yardımı ile, tekrâr nasıl devlet kurdukları yazılıdır.

Allahü teâlâ müslimânları mezhebsizlik felâketine düşmekden korusun! Bu yollara kaymış olan zevallıları da, bu felâketden kurtarsın! Âmîn.

Cihanda iki dürlüdür, mürâî,
Ki aldatır bunlar, fakîri, bâyi.

Birisi, yürür eski kisvetle,
Ki, zâhid sanılsın bu sûretle.

Saf kimseleri bunlar, yimek ister,
Kendilerine derviş denmek ister.

Giyerler, yamalı, eski câme,
Dilerler böyle görünmek avâme.

Haftalar geçer taramaz sakalın,
Ki, desinler, unutmuş kendi hâlin.

İkincisi ise, ehl-i riyânın,
İşit imdi alâmetlerin ânın.

Gider ardınca dâim nîk-i nâmın,
Diler makbûlü ola hassu âmmın.

Güzel kumaşları dikdirir ince,
Giyinir hergün moda âdetince.

Nasîhat verir, kitâb yazar durmaz.
Âlim geçinir, nemâz bile kılmaz.

Sakın bunlar ile hem sohbet olma,
Dînini, dünyânı elden kapdırma.

Cihânda âdeti terk eylemeli,
Hakka hâlis ibâdet eylemeli.

MÜSLİMÂNA NASÎHAT KİTÂBI
İÇİNDEKİLER

Bu kitâbda kırkiki madde vardır. Bunların otuzbeş maddesinde **(Feth-ul-mecîd)** ismindeki vehhâbî kitâbından bir parça bildirilmiş ve bunlara islâm âlimlerinin kitâblarından cevâblar verilmişdir. Madde numaraları ve her maddedeki, kitâbın yazısı ve bunların kitâbımızda bulundukları sahîfelerin numaraları aşağıda gösterilmişdir. Tarafımızdan eklenmiş olan açıklamalar köşeli parantez [ ] içinde gösterilmişdir.

Köyde, yolda nemâz kılarken, Kıble cihetini anlamak için, güneşi gören toprağa bir çubuk dikilir, yâhud bir ip ucuna anahtar, taş gibi bir şey bağlanıp sarkıtılır. Takvîm yaprağında yazılı (Kıble sâati) vaktinde, çubuğun, ipin gölgeleri kıble istikâmetini gösterir. Gölgenin güneş bulunduğu tarafı, kıble ciheti olur.

Aşağıdaki şi'r, mevlânâ Hâlid-i Bağdâdînin "kaddesallahü teâlâ sirrehul'azîz"[1] fârisî dîvânından bir parçanın tercemesidir:

ÂH YAZIK!

Ömrüm boş şeylerle geçdi, âh yazık!
Yârını hiç düşünmedim, âh yazık!

Hep hevâya binâ kurdum, şaşkınca,
din temeli çürük oldu, âh yazık!

Afvı sonsuzdur diyerek, pek azdım,
(Kahhâr) ismini unutdum, âh yazık!

Daldım günâha, yapmadım hiç hayr
niçin doğru yoldan sapdım? Âh yazık!

Mal için, makâm için hep uğraşdım,
sonsuz ni'metlerden oldum, âh yazık!

Yol bozuk ve karanlık, önde şeytân,
günâh ağır, ağlarım hep, âh yazık!

Hesâb defterimde yok bir iyilik,
nasıl kurtulur bu Hâlid? Âh yazık!

---

[1] Büyük islâm âlimi Hâlid-i Bağdâdî 1242 [m. 1826] senesinde Şâmda vefât etdi.

MÜSLİMÂNA NASÎHAT

I.ci Kısm

VEHHÂBÎ İNANÇLARI VE EHL-İ SÜNNET ÂLİMLERİNİN BUNLARA VERDİĞİ CEVÂBLAR

Elhamdülillâh! Herhangi bir kimse, herhangi bir zemânda, herhangi bir yerde, herhangi bir kimseye, herhangi bir şeyden dolayı, herhangi bir sûretle hamd ederse, bu hamd ve şükrlerin hepsi, Allahü teâlâya olur. Çünki, herşeyi yaratan, terbiye eden, yetişdiren, her iyiliği yapdıran, gönderen hep Odur. Kuvvet, kudret sâhibi yalnız Odur. O, hâtırlatmazsa kimse, iyilik ve kötülük yapmağı irâde, arzû edemez. Kulun irâdesinden sonra, O da istemedikçe, kuvvet ve fırsat vermedikçe, hiçbir kimse, hiçbir kimseye, zerre kadar iyilik ve kötülük yapamaz. Kulun istediği herşey, O da irâde ederse, dilerse meydâna gelir. Yalnız Onun dilediği olur. İyilik ve kötülük yapmağı, çeşidli sebeblerle hâtırlatmakdadır. Merhamet etdiği kulları, kötülük yapmak irâde edince, O irâde etmez ve yaratmaz. İyilik yapmak irâde etdikleri zemân, O da irâde eder ve yaratır. Böyle kullardan hep iyilik meydâna gelir. Gazab etdiği düşmanlarının kötü irâdelerinin yaratılmasını, O da irâde eder. Bu kötü kullar, iyilik yapmak irâde etmedikleri için, bunlardan hep fenâlık hâsıl olur. Demek oluyor ki, insanlar bir âlet, bir vâsıtadır. Kâtibin elindeki kalem gibidir. Şu kadar var ki, kendilerine ihsân edilmiş olan (İrâde-i cüz'iyye)lerini kullanarak, iyilik yaratılmasını isteyen sevâb kazanır. Kötülük yaratılmasını isteyen, günâh kazanır. Bunun için, hep iyilik yapmayı düşünmeli, hep iyilik yapmayı istemeliyiz! İyi şeyleri öğrenmeliyiz. İyiliklerin kaynağı olan (Ehl-i sünnet) âlimlerinin "rahime-hümullahü teâlâ" kitâblarını okuyup, iyiyi, kötüyü anlamalıyız. Ehl-i sünnet âlimleri, vehhâbîliğin ingilizler tarafından kurulduğunu ve hatâlı bir yol olduğunu vesîkalarla isbât ediyor. Kitâbımızın birinci kısmında, 324.cü sahîfeye kadar bu vesîkalardan otuzbeş dânesini sıra ile bildireceğiz.

1 - Vehhâbîlerin **(Feth-ul-mecîd)** kitâbı, yetmişbeşinci sahîfesinde, *(Abdülvehhâb-i Şa'rânînin[1] kitâbları ve Abdül'azîz-i Debbağın* **(İbriz)** *kitâbı ve Ahmed Ticânînin kitâbları, Ebû Cehlin ve benzerlerinin hâtırlarına gelmiyen şirk ile doludur)* diyor.

Ahmed Ticânî "rahmetullahi aleyh", 1150 [m. 1737] de Cezâyirde tevellüd, 1230 [m. 1815] de Fasda vefât etmişdir. Halvetînin bir kolu olan Ticânîlik yolunun rehberidir. Bu yolda yazılmış olan **(Cevâhir-ül-meânî-fî feyz-i şeyh Ticânî)** kitâbı meşhûrdur.

İnsanların üstünlerinin, ya'nî Peygamberlerin "salevâtullahi teâlâ ve teslîmâtühü aleyhim ecma'în", meleklerin üstünlerinden dahâ yüksek olduklarını, bu vehhâbî kitâbı da yazmakda, meleklerin tesarruf ve te'sîrlerine inanmakda, fekat Allahü teâlânın Evliyâsına "rahime-hümullahü teâlâ" kerâmet olarak, te'sîr ve tesarruf verdiğine ise inanmamakda, buna inananlara müşrik demekdedir. Ehl-i sünnet âlimleri "rahimehümullahü teâlâ", vehhâbîlerin ortaya çıkacaklarını, kerâmet olarak, bilmişler, bunlara, yıllarca önce cevâblar yazmışlardır. Bu âlimlerin başında, Muhyiddîn-i Arabî ve Sadreddîn-i Konevî ve Celâleddîn-i Rûmî[2] ve Seyyid Ahmed Bedevî [ve imâm-ı Rabbânî] gibi Velîler "rahimehümullahü teâlâ" bulunmakdadır. Vehhâbîler, işte bunun için, bu Velîleri beğenmiyorlar.

İmâm-ı Rabbânî Ahmed Fârûkî Serhendî "kuddise sirruh" **(Mektûbât)**ının ikinci cild, ellinci mektûbunda buyuruyor ki:

İslâm dîninin bir sûreti, bir de hakîkati, özü vardır. Sûreti, önce îmân etmek, sonra, Allahü teâlânın emrlerine ve yasaklarına uymakdır. İslâm dîninin sûretine kavuşanların nefs-i emmâreleri inkârda ve ısyân etmekdedir. Bunların îmânı, îmânın sûretidir. Kıldıkları nemâz, nemâzın sûretidir. Oruc ve başka ibâdetleri de böyledir. Çünki, nefs-i emmâre, insan varlığının temelidir. Herkes **(Ben)** deyince, nefsini göstermekdedir. İşte, bunların nefsleri îmân etmemiş, inanmamışdır. Böyle kimselerin îmânları ve ibâdetleri hakîkî, doğru olabilir mi? Allahü teâlâ, çok merhametli olduğu için, yalnız sûrete kavuşmağı kabûl buyurmuşdur. Bunları, râzı olduğu Cennetine sokacağını müjdelemişdir. Yalnız kalbin inanmasını kabûl buyurması, nefsin inanmasını da şart koşmaması, Onun büyük ihsânıdır. Evet, Cennet ni'metlerinin de, hem sûretleri, hem hakîkatleri vardır. İslâm dîninin sûretine kavuşanlar, Cenne-

---

[1] Abdülvehhâb-i Şa'rânî 973 [m. 1565] de vefât etdi.
[2] Celâleddîn-i Rûmî 672 [m. 1273] senesinde, Sadreddîn 671 de Konyada vefât etdiler.

tin sûretinden pay alacaklardır. Dünyâda, islâm dîninin hakîkatine kavuşanlar, Cennetin hakîkatine kavuşacaklardır. Sûrete kavuşmuş olanlarla hakîkate kavuşmuş olanlar, Cennetin aynı bir meyvesini yiyecek. Fekat, herbiri başka tat alacakdır. Resûlullah "sallallahü aleyhi ve sellem" efendimizin mubârek zevceleri "radıyallahü teâlâ anhünne" Cennetde, Resûlullahın yanında olacak, fekat duydukları lezzet başka olacakdır. Eğer, başka olmasaydı, bu mubârek zevcelerin, bütün insanlardan dahâ üstün olmaları lâzım gelirdi. Her üstün olan kimsenin zevcesinin de, bunun gibi üstün olması gerekirdi. Çünki zevceler, Cennetde zevclerinin yanında olacakdır. İslâm dîninin sûretine kavuşanlar, buna uydukları zemân, âhıretde kurtulabileceklerdir. Buna uyanlar, umûmî evliyâlığa, ya'nî Allahü teâlânın rızâsına, sevgisine ermiş demekdir. Bununla şereflenen, tesavvuf yoluna girebilecek, **(Vilâyet-i hâssa)** denilen özel evliyâlığa kavuşabilecek kimse demekdir. Bunlar, nefs-i emmârelerini itmînâna ulaşdırabilirler. Şunu iyi bilmelidir ki, bu vilâyetde, ya'nî İslâm dîninin hakîkatinde ilerliyebilmek için, islâm dîninin sûretini elden bırakmamak lâzımdır.

Tesavvuf yolunda ilerlemek, Allahü teâlânın ismini çok zikr etmekle olur. Bu zikr de, islâm dîninin emr etdiği bir ibâdetdir. Zikr etmek, âyet-i kerîmelerde ve hadîs-i şerîflerde övülmüş ve emr edilmişdir. Tesavvuf yolunda ilerliyebilmek için, islâm dîninin yasakladığı şeylerden sakınmak şartdır. Farzları yapmak, insanı bu yolda ilerletir. Tesavvuf yolunu bilen ve yolculara önderlik edebilen bir **(Rehber=Mürşid)** aramak da, islâm dîninin emr etdiği birşeydir. Mâide sûresinin otuzbeşinci âyetinde, **(Ona kavuşmak için vesîle arayınız)** buyuruldu. (Vesîlenin, insan-ı kâmil olduğu, onsekizinci maddede uzun bildirilmişdir). Allahü teâlânın rızâsına kavuşmak için, islâm dîninin sûreti de, hakîkati de lâzımdır. Çünki, evliyâlık üstünlüklerinin hepsi, islâm dîninin sûretine uymakla ele geçer. Peygamberlik üstünlükleri de, islâm dîninin hakîkatinin meyveleridir.

Evliyâlığa kavuşduran yol tesavvufdur. Tesavvuf yolunda ilerliyebilmek için, Allahdan başka herşeyin sevgisini kalbden çıkarmak lâzımdır. Allahü teâlânın ihsânı ile, kalb hiçbirşeyi görmez olursa, **(Fenâ)** denilen şey hâsıl olur. **(Seyr-i ilallah)** temâm olur. Bundan sonra, **(Seyr-i fillah)** denilen yolculuk başlar. Böylece, **(Bekâ)** denilen şey hâsıl olur ki, aranılan da budur. İslâm dîninin hakîkati buradadır. Buna kavuşan zâta **(Velî)** denir ki, Allahü teâlânın râzı olduğu, sevdiği kimse demekdir. Burada **(Nefs-i emmâre)** mutmainne olur. Nefs, küfrden kurtulup, Allahü teâlânın kazâ ve kaderinden râzı olur. Allahü teâlâ da, ondan râzı olur. Kendini anlar. Büyüklük, kendini beğenmek hastalığından kurtulur. Tesavvuf büyüklerinden çoğu, nefs itmînâna kavuşunca da, Allahü teâlâya âsî olmakdan kurtulamaz demişlerdir. Resûlullah "sallallahü aleyhi ve sellem" bir gazâsından dönüşde, **(Küçük cihâddan döndük. Büyük cihâda başlıyoruz)** buyurdu. Bu büyük cihâd, nefs-i emmâre ile cihâddır demişlerdir. Bu fakîr [ya'nî imâm-ı Rabbânî] böyle anlamıyorum. Nefs itmînâna kavuşunca, hiç ısyânı, kötülüğü kalmaz diyorum. Nefs de, herşeyi unutmuş olan kalb gibi, Allahdan başka hiçbirşey görmez. Mevkı', rütbe, mal, hattâ bunların vereceği tat ve acılıklardan kurtulmuşdur. Nefs ezilmiş, yok gibi olmuşdur. Allah için, kendini fedâ etmişdir. Hadîs-i şerîfde, **(Cihâd-ı ekber)** buyurulması, bedeni meydâna getiren maddelerin fizik ve kimyâ ve biyolojik isteklerine karşı olan cihâd olsa gerekdir. Şehvet, ya'nî istek kuvvetleri, gadab, ya'nî ürkmek, çekinmek istekleri, hep maddî isteklerdir. Hayvanlarda nefs yokdur. Fekat bu kötü istekler, onlarda da vardır. Her hayvanda bulunan şehvet, gadab, birşeye çok düşkün olmak, hep maddelerin hâssalarından ileri gelmekdedir. [Bu isteklere **(Sevk-ı tabî'î)** içgüdü denir.] İnsanların bunlarla cihâd etmesi lâzımdır. Nefsin itmînâna kavuşması, insanı bu kötülüklerden kurtarmaz. Bunlarla cihâdın çok fâidesi vardır. Bedeni de temizlemeğe yarar.

Nefs itmînâna kavuşunca, **(İslâm-ı hakîkî)** nasîb olur. Hakîkî îmân hâsıl olur. Yapılan her ibâdet hakîkî olur. Nemâz, oruc ve hac, hakîkî yapılmış olur.

Görülüyor ki, tesavvuf ve hakîkat denilen şeyler, islâm dîninin sûreti ile hakîkati arasındadır. **(Vilâyet-i hâssa)**ya kavuşamıyan kimse, mecâzî müslimânlıkdan kurtulamaz. Hakîkî islâma kavuşamaz.

İslâm dîninin hakîkatine kavuşan ve islâm-ı hakîkî ile şereflenen kimse, Peygamberlik üstünlüklerinden pay almağa başlar. **(Âlimler, Peygamberlerin vârisleridir)** hadîs-i şerîfinde bildirilen müjdeye kavuşur. Evliyâlık üstünlükleri, islâm dîninin sûretinin meyveleri olduğu gibi, Peygamberlik üstünlükleri de, islâm dîninin hakîkatinin meyveleridir. Vilâyetin üstünlükleri, nübüvvetin üstünlüklerinin sûretleridir.

İslâm dîninin sûreti ile hakîkati arasındaki fark, nefsden ileri gelmiş oldu. Vilâyet üstünlükleri ile, nübüvvet üstünlükleri farkı da, bedendeki maddelerden ileri gelmekdedir. Vilâyetin kemâlâtında, maddeler, fizik, kimyâ ve biyoloji özelliklerine uyar. Fazla enerji, taşkınlık yapdırır. Maddeler, gıda ister. Bu isteğe kavuşmak için, uygunsuz işler yapılır. Nübüvvet kemâllerinde, böyle uygunsuz işler de kalmaz olur. **(Şeytânım müslimân oldu)** hadîs-i şerîfi, bu hâli bildirmiş olabilir. Çünki, insanın dışında şeytân olduğu gibi, içinde de vardır. Fazla enerji insanı azdırır. Kendini beğendirir. Bu ise, fenâ huyların en kötüsüdür. Bunun müslimân olması, bu kötülüklerden kurtulmasıdır. Peygamberlik kemâlâtında, hem kalbin, hem nefsin îmânı, hem de bedendeki maddelerin düzeni ve dengesi vardır. Nefsin tâm itmînâna gelmesi, bedendeki madde ve enerjinin dengeye gelmesinden sonradır. Bu itmînândan sonra, artık kötülüğe dönemez. Bütün bu üstünlükler, hep islâm dîninin üstüne kurulmakdadır. Ağaç ne kadar dallanır, meyvelenirse, yine köksüz olamaz. Her üstünlükde Allahü teâlânın emrlerine ve yasaklarına uymak lâzımdır. Ellinci mektûbdan terceme burada temâm oldu.

Görülüyor ki, vehhâbî kitâbının yazarı, tesavvufdan haberi olmadığı için, Evliyâ-i kirâma "kaddesallahü teâlâ esrârehümül'azîz" dil uzatıyor. Onları islâm dîninin dışında sanıyor.

2 - **(Feth-ul mecîd)** vehhâbî kitâbının kırksekizinci ve üçyüzkırksekizinci sahîfelerinde, *(Ameller, ibâdetler îmândandır. İbâdet yapmıyanın îmânı gider. Îmân azalır ve çoğalır. Şâfi'î ve Ahmed ve başkaları bunu sözbirliği ile bildiriyorlar)* diyor.

İbâdetin vazîfe olduğuna inanmak îmândandır. İnanmak başkadır. Yapmak başkadır. Bunları birbirlerine karışdırmamalıdır. İnandığı hâlde, tenbellikle yapmıyan kâfir olmaz. Kitâbın yazarı, bu yüzden milyonlarca müslimâna kâfir damgası basmakdadır. Bir müslimâna kâfir diyenin kendisi kâfir olur ise de, te'vîl ile söyliyen kâfir olmuyor.

Meşhûr **(Emâlî kasîdesi)**[1] kırküçüncü beytinde diyor ki, (Farz olan ibâdetler, îmândan sayılmaz). Bu kasîdenin **(Nuhbet-ül-leâlî)** ismindeki arabî şerhi çok kıymetlidir. 1975 de İstanbulda **(Hakîkat kitâbevi)** tarafından basdırılmışdır. İmâm-ı a'zam Ebû Hanîfe "rahmetullahi aleyh", ameller îmândan parça değildir buyurdu. Îmân, inanmak demekdir. İnanmakda azlık çokluk olmaz. İbâdetler, îmân olsaydı, îmân azalıp çoğalırdı. Gözden perde kalkıp azâb görüldükden sonra olan îmân kabûl olmaz. O ânda, îmân ile gidenlerin îmânları ancak kalb iledir. İbâdetler yapılamaz. Âyet-i kerîmede buna îmân denildi. Âyet-i kerîmelerde, îmânı olanlara, ibâdet yapmaları emr ediliyor. Bundan da, îmânın ibâdetden başka olduğu anlaşılmakdadır. Bunlardan başka, Kur'ân-ı kerîm-

---

[1] Bu kasîdenin müellifi Alî Ûşî 575 [m. 1180] de vefât etdi.

de, (Îmân edenler ve sâlih işler yapanlar) buyuruldu. Bu da, ibâdetlerin îmândan başka olduklarını gösteriyor. (Mü'min iken, sâlih amel işliyenler) âyet-i kerîmesi, amellerin îmândan ayrı olduklarını açıkça göstermekdedir. Çünki, şartın meşrûtdan başka olması lâzımdır. Îmân edip, hiç ibâdet yapamadan, hemen ölenin, mü'min olduğu söz birliği ile bildirilmişdir. Cibrîl hadîsinde de îmânın yalnız inanmak olduğu bildirilmişdir.

İmâm-ı Ahmed ve imâm-ı Şâfi'î ve hadîs âlimlerinden birçoğu ve Eş'arîler "rahime-hümullahü teâlâ" ve Mu'tezile, ibâdetler îmânın parçasıdır. Îmân azalıp çoğalır dediler. Îmân ile amel, başka olursa, günâh işliyenlerin îmânları ile, Peygamberlerin "aleyhimüssalevâtü vetteslîmât" îmânları bir olurdu dediler. (Onlara âyetlerim okunduğu zemân, îmânları artar) âyeti ve (Îmân artarak, sâhibini Cennete götürür. Azalarak da, Cehenneme sürükler) hadîsi, îmânın azalıp çoğaldığını bildiriyor dediler. İmâm-ı a'zam Ebû Hanîfe "rahmetullahi aleyh", bunlara cevâb teşkîl eden bilgileri önceden anlatmış, îmânın artması, devâm etmesi, çok zemân sürmesi demekdir demişdir. İmâm-ı Mâlik "rahime-hullahü teâlâ" de böyle dedi. Îmânın çok olması, inanılacak şeylerin çoğalması demekdir. Meselâ, Eshâb-ı kirâm, önce az şeylere inanırlardı. Yeni emrler gelince, îmânları çoğalırdı. Îmânın artması demek, kalbde nûrunun artması demekdir. Bu parlaklık, ibâdet ile artar. Günâh işlemekle azalır. Bu husûsda (Şerh-ı Mevâkıf)[1] ve (Cevheret-üttevhîd) kitâblarında geniş bilgi vardır.

Vehhâbî kitâbının doksanbirinci sahîfesinde: (Eshâb-ı kirâmdan biri şerâb içmekden vazgeçmedi. Kendisine (Had) denilen döğmek cezâsı verildi. Eshâbdan birkaçı, buna la'net edince, Resûlullah, (Ona la'net etmeyin! Çünki o, Allahü teâlâyı ve Resûlünü sever) buyurdu) diyor. Günâh işliyenin kâfir olmadığını, kendisi de yazmakdadır. Büyük günâh işliyenler, farzları yapmıyanlar kâfir olur diyenleri, bu hadîs-i şerîf red etmekdedir. (Îmânı olan, zinâ etmez. Hırsızlık etmez) hadîs-i şerîfinin de, îmânın kendini değil, kemâlini gösterdiğini, isbât etmekdedir.

Abdülganî Nablüsî, Allâme Birgivînin "rahimehümullahü teâlâ"[2] yazılarını (Hadîka) kitâbında açıklarken, ikiyüzseksenbirinci ve sonraki sahîfelerinde buyuruyor ki: (Îmân), Muhammed aleyhisselâmın Allahü teâlâ tarafından getirdiği bilgilere kalbin inan-

---

[1] Mevâkıf müellifi Kâdî Adud 756 [m. 1354] de vefât etdi.
[2] Abdülganî 1143 [m. 1731] de vefât etdi.

ması ve inandığını dil ile söylemesi demekdir. Bu bilgilerin herbirini araşdırmak ve anlamak lâzım değildir. Mu'tezile fırkası, herbirini anlayıp inanmak lâzımdır dedi. Aynî "rahime-hullahü teâlâ",[1] Buhârî şerhinde diyor ki, Muhakkıkîn, ya'nî en derin âlimler, meselâ Ebül-Hasen Eş'arî,[2] kâdî Abdül-Cebbâr Hemedânî Mu'tezilî, üstâd Ebül-İshâk İbrâhîm İsferâinî ve Hüseyn bin Fadl ve dahâ birçokları, (Îmân, açıkça bildirilmiş olan şeylere yalnız kalb ile inanmakdır. Dil ile söylemek ve ibâdetleri yapmak îmân değildir) dediler. Sa'deddîn-i Teftâzânî "rahime-hullahü teâlâ" de (Şerh-i akâid) kitâbında böyle söyliyor ve Şems-ül-eimme ve Fahr-ul-islâm Alî Pezdevî "rahime-hümullahü teâlâ" gibi âlimlerin dil ile ikrâr etmenin de lâzım olduğunu söylediklerini bildiriyor. Kalbdeki îmânı dil ile söylemek, müslimânların, birbirlerini tanımaları için lâzımdır. Söylemiyen de mü'mindir. Ameller, ibâdetler, îmândan parça değildir. Âlimlerin çoğu, meselâ imâm-ı a'zam Ebû Hanîfe "rahime-hullahü teâlâ" böyle buyurdular. Evet, imâm-ı Alî "radıyallahü anh" ve imâm-ı Şâfi'î "rahimehullahü teâlâ" îmân inanmak ve söylemek ve ibâdetleri yapmakdır dediler. Bu sözleri, kâmil olan, olgun olan îmânı bildirmekdedir. Kalbinde îmân olduğunu söyliyen kimsenin mü'min olduğu sözbirliği ile bildirilmişdir. Rükneddîn Ebû Bekr Muhammed Kirmânî "rahime-hullahü teâlâ" Buhârî şerhinde diyor ki, ibâdetler îmândan sayılınca, îmân azalır ve çoğalır. Fekat, kalbdeki îmân azalmaz ve çoğalmaz. Azalan, çoğalan bir inanış îmân olmaz. Şek olur, şübhe olur. İmâm-ı Muhyiddîn Yahyâ Nevevî "rahime-hullahü teâlâ" inanılacak şeyleri inceliyerek, sebeblerini anlamakla îmânın kendisi de artar. Ebû Bekr-i Sıddîkın "radıyallahü teâlâ anh" îmânı ile, herhangi bir kimsenin îmânı bir değildir dedi. Bu söz, îmânın kuvvetli ve za'îf olmasını göstermekdedir. Îmânın kendisi azalır ve çoğalır demek değildir. Hasta insanla, sağlam insanın kuvvetlerinin bir olmaması gibidir. Her ikisinin de insanlığı birdir. İnsanlıklarında azlık çokluk yokdur. Îmânın azlığını çokluğunu bildiren âyet-i kerîmeleri ve hadîs-i şerîfleri, imâm-ı a'zam Ebû Hanîfe "rahime-hullahü teâlâ" şöyle açıklamakdadır: Eshâb-ı kirâm "radıyallahü teâlâ anhüm ecma'în" îmâna gelince, herşeye topluca inanmışdı. Sonra, zemân zemân birçok şeyler farz oldu. Bunlara birer birer inandılar. Îmânları böylece, zemânla çoğaldı. Bu hâl, yalnız Eshâb-ı kirâm içindir. Sonra gelen müslimânlar için, îmânın böyle artması düşünülemez buyurdu. Sa'deddîn-i Teftâzâ-

---

[1] Mahmûd Aynî 855 [m. 1451] de vefât etdi.
[2] Ebül-Hasen Alî Eş'arî 330 [m. 941] de vefât etdi.

nî "rahime-hullahü teâlâ",[1] **(Şerh-i akâid)**de diyor ki, kısaca bilenlerin kısaca inanmaları, etrâflı ve inceliklerini bilenlerin etrâflı inanmaları lâzımdır. İkincilerin îmânları, birincilerinkinden elbet çokdur. Fekat, birincilerinki de, tâm îmândır. İmânları noksan değildir. Abdülganî Nablüsî "rahime-hullahü teâlâ" buyuruyor ki, sözün kısası, îmânın kendisi azalmaz ve çoğalmaz. İmânın kuvveti çoğalır. Yâhud ibâdetlerin az veyâ çok olması ile îmânın kemâli, kıymeti değişmekdedir. İmânın azalıp çoğalacağını bildiren âyet-i kerîmelere ve hadîs-i şerîflere böyle ma'nâ verilmişdir. Bu bilgi, ictihâd edilebilecek bilgilerden olduğu için, çeşidli açıklamalar yapılmışdır. Hiçbiri, başka dürlü söyliyeni kötülememişdir. Vehhâbî kitâbı ise, ibâdetleri kabûl edip de, tenbellikle yapmıyana kâfir, müşrik diyor. Muhammed Hâdimî "rahime-hullahü teâlâ"[2] **(Berîka)** kitâbında diyor ki, ibâdetler îmândan parça değildirler. Celâleddîn-i Devânî "rahime-hullahü teâlâ" buyurdu ki, Mu'tezile, ibâdetleri îmânın parçası saydı. İbâdet yapmıyanın îmânı yokdur dedi. İbâdetler, îmânı olgunlaşdırır, güzelleşdirir. Ağacın dalları gibidirler. İmân ibâdet yapmakla çoğalmaz ve günâh işlemekle azalmaz. İmâm-ı a'zam Ebû Hanîfe ve imâm-ı Mâlik ve imâm-ı Ebû Bekr Ahmed Râzî ve birçok derin âlimler "rahime-hümullahü teâlâ" böyle söylediler. Çünki, îmân tâm inanmak demekdir. Bunun azalması çoğalması olmaz. Bir kalbdeki îmânın çoğalması demek, bunun tersi olan küfrün azalması demekdir. Böyle şey olamaz. İmâm-ı Şâfi'î ve Ebül-Hasen Eş'arî "rahime-hümullahü teâlâ" îmân azalır çoğalır buyurdular. Bu sözün, îmânın kendisi azalıp çoğalması değil, kuvvetinin azalıp çoğalması demek olduğunu **(Mevâkıf)** kitâbı açıklamakdadır. Çünki, Peygamberin îmânı ümmetinin îmânı gibi değildir. İşitdiklerini aklı ile, ilmi ile inceliyenin îmânı, işitmekle inananın îmânı gibi değildir. [Mükâşefe ve müşâhedeye kavuşmuş Velînin îmânı, tesavvufdan haberi olmıyanların îmânları gibi değildir.] İbrâhîm aleyhisselâm, kalbinin itmînân, yakîn hâsıl etmesini istedi. Bunu Kur'ân-ı kerîm bildiriyor. İmâm-ı a'zam Ebû Hanîfe "rahime-hullahü teâlâ" **(Fıkh-ı ekber)** kitâbında buyuruyor ki, (Yerde ve göklerde bulunanların îmânları, inanılacak şeyler bakımından azalıp çoğalmaz. İtmînân, yakîn bakımından azalıp çoğalır. Ya'nî, îmânın kuvveti artıp azalır. Fekat yakîni, kuvveti hiç bulunmazsa, îmân olmaz.) [(Fıkh-ı ekber)in **(El-Kavl-ül-fasl)** ismindeki arabî şerhi çok kıymetli olup, 1975 senesinde İs-

---

[1] Sa'düddîn Mes'ûd Teftâzânî 792 [m. 1389] de Semerkandda vefât etdi.
[2] Hâdimî 1176 [m. 1762] de Konyada vefât etdi.

tanbulda basdırılmışdır.] Hâdimîden terceme temâm oldu.

İmâm-ı Rabbânî Ahmed Fârûkî Serhendî "rahime-hullahü teâlâ" **(Mektûbât)** kitâbında, ikiyüzaltmışaltıncı mektûbda buyuruyor ki, îmân kalbin tasdîki ve yakîni olduğundan, azalması, çoğalması olmaz. Azalıp çoğalan bir inanış, îmân olmaz. Buna zan denir. İbâdetleri, Allahü teâlânın sevdiği şeyleri yapmakla îmân cilâlanır, nûrlanır, parlar. Harâm işleyince, bulanır, lekelenir. O hâlde, çoğalmak ve azalmak, amellerden, işlerden dolayı, îmânın cilâsının, parlaklığının değişmesidir. Kendisinde azalıp çoğalmak olmaz. Cilâsı, parlaklığı çok olan îmâna çok dediler. Bunlar, sanki, cilâlı olmıyan îmânı, îmân bilmedi. Cilâlılardan ba'zısını da, îmân bilip, fekat az dedi. Îmân, parlaklıkları başka başka olan, karşılıklı iki ayna gibi oluyor. Cilâsı çok olup, cismleri parlak gösteren ayna, az parlak gösteren aynadan dahâ çokdur demeğe benzer. Başka birisi de, iki ayna müsâvîdir. Yalnız, cilâları ve cismleri göstermeleri, ya'nî sıfatları başkadır demesi gibidir. Bu iki adamdan birincisi, görünüşe bakmış, öze, içe girememişdir. **(Ebû Bekrin îmânı, ümmetimin îmânları toplamından dahâ ağırdır)** hadîs-i şerîfi, îmânın cilâsı, parlaklığı bakımındandır. Vehhâbî kitâbı:

(Bir kimse, beni çocuklarından, ana babasından ve herkesden dahâ çok sevmedikçe, îmânı temâm olmaz) hadîs-i şerîfini yazıyor. *(Muhabbet, kalbde olur. Kalbin işidir. Bunun için, bu hadîs, amellerin, ibâdetlerin îmândan parça olduğunu, îmânın şartı olduğunu gösteriyor)* diyor.

Muhabbet, kalbin işi değil, sıfatıdır. Kalbin işi olduğunu kabûl etsek bile, bedenin, organların işi, kalbin işi değildir. Büyük günâhları işliyen cezâ görür. Bunları kalbinde bulunduran, yapmağa niyyet eden cezâ görmez. Kalbin iyi işi, inanmakdır. Kalbin kötü işi inanmamakdır, îmânsızlıkdır. Bedenin kötü işi, îmânsızlık değildir. Meselâ, yalan söylemek harâmdır. Yalan söyliyen kötü iş yapmış olur. Fekat, kâfir olmaz. Yalan söylemenin harâm olduğunu kabûl etmiyen veyâ beğenen kâfir olur.

(Îmânın doğru olması, kalbin inanması ve amel etmesi, dilin bunu söylemesi ve ibâdetleri yapmakladır. Ehl-i sünnet velcemâ'at da böyle söylemişdir) diyor.

Üçyüzotuzdokuzuncu sahîfesinde, *(Allah sevgisi olunca, Ona itâ'at edenleri, Onun Peygamberlerini, sâlih kullarını, Allahın sevdiklerini de sevmek lâzım olur)* diyor.

O hâlde, Evliyâyı "rahime-hümullahü teâlâ" sevmek, Allah sevgisinin alâmetidir. Bu sevgisini açıklıyanlara dil uzatılamaz. Vehhâbî kitâbının da yazdığı gibi, Allahü teâlânın sevmediklerini sevmek yasakdır, küfrdür. Allahü teâlânın sevdiklerini sevmek lâzımdır ve îmânın alâmetidir. İbâdetlerin en üstünü olduğu bildirilen **(hubb-i fillah ve buğd-ı fillah)** da bu demekdir. Kâfirler, müşrikler, Allahü teâlâyı sevmiyor. Başka şeyleri seviyor. Müslimânlar, Allahü teâlâyı sevdikleri için, Onun sevdiği Peygamberi "sallallahü aleyhi ve sellem" ve Evliyâyı "rahime-hümullahü teâlâ" seviyorlar. Vehhâbî kitâbı, bu iki sevgiyi birbirine karışdırıyor. Birincisinin kötü olduğunu bildiren âyet-i kerîmeleri, ikinci sevgiye de yaymağa kalkışıyor.

Yetmişiki **(Bid'at)** fırkasından biri olan **(Hâricî)**lerden bir kısmı ve **(Vehhâbî)**ler, Kur'ân-ı kerîme ve hadîs-i şerîflere karşı gelmiyor. Fekat, ma'nâları açık ve kesin olmayıp, kapalı ve şübheli olan nassları yanlış te'vîl ederek, bunlardan yanlış ma'nâ anlıyarak, farzları yapmak ve harâmlardan sakınmak, îmânın parçasıdır diyorlar. (Mü'min olmak için, hem îmânın altı şartına inanmak, hem de, islâmiyyete uymak lâzımdır. Bir farzı yapmıyan veyâ bir harâm işliyen kâfir olur) diyorlar. Bunun için, müslimânlara kâfir damgasını basıyorlar. Hâlbuki, farzların farz olduklarına ve harâmların harâm olduğuna inanmak, îmândır. İnanmamak başkadır. İnanıp da yapmamak başkadır. Bunlar, bu ikisini birbiri ile karışdırdıkları için, Ehl-i sünnetden ayrılıyorlar. Fekat, böyle inandıkları için, kâfir olmazlar. Bid'at ehli, sapık oluyorlar. Fekat, ibâdet yapmıyan, bir harâm işliyen müslimânlara, nassları te'vîl etmeksizin kâfir diyenler kâfir olmakdadır. Hadîs-i şerîfde, **(Bid'at sâhibini beğenmiyenin kalbini, Allahü teâlâ, îmân ile doldurur. Bid'at sâhibini kötüliyeni, Allahü teâlâ, kıyâmet gününün korkusundan korur)** buyuruldu.

3 - Kitâbın doksansekizinci ve yüzdördüncü sahîfelerinde, Allahü teâlâdan başka şeylere tapınanların, onları vesîle yapanların müşrik olduklarını bildiren âyet-i kerîmeleri yazarak: *(Peygamberlerden ve sâlih kullardan ölmüş veyâ uzakda olanlardan herhangi bir sözle yardım istiyenler, bu âyetlere göre müşrik olur)* diyor.

Biz müslimânlar, Evliyânın "rahime-hümullahü teâlâ" kendiliklerinden birşey yapacaklarına inanmayız. Allahü teâlâ, onları çok sevdiği için, onların düâ ve hâtırı ile yaratacağına inanırız. Kullara tapınmak demek, onların sözlerine uyarak, islâmiyyetin dışına çıkmak, onların sözlerini, kitâb ve sünnetden üstün tutmak demekdir. İslâmiyyeti emr edenlere uymak, böyle değildir. Buna uymak, islâmiyyete uymak demekdir. Hayber gazâsında, hazret-i Alînin "radıyallahü teâlâ anh" gözü ağrıyordu. Resûlullah "sallallahü aleyhi ve sellem", mubârek tükrüğünü onun gözlerine sürdü ve düâ eyledi. Gözleri iyi oldu. Peygamberin hâtırı için, Allahü teâlâ şifâ ihsân eyledi. Vehhâbî kitâbı da, doksanbirinci sahîfesinde bunu yazıyor ve Buhârî ile Müslimin haber verdiklerini bildiriyor. Onsekizinci maddeyi okuyunuz.

4 - Yüzsekizinci sahîfesinde: *(Tesavvufcular, şirk ve küfr üzeredir. Mürîd şeyhine tapınıyor. Şa'rânînin kitâbları, bu küfrlerle doludur. Hüseynin babasının ve çocuklarının ve Şâfi'înin, Ebû Hanîfenin ve Abdülkâdir-i Geylânînin[1] mezârlarını putlaşdırıyorlar. Onlara tapınıyorlar)* diyor.

(Üsûl-ül-erbe'a fî-terdîd-il-vehhâbiyye) kitâbının üçüncü kısmında, fârisî olarak diyor ki:

Böyle inanan kimse, gâib olan, ya'nî yanında bulunmıyan bir kimseye, ismini söyliyerek seslenmek büyük şirk olur diyor. Böylece, Resûlullahın "sallallahü teâlâ aleyhi ve sellem" mubârek rûhunun bile hâzır olacağını düşünerek seslenen kimse müşrik olur diyor. Yemenli Şevkânî de, **(Dürr-ün-nadîd)** kitâbında, *(Mezârları büyük bilmek, kabrlere seslenerek, ihtiyâclarını istemek küfr olur)* dedi. Yine o, **(Tathîr-ül-i'tikâd)** kitâbında da, *(Melek, Peygamber veyâ Velî de olsa, ölüye yâhud gâib olan diriye böyle seslenen müşrik olur)* diyor. Mezhebsizlerden bir kısmı burada iki fikr ortaya atmakdadır. Bunlara göre, eğer işiteceğini düşünmiyerek, sevdiği için, (yâ Resûlallah!) derse, müşrik olmaz. Eğer işiteceğine inanarak söylerse, kâfir olur. Selef-i sâlihînin "rahime-hümullahü teâlâ" yapdığı şeylere şirk diyen ve müslimânlara müşrik damgasını basan bu kimseye sorarız: (Gâib olan) sözü ile ne demek istiyorsun? (Görmediğimiz herşey gâibdir) diyorsan, (yâ Allah) dememiz de şirk olmakdadır. Çünki bu, Allahü teâlânın Cennetde görüleceğine de inanmamakdadır. Eğer, (gâib, yok demekdir) diyorsan, Peygamberlerin "aleyhimüssalevâtü vetteslîmât" ve Evliyânın "rahime-hümullahü teâlâ" rûhlarına nasıl yok diyebilirsin. Rûhların var olduklarını kitâbımızın, ikinci kısmında isbât etmişdik. Yok eğer, (rûhların var olduklarına ve idrâk ve şu'ûr sâhibi olduklarına, ya'nî anladıklarına, duyduklarına inanırız. Fekat, tesarruf yapdıklarına inanmayız) derse, bu sözü Allahü teâlâ red etmekde, **(En-nâzi'ât)** sûresinin beşinci âyetinde, **(Güç işleri yapanlara yemîn ederim)** buyurmakdadır. Tefsîr âlimlerinin çoğu meselâ **(Beydâvî tefsîri)**[2] [ve bunun Şeyhzâde şerhi[3] ve tefsîr-i

[1] Abdülkâdir Geylânî 561 [m. 1166] de Bağdâdda vefât etdi.
[2] Abdüllah Beydâvî 685 [m. 1286] da Tebrîzde vefât etdi.
[3] Şeyhzâde Muhammed 951 [m. 1544] de vefât etdi.

Azîzî ve Rûh-ul beyân tefsîri, tefsîr-i Hüseynî], bu âyet-i kerîme, meleklerin ve Evliyâ rûhlarının iş yapdıklarını bildirmekdedir dediler. Rûh, madde değildir. Bunun için, melekler gibi, Allahü teâlânın emri ve izni ile, dünyâda iş yaparlar. Meleklerin, Allahü teâlânın izni ile, bu dünyâda, iş yapdıkları, yok etdikleri, diriltmek, öldürmek gibi işlerin yapılmasına vâsıta oldukları, Kur'ân-ı kerîmin çeşidli yerlerinde bildirilmişdir. Cin ve şeytânlar da, güç şeyleri kolayca yapıyorlar. Süleymân aleyhisselâma, cinnin hizmetlerini Kur'ân-ı kerîm haber veriyor. Meselâ Sebe' sûresinin onüçüncü âyetinde meâlen, **(Cin, Onun her istediğini, kal'a, resm, büyük kazanlar ve yerinden kaldırılamıyan çanaklar yaparlardı)** buyuruyor. Cin, melekler ve rûhlar kadar olgun ve kuvvetli olmadığı hâlde, büyük işler yapıyor. Bu dünyâda, göremediğimiz çok şey var ki, insan gücünün yetişemediği işleri yapmakdadırlar. Meselâ, çok hafîf olan ve göremediğimiz hava, fırtına, kasırga şeklinde eserek, ağaçları devirmekde, binâları yıkmakdadır. [Elektrik ve laser ışınları ve elektro-mağnetik dalgaları, atomlar, gözle, hattâ ultra-mikroskopla görülemedikleri hâlde, akılları şaşırtan büyük işler yapmakdadır.] Nazar değmesi, sihr ya'nî büyü ve benzerleri kuvvetleri göremiyoruz. Hâlbuki, korkunç te'sîrlerini işitmiyen yokdur. Bütün bunların yapdıklarının yapıcısı, hiç şübhesiz, Allahü teâlâdır. Bunlar, Allahü teâlânın yapmasına, yaratmasına sebeb oldukları için, bunlar yapdı sanıyoruz ve bunlar yapdı diyoruz. Bunların yapdığını söylemek, küfr, şirk olmıyor da, Evliyânın rûhları yapıyor demek niçin şirk olsun? Onlar, Allahü teâlânın izn vermesi ile ve yaratması ile yapdıkları gibi, Evliyânın rûhları da, Allahü teâlânın izn vermesi ile ve yaratması ile yapmakdadır. Onların yapdıklarını söylemek de, şirk olur denirse, Kur'ân-ı kerîme karşı gelinmiş olur.

Bu kimse, (Cinnin, şeytânların ve havanın te'sîr etdiklerini, Kur'ân-ı kerîm haber veriyor. Bunun için, onlar yapıyor demek câiz oluyor. Evliyânın rûhlarının birşey yapdıklarını Kur'ân-ı kerîm bildirmediği için, rûhlardan birşey istemek şirk olur) derse, yukarıda bildirdiğimiz, **(En-nâzi'ât)** sûresinin beşinci âyet-i kerîmesini unutdun mu deriz. Gözlerinin açılmasını isteyen a'mâya bildirilen hadîs-i şerîfdeki düâ ve çölde yalnız kalanın okumasını emr eden düâ ve **(kabr ziyâret ederken, ölüye selâm veriniz!)** emri ve Osmân bin Huneyfin "radıyallahü teâlâ anh" haber verdiği hâdise, bundan evvelki kısmda bildirilmişdi. Bunların hepsi ve benzerleri dahâ nice vesîkalar, gâib olandan ve kabrdekinden yardım istemenin câiz olduğunu göstermekdedirler. Fekat bu kimse, meşhûr ve sahîh olan bu hadîs-i şerîflere daîf veyâ mevdû' damgasını basıyor. Ehl-i sünnet âlimlerinin ve tesavvuf büyüklerinin sözlerine de kıymet vermiyor. Çünki, dört mezhebden birini taklîd etmek şirk, küfr olur diyor. Meselâ, Gulâm Alî Kusûrî, **(Tahkîk-ul-kelâm)** kitâbında (dört mezhebden birini taklîd eden ve Kâdiriyye, Çeştiyye ve Sühreverdiyye gibi tarîkatlerde bulunan, kâfir ve müşrik ve bid'at ehlidir) diyor. **(Üsûl-ül-erbe'a)**dan terceme temâm oldu. Bu kitâb 1346 [m. 1928] de Hindistânda fârisî dili ile yazılmış, Pâkistânda basılmış, 1395 [m. 1975] de İstanbulda ikinci baskısı yapılmışdır. Yazarı, İmâm-ı Rabbânînin "rahime-hullahü teâlâ" soyundan, Hakîm-ül-ümmet hâce Muhammed Hasen Cân sâhibdir "rahmetullahi aleyhim ecma'în.[1] Bunun **(Tarîk-un-necât)** kitâbı da **(bid'at)** fırkalarına cevâb vermekdedir. Arabî olup, Urdu tercemesi ile birlikde 1350 de Pâkistânda basılmış, 1396 [m. 1976] da, İstanbulda **(Hakîkat Kitâbevi)** tarafından ofset baskısı yapılmışdır.

5 - Yüzonbirinci sahîfesinde: **(Lâ ilâhe illallah diyerek, Allahdan başka şeylere tapınmıyanların malı ve cânı harâm olur)** hadîs-i şerîfini yazarak, *(Yalnız kelime-i tevhîdi söylemek, insanın kanını ve malını kurtaramaz. Bugün, kabrlere ve ölülere tapınanlar böyledir. Bunlar, Kur'ân-ı kerîmde bildirilen, câhiliyye müşriklerinden dahâ kötüdür)* diyor.

Bazıları da **(Müşrikleri nerede bulursanız öldürünüz!)** meâlindeki âyet-i kerîmeyi de ileri sürerek, müslimânları öldürmeği, mallarını yağma etmeği istiyor. Hurûfîlerin ve câhillerin küfr ve şirk olan sözlerini yazarak, tesavvufa ve tesavvuf büyüklerine saldırıyor. Ağaçlara, taşlara, mezârlara tapınanlar için olan hadîs-i şerîfleri yazarak, kabr üzerine türbe yapmak, kabr ziyâret etmek şirkdir, küfrdür diyor.

Taşdan, ağaçdan, bilinmiyen mezârdan teberrük elbette şirkdir. Fekat Peygamberlerin "aleyhimüssalevâtü vetteslimât" ve Evliyânın "rahime-hümullahü teâlâ" kabrlerini ziyâret edip, onların bereketi ile Allahü teâlâdan feyz ve bereket beklemeği bunlara benzetmek, ahmaklık ve câhillikdir. Bu yüzden milyonlarca müslimâna küfr ve şirk damgasını basmak ise, müslimânlar arasında bölücülükdür.

(Es-Savâık-ul ilâhiyye firreddi alel-vehhâbiyye)nin yazarı, büyük âlim Süleymân bin Abdülvehhâb-ı Necdî "rahime-hümullahü teâlâ" Muhammed bin Abdülvehhâbın[2] kardeşidir. Kardeşinin

---

[1] Muhammed Hasen Cân Müceddidî 1349 [m. 1930] da vefât etdi.
[2] Muhammed bin Abdülvehhâb 1206 [m. 1791] de Der'ıyyede öldü.

ingilizlerle işbirliği yaparak, ortaya çıkardığı **(Vehhâbîlik)** yolunun hatâlı olduğunu vesîkalarla isbât etmekdedir. Kırkdördüncü sahîfesinde diyor ki:

Yolunuzun bozuk olduğunu gösteren vesîkalardan biri de, **(Sahîhayn)** denilen iki doğru hadîs kitâbında, ya'nî **(Buhârî)** ve **(Müslim)** kitâblarında bildirilen hadîs-i şerîfdir. Bu hadîs-i şerîfi bildiren, Ukbe bin Âmir "radıyallahü anh" diyor ki, (Resûlullah "sallallahü aleyhi ve sellem", minbere çıkdı. Kendisini minber üzerinde son görüşüm bu idi. **(Benden sonra, müşrik olmanızdan korkmuyorum. Dünyâya düşkün olarak, birbirinizi öldürmenizden, böylece, geçmiş kavmler gibi, helâk olmanızdan korkuyorum)** buyurdu). Resûlullah "sallallahü aleyhi ve sellem", Kıyâmet gününe kadar ümmetinin başına gelecek olan şeylerin hepsini haber vermişdir. Yukarıdaki sahîh hadîs-i şerîf, ümmetinin putlara tapmıyacağını, bundan emîn olduğunu haber vermekdedir. Bu hadîs-i şerîf, bid'at yolunu temelinden yıkmakdadır. Çünki vehhâbî kitâbı, ümmet-i Muhammedin hepsinin putlara tapdıklarını, islâm memleketlerinin putlarla dolu olduğunu, türbelerin puthâne olduklarını söyliyor. Türbelerden yardım, şefâ'at istiyenlerin kâfir olduklarına inanmıyanlar da kâfirdir diyor. Hâlbuki, müslimânlar asrlar boyunca kabrleri ziyârete gitmiş, Evliyâya tevessül ve istigâse eylemişdir. Böyle yapanlara hiçbir islâm âlimi müşrik dememiş, müslimân olarak tanımışlardır.

Süâl: Bir hadîs-i şerîfde, **(Başınıza gelecekler arasında en çok korkduğum şey şirkdir)** buyuruldu. Buna ne dersiniz?

Cevâb: Bu hadîs-i şerîfin **(Şirk-i asgar)**ı bildirdiği, diğer hadîs-i şerîflerden anlaşılmakdadır. Şeddâd bin Evs ve Ebû Hüreyre ve Mahmûd bin Lebîbden "radıyallahü teâlâ anhüm" gelen böyle hadîs-i şerîflerin hepsi, Resûlullahın "sallallahü aleyhi ve sellem", ümmetine şirk-i asgarın gelmesinden korkduğunu bildiriyorlar. Hadîs-i şerîflerde bildirildiği gibi olmuş, müslimânların çoğu şirk-i asgara yakalanmışlardır. Siz, bu şirk-i asgara şirk-i ekber diyorsunuz. Böylece müslimânları tekfîr ediyorsunuz. Müslimânlara kâfir demiyen mü'minlere de, kâfir damgasını basıyorsunuz. **(Es-Savâık-ul-ilâhiyye)**den terceme temâm oldu. Bu kitâb ilk olarak binüçyüzaltı (1306) hicrî senesinde Bağdâdda, **(Nuhbet-ül-ahbâr)** matba'asında basılmış, 1395 [m. 1975] de İstanbulda, **(Hakîkat Kitâbevi)** tarafından ofset ile ikinci baskısı yapılmışdır.

(Hadîka)nın dörtyüzellibirinci sahîfesinde, **(Ey insanlar! Çok gizli olan şirkden sakınınız!)** hadîs-i şerîfini açıklarken, buyuruyor ki, (Bu şirk, yalnız sebebleri görmek, Allahü teâlânın yaratdığını düşünmemekdir. İşleri sebeblerin yapdığına inanmak, Allahü teâlâya şerîk yapmak olur. Görünen, düşünülen şeyleri şerîk yapmağa **(Şirk-i celî)**, [ya'nî açık şirk] denir. Şer'an, aklen ve âdet ile sebeb olan şeylerin yapdığına inanmağa **(Şirk-i hafî)**, [ya'nî gizli şirk] denir). Abdülhak-ı Dehlevî "rahmetullahi aleyh",[1] **(Eşi'at-ül-leme'ât)** hadîs kitâbının birinci cild elħinci sahîfesinde diyor ki, (Putlara tapmağa **(Şirk-i ekber)** denir. Küfr olan şirk budur. Riyâ ile, [ya'nî gösteriş için] ibâdet, iyilik yapmağa **(Şirk-i asgar)** denir. Bu küçük şirk küfr değildir). Bu şirklerin ikisi de şirk-i celîdir.

(Hadîka)dan aldığımız, yukarıda yazılı hadîs-i şerîfde, rûhlardan ve ölülerden birşey istemeğe şirk denmiyor. Görünen veyâ görünmiyen şeylerden ve insanlardan birşey isterken, ya'nî sebeblere yapışırken, bu işi sebeblerin yapdığına inanmağa şirk deniyor. Kısacası, sebeblere yapışmak sünnetdir. Sebeblerin yapdığına inanmak şirkdir. Sebebler birşey yapamaz, Allahü teâlânın yaratmasına sebeb olurlar. İşleri yapan sebebler değildir, Allahü teâlâdır. Canlı veyâ cansız, herhangi bir sebebin, her istediğini yapabileceğine, ya'nî yaratacağına inanmak, onu Allahü teâlâya şerîk yapmak olur. Bu inançla, ondan birşey istemek, ona ibâdet etmek olur. Sebebin yaratacağına inanmayıp, sebebe yapışınca, Allahü teâlânın yaratacağına inanmak, sebebe tapınmak olmaz. Sebebe yapışmak olur. Müslimânlar, dirilerden, ölülerden ve görünenlerden ve görünmiyenlerden bir dilekde bulundukları zemân, bunların her istediklerini kendilerinin yapacaklarına inanmıyorlar. Sebebe yapışınca, dileklerini, Allahü teâlâdan bekliyorlar. Allahü teâlânın yaratacağına inanıyorlar. Bunun için, müslimânların rûhlardan ve ölülerden birşey istemeleri, bunlara tapınmak, onları ma'bûd yapmak olmaz. Allahü teâlâ, herşeyi sebeb ile yaratıyor. Sebeblere yapışmamızı emr ediyor. Bunun için dileklerimize kavuşmak için, bunların sebeblerine yapışıyoruz. Sebeblere yapışmamız şirk olmıyor. Günâh olmıyor. Fekat sebeblerden beklemek, şirk oluyor. Her istediklerini yapabileceklerine inanarak onlardan beklemek, şirk-i ekber oluyor. Allahü teâlânın verdiği kuvvet ile yapacaklarına inanmak, şirk-i hafî oluyor. Sebeblerden beklemeyip, onların yapacaklarına inanmayıp, yalnız Allahü teâlânın yaratacağına inanarak, dileği yalnız Allahdan beklemek, müslimânlık oluyor. İslâm dînine uymak oluyor. Müslimânların ölülerden ve rûhlardan dilekde bulunmaları böyledir. Böyle meşrû' dilekde bulunmağa **(Tevessül)** ve **(İstigâse)** denilmekdedir.

---

[1] Abdülhak Dehlevî 1052 [m. 1642] de vefât etdi.

Ölüden veyâ diriden dilekde bulunanın, ibâdet mi, yoksa tevessül mü yapdığını, ya'nî niyyetinin ne olduğunu anlamak için, dilekde bulunurken islâmiyyetin dışına çıkıp çıkmadığına bakılır. İslâmiyyetin dışına çıkıyorsa ya'nî onun gönlünü hoş etmek için, harâm işliyor veyâ farzı yapmıyorsa, ona tapındığı anlaşılır. Görülüyor ki, diriden dilekde bulunurken, onun gönlünü hoş etmek için, islâmiyyetin dışına çıkan vehhâbîler, müşrik olmakdadırlar. İslâmiyyetin dışına çıkmadan tevessül eden müslimânlar ise, Allahü teâlânın emrini yapmakda, ya'nî sebebe yapışmakdadırlar. Bunlara müşrik diyenlerden te'vîli olmıyanları kâfir olur. İnsan, kendi nefsinin isteklerine, ya'nî şehvetlerine kavuşmak için islâmiyyetin dışına çıkarsa, nefsine tapınmış olur. Fekat nefse tapınmağa, dînimiz şirk dememişdir. Ya'nî bunlar kâfir değil, fâsık olurlar.

6 - Kitâbının yüzkırkikinci sahîfesinde: *(Eshâb ve onlardan sonra gelenler, Peygamberden başka, kimse ile bereketlenmedi. Peygambere mahsûs olan şeylerde, kimse Ona ortak olamaz)* diyor.

Bu da, yazarın yalanlarından biridir. Hazret-i Ömer, yağmur düâsına çıkarken, hazret-i Abbâs ile bereketlendi. Bunu yirmidördüncü maddede uzun bildirdik. Lütfen oradan okuyunuz! İslâm âlimleri, Resûlullaha mahsûs olan şeyleri uzun yazmışlardır. Meselâ, **(Mevâhib-i ledünniyye)** tercemesinde vardır. Bu kitâbların hiçbiri, Resûlullahla "sallallahü teâlâ aleyhi ve sellem" bereketlenmek, yalnız Ona mahsûsdur. Başkaları ile bereketlenmek câiz olmaz dememişlerdir. Başkaları ile de bereketlenildiğini bildirmişlerdir. Allahü teâlânın sevdiği kullarının kabrlerini ziyâret ederek, onlardan bereketlenmeği, Lât ve Uzzâ putlarına tapınmağa benzetmek, Kur'ân-ı kerîme ve hadîs-i şerîflere iftirâ etmekdir. Hadîs-i şerîfde, **(Kur'ân-ı kerîme yanlış ma'nâ veren kâfir olur)** buyuruldu. Kitâbın müellifi, ma'nâları şübheli olan âyet-i kerîmelere yanlış ma'nâ vererek, Ehl-i islâma müşrik diyor.

7 - Yüzyirmialtıncı sahîfesinde: *(Görülüyor ki, tesavvufun başlangıcı, Hind yehûdîlerinin bir oyunudur. Eski yunanlılardan alınmışdır. Böylece, islâmiyyeti fırkalara ayırdılar, parçaladılar)* diyor.

Pâkistânlı Mevdûdî[1] adındaki mezhebsiz birisi de, **(İslâmda İhyâ Hareketleri)** kitâbında, yukarıdaki yazıları yaymakdadır. Sapık kimseler, isteklerine kavuşmak, çıkarlarını sağlamak için, insanlar arasında değer taşıyan kılıklara giriyorlar. Aklı ve bilgisi olan, böyle bozuk kimseleri hemen anlar. Bunları iyilerden ayırır. Fekat câhiller, bunları doğru sanır. Tesavvufcu kılığına girmiş bo-

[1] Mevdûdî 1399 [m. 1979] da öldü.

zuk kimseleri de tesavvufcu sanarak, tesavvuf büyüklerini de bunlar gibi sanır. Bu yüzden, tesavvuf büyüklerini de kötülemeğe kalkışır. Müslimânlar doğruyu iğriden ayırabilmeli, tesavvuf büyüklerine dil uzatmamalıdır.

Tesavvuf bilgilerinin mütehassısı, zemânının büyük âlimi, Evliyânın önderi, imâm-ı Muhammed Ma'sûm Fârûkî "rahmetullahi aleyh"[1] **(Mektûbât)** kitâbının ikinci cildi ellidokuzuncu mektûbunda buyuruyor ki:

Sûrî ve ma'nevî kemâlâtın hepsi, Muhammed Resûlullahdan "sallallahü teâlâ aleyhi ve sellem" alınmışdır. Sûrî olan emrler, yasaklar, mezheb imâmlarımızın kitâbları ile bizlere gelmişdir. Kalbin, rûhun gizli bilgileri de, tesavvuf büyükleri[nin kalbleri] yolu ile gelmişdir. Ebû Hüreyrenin "radıyallahü anh", (Resûlullahdan "sallallahü aleyhi ve sellem" iki kap doldurdum. Birisini sizlere açıkladım. İkincisini açıklamış olsam, beni öldürürsünüz) buyurduğu, Buhârîde yazılıdır. Yine Buhârî bildiriyor ki, Ömer "radıyallahü anh" vefât edince, oğlu Abdüllah "radıyallahü teâlâ anh", ilmin onda dokuzu öldü, dedi. Yanında bulunanların, bu söze şaşdıklarını görünce, Allahı tanımak ilmini söyledim. Fıkh bilgilerini söylemek istemedim dedi. Tesavvuf yollarının hepsi, Resûlullahdan "sallallahü teâlâ aleyhi ve sellem" gelmekdedir. Tesavvuf büyükleri, her asrda bulunmuş olan rehberleri vâsıtası ile, Resûlullahın "sallallahü aleyhi ve sellem" mubârek kalbinden saçılan ma'rifetlere kavuşmuşlardır. Tesavvuf ne yehûdîlerin, ne de tesavvufcuların uydurması değildir. Evet, tesavvuf yolunda hâsıl olan şeyleri bildiren, **(fenâ, bekâ, cezbe, sülûk, seyr-i ilallah)** gibi ismler, tesavvuf büyükleri tarafından konulmuşdur. **(Nefehât)** kitâbında diyor ki, **(fenâ)** ve **(bekâ)** kelimelerini ilk söyliyen Ebû Sa'îd-il-harrâz "rahmetullahi teâlâ aleyh"[2] olmuşdur. Tesavvuf ma'rifetleri Resûlullahdan "sallallahü teâlâ aleyhi ve sellem" gelmekdedir. Bunların ismleri sonradan konulmuşdur. Resûlullahın "sallallahü aleyhi ve sellem" Peygamber olduğu bildirilmeden önce, kalb ile zikr etmekde olduğunu, kitâblar yazmakdadır. Allahü teâlâya teveccüh, nefy ve isbât ve murâkabe, Resûlullahın "sallallahü teâlâ aleyhi ve sellem" zemânında da vardı. Eshâb-ı kirâm "radıyallahü teâlâ anhüm ecma'în" zemânında da vardı. Resûlullahdan "sallallahü aleyhi ve sellem" böyle ismler işitilmedi ise de, çok zemân konuşmaması, bu hâllerinin bulunduğunu göstermek

---

[1] Muhammed Ma'sûm 1079 [m. 1668] de Serhendde vefât etdi.
[2] Ebû Sa'îd Ahmed Harrâz 277 [m. 890] da Bağdâdda vefât etdi.

dedir. **(Biraz tefekkür, bin sene ibâdetden dahâ hayrlıdır)** buyurmuşdur. Tefekkür, bâtıl düşünceleri bırakıp, hakkı düşünmek demekdir. Tesavvufcuların, (Kelime-i tevhîd) ile zikr etmelerini, Hızır "aleyhisselâm" Abdülhâlık-ı Goncdüvânîye "rahmetullahi aleyh"[1] öğretdi.

Süâl: Tesavvuf ma'rifetlerinin hepsi Resûlullahdan geldiğine göre, aralarında ayrılık olmamalı idi. Hâlbuki, tesavvuf yolları çeşidlidir. Hepsinin hâlleri ve ma'rifetleri başkadır?

Cevâb: Bu ayrılığa sebeb, insanların isti'dâdlarının ve bulundukları şartların başka olmasıdır. Meselâ, bir hastalığın ilâcı bellidir. Fekat, hastalara göre, hastalığın seyri ve tedâvîsi değişmekdedir. Bir insanın çeşidli fotoğrafcıda çekdirdiği resmlerinin başka başka olmaları gibidir. Her kemâl, Resûlullahdan "sallallahü aleyhi ve sellem" alınmışdır. Alış kuvvetine ve şekline göre ufak ayrılıklar olmuşdur. Resûlullah "sallallahü aleyhi ve sellem" de, ma'rifetleri, gizli bilgileri, Eshâbına başka başka sunardı. Nitekim hadîs-i şerîfinde, **(Herkese, anlıyabileceği kadar söyleyiniz!)** buyurmuşdur. Resûlullah "sallallahü aleyhi ve sellem", hazret-i Ebû Bekr ile ince bilgiler konuşuyordu. Hazret-i Ömer yanlarına gelince, sözü değişdirdi. Sonra, hazret-i Osmân gelince, yine değişdirdi. Hazret-i Alî gelince dahâ başka konuşdu. Herbirinin isti'dâdına, yaratılışına göre, başka başka konuşdu "radıyallahü teâlâ anhüm ecma'în".

Bütün tesavvuf yolları, imâm-ı Ca'fer Sâdık "rahmetullahi teâlâ aleyh"[2] hazretlerinde birleşmekdedir. İmâm-ı Ca'fer Sâdık da, iki yoldan, Resûlullaha bağlıdır. Birisi, babalarının yolu olup, hazret-i Alî "radıyallahü teâlâ anh" vâsıtası ile Resûlullaha bağlıdır. İkincisi, anasının babalarının yolu olup, hazret-i Ebû Bekr "radıyallahü teâlâ anh" vâsıtası ile Resûlullaha "sallallahü teâlâ aleyhi ve sellem" bağlanmakdadır. İmâm-ı Ca'fer Sâdık "rahmetullahi teâlâ aleyh" hem ana tarafından Ebû Bekr-i Sıddîk soyundan olduğu için, hem de, onun vâsıtası ile Resûlullahdan feyz almış olduğu için, (Ebû Bekr-i Sıddîk, beni iki hayâta kavuşdurmuşdur) buyurdu. İmâm-ı Ca'fer Sâdıkda bulunan bu iki feyz ve ma'rifet yolu, birbirleri ile karışmış değildir. İmâm hazretlerinden Ahrâriyye büyüklerine, hazret-i Ebû Bekr yolu ile, öteki silsilelere ise, hazret-i Alî yolu ile feyz gelmekdedir.

---

[1] Abdülhâlık 575 [m. 1180] de Buhârâda vefât etdi.
[2] Ca'fer Sâdık 148 [m. 765] de Medînede vefât etdi.

[Kitâbın, yüzyirmiikinci sahîfesinde: *(Resûlullah, Tebük gazvesinden dönerken, münâfıkların ismlerini Huzeyfe-tebnil-Yemâna bildirdi. Huzeyfe, fitne çıkmasın diye bunların ismlerini kimseye söylemedi. Yoksa, tesavvufcu sapıklarının dedikleri gibi, Huzeyfede gizli din bilgileri yokdu. Çünki, islâm açıkdır. Gizli bilgiler yokdur)* diyor. Tesavvuf bilgilerinin, yehûdî düzmesi, uydurma şeyler olduğunu anlatmak istiyor. Otuzuncu sahîfesinde ise: *(Resûlullahın Mu'âz bin Cebele söylediği din bilgisini, Eshâbın çoğu bilmiyordu. Çünki Resûlullah, Mu'âza bunları kimseye söyleme demişdi. Bir maslahat, bir fâide için, ilmi saklamak câiz olduğu buradan anlaşılmakdadır)* diyor.

Görülüyor ki, kitâbın yazıları birbirini tutmamakdadır. Beşyüz sahîfelik kitâbın heryeri böyle uygunsuz yazılarla doludur. Yüzlerce âyet-i kerîme, binlerce hadîs-i şerîf yazarak, herbirine kendine göre ma'nâlar verip, okuyanları, doğru yoldan sapdırmağa çalışmakdadır].

Muhammed Ma'sûm "rahmetullahi aleyh", ikinci cildin altmışbirinci mektûbunda buyuruyor ki: Bu dünyâda en kıymetli ve en fâideli şey, Allahü teâlânın ma'rifetine kavuşmakdır. Ya'nî Onu tanımakdır. Allahü teâlâyı tanımak iki dürlü olur. Biri, Ehl-i sünnet âlimlerinin "rahime-hümullahü teâlâ", kitâblarında bildirdikleri gibi tanımakdır. İkincisi, tesavvuf büyüklerinin tanımalarıdır. Birinci tanımak, inceleme ve düşünme ile olur. İkincisi, kalbin keşf ve şühûdü ile olur. Birincisinde ilm vardır. İlm ise, akl ve zekâdan doğar. İkincisinde hâl vardır. Hâl ise, asldan, özden doğar. Birincisinde, âlimin varlığı aradadır. İkincisinde, ârifin varlığı aradan kalkar. Çünki, birşeye ârif olmak, o şeyde yok olmak demekdir. Nazm:

> **Yakın olmak, inip çıkmak değildir,**
> **Hakka yaklaşmak, yok olmak demekdir!**

Birincisi **(İlm-i husûlî)** iledir. İkincisi **(ilm-i hudûrî)** iledir. Birincisinde, nefs, azgınlığından vazgeçmemişdir. İkincisinde, nefs yok olmuş, hep Hak iledir. Birincisinde îmân, îmânın sûretidir. İbâdetler, ibâdetlerin sûretidir. Çünki nefs, îmâna gelmemişdir. Hadîs-i kudsîde, **(Nefsine düşmanlık et! O, bana düşmanlık etmekdedir)** buyuruldu. Buradaki kalbin îmânına, **(Mecâzî îmân)** denilir. Bu îmân, gidebilir. İkincisinde, insanın varlığı kalmadığı için ve nefs de îmâna geldiği için, bu îmân, yok olmakdan korunmuşdur. Buna **(Hakîkî îmân)** denir. Burada yapılan ibâdetler de, hakîkî olur. Mecâz yok olabilir. Hakîkat yok olmaz. Hadîs-i şerîfde, **(Yâ Rabbî! Senden, sonu küfr olmıyan îmân istiyorum)** buyurulması ve Nisâ sûresi, yüzotuzaltıncı âyetinde meâlen, **(Ey îmân sâhibleri! Allaha ve Resûlüne îmân ediniz!)** emr olunması, bu hakîkî îmânı göstermekdedir. İmâm-ı Ahmed bin Hanbel "rahimehullahü teâlâ" bu ma'rifete kavuşabilmek için, ilm ve ictihâdda pek yüksek derecede olduğu hâlde, Bişr-i Hâfînin "rahime-hullahü teâlâ" hizmetine koşmuşdur. Bişr-i Hâfînin yanından niçin ayrılmıyorsun dediklerinde, (Allahı benden dahâ iyi tanımakdadır) demişdir.

[Kitâbın, yüzondokuzuncu sahîfesinde diyor ki, imâm-ı Ahmed bin Muhammed bin Hanbelin soyu, Nizâr bin Me'adda, Resûlullah "sallallahü teâlâ aleyhi ve sellem" ile birleşmekdedir. Fıkh ve hadîsde zemânın en üstün âlimi idi. Vera' ve sünnete uymakda pek ileri idi. Yüzaltmışdört [164] senesinde Bağdâdda tevellüd, ikiyüzkırkbir 241 [m. 855] de orada vefât etdi. Bişr-i Hâfî hazretleri yüzellide [150] tevellüd, ikiyüzyirmiyedide [227] vefât etdi. Ferîdüddîn-i Attâr "rahime-hullahü teâlâ" fârisî **(Tezkire-tül-Evliyâ)**da diyor ki, Ahmed bin Hanbel, çok meşâyıhın sohbetinde bulundu. Zünnûn-i Mısrî ve Bişr-i Hâfî bunlardandır. Bir hanım, kötürüm olmuşdu. Çocuğunu imâm-ı Ahmede gönderip düâ etmesini diledi. İmâm abdest alıp nemâz kıldı. Düâ eyledi. Çocuk evine gelince, annesi kapıya gelip oğlunu karşıladı. İmâm-ı Ahmedin düâsı bereketi ile iyi oldu].

İmâm-ı a'zam Ebû Hanîfe "rahmetullahi aleyh" ömrünün son yıllarında, ictihâdı bırakdı. İki sene Ca'fer Sâdık "rahime-hullahü teâlâ" hazretlerinin sohbetinde bulundu. Sebebini sorduklarında, (Bu iki sene olmasaydı, Nu'mân helâk olurdu) buyurdu. Her iki imâm, ilmde ve ibâdetde son derece ileri oldukları hâlde, tesavvuf büyüklerinin yanına giderek, ma'rifet ve bunun meyvesi olan **(hakîkî îmân)** edindiler. İctihâddan dahâ kıymetli ibâdet olur mu? Ders vermekden, islâmiyyeti yaymakdan dahâ üstün amel olur mu? Bunları bırakıp, tesavvuf büyüklerinin hizmetlerine sarıldılar. Böylece ma'rifete kavuşdular.

Amellerin, ibâdetlerin kıymeti, îmânın derecesi ile ölçülür. İbâdetlerin parlaklığı, ihlâsın mikdârına bağlıdır. Îmân ne kadar kâmil ise, ihlâs o kadar çok olur. Ameller de, o kadar çok nûrlu olur ve kabûl edilir. Îmânın kâmil olması ve ihlâsın temâm olması, ma'rifete bağlıdır. Ma'rifet ve hakîkî îmân, fenâ hâsıl olmasına ve ölmeden önce olan ölmeğe bağlı olduğu için, fenâsı çok olanın îmânı dahâ kâmil olur. Bunun içindir ki, Ebû Bekr-i Sıddîkın "radıyallahü anh" îmânının, bütün ümmetin îmânlarından üstün olduğu hadîs-i şerîfde bildirilmişdir. **(Ebû Bekrin îmânı, bütün üm-**

metimin îmânı ile dartılsa, **Ebû Bekrin îmânı dahâ üstün olur)** buyurulmuşdur. Çünki o, fenâda bütün ümmetden dahâ ileridedir. **(Yer yüzünde, yürüyen ölü görmek istiyen, Ebû Kuhâfenin oğluna baksın!)** hadîs-i şerîfi, bunu göstermekdedir. Eshâb-ı kirâmın "radıyallahü teâlâ anhüm ecma'în" hepsi fenâ makâmına kavuşmuşdu. Bu hadîs-i şerîfde, yalnız Ebû Bekr-i Sıddîkın "radıyallahü anh" fenâsının seçilmesi, bunun fenâ derecesinin çok yüksek olduğunu göstermekdedir. Altmışbirinci mektûbdan terceme burada temâm oldu.

İmâm-ı Muhammed Ma'sûm "rahime-hullahü teâlâ" ikinci cildin, yüzaltıncı mektûbunda buyuruyor ki: **(Lâ ilâhe illallah)** güzel sözünü çok söyleyiniz! Bu zikri, kalb ile birlikde yapınız. Bu mubârek söz, kalbin temizlenmesinde pek fâidelidir. Bu güzel sözün yarısı söylenince, Allahdan başka herşey yok edilmiş olur. Geri kalan yarısı söylenince de, hak olan ma'bûdün varlığı bildirilmiş olur. Tesavvuf yolunda ilerlemek de, bu ikisine kavuşmak içindir. Hadîs-i şerîfde, **(Sözlerin en kıymetlisi, Lâ ilâhe illallah demekdir)** buyuruldu. Çok kimse ile görüşmeyiniz. Çok ibâdet yapınız. Resûlullahın "sallallahü aleyhi ve sellem" sünnetlerine sıkı sarılınız! Bid'atlerden ve bid'at sâhiblerinden ve günâh işlemekden çok sakınınız! İyi işleri, iyiler de, kötüler de yapabilir. Fekat kötülüklerden yalnız sıddîklar sakınır.

Halâldan olan çok kıymetli elbiseler giymek, tesavvuf yolcularına zarar verir mi diyorsunuz. Fenâ derecesine kavuşup, kalbinin, Allahdan başka, hiçbirşeye bağlılığı kalmıyan kimsenin elinde, üstünde olan şeyler, onun kalbinin, zikr etmesine mâni' olmaz. Onun kalbinin, dış organları ile ilgisi kalmamışdır. Uyku bile, kalbinin zikretmesine mâni' değildir. Fenâ makâmına varamamış olan böyle değildir. Bunun zâhir organları, kalbi ile ilgilidir. Fekat bunun da yeni, kıymetli elbisesi, kalbinin çalışmasına mâni' olur denilemez. Din büyükleri, Ehl-i beyt imâmları, imâm-ı a'zam Ebû Hanîfe ve Abdülkâdir-i Geylânî "rahime-hümullahü teâlâ", çok kıymetli elbise giymişlerdir. **(Hazâne-türrivâye)** ve **(Metâlib-ülmü'minîn)** ve **(Zahîre)** kitâbları, Resûlullahın "sallallahü aleyhi ve sellem" bin dirhem gümüş kıymetinde cübbe giydiğini bildiriyorlar. Dört bin dirhem gümüş değerinde cübbe ile nemâz kıldığı görülmüşdür. İmâm-ı a'zam Ebû Hanîfe "rahime-hullahü teâlâ" talebesine yeni ve kıymetli elbise giymelerini söylerdi. Ebû Sa'îd-i Hudriye "radıyallahü teâlâ anh"[1] soruldu ki, yimekde, içmekde

---

[1] Ebû Sa'îd-i Hudrî 64 [m. 683] de İstanbulda vefât etdi.

ve giyinmekde olan bu değişikliklere ve yeniliklere ne dersiniz? Halâl para ile olur ve gösteriş ve riyâ için olmazsa, hepsi Allahü teâlânın ihsân etdiği ni'metleri göstermekdir, buyurdu.

Allahdan başka birşeyi sevmek iki dürlü olur: Birincisi, bir mahlûku kalb ile ve beden ile birlikde sevmek, ona kavuşmak istemekdir. Câhillerin sevmeleri böyledir. Tesavvuf yolunda çalışmak, kalbi bu sevmekden kurtarmak içindir. Böylece, kalbde yalnız Allah sevgisi kalır. İnsan, şirk-i hafîden kurtulur. Görülüyor ki tesavvuf, insanı şirk-i hafîden kurtarmak içindir. **(Ey îmân sâhibleri! Îmân ediniz!)** meâlindeki âyet-i kerîmede emr olunan îmâna kavuşmak içindir. En'am sûresinin yüzyirminci âyet-i kerîmesindeki, **(Organlarla açıkça işlenen ve kalb ile yapılan günâhları terk edin!)** meâlindeki emr, kalbi Allahü teâlâdan başka şeylere bağlılıklardan kurtarmak lâzım olduğunu göstermekdedir. Allahdan başkasına tutulmuş olan bir gönülden ne iyilik gelir? Allahü teâlâdan başkasını özliyen bir rûhun Allah yanında hiç kıymeti ve ehemmiyyeti yokdur.

Sevginin ikincisi, yalnız organların sevmesi, istemesidir. Kalb ve rûh, Allahü teâlâya bağlanmışdır. Ondan başka hiçbirşey bilmezler. Böyle olan sevgiye **(Meyl-i tabî'î), iç güdü** denir. Bu sevgi, yalnız bedenin sevmesidir. Kalbe, rûha bulaşmamışdır. Bu sevgi, bedendeki maddelerin ve enerjinin özelliklerinden, ihtiyâclarından ileri gelmekdedir. Fenâya ve bekâya kavuşanlarda ve yüksek derecelerdeki Evliyâda "rahime-hümullahü teâlâ" mahlûklara karşı bu sevgi bulunabilir. Hattâ hepsinde vardır. Resûlullah "sallallahü aleyhi ve sellem" serin ve tatlı içmeği severdi. **(Dünyânızdan üç şey bana sevdirildi)** hadîs-i şerîfini herkes işitmişdir. **(Şemâil)** kitâbları diyor ki, Resûlullah "sallallahü aleyhi ve sellem" **(Bürd-i yemânî)** denilen pamuk ve ketenden yapılmış elbiseyi severdi.

Nefs, fenâ ile şereflenince ve itmînâna kavuşunca, kalb, rûh, sır ve hafî ve ahfâ denilen beş latîfe gibi olur. Nefs böyle olunca, yalnız bedendeki maddelerin ve ısı ve hareket enerjisinin kötü isteklerine karşı cihâd edilir. **(His organları ile duyulan duygular, temiz kalblere ve temizlenmiş nefslere de te'sîr eder)** buyuruldu. Başkalarına te'sîrini, bu hadîs-i şerîfden anlamalı.

Bid'at sâhibi olanın ve rüşvet yiyenin ve başkasının hakkını alanın ve günâh işliyenin evine gitmek, onun verdiğini yimek câiz olur mu diyorsunuz? Gitmemek ve yimemek iyi olur. Hattâ, tesavvuf yolunda olanlar için, bundan sakınmak lâzımdır. Zarûret olunca, câiz olur. Harâm olduğu bilinen şeyi yimek harâmdır. Halâl olduğu bilineni yimek halâldir. Bilinmiyorsa, şübheli ise, yimemek iyi olur.

Süâl: Tesavvuf bid'at mıdır? Yehûdîlerin uydurması mıdır?

Cevâb: Allahü teâlâyı tanımağa çalışmak, bunun için, tesavvuf yolunu bilen ve gösteren bir Rehber aramak ve ona uymak, islâmiyyetin emrlerindendir. Allahü teâlâ, (**Ona kavuşmak için vesîle arayınız!**) buyurdu. Talebenin Mürşidden feyz ve ma'rifet alması, Resûlullahın "sallallahü aleyhi ve sellem" zemânından bu zemâna kadar yapılagelen ve her müslimânın bildiği birşeydir. Tesavvuf büyüklerinin sonradan ortaya çıkardığı birşey değildir. Her Mürşid kendisini yetişdiren kâmile bağlanmışdır. Bu bağlanışları, Resûlullaha "sallallahü teâlâ aleyhi ve sellem" kadar uzanmakdadır. Ahrâriyye[1] büyüklerinin bağlantı dizisi, Resûlullaha, hazret-i Ebû Bekr "radıyallahü teâlâ anh" ile ulaşmakdadır. Başka yolların dizisi ise, hazret-i Alî "radıyallahü teâlâ anh" ile ulaşmakdadır. Buna bid'at denilebilir mi? Evet, mürşid, mürîd gibi ismler, sonradan çıkdı. Fekat kelimelerin, ismlerin değeri yokdur. Bu ismler olmasa da, ma'nâları ve kalblerin bağlılığı yine vardır. (Vehhâbî kitâbı da, kelimelere bakılmaz. Ma'nâlara bakılır demekdedir). Tesavvuf yollarının ortak olan temel işi, zikr yapmasını öğretmekdir. Bu ise, dinimizin emr etdiği birşeydir. Sessiz zikr etmek, sesle yapmakdan dahâ kıymetlidir. Hadîs-i şerîfde, (**Hafaza meleklerinin işitmediği zikr, hafazanın işitdiği zikrden yetmiş kat dahâ kıymetlidir**) buyuruldu. Hadîs-i şerîfde övülen zikr, kalb ile ve öteki latîfelerle yapılan zikrdir. Resûlullahın, Peygamber olduğu kendisine bildirilmeden önce, kalb ile zikr yapdığı, kıymetli kitâblarda yazılıdır. Tesavvuf bilgilerine bid'at demek ve yehûdî uydurması demek, (**Buhârî**) hadîs kitâbını ve (**Hidâye**) fıkh kitâbını okumak bid'atdır demeğe benzer. Yüzaltıncı mektûbdan terceme burada temâm oldu.

Muhammed Ma'sûm Fârûkî "rahime-hullahü teâlâ", (**Mektûbât**) kitâbında, ikinci cildin otuzaltıncı mektûbunda diyor ki, (**Hâcegân**) denilen Tesavvuf yolunun reîsi, Abdülhâlık-ı Goncdüvânîdir "rahime-hullahü teâlâ". Bu yoldaki Kayyûmiyyet cezbesi, kendisine hazret-i Ebû Bekr-i Sıddîkdan "radıyallahü teâlâ anh" gelmişdir. Kendisi de, bu cezbeyi elde etmek yolunu bildirdi. Bu yola (**Vükûf-ı adedi**) denir ki, (**Zikr-i hafî**)den ibâretdir. Bu da, hazret-i Ebû Bekrden gelmekdedir. (**Cezbe-i ma'ıyyet**) denilen ikinci yol ise, Behâüddîn-i Buhârîden "rahime-hullahü teâlâ" başlamakda-

---

[1] Ubeydullah-ı Ahrâr 895 [m. 1490] da Semerkandda vefât etdi.

dır. Zemânının kutbu olan Alâüddîn-i Attâr "rahmetullahi aleyh",[1] bu cezbenin hâsıl olması şartlarını koydu. Bu şartlara **(Tarîka-i Alâiyye)** denildi. En yakın olan [az zemânda kavuşduran] yolun, Alâiyye olduğu bildirilmişdir.

[Alâüddîn-i Attârın talebesinden òlan Ubeydüllah-i Ahrâr "rahime-hullahü teâlâ", hocasının yolunu yaydığı için **(Ahrâriyye)** de denildi.]

Muhammed Ma'sûm "rahime-hullahü teâlâ", ikinci cildin yüzellisekizinci mektûbunda buyuruyor ki, se'âdetin başı, iki şeye kavuşmakdır. Birincisi, Bâtının (ya'nî kalbin) mahlûklara düşkün olmakdan kurtulmasıdır. İkincisi, Zâhirin (ya'nî bedenin) **(Ahkâm-ı islâmiyye)**ye sarılmakla süslenmesidir. Bu iki ni'mete kavuşmak, tesavvuf ehlinin sohbetinde kolay nasîb olur. Başka yoldan kavuşmak güçdür. İslâmiyyete tam yapışabilmek ve ibâdetleri kolay yapabilmek ve yasak olunanlardan sakınabilmek için, nefsin fânî olması, (teslîm olması) lâzımdır. Nefs, azgın olarak ve âsî olarak ve kendini beğenici olarak yaratılmışdır. Bu kötülüklerden kurtulmadıkça, islâmiyyetin hakîkati hâsıl olamaz. Teslîmden, itmînândan önce, islâmiyyetin sûreti, görünüşü vardır. Nefsin itmînânından sonra, islâmiyyetin hakîkati hâsıl olur. Sûret ile hakîkat arasındaki fark, yerle gök arasındaki fark gibidir. Sûret ehli, islâmiyyetin sûretine, hakîkat ehli de, islâmiyyetin hakîkatine kavuşur. Avâmın (ya'nî câhillerin) îmânına **(Îmân-ı mecâzî)** denir. Bu îmân, bozulabilir ve yok olabilir. Havâsın (ya'nî hakîkat ehlinin) îmânları zevâlden ve haleldEn mahfûzdur. Nisâ sûresinin yüzotuzbeşinci âyetinde, **(Ey îmân edenler! Allaha ve Onun Peygamberine îmân ediniz!)** meâlindeki emr, bu hakîkî îmânı göstermekdedir.

Muhammed Ma'sûm "rahime-hullahü teâlâ", üçüncü cildin onaltıncı mektûbunda buyuruyor ki, câhillerin, (Herşey odur. Allah kelimesi, herşeyin adıdır. Zeyd isminin bir insanı göstermesi gibidir. Hâlbuki, her uzvunun ayrı ismleri vardır. O hâlde Zeyd, nerdedir? Hiçbir yerde değildir. Allahü teâlâ da, her varlıkda görünmekdedir. Bunun için, herşeye Allah demek câizdir. Bu varlıklar bir görünüşdür. Bunlardaki yok olmak da, bir görünüşdür. Hakîkatde yok olan birşey yokdur) gibi sözleri, bir varlığa inanmağı değil, çok varlığı göstermekde olup, tesavvuf büyüklerinin bildirdiklerine uygun değildir. Bu söz, Allahü teâlâyı, madde âleminde göstermekdedir. Ayrı bir varlık değildir demekdir. Allahü teâlânın varlığında ve sıfatlarının varlıklarında, mahlûklarına muhtâc oldu-

---

[1] Alâüddîn-i Attâr Muhammed 802 [m. 1400] de Buharâda vefât etdi.

ğunu göstermekdedir. Bileşik cismin varlığının, elementlerinin varlıklarına muhtâc olması gibidir. Bu ise, Allahü teâlânın varlığına inanmamak olup, küfrdür. Allahü teâlânın varlığının, madde ve ma'nâ âlemlerinin varlıklarından ayrı olduğuna inanmak lâzımdır. Ya'nî, vâcib ile mümkinler, ayrı bir varlıkdırlar. İkilik olan herşeyde ayrılık vardır. (Âlem, [ya'nî Allahdan başka herşey], hakîkatde var olsaydı, o zemân ikilik olurdu. Âlemin varlığı görünüşdedir) denirse, buna cevâb olarak, (Hakîkî mevcûd, mevhûm olan görünüşle birleşmez) deriz. Ya'nî herşey Odur denilemez. Bu söz ile, (Hiçbirşey yokdur. Yalnız O vardır) demek istenirse, o zemân doğru olur. Fekat, hakîkat olarak değil, mecâz olarak söylenmiş olur. Zeydin aynadaki [ve televizyondaki] hayâlini görenin, Zeydi gördüm demesine benzer. Teşbîh olarak söylemeyip, hakîkat olarak söylemek, arslana eşek demeğe benzer. [Radyodan, hoparlörden çıkan sese, bunu söyliyen insanın sesidir demek de böyle yanlışdır.] Arslan başkadır. Eşek başkadır. Lâf ile, ikisi bir yazılamaz. Tesavvuf büyüklerinden, (**Vahdet-i vücûd**) söyliyenler, (Hakîkî varlık, mahlûklarda bulunuyor. Ayrıca mevcûd değildir) demedi. (Mahlûkdur, Onun zuhûrlarıdır, görünüşleridir) dediler. Muhyiddîn-i Arabî[1] ve ona tâbi' olanlar "rahime-hümullahü teâlâ", bu ma'nâ ile (**Heme-ûst**) ya'nî (herşey Odur) dediler.

(Âlem, böyle gelmiş, böyle gider) sözü, âlemin kadîm olduğunu gösteriyor. Böyle inanmak küfrdür. Âlemin yok olacağını inkâr etmekdir. Kur'ân-ı kerîm, herşeyin yok olacağını açıkca bildiriyor. İnsanların yok olacağına ve tekrâr var olacaklarına inanıyoruz diyenler arasında, ba'zı kimseler (İnsan, toprak maddesinden meydâna gelmişdir. Ölünce çürüyüp, yine toprak [su ve gazlar] hâline dönecekdir. Bu maddelerden bitkiler ve bitkilerden hayvanlar hâsıl olmakda, bunları insanlar yiyerek, et, kemik ve menî hâline dönmekde ve böylece başka insanlar meydâna gelmekdedir. Kıyâmet kopması, insanların tekrâr yaratılması, işte böyle olur) diyorlar. [Bu sözdeki madde değişmeleri elbette doğrudur. Allahü teâlânın âdet-i ilâhiyyesi böyledir. Fekat] insanların tekrâr yaratılması böyle olur demek, Haşrı, Neşri ve Kıyâmeti inkâr etmekdir. Kıyâmet gününün gelmesi ve ölülerin mezârlarından kalkacakları, bütün canlıların bir meydânda toplanacakları, meleklerin yazdığı kitâbların ortaya çıkarılacağı, hesâb verileceği, terâzînin kurulacağı, mü'minlerin Sırât köprüsünden geçecekleri, kâfirlerin Cehenneme düşecekleri ve sonsuz azâbda kalacakları,

---

[1] Muhyiddîn-i Arabî 638 [m. 1240] da Şâmda vefât etdi.

Kur'ân-ı kerîmde ve hadîs-i şerîflerde bildirilmişdir.

(Bu bilinen nemâz, câhil halk için emr olunmuşdur. Sâf, temiz, yükselmiş insanların ibâdetleri [nemâzları], zikr ve tefekkürdür. İnsanın bütün zerreleri ve bütün eşyâ, her an zikr, ibâdet yapmakdadır. İnsan bunu anlamasa da, böyledir. İslâmiyyet, aklı az olanlar için gönderilmişdir. Böylece, fesâd çıkarmaları önlenmişdir) gibi lâflar, câhillerin ve aklı az olan mezhebsizlerin sözleridir. Peygamberimiz "sallallahü aleyhi ve sellem", nemâzın dînin direği olduğunu bildirdi. **(Nemâz kılan, din binâsını yapmışdır. Nemâz kılmıyan, dînini yıkmışdır. Nemâz, mü'minin mi'râcıdır)** buyurdu. Râhatını, huzûrunu nemâzda bildi. Nemâzdaki yakınlık, başka şeylerde bulunmaz. Hadîs-i şerîfde, **(Allah ile kul arasındaki perdeler, ancak nemâzda kaldırılır)** buyuruldu. Her kemâl, **(İslâmiyyete)** ya'nî (Ahkâm-ı islâmiyye)ye uymakla hâsıl olur. Bu ahkâmdan, ya'nî emr ve yasaklardan ayrılan, yoldan sapar. Se'âdete kavuşamaz. Kur'ân-ı kerîm ve hadîs-i şerîfler, bu ahkâma uymağı emr ediyorlar. Doğru yol, Kur'ân-ı kerîmin ve hadîs-i şerîflerin gösterdiği yoldur. Başka yollar, şeytânların yollarıdır. Abdüllah ibni Mes'ûd diyor ki, Resûlullah "sallallahü aleyhi ve sellem", bir doğru çizdi. **(Bu, insanı Allahın rızâsına kavuşduran tek doğru yoldur)** dedi. Sonra bunun sağına, soluna [balık kılçığı gibi] çizgiler çizip, **(Bunlar da, şeytânların yollarıdır. Herbirinde bulunan şeytân, kendine çağırır)** buyurdu ve **(Bu, doğru olan yolumdur. Buna geliniz!)** âyet-i kerîmesini okudu.

Peygamberlerin "aleyhimüsselâm" sözbirliği ile bildirdikleri ve islâm âlimlerinin bizlere ulaşdırdıkları bilgiler, şunun bunun düşünceleri ile, hayâlleri ile yok edilemez.

Ondördüncü asrın müceddidi, zâhir ve bâtın ilmlerinin hazînesi, seyyid Abdülhakîm Efendinin "rahmetullahi aleyh"[1] **(Er-riyâdut-tesavvufiyye)** kitâbı, tesavvufun, ta'rîfini, târîhini, mevzû'unu ve ıstılâhlarını gâyet vecîz olarak yazmakdadır. Kitâb, türkçe olup, 1341 [m. 1923] senesinde, İstanbulda, Harbiyye mektebi matba'asında basılmışdır. Önsözünde diyor ki:

Peygamberimizin "sallallahü aleyhi ve sellem" sohbetinde bulunmakdan dahâ şerefli, dahâ kıymetli bir üstünlük olmadığı için, bu şerefe kavuşanlara **(Sahâbe)** denildi. Onlardan sonra gelenlere, onlara tâbi' oldukları için **(Tâbi'în)**, bunlardan sonra gelenlere de, **(Etbâ'ı tâbi'în)** denildi. Dahâ sonra, din işlerinde yükselmiş olanlara, **(Zühhâd)** ve **(Ubbâd)** denildi. Bunlardan sonra, bid'atler

---

[1] Abdülhakîm Arvâsî 1362 [m. 1943] de Ankarada vefât etdi.

çoğalıp, her fırka, kendi önderlerine Zâhid ve Âbid dedi. Ehl-i sünnet denilen, Eshâb-ı kirâm yolundaki doğru fırkadan olup, kalblerini gafletden koruyan ve nefslerini Allaha itâ'ate kavuşduranların bu hâllerine, **(Tesavvuf)** ve kendilerine **(Sôfî)** ismi verildi. Bu ismler, hicretin ikinci asrı sonunda işitildi. Kendisine evvelâ Sôfî denilen Ebû Hâşim Sôfîdir "rahime-hullahü teâlâ". Kûfe şehrinden olup, Şâmda irşâd ederdi. Süfyân-ı Sevrînin "rahime-hullahi teâlâ" üstâdı idi. [Süfyân-ı Sevrî "rahmetullahi aleyh" 161 [m. 778] de Basrada, Ebû Hâşim Sôfî 115 de vefât etmişlerdir. Süfyân demişdir ki, (Ebû Hâşim Sôfî olmasaydı, Rabbânî hakîkatleri bilmezdim. Onu görmeden önce tesavvufun ne olduğunu bilmiyordum). Tekke en önce, Ebû Hâşim için, Remleh şehrinde yapılmışdır. (Dağları iğne ile oyarak toz etmek, kalblerden kibri çıkarmakdan kolaydır) sözü onundur. (Fâidesiz ilmden Allaha sığınırım) sözünü çok söylerdi.]

Tesavvuf ehli, başka din adamlarında bulunmayan bir ilm ile şereflenmişlerdir. Haris bin Esed Muhâsibî "rahime-hullahü teâlâ" 241 [m. 855] de Basrada vefât etdi. **(Kitâb-ür-riâye)**de, vera' ve takvâ üzerinde geniş bilgi verdi. İmâm-ı Abdülkerîm Kuşeyrî "rahime-hullahü teâlâ, 376 [m. 987] da Nişâpûrda vefât etdi. Meşhûr risâlesinde ve Şihâbüddîn-i Ömer Sühreverdî "rahime-hullahü teâlâ", 632 [m. 1234] de vefât etdi. **(Avârif-ül-me'ârif)**de, tarîkat edeblerini ve vecdlerini ve hâllerini bildirmişlerdir. İmâm-ı Muhammed Gazâlî "rahmetullahi aleyh", **(İhyâ)** kitâbında, bu iki kısm bilgileri, birlikde uzun açıklamışdır.

Görülüyor ki, tesavvufun başlangıcı, nübüvvetin ve risâletin başlangıcıdır. Tesavvuf bilgileri, semâvî dinlerin hakîkatlerini anlamak ile hâsıl olmuşlardır. Tesavvufun bir parçası olan **(Vahdet-ül-vücûd)** ma'rifetlerini, budistlerin, yehûdîlerin akl ve riyâzet ile anladıkları **(Vahdet)** ile karışdırmamalıdır. Birincisi, zevk ile anlaşılan ma'rifetler, ikincisi akl ile hâsıl olan hayâllerdir. Bu zevki tatmıyan gâfiller, ikisini aynı sanırlar.

[Allahü teâlâ, Ezzâriyât sûresinde meâlen, **(Cinni ve insanları ibâdet etmeleri için yaratdım)** buyuruyor. İbâdet etmek de, kurb ve ma'rifet hâsıl eder. Demek ki, insanların Evliyâ "rahime-hümullahü teâlâ" olmaları emr olunmakdadır. Bu da, farzları, nâfileleri birlikde yapmakla ve bid'at sâhiblerinden uzaklaşmakla hâsıl olur. Tesavvuf yolunda yapılan vazîfeler, nâfile ibâdetlerdir. Farzların kabûl olmaları için bulunması şart olan ihlâs, bu vazîfelerle elde edilir. Vehhâbîlerin (Tesavvuf, yehûdîlerden ve eski yunanlılardan alınmışdır) sözünün çok çirkin, yalan ve iftirâ olduğu, yukardaki bilgilerden pek iyi anlaşılmakdadır.

Allahü teâlânın rızâsına, sevgisine kavuşmak için, farzları, sünnetleri ve nâfile ibâdetleri yapmak lâzımdır. Bunlar, şartlarını, müfsidlerini bilerek ve ihlâs ile yapılır. Farzların birincisi, Ehl-i sünnet i'tikâdına uygun inanmak, ikincisi harâmlardan ve harâm nafakadan sakınmakdır. (İhlâs), kalbi mâ-sivâdan temizlemek ya'nî herşeyi yalnız Allah için yapmakdır. Bu da mürşid-i kâmil sohbetinde bulunmakla, az zemânda hâsıl olur. Mürşid bulunmazsa, bir mürşide râbıta yaparak veyâ çok zikr yaparak da hâsıl olur. Mürşid-i kâmil bir ayna, bir gözlük gibidir. Bir kimse, gönül gözüyle, bir mürşidin kalbine bakarsa, orada Resûlullahın mubârek kalbini görür. O, Resûlullahın vârisidir. Ona râbıta yapılınca, Resûlullaha yapılmış olur. Onun mubârek kalbine, mürşidlerinin kalbleri vâsıtası ile Resûlullahın kalbinden gelmiş olan nûrlar, bunun kalbine de akar. Kalb temizlenerek ihlâs hâsıl olur.]

8 - (Feth-ul-mecîd) kitâbının yüzaltmışsekizinci ve üçyüzelliüçüncü sahîfelerinde: *(Allahü teâlâ ile kulları arasında birini vâsıta yapmak, ondan birşey istemek, sözbirliği ile küfr olur. İbni Kayyım, ölüden birşey istemek, ondan Allahü teâlâ katında şefâ'at etmesini dilemek, büyük şirkdir, dedi. Hanefî kitâblarından Fetâvâ-yı Bezzâziyye,*[1] *ervâhı meşâyih hâzırdır diyen kâfir olur demekdedir. Meyyitde his ve hareket olmadığı, âyetlerden ve hadîslerden anlaşılmakdadır)* diyor.

Yetmişinci sahîfesinde, (*Ukâşe, Cennete hesâbsız girmesi için Resûlullahdan düâ istedi. Bu da, diriden düâ istemek câiz olduğunu göstermekdedir. Fekat gâibden ve ölüden düâ istemek şirkdir*) demekdedir.

Resûlullahın düâsı kabûl olduğu gibi, Onun yolunda, izinde bulunanların da, düâları kabûl olur. Kendisi de, üçyüzseksenbirinci sahîfede, İmâm-ı Ahmedin ve Müslimin "rahime-hümallahü teâlâ", Ebû Hüreyreden "radıyallahü teâlâ anh" bildirdikleri hadîs-i şerîfde, (**Saçları dağınık ve kapılardan kovulan öyle kimseler vardır ki, bir şey için yemîn etseler, Allahü teâlâ onları doğrulamak için, o şeyi yaratır**) buyurulduğunu, yazmakdadır. Allahü teâlâ, sevdiği kullarını yalancı çıkarmamak için, yemîn etdikleri şeyleri bile yaratınca, düâlarını elbette kabûl buyurur. Allahü teâlâ, Mü'min sûresinin altmışıncı âyetinde meâlen, (**Bana düâ ediniz! Düânızı kabûl ederim**) buyuruyor. Düâların kabûl olması için

_____

[1] Fetâvâ-yı Bezzâziyyenin yazarı İbnülbezzâz Muhammed Kerderî 827 [m. 1424] de vefât etdi.

şartlar vardır. Bu şartları taşıyan düâ elbet kabûl olur. Herkes bu şartları bir araya getiremediği için, düâları kabûl olmıyor. Bu şartları yapdıklarına güvendiğimiz Âlimlerin, Velîlerin düâ etmeleri için, onlara yalvarmak, niçin şirk olsun? Biz, Allahü teâlâ, sevdiklerinin rûhlarına işitdirir. Onların hâtırı için, istenileni yaratır diyoruz. Allahü teâlâ için hayvan kesiyor ve Kur'ân-ı kerîm okuyoruz. Sevâbını meyyitin rûhuna gönderip ondan şefâ'at, yardım istiyoruz. Ölü için ibâdet eden elbet müşrik olur. Allahü teâlâ için ibâdet edip, sevâbını ölüye bağışlıyan müşrik olmaz ve hiç suçlu olmaz. Bunları, arabça **(Minhat-ül-vehbiyye)** kitâbı da çok güzel bildiriyor. Oradan türkçeye terceme ederek yirmidördüncü maddede bildirdik. Hazret-i Meryemin ve Esyed bin Hudayrın ve Ebû Müslim Abdüllah Havlânînin "rahime-hümullahü teâlâ" kerâmetlerini, kendisi de yazmakdadır. [Abdüllah-ı Havlânî "rahmetullahi aleyh" 62 de Şâmda vefât etdi.] Evliyânın "rahime-hümullahü teâlâ" rûhlarından yardım isteriz. Çünki, Allahü teâlânın sevdiği kullarının rûhları, diri iken de, öldükden sonra da, Allahü teâlânın verdiği kuvvet ile ve izni ile, dirilere yardım ederler. Böyle inanarak Evliyâdan "rahime-hümullahü teâlâ" yardım istemek, Allahü teâlâdan başkasına tapınmak olmaz. Ondan istemek olur.

Vehhâbî kitâbının **(Allâme)** ismini verdiği ve yazılarını kendilerine sened olarak kullandığı İbni Kayyım-ı Cevziyye 751 [m. 1350] de vefât etdi. Bunun **(Kitâb-ür-rûh)**da, (Bir kimse, bir kabri ziyâret edince, kabrde bulunan meyyit, ziyâret edeni bilir. Onun sesini işitir. Onunla ferâhlanır. Onun selâmına cevâb verir. Bu hâl, yalnız şehîdlere mahsûs değildir. Başkaları için de böyledir. Belli bir zemâna mahsûs da değildir. Her zemân böyledir) dediği, **(El-Besâir)**in yirmiikinci sahîfesinde yazılıdır. Vehhâbînin yukarıdaki yazısı kendi Allâmelerinin bu sözüne ters düşmekdedir. **(El-besâir li-münkir-ittevessül-i bi-ehlil mekâbir)** kitâbı Pâkistânda ve 1395 [m. 1975] de İstanbulda basdırılmışdır.

9 - Kitâbının yüzyetmişdokuzuncu ve yüzdoksanbirinci sahîfesinde: *(Yâ Fâtıma, benden dilediğin malı iste! Fekat, seni Allahü teâlânın azâbından kurtaramam! hadîs-i şerîfini yazıp, insandan, onun dünyâda yapabileceği şeyi istemek câizdir. Günâhların afv edilmesini, Cennete gidilmesini, Cehennemden, azâbdan kurtulmasını ve bunlar gibi, ancak Allahın yapacağı şeyleri, yalnız Allahdan istemek câizdir. İstigâse, ya'nî sıkıntıdan kurtarması için, ancak Allahü teâlâya yalvarılır. Uzakda olanlardan ve ölülerden istigâse edilmez. Onlar işitmez. Cevâb veremez. Birşey yapamaz. Hazret-i Hüseyn ve babası, kabrlerinde ni'metler içindedir. Ahmed Ticânî müşriki ve ibni Arabî ve ibni Fârıd gibi ma'bûd tanı-*

nanlar da, azâb içindedir. Birşey işitmezler. Peygamberden de istigâse edilemez. Busayrî ve Ber'î kasîdelerinde Resûlullahı övmekde taşkınlık yaparak, küfre, şirke sürüklenmişlerdir) diyor.

Kitâbının birçok yerinde, meselâ üçyüzyirmiüçüncü sahîfesinde, (Ölünün veyâ uzakda olanın düâsının fâide vereceğine ve zararları gidereceğine inanmak, yâhud ona düâ edenlere şefâ'at edeceğine inanmak şirkdir. Allahü teâlâ Peygamberini bu şirki yok etmek için ve böyle müşriklerle harb etmek için gönderdi) diyor.

Feth-ul mecîd kitâbı, kendi kendini yalanlamakdadır. İkiyüzbirinci sahîfesinde, (Allahü teâlâ, göklerde his ve ma'rifet yaratır. Allahdan korkarlar. Her zerre Allahı zikr etmekde, Ondan korkmakdadırlar) diyor. Buna karşılık Peygamberler ve Evliyâ, mezârlarında his etmezler, işitmezler demekdedir.

(Mir'ât-ı Medîne) kitâbını yazan Eyyûb Sabri Pâşa "rahimehullahü teâlâ", 1308 [m. 1890] de vefât etmişdir. Diyor ki:

İslâm âlimleri, her zemân Resûlullahı vesîle ederek, Allahü teâlâdan lutf ve merhamet dilemişlerdir. İnsanların babası yer yüzüne indirildiği vakt, (Yâ Rabbî! Beni, Muhammed aleyhisselâm hurmetine afv eyle!) demişdi. Allahü teâlâ, bu düâyı kabûl buyurmuşdu ve (Sen, sevgili Peygamberim olan Muhammed aleyhisselâmı nereden biliyorsun? Ben Onu dahâ yaratmadım!) buyurunca, (Beni yaratdığın zemân, başımı kaldırır kaldırmaz, Arş-ı ilâhînin kenârlarında (Lâ ilâhe illallah, Muhammedün resûlullah) yazılı olduğunu görüp, Muhammed aleyhisselâmın yaratılmışların en üstünü olduğunu anladım. Muhammed aleyhisselâmı herkesden çok sevmemiş olsaydın, Onun ismini, kendi adının yanına yazmazdın) dedi. Allahü teâlâ da, (Ey Âdem! Doğru söyledin. Muhammed aleyhisselâmı çok severim. Ondan dahâ sevgili, hiç kimse yaratmadım. Onu yaratmak istemeseydim, seni yaratmazdım. Onun hurmeti için afv dileyince, düânı kabûl edip, seni afv etdim) cevâbını verdi.

İki gözü kör bir kimse, gözlerinin açılması için Resûlullahdan düâ istedi. Resûlullah "sallallahü aleyhi ve sellem" de (İstersen düâ ederim. Fekat, sabr edip katlanırsan, senin için dahâ iyi olur) buyurdu. (Sabr etmeğe gücüm kalmadı. Düâ etmeniz için yalvarırım) dedi. (Öyle ise, abdest alıp şu düâyı oku!) buyurdu. Bu düâ, arabî (Ed-dürér-üsseniyye) ve (El-Fecr-üs-sâdık) kitâbları ile (Merâkıl-felâh) ve bunun (Tahtâvî) şerhinde ve bu ikisinin türkçe tercemesi olan (Ni'met-i islâm) kitâbında, (hâcet nemâzı) sonunda yazılıdır. O kimse, bu düâyı okuyunca, Allahü teâlâ kabûl buyurarak gözlerinin açıldığını, hadîs âlimlerinden imâm-ı Nesâî "rahime-hullahü teâlâ"[1] bildiriyor. Bunu imâm-ı Hasen de tasdîk etmişdir. Vehhâbîlerin inanmamaları için hiçbir sebeb yokdur. Bunu haber veren Osmân bin Huneyf, ayrıca diyor ki, Osmân bin Affân "radıyallahü anhümâ" halîfe iken, büyük sıkıntısı olan bir kimse, Halîfenin karşısına çıkmağa utandığı için, bana dert yanmışdı. Ben de, hemen abdest al! Mescid-i se'âdete git! Şu düâyı oku diyerek, yukarıda yazılı kimsenin okuyarak gözlerinin açıldığı düâyı okumasını söyledim. Adamcağız, düâyı okudukdan sonra, Halîfenin bulunduğu yere gider. Halîfeye çıkarılır. Halîfe, bunu seccâdesi üstüne oturtup, derdini dinler ve kabûl eder. Adamcağız, işinin birdenbire yapıldığını görünce sevinerek, Osmân bin Huneyfi bulup, (Allahü teâlâ senden râzı olsun! Halîfeye sen söylemeseydin, sıkıntıdan kurtulamıyacakdım) der. Osmân bin Huneyf "radıyallahü anh" ise, (Ben Halîfeyi görmedim, işinin çabuk yapılması, sana öğretdiğim düâdandır. Resûlullah "sallallahü aleyhi ve sellem", o düâyı bir a'mâya öğretirken işitmişdim. Vallahi a'mânın, Resûlullahdan "sallallahü teâlâ aleyhi ve sellem" ayrılmadan önce, gözleri açılmışdı) dedi.

Hazret-i Ömer "radıyallahü anh" halîfe iken, kıtlık oldu. Eshâb-ı kirâmdan Bilâl bin Hars "radıyallahü teâlâ anh", Resûlullahın "sallallahü teâlâ aleyhi ve sellem" türbesine gidip, (Yâ Resûlallah! Ümmetin açlıkdan ölmek üzeredir. Yağmur yağması için vesîle olmanı yalvarırım) dedi. Resûlullah "sallallahü aleyhi ve sellem" o gece rü'yâsında görünüp, **(Halîfeye git! Benden selâm söyle! Yağmur düâsına çıksın!)** buyurdu. Hazret-i Ömer, yağmur düâsına çıkıp, yağmur yağmaya başladı.

Allahü teâlâ, sevdiklerinin hâtırı için diyerek yapılan düâları kabûl buyurmakdadır. Allahü teâlâ, Muhammed aleyhisselâmı çok sevdiğini bildirmişdir. Bunun için, bir kimse, **(Allahümme innî es'elüke bi-câh-i Nebiyyikel-Mustafâ)** diyerek bir düâ etse, düâsı red olunmaz. Bununla berâber, ufak tefek dünyâ işleri için, Resûlullahı "sallallahü teâlâ aleyhi ve sellem" vesîle etmek, edebe uygun olmaz.

Burhâneddîn İbrâhîm Mâlikî "rahime-hullahü teâlâ" 799 [m. 1397] de vefât etmişdir. Buyuruyor ki, çok aç olan fakîr bir kimse, hucre-i se'âdete gidip, (Yâ Resûlallah! Karnım açdır) dedi. Az sonra, birisi gelip, fakîri evine götürdü, karnını doyurdu. Fakîr, yapdığı düânın kabûl olduğunu söyleyince, (Kardeşim! Çoluk ço-

---

[1] Ahmed Nesâî 303 [m. 915] de Remlehde vefât etdi.

cuğundan ayrılıp, uzak yollardan sıkıntılar çekerek Resûlullahı ziyâret için geldin. Bir lokma ekmek için Resûlullahın huzûruna çıkmak yakışır mı? O yüksek huzûrda, Cenneti ve sonsuz ni'metleri istemeli idin! Burada istenilen şeyleri Allahü teâlâ red etmez) dedi. Resûlullahı "sallallahü aleyhi ve sellem" ziyâret etmek şerefine kavuşanlar, kıyâmet gününde şefâ'at etmesi için, düâ etmelidir.

İmâm-ı Ebû Bekr-i Makkarî "rahime-hullahü teâlâ" bir gün, imâm-ı Taberânî ve Ebû Şeyh "rahime-hümullahü teâlâ"[1] ile mescid-i se'âdetde oturuyorlardı. Birkaç günden beri acıkmışlardı. Yatsı nemâzından sonra, imâm-ı Ebû Bekr artık dayanamıyarak, (Açım yâ Resûlallah!) dedikten sonra, bir köşeye çekildi. İki arkadaşı kitâb okuyorlardı. Seyyidlerden bir zât, iki hizmetçisi ile gelerek, (Kardeşlerim! Dedem Resûlullahdan "sallallahü aleyhi ve sellem" açlıkdan yardım istemişsiniz. Biraz uyumuşdum. Sizi doyurmamı emr buyurdu) dedi. Getirdiklerini birlikde yidiler. Artanını bunlara bırakıp gitdi. [Ebül-Kâsım Süleymân Taberânî "rahmetullahi aleyh", hadîs imâmıdır. 260 da Taberiyyede tevellüd, 360 [m. 971] de İsfehânda vefât etdi.]

Ebül Abbâs bin Nefîs "rahime-hullahü teâlâ" a'mâ idi. Üç gün aç kaldı. Hucre-i se'âdete gelip, (Yâ Resûlallah! Açım) deyip, bir tarafa çekildi. Az zemân sonra, biri gelip, bunu evine götürdü. Karnını doyurdu ve (Ey Ebül Abbâs! Resûlullah efendimizi rü'yâda gördüm. Seni doyurmamı emr etdi. Aç kaldığın zemânlar, bize gel!) dedi.

İslâm âlimlerinden imâm-ı Muhammed Mûsâ bin Nu'mân Merâkîşî Mâlikî "rahime-hullahü teâlâ" 683 [m. 1284] de vefât etdi. **(Misbâh-uz-zulâm fil-müstegîsin bi-hayr-il-enâm)** adındaki kitâbında, Resûlullahı "sallallahü teâlâ aleyhi ve sellem" vesîle ederek murâdlarına kavuşanları yazmakdadır. Bunlardan biri, Muhammed bin Münkedirdir "rahime-hullahü teâlâ". Muhammed diyor ki, bir adam, babama seksen altın bırakıp cihâda gitmişdi. Bunları sakla! Çok muhtâc olana da yardım edebilirsin demişdi. Medînede kıtlık oldu. Babam, altınların hepsini açlıkdan bunalanlara dağıtdı. Altınların sâhibi gelip istedi. Babam, bir gece sonra gel dedi. Hucre-i se'âdete gidip, sabâha kadar Resûlullaha yalvardı. Gece yarısı, bir adam gelip, (Uzat elini!) demiş, bir kese altın verip, sonra hiç görünmemişdir. Babam evde altınları sayıp, seksen aded olduğunu görünce, sevinerek hemen sâhibine vermişdi.

---

[1] Ebuşşeyh bin Hayyân Abdüllah İsfehânî 369 [m. 979] da vefât etdi.

İbn-i Celâh "rahime-hullahü teâlâ" Medînede fakîr düşmüşdü. Hucre-i se'âdete geçip, (Yâ Resûlallah! Bu gün sana müsâfir geldim. Karnım çok açdır) dedi. Bir kenâra çekilip uyudu. Resûlullah "sallallahü aleyhi ve sellem" rü'yasında görünüp, büyük bir ekmek verdi. Diyor ki, çok aç olduğum için, hemen yimeğe başladım. Yarısı bitince uyandım. Kalan yarısını elimde buldum.

Ebül-Hayr Akta' "rahime-hullahü teâlâ" Medînede beş gün aç kalmışdı. Hucre-i se'âdetin yanına gelip, Resûlullaha selâm verdi. Aç olduğunu bildirdi. Bir yana çekilip uyudu. Rü'yâda, Resûlullahın geldiğini gördü. Sağında Ebû Bekr-i Sıddîk, solunda Ömer Fârûk ve önünde Aliyy-ül Mürtezâ "radıyallahü teâlâ anhüm ecma'în" vardı. Hazret-i Alî gelip, yâ Ebel Hayr! Kalk, ne yatıyorsun? Resûlullah geliyor dedi. Hemen kalkdı. Resûlullah gelip, büyük bir ekmek verdi. Ebül-Hayr diyor ki, çok aç olduğum için hemen yimeğe başladım. Yarısı bitince uyandım. Kalan yarısını elimde buldum.

Ebû Abdüllah Muhammed bin Ber'a "rahime-hullahü teâlâ" diyor ki, babam ile Mekkede parasız kaldık. Ebû Abdüllah bin Hafîf "rahime-hullahü teâlâ" de yanımızda idi. Medîneye geldik. Ben çocukdum. Acıkdım diyerek ağlardım. Babam dayanamadı. Hucre-i se'âdete gelip, (Yâ Resûlallah! Bu gece sana müsâfiriz) dedi. Bir yana oturdu. Gözlerini kapadı. Biraz sonra, başını kaldırıp güldü. Sonra çok ağladı. Gözünü açıp, Resûlullah elime para verdi dedi. Avucunu açdı. Paraları gördüm. Bunları hem kullandık, hem de sadaka verdik. Râhatça Şîrâzda evimize geldik. [Ebû Abdüllah Muhammed bin Hafîf "rahmetullahi aleyh" 371 [m. 981] de vefât etmişdir.]

Ahmed bin Muhammed Sôfî "rahime-hullahü teâlâ" diyor ki, Hicâz çöllerinde varlığım kalmadı. Medîneye geldim. Hucre-i se'âdet yanında Resûlullaha selâm verdim. Bir yana oturup uyudum. Resûlullah "sallallahü aleyhi ve sellem" görünüp, (Ahmed geldin mi? Avucunu aç!) buyurdu. Avucumu altınla doldurdu. Uyandım. Ellerim altın dolu idi. [Ebül-Abbâs Ahmed bin Muhammed Vâ'iz Endülüsî "rahmetullahi aleyh" 671 [m. 1284] de Mısrda vefât etdi.]

Resûlullahın "sallallahü aleyhi ve sellem" âşıklarının temiz kalblerinden çıkan sözler, edebe, saygıya uygunsuz görünürse, bunlara birşey dememeli, susmalıdır. Buradaki edeblerden, saygılardan biri de, susmakdır. Âşıklardan biri, Kabr-i se'âdetin yanında, her sabâh ezân okur, nemâz uykudan dahâ iyidir derdi. Mescid-i Nebî hizmetçilerinden birisi, Resûlullahın "sallallahü teâlâ aleyhi ve sellem" huzûrunda terbiyesizlik yapıyorsun diyerek, bunu döğdü. Bu da, (Yâ Resûlallah! Yüksek huzûrunuzda adam döğmek, söğmek, edebsizlik sayılmaz mı?) dedi. Biraz sonra döğen kimsenin felc olduğu, eli ayağı tutmadığı görüldü. Üç gün sonra da öldü. Bunu, hâfız Ebül-Kâsım "rahime-hullahü teâlâ" kitâbında yazmakdadır. Sâbit bin Ahmed Bağdâdî "rahime-hullahü teâlâ" de, bunu gördü demekdedir. [Ebül-Kâsım Alî ibni Asâkir 571 [m. 1176] de Şâmda vefât etdi.]

İbnün-Nu'mân "rahmetullahi aleyh"[1] kitâbında diyor ki, İbnüs-Sa'îd "rahime-hullahü teâlâ" ve arkadaşları Medînede parasız kalmışlardı. Hucre-i se'âdeti ziyâretden sonra, (Yâ Resûlallah! Paramız bitdi. Yiyeceğimiz kalmadı!) deyip çekildi. Mescid kapısından çıkarken, birisi bunu evine götürüp, bol bol hurma ve para verdi.

Şerîf Ebû Muhammed Abdüsselâm Fâsî "rahime-hullahü teâlâ" diyor ki, Medînede üç gün kaldım. Minber önünde, iki rek'at nemâz kılıp, (Ey yüce ceddim! Açlığa dayanamıyacak hâle geldim!) dedim. Biraz sonra, birisi gelip, bir tepsi yiyecek getirdi. Pişmiş et, tereyağı ve ekmek vardı. Bana birisi yetişir dedim ise de, hepsini yiyiniz! Bunları Resûlullahın emri ile getirdim. Çocuklarım için hâzırlamışdım. Rü'yâda Resûlullahı "sallallahü aleyhi ve sellem" gördüm. **(Bir parçasını da, Mesciddeki din kardeşine götür yisin!)** buyurdu.

Şerîf Mühessir Kâsımî "rahime-hullahü teâlâ", Hucre-i se'âdetin Şâm tarafındaki teheccüd mihrâbı önünde uyumuşdu. Ânsızın kalkıp, Hucre-i se'âdetin önüne geldi. Gülerek geri gitdi. Mescid-i Nebî hizmetcilerinin müdîri olan Şemseddîn Savâb, mihrâb yanında idi. Niçin güldüğünü sordu. (Birkaç günden beri evimde yiyecek yokdu. Hazret-i Fâtımanın makâmında, yâ Resûlallah "sallallahü aleyhi ve sellem"! Aç kaldım demiş, buraya gelip uyumuşdum. Rü'yâda, yüce Ceddim, bir kâse süt verdi. İçdim. Uyandım. Kâse elimde idi. Teşekkür için, Hucre-i tâhire önüne geldim. Oradaki zevkden, lezzetden güldüm. İşte kâse!) dedi. **(Misbâh-uz-zulâm)** kitâbı bunu uzun yazmakdadır.

Alî bin İbrâhîm Buşrî "rahmetullahi aleyh" diyor ki, Abdüsselâm bin Ebî Kâsım Sahâbî "radıyallahü teâlâ anh", Hucre-i se'âdet önünde durup, (yâ Resûlallah! Mısrdan geldim. Beş aydır sana müsâfirim. Kaç gündür aç kaldım. Allahü teâlâdan yiyecek is-

---

[1] Ebû Nu'aym Ahmed İsfehânî şâfi'î 430 [m. 1039] da vefât etdi.

terim) dedi. Bir yana çekilip oturdu. Bir kimse gelip, Hucre-i se'âdete selâm verdikden sonra, Abdüsselâmın elinden tutup, çadırına götürdü. Yemek ikrâm eyledi. Biraz yidi. Medînede bulunduğu zemân, bu adam onu çadırına götürür doyururdu.

İmâm-ı Semhûdî "rahime-hullahü teâlâ" kapısının anahtarını düşürdü. Bulamadı. Hucre-i se'âdet önüne gelip, yâ Resûlallah "sallallahü teâlâ aleyhi ve sellem!" Anahtarımı düşürdüm. Evime gidemiyorum dedi. Bir çocuk elinde anahtarı getirdi. Bunu buldum. Acabâ sizin mi dediğini, (Medîne târîhi) adındaki kendi kitâbında yazmakdadır. [Nûreddîn Alî bin Ahmed Semhûdî, 911 [m. 1505] de vefât etdi. (El-vefâ) ve (Hülâsat-ül-vefâ) kitâblarında Medîne-i münevvereyi anlatmakdadır.]

Şeyh Sâlih Abdülkâdir "rahime-hullahü teâlâ" buyuruyor ki, Medîne-i münevverede birkaç gün aç kaldım. Hucre-i se'âdeti ziyâretden sonra, Resûlullahdan ekmek, et, hurma istiyecek kadar ileri gitdim. Sonra, (Ravda-i mutahhera)da iki rek'at nemâz kılıp, bir yanda oturdum. Biraz sonra, kibar bir kimse gelip, evine götürdü. Et kızartması, ekmek ve hurma yidirdi. Dedi ki, (Öğle vakti (Kaylûle) sünnetini yapmak için uyumuşdum. Rü'yâda, Resûlullah "sallallahü aleyhi ve sellem" efendimiz göründü. Bu yemekleri size vermemi söyledi.)

Seyyid Ahmed Medenî, (Delâil-ül-hayrât) kitâbının sâhibi olan Süleymân Cezûlînin "rahime-hullahü teâlâ"[1] soyundandır. (Mir'ât-ı Medîne) kitâbının yazıldığı 1301 [m. 1883] senesinde sağ idi. Babası fakîr imiş. Çocuk, elma, armut, hurma gibi şeyler isteyince, satın alamazmış. Oyalamak için, git Resûlullahdan "sallallahü teâlâ aleyhi ve sellem" iste dermiş. Hucre-i se'âdet kapısına gidip, dilediğini istermiş. Şebeke-i se'âdetin iç tarafından bunlar uzatılır, alır yirmiş.

Kilisli Mustafâ Işkî efendi "rahime-hullahü teâlâ" (Mevârid-i Mecîdiyye) târîh kitâbında diyor ki, Mekkede yirmi sene kaldım. 1247 [m. 1831] senesinde altmış altın birikdirip, çoluk çocuk ile Medîneye geldik. Paralar yolda bitdi. Bir tanıdığıma müsâfir olup, Hucre-i se'âdete geldim. Resûlullahdan "sallallahü teâlâ aleyhi ve sellem" yardım istedim. Üç gün sonra, bulunduğum eve bir beğ gelerek, benim için bir ev kirâladığını söyledi. Eşyâlarımı oraya taşıttı. Bir senelik kirâ bedelini ödedi. Birkaç ay sonra, bir ay hasta yatdım. Evde yiyecek ve satacak birşey kalmadı. Zevcemin yar-

---

[1] Süleymân Cezûlî Muhammed şâzilî mâlikî 870 [m. 1465] de şehîd oldu.

dımı ile dama çıkıp, Resûlullahın "sallallahü teâlâ aleyhi ve sellem" türbesine karşı, sıkıntımı anlatıp yardım dilemek istedim. Ellerimi kaldırınca, dünyâlık istemekden utandım. Birşey söyleyemedim. Odama indim. Ertesi gün, bir kimse gelip, filân efendi bu altınları sana hediyye gönderdi, dedi. Keseyi aldım. Geçimimiz düzeldi ise de, hastalıkdan kurtulamadım. Yardımla Hucre-i se'âdet önüne gelip, Resûlullahdan "sallallahü aleyhi ve sellem" şifâ istedim. Mescidden çıkıp, kimseden yardım istemeden evime yürüdüm. Eve girerken, hastalığım hiç kalmadı. Nazar değmemesi için, sokağa birkaç gün bastona dayanarak çıkdım. Fekat, para bitmişdi. Çoluk çocuğu karanlıkda bırakıp, Mescid-i Nebevîye geldim. Yatsı nemâzından sonra, sıkıntımı Resûlullaha "sallallahü aleyhi ve sellem" söyledim. Yolda tanımadığım bir kimse yanıma gelip, elime bir kese verdi. İçinde, beheri dokuz kuruşluk kırkdokuz altın vardı. Mum ve lüzûmlu şeyleri aldım, eve geldim.

Mustafâ Işkî efendi diyor ki, oğlum Muhammed Sâlih kundakda iken, anası hastalandı. Sütü kesildi. Çok sıkıldık. Çocuğu Hucre-i se'âdete götürdüm. Perde eteğine bırakdım. **(Allahümme innî es'elüke ve eteveccehü ileyke bi-Nebiyyinâ ve seyyidinâ Muhammedin "sallallahü aleyhi ve sellem" Nebiyyirrahme, yâ seyyidinâ, yâ Muhammed "sallallahü aleyhi ve sellem"! İnnî eteveccehü ilâ Rabbike ersil mürdiate li-hâzel-ma'sûm)** diyerek düâ etdim. Sabâh erken, Şerîf isminde bir subay gelip, (Efendim! Üç aylık kızım vefât etdi. Vâlidesinin sütünü kesemiyoruz. Acâba, süt anası arıyan var mı?) dedi.

Çocuğu gösterdim. Çocuğu bize verirseniz, Allahü teâlânın rızâsı için ona süt veririz. İyi terbiye ederiz. Zevcem de, buna sevinir dedi. Çocuğu götürdü.

Yine diyor ki, (1257) senesinde çok sıkıntı çekdim. İstanbula gitmeği düşündüm. **(Regâib)** gecesinde, Ravda-i mutahheranın bir köşesinde oturdum. Resûlullahdan "sallallahü aleyhi ve sellem" izn istemek için, gönlümü Hucre-i se'âdete bağladım. Uyumuşum. Rü'yâda bir ses, üç kerre (İstanbula git. Mustafâ pâşaya müsâfir ol!) dedi. Eve gitdim. Çoluk çocuğa vedâ edip yola çıkdım. İskenderiye şehrine kadar yürüdüm. Vapur param yokdu. Çok sıkıldım. **(İşlerinizi şaşırıp, sıkıldığınız zemân, kabrdekilerden yardım isteyiniz!)** hadîs-i şerîfini hâtırladım. **(Kasîde-i bürde)** yazarı olan imâm-ı Busayrînin "rahime-hullahü teâlâ" türbesine gitdim. Ziyâret etdim. Allahü teâlânın sevgili kullarından olan bu zâtın mubârek rûhunu vesîle ederek, Cenâb-ı Hakdan yardım diledim. [İmâm-ı Muhammed Busayrî, 695 [m. 1295] de vefât etmişdir.] Dışarı çıkınca, Serezli Ahmed Beğ adında birisi ile karşılaş-dım. Beni arıyormuş. (Efendim, Osmânlı devlet adamlarından Sa'îd Muhîb efendi "rahime-hullahü teâlâ" yola çıkdığınızı işitip, sizi görmekle şereflenmek istiyor. Zahmet buyurup, gelirseniz, çok sevinecekdir) dedi. Konağa gitdik. Muhîb efendi, büyük bir nezâ-ket ile ve saygı ile karşıladı. (Kabûl buyurursanız, vapurla İstanbu-la birlikde gidelim) dedi. Ertesi gün, Mısr vâlisi Muhammed Alî pâşadan "rahime-hullahü teâlâ" üç kese para geldi. Vapurla İstan-bula geldik. Yirmibir gün, vapurda karantinada kaldık. Cum'a gü-nü, vapurdan çıkınca, doğru Eyyûb sultâna gitdim. Hâlid bin Zeyd hazretlerini "radıyallahü teâlâ anh"[1] ziyâret edip, kendisine garîb bir müsâfir olduğumu kalbimden geçirip, yardım etmesi için yal-vardım. Eyyûb câmi'inde, Cum'a nemâzını kıldıkdan sonra, ce-mâ'at ile birlikde türbeye girdik. Bir yanda oturdum. Bilmediğim bir zât, (Nereye gideceğiz? Emr ediniz efendim!) dedi. Arkamdan, birisi, sırtıma yumruk vurup (emr olunan yere) dedi. Yolda gider-ken:

- Arkama yumruk vuran kim idi dedim.

- Onun ismi Mahmûddur. Eyyûb ehâlisi, kendisine meczûb der-ler dedi.

- Beni nereye götürüyorsunuz dedim.

- Bendeniz, eski ser kâtib-i yârî ve şimdi ser asker (Harbiye nâ-zırı) olan Mustafâ Nûri pâşanın "rahime-hullahü teâlâ" adamıyım. Sizi bulmağı emr buyurdu.

- Mustafâ pâşa ile tanışmıyoruz. Acabâ, niçin böyle emr verdi-ler?

- Orasını bilemem. Adınızı saygı ile söyliyerek, sizi bekledikle-rini bildirdiler.

- Beni bilmez idin. Eyyûbde hiç bilen de yokdur. Acabâ yanlış-lık olmasın dedim.

- Hayır efendim! Pâşa hazretleri beni gönderirken, (Bugün Ey-yûbde, Cum'a nemâzından sonra, şöyle mubârek bir zât bulacak-sın. Saygı ile, edeb ile, alıp buraya getir) dedi. Şeklinizi anlatdı de-di.

Bu sözleri işitince, Mustafâ pâşanın ma'nevî bir işâret aldığını düşündüm. Karşısına çıkınca, büyük bir nezâket ile ve edeb ile karşıladı. Efendim, benim müsâfirimsin. İstediğin kadar kalırsın.

---

[1] Hâlid bin Zeyd Ensârî 50 [m. 670] de İstanbulda vefât etdi.

Dilediğin yerleri gezer, dolaşır, yine gelirsin dedi. Bir odaya yerleştirdi. Emrime birkaç hizmetçi verdi. Ertesi gün, şeyh Abdülkâdir Mevlevî tekkesinin ziyâret günü imiş. Gidip bir yanda oturdum. Biri gelip edeb ile, (Efendi hazretleri! Mubârek isminiz nedir? Ne zemân geldiniz? Kimin yanında müsâfirsiniz?) dedi. Cevâblarımı dinleyip gitti. Akşam dönüşde, Mustafâ pâşa hazretlerine bu soruları anlatdım. (Yüce pâdişâhımız "rahime-hullahü teâlâ", bugün orasını şereflendirdiler. Kendileri Mekke-i mükerreme ve Medîne-i münevverede bulunan müslimânları çok sever ve sayarlar. Soran kimsenin pâdişâhımız efendimiz tarafından gönderilmiş olmasını sanırım) buyurdu. Pâdişâhımızın mubârek yüzünü görmekle şereflenebilir miyim dedim: Evet, Cum'a nemâzı kıldıkları selâmlığa giderseniz, o şerefe kavuşabilirsiniz dedi. Beni, Cum'a selâmlığına gönderdi. Selâmlık merâsimi, Beğlerbeği Câmi'î şerîfinde idi. Bir yana durup, sultânın mubârek cemâlini görmek için bekledim. Pâdişâhımızın hakkı gören mubârek gözleri, bu âşık fakîre ilişince, şahlanarak giden atını durdurdu. Ser asker pâşayı gönderdi. Ser asker pâşa gelip, (Işkî efendi! Pâdişâhımız selâm söylediler! Size üçyüz kuruş ma'âş irâde buyurdular. Çoluk çocuğu düşünerek üzülmesin! İstanbulun her yerini gezsin, görsün buyurdular) dedi. Sultân Abdülmecîd hân "rahime-hullahü teâlâ" efendimizin bu şâhâne fermânlarının, her zemân işitmiş olduğum keşf ve kerâmetlerinden biri olduğunu anlıyarak, çoluk çocuk düşüncesinden kurtuldum. Birkaç ay sonra, Medîne-i münevvereye döndüm. Çoluk çocuğumu râhat ve sevinç içinde buldum. Meğer, Pâdişâh Abdülmecîd hân "rahime-hullahü teâlâ" hazretleri, benim adım ile, çoluk çocuğuma üçbin kuruş göndermiş. Arkamdan da, yedi bin kuruş dahâ göndererek, hepimizi sevindirdiler. Bütün müslimânlar gibi, biz de, her nemâzda o mubârek pâdişâha düâ eyledik. Abdülmecîd hân "rahmetullahi aleyh"[1] hazretlerinin ihsânlarını ve kerâmetlerini anlatmakla şereflenmek için, şu kıt'ayı her yerde okur oldum:

Şehinşâh-ı mu'azzam hazret-i Abdülmecîd hâna,

Nasıl arz-ı hâl eylesem diye düşdümdü feryâda,

Kerâmeti çok, ihsânı bol, ol şâh-ı cihân ârâ,

Gönlümü anladı, bildi, bir fakîr gelmiş üftâde.

Kerâmetidir beni kaldırdı hâk-ı mezelletden,

Mu'azzez eyledi fakîri, rağmen çeşm-i hüssâde.

---

[1] Abdülmecîd hân 1277 [m. 1861] de vefât etdi.

Işkî efendinin gitmiş olduğu Beşiktaş Mevlevî-hâne tekkesi idi. Sonradan, Eyyûbde Behâriye caddesindeki tekkeye taşınmışdır. O zemân, tekke şeyhi Abdülkâdir dede imiş.

Işkî efendi, büyük bir zât olmalıdır. Çünki, Hucre-i se'âdet önünde her ne dilemişse, kabûl olmuşdur. Bahriye şûrâsı kâtiblerinden hâcı Tevfik beğ "rahime-hullahü teâlâ", Medîne-i münevverede iken, gözleri pek ağrımışdı. Hucre-i se'âdeti ziyâret edip, ağrıdan kurtulması veyâ İstanbula gitmesi için düâ etmiş, evine dönmüşdü. Arkasından evine Işkî efendi gelip gözlerine okumuş, üflemiş, ağrı hemen kalmamışdır.

İstanbullu bir kimse yedi sene Medînede kalıp, her gün **(Ravda-i mütahhera)** denilen yerde **(Delâil-i hayrât)** kitâbını okurdu. Fekat Delâil-i şerîfi, ne zemân okumağa başlasa, üstü temiz, güzel kokulu, sakalı, bıyığı sünnete uygun olarak kesilmiş bir ihtiyârı yanında görürmüş. İstanbula döneceği zemân, Hucre-i se'âdetin önünde düâ ederken, (Yâ Resûlallah! Biliyorsun ki, bu mubârek yerde, her gün Delâil-i şerîf okuyup bitirdim. Kabûl olduğunu anlıyamadım. O mubârek kitâbı okurken, acabâ gerekli saygıyı yapamadım mı?) dedi. Bir kenâra oturdu. Uyuyuverdi. Rü'yâda, Resûlullah "sallallahü aleyhi ve sellem" efendimizin **(Muvâcehe-i se'âdet)** penceresinden bir kâse süt ihsân buyurduğunu görerek, hemen alıp içer, uyandığı zemân, yanında o güzel kokulu ihtiyâr görünerek (âfiyet olsun kardeşim) der ve gider.

Resûlullahı "sallallahü aleyhi ve sellem" vesîle ederek yapılan düâların kabûl olduğunu bildiren ve misâller veren, nice kitâblar yazılmışdır. Ebû Süleymân Dâvüd Şâzilînin "rahime-hullahü teâlâ" **(Beyân-ı intisâr)** kitâbında şaşılacak çok şeyler yazılıdır. Ebû Süleymân Dâvüd Şâzilî İskenderî 732 [m. 1332] de vefât etdi. Mâlikî idi.

İbni Muhammed Eşbilî "rahime-hullahü teâlâ" diyor ki, İspanyada Gırnata şehrinde, eski bir arkadaşımın evinde müsâfir idim. Arkadaşım hasta oldu. Yaşamasından ümmîd kesildi. O zemân vezîr olan İbnül-Hisâl "rahime-hullahü teâlâ" hastayı ziyârete geldi. Hucre-i se'âdete götürüp bırakmak üzere bir mektûb yazdı. Hastanın iyi olması için Resûlullahdan "sallallahü aleyhi ve sellem" yardım diledi. Hasta, birkaç gün sonra iyi oldu.

(Şakâyık-i Nu'mâniyye)[1] kitâbının tercemesinde ikinci cildde

---

[1] Şakâyık müellifi Taşköprü-zâde Ahmed bin Mustafâ 968 [m. 1561] de İstanbulda vefât etdi.

diyor ki, Osmânlı devletinin ilk Şeyh-ul-islâmı ve zemânının müceddidi olan büyük islâm âlimi Mevlânâ Şemseddîn Muhammed bin Hamza Fenârînin "rahime-hullahü teâlâ" gözlerine perde geldi. Göremez oldu. Bir gece, Resûlullah "sallallahü aleyhi ve sellem" efendimiz **(Tâhâ sûresini tefsîr eyle!)** buyurdukda, (Yüksek huzûrunuzda, Kur'ân-ı kerîmî tefsîr etmeğe gücüm olmadığı gibi, gözlerim de görmüyor) demiş. Peygamberlerin tabîbi olan Resûlullah efendimiz, mubârek hırkasından bir parça pamuk çıkarıp, mubârek tükrüğü ile ıslatdıkdan sonra, gözleri üzerine koymuşdur. Molla Fenârî uyanıp, pamuğu gözlerinin üstünde bularak kaldırmış, görmeğe başlamışdır. Allahü teâlâya hamd ve şükr etmişdir. Pamuk-ipliklerini saklayıp, öldüğü zemân gözleri üzerine konmasını vasiyyet etmişdir. 834 [m. 1431] de Bursada vefât edince, vasıyyetini yerine getirdiler.

Resûlullah "sallallahü aleyhi ve sellem" efendimizi vesîle ederek Allahü teâlâya yapılan düâlar kabûl olduğundan, müslimânların halîfesi, hazret-i Ömer "radıyallahü teâlâ anh", Medînede kıtlık olunca, Abbâs bin Abdül Muttalibi "radıyallahü teâlâ anh" vesîle edinerek yağmur düâsına çıkdı ve (Yâ Rabbî! Sevgili Peygamberini "sallallahü teâlâ aleyhi ve sellem" vesîle yaparak düâ ederiz! Resûlünün muhterem amcası hurmetine, senden yağmur isteriz! Düâmızı kabûl buyur!) demişdir.

Hazret-i Ömer "radıyallahü anh" halîfe iken, bir dahâ kıtlık olmuşdu. Kâ'b-ül-Ahbâr "rahime-hullahü teâlâ" hazretleri, (Yâ Emîrel mü'minîn"! İsrâîl oğulları zemânında, kıtlık olunca, Peygamberleri vesîle ederek düâ olunurdu) dedi. Bunun üzerine, hazret-i Ömer, Resûlullahın "sallallahü teâlâ aleyhi ve sellem" minberine çıkıp, (Yâ Rabbî! Peygamberinin amcasını vesîle ederek sana yalvarırız ve onun hurmeti için senden mağfiret ve ihsân dileriz) demişdir. Cemâ'ate dönüp, (Rabbinize düâ ediniz! O, düâları kabûl edicidir) demişdir. Halîfenin bu emri üzerine, hazret-i Abbâs, uzun bir düâ yapdı. Düâ bitmeden önce, yağmurdan Medîne sokakları sudan geçilemez oldu. O gün, hazret-i Abbâsın adı (Sâkî-i Harameyn) oldu. Resûlullahın şâiri olan Hassân bin Sâbit "radıyallahü anh" o gün, hazret-i Abbâsı öven bir şi'r okudu.

Abbâsî halîfelerinin ikincisi Ebû Ca'fer Mensûr,[1] Mescid-i Nebevî içinde imâm-ı Mâlik "rahime-hullahü teâlâ" ile konuşuyorlardı. Ey Mensûr! Burası Mescid-i se'âdetdir! Hafîf sesle söyle!

---

[1] Ebû Ca'fer 158 [m. 773] de Mekkede vefât etdi.

Hak teâlâ, Hucurât sûresinde meâlen, **(Sesinizi Resûlullahın sesinden dahâ yüksek yapmayınız!)** buyurarak bir cemâ'ati azarlamışdır. **(Resûlullahın yanında hafîf sesle konuşanlar)** âyet-i kerîmesi ile de, hafîf konuşanları övmüşdür. Resûlullaha, öldükden sonra saygı göstermek, sağ iken saygı göstermek gibidir dedi. Mensûr, boynunu bükerek, yâ Ebâ Abdüllah! Kıbleye karşı mı durmalı, yoksa Kabr-i se'âdete karşı mı durmalı dedi. İmâm-ı Mâlik hazretleri, Resûlullahdan yüzünü çevirme! Kıyâmet gününün şefâ'atçısı olan o yüce Peygamber "sallallahü teâlâ aleyhi ve sellem", Kıyâmet günü, senin ve baban Âdem aleyhisselâmın kurtulması için vesîle olacakdır. Kabr-i se'âdete dönerek ve Resûlullahın mubârek rûhuna sarılarak şefâ'at dilemelisin! Nisâ sûresinde altmışüçüncü âyetinde meâlen, **(Nefslerine zulm edenler, sana gelip, Allahü teâlâdan afv dilerse ve Resûlüm de, onlar için afv dilerse, Allahü teâlâyı, tevbeleri kabûl edici ve merhamet edici bulurlar)** buyuruyor. Bu âyet-i kerîme, Resûlullahı vesîle edenlerin tevbelerinin kabûl olunacağını söz vermekdedir dedi. Bunun üzerine, Mensûr, olduğu yerden kalkıp, Hucre-i se'âdet önünde durdu. (Yâ Rabbî! Bu âyet-i kerîmede, Resûlünü vesîle edenlerin tevbesini kabûl edeceğine söz verdin. Ben de, yüce Peygamberinin "sallallahü aleyhi ve sellem" yüksek huzûruna gelip Senden afv diliyorum. Kendisi sağ iken afv dileyip afv buyurduğun kulların gibi, beni de afv eyle! Yâ Rabbî! Nebiyyür-rahme olan yüce Peygamberini vesîle edinerek sana yalvarıyorum. Ey Peygamberlerin en üstünü olan Muhammed aleyhisselâm! Sana tevessül ederek, Rabbime yalvardım. Yâ Rabbî! O yüce Peygamberi bana şefâ'atçı eyle!) diyerek yalvarmağa başladı. Arkası kıbleye, yüzü **(Muvâcehe-i se'âdet)** penceresine karşı ayakda durup, düâ eyledi. Minber-i nebevî sol tarafında kalmışdı.

DİKKAT - İmâm-ı Mâlikin[1] Mensûr halîfeye "rahime-hümullahü teâlâ" verdiği nasîhat **(Hucre-i se'âdet)** önünde düâ edenlerín çok uyanık olmaları lâzım geldiğini göstermekdedir. O makâma uygun edebi ve saygıyı gösteremiyecek olanların, Medîne-i münevverede çok kalmaları doğru olmaz. İmâm-ı a'zam Ebû Hanîfe "rahmetullahi aleyh", (Biz Bağdâdda, kalbimiz burada olmak; biz burada, kalbimiz Bağdâdda olmakdan dahâ iyidir) buyurdu.

Anadolu köylülerinden biri, Medîne-i münevverede senelerce

---

[1] Mâlik bin Enes bin Mâlik bin Ebî Âmir Esbahî 179 [m. 795] de Medînede vefât etdi.

kalmış, evlenmiş ve Hucre-i se'âdetde belli bir hizmet yaparmış. Ateşli bir hastalığa yakalanmış. Canı ayran istemiş. Eğer köyümde olsaydım, yoğurtdan ayran yapdırıp içerdim, düşüncesini gönlünden geçirmiş. O gece, Resûlullah "sallallahü aleyhi ve sellem", **(Şeyh-ul-Harem)** efendiye rü'yâda görünüp, o kimsenin yapdığı işin başkasına verilmesini emr buyurmuş. Şeyh-ul-Harem, Yâ Resûlallah! O hizmeti, ümmetinden filan kimse yapmakdadır deyince, (O kimseye söyle! Köyüne gidip, ayran içsin!) buyurmuşdur. Ertesi gün, bu emr bildirilince, köylü baş üstüne diyerek memleketine gitmişdir.

Yalnız gönülden geçen bir düşünce, bu kadar zarar verince, Allah korusun, şaka bile olsa, uygunsuz bir sözün yâhud edebe uymıyan bir hareketin ne büyük bir zararı olacağını bundan anlamalıdır.

Hucre-i se'âdeti ziyâret edenlerin çok uyanık olmaları lâzımdır. Gönlünde dünyâ düşünceleri bulunmamalıdır. Muhammed aleyhisselâmın nûrunu ve derecesinin yüksekliğini düşünmelidir. Dünyâ işlerini ve büyük kimselerle görüşüp fâide sağlamağı ve alış veriş düşünenlerin düâları kabûl olmaz. Dileklerine kavuşamazlar.

Hucre-i se'âdeti ziyâret etmek çok şerefli bir ibâdetdir. Buna inanmıyanların, müslimânlıkdan çıkmalarından korkulur. Çünki bunlar, Allahü teâlâya ve Onun Resûlüne ve bütün müslimânlara karşı gelmiş olur. Mâlikî âlimlerinden birkaçı, Resûlullahı "sallallahü teâlâ aleyhi ve sellem" ziyâret etmek vâcibdir demiş ise de, müstehab olduğu sözbirliği ile bildirilmişdir.

10 - Kitâbın ikiyüzsekizinci sahîfesinde diyor ki: *(İbni Kayyım-i Cevziyye dedi ki, şirkin çeşidleri vardır: Muhtâc olduğu şeyleri ölüden istemek, ölülerden istigâse etmek de şirkdir. Ölü iş yapamaz. Kendine lâzım olan şeyi yapamaz ve zarar veren şeyi gideremez ki, başkalarına fâidesi olsun. Kendisi için Allaha şefâ'at etmesini ölüden istemek de şirkdir. Allah izn verirse, ölü şefâ'at edebilir. Onun ölüye yalvarması, Allahın izn vermesi için sebeb olmaz. Bu müşrik, izne mâni' olan birşey ile şefâ'at istemekdedir)* diyor.

Hâlbuki, Allahü teâlânın şefâ'at edemiyeceklerini bildirdiği şeylerden, ya'nî putlardan, tapınılan, şerîk edilen şeylerden, şefâ'at istemek yasak edilmişdir. Peygamberlerin "aleyhimüssalevâtü vetteslîmât", Velîlerin, âlimlerin "rahime-hümullahü teâlâ" şefâ'at edecekleri bildirilmişdir. Bunların şefâ'at etmeleri için, kendilerine yalvarmak, Kur'ân-ı kerîme ve hadîs-i şerîflere inanmış olmağı göstermekdedir. Evet, şefâ'at, Allahü teâlânın izn vermesi ile olacak. Fekat, izn vereceği kimseleri, Kur'ân-ı kerîm ve hadîs-i şerîfler bildirmekdedir. Bunlar da, dilediklerine, râzı olduklarına, şefâ'at edeceklerdir. (Vedduhâ) sûresinde, (**Rabbin sana, râzı oldum deyinceye kadar, her istediğini verecek**) buyurması da, bunu göstermekdedir. İmâm-ı a'zam Ebû Hanîfe "rahime-hullahü teâlâ"[1] (**Fıkh-ı ekber**) kitâbının ondördüncü maddesinde, (Peygamberler ve âlimler, sâlihler, büyük günâhı olanlara şefâ'at edip, Cehennemden kurtaracaklardır) buyurdu. (**Fıkh-i ekber**)in, (**Kavl-ül-fasl**) şerhinde, bu husûsda geniş bilgi vardır.

Evliyâya yalvarmak, Allahü teâlânın, onlara izn vermesi için değil, izn verdiği zemân bize de şefâ'at etmeleri içindir. Bu inceliği anlıyamıyan bir kimse, sapıtmakda, şefâ'at istiyen milyonlarca müslimâna kâfir damgası basmakdadır. Resûlullahın "sallallahü aleyhi ve sellem" mü'minlere şefâ'at edeceğini buyurduğunu, müşriklere şefâ'at edilmiyeceğini, kendi kitâbları da yazıyor. Ölülerden şefâ'at istemenin şirk olduğunu kendisi uyduruyor. Bu müşriklere şefâ'at edilmiyeceğini Kur'ân-ı kerîm bildiriyor diyerek, Allahü teâlânın kitâbını kendine yalancı şâhid göstermeğe kalkışıyor.

11 - Kitâbın ikiyüzonaltıncı, ikiyüzyirminci ve ikiyüzyirmidördüncü sahîfelerinde, Resûlullahın amcası Ebû Tâlib için gelmiş olan, Kasas sûresinin, (**Sen sevdiğini hidâyete getiremezsin. Fekat, Allahü teâlâ, dilediğini hidâyete kavuşdurur**) meâlindeki elliałtıncı âyet-i kerîmesini yazıp, kalbleri küfrden, fıskdan îmâna ve itâ'ate ancak Allahü teâlânın çevireceğini bildirdikden sonra: (*Tesavvuf büyüklerinden talebesinin kalbine girerek, kalbinde olanları bildiklerini ve kalbini dilediği gibi çevirdiklerini söyliyenler yalancıdır. Bunlara inananlar da, Allaha ve Peygamberlere inanmamış olur. Allahdan başka tapınılan herşeye (Vesen) denir. Kabr, türbe de vesendir. Meselâ, Mısrlıların en büyük ma'bûdları Ahmed Bedevîdir. Adı belli olmadığı gibi, bir üstünlüğü, ilmi ve ibâdeti de bilinmiyor. Birgün câmi'e girip, bevl yapmış. Nemâz kılmadan çıkmış olduğunu Sahâvî, İbni Hayyandan haber veriyor. Bunu iki cihânda tesarruf eder, yangınları söndürür. Fırtınada olan gemileri kurtarır sanıyorlar. İlâh, Rab ve gaybleri bilir diyorlar. Uzakdan işitir ve dilekleri yapar diyor, türbesinin toprağına secde ediyorlar. Ammân ve Irak ehâlisi de Abdülkâdir Geylânîye böyle tapınıyorlar. Muhyiddîn-i Arabî, yeryüzünün en büyük kâfiridir*) diyor.

---

[1] Ebû Hanîfe Nu'mân bin Sâbit 150 [m. 767] de Bağdâdda şehîd edildi.

Tesavvuf büyükleri, Allahü teâlânın, hidâyetlerini ve se'âdetlerini dilemiş olduğu, azâbdan kurtulacaklarını ezelde takdîr etmiş olduğu kimseleri tanırlar. Onların irşâdlarına sebeb olurlar. Evliyâya rastlamak, o seçilmiş büyükleri tanımak, onlara yalvarmak da, Allahü teâlânın takdîri ve ihsânıdır. Allahü teâlâ, ezelde hidâyet takdîr etmiş olduğu kimseye, Ehl-i sünnet âlimlerinin, tesavvuf büyüklerinin kitâblarını okumak nasîb ederek, se'âdete ve şefâ'ate kavuşdurur. Dalâletini, felâketini dilediklerini de, zındıkların tuzaklarına düşürür. Onların bozuk kitâblarını, alçak yalanlarını okuyarak Cehenneme sürüklenir. Vehhâbî kitâbı, ismleri geçen, Allahü teâlânın sevgili kullarına, büyük Velîlere iftirâlar yaparak, müslimânlara saldırmakdadır. Evet birkaç câhilin ve dînini dünyâ çıkarına âlet eden sapığın, islâmiyyete uymıyan çirkin sözü ve hareketi olabilir. Fekat, bunları ileri sürerek, bütün Ehl-i sünneti kötülemeğe kalkışması, hıristiyanlar kendisine tapınıyor diyerek, Îsâ aleyhisselâma dil uzatmağa benzemekdedir.

Ahmed Bedevî "rahime-hullahü teâlâ", Evliyânın büyüklerindendir. Şeyh Berînin talebesidir. Şeyh Berî de, Alî bin Nu'aym Bağdâdînin talebesidir. Bu da, harîkalar, kerâmetler sâhibi, şerîf Ahmed Rifâ'înin yetişdirdiği büyük bir Velîdir "rahime-hümullahü teâlâ". Ahmed Bedevî, şerîflerdendir. Hicretin 675 [m. 1276] senesinde, Mısrda vefât etdi. Tanta şehrindeki türbesini her yıl yüzbinlerce müslimânın ziyâret ederek feyz aldıklarını ve islâmiyyete uymıyan hiçbirşey yapılmadığını (Mir'ât-ül-Medîne) kitâbı, binkırkdokuzuncu sahîfesinden başlayarak, uzun yazmakdadır. Abdülkâdir-i Geylânî ve Muhyiddîn-i Arabînin "rahime-hümullahü teâlâ" büyüklüklerini de, ancak onlar gibi yüksek olan islâm âlimleri anlamış ve yazdıkları yüzlerce kitâblarında anlatmağa çalışmışlardır. İmâm-ı Rabbânînin (Mektûbât) kitâbı, bu yüce Velîlerin medh ve senâları ile doludur. Abdülganî Nablüsî de "rahime-hullahü teâlâ" (Hadîka) kitâbında anlatmakdadır.

12 - İkiyüzyirmidördüncü sahîfesinde: (Şa'rânî, şeyhi Aliyyülhavâsın Resûlullahdan bir ân ayrılmadığını yazıyor. Bunlar yalandır. Doğru olsaydı Peygamber gelip, Eshâbı arasındaki ayrılıkları önlerdi) diyor. Zerre kadar aklı ve din bilgisi olan, böyle söyliyemez. Çünki, Resûlullah "sallallahü aleyhi ve sellem", Eshâbı arasında olacak fitnelerin, ayrılıkların hepsini haber vermişdi. Gelip de, bunları önlemesi, nasıl düşünülebilir? Şa'rânînin "rahime-hullahü teâlâ" bildirdiği berâberlik, keşf ve müşâhede idi. Bu ahmakların anladıkları gibi maddî bir şey değildi. Anlamadıklarını, bilmediklerini inkâr ediyorlar. (İnsan bilmediği şeylerin düşmanıdır)

ata sözü, burada tâm yerini bulmakdadır. Hazret-i Ebû Bekr "radıyallahü teâlâ anh", Resûlullahı "sallallahü aleyhi ve sellem" her ân gördüğünü söyler ve senden utanıyorum derdi. Otuzikinci maddeyi okuyunuz!

13 - Yüzsekseninci sahîfesinde, İmâm-ı Busayrînin **(Kasîde-i bürde)**sinden örnek vererek: *(Bu sözler Allahdan başkasına güvenmek, mahlûku büyültmekdir. Şirkdir)* diyor.

Resûlullahı, Allahü teâlâ övmüşdür. Kendisi de, kendisini överek, Allahü teâlânın kendisine ihsân etmiş olduğu ni'metleri saymışdır. Bu övmeleri, o kadar çokdur ki, Busayrî hazretlerinin övmesi, onların yanında hiç kalmakdadır. Resûlullahı "sallallahü aleyhi ve sellem" övmek ibâdetdir. Eshâb-ı kirâmın hepsi övmüşlerdir. Bunlardan Hassân bin Sâbit ve Kâ'b bin Züheyrin uzun medhleri meşhûrdur. Kâ'b bin Züheyr, **(Bânet sü'âd)** kasîdesinde, Busayrîden dahâ çok övmüşdü. Resûlullah "sallallahü aleyhi ve sellem", bunu beğenip, Kâ'bın önceki kusûrunu afv buyurmuş ve mubârek hırkasını ona hediyye etmişdi. Bu hırka-i se'âdet, şimdi İstanbulda Topkapı serâyındadır. Vehhâbî kitâbı, Busayrînin kasîdesindeki, **(Yâ ekremelhalkı mâ lî men elûzü bihi-sivâke inde hulûl-il hâdisil-amimi)** beytini yazarak, Resûlullahdan istigâse şirkdir diyor. Bu beyt, (Ey bütün yaratılmışların en üstünü ve en cömerdi olan yüce Peygamber! Son nefesimde, sığınacağım senden başka kimse yokdur) demekdir. Vehhâbî yazar, Taberânînin bildirdiği hadîs-i şerîfi yazarak, kuldan istigâse etmek şirkdir diyor. Bu hadîs-i şerîfde, bir münâfık, mü'minlere sıkıntı veriyordu. Ebû Bekr-i Sıddîk, gidelim, Resûlullaha istigâse edelim, Ona sığınalım dedi. Resûlullah da, **(Bana istigâse olunmaz. Allaha istigâse olunur)** buyurdu. Vehhâbî, bu hadîs-i şerîfi ileri sürerek, Ehl-i sünnete hücûm etmek çabasındadır. Hâlbuki hadîs-i şerîf, herkesi her zarardan koruyan Allahü teâlâdır. Koruyucu sebebleri yaratan ve bu sebeblere koruma kuvvetini ve te'sîrini veren Odur. O korumak istemese, sebebe kavuşdurmaz. Sebeb olsa da, te'sîr edemez demekdir. Hadîs-i şerîf, (Bana sığınanlar, te'sîri benden değil, Allahdan bilsin) demekdir. Hazret-i Ebû Bekr, böyle olduğunu bilmiyor mu idi. Elbet biliyordu. Fekat kıyâmete kadar gelecek olan mü'minlerin, onun bu sözünü yanlış anlamamaları için, Resûlullah "sallallahü aleyhi ve sellem", onun bu kısa sözünü açıkladı. Bunun için, bütün mü'minler, her zemân, te'sîri yalnız Allahü teâlâdan bilirler. İmâm-ı Muhammed Ma'sûm, **(Mektûbât)**ının birinci cildi, yüzonuncu mektûbunda buyuruyor ki: Allahü teâlâ, kendi kudretini sebebler altında gizledi. Kudret sâhibi yalnız kendisi olduğunu bildirdiği gibi, sebeblere yapışmağı emr buyurdu. Tâm müslimânın, sebeble-re yapışmasını ve sebeblere kuvvet veren yaratana güveneceğini bildirdi. Ya'kûb aleyhisselâmın bu ikisini birlikde yapdığını Kur'ân-ı kerîmde bildirerek, Onu övdü. Yûsüf sûresinde meâlen, **(Ya'kûb aleyhisselâm, bizim bildirdiğimizi bilir. Fekat, insanların çoğu, takdîrin tedbîre gâlib olduğunu bilmezler)** buyurdu. Tibyân tefsîrinde, bu âyet-i kerîmeye (Müşrikler, Allahü teâlânın Evliyâsına ilhâm etdiği şeyleri bilmezler) demişdir. Te'sîri sebeb-lerden bilip, Allahü teâlânın kuvveti ile te'sîr etdiklerini bilmi-yenler sapıkdır. Sebebleri ortadan kaldırmak isteyen de, Allahü teâlânın hikmetini bilmemiş, Allahü teâlânın, mahlûkları boş yere, fâidesiz yaratmış olduğunu söylemiş olur. İnsanları tenbelli-ğe sürükler. Sebeblere te'sîr kuvvetini Allahü teâlânın verdiğine inanan ise, hak yola kavuşmuş olur. Her iki tehlükeden kurtul-muş olur. Yüzonuncu mektûbun tercemesi temâm oldu. Bu ince-liği anlıyabilen, yukarıdaki hadîs-i şerîfi de doğru anlayabilir.

İmâm-ı Muhammed bin Sa'îd Busayrî "rahime-hullahü teâlâ" sôfiyye-i aliyyenin büyüklerindendir. Şâzilî olan Ebûl-Abbâs-i Mürsînin yetişdirdiği Evliyâdandır. Ebül-Abbâs-i Mürsî de, Ebül-Hasen-i Şâzilînin talebesidir. 695 [m. 1295] senesinde Mısrda vefât etmişdir. Kendisine felc hastalığı geldi. Bedeninin yarısı hareketsiz kaldı. Resûlullaha tevessül edip, insanların en üstününü öven meş-hûr kasîdesini hâzırladı. Rü'yâda Resûlullaha okudu. Çok hoşuna gidip arkasından mubârek hırkasını çıkarıp, imâma giydirdi. Bedeninin felcli olan yerlerini mubârek eli ile sığadı. Uyanınca, bedeni sağlam idi. Hırka-i se'âdet de arkasında idi. Bunun için, bu kasîdeye **(Kasîde-i bürde)** denildi. Bürde, hırka, palto demekdir. İmâm-ı Busayrî "rahmetullahi aleyh" sevinerek, sabâh nemâzına giderken, salâh ve zühd ile meşhûr bir zâta rastladı. İmâma, kasî-deni dinlemek isterim dedi. Benim kasîdelerim çokdur. Hepsini herkes bilir dedi. Kimsenin bilmediği bu gece Resûlullaha okudu-ğunu istiyorum deyince, bunu hiç kimseye söylemedim. Nerden anladın dedi. O zat da, imâmın rü'yâsını, olduğu gibi haber verdi. Vezîr Behâeddîn bu kasîdeyi işitince, hepsini okutup, saygı ile ayakda dinledi. Hastalara okununca, iyi oldukları, okunan yerlerin derdlerden, belâlardan emîn oldukları görüldü. Fâidelenmek için, inanmak ve hâlis niyyet ile okumak lâzımdır.

Kasîde-i bürde, on kısmdır:

Birinci kısm, Resûlullaha "sallallahü aleyhi ve sellem" olan sev-ginin kıymetini bildirmekdedir.

İkinci kısm, insanın nefsinin kötülüğünü anlatmakdadır.

Üçüncü kısm, Resûlullahı övmekdedir.

Dördüncü kısm, Resûlullahın "sallallahü aleyhi ve sellem" dünyâya teşrifini anlatmakdadır.

Beşinci kısm, Resûlullahın "sallallahü aleyhi ve sellem" düâlarının hemen kabûl olduğunu bildirmekdedir.

Altıncı kısm, Kur'ân-ı kerîm övülmekdedir.

Yedinci kısm, Resûlullahın "sallallahü aleyhi ve sellem" mi'racındaki incelikleri bildirmekdedir.

Sekizinci kısm, Resûlullahın "sallallahü aleyhi ve sellem" cihâdlarını anlatmakdadır.

Dokuzuncu kısm, Allahü teâlâdan afv ve mağfiret ve Resûlullahdan "sallallahü aleyhi ve sellem" şefâ'at istemekdedir.

Onuncu kısm, Resûlullahın "sallallahü aleyhi ve sellem" derecesinin yüksekliği bildirilmekdedir.

Vehhâbî yazar, binlerce müslimânı şehîd etmiş olan zâlimleri övüyor. Onların, ma'sûm kanları damlıyan kılınclarını, islâm mücâhidlerinin mubârek kılınclarına benzetiyor da, Allahü teâlânın yüce Peygamberini övmeği, puta tapanların putlarını övmelerine benzetiyor. Resûlullahı "sallallahü teâlâ aleyhi ve sellem" övenlere müşrik damgası vuruyor. Kâfirler putlarını hâlık, ma'bûd olarak övmüşdü. Böyle övmek ancak Allahü teâlâ için olur. Müslimânlar, yalnız Allahü teâlâyı böyle över. Resûlullahı "sallallahü aleyhi ve sellem" överek mahlûkların en üstüne çıkarırız. Resûlullaha âşık olan, Onu çok öven, islâm âlimlerinin hiçbiri, o yüce Peygamberi hâlık ve ma'bûd derecesine çıkarmamış. Allahü teâlâyı över gibi övmemişdir. Bu kitâbı yazan, hak ile bâtılı birbirinden ayıramıyor. Kitâbını, kâfirleri bildiren âyet-i kerîmelerle ve hadîs-i şerîflerle doldurmuş. Bunlara yanlış ma'nâlar vererek, islâm âlimlerine saldırmakda, tesavvuf büyüklerine, Allahü teâlânın sevdiği müslimânlara müşrik ve kâfir demekdedir. Bu vehhâbî kitâbını okuyanlar, her sahîfesindeki âyet-i kerîmeleri ve hadîs-i şerîfleri görerek aldanmakda, bunlara verilen bozuk ma'nâları doğru sanarak felâkete sürüklenmekdedirler.

14 - İkiyüzotuzdokuzuncu sahîfesinden başlıyarak diyor ki: (*Hadîs-i şerîfde, insanların en kötüsü, kıyâmet kopacağı zemân diri olanlardır ve kabrleri mescid yapanlardır buyuruldu. İslâmiyyetden önce, mezârlar mescid yapılmışdı. Bu ümmetin sonra gelenleri, câhiliyye ehlinden de ileri gitmiş. Sıkışdıkları zemân, Allahı unutuyorlar. Ölüleri ilâh yapıyorlar. Ölülerin, kendilerinden is-*

– 127 –

tenilenleri yapacaklarına inanıyorlar. *Abdülkâdir-i Geylânî*[1] *düâ edenleri işitir ve yardım eder diyorlar. Onun gaybı bildiğini sanıyorlar. Hâlbuki, o ölmüşdür. Böyle söyliyenler kâfirdir. Kur'ânı inkâr etmiş oluyorlar. İbni Kayyım, mezârların üzerindeki kubbeleri yıkmak vâcibdir dedi. İmâm-ı Nevevî, her ne niyyet ile olursa olsun, kabr üzerine türbe yapmak harâmdır dedi. Mezârlıklar pis olduğu için, orada nemâz kılınması yasak edildi diyenler yanılmakdadır. Çünki, Peygamberlerin mezârları pis olmaz. İbni Hacer-i Hiytemî* **(Kebâir)** *kitâbında, mezâr üzerine kubbe yapmak büyük günâhdır. İslâm hükûmet adamlarının bu kubbeleri yıkmaları lâzımdır. Önce İmâm-ı Şâfi'înin türbesini yıkmalıdır, dedi).*

Burada da müslimânlara iftirâ etmekdedir. Müslimânlar, hergün beş kerre, Allahü teâlâya ibâdet ediyor. Ona yalvarıyorlar. Böyle olan bir kimse için, Allahı unutuyor demek, açık bir yalancılıkdır. Müslimânlar ölüye tapınmaz. Allahü teâlânın sevdiği kullarının, hattâ her ölünün, mezârda işitdiğini, hadîs-i şerîfler bildirdiği için, Onun mezârına gidip, Onun sebebi ile Allahü teâlâya düâ ediyorlar. Meyyitden vesîle olmasını, şefâ'at etmesini istiyorlar. Ölü her dilediğini yapamaz. Diri de, her dilediğini yapamaz. Fekat, Allahü teâlâ, sevdiği kullarının ve en önce Peygamberlerin düâlarını kabûl buyuracağını söz vermişdir. Müslimânlar, Peygamberlerden "aleyhimüssalevâtü vetteslîmât" ve Evliyâdan "rahime-hümullahü teâlâ" birşey yapmalarını istemez. Allahü teâlânın birşeyi vermesi için düâ etmelerini ister. Evliyâ, kabr başına gelenin dilediğini işitir. Bunu vermesi için, Allahü teâlâya düâ eder. Allahü teâlâ da, düâsını kabûl eder.

İbni Hacer-i Hiytemînin "rahime-hullahü teâlâ"[2] **(Zevâcir)** kitâbının yüzyirmibirinci sahîfesinden terceme yaparak, vehhâbî kitâbının yalanlarını ortaya koyalım: İbni Hacer, hadîs-i şerîfleri yazdıkdan sonra buyuruyor ki: Şâfi'î âlimlerinden birkaçı, yukarıdaki hadîs-i şerîflerden alarak, altı şeyin büyük günâh olduklarını bildirmişlerdir. Bunlardan biri, kabrleri mescid yapmakdır. Çünki, hadîs-i şerîfde, **(Peygamberlerin kabrlerini mescid yapmayınız!)** buyuruldu. Kabrleri mescid yapanlara la'net edildi ve sâlihlerin kabrlerini mescid yapanların, kıyâmet günü, insanların en kötüleri olacakları bildirildi. Mezârı mescid yapmak demek, ona karşı nemâz kılmak demekdir. Bunun içindir ki, Şâfi'î âlimlerimiz Pey-

---

[1] Abdülkâdir Geylânî 561 [m. 1166] da Bağdâdda vefât etdi.
[2] İbni Hacer-i Mekkî 974 [m. 1566] da Mekkede vefât etdi.

gamberlerin ve Evliyânın mezârlarına karşı, onlara saygı olarak nemâz kılmak harâm olur dediler. Harâm olması için, iki şart lâzımdır. Biri, kabrdekinin sayılı, büyük bilinen kimse olması, ikincisi, nemâzın ona karşı olmasını niyyet etmekdir. Mezâra kandil yakmak da, ölüye saygı için olunca, harâm olur. Mezâr etrâfında dönmek de böyledir. Bunlar saygı için değil ise, mekrûh olacağı anlaşılmakdadır. Kabre secde ederek saygı göstermek, ona tapınmak olur. Bu ise büyük günâh, hattâ küfrdür. Hanbelî âlimlerinden ba'zıları, kabr yanında saygı nemâzı kılmak büyük günâhdır ve küfre sebeb olur. Böyle yapılan türbeleri yıkmalıdır dedi.

İbni Hacer-i Mekkî Hiyteminin "rahime-hullahü teâlâ" (Fetâvâ-yi kübrâ fıkhiyye)sinin Mısr baskısı, cenâze kısmında diyor ki, (Her meyyitin gömüldüğü umûmî kabristânda, mezâr üstüne türbe yapılmaz. Bunları yıkmalıdır. Umûmî olmıyan mezârlıkdaki türbelerin yanına meyyit gömmek için türbeleri yıkmak câiz değildir.) Onyedinci sahîfesinde diyor ki, (Umûmî olan kabristâna türbe yapmak harâmdır. Yapılmış olanı yıkmalıdır. Vakf olan kabristânda ve sâhibinden izn almadan, bunun kabristânına binâ yapmak da harâmdır. Kendi mülkünde veyâ başkasının izni ile onun mülkünde türbe yapmak mekrûhdur). Yirmibeşinci sahîfesinde diyor ki, (Umûmî kabristânda türbe yapmak, çok yer kaplıyarak, başkalarının ölülerini gömmelerine mâni' olduğu için harâmdır. Umûmî kabristândaki türbeleri yıkmalıdır. Şâfi'î âlimlerinden çoğu "rahime-humullahü teâlâ" bunun için, imâm-ı Şâfi'înin "rahime-hullahü teâlâ" türbesinin yıkılmasına fetvâ vermişdir. Çünki, bu türbe umûmî kabristândadır). Görülüyor ki, ibni Hacer-i Mekkî "rahmetullahi aleyh" her türbe harâmdır ve yıkılmalıdır dememişdir.

Evliyânın kabrleri üzerine türbe yapmanın câiz olduğu (Câmi'ul fetâvâ)da, (Keşf-ün-nûr)da ve (Üsûl-i erbe'a)da açık yazılıdır.

Zevâcir kitâbı, ikiyüzdokuzuncu sahîfesinde, gösteriş için yüksek ev yapmanın da büyük günâh olduğunu bildirmekdedir. Bu hadîs-i şerîflere uyarak, türbeleri yıkmayıp, Rıyâdda, Tâifde ve Ciddede yapdırdıkları sefâhet ve fuhş evlerini yıkmaları vâcibdir. İkiyüzkırksekizinci sahîfesinde, (Kabrleri ziyâret ediniz! Bu ziyâretler, sizlere âhıret gününü hâtırlatır) hadîs-i şerîfini yazıyor ve Resûlullahın "sallallahü teâlâ aleyhi ve sellem" mubârek annesinin kabrini ziyâret buyurduğunu bildiriyor. Fekat bu hadîs-i şerîf kabrdekine istigâse etmeği, ondan birşey istemeği göstermez diyerek Peygamberimizin "sallallahü aleyhi ve sellem" ve Evliyânın türbelerini ziyâret etmeği kâfirlerin mezârlara tapınmalarına benzetmeğe kalkışıyor.

15 - İkiyüzellidokuzuncu sahîfesinde, *(Mescid-i nebevîye nemâz kılmak için girenin, selâm vermek için, kabre gitmesi yasakdır. Mescide her girişde, kabr-i Nebîye gitmeğe, imâm-ı Mâlik mekrûhdur dedi. Sahâbe ve Tâbi'în mescide gelir. Nemâz kılar ve çıkarlardı. Selâm vermek için kabre gelmezlerdi. Çünki, islâmiyyetde böyle birşey emr edilmemişdir. Meyyitin rûhunun, kendi şeklinde görünmesi yalandır. Böyle görünmek, yalnız Mi'râc gecesi olmuşdur. Eshâbın yapmadıklarını, sonra gelenler yapdılar. Eshâbdan birkaçı, yalnız uzakdan gelince, yalnız selâm vermek için kabre uğrardı. Abdüllah ibni Ömer yoldan gelince, kabre uğrar selâm verirdi. Başkasının böyle yapdığı görülmedi. Ahmed Rıfâ'înin Peygamberin elini öpdüğü yalandır, uydurmadır. Hucre-i se'âdet önünde düâ ederken, kabre dönmeyip kıbleye dönmek lâzım olduğu sözbirliği ile bildirilmişdir. Hucre-i se'âdeti ziyâret için, uzak yerlerden gelmek hadîs ile yasak edilmişdir)* diyor.

(Mir'ât-i Medîne) kitâbında diyor ki:

Hadîs-i şerîfde, **(Kabrimi ziyâret edene şefâ'atim vâcib oldu)** buyuruldu. Bu hadîs-i şerîfi ibni Huzeyme ve Bezzâr ve Alî Dâre-Kutnî[1] ve Süleymân Taberânî[2] "rahime-humullah" haber vermekdedir. Bezzâr hazretlerinin bildirdiği başka bir hadîs-i şerîfde, **(Kabrimi ziyâret edene şefâ'atim halâl oldu)** buyuruldu. Müslim-i şerîfdeki ve Ebû Bekr bin Mekkârînin "rahime-hullahü teâlâ" **(Mu'ceme)** kitâbında bildirilen hadîs-i şerîfde, **(Bir kimse beni ziyâret etmek için gelse ve başka birşey için niyyeti olmasa, kıyâmet günü, ona şefâ'at etmemi hak etmiş olur)** buyuruldu. Bu hadîs-i şerîf, Resûlullahı "sallallahü aleyhi ve sellem" ziyâret etmek için Medîne-i münevvereye gelenlere, şefâ'at edeceğini haber vermekdedir.

İmâm-ı Taberânînin ve Dâre-Kutnînin ve diğer hadîs imâmlarının "rahime-hümullahü teâlâ" bildirdikleri hadîs-i şerîfde, **(Hac edip kabrimi ziyâret eden kimse, beni diri iken ziyâret etmiş gibi olur)** buyuruldu. İbni Cevzî "rahime-hullahü teâlâ" de, bu hadîs-i şerîfi haber vermekdedir. Dâre-Kutnînin haber verdiği başka bir hadîs-i şerîfde, **(Hac edip de, beni ziyâret etmiyen kimse, beni incitmiş olur)** buyuruldu. Bu hadîs-i şerîfi imâm-ı Mâlik "rahime-

[1] Dâre-Kutnî 385 [m. 995] de vefât etdi.
[2] Taberânî 360 [m. 971] de vefât etdi.

hullahü teâlâ" de bildirmişdir. Resûlullahın "sallallahü aleyhi ve sellem" ziyâret olunmak istemeleri, ümmetinin, bu yoldan da sevâb kazanmaları içindir. İmâm-ı Beyhekînin haber verdiği hadîs-i şerîfde, **(Bir kimse bana selâm verince, Allahü teâlâ, rûhumu geri verir. Onun selâmına cevâb veririm)** buyuruldu. İmâm-ı Beyhekî, bu hadîs-i şerîfe dayanarak, Peygamberler mezârlarında diridirler buyurdu. Mubârek rûhunun geri verilmesi demek, yüksek makâmında iken, selâm verene cevâb verir demekdir.

Peygamberlerin "aleyhimüssalevâtü vetteslîmât" mezârlarında diri olduğunu bildiren hadîs-i şerîfler o kadar çokdur ki, birbirlerini kuvvetlendirmekdedirler. Meselâ, **(Kabrimin yanında, benim için okunan salevâtı işitirim. Uzak yerlerde okunanlar bana bildirilir)** buyurulmuşdur. Bu hadîs-i şerîfi Ebû Bekr bin Ebî Şeybe "rahmetullahi aleyhimâ" bildirmişdir ve altı büyük hadîs imâmının kitâblarında vardır.

Abdüllah bin Abbâs "radıyallahü teâlâ anhümâ"dan ibni Ebiddünyânın haber verdiği hadîs-i şerîfde, **(Bir kimse, bir tanıdığının kabrine uğrayıp selâm verse, meyyit onu tanır ve cevâb verir. Tanımadığı meyyite selâm verirse, meyyit sevinir ve cevâb verir)** buyuruldu. Resûlullah "sallallahü aleyhi ve sellem", dünyânın her yerinde, aynı zemânda salât ve selâm edenlerin herbirine ayrı ayrı nasıl cevâb verir denilirse, güneşin bir anda binlerce şehre ışık salması gibidir cevâbı verilir. Resûlullah "sallallahü aleyhi ve sellem" hazretlerine selâm verince, onu tanıdığı ve cevâb verdiği anlaşılınca, bir müslimân için bundan büyük bir şeref ve se'âdet olabilir mi? İbrâhîm bin Bişâr "rahmetullahi aleyh", (Hac etdikden sonra, kabr-i se'âdeti ziyâret için Medîneye gitdim. Hücre-i se'âdet önünde selâm verdim. Vealeykesselâm cevâbını işitdim) buyurmuşdur. Şi'r:

> *Sakın terk-i edebden, kûy-i mahbûb-i Hudâdır bu,*
> *Nazargâh-ı ilâhîdir, makâm-ı Mustafâdır bu!*
> *Murâ'ât-i edeb şartiyle gir Nâbî bu dergâhe,*
> *Metâf-i kudsiyândır, bûsegâh-i Enbiyâdır bu!*

Hadîs-i şerîfde, **(Ben öldükden sonra, diri iken olduğu gibi anlarım)** buyuruldu. Başka bir hadîs-i şerîfde, **(Peygamberler kabrlerinde diri olup nemâz kılarlar)** buyuruldu. Bu hadîs-i şerîfler, Peygamberimizin "sallallahü aleyhi ve sellem" kabrde, bilmediğimiz bir hayât ile diri olduğunu göstermekdedir. Evliyânın büyüklerinden Seyyid Ahmed Rıfâ'înin ve birçok Velîlerin "rahimehümullahü teâlâ", Resûlullaha "sallallahü teâlâ aleyhi ve sellem" verdikleri selâmın cevâbını işitdikleri ve Ahmed Rıfâ'înin, Resûlullahın mubârek elini öpmekle şereflenmiş olduğu, çok sağlam kitâblarda yazılıdır. Bunlara yalandır demek güneşi balçıkla sıvamağa benzer. Seyyid Ahmed Rıfâ'î, [512] de Basrada tevellüd, 578 [m. 1183] de Basrada vefât etdi. İkinci Abdülhamîd hân "rahime-hullahü teâlâ" bunun türbesini ve mescidini ta'mîr ve fevkal'âde tezyîn etdi. İslâm âlimlerinin büyüklerinden Celâleddîn Abdürrahmân Süyûtî "rahime-hullahü teâlâ" (Şeref-ül Muhkem) adındaki kitâbında muhâliflere vesîkalarla cevâb vermekde, Resûlullahın "sallallahü aleyhi ve sellem" kabrinde diri olup, selâm verenleri işitdiğini isbât eylemekdedir. Bu kitâbında bildirdiği hadîs-i şerîflerden biri (Mi'râc gecesinde, Mûsâ Peygamberi kabrinde nemâz kılarken gördüm)dür. Bu hadîs-i şerîfi, (Hilye) kitâbının sâhibi Ebû Nu'aym "rahime-hullahü teâlâ" da bildirmekdedir. Abdürrahmân Süyûtî, 911 [m. 1505] de Mısrda vefât etmişdir.

Ebû Ya'lânın "rahime-hullahü teâlâ"[1] (Müsned)inde bulunan bir hadîs-i şerîfde, (Peygamberler, kabrlerinde diri olup nemâz kılarlar) buyuruldu. Resûlullah "sallallahü aleyhi ve sellem" son hastalığında, (Hayberde yimiş olduğum yemeğin acısını her zemân duyardım. O gün yidiğim zehr, şimdi ebherimi, ya'nî avort damarımı koparmakdadır) buyurdu. Bu hadîs-i şerîf, Resûlullahın "sallallahü aleyhi ve sellem" şehîd olarak vefât etdiğini bildiriyor. Allahü teâlâ, Âl-i İmrân sûresinin yüzaltmışdokuzuncu âyetinde meâlen, (Allah yolunda şehîd olanları, ölü sanmayınız! Onlar diridirler) buyurdu. Resûlullah efendimizin de "sallallahü aleyhi ve sellem" bütün şehîdler gibi kabrinde diri olduğu buradan da anlaşılmakdadır.

İmâm-ı Süyûtî "rahmetullahi aleyh" kitâbında, (Yüksek derecedeki Velîler "rahime-hümullahü teâlâ" Peygamberleri ölmemiş gibi görürler. Peygamber efendimizin "sallallahü aleyhi ve sellem" Mûsâ aleyhisselâmı mezârında diri olarak görmesi bir [Mu'cize] idi. Evliyânın da böyle görmeleri [Kerâmet]dir. Kerâmete inanmamak, câhillikden ileri gelir) buyurmakdadır.

İbni Habbân ve İbni Mâce ve Ebû Dâvüdün "rahime-hümullahü teâlâ" bildirdikleri hadîs-i şerîfde, (Cum'a günleri bana çok salevât okuyunuz! Bunlar, bana bildirilir) buyuruldu. Öldükden sonra da bildirilir mi denildikde, (Toprak, Peygamberlerin vücûdünü çürütmez. Bir mü'min bana salevât okuyunca, bir melek ba-

---

[1] Ahmed Ebû Ya'lâ 307 [m. 920] de Mûsulda vefât etdi.

na haber vererek, ümmetinden falan oğlu filân, sana selâm söyledi ve düâ etdi der) buyurdu. Bu hadîs-i şerîfler, Peygamberimizin "sallallahü aleyhi ve sellem" mezârında, dünyâdakilerin bilemediği bir hayât ile diri olduğunu göstermekdedir. Zeyd bin Sehl "radıyallahü anh" buyurdu ki, bir gün Resûlullahın "sallallahü aleyhi ve sellem" huzûrunda oturuyordum. Mubârek yüzü gülüyordu. Niçin tebessüm buyurduklarını sordum. **(Nasıl sevinmiyeyim? Biraz önce Cebrâîl aleyhisselâm müjde getirdi: Allahü teâlâ buyurdu ki, ümmetinden biri sana bir salevât söyleyince, Allahü teâlâ, ona karşılık on salevât eder dedi)** buyurdu.

Resûlullah "sallallahü aleyhi ve sellem" diri iken, Eshâbına Allahü teâlânın bir rahmeti olduğu gibi, öldükden sonra da bütün ümmeti için, büyük ni'metdir. İyiliklere sebebdir.

Mehâl bin Amr diyor ki, bir gün Sa'îd bin Müseyyib ile birlikde "rahime-hümullahü teâlâ" Ümm-i Seleme "radıyallahü anhâ" vâlidemizin odasının yanında oturuyordum. Birçok kimse ziyâret için Hucre-i se'âdet önüne geldiler. Sa'îd, bunlara şaşıp, ne kadar ahmak adamlar! Resûlullahı "sallallahü aleyhi ve sellem" kabrde sanıyorlar. Peygamberler kabrlerinde kırk günden ziyâde kalırlar mı? dedi. Hâlbuki Sa'îd Medînedeki Harre denilen felâket gününde, Kabr-i se'âdetden ezân sesi işitdiğini haber vermişdir. Hazret-i Osmân "radıyallahü teâlâ anh" evi sarıldığı zemân, (Ben Medîneden ve Resûlullahın yanından ayrılıp başka yere gitmem) buyurmuşdur. Mehâl bin Amrın Sa'îdden işitdim dediği söz doğru olsaydı, Resûlullah "sallallahü aleyhi ve sellem" kabrini ziyâret için çağırmazdı. Şöyle ki: Bilâl-i Habeşî "radıyallahü teâlâ anh" Kudüsün fethinden sonra, rü'yâsında Resûlullahdan "sallallahü aleyhi ve sellem" aldığı emr üzerine Medîneye gelip, Kabr-i se'âdeti ziyâret etdi. Müslimânların halîfesi olan Ömer bin Abdül'azîz "radıyallahü teâlâ anh" Şâmdan Medîneye husûsî me'mûrla salât ve selâm gönderirdi. Hazret-i Ömer "radıyallahü anh" Kudüsü aldıkdan sonra, Medîne-i münevvereye dönünce, önce Hucre-i se'âdete girip, Resûlullahı ziyâret etdi ve salât ve selâm söyledi. [Sa'îd bin Müseyyib, Medînedeki yedi meşhûr âlimden biri olup, 91 [m. 710] de Medînede vefât etmişdir.]

Yezîd bin Mehrî diyor ki, Şâmdan Medîneye gidiyordum. Mısr vâlîsi olan Ömer bin Abdül'azîze "radıyallahü teâlâ anh"[1] uğradım. Bana dedi ki, ey Yezîd! Resûlullahı ziyâret se'âdetine kavuş-

---

[1] Ömer bin Abdül'azîz 101 [m. 720] de şehîd edildi.

duğun zemân benden salât ve selâm söylemeni ricâ ederim!

Abdüllah ibni Ömer "radıyallahü anhümâ", her seferden dönüşde, Hucre-i se'âdete girer, önce Resûlullahı "sallallahü aleyhi ve sellem", sonra hazret-i Ebû Bekri, ondan sonra babası hazret-i Ömeri "radıyallahü teâlâ anhümâ" ziyâret edip, her birine selâm verirdi. Bunu, imâm-ı Nâfi' "rahime-hullahü teâlâ" haber vermekdedir. Doğru olduğunu **(Feth-ul Mecîd)** vehhâbî kitâbı da yazmakdadır. Hem, Peygamberin kabrini ziyâret etmek, islâmiyyetde bildirilmemişdir diyor. Hem de, yalnız Abdüllah bin Ömer ziyâret ederdi diyor. Başkaları ziyâret etmedi diyor. Hâlbuki, Eshâb-ı kirâmın çoğunun "radıyallahü teâlâ anhüm ecma'în" ziyâret etdikleri, kıymetli kitâblarda bildirilmişdir. [Nâfi', Abdüllah bin Ömerin "radıyallahü teâlâ anhümâ" âzâdlısı idi. 120 [m. 737] de, Medînede vefât etdi.] Abdüllah ibni Ömerin islâmiyyetde izn verilmemiş bir şeyi yapdığını söylemek çirkin bir iftirâdır. Kitâbın yazarı, işine geldiği zemân, Eshâb-ı kirâmı çok övmekde, işine gelmediği zemân da, böyle çok çirkin iftirâ yapmakdan sıkılmamakdadır. Kabr-i se'âdeti ziyâret edip, salât ve selâm okumak câiz olmasaydı, Abdüllah bin Ömer "radıyallahü anhümâ" böyle yapmazdı ve onu gören Eshâb-ı kirâm "radıyallahü teâlâ anhüm ecma'în" yasak olduğunu ona söylerlerdi. Onun yapması ve görenlerin ses çıkarmamaları, câiz ve sevâb olduğunu göstermekdedir. İmâm-ı Nâfi' "rahmetullahi aleyh" diyor ki, Abdüllah ibni Ömerin Resûlullahın kabri başına gelip, **(Esselâmü aleyke yâ Resûlallah!)** dedikden sonra, **(Esselâmü aleyke yâ Ebâ Bekr!)** dediğini ve sonra **(Esselâmü aleyke yâ ebî)** dediğini, belki yüzden fazla gördüm.

Hazret-i Alî "radıyallahü anh", birgün mescid-i şerîfe girip, Fâtımanın "radıyallahü anhâ" odası önünde çok ağladı. Sonra Hucre-i se'âdete girip, **(Esselâmü aleyke yâ Resûlallah)** dedi. Yine ağladı. Sonra, **(Aleykümesselâm ya ehaveyye ve rahmetullah)** diyerek, hazret-i Ebû Bekr ile hazret-i Ömere "radıyallahü anhümâ" selâm verdi. Sonra çekilip gitdi.

Bunun için, fıkh âlimlerimiz "rahime-hümullahü teâlâ" hac vazîfesini yapdıkdan sonra, Medîne-i münevvereye gelerek, Mescid-i şerîfde nemâz kıldılar. Sonra **(Ravda-i mutahhera)** ile minber-i münîri ve Arş-ı a'lâdan efdal olan Kabr-i şerîfi, sonra oturdukları, yürüdükleri, dayandıkları yerleri, vahy geldiği zemân dayandıkları direği ve mescid yapılırken ve ta'mîr edilirken çalışan ve para vermekle şereflenen Eshâb-ı kirâmın ve Tâbi'înin "radıyallahü teâlâ anhüm ecma'în" geçdikleri yerleri ziyâret ederler, görmekle bereketlenirlerdi. Onlardan sonra gelen âlimler, sâlihler de, hacdan sonra Medîneye gelirler, fıkh âlimlerimiz gibi yaparlardı. Bugüne kadar hâcılar da, bunun için Medîne-i münevverede ziyâretler yapmakdadırlar.

Âlimler, önce Medîneye mi gitmeli, yoksa Kabr-i se'âdeti hacdan sonra mı ziyâret etmeli süâline başka başka cevâb verdiler. Tâbi'înin büyüklerinden Alkama ve Esved ve Amr bin Meymûn "rahime-hümullahü teâlâ" önce Medîneye gitmeli dediler. İslâm âlimlerinin güneşi olan imâm-ı a'zam Ebû Hanîfe "rahime-hullahü teâlâ" önce Hac yapmak, sonra Mekkeden Medîneye gitmek dahâ iyi olur buyurdu. Ebülleys-i Semerkandînin "rahime-hullahü teâlâ" fetvâsında da böyle yazılıdır. [Ebülleys Nasr Semerkandî, 373 [m. 983] de vefât etmişdir.]

Sultân ikinci Abdülhamîd hân "rahmetullahi aleyh"[1] zemânında bundan dolayı Osmânlı hâcılarının iki bayram arasında Medîne-i münevvereye gidip, hac zemânı gelince, Medîneden Mekkeye gitmeleri âdet olmuşdur. Hâcıların bir kısmı da, önce Mekkeye gidiyor. Arafâtdan sonra Medîneye gelip ziyâretleri yapıyorlar. Buradan Yenbû' iskelesine gelip vapurlara biniyorlar. Süveyş kanalı yolu ile memleketlerine dönüyorlardı.

(Şifâ-i şerîf) kitâbının yazarı kâdî İyâd ve Şâfi'î âlimlerinden imâm-ı Nevevî ve Hanefî âlimlerinden ibni Hümâm "rahime-hümullahü teâlâ" buyurdular ki, Resûlullahın "sallallahü teâlâ aleyhi ve sellem" mubârek türbesini ziyâretin çok sevâb olduğu, icmâ'i ümmet ile belli olmuşdur. Vâcib diyen âlimler de vardır. Kabr ziyâreti sünnetdir. Kabrlerin en kıymetlisi olan (Hucre-i se'âdet)i ziyâret, sünnetlerin en kıymetlisi olur. [Kâdî İyâd 544 [m. 1150] de Merrâkişde, Yahyâ Nevevî 676 [m. 1277] de Şâmda, İbni Hümâm Muhammed Sivâsî de 861 [m. 1456] de vefât etdiler.]

Resûlullah "sallallahü aleyhi ve sellem" Bakî kabristânını ve Uhud şehîdlerini ziyâret ederdi. Hindistânın büyük âlimlerinden, Abdülhak-ı Dehlevî "rahime-hullahü teâlâ" 1052 [m. 1642] de vefât etdi. Fârisî (Medâric-ün-nübüvve) kitâbında Uhud gazvesini anlatırken buyuruyor ki, Ebû Ferde "radıyallahü anh" buyurdu ki, Resûlullah "sallallahü aleyhi ve sellem", birgün Uhud şehîdlerini ziyâret etdi. (Ey ibâdete lâyık olan Rabbim! Senin bu kulun ve Resûlün şâhidim ki, bunlar senin rızânı kazanmak için şehîd oldular!) dedikden sonra, bize dönerek, (Bir kimse bunları ziyâret ederse ve selâm verirse, bunlar o selâm sâhibine cevâb verirler.

---

[1] Abdülhamîd hân 1336 [m. 1918] de vefât etdi.

Kıyâmete kadar, böyle cevâb verirler) buyurdu. Peygamberimiz, Uhud şehîdlerini ziyârete gider, **(Sabr etdiniz. Size selâm olsun!)** buyururdu. Hazret-i Ebû Bekr ve hazret-i Ömer "radıyallahü teâlâ anhümâ" de, halîfe iken, Uhud şehîdlerini ziyâret ederek, böyle söylerlerdi. Fâtıma-ı Huzâiyye "rahime-hullahü teâlâ" diyor ki, Uhud meydânından geçiyordum. (Ey Resûlün amcası Hamza "radıyallahü teâlâ anh", sana selâm olsun!) dedim. (Allahın selâmı ve rahmeti ve bereketi sana olsun!) cevâbını işitdim. Utâf bin Hâlid Mahzûmî "rahime-hullahü teâlâ" teyzesinden haber verdi ki, Uhud şehîdlerini ziyârete gitmişdi. Şehîdlere selâm verdi. Selâmına cevâb verdiler ve (Biz sizi tanıyoruz) dediler.

Nisâ sûresinin altmışüçüncü âyetinde meâlen, **(Onlar nefslerine zulm etdikden sonra, gelirler. Allahü teâlâdan afv dilerler. Resûlüm de, onlar için istiğfâr ederse, Allahü teâlâyı elbette tevbeleri kabûl edici ve merhamet edici olarak bulurlar)** buyuruldu. Bu âyet-i kerîme, Kabr-i se'âdeti ziyâret etmeği emr etmekdedir. Bu âyet-i kerîme, hem erkekler içindir, hem de kadınlar içindir. Kabr-i se'âdeti ziyâret ederken, bu âyet-i kerîmeyi okumanın müstehab olduğu bildirilmişdir.

İmâm-ı Alî "radıyallahü anh" buyurdu ki, Muhammed bin Harb Hilâlîden "radıyallahü teâlâ anh" işitdim. Dedi ki, Resûlullah "sallallahü aleyhi ve sellem" defn olundukdan üç gün sonra, Hucre-i se'âdeti ziyâret edip, bir köşeye oturmuşdum. Bir köylü gelip, kendini Kabr-i se'âdet üzerine atdı. Kabr-i şerîf üstünden toprak alıp, yüzüne gözüne saçdı. Yâ Resûlallah "sallallahü aleyhi ve sellem"! Hak teâlâ senin için buyuruyor, diyerek yukarıdaki âyet-i kerîmeyi okudu. Ben, nefsime zulm etdim. İstiğfâr için seni vesîle ediyorum, dedi. Kabr-i se'âdetden bir ses gelerek, sana müjde olsun! Günâhların afv edildi dediği işitildi.

Resûlullah "sallallahü aleyhi ve sellem", Uhud şehîdlerini ziyâret için, Medîneden Uhuda teşrîf etmişdir. Bundan dolayı, Kabr-i se'âdeti ziyâret için, Medîne-i münevvereye gitmek de elbette ibâdet olur. Bunun çok sevâb olduğunu, islâm âlimleri "rahime-hümullahü teâlâ" sözbirliği ile bildirmişlerdir.

(Yalnız üç mescide ziyâret için gidilir) hadîs-i şerîfi, Kabr-i se'âdeti ziyâret için Medîne-i münevvereye gitmenin çok sevâb olduğunu göstermekdedir. Bu ziyâreti yapmıyanlar, bu çok sevâbdan mahrûm kalırlar. Belki de, vâcibi terk etmiş olacaklardır. Bu üç mescidden başkasını ziyâret için, uzak yola çıkmak, Allah rızâsı için olursa câizdir. Başka niyyetlerle olursa harâmdır. [Bu üç mescid: Mescid-i harâm ve mescid-i Nebevî ve mescid-i Aksâdır.]

Süâl: İmâm-ı Hasen bin Alî "radıyallahü teâlâ anhümâ", Kabr-i se'âdet yanında ziyâretcilerin kabre yaklaşmalarına izn vermezdi. İmâm-ı Zeynel'âbidîn "radıyallahü anh"[1] de, Resûlullahın "sallallahü aleyhi ve sellem", **(Kabrimi bayram yeri yapmayınız! Evlerinizi mezârlık yapmayınız! Bulunduğunuz yerde bana salât ve selâm söyleyin! Söyledikleriniz bana bildirilir)** buyurduğunu söyliyerek, Kabr-i se'âdete yaklaşmağa izn vermezdi. Buna ne dersiniz?

Cevâb: Bu sözler, **(yalnız üç mescide ziyâret için gidilir)** hadîs-i şerîfine uygun değildir. Fekat, bu iki imâmın sözü, ziyâretde saygısızlık yapanlar için olsa gerekdir. Hattâ imâm-ı Mâlik "rahmetullahi aleyh", Kabr-i se'âdet yanında çokca oturmağa izn vermemişdir. İmâm-ı Zeynel'âbidîn "rahime-hullahü teâlâ" Hucre-i se'âdeti ziyâret ederdi. **(Ravda-i mutahhera)** tarafındaki direk yanında durup, selâm verirdi. Resûlullahın "sallallahü aleyhi ve sellem" mubârek başının, hucrenin bu tarafında olduğu, bundan anlaşılırdı. Resûlullahın mubârek zevcelerinin "radıyallahü teâlâ anhünne" odaları **(Mescid-i se'âdet)** içine katılmazdan önce, burası, ziyâret yeri idi. Hucre-i se'âdetin kapısı önünde durup selâm verirlerdi.

Hârun bin Mûsâ Hirevî, ceddi Alkamaya sordu ki, Peygamberimizin mubârek zevcelerinin "radıyallahü teâlâ anhünne" odaları Mescid-i se'âdete katılmazdan önce Kabr-i se'âdet hangi tarafından ziyâret olunurdu? Alkama, hazret-i Âişenin vefâtından önce, Hucre-i se'âdet kapısı kapatılmamış olduğundan, bu kapı önünden ziyâret olunurdu cevâbını verdi.

Hadîs âlimlerinden hâfız Abdül'azîm Münzirî "rahime-hullahü teâlâ, **(Kabrimi bayram yeri yapmayınız!)** hadîs-i şerîfi için, elinizden geldiği kadar sık ziyâret ediniz demekdir, dedi. Ya'nî, (Benim kabrimi, yılda bir iki kerre ziyâret etmekle bırakmayınız! Her vakt ziyâret ediniz!) demekdir dedi. **(Evlerinizi mezârlık yapmayınız!)** hadîs-i şerîfi de, evlerinizi nemâz kılmamakla mezârlığa benzetmeyiniz demekdir dedi. Mezârlıkda nemâz kılmak câiz olmadığı için, Abdül'azîm-i Münzirînin sözü doğru olmakdadır. Âlimlerin çoğuna göre, Kabr-i se'âdeti ziyâret için, bayram günleri gibi belli zemânlar ayırmayın demekdir dediler. Yehûdîler ve hıristiyanlar Peygamberlerin mezârlarını ziyâret etmek için çalgılı, oyunlu toplantı yaparlardı. Abdül'azîm Münzirî, 656 [m. 1257] de Mısrda vefât etdi.

---

[1] Zeynel'âbidîn Alî 94 [m. 713] de şehîd edildi.

Bunlardan anlaşılıyor ki, Kabr-i se'âdeti ziyâret için gelenler, selâm verip düâ etdikden sonra, durmayıp gitmelidir. Müslimânlar, Kabr-i se'âdeti ziyâret etmeği, ibâdet ve çok sevâb bilmeli. Ne kadar uzak olursa olsun, ziyâret için Medîne-i münevvereye gitmeli. Sık sık ziyâret etmeğe çalışmalıdır. Ya'nî hac farîzası ömründe bir kerre olduğu gibi, Medîne-i münevvereye gitmeği de, ömründe bir kerreye bırakmamalıdır. Gücü yetdikçe gidip ziyâret etmeli. Fekat, **(Hucre-i se'âdet)** önünde çok durmamalıdır.

İslâm âlimlerinin güneşi Ebû Hanîfe "rahime-hullahü teâlâ", müstehabların en üstünlerinden olan, Kabr-i se'âdetin ziyâreti, vâcib derecesine yakın bir ibâdetdir buyurdu.

Kabr-i se'âdeti ziyâret etmeği adak yapanların, şâfi'î mezhebine göre, bu adaklarını yapmaları lâzım olur. Başka mezârları ziyâreti nezr edenlerin, bu adaklarını yapmaları için sözbirliği yok ise de, adaklarını yapmaları dahâ iyi olur.

Mescid-i harâmı yürüyerek ziyâreti nezr edenlerin, bu adaklarını yapmaları lâzımdır. Çünki, **(Mescid-i harâm)** içinde, hac farîzeleri yapılmakdadır. **(Mescid-i se'âdet)**de ise, Kâ'be-i mu'azzamadan ve Kudüsdeki **(Mescid-i aksâ)**dan dahâ kıymetli olan **(Kabr-i se'âdet)** vardır. Bu mubârek mescide yürüyerek gitmeği nezr etmek, Kabr-i şerîfi ziyâret etmeği de niyyet etmek olduğu için, bu nezri yerine getirmek de, elbet lâzım olur.

(Kâ'be-i muazzama)yı ziyâret için yapılan nezri yerine getirmek dört mezhebde de lâzımdır. Mescid-i se'âdet ile Mescid-i aksânın ziyâreti için yapılan nezri yerine getirmek lâzım olduğunda sözbirliği olmadı. Bu ayrılık, Mescid-i se'âdeti ziyâret içindir. Kabr-i se'âdeti ziyâret için nezr yapanların, bu adaklarını yerine getirmeleri lâzımdır.

Süâl: Ebû Muhammed bin Ebû Zeydden "rahime-hullahü teâlâ" soruldu ki, vekîl olarak hacca gönderilen ve Kabr-i se'âdeti de ziyâret etmesi emr olunan kimse, hac edip, Kabr-i se'âdeti ziyâret etmeden geri dönse, ziyâret için, kendisine verilmiş olan parayı geri vermesi lâzım olur mu?

Cevâb: İbni Zeyd "rahmetullahi aleyh" cevâbında buyurdu ki, bu parayı geri vermesi lâzım olur. [Abdüllah Ebû Muhammed bin Zeyd, mâlikî âlimlerinin büyüklerindendir. 389 [m. 999] da vefât etdi.]

Kabr-i se'âdeti ziyâret için imâm-ı Mâlik "rahime-hullahü teâlâ" buyurdu ki, Mescid-i şerîfe girdikde, kıbleyi arkaya almalı, yüzünü Hucre-i se'âdete karşı dönmelidir. Edeb ve saygı ile, selâm verip, salevât-ı şerîfe okumalıdır. Mescid-i şerîfe girince, önce iki rek'at **(Tehıyye-tülmescid)** nemâzı kılmalıdır. Bunu **(Ravda-i mutahhera)** içinde kıldıkdan sonra, **(Muvâcehe-i se'âdet)** karşısında durup, önce Resûlullaha "sallallahü aleyhi ve sellem", sonra hazret-i Ebû Bekre ve hazret-i Ömere "radıyallahü anhümâ" selâm vermeli, sonra belli düâları okumalıdır. Çünki, Resûlullah "sallallahü aleyhi ve sellem" ve her mü'min, ziyârete gelenleri ve bunların selâmlarını, düâlarını işitirler. Dilediği gibi ve hâtırına geldiğini söyleyerek düâ etmek câiz ise de, âlimlerin bildirdikleri belli düâları okumak dahâ fâideli olur.

İmâm-ı a'zam Ebû Hanîfe "rahmetullahi aleyh" buyurdu ki, ben Medînede iken, sâlihlerden Eyyûb-i Sahtiyânî "rahime-hullahü teâlâ" gelip, Mescid-i şerîfe girdi. Yüzünü Kabr-i nebevîye döndü. Kıble arkasında kaldı. Ayakda ağladı. [Eyyûb-i Sahtiyânî, 131 [m. 748] de, Basrada vefât etdi.]

Ebülleys-i Semerkandînin[1] imâm-ı a'zam Ebû Hanîfeden "rahime-hümallahü teâlâ" haber verdiğine göre, kıbleye dönülür. Hucre-i se'âdet arkada kalır. Şeyh Kemâleddîn ibni Hümâm, imâm-ı a'zam Ebû Hanîfenin "rahime-hümallahü teâlâ" Müşnedinde bildirdiği üsûle bakılırsa, Ebülleys ile ona uyanların bildirdikleri, İmâm-ı a'zamın önceki ictihâdı olduğu anlaşılır. Sonra, Hucre-i se'âdete karşı ziyâret edilmesini bildirmişdir. Abdüllah ibni Ömer "radıyallahü teâlâ anhümâ" de, Hucre-i se'âdete dönerek selâm vermelidir dedi.

İbni Cemâ'a "rahime-hullahü teâlâ" **(Menâsik)** kitâbında, (Kabr-i se'âdeti ziyâret eden, Resûlullahın mubârek başı bulunan köşeyi sol tarafına ve kıbleyi sağ tarafına alıp, köşeden iki metre kadar uzakda durmalıdır. Sonra kıble dıvarını yavaş yavaş arkaya alıp, **(Muvâcehe-i se'âdet)** penceresine karşı oluncaya kadar dönmelidir. Tam Kabr-i se'âdete dönünce selâm vermelidir) demekdedir. [Muhammed ibni Cemâ'a, şâfi'î âlimlerinden olup, 733 [m. 1333] de Şâmda vefât etdi.]

Görülüyor ki, Hucre-i se'âdetin, Ravda-i mutahhera köşesi ile kıble duvarı arasına gelip mubârek başı sol tarafa almalı. İki metre uzak durmalı. Sonra yavaş yavaş, Hucre-i se'âdete doğru dönmeli ve Kıbleyi arkaya almalıdır. Sonra salât ve selâm verip, düâ etmelidir. İmâm-ı Şâfi'î ve başka imâmlar "rahmetullahi teâlâ aleyhim ecma'în", böyle ictihâd buyurmuşlardır. Şimdi de böyle zi-

---

[1] Ebülleys Nasr Semerkandî 373 [m. 983] de vefât etdi.

yâret edilmekdedir.

Resûlullahın mubârek zevcelerinin "radıyallahü teâlâ anhünne" odaları, Mescid-i se'âdete katılmadan önce, Hucre-i se'âdetin kıble tarafında yer pek azdı. Muvâcehe-i se'âdete karşı durmak güçdü. Ziyâretçiler, Hucre-i se'âdetin Ravda-i mutahhera dıvarındaki kapısı önünde kıbleye karşı durup, selâm verirlerdi. Sonra imâm-ı Zeynel'âbidîn "rahime-hullahü teâlâ" Ravda-i mütahherayı arkaya alıp, selâm verirdi. Mubârek zevcelerin odaları, mescide katıldıkdan sonra, **(Muvâcehe-i şerîfe)** penceresi önünde durup ziyâret edildi.

Din imâmları, Medîne-i münevverede kalacaklar ve ziyâretçiler için birçok edeb ve şartlar bildirmişlerdir. Bu şartlar ve edebler, fıkh ve menâsik kitâblarında yazılıdır. **(Mir'ât-ül-Haremeyn)** kitâbının yazarı Eyyûb Sabri pâşanın "rahime-hullahü teâlâ" **(Tekmile-tül-menâsik)** kitâbında hepsi yazılıdır.

İslâmiyyetde ilk yapılan türbe, Resûlullahın medfûn olduğu **(Hucre-i muattara)**dır. Resûlullah "sallallahü aleyhi ve sellem" efendimiz, çok sevdiği zevcesi Âişe "radıyallahü anhâ" vâlidemizin odasında, hicretin onbirinci 11 [m. 632] senesi, Rebî'ulevvel ayının onikinci pazartesi günü, öğleden önce vefât etdi. Çarşamba gecesi, bu odaya defn edildi.

Âişe "radıyallahü anhâ" hazretlerinin odası, üç metre yüksekliğinde, kerpiçle hurma dallarından yapılmışdı. Biri garb, öteki şimâl tarafında iki kapısı vardı. Garb kapısı, Ravda-i mutahhera tarafındadır. Hazret-i Ömer "radıyallahü teâlâ anh" halîfe iken, onyedi senesinde, Mescid-i se'âdeti genişletirken, Hucre-i se'âdetin etrâfına kısa bir taş dıvar çevirdi. Abdüllâh bin Zübeyr "radıyallahü teâlâ anh" halîfe iken, bu dıvârı yıkıp, siyâh taş ile yeniden sağlam yapdırdı. Bu dıvarın üstü açık olup, şimâl tarafında bir kapısı vardı. Abdüllah bin Zübeyr, 73 [m. 692] de şehîd edildi. Hazret-i Hasen "radıyallahü teâlâ anh", kırkdokuz senesinde vefât edince, vasıyyeti gereğince, hazret-i Hüseyn, kardeşinin "radıyallahü anhümâ" cenâzesini Hucre-i se'âdet kapısına getirip, düâ ve istigâse edeceği zemân, buraya defn edeceklerini sanarak, içeri sokmasını istemiyenler oldu. Gürültüyü önlemek için, içeri sokulmayıp, Bakî' kabristânına defn olundu. İleride böyle hâller olmaması için, dıvarın ve odanın kapısını dıvarla örüp kapatdılar.

Emevî halîfelerinin altıncısı olan Velîd "rahime-hullahü teâlâ" Medîne vâlîsi iken, dıvârı yükseltdi ve üzerini küçük bir kubbe ile örtdü. Üç kabr, dışardan görülemez ve içeri girilemez oldu. Ömer bin Abdül'azîz "rahmetullahi aleyh", Medîne-i münevvere vâlîsi iken, 88 [m. 707] de, halîfe Velîdin emri ile, zevcât-ı tâhirâtın "radıyallahü teâlâ anhünne" odalarını yıkdırıp, Mescid-i se'âdeti genişletirken, etrâfına ikinci bir dıvar yapdırdı. Bu dıvar beş köşeli idi. Hiç kapısı yokdu.

Irakda Zengîlerin idâre etdiği Atabekler devletinin vezîri, ya'nî başvekîli ve Salâhuddîn-i Eyyûbînin[1] amcası oğlu olan Cemâleddîn-i İsfehânî "rahime-hullahü teâlâ", 584 [m. 1187] senesinde, Hucre-i se'âdetin dış dıvarı etrâfına sandal ve abanos ağaçlarından bir parmaklık yapdırdı. Parmaklık, mescidin tavanına kadar yüksekdi. Fekat, birinci yangında yandı. Altıyüzseksensekiz (688 [m. 1289]) senesinde demirden yapılıp yeşile boyandı. Bu parmaklığa (Şebeke-i se'âdet) denir. Şebeke-i se'âdetin kıble tarafına (Muvâcehe-i se'âdet), şark tarafına (Kadem-i se'âdet), garb tarafına (Ravda-i mutahhera) ve şimâl tarafına (Hucre-i Fâtıma) denir. Mekke-i mükerreme şehri, Medîne-i münevvere şehrinin cenûbunda olduğu için, Mescid-i nebînin ortasında, ya'nî Ravda-i mutahherada, kıbleye dönen kimsenin sol tarafında Hucre-i se'âdet, sağ omuzu tarafında ise, Minber-i şerîf bulunur.

232 [m. 847] senesinde, Şebeke-i se'âdetin bulunduğu yer ile dış dıvarlarının arasına ve bu yerin dışına mermer döşendi. Mermerler, zemân zemân değişdirildi. Son olarak sultân Abdülmecîd hân "rahime-hullahü teâlâ" döşetdi.

Hucre-i se'âdetin beş köşeli dıvârları yapılırken üzerlerine bir de küçük kubbe yapılmışdı. Bu kubbeye (Kubbe-tün-nûr) denir. Osmânlı pâdişâhlarının "rahime-hümullahü teâlâ" gönderdikleri (Kisve-i şerîfe) bu kubbe üzerine örtülürdü. Kubbe-tün-nûr üzerine gelen, Mescid-i se'âdetin büyük yeşil kubbesine (Kubbe-tül-hadrâ) denir. Şebeke-i se'âdet denilen parmaklığın dış tarafına örtülen kisve, Kubbe-i hadrâ altındaki kemerlere asılırdı. Bu iç ve dış perdelere (Settâre) denir. Şebeke-i se'âdetin şark, garb, şimâl taraflarında birer kapısı vardır. Şebeke-i se'âdet içine harem-i şerîf ağalarından başka kimse giremez. Dıvarların içine ise, hiç kimse giremez. Çünki kapıları ve pencereleri yokdur. Yalnız kubbe ortasında ufak bir delik olup, tel kafes ile kapalıdır. Bu deliğin hizâsında olarak, Kubbe-i hadrâya da bir delik açılmışdır. Mescid-i şerîf kubbesi 1253 [m. 1837] senesine kadar kurşun renginde idi. Sultân Mahmûd-i Adlî hânın "rahmetullahi aleyh" emri ile yeşile boyandı. 1289 [m. 1872] da, sultân Abdül'azîz hânın "rah-

---

[1] Salâhuddîn Eyyûbî 589 [m. 1193] de Şâmda vefât etdi.

metullahi aleyh"[1] emri ile yeniden boyandı.

Mescid-i se'âdeti ta'mîr ve tezyîn için sultân Abdülmecîd hân "rahime-hullahü teâlâ" kadar çok para harc eden ve gayret eden hiçbir kimse olmamışdır. Haremeyni ta'mîr için yediyüzbin altın sarfetmişdir. Ta'mîr 1277 [m. 1861] de temâm olmuşdur. Hergün Resûlullaha bir hizmetde bulunmuşdur. Bu yolda keşf ve kerâmetleri de görülmüşdür. Sultân Abdülmecîd hân, Mescid-i nebevînin eski şeklini, İstanbulda Hırka-i şerîf câmi'inde bulundurmak için emr buyurmuş, bunun için, 1267 senesinde, mühendis mektebi hocalarından binbaşı ressam hâcı İzzet efendi "rahimehullahü teâlâ" Medîneye gönderilmişdir. İzzet efendi her yeri ölçerek elliüç def'a küçültülmüş bir modelini yapıp İstanbula gönderdi. Sultân Abdülmecîd hânın yapdırdığı (Hırka-i şerîf) câmi'ine kondu.

Abdülmecîd hânın ta'mîrinden sonra, kıble dıvarı ile Şebeke-i se'âdet arası yedibuçuk metre, şark dıvarından Kadem-i se'âdet şebekesine altı metre, Şebeke-i Şâmî genişliği onbir metre, Muvâcehe-i şerîfe şebekesi genişliği onüç metre, Muvâcehe-i şerîfe şebekesi ile şebeke-i Şâmî arasındaki uzunluk ondokuz metredir. Mescid-i nebevînin kıble tarafında genişliği yetmişyedi metre, Kıble dıvarından, dıvâr-ı Şâmîye kadar uzunluğu yüzonyedi metredir. Hucre-i se'âdet ile minber-i şerîf arası olan (Ravda-i mutahhera) genişliği ondokuz metredir. Bu ölçüler, bir Medîne zrâ'ı kırkiki santimetre olduğuna göredir. Hanefî fıkh kitâblarındaki şer'î zrâ ise, kırksekiz santimetredir.

Süûd oğullarından Abdül'azîz, Osmânlıların Haremeyn-i şerîfeyne olan mu'azzam hizmetlerini gizlemek, Osmânlıların gözleri kamaşdıran zînetli, kıymetli eserlerini yok etmek için, 1368 [m. 1949] târîhinde emr ederek, Mescid-i nebevîyi yeniden ta'mîre ve tevsî'a başladılar. 1370 de başlayıp, 1375 de bitirdiler. Bütün sahâsı 11648 metre-kare oldu. Bundan evvel 9000 metre-kare idi. Şark ve garb dıvarlarının uzunluğu 128, şimâl dıvarının uzunluğu 91 metre oldu. Ravaklar ya'nî kemerler içinde 232 direk vardır. Yeni yapılan iki minâreden herbiri 70 metre yüksekliktedir. Mekkedeki Mescid-ül-harâm 1375 [m. 1955] de genişletildi. 29127 metre-kare iken 160168 metre-kare oldu. 7 minâresi 90 metre yüksektir. Safâ ve Merve tepelerinin üzerleri de örtülerek, Mescid-ül-harâm ile birleşdirildi. Birçok yerlerin ismlerini değiş-

---

[1] Abdül'azîz hân 1293 [m. 1876] da şehîd edildi.

dirip kendi ismlerini koydular.

Medînenin bir dânecik **(Bakî')** kabristânına ilk olarak Osmân bin Ma'zûn "radıyallahü anh" defn edildi. Resûlullah "sallallahü aleyhi ve sellem" bu süt kardeşinin kabrine mubârek eli ile büyük bir taş dikdi. Kabr taşı dikmek sünnet olduğu bundan anlaşılmakdadır.

Medîne-i münevveredeki türbeleri mezhebsizler yıkmışdı. İkinci sultân Mahmûd hân,[1] hepsini yeniden yapdırdı. Birinci cihân harbinden sonra, İngilizler burasını Osmânlılardan alıp, Abdül'azîze verdiler. Tekrâr hepsini yıkdırdı. Mubârek binâları, hattâ Zemzem kuyusu üzerinde, birinci Abdülhamîd hânın "rahimehullahü teâlâ" yapdırmış olduğu san'at eseri binâyı yıkdılar. Resûlullahın dünyâya teşrîf etdiği mubârek evi de yıkdılar. Yerine çarşı yapdılar.

Hucre-i se'âdetden sonra ilk yapılan türbeler, Bakî' kabristânında, Resûlullahın mubârek zevcelerinin kabrleri üzerine yapılmış olan kubbedir. Zeyneb bint-i Cahş "radıyallahü anhâ" vâlidemiz pek sıcak günde vefât etmişdi. Hazret-i Ömer, kabr kazılırken, cemâ'ati güneşden korumak için, kabr üzerinde çadır kurdurdu. Çadır, uzun zemân kabr üzerinde kaldı. Bundan sonra, kabrler üzerine çadır, çardak, zemânla, türbeler yapıldı. İslâmiyyetde ilk tabut da, yine Zeyneb vâlidemiz için yapıldı. Hazret-i Ömer "radıyallahü anh", cenâzeye mahremlerinden başkasının gitmesine izn vermemiş, Eshâb-ı kirâm bundan üzülmüşdü. Esmâ bint-i Ümeys, (Habeşde tabut gördüm. Cenâzeyi örtüyor) dedi. Bunun anlatdığı şekilde tabut yapılıp, bütün Eshâb ile birlikde gidilerek defn edildi.

Resûlullah "sallallahü aleyhi ve sellem" efendimiz, her sene Uhud şehîdlerini ziyâret ederdi. (Hurre-i Vâkum) denilen yerde durup, şehîdlere selâm verirdi. Hicretin sekizinci senesinde ziyârete gidince, herbirine ayrı ayrı selâm verdi. **(Bunlar şehîddir. Ziyâret edenleri tanırlar. Selâm verince işitir, cevâb verirler)** buyurdu. Fâtıma-tüz-Zehrâ "radıyallahü anhâ" hazretleri de, hazret-i Hamzanın "radıyallahü teâlâ anh" kabrini her iki günde bir ziyâret eder, yeri unutulmamak için, işâret kordu. Her Cum'a gecesi gidip, uzun nemâz kılar, çok ağlardı.

İmâm-ı Beyhekî "rahime-hullahü teâlâ"[2] bildiriyor ki, Abdullah ibni Ömer "radıyallahü teâlâ anhümâ" buyurdu ki, Cum'a

---

[1] Mahmûd hân 1255 [m. 1839] da vefât etdi.
[2] Beyhekî Ahmed 458 [m. 1066] da Nişâpurda vefât etdi.

günü, güneş doğmadan önce, babam hazret-i Ömer ile, şehîdleri ziyârete gitdik. Babam hepsine selâm verdi. Selâmına cevâb işitdik. Bana, sen mi cevâb verdin dedi. Hayır, şehîdler cevâb verdiler dedim. Beni sağ tarafına geçirip, herbirine ayrı ayrı selâm verdi. Her kabrden, üçer def'a cevâb işitdik. Babam, hemen secdeye kapandı. Allahü teâlâya şükr eyledi. Hazret-i Hamza ile, kızkardeşinin oğlu Abdüllah bin Cahş ve Mus'ab bin Umeyr "radıyallahü anhüm ecma'în" bir kabrdedir. Yetmiş şehîdden, geri kalanları da, ikisi üçü bir kabrdedir. Birkaçı da Bakî' kabristânındadır. [Bu şehîdlerin hepsinin ismleri, (Mir'ât-i Medîne)de yazılıdır.]

16 - İkiyüzelliyedinci sahîfesinde, *(Ebû Dâvüdün rivâyet etdiği hadîsde bana salevât okuyunuz! Her nerede okursanız okuyunuz, bana bildirilir denildi. Demek ki, uzakda yakında okumak arasında ayrılık yokdur. Kabri bayram yeri gibi yapmağa hâcet yokdur)* diyor.

Hucre-i se'âdeti ziyârete ihtiyâc olmadığını göstermek için, Resûlullahın, salât ve selâmdan haber aldığını yazmış, farkında olmıyarak, kendi kendisini yalanlamışdır. Ölü his etmez, duymaz diyordu. Şimdi de, haber aldığını yazıyor.

Dörtyüzonaltıncı sahîfesinde, *(Ölüler kendilerine söylenileni duymazlar. Ölüden düâ, şefâ'at istemek, ona tapınmak olur)* diyor.

Resûlullahın "sallallahü teâlâ aleyhi ve sellem" kendisine okunulan salevâtdan haberdar olduğunu yazması ve yukarıdaki yazısı, birbirlerine uymamakdadır. Bundan başka, Ebû Dâvüddeki hadîs-i şerîflerden birini yazıyor. İkincisini yazmak işine gelmiyor. Hadîs âlimlerinden Abdülhak-ı Dehlevî "rahime-hullahü teâlâ", (Medâric-ün-nübüvve) kitâbının üçyüzyetmişsekizinci sahîfesinde diyor ki, Ebû Dâvüdün Ebû Hüreyreden "radıyallahü teâlâ anhümâ" haber verdiği hadîs-i şerîfde, **(Bir kimse bana selâm verince, Allahü teâlâ, rûhumu bana geri verir. Onun selâmını işitir, cevâb veririm)** buyuruldu. İbni Asâkirin "rahime-hullahü teâlâ" haber verdiği hadîs-i şerîfde, **(Kabrim yanında, bana salevât okununca, o salevâtı işitirim)** buyuruldu.

17 - İkiyüzyetmişbir ve sonraki sahîfelerinde, *(Ümmetimin üzerine sapık imâmlar gelmesinden korkuyorum buyuruldu. Ya'nî, müslimânları sapıtdıran âmirler, âlimler gelecek, kitâba uymıyan fetvâlar vereceklerdir. Bunlardan birçoğu derdleri, dileği olan, mezârıma gelsin, dileğini ona veririm derler. Ben Allaha çok yaklaşdım. İbâdet yapmak, benden afv edildi der. Evliyâ, dilediğine yardım eder. Dilekler, onlardan istenilir. Sıkışanlar, onların dirilerine ve ölülerine sarılınca se'âdete kavuşurlar. Onlar dilediklerini*

yapar. Kerâmet gösterirler. Levhilmahfûzu bilirler. İnsanların gizli düşüncelerini anlarlar. Peygamberlerin ve Evliyânın mezârlarına türbe yapdırırlar. Bunlar, Allahdan başka şeylere tapınmakdır. Hadîsde, münâfıklar hak sözleri söyliyerek aldatırlar denildi. Hadîsde, ümmetimden çokları putlara tapınmadıkça kıyâmet kopmaz denildi. Kabrlere tapınan, Allaha şirk edinenler, buna ne diyecekler? Son senelerde putlara tapınmak fitnesi o kadar artdı ki, kimse görmez oldu. Muhammed bin Abdülvehhâb ortaya çıkıp, bunu önledi. Hükûmetler buna karşı durmak istediler ise de, adı her yere yayıldı. Buna inanan da, inanmıyan da çok oldu. Ebû Tâhir diyor ki, Sü'ûd oğulları, Abdülvehhâb oğlunun tevhîd bayrağını Arabistânın her yerine ulaşdırdı. Şirkin yayılmasını önlemek, şirki yok etmek lâzımdır. Kabrler üzerine yapılan türbeler de böyledir. Her türbe puthâne olmuşdur. Yeryüzünde bunları hiç bırakmamalıdır. Bunların çoğu Lât ve Uzzâ putları gibidir. Müslimânların çoğu müşrik oldu. Ümmetimden otuz deccâl çıkacakdır hadîsi meşhûrdur. Seyyid Muhammed Sıddîk bin Hasen hân[1] (Kitâb-ül-izâga)sında, bu deccâllardan birinin firenk habîsi gulâm Ahmed Kadıyânî olduğunu yazmakdadır. Bu hindli kâfir, önce Mehdî olduğunu söyledi. Sonra, hıristiyan devletin yardımı ile, Peygamber olduğunu bildirdi. Abdüllah ibni Zübeyrin hilâfeti zemânında ortaya çıkan Muhtâr Sekafî de, bu deccâllardan biri idi. Ehl-i beyti sevdiğini, hazret-i Hüseynin kâtillerinden intikam alacağını söyledi. Çok müslimân öldürdü. Sonra, Peygamber olduğunu, kendisine Cebrâîl geldiğini söyledi) diyor.

Kitâbın müellifi, müslimânların üzerine sapık, dinsiz hükûmetlerin ve din adamlarının geleceğini haber veriyor. İslâm âlimleri "rahime-hümullahü teâlâ" bu sapık din adamlarının müslimânları doğru yoldan çıkardıklarını bildirmekdedir. Mezhebsizler islâm memleketlerinde câsûslar ele geçirip, bu satılmış mezhebsiz ajanlar ile müslimânları aldatıyorlar. Bozuk kitâblar basdırarak, Ehl-i sünneti yıkmağa, Ehl-i sünnetin büyük âlimlerine, Velîlerine "rahime-hümullahü teâlâ" leke sürmeğe çalışıyorlar.

İmâm-ı Rabbânî "kaddesallahü teâlâ sirrehül'azîz" ikiyüzellibeşinci mektûbda buyuruyor ki, (Hazret-i Mehdî "rahime-hullahü teâlâ" islâmiyyeti yayacak. Resûlullahın sünnetlerini ortaya çıkaracak. Bid'at işlemeğe ve bid'atleri müslimânlık olarak yaymağa alışmış olan Medînedeki din adamı, Mehdînin sözlerine şaşıp, bu adam bizim dînimizi yok etmek istiyor diyecek. Hazret-i Mehdî,

---

[1] Sıddık Hasen hân vehhâbî 1307 [m. 1891] de Hindistânda öldü.

bu din adamının öldürülmesini emr edecekdir). Bu haberden mezhebsizlerin Medînede zuhûr edeceği ve uzun zemân kalacağı ve hazret-i Mehdî tarafından büsbütün yok edileceği anlaşılmakdadır.

Kitâbın müellifi, burada da, kâfirleri, müşrikleri ve münâfıkları bildiren âyet-i kerîmeleri ve hadîs-i şerîfleri yazıyor. Ehl-i sünnet âlimlerinin "rahime-hümullahü teâlâ" bunlara yapdıkları açıklamaları uzun bildirerek, doğru yolu savunucu görünüyor. Sonra, Ehl-i sünnet olan temiz müslimânlara saldırıyor. Türbelere puthâne, Evliyâya put diyebilmek için, âyet-i kerîmelere ve hadîs-i şerîflere yanlış ma'nâ vermekden sıkılmıyor. Te'vîlli olan âyet-i kerîmelere ve hadîs-i şerîflere yanlış ma'nâ veren kimse, te'vîlini biliyorsa, **(Bid'at sâhibi),** ya'nî sapık olur. Te'vîle lüzûm olmayan açık nasslara yanlış ma'nâ vererek, islâmiyyete saldıran, müslimânlara müşrik diyen ise kâfir olur. Nassları yanlış te'vîl eden, kâfir olmıyor ise de, müslimânlar arasında bölücülük yapıyor. Yalnız kendisi müslimân imiş. Asrlar boyunca gelmiş geçmiş milyonlarca müslimân müşrik imiş. Şimdi yeryüzündeki müslimânların çoğu da ölülere tapınıyorlarmış.

Hadîs-i şerîfde bildirilen câhil, sapık imâmların, kimler olduğu meydândadır. Bin seneden beri gelmiş mü'minlerin doğru yollarından ayrılarak sapıtmışlardır. Müslimânları doğru yoldan sapıtdıran zâlim devlet adamlarının da kimler olduğunu her mü'min bilmekdedir. Bunlar, müslimân ve **(tevhîd ehli)** adı ile müslimânlara zulm eden, Ehl-i sünneti, doğru yoldaki mü'minleri öldüren vehhâbîlerdir. Vehhâbî yazar, Kur'ân-ı kerîmden ve hadîs-i şerîflerden yanlış ma'nâlar çıkararak, Ehl-i sünnet kitâblarına uymıyan fetvâlar veriyor. Müslimânlara müşrik diyor. Hiçbir islâm âlimi "rahime-hümullahü teâlâ", (Dileği olan mezârıma gelsin, istediğini yaparım) dememişdir. Bunu, kitâbın yazarı uydurmakda, müslimânlara iftirâ etmekdedir. İslâm âlimleri "rahime-hümullahü teâlâ", Allaha çok yaklaşdım dememişdir. Allahü teâlânın kendilerine ihsân etdiği kerâmetlerin duyulmasını bile istememişlerdir. En büyük kerâmet, islâm dîninin ahkâmına, ya'nî emr ve yasaklarına uymak, Resûlullahın "sallallahü teâlâ aleyhi ve sellem" izinde bulunmak olduğunu bildirmişlerdir. Abdülkâdir-i Geylânî "rahime-hullahü teâlâ" talebesi ile çölde giderken, hava karardı. Şimşekler, gök gürültüleri arasında, bulutlardan bir ses gelerek, (Kulum Abdülkâdir! Seni çok seviyorum. Bugünden sonra ibâdet yapmağı, senden afv eyledim!) sesi işitildi. O büyük Velî "kaddesallahü teâlâ sirrehül'azîz" hemen, (Kezzebte yâ Kezzâb!) dedi.

(Yalan söyledin! Ey yalancı şeytân! Beni aldatamazsın. Allahın sevgilisi olan Muhammed aleyhisselâmdan, ibâdet afv edilmedi. Ölüm hastalığında bile, birisine dayanarak cemâ'ate geldi. Hiçbir kuldan ibâdet afv olunamaz!) buyurdu. Kitâbın müellifi böyle mubârek Velîlere "rahime-hümullahü teâlâ" iftirâ etmekden hayâ etmiyor. Türbelerdeki Evliyâya tevessül etmek, yalvarmak şirkdir diyor. Hâlbuki, Resûlullah "sallallahü aleyhi ve sellem" efendimiz, **(İşlerinizde şaşırdığınız [bunaldığınız] zemân, kabrde olanlardan yardım isteyiniz!)** buyurdu. Müslimânların, Evliyânın kabrlerini ziyâret etmeleri, onlardan yardım beklemeleri, bu hadîs-i şerîfe uydukları içindir.

İslâm âlimleri "rahime-hümullahü teâlâ", bu hadîs-i şerîfe uyarak Evliyânın "rahime-hümullahü teâlâ", kabrlerini ziyâret etmişler, feyz aldıklarını bildirmişlerdir. İmâm-ı Rabbânî "kaddesallahü teâlâ sirrehül'azîz" ikiyüzdoksanbirinci mektûbunda buyuruyor ki, (Dehli şehrinde, bayram günü, hocam Muhammed Bâkî billâhın mezâr-ı şerîfini ziyârete gitmişdim. Mubârek mezârına teveccüh etdiğim zemân, mukaddes rûhâniyyeti ile iltifât buyurdu. Bu garîbi öyle okşadı ki, Hâce Ubeydüllah-i Ahrârdan "kaddesallahü teâlâ sirrehül'azîz" kendisine gelmiş olan feyzleri ihsân eyledi. Bu nisbete kavuşunca, Tevhîd ma'rifetlerinin hakîkati hâsıl oldu).

Yukarıdaki hadîs-i şerîf, birçok kitâbda yazılıdır. Müslimânlar arasında meşhûr olmuşdur. Osmânlı devletinin şeyh-ul-islâmlarından dokuzuncusu, büyük âlim, müftî-üs-sekaleyn, ya'nî insanlara ve cinne fetvâlar vermiş olan Ahmed Şemseddîn ibni Kemâl efendinin "rahime-hullahü teâlâ"[1] **(Kırk hadîs)** kitâbının türkçe tercemesi, hicretin (1316) senesinde İstanbulda basılmışdır. Bu kitâbında diyor ki:

İzâ tehayyertüm fil-umûr, feste'înû min ehlil-kubûr!

Ya'nî, işlerinizde şaşırdığınız zemân, kabrdekilerden yardım isteyiniz! İnsanın rûhu, bedenine âşıkdır. Ölüp, rûh bedenden ayrılınca bu sevgisi yok olmaz. Rûhun bedene olan bağlılığı ve çekmesi, öldükden sonra yok olmaz. Ölünün kemiğini kırmak ve kabr üzerine basmak, hadîs-i şerîfle, bunun için yasak edilmişdir. Bir kimse, bir Velînin "rahime-hullahü teâlâ" kabrini ziyâret edince, ikisinin rûhu buluşurlar. Çok fâide hâsıl olur. Kabr ziyâretine izn verilmiş olması, bu fâidenin hâsıl olması içindir. Bundan baş-

---

[1] Ahmed ibni Kemâl 940 [m. 1534] de İstanbulda vefât etdi.

ka, gizli fâideleri de yok değildir. [İbni Âbidîn "rahime-hullahü te-âlâ", **(Redd-ül-muhtâr)** kitâbının önsözünde diyor ki, imâm-ı Muhammed Şâfi'î, imâm-ı a'zam Ebû Hanîfeye "rahime-hümullahü teâlâ" karşı çok edebli, saygılı idi. (Ebû Hanîfe ile bereketleniyorum. Kabri yanına gidiyorum. Güç bir süâl karşısında kaldığım zemân, kabri yanında iki rek'at nemâz kılıp, Allahü teâlâya düâ ediyorum. Cevâbı hemen hâtırıma geliyor) buyurmuşdur.] Kabrdekinin rûhu ile ziyâretcinin rûhu, birer ayna gibidir. Işıkları birbirlerine aks eder. Ziyâret eden, kabre bakıp, Allahü teâlânın kazâsına râzı olup, rûhu bunu duyunca, ilmi ve ahlâkı feyzlenir. Bu feyz, kabrdekinin rûhuna aks eder. Meyyitin rûhuna, cenâb-ı Hakdan gelmiş olan ilm ve feyzler de, ziyâret edenin rûhuna aks eder. Şâfi'î âlimlerinden Alâüddîn Alî bin İsmâ'îl Konevî "rahime-hullahü teâlâ,[1] **(El-a'lâm fî-Hayât-il-enbiyâ aleyhimüssalâtü vesselâm)** kitâbında diyor ki, Peygamberlerin "aleyhimüssalevâtü vetteslîmât" ve bütün müslimânların rûhları, kabrlerine ve anıldıkları yerlere inerler. Rûhların, kabrleri ile bağlılıkları vardır. Bunun için, kabr ziyâreti müstehabdır. Kendilerine verilen selâmı işitirler ve cevâb verirler. Hâfız, ya'nî hadîs âlimi Abdülhak Eşbilî "rahime-hullahü teâlâ" **(Akîbet)** kitâbında diyor ki, hadîs-i şerîfde, **(Bir kimse, tanıdığı bir mü'min kardeşinin kabrine gelip, ona selâm verince, meyyit onu tanır ve selâmına cevâb verir)** buyuruldu. Fahreddîn Gazanfer Tebrîzî diyor ki, birşeyi çok düşünür, hiç anlıyamazdım. Hoca Tâceddîn-i Tebrîzînin "rahime-hullahü teâlâ" kabri başında oturup düşündüm. Anladım. Ba'zı âlimler, **(İşlerinizde şaşırdığınız zemân, kabrdekilerden yardım isteyiniz)** hadîs-i şerîfindeki (kabrde olanlar), **(Ölmeden önce ölünüz!)** emrine uyarak, tesavvuf yolunda yükselmiş olan Evliyâdır dediler. Ahmed ibni Kemâl efendinin yazısı temâm oldu. [İbni Âbidîn, 1252 [m. 1836] de Şâmda, Abdülhak Eşbîlî Mâlikî, 582 [m. 1187] de vefât etmişlerdir.]

Bu hadîs-i şerîfin açıklanması, **(El-Besâir li-münkir-it-tevessül-i bi-ehl-il-mekâbir)** kitâbında yazılıdır. Bu kitâb arabî olup, İstanbulda 1395 [m. 1975] de, ofset baskısı yapılmışdır.

(Münâfıklar, hak söyliyerek, müslimânları aldatırlar!) hadîs-i şerîfi de, bu kitâbın müellifini haber veriyor. Kitâba, âyet-i kerîmeleri ve hadîs-i şerîfleri ve Ehl-i sünnet âlimlerinin hak sözlerini doldurup, aralarına sapık inançları serpişdirmiş. Resûlullah "sallallahü aleyhi ve sellem" kabrdekilerden yardım isteyiniz buyuruyor. Bu ise, böyle yapanlara müşrik diyor. Bu hadîs-i şerîfi yasak ediyor. Resûlullahın emrine şirk diyor.

---

[1] Alî Konevî 729 [m. 1328] de vefât etdi.

18 - **(Feth-ul-mecîd)** kitâbının yüzaltmışsekizinci sahîfesinde, *(Evliyâ kerâmet olarak, diri ve ölü iken, istediklerine yardım edermiş. Şaşırdıkları, sıkışdıkları zemân, onlara yalvarıyor, yardım istiyorlar. Kabrlerine gidip, sıkıntılarının giderilmesini istiyorlar. Ölülerin kerâmet yapacaklarını zan ediyorlar. Bunlara Ebdâl, Nükabâ, Evtâd, Nücebâ, yetmişler, kırklar, yediler, dörtler, Kutb, Gavs gibi ismler takıyorlar. Bunların yalan olduğunu ibnül-Cevzî[1] ve ibni Teymiyye bildirmekdedir. Bunlar Kur'ân-ı kerîme karşı gelmekdir. Evliyânın diri ve ölü iken birşey yapacağını Kur'ân red etmekdedir. Herşeyi yapan Allahdır. Başkaları birşey yapamaz. Âyet-i kerîmeler, ölüde his ve hareket olmadığını bildiriyor. Ölü, kendine birşey yapamaz. Başkalarına hiç yapamaz. Allah, rûhların kendi yanında olduğunu bildiriyor. Bu zındıklar ise, rûhlar serbest olup, dilediklerini yaparlar diyorlar. Bunların kerâmet olduğunu söylemeleri de yalandır. Kerâmeti, Allah dilediği velîsine verir. Kendi istekleri ile olmaz. Sıkıntılı zemânlarda, onlardan yardım istemek, dahâ çirkindir. Peygamber, melek ve velî, kimseye iyilik ve kötülük yapamaz. Diri olan kimseden maddî yardım istemek câizdir. Fekat maddî olmıyan, görülmiyen şeyler için, Allahdan başkasına yalvarılmaz. Hastanın, boğulacak olanın, fakîrin, Peygamberlerden, rûhlardan, velîlerden ve başka şeylerden yardım istemeleri şirkdir. Bunlara kerâmet demek, puta tapanların koyduğu bir ismdir. Allahın Evliyâsı böyle olmaz)* diyor. İkiyüzdoksandokuzuncu sahîfesinde:*

(Bir kimse velî olduğunu söylerse, gayb olan şeyleri bilirim derse, bu kimse, şeytânın Evliyâsıdır. Rahmânın Evliyâsı değildir. Kerâmet, Allahü teâlânın müttekî kulunun elinde hâsıl etdiği bir şeydir. Düâsı ile veyâ ibâdeti ile hâsıl olur. Velînin bunda bir kuvveti ve arzûsu te'sîr etmez. Evliyâ, Velî olduklarını söylemez. Allahdan korkarlar. Sahâbe ve Tâbi'în Evliyânın en yüksekleri idi. Bunlar, gaybı biliriz demedi. Allah korkusundan ağlarlardı. Temîm-i Dârî, Cehennem korkusundan uyumazdı. Evliyânın nasıl olduklarını Ra'd sûresi bildirmekdedir. Böyle olan tesavvufculara Evliyâ denir) diyor.

Önce şunu bildirelim ki, bu son yazısında, işin doğrusunu yazmakdadır. Keşki, Evliyâdan yardım istemeğe ve türbelerde düâ etmeğe şirk demeseydi ve kubbeleri yıkmak lâzımdır demeseydi, ne iyi olurdu. Fekat doğru yazıları arasında zehr saçıyor. Müslimânlar arasında bölücülük yapıyor.

---

[1] Abdürrahmân Cevzî hanbelî 597 [m. 1202] de Bağdâdda vefât etdi.

Velî, kerâmet ne demek? Bunun doğrusunu imâm-ı Rabbânî "rahmetullahi aleyh"in (Mektûbât) kitâbının çeşidli mektûblarından alarak aşağıda bildireceğiz:

Kerâmet hakdır. Kerâmet, şirkden kaçıp kurtulmak, ma'rifete kavuşmak, kendini yok bilmekdir. Kerâmet ile istidrâcı birbiri ile karışdırmamalıdır. Kerâmet ve keşf sâhibi olmak istemek, Allahdan başkasını sevmek demekdir. Kerâmet, kurb ve ma'rifet demekdir. Kerâmetin çok olması, tesavvuf yolunda yükselirken pek ileri gitmek ve inerken, inişi az olmakdandır. Kerâmet, yakîni kuvvetlendirmek içindir. Yakîn ihsân olunmuş Velînin kerâmete ihtiyâcı yokdur. Kalbin zikre alışması yanında, kerâmetin hiç kıymeti yokdur. Evliyânın keşfinde hatâ olabilir. Keşfin yeri kalbdir. Sahîh olan keşfler, hayâl değildir. İlhâm ile kalbde hâsıl olur. Hayâl karışmış olan keşflere güvenilmez. Evliyânın keşfi, islâmiyyete uygun olursa, ona güvenilir. Böyle değilse güvenilmez. Evliyânın keşfleri, ilhâmları, başkaları için huccet, sened olamaz. Fekat müctehidin sözü, onun mezhebinde olanlar için huccetdir. Keşf ve kerâmet sâhibi olmak, derecenin yüksek olmasını bildirmez. Keşfler, tecellîler, tesavvuf yolunun yolcularında hâsıl olur. O yolun sonunda olanlar, hayretde ve ibâdetdedirler. Evliyânın önüne, boynu bükük gelmelidir ki, fâide elde edilebilsin. Evliyânın elbisesini edeb ve saygı ile giyince, çok fâide hâsıl olabilir. Allahü teâlâ, Evliyâsını büyük günâh işlemekden korur. Evliyâdan birkaçı, uzak yerlerde görülmüşdür. Bu görünüş, rûhlarının, kendi bedenlerinin şeklinde görünmesidir. Evliyâ, küçük günâhdan korunmuş değildirler. Fekat, hemen gafletden uyandırılıp tevbe eder ve iyi işler yaparak, afv dilerler. Evliyâ, insanları hem islâmiyyetin açık emrlerine, hem de ince, gizli bilgilerine çağırırlar. Evliyânın bir kısmı, sebebler âlemine inmemişdir. Bunların Peygamberlik üstünlüklerinden haberleri yokdur. İnsanlara fâideli olmazlar. Feyz veremezler. Evliyânın çoğunda, vilâyetin üstünlükleri vardır. Kutblar, evtâd ve ebdâl böyledir. Bunların gençleri yetişdirebilmeleri, Alî "radıyallahü teâlâ anh"ın yardımı ile olur.

Velîlerin yükseklikleri arasındaki farklar, Allahü teâlânın bunları sevmesinin derecesine göredir. Evliyâlık, zillere, gölgelere kavuşmak demekdir. Sevgileri ve zevkleri hep zilleredir. Evliyâlık, Peygamberliğin zillidir, gölgesidir. Evliyâlığı abdest gibi, nübüvveti nemâz gibi bilmelidir. Evliyâlık, kötü huylardan kurtulmak demekdir. Evliyânın, kendinin Velî olduğunu bilmesi lâzım değildir. Evliyâlık verilip de, Velî olduğu bildirilmezse, hiç kusûr olmaz. Velî olmak için, dünyâ ve âhıret sevgisini gönülden çıkarmak lâzımdır. Peygamberlik üstünlüklerinde, âhırete düşkün olmak iyidir. İnsanda, rûh âleminden gelmiş olan on latîfe, on kuvvet vardır. Evliyâlık ve Peygamberlik üstünlükleri, bu on latîfede olur. Evliyâlık, fenâ ve bekâ demekdir. Ya'nî, kalbi dünyâya düşkün olmakdan kurtarıp, Allahü teâlâya düşkün olmakdır. Evliyâlık, akl ile ve düşünmekle anlaşılamaz. Evliyâlık, Allahü teâlâya yakınlık demekdir. Mahlûkları düşünmeği gönülden çıkaranlara ihsân edilir. Mahlûkların düşüncesini gönülden çıkarmağa (Fenâ) denir. Evliyâlığın bütün üstünlükleri, islâmiyyete uymakla hâsıl olur. Peygamberliğin üstünlükleri ise, islâmiyyetin görünmiyen, herkesin bilemediği inceliklerine de uyanlara verilir. Peygamberliğin üstünlükleri demek, Peygamberlik demek değildir. Evliyâlık derecelerinin hepsini geçip, sonuna varanların keşfleri ve ilhâm olunan bilgilerin hepsi, Ehl-i sünnet âlimlerinin Nasslardan, ya'nî Kitâb ve sünnetden anlayıp bildirdikleri bilgilere tâm uygun olur. Evliyâlıkda ilerlemenin yarısı yükselmek, yarısı da inmekdir. Çok kimse, yalnız yükselmeği evliyâlık sanmış, inişe de, Peygamberlik üstünlükleri demişlerdir. Hâlbuki, bu iniş de, yükseliş gibi, evliyâlıkdır. Evliyâlıkda cezbe ve sülûk vardır. Bu ikisi, evliyâlığın iki temel direğidir. Peygamberlik üstünlükleri için, bu ikisi lâzım değildir. Evliyâlık derecelerinin sonu, kulluk makâmıdır. Kulluk makâmının üstünde, hiçbir makâm yokdur. Velîler Hakka doğrudurlar. Peygamberlikde, hem Hakka, hem de halka doğru olup, birbirine engel olmaz. Evliyânın nefsleri mutmainne olmuş ise de, bedendeki maddelerin ihtiyâc ve istekleri vardır.

Evliyâlık, beş derecedir. Her biri, beş latîfeden birinin yükselmesidir. Her biri, Ulül'azm Peygamberlerden birinin yoludur. Birinci derecesi Âdem aleyhisselâmın yoludur. Evliyâlığı birinci derecede olan bir Peygamberin evliyâlığı, beşinci derecede olan bir Velînin evliyâlığından dahâ kıymetlidir. Evliyâlığın **(Vilâyet-i hâssa)** denilen en yüksek derecesine kavuşabilmek için, nefsin fânî olması lâzımdır. **(Ölmeden önce ölünüz!)** emri, bu fânîliği göstermekdedir. Evliyâlık, yâ hâssa [hususî] olur veyâ umûmî olur. **(Vilâyet-i hâssa),** Muhammed aleyhisselâmın evliyâlığıdır. Onun ümmetinden, Ona tâm tâbi' olan evliyâ da bu vilâyete kavuşabilir. Bu vilâyet, tâm fenâ ve olgun bekâdır. Burada nefs fânî olmuş, Allahü teâlâdan râzı olmuşdur. Allahü teâlâ da, ondan râzıdır. Evliyâlığın yüksekliği, beş latîfenin derecesine, sırasına göre değildir. En yüksek derecedeki **(Ahfâ)** latîfesinin evliyâlığına kavuşmak, öteki derecelerde bulunan Evliyâdan dahâ yüksek olmağı göstermez. Evliyâlığın üstünlüğü, asla yakınlık ve uzaklıkla ölçülür. Kalb denilen aşağı derecedeki latîfenin evliyâlığına kavuşmuş bir Velî, asla dahâ karîb [yakın] olunca, ahfâ latîfesinde bulunan, fekat o kadar yakın olmıyan Velîden dahâ üstün olur. Muhammed aleyhisselâmın evliyâlığına kavuşan Velî, geri dönmekden korunmuşdur. Ya'nî bulunduğu dereceyi kaybetmez. Öteki Velîler, korunmuş değildirler, tehlükededirler. Evliyâlık, yalnız kalbin ve rûhun fânî olması ile hâsıl olabilir. Fekat, bunların fânî olmaları için, öteki üç latîfenin de fânî olmaları lâzımdır. Evliyânın evliyâlığına **(Vilâyet-i sugrâ)** denir. Peygamberlerin evliyâlığına **(Vilâyet-i kübrâ)** denir. Vilâyet-i sugrânın sonu, enfüsdeki ve âfâkdaki ilerlemenin sonuna kadardır. Vilâyet-i sugrâda, vehmden ve hayâlden kurtuluş yokdur. Vilâyet-i kübrâda vehmden ve hayâlden kurtuluş vardır. Vilâyet-i sugrâ, beş latîfenin, arşın dışındaki asllarını geçdikden sonra başlayıp, bu aslların da aslları olan, Allahü teâlânın sıfatlarının zıllerini, görünüşlerini geçince, biter. Vilâyet-i sugrâ âfâkda ve enfüsde, ya'nî insanın dışındaki ve içindeki mahlûklarda olur. Ya'nî zıllerde, görünüşlerde olur. Bunda sona erenler, **(Tecellî-yi berkî)**ye, ya'nî şimşek gibi çakıp geçen tecellîlere kavuşurlar. Vilâyet-i kübrâ, bu tecellîlerin [görünüşlerin] aslında olur. Allahü teâlâya yakın olan ilerlemedir. Peygamberlerin evliyâlığı böyledir. Burada, tecellîler, dâimîdir. Vilâyet-i sugrâ, **(cezbe)** ile **(sülûk)**dür. Evliyâlık kemâlâtına kavuşmak, sülûk, ya'nî çalışarak ilerlemek, kalbin zikr etmesi ve murâkabe ve râbıta ile olur. Peygamberlik kemâlâtında ilerlemek ise, Kur'ân-ı kerîm okumakla ve nemâz kılmakla olur. Bundan sonra ilerlemek için hiçbir sebebin te'sîri yokdur. Ancak, Allahü teâlânın lutfü ve ihsânı ile olur. Ne kadar ilerlerse ilerlesin, islâmiyyetden dışarı çıkamaz. İslâmiyyete uymakda sarsıntı olursa, bütün vilâyet dereceleri yıkılır. Bundan da yukarı yükselmek, muhabbet ile, sevmek ile olur. Lutf ve ihsân başkadır. Aşk ve muhabbet başkadır. Peygamberlerin evliyâlığı bile Peygamberlik üstünlükleri yanında aşağıdadır. **(Vilâyet-i Muhammediyye),** bütün Peygamberlerin vilâyetlerini kendisinde toplamışdır. Peygamberlerden birinin vilâyetine kavuşmak, bu **(Vilâyet-i hâssa)**nın bir parçasına kavuşmakdır. Velînin inişi çok olunca, üstünlüğü de çok olur. Velînin bâtını, ya'nî kalbi ve rûhu ve öteki latîfeleri zâhirinden, ya'nî duygu organlarından ve aklından ayrılmışdır. Zâhirinin gâfil olması, bâtınına ulaşamaz. Hiçbir Velî, hiçbir Peygamberin "salevâtullahi teâlâ aleyhim ecma'în" derecesine ulaşamaz. Bir Velî, bir bakımdan, bir Peygamberin üstünde olabilir. Fekat, her bakımdan, bu Peygamber, bu Velîden dahâ üstündür. Velî, küçük günâh işliyebilir. Fekat, hemen tevbe eder ve velîlik derecesinden atılmaz. Tesavvuf yolunda aranılan şey, fenânın ve bekânın, tecellîlerin ve zuhûrların, şühûd ve müşâhedenin, söz ve ma'nânın, ilm ve cehlin, ism ve sıfatın, vehm ve aklın ötesindedir.

Mürşid ya'nî Rehber, insanı Allahü teâlânın rızâsına, sevgisine kavuşduran vâsıtadır. Talebe rehberini ne kadar çok severse, Onun kalbinden feyz alması da, o kadar çok olur. Mürşid vesîledir, Resûlullahın mubârek kalbinden çıkıp, mürşidlerinin kalbleri vâsıtası ile, kendi kalbine gelen feyzleri neşr eden bir vâsıtadır. Maksad, Allahü teâlâdır. Mürşid-i kâmil, emme basma tulumba gibidir. Kalb makâmına inmiş olup, kendi mürşidinden aldığı feyzleri, ma'rifetleri, talebesine ulaşdırır. Rehberini inciten veyâ inanmıyan, hidâyete kavuşamaz. [Bunun için vehhâbîler, Allahü teâlânın feyzlerinden, ma'rifetlerinden mahrûmdurlar.] Rehberini incitenden kalbin kırılmazsa, köpek senden dahâ iyidir, buyurmuşlardır. Rehberine inanmakda, güvenmekde sarsıntı olursa, feyz alamaz. Bu sarsıntının ilâcı yokdur. Rehberden feyz almak için teveccüh olmaksızın, yalnız onu sevmek yetişir. Rehber ile bulunanların, îmânları kuvvetlenir. İslâmiyyete uymak isteği hâsıl olur. Rehberin sözleri, hâlleri, hareketleri, ibâdetleri hep islâmiyyete uygundur. Ona uyan, onu dinliyen, Resûlullaha uymuş olur. Böyle olmıyan kimse, rehber olamaz.

[Doğru yolda olmayıp, sözde rehber geçinenler, talebesini doğru yoldan sapdırır. Zararlı olurlar.]

Tesavvuf, Resûlullahın "sallallahü aleyhi ve sellem" izinde bulunmakdır.İnsanların yaratılışlarına göre, ayrı yollar hâsıl olmuşdur. Tesavvuf, ihlâsı artdırmak içindir. Tesavvuf yolunda Rehber lâzımdır. Rehber, oniki imâm ve Abdülkâdir-i Geylânî ve bunlar gibi olanlardır "rahime-hümullahü teâlâ".

Allahü teâlâya kavuşduran yol ikidir: Nübüvvet yolu, Vilâyet yolu. Nübüvvet yolunda rehber lâzım değildir. Bu yol asla kavuşdurur. Vilâyet yolunda rehber lâzımdır. Nübüvvet yolunda, fenâ, bekâ, cezbe ve sülûk gibi şeyler yokdur. Vilâyet yolunda ilerlemek için herşeyi [dünyâyı ve âhıreti] unutmak lâzımdır. Gönlün bunlara bağlı olmaması lâzımdır. Nübüvvet yolunda âhıreti unutmak lâzım değildir. Tesavvuf, îmânı kuvvetlendirmek ve islâmiyyete uymakda kolaylık duymak içindir. Tarîkat ve hakîkat, islâmiyyetin hizmetcileridir. Tarîkat, mahlûkları yok bilmekdir. Hakîkat, Allahü teâlâyı var bilmekdir. Birincisi, herkesden kaçıp, bir yere kapanmak demek değildir. Emr-i ma'rûf, nehy-i münker, cihâd ve sünnetlere uymakdır. **(Mektûbât)**dan terceme burada temâm oldu.

Hiçbir islâm âlimi "rahime-hümullahü teâlâ" benim kerâmetim var, dilediklerinize kavuşdururum dememişdir. Kerâmetlerini örtmeğe çalışmışlardır. İslâm dînini, Kur'ân-ı kerîmin ve hadîs-i şerîflerin bilgilerini yaymağa uğraşmışlardır. Feth-ul mecîd kitâbının müellifi, sapıkların, münâfıkların, zındıkların yanlış, bozuk sözlerini ve câhil müslimânların bilmiyerek yapdıkları yanlış hareketleri yazarak, islâm âlimlerine, tesavvuf büyüklerine saldırmakda, doğru yoldaki müslimânlara iftirâ etmekdedir. Yalanlarına, âyet-i kerîmeleri ve hadîs-i şerîfleri de âlet etmek çabasındadır. Bu ise, sapıklığın en aşağı, en iğrenç ve en kötü bir örneğidir. Hiçbir islâm âlimi, levhil-mahfûzu bilirim dememişdir. Allahü teâlâ, dilediği, sevdiği, seçdiği kuluna, gaybden bilgi verir. Kerâmetler ihsân eder. Fekat bunlar, bu kerâmetleri kimseye söylemez. Kendileri, istemeden hâsıl olur.

Münâfıkların, fâcirlerin, hak sözü de söyliyecekleri hadîs-i şerîfde bildirildi. Bu hadîs-i şerîf, mezhebsizlerin, zındıkların âyet-i kerîmeler ve hadîs-i şerîfler söyliyerek, müslimânları aldatacaklarını haber vermekdedir. Allahü teâlâ, sevdiklerinin düâlarını kabûl edeceğini söz veriyor. Müslimânlar da, Allahü teâlânın bu va'dine güvenerek, islâmiyyete uyan, Resûlullahın "sallallahü teâlâ aleyhi ve sellem" izinde giden, islâm âlimlerinin düâlarının kabûl olacağına inanıyorlar. Bu mubârek insanlara, kendilerine düâ ve şefâ'at etmeleri için yalvarıyorlar.

Fâtiha sûresinde, **(Yalnız Allahdan yardım isteriz)** dememiz emr olundu. Bu âyet-i kerîme gösteriyor ki, Allahü teâlâdan başka hiçbir mahlûk, hiçbirşey yaratamaz. Allahdan başkasından birşey yapmasını istiyen, müşrik olur. Kitâbın müellifi, insanları ölü ve diri olarak ikiye ayırıyor. Ölüden ve uzakda olandan birşey istiyen müşrik olur. Yanında bulunan diriden maddî yardım istemek câizdir diyor. Böylece, Fâtiha sûresine karşı gelmekdedir. Kur'ân-ı kerîmi değişdirmekdedir. Çünki, bu âyet-i kerîme, yanında bulunan diriden de birşey yapması istenilemiyeceğini, Allahdan başka kimsenin birşey yaratamıyacağını bildirmekdedir. Bunun için, böyle söyliyenlerin müşrik olmaları lâzım gelmekdedir.

Hâlbuki, herşeyi yaratan, yapan yalnız Allahü teâlâdır. Fekat Allahü teâlâ, herşeyi bir sebeb ile yaratmakdadır. Böyle olduğunu âyet-i kerîmeler, hadîs-i şerîfler ve günlük olaylar açıkça gösteriyor. Câhiller de, âlimler gibi, böyle olduğunu bilmekdedir. Bunun için, dünyâ hayâtına **(Âlem-i esbâb)** denilmişdir. Birşeye kavuşmak için, o şeyin yaratılmasına sebeb olan işi yapmak lâzımdır. Birşeyin sebebine yapışmak, Fâtiha sûresine karşı gelmek olmaz. Hadîs-i şerîflerde, **(Herşeye kavuşmak için yol vardır. Cennetin yolu ilmdir)** ve **(Mağfirete kavuşmanın sebebi, müslimânı sevindirmekdir)** ve **(Mağfirete kavuşduran sebeblerden biri, aç olan** müslimânı doyurmakdır) ve (Biz müşrikden yardım istemeyiz) ve (İlm öğretmek, büyük günâhların afvına sebebdir) ve (Her hastalığın ilâcı vardır) ve (Hâfızasını kuvvetlendirmek istiyen, bal yisin!) ve (Şerâb içmek kötülüklere sebebdir) buyuruluyor. Hadîs-i şerîfler, Allahü teâlânın, herşeyi sebebler ile yaratdığını göstermekdedir. Allahü teâlâ, Kehf sûresinde, (Zülkarneyne herşeyin sebebini öğretdim) buyurdu.

Mukaddemede bildirdiğimiz gibi, cânlı, cânsız, yakın, uzak, herşey, bir olaya, bir reaksiyona sebebdirler. Cansızların ve hayvanların bir kimseye fâideli sebeb olmaları için, o kimsenin bunları akla uygun olarak kullanması lâzımdır. İnsanın birşeye sebeb olması için, önce sebeb olmağı kabûl etmesi, sonra bir iş yapması veyâ düâ etmesi lâzımdır. İnsanın birşeye sebeb olmağı kabûl etmesi de, buna lüzûm olduğunu kendiliğinden anlaması ile veyâ kendisinden taleb edilmesi ile olur. Kitâbın yazarı, cânsızların ve hayvanların, Allahü teâlânın yaratmasına sebeb olacaklarına, Ehl-i sünnet olan müslimânlar gibi inanıyor. Bu sebeblere yapışmağa şirk demiyor. Bu sebeblerden beklenen şeyleri Allahü teâlânın yaratacağına inanıyor. Diri ve yanında bulunan insanın yardım talebini işitdiği zemân, bunun düâ ile yardım edeceğine de inanıyor. Uzakda olanın ve ölülerin ise, hem işitmelerine, hem de düâ ile yardım edeceklerine inanmıyor.

Görülüyor ki, vehhâbî yazar, Ehl-i sünnet gibi, sebeblerin yaratıcı olmadıklarına inanmakdadır. Böylece müşrik olmakdan kurtulmakdadır. Fekat uzakda bulunanın ve ölünün duyduklarına ve ölünün düâ edeceğine ve düâlarının kabûl olacağına inanmadığı için, Ehl-i sünnetden ayrılıyor. Ehl-i sünnete, bunlara inandıkları için müşrik diyor. Uzakda olanların ve ölülerin işitdiklerini ve sâlihlerin düâlarının kabûl olacağını yirmidördüncü maddede isbât etdik. Hadîs-i şerîflerde, (Din kardeşine arkasından yapılan düâ red olmaz) ve (Mazlûmun düâsı kabûl olur) ve (Ümmetimin günâh işlemiyen gençlerinin düâları kabûl olur) ve (Babanın oğluna düâsı, Peygamberin ümmetine düâsı gibidir) ve (Düâ belâyı def' eder) buyuruldu. Yukarıdaki hadîs-i şerîflerin hepsi, (Künûz-üddekâık) kitâbından alındı.

(Tenbîh-ül-gâfilîn) kitâbındaki hadîs-i şerîflerde, (Bir müslimân düâ edince, elbet kabûl olur) ve (Bir lokma harâm yiyenin kırk gün düâsı kabûl olmaz) buyuruldu. (Bostan)daki hadîs-i şerîfde, (Bismillâhillezî lâ yedurru me'asmihî şey'ün fil erdı ve lâ fissemâi ve huves-semî'ul alîm düâsını sabâh, üç kerre okuyan kimse, akşama kadar, akşam okuyan da, sabâha kadar belâdan kurtulur) buyuruldu. Bu hadîs-i şerîfler, Sâlihlerin, Velîlerin düâlarının kabûl olacağını göstermekdedir. Kitâbın müellifi, başdan başa her yerinde, buna saldırıyor. Allahü teâlânın sevdiklerine yalvarmağa şirk diyor. Allahü teâlânın sevdiklerine yalvarmak, bunların sebeb olmalarını istemek, Allahü teâlânın düşmanı olan putlara yalvarmağa, putların yaratmalarını istemeğe benzetilebilir mi? Hak ile bâtıl birbirlerine karışdırılır mı? Allahü teâlâ, vehhâbîlere ve bütün mezhebsizlere akl versin, insâf versin, doğru yola getirsin! Müslimânları bu felâketden kurtarsın!

Bu felâketi ortaya çıkaran kimse, islâm dîninde büyük bir yara açdı. Şimdi, câhiller, islâm memleketlerine zehr saçıyorlar. Müslimânların, bunlara aldanmamaları için, islâmiyyeti, Ehl-i sünnet âlimlerinin "rahime-hümullahü teâlâ" kitâblarından doğru olarak öğrenmeleri lâzımdır. İslâmiyyeti doğru olarak öğrenenler, vehhâbîlerin yalanlarına, yaldızlı yazılarına aldanmazlar. Onların sapık, bölücü olduklarını, müslimânları bölmeğe çalışdıklarını anlarlar. Vehhâbîliğin kurucusu, Muhammed bin Abdülvehhâb, genç yaşında iken, Basrada, Hempher isminde bir ingiliz câsûsunun tuzağına düşdü. İslâmın doğru îmânından, temiz ahlâkından ayrıldı. İngilizlerin (İslâmiyyeti yok etmek) çalışmalarına âlet oldu. Câsûsun yazdırdığı bozuk şeyleri, (Vehhâbîlik) ismi ile neşr eyledi. (İngiliz Câsûsunun İ'tirâfları) kitâbımızda, vehhâbîliğin kuruluşu uzun anlatılmakdadır. Mehdî "rahime-hullahü teâlâ" (Deccâl)ı öldürdükden sonra, Mekkeye, Medîneye giderek, binlerle vehhâbî din adamını kılınçdan geçireceği hadîs-i şerîfde açıkça bildirilmekdedir. İmâm-ı Rabbânî "rahime-hullahü teâlâ", bu hadîs-i şerîfi (Mektûbât)da uzun açıklamakdadır. Vehhâbîler, Ehl-i sünnete, doğru yoldaki müslimânlara saldıracakları yerde, kâfirlere ve sapık fırkalara saldırsalardı, islâmiyyete hizmet etmiş olurlardı. Ne yazık ki, islâmiyyeti yıkanlara, islâmiyyete hizmet etmek nasîb olmuyor.

Büyük islâm âlimi imâm-ı Kastalânînin "rahime-hullahü teâlâ"[1] (Mevâhib-i ledünniyye) kitâbının tercemesi, beşyüzonbirinci sahîfesinde diyor ki: Allahü teâlânın bu ümmete ikrâm etdiği kerâmetlerden birisi, bu ümmet arasında Kutblar, Evtâd ve Nücebâ ve Ebdâl "rahime-hümullahü teâlâ" vardır. Enes bin Mâlik "radıyallahü anh" buyurdu ki, (Ebdâl) kırk kişidir. İmâm-ı Taberânînin "rahime-hullahü teâlâ" (Evsat) kitâbında bildirdiği hadîs-i şerîfde buyuruyor ki, (Yeryüzünde, her zemân kırk kişi bulunur. Herbiri, İbrâhîm aleyhisselâm gibi bereketlidir. Bunların bereketi

---

[1] Ahmed Kastalânî 923 [m. 1517] de Mısrda vefât etdi.

ile yağmur yağar. Bunlardan biri ölünce, Allahü teâlâ, onun yerine başkasını getirir). İbni Adî "rahime-hullahü teâlâ" buyuruyor ki, (Ebdâl, kırk kişidir). İmâm-ı Ahmedin "rahime-hullahü teâlâ" bildirdiği hadîs-i şerîfde buyuruldu ki, (Bu ümmetde, her zemân otuz kimse bulunur. Herbiri, İbrâhîm aleyhisselâm gibi bereketlidir). Ebû Nu'aymın "rahime-hullahü teâlâ" (Hilye) kitâbında bildirdiği hadîs-i şerîfde, (Ümmetim içinde, her yüz senede iyiler bulunur. Bunlar beşyüz kişidir. Kırkı ebdâldir. Bunlar, her memleketde bulunurlar) buyuruldu. Bunları bildiren, dahâ nice hadîs-i şerîfler vardır. Yine (Hilye) kitâbında, Ebû Nu'aymın merfû' olarak bildirdiği hadîs-i şerîfde, (Ümmetim arasında her zemân kırk kişi bulunur. Bunların kalbleri, İbrâhîm aleyhisselâmın kalbi gibidir. Allahü teâlâ, onların sebebi ile, kullarından belâları giderir. Bunlara ebdâl denir. Bunlar, bu dereceye nemâz ile, oruc ile ve zekât ile yetişmediler) buyuruldu. İbni Mes'ûd "radıyallahü teâlâ anh" sordu ki, yâ Resûlallah! Ne ile bu dereceye vardılar? (Cömerdlikle ve müslimânlara nasîhat etmekle yetişdiler) buyurdu. Bir hadîs-i şerîfde, (Ümmetim içinde ebdâl olanlar hiçbirşeye la'net etmezler) buyuruldu. Hatîb-i Bağdâdî "rahime-hullahü teâlâ"[1] (Târîh-i Bağdâd) kitâbında, (Nükabâ) üç yüz kişidir. (Nücebâ) yetmiş kişidir. (Büdelâ) kırk kişidir. (Ahyâr) yedi kişidir. (Amed) dörtdür. (Gavs) birdir. İnsanlara birşey lâzım olsa, önce Nükabâ düâ eder. Kabûl olmazsa, Nücebâ düâ eder. Yine kabûl olmazsa, Ebdâl, dahâ sonra Ahyâr, sonra Amed düâ ederler. Kabûl olmazsa Gavs düâ eder. Bunun düâsı elbet kabûl olur, dedi.

Görülüyor ki vehhâbî yazar, hadîs-i şerîflerde bildirilen tesavvuf bilgilerini inkâr ediyor. Sonra, biz âyetlere, hadîslere uyuyoruz diyerek, müslimânları aldatıyor.

Kerâmetleri inkâr etmek, islâmiyyetden haberi olmamağı ve çok câhil olmağı açıkça göstermekdedir. Eshâb-ı kirâm "radıyallahü teâlâ anhüm ecma'în" hiç kerâmet göstermedi demek de, alçakça ve çok çirkin bir yalandır. Eshâb-ı kirâmdan herbirinin yüzlerce kerâmetlerini kıymetli kitâblar yazmakdadır. Yûsüf-i Nebhânînin "rahmetullahi aleyh" (Câmi'-ul-kerâmât) kitâbında ellidört Sahâbînin kerâmetleri, vesîkaları ile birlikde arabî yazılıdır. Bunlardan birkaçını bildirelim:

(Câmi'ul-kerâmât)ın doksanüçüncü ve (Kısas-ı enbiyâ) kitâbının beşyüzseksendokuzuncu sahîfelerinde diyor ki, hicretin yirmi-

_____

[1] Ahmed Hatîb Bağdâdî 463 [m. 1071] de vefât etdi.

üçüncü senesinde, Sâriye adındaki kumandan Nehâvendde bir ovada savaşa tutuşmuşdu. Îrânlılar, müslimânları sarmak üzere idi. O zemân, hazret-i Ömer "radıyallahü teâlâ anhümâ", Medîne-i münevverede, minber üzerinde hutbe okuyordu. Allahü teâlâ, ona, o ânda ordunun durumunu gösterdi. Hutbe arasında (Ey Sâriye dağa, dağa!) dedi. Halîfenin sesini, Sâriye işitdi. Dağa arka verdiler. Ovaya hücûm ederek düşmanı bozguna uğratdılar. Bu kerâmet, (Şevâhid-ün-nübüvve) kitâbında uzun anlatılmakdadır. (İrşâd-üt-tâlibîn) kitâbında da vardır. Beyhekînin ibni Ömerden "rahmetullahi aleyhimâ" haber verdiği burada yazılıdır.

Muhammed Ma'sûm Fârûkî "rahmetullahi aleyh", (Mektûbât) kitâbının üçüncü cildi ondokuzuncu mektûbunda buyuruyor ki, Osmân "radıyallahü anh" halîfe iken, Enes bin Mâlik "radıyallahü teâlâ anh" yanına geldi. Yolda bir kadın görmüşdü. Hazret-i Osmân, buna bakınca, (gözlerinde zinâ eseri anlaşılıyor) buyurdu. Bu da, hazret-i Osmânın kerâmetlerinden biri idi. (Câmi'-ul-kerâmât)da da yazılıdır.

Molla Câmî, (Şevâhid-ün-nübüvve)de buyuruyor ki, imâm-ı Ahmed bin Hanbelden "rahime-hullahü teâlâ" sordular. Eshâb-ı kirâm "radıyallahü teâlâ anhüm ecma'în" çok kerâmet göstermedi. Onlardan sonra gelenlerde çok kerâmet göründü. Bunun sebebi nedir? Cevâbında buyurdu ki, Eshâb-ı kirâmın îmânları çok kuvvetli olduğundan, îmânı kuvvetlendirmek için, bunlara kerâmet verilmesine lüzûm yokdu. Sonra gelenlerin îmânları öyle kuvvetli olmadığından, bunlara verildi.

(Şevâhid-ün-nübüvve)de diyor ki, Ebû Bekr "radıyallahü anh" vefât edeceği zemân, çocuklarını hazret-i Âişeye "radıyallahü teâlâ anhâ" ısmarladı. Bir oğlum ile iki kızım sana emânet dedi. Hâlbuki, hazret-i Âişeden başka, yalnız Esmâ adında bir kızı vardı. Benim bir kızkardeşim var diye sorunca, refîkam hâmiledir. Kızı olacak sanırım buyurdu. Hazret-i Ebû Bekr vefât etdikden sonra, dediği gibi, bir kızı oldu.

(Şevâhid-ün-nübüvve)de diyor ki, Alî vefât edeceği zemân Hüseyne "radıyallahü teâlâ anhümâ" buyurdu ki, benim tabutumu (Arneyn) denilen yere götürünüz. Orada, beyâz bir kaya görürsünüz. Her yere ışık saçmakdadır. Orayı kazıp, beni defn ediniz. Öyle yapdılar. Dediği gibi buldular.

(Şevâhid-ün-nübüvve)de diyor ki, hazret-i Hasen, Abdüllah bin Zübeyr "radıyallahü teâlâ anhümâ"[1] ile yola çıkmışdı. Bir

---

[1] Abdüllah bin Zübeyr 73 [m. 692] de şehîd edildi.

hurmalıkda dinlendiler. Ağaçlar kurumuşdu. Abdüllah bin Zübeyr, ağaçda hurma olsaydı, iyi olurdu dedi. Hazret-i Hasen, düâ etdi. Bir ağaç hemen yeşerip hurma ile doldu. Bu bir sihrdir denildi. Hasen, hayır, Resûlullahın torununun düâsı ile cenâb-ı Hak yaratmışdır, buyurdu.

Yine **(Şevâhid-ün-nübüvve)**de diyor ki, Alî Zeynel'âbidîn bin Hüseyn "radıyallahü teâlâ anhümâ" çoluk çocuğu ile kırda yemek yiyorlardı. Bir ceylân yakınlarında durdu. Ey âhû! Ben Zeynel'âbidîn Alî bin Hüseyn bin Alî, anam Fâtıma bint-i Resûldür. Gel, sen de yi dedi. Ceylân gelip yidi ve gitdi. Sofradaki çocuklar, yine çağır diyerek yalvardılar. Birşey yapmazsanız çağırırım buyurdu. Yapmayız dediler. Yine çağırdı. Geldi, yidi. Bir çocuk elini hayvanın sırtına sürdü. Ürküp kaçdı.

Muhammed bin Hanefiyye, Alî bin Hüseyne "radıyallahü teâlâ anhüm ecma'în" ben senin amcan ve yaşça büyüküm. Halîfeliği bana bırak dedi. **(Hacer-ül-esved)**den soralım dedi. Muhammed sordu. Taşdan ses çıkmadı. Alî bin Hüseyn, ellerini kaldırıp düâ etdi. Sonra, ey taş! Halîfelik kimin hakkı olduğunu Allah hakkı için söyle dedi. Hacer-ül esved taşı titredi ve hilâfet Alî bin Hüseynin hakkıdır sesi işitildi.

İmâm-ı Alî Rızâ "rahmetullahi aleyh", bir dıvar yanında oturuyordu. Önüne bir kuş gelip ötmeğe başladı. İmâm hazretleri, yanında oturana bu kuş ne diyor anlıyor musun dedi. Hayır, Allah ve Resûlü ve Resûlünün torunu bilir dedi. Yuvama yılan yaklaşdı. Gelip yavrularımı yiyecek. Bizi bu düşmandan kurtar diyor. Kuş ile git! Yılanı bul, öldür buyurdu. Gitdi, buyurduğu gibi buldu. [İmâm-ı Alî Rızâ "rahmetullahi aleyh" oniki İmâmın sekizincisi olup, 203 [m. 818] senesinde Tus ya'nî Meşhed şehrinde vefât etmişdir.]

Abdüllah ibni Ömer "radıyallahü anhümâ" yolculuk yapıyordu. Yolda, bir topluluk gördü. Sebebini sordu. Yolda bir arslan varmış. Kimse ileriye gidemiyor dediler. Gitdi. Arslanın yanına vardı. Sırtını okşayıp, yoldan uzaklaşdırdı.

Resûlullahın "sallallahü teâlâ aleyhi ve sellem" âzâd etmiş olduğu kölelerinden Sefîne "radıyallahü anh" diyor ki, deniz yolcusu idim. Fırtına çıkdı. Gemi batdı. Bir tahta üstünde kaldım. Dalgalar, beni sâhile götürdü. Bir orman içine düşdüm. Karşıma bir arslan çıkdı. Ey arslan! Ben, Resûlullahın Sahâbîsiyim dedim. Boynunu büktü. Bana sürtündü. Yol gösterdi. Ayrılırken mırıldandı. Vedâ' etdiğini anladım.

Eyyûb-i Sahtiyânî "rahime-hullahü teâlâ",[1] bir arkadaşı ile çölde kalmışdı. Arkadaşının susuzlukdan dili sarkıyordu. Derdin mi var dedi. Susuzlukdan ölmek üzereyim dedi. Kimseye söylemezsen sana su bulayım dedi. Söylemem diye yemîn etdi. Ayağını yere vurunca, su belirdi, içdiler. Eyyûb ölünciye kadar arkadaşı bunu kimseye söylemedi.

Görülüyor ki, Allahü teâlâ, sevdiği kullarına kerâmetler ihsân etmekdedir. Velîler, kerâmetlerini saklarlar. Kimsenin duymasını istemezler.

Hamîd-i Tavîl diyor ki, Sâbit Benânîyi "rahime-hümallahü teâlâ" kabre koyup örterken bir tuğla düşdü. Sâbit Benânînin kabrde nemâz kıldığını gördük. Kızına sorduk. Babam elli sene hep gece nemâz kılar ve seher vaktleri düâ ederek, yâ Rabbî! Peygamberlerden başka kullarına kabrde nemâz kılmak nasîb etdin ise, bana da nasîb et derdi, dedi.

Habîb-i Acemîyi "rahime-hullahü teâlâ" Terviye günü Basrada, ertesi arefe günü Arafâtda görürlerdi. [Habîb-i Acemî, Hasen-i Basrînin talebesidir. 120 [m. 737] de vefât etdi.]

Fudayl bin İyâd "rahime-hullahü teâlâ"[2] diyor ki, gözleri kör biri, Abdüllah bin Mubârek "rahime-hullahü teâlâ" hazretlerine gelip, gözlerinin açılması için düâ etmesini istedi. Abdüllah, uzun düâ etdi. Gözleri hemen açıldı. Gözleri açılmış görenler çok idi. [Abdüllah bin Mubârek, İmâm-ı a'zamın "rahmetullahi aleyhimâ" talebesidir. 181 [m. 797] de vefât etdi.]

(Şevâhid-ün-nübüvve) kitâbından aldığımız yukarıda yazılı, Eshâb-ı kirâmın ve Tâbi'înin "radıyallahü teâlâ anhüm ecma'în" kerâmetleri mezhebsizlerin yalan söylediklerini ortaya koymakdadır. Eshâb ve Tâbi'în hiç kerâmet göstermediler diyerek, müslimânları aldatmak istiyorlar. [(Şevâhid-ün-nübüvve) kitâbını Nûrüddîn Câmî "rahmetullahi aleyh" yazmış, 898 [m. 1492] de, Hirâtda vefât etmişdir. 1417 [m. 1996] de, İstanbulda ofset baskısı yapılmışdır.]

Ehî-zâde Abdülhalîm 1013 [m. 1604] de vefât etmişdir. (Riyâdüssâdât fî-isbât-il-kerâmât) kitâbında, Evliyânın vefâtdan sonra da kerâmetleri olduğunu isbât etmekdedir.

19 - Kitâbın üçyüzüncü sahîfesinde, *(Kerâmet, Allahü teâlânın müttekî olan mü'minlere ihsân etdiği bir şeydir. Düâ veyâ ibâdet edince ihsân eder. Velînin dileği ve gücü ile olmaz. Ben Velîyim, gaybleri bilirim diye ortaya çıkanlar, Velî değildir, şeytândırlar)* diyor.

---

[1] Eyyûb-i Sahtiyânî 131 [m. 748] de Basrada vefât etdi.
[2] Fudayl 187 [m. 803] de Mekkede vefât etdi.

Kitâbın müellifi, burada doğruyu inkâr edememekdedir. Fekat, Evliyânın kerâmet satdığını söylemesi yalandır. Evliyâyı ve tesavvufu inkâr etmek için, yalan söylemekden çekinmemekdedir. Evliyâlığı ve kerâmeti bilmediği için, zındıkların, dinsizlerin bozuk, iğrenç sözlerini tesavvuf büyüklerine bulaşdırıyor. Bakınız, tesavvuf büyükleri, evliyâlığı ve kerâmeti, nasıl açıklamışlardır. Büyük islâm âlimi, Evliyânın önderi, Muhammed Ma'sûm "rahime-hullahü teâlâ" **(Mektûbât)** kitâbının birinci cildi, ellinci mektûbunda buyuruyor ki:

Allahü teâlâyı tanımak, keşf ve kerâmet sâhibi olmakdan dahâ kıymetlidir. Çünki, Allahü teâlâya ârif olmak, Onun zâtındaki ve sıfatlarındaki gizli bilgileri anlamak demekdir. Hârika ve kerâmet ise, mahlûkların gizli bilgilerini anlamakdır. Allahü teâlâyı tanıyıp ma'rifet hâsıl etmek ile, hârika, kerâmet arasındaki fark, Hâlık ile mahlûk arasındaki fark gibidir. Ma'rifet, Allahü teâlâyı tanımakdır. Hârika ve kerâmet ise, mahlûkları tanımakdır. Doğru olan marifetler, îmânı artdırır, olgunlaşdırır. Hârika ve kerâmet, böyle değildir. İnsanın yükselmesi, kerâmete bağlı değildir. Şu kadar var ki, Allahü teâlânın çok sevdiği kullarından birçoğunda kerâmet hâsıl olmuşdur. Evliyânın birbirlerinden üstünlükleri, Allahü teâlâya olan ma'nevî kurbları, ma'rifetleri ile ölçülür. Kerâmetleri ile ölçülmez. Hârikalar, kerâmetler, ma'rifetden dahâ kıymetli olsalardı, Cûkıyye ve Berehmen denilen Hind kâfirlerinin, Evliyâdan dahâ üstün olmaları lâzım gelirdi. Çünki onlar, riyâzet çekerek nefsin isteklerini yapmıyorlar. Böylece, kendilerinden hârika hâsıl oluyor. Evliyâda ise, kurb, ma'rifet hâsıl olmuşdur. Hârika hâsıl olmasını istemezler. Allahü teâlâyı tanımak varken, mahlûkları tanımak istemezler. Hârika ve kerâmet, açlıkla ve riyâzet ile, her alçak kimsede hâsıl olabilir. Bunun Allahü teâlâya karîb olmakla, tanımakla bir ilgisi yokdur. Keşf ve kerâmet istemek, mahlûklarla uğraşmak demekdir. Şi'r:

Uğursuz, la'în şeytândan,
hârikalar görünür her ân.
Girer kapıdan, hem bacadan,
beden, kalb, olur ona vatan.

Tesavvuf sözlerini anma!
Nûrdan, kerâmetden dem vurma!
Kerâmet, Hakka kul olmakdır,
gerisi, riyâ, ahmaklıkdır!

İnsanın kemâli, yüksekliği, fenâya kavuşmak, her şeyi gönülden çıkarmakdır. İbâdetleri yapmak, tesavvuf yolunda yürümek ve nefse riyâzet çekdirmek, insanın kendi hiçliğini anlaması ve varlığın ve varlık sıfatlarının yalnız Allahü teâlâya mahsûs olduğunu anlaması içindir. Bir kimse, kerâmet göstererek, herkesi yanına toplamak, böylece başkalarından dahâ üstün tanınmak isterse, kibr yapmış, kendini beğenmiş olur. İbâdetlerin, seyr ve sülûkün ve riyâzet çekmenin fâidelerinden mahrûm olur. Allahü teâlânın ma'rifetine kavuşamaz. Tesavvuf büyüklerinden Şihâbüddîn-i Sühreverdî "rahime-hullahü teâlâ" **(Avârif-ül-me'ârif)** kitâbında buyuruyor ki, kerâmetler, kalbin Allahü teâlâyı zikr etmesi yanında hiç kalır. [Şihâbüddîn Sühreverdî, Abdülkâdir Geylânînin "rahime-hullahü teâlâ" talebesidir. 632 [m. 1234] de Bağdâdda vefât etdi.] Şeyh-ul-islâm Abdüllah-i Hirevî "rahime-hullahü teâlâ" buyuruyor ki, ma'rifet sâhibi olanların firâseti, ya'nî kerâmeti, Allahü teâlânın ma'rifetine kavuşmağa elverişli olup olmıyan kalbleri birbirlerinden ayırabilmekdir. Açlık ve riyâzet çekenlerin firâseti ise, mahlûkların gizli şeylerini haber vermekdir. Bunlar, Allahü teâlânın ma'rifetine kavuşamazlar. Ma'rifet sâhibi olan Evliyâ "rahime-hümullahü teâlâ" hep Allahü teâlâdan sözederler. İnsanlar, mahlûkların gizli şeylerini haber verenleri Velî sanırlar.

[Nitekim, kitâbın müellifi de, Evliyâ deyince, böyle kimseleri düşünmekde, bu aşağı kimseleri örnek vererek, islâm âlimlerini, tesavvuf büyüklerini kötülemekdedir.]

Evliyâ-yı kirâmın "rahime-hümullahü teâlâ" Allahü teâlânın ma'rifetlerinden söylediklerine inanmazlar. Bunlar Velî olsalardı, mahlûkların gizli şeylerini bilirlerdi. Mahlûkların gizli şeylerini bilemiyen, Allahı hiç bilemez derler. Bu bozuk düşünce ile, Evliyâya "rahime-hümullahü teâlâ" inanmazlar. Allahü teâlâ, Evliyâsını çok sevdiği için, bunları mahlûklarla uğraşmağa bırakmaz. Mahlûkları bunların hâtırlarına bile getirmez. Allah adamları, mahlûklara düşkün olanları beğenmedikleri gibi, mahlûklara düşkün olanlar da, Allah adamlarını tanıyamaz ve beğenmezler. Allah adamları, mahlûkların gizli şeylerini düşünürlerse, başkalarından dahâ iyi anlar.

Riyâzet çekenlerin ve mücâhede yapanların firâsetleri kıymetsiz olduğu için, müslimânlarda, yehûdîlerde, hıristiyanlarda ve her çeşid insanda hâsıl olabilir. Yalnız Allah adamları için değildir. Şeyh-ul islâm Hirevînin sözü burada temâm oldu. [Abdüllah-i Ensârî, 481 [m. 1088] de Hirâtda vefât etdi.]

Allahü teâlâ, fâideli olacağı zemân, Evliyâsının hârika göstermesini diler. Ma'rifetleri işiten kötü kimselerin, bunları söyliyerek, kendilerini Evliyâ imiş gibi göstermeleri, bu ma'rifetleri lekeliyemez. Cevher çöplüğe düşerse, kıymetden düşmez.

Tesavvuf yolunda Rehber lâzımdır. Feyz Rehber vâsıtası ile gelir. Rehber doğru değilse, yol bulunamaz. Eshâb-ı kirâm "radıyallahü teâlâ anhüm ecma'în" Resûlullahın "sallallahü aleyhi ve sellem" sohbeti bereketi ile, tesavvufun yüksek derecelerine vardılar. Ellinci mektûbdan terceme temâm oldu.

Ellibirinci mektûbda buyuruyor ki, **(Zâriyât)** sûresinin ellialtıncı âyetinde meâlen, **(Cinni ve insanları bana ibâdet etmeleri için yaratdım)** buyuruldu. Tesavvuf büyüklerinden birkaçı, bu âyet-i kerîmeden (Beni tanımaları için yaratdım) anlamışlardır. İyi düşünülürse, iki anlayış da birdir. Çünki, ibâdetlerin en iyisi, zikr yapmakdır. Zikrin en yüksek derecesi, zikr olunanı düşünmekden, kendini unutmakdır. Bu ise, ma'rifet demekdir. Görülüyor ki, ibâdetin en yüksek derecesinde ma'rifet hâsıl olmakdadır. Âyet-i kerîmede, nefs ve şeytân karışmadan, ihlâs ile ibâdet yapılması emr olunmakdadır. Bu da, fenâya kavuşmadan ve ma'rifetsiz yapılamaz. Görülüyor ki, ma'rifetsiz ibâdet hâlis olamaz.

İmâm-ı rabbânî müceddid-i elf-i sânî Ahmed Fârûkî Serhendî "rahime-hullahü teâlâ" **(Mektûbât)**ın ikinci cildinin doksanikinci mektûbunda buyuruyor ki: Velînin [ya'nî, Allahü teâlânın râzı olduğu, sevdiği kimsenin] kerâmet göstermesi şart değildir. Âlimlerin hârika ve kerâmet göstermeleri lâzım olmadığı gibi, Evliyânın "rahime-hümullahü teâlâ" da, kerâmet ve hârika göstermeleri lâzım değildir. Çünki, evliyâlık, **(Kurb-i ilâhî)** demekdir. [Ya'nî, Allahü teâlâya yaklaşmak, Ona ârif olmak, Onu tanımak demekdir. İkiyüzaltmışaltıncı mektûbda diyor ki, **(Zâriyât)** sûresinde, **(Cinni ve insanları, bana ibâdet etmeleri için yaratdım)** meâlindeki âyet-i kerîme, bana ârif olmaları için yaratdım demekdir. Görülüyor ki, insanın ve cinnin yaratılmaları, Allahü teâlânın kemâlâtına ma'rifet hâsıl etmeleri içindir. Onu tanımakla kemâl bulmaları içindir.]

Bir insana kurb-ı ilâhî ihsân olunur. Fekat hiç kerâmet verilmez. Meselâ, gayb olan şeyleri bilmez. Bir başkasına, hem kurb, hem de kerâmet verilir. Bir üçüncüye ise, kurb verilmeyip, yalnız hârika şeyler, gayblardan haber vermek bildirilir. Bu üçüncü kimse, Velî değildir. İstidrâc sâhibidir. Nefsinin cilâlanması, gaybleri bilmesine sebeb olmuş, dalâlete düşmüş, hak yoldan ayrılmışdır. Birinci ve ikinci kimseler, kurb ni'metine kavuşmakla şereflenerek, Evliyâ olmuşlardır. Evliyânın birbirlerinden yükseklikleri, kurblarının derecesi ile ölçülür.

Muhammed Ma'sûm-ı Fârûkî "rahime-hullahü teâlâ" 1079 [m. 1668] senesinde, Hindistânın Serhend şehrinde vefât etdi. **(Mektûbât)**ının ikinci cildinin yüzkırkıncı mektûbunda buyuruyor ki: (Hadîs-i kudsîde, **(Evliyâmdan birine düşmanlık eden, benimle harb etmiş olur. Kulumu bana yaklaşdıran şeyler arasında bana en sevgili olanları, ona farz etdiğim şeylerdir. Kulum nâfile ibâdetleri yapmakla bana o kadar yaklaşır ki, onu çok severim. Onu sevince, onun duyan kulağı, gören gözü ve tutan eli ve yürüyen ayağı olurum. Her istediğini veririm. Benden yardım isteyince, imdâdına yetişirim)** buyuruldu. [Bu hadîs-i kudsî **(Hadîka)**nın yüzseksenikinci sahîfesinde de yazılıdır ve **(Buhârîyi şerîf)** de mevcûd olduğunu bildirmekde ve (Burada zikr olunan nâfileler, farzlarla berâber yapılan nâfilelerdir. Bu kulumun gözüne, kulağına, eline, ayağına öyle kuvvet veririm ki, başkalarının yapamadıklarını ihsân ederim demekdir) buyurmakdadır. Bu ihsâna kavuşabilmek için, Ehl-i sünnet i'tikâdında olmak ve ibâdetleri şartlarına uygun olarak ve ihlâs ile yapmak lâzımdır. Bu doğru i'tikâd ve ibâdetlerin şartları ve ihlâs da, ancak Ehl-i sünnet âlimlerinin sohbetlerinden ve kitâblarından elde edilir. Hulâsa, insanı Allahü teâlânın rızâsına kavuşduran **(Vesîle)**, Ehl-i sünnet âlimleridir. Bu âlimlere **(Mürşid)** ve **(Velî)** denir. Bu vesîleyi, ya'nî mürşidi arayıp bulmamızı Allahü teâlâ Mâide sûresinde emr etmekdedir.] Farzların kurb hâsıl etmeleri için ve terakkî etdirmeleri için, a'mâl-i mukarribînden olmaları lâzımdır. Bunun için de mürşidlerin bildirdikleri nâfile ibâdetleri yapmak şartdır. Nemâz için, önce abdest almak lâzım olduğu gibi, farzların da kurb hâsıl etmeleri için, önce tesavvuf yolunda ilerlemek lâzımdır. Kalb ve rûh, tesavvuf [mütehassıslarının, ya'nî Rehberin bildirdiği vazîfeyi yapmak] ile temizlenmedikçe, farzların kurbuna kavuşulamayıp, Velî olmak şerefi hâsıl olamaz.)

Hadîs-i şerîfde, **(Unutulmuş bir sünnetimi ihyâ edene yüz şehîd sevâbı vardır)** buyuruldu. Unutulmuş sünneti ihyâ etmek, yâ onu yapmakla olur. Yâhud, hem yapmak, hem de başkalarına öğreterek, onların da yapmalarına sebeb olmakla olur. İslâmiyyeti ihyâ etmenin bu ikinci şekli, a'lâ şeklidir. Umûmî olan birinci şekilden dahâ kıymetlidir. [Sünneti a'lâ şeklde ihyâ edenlere, ya'nî Ehl-i sünnet i'tikâdını, farzları, harâmları, sünnetleri, mekrûhları, kısacası **(İlmihâl)** kitâblarını yazanlara, yayanlara ve bunlara para yardımı yapanlara ve kendileri de bunlara tâbi' olanlara müjdeler olsun!]

Allahü teâlânın rızâsına kavuşmak ve kurb derecelerinde ilerlemek, ancak sünnete [ya'nî Resûlullahın yoluna] yapışmakla olur. Âl-i İmrân sûresinin otuzbirinci âyeti olan, **(Onlara de ki, Allahı seviyorsanız, bana tâbi' olunuz! Allah da sizi sever)** meâlindeki emr, bu sözümün vesîkasıdır. [Hadîs-i şerîfdeki sünnet kelimesinin islâmiyyet, ya'nî bütün ahkâm-ı islâmiyye demek olduğunu bu âyet-i kerîme açıkca göstermekdedir.]

Bid'atden çok sakınmalıdır. Bid'at sâhibi ile arkadaşlık etmemeli, onunla görüşmemelidir. [Ya'nî i'tikâdı bozuk olan müslimânlarla, mezhebsizlerle ve bid'at işliyenlerle konuşmamalıdır. Meselâ, sakalı bir tutamdan kısa yapanın, sakal bırakmak sünnetini yerine getirdiğini söylemesi, bid'atdir. Çünki, (sakalı çok uzatmak) emr olundu. Bu emrin, bir tutamdan kısa yapmayınız demek olduğu **(Berîka)** da ve başka kitâblarda yazılıdır. Bir tutam demek, sakalı alt dudak kenârından avuçlayıp, avuçdan taşan fazlasını kesmekdir. **(Bid'at)**, emr olunmıyan şeyi veyâ emri değişdirerek, ibâdet olarak yapmak demekdir. Emri yapmamak, bid'at olmaz. Fısk, günâh olur. Fâsık, ibâdet yapdığına değil, suçlu olduğuna inanmakdadır. Özrsüz sakal kazımak, bid'at değildir, fıskdır, suçdur. Özr ile kazımak, fısk da değildir. Bid'at işlemek, en kötü fıskdır. Adam öldürmekden de dahâ büyük günâhdır. Hoparlör ile ibâdet yapmak, çalgı ile, ney ile Kur'ân, salevât, ezân ve ilâhî okumak ve böyle zikr yapmak da bid'atdir. Ba'zı bid'atler, küfre sebeb olurlar. Bid'at işliyen ve başkalarının işlemesine sebeb olan kimseyi din adamı sanmamalı, ona birşey sormamalı, onun din kitâblarını okumamalıdır.]

Hadîs-i şerîfde, **(Bid'at sâhibleri, Cehennemdekilerin köpekleridir)** buyuruldu.

Muhammed Ma'sûm-i Fârûkî "rahime-hullahü teâlâ" ikinci cildin yüzonüçüncü mektûbunda buyuruyor ki: Kalb ile yapılacak vazîfeler beş çeşiddir: Birincisi, Allahü teâlânın ismini zikr etmekdir. İnsanın yüreğinde kalb [gönül] denilen bir latîfe vardır. [Latîfe, maddesi olmıyan, cism olmıyan şey demekdir. Rûh da bir latîfedir.] Sessiz olarak, hayâl ile kalbde Allah, Allah denir. İkinci vazîfe, yine hayâl yolu ile Kelime-i tevhîdî zikr etmekdir. Her iki zikrde de hiç ses çıkarılmaz. Üçüncü vazîfe, **(Vukûf-i kalbî)** dir. Bu da, hep kalbini düşünüp, Allahdan başka, hiçbir şey hâtırlamamak için dikkatli olmakdır. Kalb denilen latîfe hiç boş kalamaz. Mahlûkların düşüncelerinden temizlenen kalb, kendiliğinden Allahü teâlâya teveccüh eder. [Boşaltılan bir şişeye havanın kendiliğinden dolması gibidir.] (Kalbini düşmandan boşalt! Dostu kalbe çağırmağa lüzûm kalmaz) demişlerdir. Dördüncü vazîfe, **(Murâkabe)** dir. Buna **(Cem'ıyyet)** ve **(Âgâhî)** de denir. Allahü teâlânın, her an, herşeyi gördüğünü, bildiğini hep düşünmekdir. Beşinci vazîfe **(Râbıta)**dır. Resûlullaha "sallallahü teâlâ aleyhi ve sellem" tam uyan bir zâtın karşısında olduğunu, onun yüzüne bakdığını düşünmekdir. Böyle düşünmek, ona karşı hep edebli olmağı sağlar. Edeb ve sevgi, kalbleri birleşdirir. O zâtın kalbinden, kendi kalbine feyz, bereket akmasına sebeb olur. Bu beş vazîfeden en kolayı, en fâidelisi râbıtadır. Resûlullaha tâm tâbi' olmıyan kimse, kendisine râbıta yapdırırsa, ikisine de zarar verir.

İmâm-ı Rabbânî "rahmetullahi teâlâ aleyh", birinci cildin ikiyüzseksenaltıncı mektûbunda buyuruyor ki: Tesavvuf yolunda ilerlemek için, kâmil ve mükemmil, yolu bilen bir Rehberin teveccühü, rehberlik etmesi lâzımdır. Böyle hakîkî bir Rehber bulmak, çok büyük ni'metdir. Ona isti'dâdına uygun olan bir vazîfe verir. İsti'dâdına göre, hiç vazîfe vermeyip, yalnız sohbetinde bulunmasını kâfî görmesi de câizdir. Onun hâline uygun gördüğünü emr eder. Rehberin sohbeti ve teveccühü, diğer vazîfelerden dahâ fâidelidir.

Beş vazîfe ve Rehberin sohbeti, Resûlullaha "sallallahü teâlâ aleyhi ve sellem" uymağı kolaylaşdırmak içindir. İslâmiyyete uyulmadıkca, bu vazîfeler ve sohbet fâide vermez.

Yukarıda bildirilen çeşidli mektûblardan anlaşılıyor ki, insanların birinci vazîfesi, Allahü teâlânın kurbuna, ya'nî ma'rifetine, rızâsına, sevgisine kavuşmakdır. Bunun da tek yolu, Resûlullaha uymak ve bid'atlerden sakınmakdır. Resûlullaha kolay ve doğru uyabilmek için ihlâs lâzımdır. İhlâs ile yapılmıyan ibâdetler fâideli olmaz. Kabûl edilmez. Kurb ni'metine kavuşdurmaz. İhlâs elde etmek de, tesavvuf yolunda çalışmakla nasîb olur. Görülüyor ki, tesavvufun bildirdiği vazîfeleri yapmak, ibâdetlerin ihlâs ile yapılması ve kabûl olması içindir. Makbûl olan ibâdetler de, insanı Allahü teâlânın kurbuna, ma'rifetine, rızâsına kavuşdurur. Eshâb-ı kirâmın hepsi, sohbet ve râbıta vazîfelerini yaparak, ihlâsın en üstün derecesine kavuşdular. Onların bir avuç arpa sadaka vermelerinin kıymeti, başkalarının dağ kadar altın vermelerinden katkat ziyâde oldu. Görülüyor ki, tesavvuf yolu, bid'at değildir. İslâm dîninin temellerinden biridir. Eshâb-ı kirâm "radıyallahü teâlâ aleyhim ecma'în", tesavvuf yolunda bulunan vazîfeleri yapmışlar, bu sâyede, bu ümmetin en üstünleri olmuşlardır.

20 - Kitâbın üçyüzellidördüncü sahîfesinde, *(Enfâl sûresinin altmışdördüncü âyetinde, Allah sana ve sana tâbi' olanlara yetişir. Ondan başkasına ihtiyâcımız yokdur buyurdu. İbni Kayyım ve İbni Teymiyye böyle olduğunu bildirdiler. Bu âyete, sana, Allah ve*

sana tâbi' olanlar yetişir demek yanlışdır dediler. Allahdan başka kimse kâfî olamaz. İki âyet önce, seni aldatmak isterlerse, Allah sana elbet kâfîdir. Seni, kendi yardımı ile ve mü'minlerin yardımları ile kuvvetlendirdi denildi. Kâfî olmak ile kuvvetlendirmek kelimelerini birbirinden ayırdı. Kâfî olmağı yalnız kendisi için, kuvvetlendirmeği ise, hem kendisi için, hem de kulları için kullandı. Mü'minler de, Allah bize kâfîdir, yetişir derler. Allah ve Peygamber bize kâfîdirler diyen olmamışdır. Yalnız Allah kâfî olur ve yalnız Ona tevekkül olunur) diyor.

İmâm-ı Beydâvî "rahime-hullahü teâlâ", tefsîr âlimlerinin baş tâcı olup, 685 [m. 1286] da Tebrîzde vefât etmişdir. Bu büyük âlim, (Bu âyet-i kerîme Bedr gazâsında Bîdâ denilen yerde nâzil oldu. Yâhud, Mekkede otuzüç erkek ve altı kadın îmân etmişdi. Sonra hazret-i Ömer de îmân edince, bu âyet-i kerîme geldiğini Abdüllah ibni Abbâs "radıyallahü teâlâ anhüm ecma'în" haber verdi) diyerek, âyet-i kerîmenin (Allahü teâlâ ve mü'minler sana kâfîdir) demek olduğunu bildirdi. Hüseynî tefsîri de böyle yazıyor. Celâleyn tefsîri, mü'minlerin kâfî olduğunu açıkça bildiriyor. İmâm-ı Rabbânî "rahime-hullahü teâlâ" ikinci cildin doksandokuzuncu mektûbunda buyuruyor ki, (Peygamberimiz "aleyhi ve alâ âlihissalevâtü vetteslîmât", islâmiyyetin, hazret-i Ömerin yardımı ile kuvvetlenmesini ve yayılmasını, Allahü teâlâdan istedi. Hak sübhânehu ve teâlâ, sevgili Peygamberine, hazret-i Ömerle yardım eyledi ve Enfâl sûresinde meâlen, (Ey Peygamberim! Sana Allah ve senin izinde olanlar, yardımcı olarak yetişirler) buyurdu. Abdüllah ibni Abbâs hazretleri, bu âyet-i kerîmenin, hazret-i Ömer îmâna gelince indiğini haber verdi "radıyallahü anhüm".)

Muhammed Hâdimî,[1] (Berîka) kitâbının binelliüçüncü sahîfesinde diyor ki, (İmâm-ı Muhammed "rahime-hullahü teâlâ" (Câmi'-us-sagîr) kitâbında, Peygamber hakkı için veyâ bir Velînin ismi hakkı için diyerek, düâ etmek, tahrîmen mekrûhdur buyurdu. (Hidâye) kitâbı bunu açıklarken, çünki, mahlûkların Allahü teâlâ üzerinde hakları yokdur dedi. Fekat, Allahü teâlânın sevdiği bir kuluna verdiği hakkı düşünerek böyle düâ etmek mekrûh değildir denildi. Resûlullah "sallallahü aleyhi ve sellem" efendimiz, (Yâ Rabbî! Sana düâ edenlerin hakkı için ve Muhammed aleyhisselâmın hakkı için) diyerek düâ etdi. Bezzâziyye fetvâsında da câiz denildi). İşte bunun gibi herkese, her yerde, her zemân, her işlerinde, yalnız Allahü teâlâ kâfîdir. Ondan başka yardımcı yokdur. Ondan

---

[1] Hâdimî 1176 [m. 1762] de Konyada vefât etdi.

başkasından yardım istemek şirkdir. Fekat, Allahü teâlânın verdiği hakkı düşünerek, düâ etmek câiz olduğu bildirilmişdir. Allahü teâlâ, Peygamberleri "aleyhimüssalevâtü vetteslîmât", sâlih kulları ve fen adamlarını ve çeşidli madde ve kuvvetleri, iş, para ve makâm sâhiblerini, kendi yaratmasına sebeb kılmışdır. Bu sebeblere yapışmak ve Allahü teâlânın yaratmasını, bu sebeblere sarılmakdan beklemek câiz olur. Bunlar, Allahü teâlânın yaratmasına sebeb olarak bize kâfîdir, yetişirler demek iyi olur. Bunun içindir ki, derin tefsîr âlimleri, yukarıdaki âyet-i kerîmeyi **(Allahü teâlâ ve yanındaki mü'minler, sana kâfîdirler)** olarak açıklamışlardır.

Vehhâbî kitâbının da, üçyüzseksenbirinci sahîfesinde yazılı, imâm-ı Ahmedin ve Müslimin "rahime-hümallahü teâlâ"[1] Ebû Hüreyreden "radıyallahü teâlâ anh" bildirdikleri hadîs-i şerîfde, **(Rubbe eş'asin medfû'un bil-ebvâbi lev akseme alellahi le ebirrehu)** buyuruldu. Ya'nî sözlerine kulak asılmıyan nice kimseler görürsünüz ki, bunlar, birşey için yemîn etseler, Allahü teâlâ bu sevgili kullarının hâtırı için, o şeyi hemen yaratır. Bu hadîs-i şerîf, tesavvuf ilminin ve Rehber arayıp onun gönlünü kazanmağa çalışmanın doğru olduğunu gösteren vesîkalardan biridir. Bu hadîs-i şerîfe dayanarak, **(Berîka)** ve **(Hadîka)** kitâblarında, söylenilmesi yasak olan altmış sözün yirmiüçüncüsünde diyor ki, (Yâ Rabbî! Şu Peygamberin veyâ ölü yâhud diri sâlih, Velî, âlim kulunun hürmeti, senin ona ihsân etdiğin kıymeti hürmetine senden istiyorum) demek câiz, ya'nî halâl olduğu, **(Bezzâziyye)** fetvâsında yazılıdır. **(Münye)** kitâbından ve başka eserlerden anlaşıldığına göre, böyle düâ etmek müstehabdır. Birçok âriflerin talebesine, (Allahü teâlâdan birşey istiyeceğiniz zemân, benden isteyiniz! Allahü teâlâ ile aranızda, şimdi ben vâsıtayım) dedikleri kıymetli kitâblarında yazılıdır. Ebül-Abbâs-ı Mürsî "rahime-hullahü teâlâ"[2] talebesine, (Allahü teâlâdan birşey isteyeceğiniz zemân, imâm-ı Muhammed Gazâlînin "rahime-hullahü teâlâ" hurmeti için isteyiniz!) buyururdu. Bunlar, birçok kitâblarda ve meselâ **(Hadîka)** ve **(Hısn-ül-hasîn)**de yazılıdır.

21 - **(Feth-ul-mecîd)** kitâbının üçyüzseksenbeşinci sahîfesinde, *(Din imâmlarının ictihâd yapmaları câizdir. Çıkardıkları hükmleri, delîlleri ile yazarlar. Bir kimse, eline geçen delîle, ya'nî âyete ve hadîse uymayıp, imâmının hükmüne uyarsa, bu kimse sapık olur. İmâm-ı Mâlik ve Ahmed ve Şâfi'î de böyle söyledi)* diyor.

---

[1] Müslim 261 [m. 875] de Nişâpûrda vefât etdi.
[2] Ebül Abbâs Ahmed 686 [m. 1287] de vefât etdi.

Ehl-i sünnetin bu üç büyük imâmı ve hattâ imâm-ı a'zam Ebû Hanîfe "rahmetullahi aleyhim", bunu müctehid olan derin âlimler için söylediler. Bir müctehid, bir âyet-i kerîme ve hadîs-i şerîf görünce, bu delîle uyar. Hiçbir müctehidin ve kendinin ictihâdlarına uyamaz. Çünki, âyetin veyâ hadîsin açıkça bildirdiği bir iş için ictihâd yapmak câiz değildir.

(Berîka) üçyüzyetmişaltıncı sahîfede diyor ki, (Bizler, müctehid değiliz. Bize (Mukallid) denir. Bizim gibi mukallidler için, delîl, sened, fıkh âlimlerinin, ya'nî müctehidlerin sözleridir. Bildiğimiz âyet-i kerîmeler ve hadîs-i şerîfler, bunların sözlerine uymaz görünürlerse, onlara değil, bunların sözlerine uymamız lâzımdır. Bunlar, onları görmemiş veyâ görmüşler de anlıyamamışlar demek câiz olmaz). Yazar, Ahmed ibni Teymiyyeyi[1] ve talebesi ibni Kayyım-ı Cevziyyeyi müctehid biliyor. Âyet-i kerîmelerden ve hadîs-i şerîflerden bunların anladıklarına uyup, din imâmlarımızın ictihâdlarını beğenmiyor. Hâlbuki, kendisinin de yukarıda bildirdiği gibi, din imâmlarımız ictihâd buyurdukları hükmleri bildirirken, dayandıkları âyet-i kerîmeleri ve hadîs-i şerîfleri birlikde yazmışlardır. Kitâbın müellifi, din imâmlarına uyan Ehl-i sünneti, Allahü teâlânın kitâbını bırakıp da, papazlarına, hahamlarına uyan hıristiyanlara ve yehûdîlere benzetiyor. Müslimânlara müşrik diyecek kadar alçaklaşıyor. Kendisi, müctehid olmıyan câhillere, Ehl-i sünnet âlimlerinin büyüklüklerini anlıyamıyanlara uyduğu için, kendisinin dalâletde olduğunu anlıyamamakdadır. Eğer anlıyabilseydi, ne güzel olurdu. İbni Âbidîn, Tahâreti anlatmağa başlarken diyor ki, (Müctehidlerin delîllerini, senedlerini, mukallidlerin araşdırmaları, anlamaları lâzım değildir). Vehhâbî yazar, buna da inanmıyor. Mu'âz hadîsini yazıyor. Hâlbuki, bu hadîs-i şerîf, onun sapık inanışlarını çürütmekdedir. Memleketinin îcâbı olarak arabî dilini iyi bildiğinden, her sözünü isbât etmek için bir çok âyet-i kerîme ve hadîs-i şerîf yazıyor. Aklı ermediği, mantık ve muhakemesi olmadığı için, vesîka sanarak yazdığı âyet-i kerîmelerin ve hadîs-i şerîflerin, kendi savunmalarının bozuk, çürük olduğunu açığa vurduğunu anlıyamıyor. İmâm-ı a'zam Ebû Hanîfenin "rahime-hullahü teâlâ" talebesine karşı (Âyeti, hadîsi alınız! Benim sözümü bırakınız) buyurduğunu da yazıyor. Müctehidler için söylenmiş olan bu sözlerin, bizim gibi ve İbni Teymiyye, İbni Kayyım, Muhammed Abdüh[2] ve Seyyid Kutb[3] ve

_____

[1] İbni Teymiyye 728 [m. 1328] de Şâmda öldü.
[2] Abduh 1323 [m. 1905] de Mısrda öldü.
[3] Seyyid Kutb 1386 [m. 1966] da Mısrda öldürüldü.

Mevdûdî gibi mukallidler için de olduğunu sanıyor. Bunların bir mezheb imâmının kitâblarını okuyup öğrenmeleri ve mezheb imâmına uyarak se'âdete kavuşmağa çalışmaları lâzımdır.

Üçyüzdoksanüçüncü sahîfede, **(Münâfıkları Allahü teâlâya ve Resûlüne çağırırsanız, yüzçevirirler, gelmezler),** âyet-i kerîmesini yazarak, Ehl-i sünneti bu münâfıklara benzetiyor. *(Ehl-i sünnete âyet, hadîs gösterilince, bunlardan yüz çevirip mezheb imâmlarına uymakda ısrâr ediyor, müşrik oluyorlar)* diyor.

Burada da, Ehl-i sünnet olan müslimânlara iftirâ etmekdedir. Âyet-i kerîmelerden ve hadîs-i şerîflerden çıkardıkları yanlış, bozuk ma'nâlara inanmadığımız için, bize doğru yoldan ayrıldı diyor. Buna deriz ki, biz bu âyet-i kerîmelerden yüz çevirmiyoruz. Bu âyet-i kerîmelere değil, sizin bunlara verdiğiniz yanlış ma'nâlara uymayız. Bu âyet-i kerîmelerin ve hadîs-i şerîflerin ma'nâları, sizin anladığınız gibi değildir. Bunların doğru ma'nâlarını Peygamberimiz "sallallahü teâlâ aleyhi ve sellem" Eshâb-ı kirâma "radıyallahü teâlâ anhüm" anlatdı. **(Ehl-i sünnet)** âlimleri de "rahimehümullahü teâlâ" Eshâb-ı kirâmdan sorup öğrendiler. Anladıklarını, kitâblarına yazdılar. Açık bildirilmiş olanlarını açık olarak yazdılar. Kapalı bildirilmiş olanlarını da, ictihâd buyurup anladıkları gibi açıkladılar. Biz o büyük âlimlerin anlayıp yazdıklarına uyuyoruz. Mezhebsizlerin yanlış anladıklarına uyarak aldanmak istemiyoruz. Kitâbdan ve sünnetden ayrılan, bizler değil, sensin diyoruz.

(Üsûl-ül-erbe'a fî-terdîd-il-vehhâbiyye) kitâbının dördüncü aslında, fârisî olarak buyuruyor ki, islâm dîninin hükmlerini biz câhillere derin âlimler ve olgun sâlihler bildirdi. Bunlar, **(Muhaddisler)** ve **(Müctehidler)**dir "rahime-hümullahü teâlâ". Hadîs âlimleri, hadîs-i şerîfleri incelemişlerdir. Doğru olanlarını ayırmışlardır. Müctehidler de, âyet-i kerîmelerden ve hadîs-i şerîflerden ahkâm çıkarmışlardır. Biz, ibâdetlerimizi ve bütün işlerimizi bu ahkâma uygun olarak yaparız. Resûlullahın "sallallahü aleyhi ve sellem" zemânından çok uzak olduğumuz ve nassların nâsih ve mensûh olanlarını ve muhkem (ma'nâsı açık) ve müevvel (ma'nâsı açık olarak anlaşılamıyan) olanlarını ve birbirine uymaz görünenlerinin uygun olduklarını anlıyamadığımız için, bir müctehidi taklîd etmemiz lâzımdır. Çünki müctehid, Resûlullahın "sallallahü aleyhi ve sellem" zemânına yakın olduğu için ve derin âlim ve çok takvâ sâhibi ve hükm çıkarmakda mehâret sâhibi olduğu ve hadîs-i şerîflerin ma'nâlarını iyi anladığı için, onun anladığına uymakdan başka çâre yokdur. Böyle olmıyan bir kimsenin Nasslardan, ya'nî Kitâbdan ve sünnetden hükm çıkarmasının câiz olmadığını, mezhebsizlerin çok büyük âlim dedikleri İbni Kayyım Cevziyye[1] (İ'lâm-ül-mukî'în) kitâbında bildirmekdedir. (Kifâye) kitâbında diyor ki, (Âmî olan [ya'nî, müctehid olmıyan] kimse, bir hadîs-i şerîf işitince, bundan kendi anladığına göre iş yapması câiz olmaz. Belki, onun anladığından başka ma'nâ verilmesi îcâb eder. Yâhud mensûh olabilir. Müctehidin fetvâsı ise, böyle şübheli değildir.) (Tahrîr) şerhi olan (Takrîr)de de böyle yazılıdır. Bunda, (Mensûh olabilir) dedikden sonra, (Fıkh âlimlerinin bildirdiklerine uyması lâzımdır) demekdedir. Seyyid Semhûdî "rahimehullah", (Ikd-i ferîd) kitâbında diyor ki: Hanefî âlimlerinin büyüklerinden İbn-ül-Hümâm,[2] İmâm-ı Ebû Bekr-i Râzînin, (Avâmın Eshâb-ı kirâmı taklîd etmekden men' edilmelerini ve bunların sonra gelen âlimlerin kolay anlaşılan, kısmlara ayrılmış olan ve açıklamaları yapılmış olan sözlerine uymaları lâzım olduğunu, derin âlimler sözbirliği ile bildirmişlerdir) sözünü haber vermişdir. 1119 [m. 1707] senesinde vefât etmiş olan Muhibbullah Bihârî Hindînin "rahime-hullahü teâlâ" (Müsellem-üs-sübût) kitâbında ve bunun (Fevâtih-ur-rahe-mût) şerhinde, (Avâmın Eshâb-ı kirâmı taklîd etmekden men' olunmalarını ve bunların, islâmiyyeti açıklıyan, sözleri kolay anlaşılan, kısmlara ayırmış olan âlimlere uymaları lâzım olduğunu derin âlimler sözbirliği ile bildirmişlerdir. Takıyyüddîn Osmân ibnüs-Salâh Şehr-i zûrî "rahime-hullahü teâlâ" 577 [m. 1181]-643 [m. 1243], dört imâmdan başkasını taklîd etmenin câiz olmadığını buradan çıkarmışdır) demekdedir. (Şerh-i minhâc-ül-üsûl)de diyor ki, (İmâm-ül-Haremeyn, (Burhân) kitâbında, avâm Eshâb-ı kirâmın mezheblerine uymamalıdır. Din imâmlarının, ya'nî dört mezheb imâmının mezheblerine tâbi' olmalıdırlar demekdedir). [İmâm-ül-Haremeyn Abdülmelik Nişâpûrî Şâfi'î 478 [m. 1085] de vefât etdi.]

İslâm âlimlerinin yukarıda yazılı icmâ'larına uymıyanların sapık oldukları anlaşılır. Çünki, Eshâb-ı kirâm "radıyallahü teâlâ anhüm ecma'în" cihâd ile, islâmiyyeti yaymak ile uğraşdıkları için, tefsîr ve hadîs kitâbları hâzırlamağa vakt bulamadılar. Resûlullahın "sallallahü aleyhi ve sellem" nûru, Onların mubârek kalblerine o kadar çok işledi ki, kitâbdan öğrenmeğe ihtiyâcları kalmadı. Herbiri, bu nûrun kuvveti ile, doğru yolu bulurdu. Asrların en iyisi [olan birinci asr] bitince, fikrlerde, bilgilerde ayrılıklar hâsıl oldu. Eshâb-ı kirâmdan ve Tâbi'înden nakl edilen haberler, birbirle-

---

[1] Muhammed ibni Kayyım 751 [m. 1350] de vefât etdi.
[2] İbnülhümâm Muhammed 861 [m. 1456] da vefât etdi.

rine uymaz oldu. Hak yolu arıyanlar şaşırdılar. Allahü teâlâ, lutf ederek, bu ümmet-i merhûme arasından sâlih, müttekî dört âlimi seçdi. Nasslardan hükm çıkarmak üstünlüğünü bunlara ihsân eyledi. Bunları taklîd ederek bütün müslimânların hidâyete kavuşmalarını diledi. Bunları taklîd etmeği Nisâ sûresinin ellisekizinci âyetinde emr etdi. Bu âyet-i kerîmede meâlen, **(Ey îmân edenler! Allaha itâ'at ediniz ve Resûle itâ'at ediniz ve Ülül-emrinize itâ'at ediniz!)** buyurdu. Burada Ülül-emr, ictihâd derecesine yükselmiş olan âlimler demekdir. Böyle âlimler de, herkesin bildiği dört büyük imâmdır. Ya'nî meşhûr olan dört mezhebin imâmlarıdır. Bu âyet-i kerîmedeki Ülül-emr denilen üstün kimselerin, müctehidler olduğunu, Nisâ sûresinin seksenikinci âyeti açıkca bildirmekdedir. Bu âyet-i kerîmede, **(Ülül-emr, Nasslardan ahkâm çıkarabilen âlimlerdir)** denilmekdedir. Ba'zıları, Ülül-emr, hâkimler, vâlîler demekdir dedi. Bu söz, nasslardan ahkâm çıkarabilen hâkimlerdir demek ise, doğrudur. Bunlar, âlim oldukları için, Ülül-emrdirler. Hâkim oldukları için değil! Dört halîfe ve Ömer bin Abdül'Azîz "radıyallahü teâlâ anhüm ecma'în" böyle idi. Câhil, fâsık veyâ kâfir olan emîrler böyle değildir. Çünki, hadîs-i şerîfde, **(Hiçbir kimsenin, günâha sebeb olan sözüne itâ'at edilmez!)** buyuruldu. [Fekat, kanûnlara karşı gelmek, hükûmete isyân etmek, hiçbir zemân câiz değildir. Müslimânlar, her zemân hükûmeti desteklemelidir. Hükûmet za'îflerse, fitne, ihtilâl hâsıl olur. Bunlar ise, en kötü hükûmetden dahâ fenâdır.] Lokman sûresinin onbeşinci âyetinde meâlen, **(Bilmediğin birşeyi bana şerîk yapmaklığın için uğraşırlarsa, onların bu emrlerine itâ'at etme!)** buyuruldu. Hadîs-i şerîf, Ülül-emrin ne demek olduğunu açıkca bildirmekdedir. Abdüllah Dârimînin bildirdiği hadîs-i şerîfde, **(Ülül-emr, fıkh âlimleridir)** buyuruldu. İmâm-ı Süyûtî **(İtkân)** ismindeki tefsîrinde, ibni Abbâsın "radıyallahü teâlâ anhümâ" (Ülül-emr, fıkh ve din âlimleridir) dediğini yazmakdadır. **(Tefsîr-i kebîr)**in üçüncü cildinin üçyüzyetmişbeşinci sahîfesinde ve imâm-ı Nevevînin "rahmetullahi aleyh"[1] **(Müslim şerhi)** ikinci cildinin yüzyirmidördüncü sahîfesinde ve **(Me'âlim)** ve **(Nişâpûrî)** tefsîrlerinde de yazılıdır. Âyet-i kerîmelerin ve hadîs ve tefsîr âlimlerinin bu açık beyânları, müctehidlere itâ'at etmek lâzım olduğunu gösterdiği gibi, mezhebsizlerin (Allahdan ve Peygamberden başkasına itâ'at etmek şirk ve bid'atdir) sözlerinin bozuk ve saçma olduğunu da ortaya koymakdadır. Bu konuda birçok hadîs-i şerîf ve haberler de vardır. Bunlardan:

---

[1] Yahyâ Nevevî 676 [m. 1277] de Şâmda vefât etdi.

I - Resûlullah "sallallahü aleyhi ve sellem", Mu'âz bin Cebeli "radıyallahü teâlâ anh" Yemene hâkim olarak gönderirken, **(Orada nasıl hükm edeceksin?)** buyurunca, Allahın kitâbı ile dedi. **(Allahın kitâbında bulamazsan?)** buyurdu. Allahın Resûlünün "sallallahü teâlâ aleyhi ve sellem" sünneti ile dedi. **(Resûlullahın sünnetinde de bulamazsan?)** buyurunca, ictihâd ederek, anladığımla dedi. Resûlullah "sallallahü aleyhi ve sellem", mubârek elini Mu'âzın göğsüne koyup, **(Elhamdü lillah! Allahü teâlâ, Resûlünün resûlünü, Resûlullahın rızâsına uygun eyledi)** buyurdu. Bu hadîs-i şerîf, Tirmüzîde ve Ebû Dâvüdda ve Dârimîde yazılıdır. Ülül-emrin müctehid demek olduğunu ve buna itâ'at edenden Resûlullahın râzı olduğunu, bu hadîs-i şerîf açıkça göstermekdedir.

II - Ebû Dâvüdün[1] ve İbni Mâcenin bildirdikleri hadîs-i şerîfde, **(İlm üçdür: Âyet-i muhkeme, Sünnet-i kâime ve Farîdat-i âdile)** buyuruldu. **(Eşi'at-ül-leme'ât)** ismindeki **(Mişkât)** şerhi, bu hadîs-i şerîfi, fârisî olarak açıklarken, (Farîda-i âdile, Kitâba ve sünnete uygun ilmdir. İcmâ'a ve Kıyâsa işâretdir. Çünki, İcmâ' ve Kıyâs, Kitâbdan ve Sünnetden çıkarılmakdadır. Bunun için, İcmâ' ve Kıyâs, Kitâba ve Sünnete mu'âdil ve müsâvî tutuldu ve Farîda-i âdile denildi. Böylece, ikisi ile amel etmenin vâcib olduğu tenbîh buyuruldu. Hadîs-i şerîfin ma'nâsı, dînin kaynağı dörtdür: Kitâb, Sünnet, İcmâ' ve Kıyâs demek oldu) demekdedir.

III - Ömer-ibnül-Hattâb "radıyallahü anh", Şüreyhi kâdî olarak gönderirken, (Allahın kitâbında açık olarak bildirilene bak. Bunu başkasından sorma! Burada bulamazsan Muhammed aleyhisselâmın Sünnetine tâbi' ol! Burada da bulamazsan, ictihâd et ve anladığına göre cevâb ver!) buyurdu.

IV - Hazret-i Ebû Bekre "radıyallahü anh" da'vâcı gelince, Allahü teâlânın kitâbına bakardı. Burada bulduğuna göre hükm ederdi. Burada bulamazsa, Resûlullahdan "sallallahü teâlâ aleyhi ve sellem" işitdiğine göre cevâb verirdi. İşitmemiş ise, Eshâb-ı kirâmdan "radıyallahü teâlâ anhüm ecma'în" sorup, Onların icmâ'ı ile hükm ederdi.

V - Abdüllah ibni Abbâsa "radıyallahü anhümâ" birşey sorulunca cevâbını Kur'ân-ı kerîmde bulup, cevâb verirdi. Kur'ân-ı kerîmde bulamazsa, Resûlullahdan işitdiğini söylerdi. İşitmemiş ise, Ebû Bekr ile Ömere "radıyallahü anhümâ" sorardı. Cevâb alamaz ise, kendi re'yi ile bulup hükm ederdi.

---

[1] Süleymân Ebû Dâvüd Sicstânî 275 [m. 888] de Basrada vefât etdi.

Şimdi, Müctehid âlimlere sormak, dört mezheb imâmlarına sormak demek olduğunu açıklıyalım! Dört imâmı taklîd etmenin birinci vesîkası: Eshâb-ı kirâmın asrından ve ondan sonraki asrdan, bu zemâna kadar, bütün müslimânlar, bu dört imâmı taklîd etmişler. Bunlara itâ'at etmekde icmâ' hâsıl olmuşdur. **(Ümmetim dalâlet olan birşeyde icmâ' yapmaz!)** ve **(Allahü teâlânın rızâsı, icmâ'dadır. Cemâ'atden ayrılan, Cehenneme gider)** hadîs-i şerîfleri, bu icmâ'ın sahîh olduğunu açıkca göstermekdedir.

Dört imâmı "rahime-hümullahü teâlâ" taklîd etmenin vâcib olduğunu gösteren ikinci vesîka, İsrâ sûresinin yetmişbirinci âyetidir. Bu âyet-i kerîmede, **(O gün, her fırkayı imâmları ile çağırırız!)** buyurulmakdadır. Kâdî Beydâvî "rahime-hullahü teâlâ", bu âyet-i kerîmenin tefsîrinde, (Her ümmeti kendilerine reîs yapdıkları Peygamberleri ve dinde uydukları kimselerin ismleri ile çağırırız) dedi. **(Medârik)**de de böyle yazılıdır. **(Me'âlim-üt-tenzîl)** tefsîrinde (İbni Abbâs, kendilerini dalâlete veyâ hidâyete sürükliyen devlet reîsleri ile çağrılır dedi. Sa'îd bin Müseyyib[1] ise, her kavm, kendilerini hayra ve şerre sürükliyen reîslerinin yanına toplanırlar dedi) demekdedir. Tefsîr-i Hüseynîde ve **(Rûh-ul-beyân)**da (Mezhebinin imâmı ile çağrılırlar. Meselâ, yâ Şâfi'î yâhud yâ Hanefî denilir) demekdedir. Bundan anlaşılıyor ki, kâmil ve mükemmil olan imâmlar kendilerine tâbi' olanlara şefâ'at edeceklerdir. **(Mîzân)**da diyor ki; şeyh-ul-islâm İbrâhîm-ül-Lâkânî vefât edince, ba'zı sâlihler, bunu rü'yâda görüp, Allahü teâlâ sana ne yapdı dediler. (Süâl melekleri beni oturtunca, imâm-ı Mâlik gelip böyle bir kimseye, Allahü teâlâya ve Resûlüne îmândan sorulur mu? Bunu bırakınız dedi. Beni bırakdılar) cevâbını verdi. [İbrâhîm ibn-ül-Lâkânî, mâlikî kelâm âlimi olup, 1041 [m. 1632] de vefât etmişdir.] Yine **(Mîzân)** kitâbında, (Tesavvuf büyükleri ve fıkh âlimleri, kendilerine tâbi' olanlara şefâ'at ederler. Rûh teslîm ederken ve kabrde Münker ve Nekîr süâl ederken ve Haşrda, Neşrde, Hesâbda, Sırâtda yanında bulunurlar. Onu unutmazlar. Tesavvuf büyükleri, kendilerine tâbi' olanları, bütün korkulu yerlerde kollayınca, müctehid imâmlar korumaz olurlar mı? Bunlar, mezheb imâmlarıdır. Bu ümmetin bekçileridirler. Sevin ey kardeşim! Dört mezheb imâmlarından dilediğini taklîd et de se'âdete kavuş!). Görülüyor ki, kıyâmet günü, herkes mezheb imâmının ismi ile çağrılacakdır. İmâm, kendisini taklîd edene, şefâ'at edecekdir. Dört mezheb imâmlarının herbiri böyle yüksek idi. Allahü teâlâ, Lokman sûresi-

---

[1[Sa'îd bin Müseyyib 91 [m. 710] da Medînede vefât etdi.

nin onbeşinci âyetinde, **(Bana inâbet edenin yoluna tâbi' ol!)** buyurdu. Bu dört büyük imâmın, Allahü teâlâya inâbet, rücû' etmiş oldukları sözbirliği ile bildirilmişdir.

Taklîd etmenin vâcib olduğunu bildiren üçüncü delîl, Nisâ sûresinin yüzondördüncü âyet-i kerîmesidir. Allahü teâlâ, bu âyet-i kerîmede meâlen, **(Hidâyet yolunu öğrendikden sonra, Peygambere uymayıp mü'minlerin yolundan ayrılanı, sapdığı yola sürükleriz ve çok fenâ olan Cehenneme sokarız!)** buyurmakdadır. İmâm-ı Şâfi'î hazretlerine İcmâ'ın delîl olduğunu gösteren âyet-i kerîme hangisidir diye sordular. Kur'ân-ı kerîmi üçyüz kerre okuyarak delîl aradı. Cevâb olarak, bu âyet-i kerîmeyi buldu. Bu âyet-i kerîme, mü'minlerin yolundan ayrılmağı harâm etdiği için, bu yola uymak vâcib olur. Nesefî Abdüllah,[1] **(Medârik)** tefsîrinde, bu âyet-i kerîmeyi açıkladıkdan sonra, (İcmâ'ın delîl olduğunu ve Kitâbdan, Sünnetden ayrılmak câiz olmadığı gibi, icmâ'dan ayrılmanın da câiz olmadığını bu âyet-i kerîme göstermekdedir) yazılıdır. **(Beydâvî)**[2] tefsîri de, bu âyet-i kerîmeyi açıklarken, (Bu âyet, icmâ'dan ayrılmanın harâm olduğunu gösteriyor. Mü'minlerin yolundan ayrılmak harâm olunca, bu yola uymak vâcib olur) diyor. Bu ümmetin sâlihleri, âlimleri, (bir mezhebi taklîd etmek vâcibdir. Mezhebsiz olmak büyük günâhdır) dediler. Âlimlerin bu sözbirliğinden ayrılmak, bu âyet-i kerîmeden ayrılmak olur. Çünki, Allahü teâlâ, Âl-i İmrân sûresinin yüzonuncu âyetinde meâlen, **(Siz, insanlar için hayrlı ümmetsiniz! İyi şeyleri emr eder. Fenâ şeyleri men' edersiniz)** buyurdu. Bu ümmetin âlimleri mezhebsizliğin fenâ olduğunu bildirdiler. Mezhebsiz olmayınız dediler. Bunun için, mezhebsiz olmak câizdir diyerek, âlimlerin bu sözlerinden ayrılan, bu âyet-i kerîmeyi inkâr etmiş olur.

Süâl: Kadyânîler[3] ve Niçerîler ve diğer mezhebsizler mü'min değil midir? Bunlara uymak da, mü'minlerin yolunda olmak değil midir?

Cevâb: Bu mezhebsizlerin âlimleri, **(Edille-i şer'ıyye)**nin dört kaynağından yalnız ikisine uyduklarını söyliyorlar. Diğer ikisini kabûl etmiyorlar. Böylece, müslimânların çoğunun yolundan ayrılıyorlar. **(Ehl-i sünnet vel-cemâ'at)** yolundan sapıyorlar. Bunlara uymak, insanı Cehennemden kurtarmaz. **(Şî'î)**ler, **(Hâricî)**ler, **(Mu'tezile)**, **(Cebriyye)** ve **(Kaderiyye)** [ve **(Teblîg-ı cemâ'at)**] ve

---

[1] Nesefî 710 [m. 1310] da Bağdâdda vefât etdi.
[2] Beydâvî Abdüllah 685 [m. 1286] da Tebrîzde vefât etdi.
[3] Ahmed Kadyânî 1326 [m. 1908] de Hindistânda öldü.

(**Vehhâbî**) fırkalarında olanlar da, kendi âlimlerine tâbi' olduklarını söyliyorlar. Mezhebsizlerin, o fırkalara verdikleri cevâbları, biz de mezhebsizlere cevâb olarak söyleriz.

Bir mezhebi taklîd etmenin vâcib olduğunu gösteren dördüncü delîl, Nahl sûresinin kırküçüncü ve Enbiyâ sûresinin yedinci âyet-i kerîmesidir. Bu âyet-i kerîmede meâlen, (**Bilmiyorsanız, zikr ehline sorunuz!**) buyuruldu. Bu âyet-i kerîme, ibâdetlerin ve işlerin nasıl yapılacağını bilmiyenlerin, bilenlerden sorup öğrenmelerini emr etmekdedir. Âyet-i kerîmede, sorup öğrenmek herkesden ve din câhillerinden değil, âlimlerden sormak ve bilinmiyenleri sormak emr olunmakdadır. Bunun için, bir kimse, yapacağı şeyi, Kur'ân-ı kerîmde ve hadîs-i şerîflerde arayamaz, bulamazsa, taklîd etdiği mezhebin müctehidinden sorup [yâhud mezhebin âlimlerinin kitâblarından okuyup] öğrenmesi lâzım olmakdadır. Sorup, öğrendiğine göre yapan kimse, o müctehidi (**Taklîd**) etmiş olur. Sormaz veyâ müctehidin sözüne uymaz, inkâr ederse, mezhebsiz olur.

Âyet-i kerîmede bildirilen (**Zikr ehli**) kimdir? Mezheb imâmı demek midir? Yoksa, câhil din adamları mıdır? Bunun cevâbını, hadîs-i şerîf bildiriyor: İbni Merdeveyh Ebû Bekr Ahmedin bildirdiği ve Enes bin Mâlikin haber verdiği hadîs-i şerîfde, (**Bir kimse nemâz kılar, oruc tutar, hac ve gazâ eder. Fekat münâfıkdır**) buyurulunca, (Nifâkı nerden gelmişdir?) denildi. (**İmâmına ta'n etdiği** [beğenmediği] **için münâfıkdır. Onun imâmı, zikr ehlidir**) buyuruldu. [İbni Merdeveyh Isfehânî, 410 [m. 1019] da vefât etdi.] Bundan anlaşılıyor ki, âyet-i kerîmedeki (**Ehl-i zikr**), Ülül-emr demekdir. Ülül-emrin ne demek olduğu, birinci delîlde bildirilmişdi. Sahîh olan kavle göre, Ülül-emr, ulemâ-i râsihîn ve dört mezhebin imâmlarıdır. (**Ancak akl sâhibleri anlar**) ve (**Elbet akl sâhibleri anlar**) ve (**Ey akl sâhibleri, ibret alınız!**) meâlindeki âyet-i kerîmeler, dört mezheb imâmlarının üstünlüklerini göstermekdedirler. Biraz arabî, fârisî öğrenip, zâhidlerden, takvâ ehlinden ve Allah adamlarından feyz almamış olan ve Nasslara, ya'nî âyet-i kerîmelere ve hadîs-i şerîflere kendi kısa görüşlerine göre ma'nâ veren câhil ve sapıklar, mezheb imâmlarının üstünlüklerinden çok uzakdırlar. Bu mezhebsizler, (**Tefsîr ilminden haberi olmadan, Kur'ân-ı kerîme kendiliğinden ma'nâ verenler, Cehennemde, ateşden kazıklara oturtulacaklardır**) ve (**Bir zemân gelecek, din âlimi kalmıyacak. Câhiller din adamı yerine geçirilerek, bilmeden fetvâ vereceklerdir. Bunlar, doğru yolda olmıyacak ve herkesi, doğru yoldan çıkaracaklardır**) hadîs-i şerîflerinde bildirilen sapıklardır. **(Mişkât)** kitâbında, Câbir "radıyallahü anh" diyor ki: Yolculukda, arkadaşlarımdan birinin başı yaralandı. Gusl etmesi îcâb ediyordu. Teyemmüm etmem câiz olur mu, dedi. Câiz olmaz, su ile gusl et, denildi. Yıkandı. Öldü. Medîneye gelince, Resûlullaha "sallallahü aleyhi ve sellem" haber verdik. **(Onun ölümüne sebeb oldular. Allahü teâlâ da onları öldürsün. Bilmediklerini niçin sorup öğrenmediler? Cehlin ilâcı, sorup öğrenmekdir!)** buyurdu. Bu sahâbîler, dahâ çok bilenlerden sormadan, kendiliklerinden fetvâ verdikleri için, çok sert sözle karşılaşıp, kendilerine, **(Allahü teâlâ, onları öldürsün!)** buyurulunca, şimdi din adamı geçinen bir kimsenin islâm âlimlerinin kitâblarını okumadan, kendi boş kafası ve kısa görüşü ile Kur'ân-ı kerîme ve hadîs-i şerîflere ma'nâ vermeğe kalkışmasına, böylece, müslimânların dinlerini, îmânlarını bozmasına ne denileceği meydândadır. Böyle kimseye, din, îmân hırsızı demek yerinde olur. Allahü teâlâ, hepimizi böyle din hırsızlarının zararlarından muhâfaza buyursun! Âmîn. İbni Sîrin buyuruyor ki, (Dîninizi kimden öğrendiğinize dikkat ediniz!). [Muhammed ibni Sîrin, 110 [m. 729] da Basrada vefât etdi.] Ebû Mûsel Eş'arî hazretleri, Eshâb-ı kirâmın büyüklerinden olduğu hâlde, Abdüllah bin Mes'ûdün yanında fetvâ vermekden çekinir. (Bu ilm deryâsının yanında bana birşey sormayınız) derdi. Çünki, Abdüllah ibni Mes'ûd, Ebû Mûsel Eş'arîden dahâ âlim idi. Fıkh bilgisi dahâ çok idi "radıyallahü anhümâ". İmâm-ı Şâfi'î, derin âlim olduğu hâlde, imâm-ı a'zam Ebû Hanîfenin mezârı yanında iken, sabâh nemâzında kunût okumağı ve rükü'dan kalkarken iki eli kaldırmağı terk ederdi. Bunun sebebini sorana, (O yüce imâma olan edebim, huzûrunda, Onun ictihâdına uymıyan iş yapmama mâni' oluyor) buyurmuşdu. İmâm-ı a'zam Ebû Hanîfe, böyle büyük bir islâm âlimi idi. Onun büyüklüğünü anlıyabilmek için, imâm-ı Şâfi'î gibi âlim olmak lâzımdır. Bu büyük âlim, İmâm-ı a'zamın kabrde diri olduğunu bilmiş, Onun huzûrunda, Onun mezhebine uymıyan iş görmekden sakınmışdır. Evet, bu büyük imâmlar "rahime-hümullahü teâlâ" fıkh ilminin mütehassısları idi. Buhârînin bildirdiği, **(Allahü teâlâ, birine iyilikler vermek isterse, Onu fıkh âlimi yapar)** hadîs-i şerîfindeki müjdeye kavuşmuşlardı. [İmâm-ı Muhammed Buhârî, hadîs âlimlerinin reîsi olup, 256 [m. 870] da Semerkandda vefât etmişdir.]

Bütün bunlardan anlaşılıyor ki, islâm ahkâmını, fıkh âlimlerinden, mezhebinin müctehidlerinden öğrenmek lâzımdır. Hadîs-i şerîflerden ve tefsîrden öğrenmemelidir. **(Herkes, bir iş için yaratılmışdır)** hadîs-i şerîfi, bu sözümüzün vesîkasıdır. Hadîs âlimleri, hadîs-i şerîfleri inceleyip, sahîhlerini ayırmak için yaratıldı. Tefsîr âlimleri, Kur'ân-ı kerîmin ma'nâlarını doğru olarak anlayıp, bildirmek için yaratıldı. Bunların ikisi de, vazîfelerini yapmak için çok çalışdı. Maksadlarına kavuşdular. Fıkh âlimleri de, Kur'ân-ı kerîmin ve hadîs-i şerîflerin nasslarından ahkâm çıkarmak için yaratıldı. Bu büyük âlimler "rahime-hümullahü teâlâ" de, bu ilmin son noktasına kadar yükseldi. Bizim gibi câhillerin işini kolaylaşdırdılar. Derin ilmleri ile ve Allahü teâlânın kendilerine vermiş olduğu takvâ yardımı ile, nassların birbirine uygunsuz görünen yerlerini birbirine uydurdular. Muhkem olanlarını, te'vîlli olanlarından ayırdılar. Sonra gelmiş olanlarını, önce gelmiş olanlarından, nâsih olanlarını mensûh olanlarından ayırdılar. İşte bunun için, bu ümmet-i merhûmenin hepsi, yeryüzünün her tarafında, bu büyükleri taklîd etmeğe sarıldılar. Bu imâmların izinde bulunmağı, islâm ahkâmının anahtarı bildiler. Bütün Âlimler, Fâdıllar, Sâlihler, Müttekîler, Velîler, Kutblar, Evtâd ve Allah yolunda olanların hepsi ve Resûlullahın "sallallahü aleyhi ve sellem" âşıkları, kendilerini islâm ahkâmının bu önderlerine teslîm etdi. Hadîs âlimlerinin ve tefsîr mütehassıslarının ve fıkh bilgisinde müctehid olan yüce imâmların bilgilerinin biraraya toplanmasından **(dîn-i islâm)** meydâna geldi. Bizim gibi câhillerin ve şaşkınların bu din büyüklerine iktidâ etmemiz [uymamız, tâbi' olmamız] vâcibdir. Kurtuluş yolu, ancak bu imâmların gösterdiği yoldur. Ancak bu yola uyanlar kurtulur. Nefslerine uyup, Kur'ân-ı kerîme ve hadîs-i şerîflere kendi düşüncelerine göre ma'nâ verenlere uyanlar felâkete sürüklenir. En'âm sûresinin doksanıncı âyetinde meâlen, **(Allahü teâlâ, onlara doğru yolu gösterdi. Onların yoluna iktidâ et!)** buyuruldu. Kendilerine hidâyet verilenler, mezhebsizler değil, mezheb sâhibi olan yüce imâmlardır "rahime-hümullahü teâlâ".

Süâl: Kendilerine itâ'at etmemiz emr olunan Ülül-emr, müctehid olan imâmlar olduğuna inandım. **(Ehl-i zikr)** denilen âlimler de bunlardır. Bunları taklîd etmemiz de vâcibdir. Bunların belli birini mi, yoksa hepsini mi taklîd etmek lâzım olduğu nerden anlaşılmakdadır? Bir işin dört imâmdan "rahime-hümullahü teâlâ" herhangi birine uygun olması kâfî olur mu?

Cevâb: İki veyâ üç yâhud dört imâmı birlikte taklîd etmek mümkin değildir. Çünki, dört imâmın ictihâdlarının birbirlerine uymadığı çok iş vardır. Bir işi yapmağa biri vâcib, diğeri ise harâm demişdir. Meselâ, deriden kan çıkınca, İmâm-ı a'zam, abdest bozulur dedi. İmâm-ı Şâfi'î bozulmaz dedi. Erkeğin derisi, kadının derisine değince, imâm-ı Şâfi'î, ikisinin de abdesti bozulur dedi. İmâm-ı a'zam ise, ikisinin de bozulmaz dedi. İmâm-ı Mâlik ile imâm-ı Ahmed bin Hanbel arasında da böyle ihtilâflar vardır. Böyle ihtilâflı olan işlerde, meselâ İmâm-ı a'zama uysa, diğerlerine uymamış olur. Diğer imâmlara uygun yapan da, bu işde İmâm-ı a'zama uymamış olur "rahmetullahi aleyhim ecma'în". Böyle bir işi, dört mezhebe de uygun yapmak imkânsız olduğu gibi, üç imâma ve iki imâma birlikde uyarak yapılamıyacak işler çokdur. Böyle [ihtilâflı] işler, ancak bir imâma uyarak yapılabilir.

Süâl: Ba'zı işleri bir imâma uyarak, başka işleri de, başka bir imâma uyarak, dahâ başkalarını da, üçüncü imâma uyarak, başka işleri de, dördüncü imâma uyarak yaparsak, dört imâma da uymuş oluruz. Buna ne dersiniz?

Cevâb: Böyle yapmak, dîni oyuncak yapmak olur. Halâl ve harâm ortadan kalkar. Bu ise, memnû'dur. Harâmdır. Müslimdeki hadîs-i şerîfde, **(Münâfık, iki koç arasında dolaşan koyun gibidir. Bir ona gider. Bir ötekine gider)** buyuruldu. Buhârîdeki hadîs-i şerîfde de, **(İnsanların kötüsü, iki yüzlü olanlardır. Ba'zılarına bir yüz ile, başkalarına, başka yüz ile görünür)** buyuruldu. Bunlar, Tevbe sûresinin otuzsekizinci âyetinde bildirilen kimselerdir. Bu âyet-i kerîmede meâlen, **(Nesî, küfrde ziyâde olmakdır. Kâfirler bununla aldatılır. Bir ayı halâl sayarlar. Başka sene ise, bu ayı harâm sayarlar)** buyuruldu. Ya'nî, birşeye, bir yıl halâl derler. Başka zemânda harâm derler.

İbnül Hümâm, **(Tahrîr-ül-üsûl)** kitâbında ve İbnül-Hâcib, **(Muhtasar-ül-üsûl)** kitâbında ve **(Dürr-ül-muhtâr)**da, (Bir işi bir mezhebe göre yapmağa başladıkdan sonra, bu işi ve buna bağlı olan işleri yapmağa devâm ederken, bu mezhebi taklîd etmekden vazgeçmenin memnû' olduğu sözbirliği ile bildirilmişdir) denilmekdedir. [Osmân ibni Hâcib-i Mâlikî, 646 [m. 1248] de İskenderiyyede vefât etdi.] **(Bahr-ür-râık)**da (İmâm-ı a'zamı taklîd edenin, hep hanefî mezhebine tâbi' olması vâcibdir. Zarûret olmadıkça, başka mezhebe göre iş yapması câiz değildir. Büyük âlim Kâsımın bildirdiği gibi, bir mezhebe göre amel edenin, bu mezhebden ayrılmasının câiz olmadığı sözbirliği ile bildirilmişdir) diyor. [Kâsım bin Katlûbüga Mısrî hanefî 879 [m. 1474] de vefât etdi.] **(Müsellem-üs-sübût)** kitâbında diyor ki, (Mutlak müctehid olmıyanın, âlim de olsa, bir [mutlak] müctehidi taklîd etmesi lâzımdır). Bu kitâbı Muhibbullah Bihârî Hindî hanefî yazmış, 1119 [m. 1707] de vefât etmişdir.]

İmâm-ı Abdülvehhâb-ı Şa'rânî,[1] **(Mîzân)** kitâbının yirmidördüncü sahîfesinde diyor ki, (Ayn-ül-ülâya yükselmemiş bir âlimin,

---

[1] Şa'rânî 973 [m. 1565] de vefât etdi.

dört mezhebden birini taklîd etmesi vâcibdir. Taklîd etmezse, doğru yoldan sapar. Başkalarını da sapdırır).

İbni Âbidîn "rahmetullahi aleyh", (Redd-ül-muhtâr)ın ikiyüzseksenüçüncü sahîfesinde diyor ki, (Âmînin mezheb değişdirmesi câiz değildir. Dilediği bir mezhebi taklîd etmesi lâzımdır). Âmî, müctehid olmıyan demekdir.

Şâh Veliyyullah-ı Dehlevî "rahime-hullahü teâlâ"[1] (Ikd-ül-ceyyid) kitâbında diyor ki, (İctihâd derecesine yükselmemiş din adamının, hadîs-i şerîfden anladığı ile amel etmesi câiz değildir. Çünki, hadîs-i şerîflerin mensûh veyâ te'vîli yâhud muhkem olduğunu ayıramaz). İbni Hâcib de, (Muhtasar) kitâbında böyle yazmakdadır. Yine Şâh Veliyyullah-ı Dehlevî "rahmetullahi aleyh", (Füyûd-ül-Haremeyn) kitâbında, (Hanefî mezhebi, mezheblerin en kıymetlisidir. (Buhârî) kitâbında toplanmış olan (sünnet-i Nebeviyye) yoluna en uygun olan, bu mezhebdir) demekdedir.

Dâtâ Genc-i Bahş-i Lâhorî "rahime-hullahü teâlâ",[2] (Keşf-ül-mahcûb) kitâbında diyor ki, Yahyâ Mu'âz-ı Râzî "rahmetullahi aleyh" Resûlullahı "sallallahü aleyhi ve sellem" rü'yâda gördü. Yâ Resûlallah! Seni nereden arayıp bulayım, dedi. (Ebû Hanîfenin mezhebinde) buyurdu. [Yahyâ bin Mu'âz "rahmetullahi aleyh", 258 [m. 872] de Nişâpûrda vefât etdi.]

İbni Hümâm "rahmetullahi aleyh", (Tahrîr) kitâbında diyor ki, (Bir kimsenin, taklîd etdiği mezhebi, ya'nî ona uygun iş yapmağa başladığı mezhebi terk etmesinin câiz olmadığı sözbirliği ile bildirilmişdir).

Mevlânâ Abdüsselâm, (Cevhere) şerhinde diyor ki, (İbâdetlerde ve ictihâd ile yapılan işlerde, dört mezhebden birini taklîd eden kimse, böyle yapdığı işi, Allahü teâlânın emrine uygun olarak yapmış olur). [Abdüsselâm bin İbrâhîm Lâkânî Mâlikî "rahmetullahi aleyh", babasının (Cevheret-üt-tevhîd) manzûmesini şerh ederek, (İttihâf-ül-mürîd) ismini vermiş, 1078 [m. 1668] de Mısrda vefât etmişdir.]

İmâm-ı Rabbânî müceddid-i elf-i sânî "rahmetullahi aleyh", (Mebde' ve Me'âd) kitâbında buyuruyor ki, (Hanefî mezhebinde, imâm arkasında, cemâ'atin ayakda okumamasının haklı olduğunu, Allahü teâlâ bu fakîre bildirdi).

Şâh Abdül'azîz-i Dehlevî "rahime-hullahü teâlâ", (Allahü teâ-

---

[1] Veliyyullah Dehlevî 1176 [m. 1762] de vefât etdi.
[2] Alî bin Osmân Dâtâ Gencbahş 465 [m. 1072] de vefât etdi.

lâya şerîk yapma!) âyet-i kerîmesinin tefsîrinde buyuruyor ki, (İtâ'at olunması farz olan kimseler altıdır: Din bilgilerinde müctehid olanlar, turuk-ı aliyye meşâyıhı,...). [Abdül'azîz Dehlevî, 1239 [m. 1823] de Delhîde vefât etdi.]

İmâm-ı Gazâlî "rahmetullahi aleyh", **(Kimyâ-yı se'âdet)** kitâbında, emr-i ma'rûfu anlatırken buyuruyor ki, (Taklîd etmekde olduğu mezhebe uygunsuz iş yapmağa, hiçbir âlim câiz dememişdir).

Abdülhak-ı Dehlevî "rahmetullahi aleyh", **(Sıfr-üs-se'âdet)** şerhinde diyor ki, (İslâm dîninin binâsı, bu dört direk üzerine kurulmuşdur. Bir kimse, bu dört yoldan birine girerse ve bu dört kapıdan birini açarsa, başka yola geçmesi ve başka kapıya sarılması, abes ve lehv olur. İşlerinin düzenini bozmuş, doğru yoldan ayrılmış olur). Başka bir yerinde buyuruyor ki, (Âlimlerin sözbirliği ve âhır-zemânda müslimânlara en uygun yol, dört mezhebden birini taklîd etmekdir. Din ve dünyânın düzeni böyle olur. Herkes, önceden dilediği mezhebi seçer. O mezhebi taklîde başladıkdan sonra, bunu bırakıp, başka mezhebe geçmek, hiç şübhesiz, birinci mezhebe sû'i zan etmek olur. İşler ve sözler bozulur, karışır. Sonra gelen âlimler, bunu sözbirliği ile bildirdiler. Doğrusu da budur. Hayr bundadır).

İmâm-ı Kuhistânî "rahime-hullahü teâlâ" **(Muhtasar-ı Vikâye)** şerhinde, **(Kitâb-ül-eşribe)**den önce diyor ki, (Mu'tezile gibi, hak yolun çeşidli olduğuna inananlar, âmînin [câhilin] mezhebleri dilediği gibi karışdırabileceğini söylediler. Ehl-i sünnet âlimleri, hak te'addüd etmez dedi ve âmînin belli bir imâma uyması lâzım olduğunu bildirdiler. **(Keşf)** kitâbı, bunu uzun anlatmakdadır. Her mezhebde mubâh olanları, kolay olanları araşdırıp, bunları yapmağa, mezhebleri **(Telfîk)** denir. Böyle yapan, fâsık olur. Sa'îd bin Mes'ûdün **(Tahâvî şerhi)** bunu iyi anlatmakdadır). [Muhammed Kuhistânî Hanefî, 962 [m. 1508] de Buhârâda vefât etmişdir.]

Süâl: Mezhebleri **(Telfîk)** etmenin, din ile oynamak olduğuna inanan ve bir mezhebi taklîde başlayınca, başka mezhebe geçmenin câiz olmadığını kabûl eden kimse, kendi mezhebinin haklı olduğunu söylemez mi?

Cevâb: Her mezhebde bulunanın böyle söylemesi için, vesîkaları vardır. Burada, Hanefî mezhebine tâbi' olmanın dahâ iyi olacağını gösteren vesîkaları bildireceğiz. İmâm-ı a'zam Ebû Hanîfe Nu'mân bin Sâbit "rahmetullahi aleyh", dört mezheb imâmları içinde, Eshâb-ı kirâma en yakın olanı, en âlim olanı, fıkhda en derin olanı, vera'ı en çok olanı idi. İmâm-ı Abdülvehhâb-ı Şa'rânî "rahmetullahi aleyh" şâfi'î mezhebinde olduğunu bildirdiği hâlde, insâf ile, İmâm-ı a'zamı şöyle tanıtmakdadır: (Ona hiç kimse dilini uzatmamalıdır. Çünki O, dört imâmın en büyüğü, mezhebin ilk kurucusu, senedleri Resûlullaha "sallallahü aleyhi ve sellem" en yakın olanı, Eshâb-ı kirâmın ve Tâbi'înin yaşayışlarını en çok göreni idi. Her sözü Kitâba ve Sünnete dayanmakdadır. Kendi re'yi, düşüncesi ile hiç birşey söylememişdir). İmâm-ı Şa'rânî gibi büyük bir âlimin (Rabbânî âlim) dediği ve kendi re'yi ile hiçbir şey söylememişdir dediği bir yüce imâm için ve talebeleri için, birkaç hadîs âliminin (Eshâb-ı re'y) demeleri çok haksız bir isnâddır. Böyle söyliyenleri Allahü teâlâ afv buyursun. [İmâm-ı a'zam, 150 [m. 767] de Bağdâdda, Abdülvehhâb-ı Şa'rânî, 973 [m. 1565] de Mısrda vefât etmişlerdir "rahime-hümallahü teâlâ".]

Şâfi'î mezhebindeki büyük âlimlerden ibni Hacer-i Mekkî İmâm-ı a'zamı tanıtmak için "rahime-hümallahü teâlâ" ayrı bir kitâb yazmışdır. Kitâbının ismi (Hayrât-ül-hisân fî-menâkıb-in-Nu'mân)dır. [Ahmed Tahâvî Hanefînin (Ukûd-ül-Mercân fî-menâkıb-ı Ebî Hanîfet-in-Nu'mân) kitâbı da meşhûrdur. Tahâvî, 321 [m. 933] de vefât etdi.]

Hanefî âlimlerinden ibni Âbidîn "rahime-hullahü teâlâ", (Redd-ül-muhtâr) kitâbının önsözünde diyor ki, İmâm-ı a'zamın, büyüklüğünün şâhidi, mezhebinin en çok yayılmış olmasıdır. Diğer mezheb imâmları, Onun bütün sözlerini sened olarak almışlardır. Mezhebinin âlimleri, Onun zemânından, bu zemâna kadar, her yerde Onun sözleri ile fetvâ verdiler. Evliyâdan çoğu, Onun mezhebine göre çalışarak kemâle geldiler. Anadolu, Balkan müslimânları, Hind, Sind ve Mâverâ'ünnehr [ya'nî Türkistân], yalnız Onun mezhebini bilirler. Abbâsî devleti, her ne kadar, cedlerinin mezhebinde idi ise de, kâdîlarının, hâkimlerinin, âlimlerinin çoğu hanefî mezhebinde idi. Beşyüz seneye yakın bu mezhebe göre amel etdiler. Bu devletin yerine kurulmuş olan Selçûkî ve sonra Harezmî melikleri ve büyük Osmânlı devleti hep hanefî idi.

Büyük âlim Muhammed Tâhir sıddîkî hanefî, 981 [m. 1573] de vefât etdi. (Mecma'ul-bihâr fî-garâib-it-tenzîl ve letâ'if-il-ahbâr) kitâbında diyor ki, (İmâm-ı a'zamdan Allahü teâlânın râzı olduğuna alâmet, mezhebinin her yere yayılmasını kolaylaşdırmasıdır. Bu işde bir sırr-ı ilâhî olmasaydı, yeryüzündeki müslimânların çoğu Onun mezhebinde olmazdı).

İmâm-ı Rabbânî müceddid-i elf-i sânî Ahmed Fârûkî "kaddesallahü sirrehul'azîz" (Mektûbât) ismindeki fârisî kitâbının ikinci cildinin ellibeşinci mektûbunda buyuruyor ki, imâm-ı a'zam Ebû

Hanîfe, Îsâ aleyhisselâma benzemekdedir. Vera' ve takvâ ni'metine kavuşduğu için ve Sünnet-i seniyyeye uyduğu için, nasslardan ahkâm çıkarmakda ve ictihâd yapmakda, çok yüksek dereceye ulaşmışdır. Ba'zı âlimler, Onun bu derecesini anlıyamadılar. Onun ictihâd ile bulduğu şeyler, çok ince bilgiler oldukları için, Kitâba ve Sünnete uymıyor sandılar. Bu yüce imâma, re'y sâhibi dediler. Onun ilminin hakîkatine yetişemedikleri, Onun anladığını anlıyamadıkları için, böyle yanıldılar. Hâlbuki, imâm-ı Şâfi'î "aleyhirrahme", Onun anladığı bilgilerden, az birşey sezerek, (Fıkh âlimlerinin hepsi, fıkh ilminde, Ebû Hanîfenin talebesidir) dedi. Muhammed Pârisâ "rahimehullah", (Füsûl-i sitte) kitâbında, (Hazret-i Îsâ "aleyhisselâm" gökden [Şâma] inince ictihâd ve ameli imâm-ı Ebû Hanîfenin mezhebine uygun düşecekdir) buyurdu. Bu söz, belki yüce imâmın Îsâ aleyhisselâma benzerliğini göstermekdedir. Ellibeşinci mektûbundan terceme burada temâm oldu. [Muhammed Pârisâ, Buhârânın büyük âlimi ve büyük Velî olup, 822 [m. 1419] de, Medînede vefât etdi.]

Bu ümmetin Âlimlerinin, Sâlihlerinin [Velîlerinin] çoğu hanefî mezhebinde idiler. Mezhebsizlerin böyle bir âlime ve ilmi ile âmile dil uzatmaları ve mezheb taklîd edenlere kâfir sözleri, hattâ (Fıkh kitâblarını okuyan kâfir olur) gibi küstahca konuşmaları, (El-cerh-u a'lâ Ebî Hanîfe) ve başka kitâblarda açıkca yazılıdır. Bu nasîbsizlerin, bu büyük ve mubârek imâma böyle saldırmalarının sebebi acabâ nedir? Bilmiyorlar ki, Ona düşmanlık, bu ümmet-i merhûmeye düşmanlıkdır. (Üsûl-i Erbe'a) kitâbının, dördüncü kısmında, buraya kadar yazılmış olanların çoğu, mevlânâ mahbûb Ahmed Müceddidî Emretserînin (Kitâb-ül-mecîd fî-vücûb-it-taklîd) kitâbından alındı.

Altıyüzaltmışbeş 665 [m. 1266] de vefât etmiş olan Ebül-Müeyyed Muhammed bin Mahmûd Hârezmînin toplamış olduğu (Müsned-i kebîr-i imâm-ı Ebû Hanîfe) kitâbı on nev'dir. Birinci nev'de, İmâm-ı a'zamı medh eden haberler ve eserler bildirilmişdir. [Haber, hadîs-i şerîf demekdir. Eser, sahâbî sözü demekdir.] Birinci nev'inde, Sadr-ül-kebîr Şeref-üd-dîn Ahmed bin Müeyyidinin Hârezm şehrinde kendisine bildirdiği hadîs-i şerîfi yazmakdadır. Ebû Hüreyrenin "radıyallahü anh" bildirdiği bu hadîs-i şerîfde, (Ümmetim arasında Ebû Hanîfe denilen biri gelecekdir. O, kıyâmet günü ümmetimin ışığı olacakdır) buyuruldu. Yine bu yoldan gelen bir hadîs-i şerîfde, (Ümmetim arasında biri gelecekdir. İsmi Nu'mân, künyesi Ebû Hanîfedir. O, ümmetimin ışığıdır) buyuruldu. Yine bu yoldan gelen Enes bin Mâlikin bildirdiği hadîs-i şerîfde, **(Benden sonra bir kimse gelir. İsmi Nu'mân bin Sâbitdir. Künyesi Ebû Hanîfedir. Allahü teâlâ, dînini ve benim sünnetimi Onun elinde kuvvetlendirecekdir)** buyuruldu. Yine bu yoldan gelen haberde, (Size, Kûfe şehrinde gelecek birini bildiriyorum. Künyesi Ebû Hanîfedir. Kalbi ilm ve hikmet ile doludur. Âhır zemânda, **(Benâniyye)** denilen kimseler, Onun yüzünden helâk olacaklardır) buyuruldu. Mezhebsizler bu hadîs-i şerîflere karşı gelir. Bunları haber verenler arasında, nasıl oldukları iyi bilinmiyen kimseler var derler. Onlara deriz ki, sonra gelenlerin bilmemeleri, önce gelmiş olanlara kusûr olmaz. Bu hadîs-i şerîfler, **(Kütüb-i sitte)**de yokdur derlerse, hadîs-i şerîflerin sayısı, Kütüb-i sittede bildirilmiş olanlar kadar değildir. Başka hadîs kitâblarında da sahîh hadîslerin çok bulunduğu sözbirliği ile bildirilmişdir. Tirmizîde yazılı, Ebû Hüreyrenin bildirdiği hadîs-i şerîfde, **(Îmân Süreyyâ yıldızına gitse, Fâris ehlinden biri, onu geri getirir)** buyuruldu. Bunun İmâm-ı a'zamı bildirdiği muhakkakdır. **(Üsûl-i erbe'a)**dan terceme burada temâm oldu. [Bu kitâbı fârisî olarak Muhammed Hasen Cân Serhendî Müceddidî "rahmetullahi teâlâ aleyh" yazmış, 1346 [m. 1928] da Hindistânda ve 1975 de İstanbulda basılmışdır. Hasen Cân, 1349 [m. 1931] de Pâkistân Haydarâbâdda vefât etdi.]

İmâm-ı Abdürrahmân Süyûtînin **(Dürr-ül-mensûr)** kitâbında, Hâkimin[1] Abdüllah ibni Mes'ûddan bildirdiği hadîs-i şerîfde, **(Önce inen kitâblar, bir harf ya'nî kelime idi ve birşeyi bildirirlerdi. Kur'ân-ı kerîm yedi harf üzerine nâzil oldu. Yedi şey bildirmekdedir: Zecr** (yasak)**, Emr, Halâl, Harâm, Muhkem** (açık bildirilenler)**, Müteşâbih** (açıkca anlaşılamıyan) **ve Misâller. Bunlardan, halâli halâl biliniz! Harâmı harâm biliniz! Emr edilenleri yapınız! Yasak edilenlerden sakınınız! Misâl ve hikâye olanlardan ibret alınız! Muhkem olanlara uyunuz! Müteşâbih olanlara inanınız! Bunlara inandık. Hepsini Rabbimiz bildirmişdir deyiniz!)** buyuruldu. Bu hadîs-i şerîf, vehhâbî kitâbının dörtyüzaltıncı sahîfesinde de yazılıdır. Süriyede Hamâda Sultân câmi'i hatîb ve müderrisi allâme Muhammed Hâmid, **(Lüzûm-ü ittibâ'ı mezâhib-il eimme)** kitâbında, hanefî mezhebini uzun anlatmakda ve dört mezhebden birine tâbi' olmanın vâcib olduğunu isbât etmekdedir. Kitâb 1388 [m. 1968] de yazılmış, 1984 de İstanbulda ofset ile tekrâr basılmışdır. [İmâm-ı Süyûtî "rahmetullahi teâlâ aleyh" 911 [m.

---

[1] Hâkim Muhammed bin Abdüllah 405 [m. 1014] de Nişâpûrda vefât etdi.

1505] de Mısrda vefât etdi.]

22 - Dörtyüzondördüncü sahîfede, *(Allahdan başkasına düâ et-mek, başkasından sıkıntısını gidermesini istemek, ihtiyâclarını baş-kasından beklemek, mezârları büyük bilmek, onları putlaşdırmak, üzerine türbe yapmak, türbelerde nemâz kılmak, türbedekilere ibâdet etmek, kalb ile, söz ile, ibâdet ile ölülerden birşey beklemek büyük şirkdir. Cehennemde sonsuz kalmağa sebebdirler. Allah adı ile yalan yemîn etmekden korkmuyorlar. Ahmed Bedevî adı ile yalan yemîn etmekden çekiniyorlar. Bu ise, onu Allahdan dahâ üs-tün, dahâ kuvvetli bilmekdir)* diyor.

Kitâbın müellifi, doğru ile yanlışı karışdırmakdadır. Kuru ya-nında yaşı da yakmak istemekdedir. Allahü teâlâyı bırakıp da, başka bir ölüden veyâ diriden birşey beklemek, başkası adı ile yalan veyâ doğru yemîn etmek, elbet şirk olur. Îmânı giderir. Fekat, birkaç kişi böyle yapıyor diyerek, kabr ziyâret etmeğe, tür-bede, Kâ'beye karşı, Allah rızâsı için nemâz kılıp, sevâbını meyyite hediyye etmeğe, Allahü teâlânın sevdiği kulunu, Allahın yaratması için vesîle etmeğe şirk demek, bunun için türbeleri, mezârları yık-mak, islâmiyyete ve müslimânlara iftirâ olur. Müslimânlara kâfir diyen kimse, bunu düşmanlık ile, inâd ederek söyliyorsa, kendisi kâfir olur. Şübheli olan Nassları yanlış te'vîl ederek söyliyorsa, kâfir olmaz ise de, bid'at sâhibi olur. Kitâbın bu yazısı, câmi'lere hırsızlık yapmak için veyâ mezhebsizlik propagandası için gidenler, vâizlere, hatîb efendilere, iftirâ ederek ihbâr yapmak için, göze girmek için, iyi tanınmak için gidenler var, o hâlde, câmi'leri yıkmalıdır demeğe benziyor. Böyle söyliyen, bilmez mi ki, câmi'ler, o kötü işler için yapılmamışdır. Nemâz kılmak, va'z etmek, Kur'ân-ı kerîm dinle-mek için yapılmışdır. Böyle, birkaç kötülük için, câmi'leri yıkmak değil, kötülük yapanları câmi'lere, iyi insanlar arasına sokmamak lâzımdır. Kötü, bozuk kimseleri ileri sürerek, Ehl-i sünnet olan temiz müslimânlara müşrik demek, Resûlullahın "sallallahü aleyhi ve sellem" ve Velîlerin, Âlimlerin "rahime-hümullahü teâlâ" türbe-lerine saygısızlık yapmak, islâm düşmanlığıdır.

Büyük âlim Abdülganî Nablüsînin "rahime-hullahü teâlâ" **(Hadîka)** kitâbının yüzelliüçüncü sahîfesinden başlıyarak, sahîfe-lerce yazdıklarının özeti şöyledir: **(Edille-i şer'ıyye)** ya'nî din bilgi-lerinin kaynağı dörtdür: **Kitâb, sünnet, kıyâs** ve **icmâ'**. Kıyâs ile ic-mâ', Kitâbdan ve sünnetden çıkmışdır. Şu hâlde, din bilgisinin ana kaynağı Kitâb ve sünnetdir. Bu ikisinden alınmıyan her bilgi, her iş, **(Bid'at)**dir. Bid'at olan inanışlar, bilgiler ve işler, sapıklıkdır. İnsanı felâkete götürür. Meselâ, tesavvufcu, tarîkatcı olduğunu söyliyen kimseler, bir münkeri, ya'nî icmâ' ile bildirilenlere uymı-yan birşeyi yapınca, *(biz bâtın bilgilerini biliyoruz. Bu iş bize ha-lâldir. Siz kitâbdan öğreniyorsunuz. Biz ise, Muhammed aleyhis-selâmdan sorup anlıyoruz. Onun sözüne güvenmezsek, Allahdan sorup öğreniyoruz. Şeyhimizin himmeti bizi ma'rifetullaha kavuş-duruyor. Kitâbdan, üstâddan birşey öğrenmeğe ihtiyâcımız yok-dur. Allah bilgilerine kavuşmak için kitâb okumamak, mektebe gitmemek lâzımdır. Bizim yolumuz bozuk olsaydı, nûrlar, Peygamberler, rûhlar, bize görünmezlerdi. Biz yanılırsak, harâm işlersek, rü'yâda bize bildirilir, doğruları öğretilir. İlm adamlarının kötü gördükleri şeyler, bize rü'yâda kötülenmedi, iyi bildiğimiz için yapıyoruz)* diyorlar. Bu gibi saçma sözler, zındıklıkdır, sapık-lıkdır. İslâmiyyet ile alay etmekdir. Kur'ân-ı kerîme ve hadîs-i şerîflere hakâret etmek, güvenmemekdir. Bunlarda yanlış ve zemâna uymıyan şey bulunduğunu söylemekdir. Böyle bozuk söz-lere inanmamalıdır.

Ehl-i sünnet âlimleri "rahime-hümullahü teâlâ" buyuruyor ki, **(İlhâm)** vâsıtası ile ahkâm anlaşılamaz. Ya'nî, Allahü teâlânın, Ve-lîlerin "rahime-hümullahü teâlâ" kalblerine verdiği bilgiler, halâl ve harâmlar için delîl, sened olamazlar. Resûlullahın "sallallahü teâlâ aleyhi ve sellem" mubârek kalbine ilhâm, her müslimân için seneddir. Herkesin bunlara uyması lâzımdır. Evliyânın ilhâmı islâ-miyyete uygun ise, yalnız kendisine seneddir. Başkalarına sened olamaz. İlhâm, Kitâbın ve Sünnetin ma'nâlarını anlamağa yardım eder. İlhâm, sâlih mü'minlerde olur. Bid'at sâhiblerinin ve fâsıkla-rın kalblerine şeytânın vesveseleri gelir. Kalbe gelen bilgilere **(İlm-i ledünnî)** denir. Bu ilm rûhânî veyâ şeytânî olur. Birincisine **(İlhâm)**, ikincisine **(Vesvese)** denir. İlhâm Kitâba ve Sünnete uy-gun olur. Vesvese, bunlara uygun olmaz. Rü'yâ da, rahmânî veyâ şeytânî olur. Resûlullah "sallallahü aleyhi ve sellem", Peygamber olduğu bildirilmeden önce, altı ay, rü'yâ ile amel eyledi. Tesavvuf büyüklerinden yüksek Velî Cüneyd-i Bağdâdî "rahime-hümullahü teâlâ"[1] (İnsanları, Allahü teâlânın sevgisine kavuşduracak yol, yalnız Muhammed aleyhisselâmın yoludur. Bundan başka olan dinler, mezhebler, tarîkatler, rü'yâlar çıkmaz sokakdır. İnsanı se'âdete kavuşdurmazlar. Kur'ân-ı kerîmin ahkâmını öğrenmiyen ve hadîs-i şerîflere uymıyan kimse, câhil ve gâfildir. Buna uyma-malıdır. Bizim ilmimiz, mezhebimiz, Kitâb ile Sünnetdir) buyurdu. Muhyiddîn-i Arabî "rahime-hüllahü teâlâ" buyuruyor ki, (Bir Ve-

---

[1] Cüneyd-i Bağdâdî 298 [m. 910] da Bağdâdda vefât etdi.

lî, islâmiyyete uydukca ilerler. İlhâmları artar. Fekat, Velîlere gelen ilhâmlar, Kitâb ve Sünnetin üstüne çıkamaz.) Sırrî-yi Sekâtî[1] (Tesavvufun üç ma'nâsı vardır. Birincisinde sôfinin kalbinde Allahü teâlâya olan ma'rifeti, vera'ının nûrunu söndürmez. Kalbinde olan ma'rifet nûru ile, maddenin ve enerjilerinin hakîkatlerini, özlerini anlar ve Allahü teâlânın ismlerinin, sıfatlarının tecellîlerine kavuşur. Bedeninde olan vera' nûru ile, islâmiyyetin ince bilgilerini anlar. Her işi, islâm ahkâmına uygun olur. İkinci ma'nâsına göre, sôfinin kalbinde, Kitâba ve Sünnete uymıyan ilm bulunmaz. Uygun olup olmadığını, zâhir ve bâtın bilgilerinde derin âlim olup, tesavvuf büyüklerinin kullandıkları kelimeleri anlıyanlar ayırabilir. Tesavvufun üçüncü ma'nâsına göre, sôfinin kerâmetleri, islâm bilgilerinin hiçbirine aykırı olmaz. İslâm ahkâmına uymıyan şeyler, (Kerâmet) olmaz. Bunlara (İstidrâc) denir) buyurdu.

Evliyânın sözlerinin, işlerinin islâm ahkâmına uygun olup olmadığını her ilm sâhibi anlıyamaz. Tesavvuf bilgilerini iyi bilmek ve tesavvuf büyüklerinin sözlerinin ma'nâsını iyi anlamak lâzımdır. Meselâ, Bâyezîd-i Bistâmî "rahime-hullahü teâlâ"[2] (Sübhânî mâ a'zama şânî) buyurdu. Yalnız zâhirî bilgileri olanlar bu sözü, (Mahlûklardaki kusûrlar bende yokdur. Benim şânım çok büyükdür) demek sanır. Muhyiddîn-i Arabî "rahime-hullahü teâlâ", bu söz için, Allahü teâlânın büyüklüğünü, hiç kusûrlu olmadığını en iyi olarak bildirmekdedir dedi. Tenzîhin tenzîhidir buyurdu. Şöyle ki, Allahü teâlâyı Ona lâyık olarak tenzîh ve tesbîh edemediğini gördü. Allahü teâlâ tâm münezzeh olarak tecellî etdiği gibi, Onun isti'dâdı ve gücü kadar yapdığı tenzîhe ve tesbîhe uygun tecellîler de olmakdadır. Bu tecellîleri tesbîh etmesini, kendi isti'dâdını tesbîh etmek görüp, kendimi tesbîh ediyorum dedi. Böylece, Sübhânî dedikden sonra, başkalarının tesbîhlerinin, dahâ aşağı olduğunu, onların tenzîhlerine göre olan tecellîlerde görerek, kendi tesbîhinin dahâ uygun olduğunu görünce, (Benim isti'dâdım dahâ büyükdür) dedi. Görülüyor ki, bu sözü ile islâmiyyete uygun olan birşeyi anlatmak istemişdir. Sekr hâlinde olduğundan, başka kelime bulamamış, ince bilgilerini, herkesin anlıyamıyacağı kelimelerle bildirmişdir. Yine bu büyük Velî, Bistâm şehrinde talebesini alarak, velî olduğu söylenilen bir kimseyi görmeğe gitdiler. Zühdü, takvâsı dillerde dolaşan o kimsenin yanına gidince, kıble tarafına tükürdüğünü gördü. Selâm vermeyip, yanından uzaklaşdı. (Bu adam Resûlullaha "sallallahü teâlâ aleyhi ve sellem" karşı lâzım olan edebler-

---

[1] Sırrî Sekâtî 251 [m. 865] de Bağdâdda vefât etdi.
[2] Bâyezîd-i Bistâmî 261 [m. 875] de Bistâmda vefât etdi.

den birini gözetmedi. Velî olmak için lâzım olan edebleri de gözetemez) dedi. Kıbleye karşı edebsizlik, kötü birşeydir. Ehl-i sünnet âlimleri, yatarken ve otururken kıbleye karşı ayak uzatmağa mekrûh dedi. Allahü teâlâ, Kâ'beyi tavâf etmeği ve tavâfda temiz olmağı emr eyledi. Muhyiddîn-i Arabî "rahime-hullahü teâlâ" buyuruyor ki, düâlarının kabûl olduğunu söyliyen bir kimse, islâmın edeblerinden bir edebi gözetmezse, çok kerâmetleri görülse de, ona inanılmaz. Yine Bâyezîd-i Bistâmî buyurdu ki, (Bir kimse, Velî olduğunu söylerse, hattâ havada otururursa, ibâdetleri yapmasına ve harâmlardan sakınmasına ve islâmiyyete uymasına bakmadan sözüne inanmayınız). [Şimdi, din kitâbı yazanları da, böyle kontrol etmeli, islâmiyyete uymıyanların din kitâblarını okumamalıdır!] [Bâyezîd-i Bistâmî, Hazer denizi cenûbunda Bistamda, Muhyiddîn-i Arabî 638 [m. 1240] da Şâmda vefât etmişlerdir.]

Abdürra'üf-i Münâvî "rahime-hullahü teâlâ", **(Câmi'ussagîr)** şerhinde diyor ki, avâmın ya'nî müctehid olmıyanların, Sahâbe-i kirâmı taklîd etmelerinin câiz olmadığını, âlimler sözbirliği ile bildirmişlerdir. Bu sözbirliğini, imâm-ı Ebû Bekr-i Râzî "rahime-hullahü teâlâ" haber vermekdedir. Müctehid olanın, dört mezhebden başka olan ictihâdlara uymaları câizdir. Fekat, uyarak yapdığı işde, onun bütün şartlarını gözetmesi lâzımdır. Ebû Süleymân-ı Dârânî "rahime-hullahü teâlâ" buyuruyor ki, (Çok vakt, kalbime düşünceler geliyor. Kitâba ve Sünnete uygun bulursam kabûl ediyorum.) Zünnûn-i Mısrî "rahime-hullahü teâlâ" buyuruyor ki, (Allahü teâlâyı sevmenin alâmeti, bütün ahlâkda ve bütün işlerde, Onun sevgili Peygamberine "sallallahü teâlâ aleyhi ve sellem" uymakdır.) [Abdürra'üf Münâvî, 1031 [m. 1621] de Mısrda, Ebû Süleymân, 205 [m. 820] de Şâmda, Zünnûn-i Mısrî, 245 [m. 860] de vefât etmişlerdir.]

(Hadîka)da, yüzseksenikinci sahîfesinde, imâm-ı Kastalânînin **(Mevâhib-i ledünniyye)** kitâbından alarak buyuruyor ki, Allahü teâlâyı sevmek ikiye ayrılır: Farz olan sevmek, farz olmıyan sevmek. Farz olan sevmekle, emrleri yapılır. Yasaklarından sakınılır. Kazâ ve kaderine râzı olunur. Harâm işlemek ve farzları yapmamak, bu sevginin gevşek olduğunu gösterir. Farz olmıyan sevgi, nâfileleri yapdırır. Şübhelilerden sakınmağa sebeb olur. Buhârînin Ebû Hüreyreden "radıyallahü anh" haber verdiği, **(Allahü teâlâ, kulumu bana yaklaşdıran şeyler arasında bana en sevgili olanları, ona farz kıldığım şeylerdir. Kulum nâfile ibâdetleri yapmakla bana o kadar yaklaşır ki, onu çok severim. Onu sevince, onun duyan kulağı, gören gözü ve tutan eli ve yürüyen ayağı olurum. Her iste-**

diğini veririm. **Benden yardım isteyince, imdâdına yetişirim buyurdu)** hadîs-i kudsî gösteriyor ki, Allahü teâlânın çok sevdiği ibâdet, farzları yapmakdır. Burada bildirilen nâfile ibâdetler, farzlarla birlikde yapılanlardır. Bunlar, bu farzlardaki kusûrları temâmlar. Ömer bin Alî Fâkihânî diyor ki, (Bu hadîs-i şerîf gösteriyor ki, farzlarla birlikde nâfile ibâdetleri yapan, Allahü teâlânın sevgisini kazanır.) Ebû Süleymân Hattâbî diyor ki, (Bu hadîs-i şerîf gösteriyor ki, bunların düâları kabûl olur). Bunların düâ etdikleri kimseler, murâdlarına kavuşurlar. [Fâkihânî İskenderî Mâlikî 734 [m. 1334] de vefât etmişdir. Ebû Süleymân Ahmed Hattâbî Büstî, 388 [m. 998] de vefât etmişdir. Velîlerden düâ, yardım beklemek, bunun için onlara yalvarmak şirk olur demek, bu hadîs-i şerîfe inanmamak olur.]

Abdülganî Nablüsî "rahime-hullahü teâlâ", buyuruyor ki, Cüneyd-i Bağdâdîden başlıyarak, buraya kadar yazdıklarımızı, tesavvuf büyüklerinden Abdülkerîm Kuşeyrînin "rahime-hullahü teâlâ"[1] risâlesinden aldım. Tarafsız olarak bunları incele! Adı geçen bu tesavvuf büyüklerinin, Velîlerin, islâmiyyete nasıl yapışmış olduklarını gör! Bütün keşflerini, kerâmetlerini, kalb bilgilerini, ilhâmlarını, hep Kitâb ve Sünnet ile ölçmekdedirler. Resûlullahın "sallallahü teâlâ aleyhi ve sellem" yolundan ayrılan câhillerin sözleri ileri sürülerek, Ehl-i sünnet âlimlerine, tesavvuf büyüklerine dil uzatmak, bir müslimâna yakışır mı? Bu Velîlere ve bu Allah adamlarını seven müslimânlara, müşrik diyene inanılır mı? Evliyânın kerâmetleri hakdır, doğrudur. Ehl-i sünnet i'tikâdında olan ve islâmiyyete uyduğu görülen kimselere, Allahü teâlânın âdeti dışında, [ya'nî fizik, kimyâ ve fizyoloji kanûnları dışında] ikrâm etdiği, ihsân etdiği şeylere **(Kerâmet)** denir. Bir Velî, kerâmet sâhibi olduğunu söylemez. Kerâmet göstermesini dilemez. Kerâmet, Velînin ölüsünde de, dirisinde de hâsıl olur. Peygamberler ölünce, Peygamberlikden ayrılmadıkları gibi, Velîler de ölünce, evliyâlık derecesinden düşmezler. Velîler, Allahü teâlâya ve sıfatlarına ârifdirler. Kur'ân-ı kerîmde, birçok Velîlerin kerâmetleri bildirilmekdedir. Îsâ aleyhisselâm babasız dünyâya gelince, hazret-i Meryemde görülen kerâmetler bunlardandır. Zekeriyyâ aleyhisselâm hazret-i Meryemin odasına geldiği zemân, yanında yiyecek olduğunu görür. Bunu nereden aldın derdi. Çünki, onun yanına, Zekeriyyâ aleyhisselâmdan başka, kimse girmezdi. O da, Allahü teâlâ yaratdı cevâbını verirdi. Eshâb-ı Kehfin kerâmetleri de, Kur'ân-ı ke-

---

[1] Kuşeyrî 465 [m. 1072] de Nişâpûrda vefât etdi.

rîmde bildirilmekdedir. Mağarada senelerce aç ve susuz kaldılar. Âsaf bin Berhıyânın, Belkısın tahtını Süleymân aleyhisselâma getirmesi de Kur'ân-ı kerîmde bildiriliyor. Eshâb-ı kirâmın ve Tâbi'înin binlerce kerâmetleri, kitâblarda yazılıdır ve dillerde dolaşmakdadır. Mezhebsizlerin, kerâmetlere inanmamalarına pek de şaşmamalıdır. Çünki, kendilerinde kerâmet hiç hâsıl olmadığı gibi, hocalarında ve büyük bildiklerinde böyle şeyler görüldüğünü duymuyorlar. İmâm-ı Necmeddîn Ömer Nesefîden "rahime-hullahü teâlâ" kerâmeti sorduklarında, Allahü teâlânın, Evliyâsına, ya'nî sevdiği kullarına, âdetini bozarak, ihsânda bulunması, ehl-i sünnete göre câizdir buyurduğu, ibni Âbidînde, Mürted bahsi sonunda yazılıdır. [Ömer Nesefî, 537 [m. 1143] de, Semerkandda vefât etmişdir.]

Evliyânın az zemânda uzak yerlere gitdikleri ibni Âbidînde, **(Nesebin sübûtü faslı)** sonunda da yazılıdır. Bunun üzerine şâfi'î ve hanefî mezheblerinde, fıkh mes'eleleri bile yapılmışdır. İbn-i Hacer-i Hiytemînin "rahime-hullahü teâlâ" fetvâlarında diyor ki, bir Velî, bulunduğu yerde akşam nemâzını kıldıkdan sonra, garba doğru çok uzağa gitse, gitdiği yerde güneş batmamış olsa, burada güneş batınca, akşam nemâzını tekrâr kılması lâzım olmadığını söyliyenler çokdur. Şemseddîn Remlî "rahime-hullahü teâlâ" ise, lâzım olur buyurdu. [İbni Hacer-i Hiytemî, 974 [m. 1566] de Mekkede, Muhammed Remlî, 1004 [m. 1596] de vefât etmişlerdir.] İhtiyâc olduğu zemân, yiyecek içecek ve giyecek, hemen hâsıl olması da çok görülmüşdür. Resûlullahın "sallallahü aleyhi ve sellem" amcası oğlu Ca'fer Tayyârın "radıyallahü teâlâ anh" havada uçduğu târîh kitâblarına geçmişdir. Lokmân-ı Serahsînin ve benzerlerinin uçdukları da meşhûrdur. Su üstünde yürümek, ağaç, taş ve hayvanlarla konuşmak da çok görülmüşdür. Allahü teâlânın, böyle âdetinin ve kanûnlarının dışında yapdığı şeyler, Peygamberlerde hâsıl olursa, **(Mu'cize)** denir. Peygamberlerin "aleyhimüssalevâtü vetteslîmât" diri olması şart değildir. Öldükden sonra da, Allahü teâlâ mu'cize ihsân eder. Bunun gibi, Velîler öldükden sonra da, Allahü teâlâ bunlara **(Kerâmet)** vermekdedir. Hiçbir Velî, hiçbir Nebînin derecesine yükselemez. Velîler, dereceleri ne kadar yüksek olursa olsun, Allahü teâlânın emrlerine ve yasaklarına uymaları lâzımdır.

Velîlerin en yükseği hazret-i **(Ebû Bekr-i Sıddîk)**dır "radıyallahü anh". Bundan sonra, en yükseği hazret-i **(Ömer-ül-Fârûk)**dur "radıyallahü anh". Ömer "radıyallahü anh" müslimân olmadan önce, otuzdokuz müslimân vardı. Gizli ibâdet ederlerdi. Bu, müslimân olunca, (Bugünden sonra artık gizli ibâdet olunmaz) dedi. İslâmiyyetde, açıkca ilk ibâdet eden, **(Ömer-ül-Fârûk)**dur "radıyallahü anh". Bu ikisinden sonra Velîlerin en yükseği, hazret-i **(Osmân-ı Zin-nûreyn)**dir "radıyallahü anh". Resûlullahın "sallallahü teâlâ aleyhi ve sellem" Rukayye ve Ümm-ü Gülsüm adındaki iki mubârek kızı ile "radıyallahü teâlâ anhünne" ard arda evlendiği için, (İki nûr sâhibi) adı ile şereflenmişdir. Bu iki zevcesi ölünce, Resûlullah "sallallahü aleyhi ve sellem", **(Bekâr bir üçüncü kızım dahâ olsaydı, onu da Osmâna verirdim)** buyurdu. Bundan sonra, Evliyânın en üstünü, hazret-i **(Aliyy-ül-mürtezâ)**dır "radıyallahü anh". Resûlullah "sallallahü aleyhi ve sellem" Tebük gazâsına giderken, hazret-i Alîyi, Medînede, Ehl-i beytini korumak için, kendi yerine vekîl bırakmağa râzı oldu ve **(Sen, bana, Hârûnun Mûsâya olduğu gibisin. Şu kadar var ki, benden sonra, hiç Peygamber gelmiyecekdir)** buyurmuşdu. Bunun için, kendisine mürtezâ denildi. Resûlullahdan "sallallahü teâlâ aleyhi ve sellem" sonra, bu dördünün hilâfeti, üstünlükleri sırasına göre oldu. Bunlardan sonra, Evliyânın en üstünleri **(Eshâb-ı kirâm)**ın hepsidir "radıyallahü anhüm ecma'în". Eshâb-ı kirâmın ismlerini ve aralarında olan muhârebeleri söylerken, kalbimizin ve dilimizin onlara karşı saygılı ve iyi olması lâzımdır. Çünki, onların birbirleri ile muhârebeleri, ictihâd ayrılığı idi. Onların bu işlerine de sevâb vardır. Yanılanlarına bir sevâb, doğru olanlarına iki sevâb verildi. **(Aşere-i mübeşşere)** denilen on kişinin Cennete gideceklerini, Resûlullah haber verdi. Bunlar, dört halîfe ve Talha ve Zübeyr ve Sa'd bin ebî Vakkâs ve Sa'îd bin Zeyd ve Ebû Ubeyde bin Cerrâh ve Abdürrahmân bin Avfdır. Resûlullahın mubârek kızı hazret-i **(Fâtıma-tüz-Zehrâ)** "radıyallahü anhâ" ile bunun iki oğlu, **(Hasen)** ve **(Hüseyn)**in ve **(Hadîce-tül-Kübrâ)** ve **(Âişe-i Sıddîka)**nın "radıyallahü teâlâ anhüm ecma'în" da Cennetlik olduklarına inanırız. Bunlardan başka, hiç kimsenin ismini söyliyerek Cennetlik olduğunu söyliyemeyiz. Başka âlimlerin, Velîlerin Cennete gideceklerini, çok zan ederiz. Fekat, kesin söyliyemeyiz. Eshâb-ı kirâmdan sonra, Evliyânın en üstünü, **(Tâbi'în)**in üstünleridir. Onlardan sonra **(Tebe-i Tâbi'în)**in üstünleridir "rıdvânullahi teâlâ aleyhim ecma'în".

Müellif, (*Allahü teâlâyı sevmenin on sebebi vardır. Dokuzuncusu, Allahı sevenlerle berâber bulunmak, onların sözlerinden dökülen tatlı meyveleri toplamak, onların yanında, ancak lâzım olunca konuşmakdır. Bu on sebebe yapışmakla, muhabbet dereceleri aşılır. Sevgiliye kavuşulur*) diyor.

Biz de, böyle inanıyoruz. Tesavvuf büyüklerini bunun için seviyoruz. Allahü teâlânın sevdiği Velîlerin yanına onun için üşüşüyoruz. Onları bunun için övüyoruz. Böyle yapanlara, niçin müşrik diyor anlıyamıyoruz.

23 - **(Feth-ul-mecîd)** kitâbının, dörtyüzonbeşinci sahîfesinde, *(Kasîde-i bürde, büyük câhillikdir. Yalnız Peygamberlerin koruması ile necât olurmuş. Bu kasîde, Kitâba ve Sünnete karşı gelmekdedir. Bu kasîdeyi Kur'ândan üstün tutuyorlar)* diyor.

Kitâbının önsözünde, *(Sü'ûd torunu Abdül'Azîz*[1] *tevhîdi yeniledi. Arabistân yarım adasına sulh ve emniyet getirdi. Oğlu Sü'ûd da, geçmişlerinin yoluna hayât verdi. Hulefâ-i râşidînin yolunu açdı)* diyor. Sü'ûd oğullarının kılınclarının keskin olmasına düâ ediyor. Yunanistanda, Atinanın en lüks otellerinde, yüzlerce gayr-ı meşrû' câriye ile, Yunan kızları arasında, yıllarca sefâhet, içki ve fuhş âlemleri sürerek 1388 [m. 1969] de zevk, safâ, işret içinde ölen Sü'ûdü ve dedelerini övmek için (hayât verdi, yol açdı) gibi medhiyeler söylemesi, ondan yardım dilemesi şirk, suç olmıyor da, imâm-ı Busayrînin "rahime-hullahü teâlâ", Allahü teâlânın sevgili Peygamberini "sallallahü teâlâ aleyhi ve sellem" övmesi, o yüce Peygamberi, mahlûkların en yüksek derecesine çıkarması, **(Her istediğini vereceğim)** müjdesi ile şereflenmiş olan o en yüksek Peygamberden yardım ve şefâ'at istemesi, suç ve şirk oluyormuş. Utanmadan bu yazıları, din kitâbı diyerek müslimânların önüne sürmekdedir. Gençleri aldatmak, mezhebsiz yapmak için, islâm âlimlerine, müslimânların gözbebeklerine, müşrik, sapık demekden hayâ duymamakdadır. İmâm-ı Rabbânînin "rahime-hullahü teâlâ" birinci cild, kırkdördüncü mektûbda bildirdiği hadîs-i şerîflerde, Resûlullahın kendi yüksek makâmını anlatmasına, acaba ne diyecekdir. Peygamberlerin seyyidi, gelmiş gelecek, bütün insanların en üstünü olduğunu bildirdiği için, o şerefli Peygambere "sallallahü teâlâ aleyhi ve sellem" de, (hâşâ) kirli kalemini bulaşdırmak küstahlığını mı yapacak? Bu konuda, onüçüncü maddede geniş bilgi verildi. Lütfen o maddeyi de okuyunuz!

24 - Bu vehhâbî kitâbının dörtyüzonaltıncı sahîfesinde, *(İbrâhîm Neha'î, Allahü teâlâya, sonra sana sığınırım demek câiz olur dedi ise de, bu söz diri ve hâzır olup birşey yapmağa gücü yeten ve sebeb olan kimse için söylenir. Ölüler his etmez, duymaz, fâide*

---

[1] Abdül'Azîz bin Muhammed bin Sü'ûd 1217 [m. 1803] de öldü.

ve zarar yapmağa güçleri yokdur. Ölülere ve gâib olan dirilere karşı böyle söylenmez. Ölülere herhangi bir sûretle bağlanmak câiz değildir. Böyle olduğunu, Kur'ân açıkca bildiriyor. Ölülerden birşey istemek, yâhud onlara birşey söyliyerek değer vermek, kalbi ile veyâ bir iş yapmakla bağlanmak, onları ilâh, ma'bûd, tanrı yapmak olur) diyor.

Bu saçma yazıları ile, Kur'ân-ı kerîme de iftirâ etmekdedir. İslâm âlimleri "rahime-hümullahü teâlâ" bu sapık yazılara, âyet-i kerîmelerle ve hadîs-i şerîflerle cevâb vermişler. Bunların aldandıklarını ve gençleri aldatarak felâkete sürüklemekde olduklarını isbât etmişlerdir. Bu kıymetli kitâblardan Seyyid Dâvüd bin Süleymânın "rahime-hullahü teâlâ" **(Minhat-ül-vehbiyye fî redd-il-vehhâbiyye)** kitâbı, ofset yolu ile, 1389 [m. 1969] da İstanbulda basdırılmışdır. 1973 de ikinci, 1990 da üçüncü baskısı yapılmışdır. Arabî olan bu kitâb, ilk olarak 1305 hicrî yılında, Bombayda basılmışdı. Seyyid Dâvüd, derin âlim, büyük Velî, kerâmetler sâhibi olan mevlânâ Hâlid-i Bağdâdînin "rahime-hullahü teâlâ" talebesi olup, 1222 de Bağdâdda tevellüd ve 1299 [m. 1881] da orada vefât etdi. Hâl tercemesi **(Müncid)** lügat kitâbında **(Hâlidî)** isminde yazılıdır. İbrâhîm Neha'î İmâm-ı a'zamın hocasının hocasıdır. 96 da Kûfede vefât etdi. **(Minhat-ül-vehbiyye)** kitâbında diyor ki:

Ehl-i sünnet i'tikâdından ve mezheblerden ayrılanlar, bugünlerde çoğalmakdadır. Bu sapıklar, Muhammed aleyhisselâmın ümmetine müşrik diyorlar. Bu mubârek ümmeti öldürmeli, mallarını almalı diyorlar. Bunlar, böylece, felâkete sürükleniyorlar. Allahü teâlânın yardımı ile, vehhâbî denilen bu sapıkları, şu küçük kitâbımla red etmeğe, yazılarının bozukluğunu isbât etmeğe kalkışdım. Bunu okuyarak, belki yanıldıklarını anlar, hidâyete kavuşurlar. Böylece, büyük bir hizmet etmiş olurum.

Vehhâbîler, Peygamberleri "aleyhimüssalevâtü vetteslîmât" ve sâlih kullardan Evliyâyı "rahime-hümullahü teâlâ" vâsıta yaparak, onları şefâ'atcı kılarak, Allahü teâlâdan dilekde bulunmağa ve Allahü teâlânın kerâmet olarak onlara verdiği kuvvet ile sıkıntıdan kurtarmalarını istemeğe ve Allahü teâlânın bir dileğe kavuşdurması veyâ bu sıkıntıdan kurtarması için, kabrlerine gidip, onlardan şefâ'at istemeğe inanmıyorlar. İnsan ölüp, toprak olunca, işitmez, görmez, kabr hayâtı diye birşey yokdur diyorlar. Dünyâda birşeye kavuşmak için, diriler sebeb yapıldığı hâlde, ölülerin de, birşeye kavuşmak için sebeb yapılmasına bir dürlü inanmıyorlar. Eğer, ölülerin kabr hayâtı denilen bir hayât ile diri olduklarına ve bu hayâtlarından dolayı, bildiklerine, işitdiklerine, gördüklerine ve kendilerini ziyâret edenleri tanıdıklarına, selâm verenlere karşılık selâm verdiklerine ve birbirlerini ziyâret etdiklerine, kabrde ni'met veyâ azâb içinde olduklarına ve ni'metin ve azâbın, rûh ile bedene birlikde olduğuna ve tanıdıkları dirilerin yapdıkları işlerin kendilerine bildirildiğine ve iyi işleri öğrenince, Allahü teâlâya hamd edip birbirlerine müjde verdiklerine ve işi yapana düâ etdiklerine, kötü işleri öğrenince, bunları yapanlara düâ ederek yâ Rabbî! Bunlara iyi işler yapmak nasîb et! Bize yapdığın gibi, onlara da hidâyet nasîb eyle dediklerine inansalardı, böyle inkâr etmezlerdi. Çünki ölmek, bir evden, başka bir eve göç etmekdir. Bu bildirdiklerimizin hepsinin doğru olduklarını, Kur'ân-ı kerîm ve hadîs-i şerîfler ve icmâ'ı ümmet bildirmekdedir. Bunlara inanmıyan, îmân edilmesi vâcib olan birşeye inanmamış olup, bid'at fırkalarından olur. Resûlullahın "sallallahü teâlâ aleyhi ve sellem" sünnetinden ayrılmış olur. Çünki, Mahşer yerinde toplanmak için dirilip, mezârdan çıkmağa inanmak, îmânın altı şartından biridir. Buna inanmıyan kâfir olur. Ölüler için kabr hayâtı olup, ni'meti ve azâbı duyduklarına inanmamak, küçük kıyâmete inanmamakdır. Küçük kıyâmet, büyük kıyâmetin örneğidir.

[Kabr azâbına inanmıyan câhiller, *(Mezârda bedenler çürümüşdür. Organlar kalmamışdır. Duymazlar, görmezler. Bedene azâb ve ni'met olmaz)* diyorlar. Buna deriz ki, rûhun ölmediğine siz de inanıyorsunuz. Bunun için, onun duyduğuna, işitdiğine, gördüğüne de inanmalısınız. Böyle olunca, rûhdan şefâ'at dilemek, ondan yardım istemek gibi, Allahü teâlânın yaratmasına vâsıta olmasını beklemeğe, karşı olmamanız îcâb eder. Çünki, bütün dinler, insan ölünce, rûhun diri kaldığını bildirmekdedir. Diri insanlar, Allahü teâlânın yaratmasına vâsıta, sebeb oldukları gibi, diri rûhların da, Allahü teâlânın yaratmasına sebeb olacağı red edilmez. Bunu, iyi düşünemediği için, ölüden bir yardım beklenemez. Allahü teâlânın birşeyi yaratması için, Allahü teâlânın sevdiği kullarının rûhlarından yardım bekliyen, onlardan şefâ'at istiyen kâfir olur, müşrik olur diyorlar.

Osmânlı devletinde yetişmiş olan âlimlerin büyüklerinden Ehîzâde Abdülhalîm bin Muhammed "rahime-hullahü teâlâ", **(Riyâdüssâdâd fî-isbât-il-kerâmât lil-Evliyâ-i hâlel-hayât ve ba'del-memât)** kitâbında, Allahü teâlânın Evliyâya kerâmet verdiğini, kerâmetlerin öldükden sonra da devâm etdiğini vesîkalarla isbât etmekdedir. Abdülhalîm efendi, 1013 [m. 1604] de vefât etmişdir. Merginânînin **(Hidâye)**sine yapdığı şerh ile **(Eşbâh)**a ta'lîki ve **(Dürer ve Gurer)** hâşiyeleri çok kıymetlidir. Sa'düddîn-i Teftâzânî "rahime-hullahü teâlâ"[1] **(Akâid-i Nesefiyye)** şerhinde, Evliyânın kerâmetlerini uzun yazmışdır. Birçok âlimler, bu şerh üzerine hâşiyeler yapmışlardır. Bunlardan biri, Hindistân âlimlerinden Abdül'Azîz Ferhârînin "rahime-hullahü teâlâ" **(Nebrâs)** ismindeki arabî şerhidir. Buna da, Muhammed Berhurdâr Mültânî "rahime-hullahü teâlâ" çok kıymetli bir hâşiye yapmışdır. Bunun 476. cı sahîfesinde diyor ki, (Kerâmetin mevcûd olduğunu isbât eden vesîkaların en kuvvetlisi, Eshâb-ı kirâmın çoğundan hâsıl olan kerâmetlerdir. Bunları bildiren çeşidli kitâblar arasında, imâm-ı Ca'fer Müstagfirînin "rahime-hullahü teâlâ" **(Delâil-ün-nübüvve)** kitâbıdır. Mu'tezile sapık fırkasında olanlar, kerâmeti inkâr etdi ise de, Ehl-i sünnet âlimleri bunlara uzun cevâblar vermişlerdir). Abdül'Azîz Ferhârevî 1239 [m. 1824] de Hindistânda, imâm-ı Ca'fer Müstagfirî Nesefî de, 432 [m. 1041] de vefât etmişlerdir.

Şimdi, Sü'ûdî Arabistân hükûmetinin dünyâya vehhâbîliği yaymak için propaganda genel müdürlüğü kurduğunu, bunun için, her sene milyonlarca altın lira dağıtdığını haber alıyoruz. Her memleketde bulunan, dînini, vicdânını satabilecek birkaç soysuz, beyinsiz kimse, paraya kavuşmak için, birçoğu da islâmiyyeti bilmediğinden, yalanlara aldanarak, dinde reform akıntısına kapıldığı için, mezhebsizlik dellâllığı yapmakda, gençleri zehrlemekde, felâkete sürüklemekdedir. Kendilerini din adamı tanıtan bu câhiller, âyet-i kerîmeleri ve hadîs-i şerîfleri tanımıyorlar. Eshâb-ı kirâmın ve Tâbi'în-i ızâmın sözlerini bilmiyorlar. Koyu câhildirler. Biraz arabca öğrenince, kendini âlim zan etmek, katmerli câhil olmak alâmetidir. Böyle kimse, okuyup öğrenmeğe, adam olmağa özenmez. Aldıkları altınlarla, zevk ve safâya dalar. Dinden de, dünyâ bilgilerinden de habersiz kalır. Zevallı gençler, böyle kimseyi din adamı, hem de âlim sanır. İslâmiyyeti yıkan, kemiren, bunlardır. Din adamı ismi altında, müslimânların başına geçmeleri ise, büyük felâket olur. Böyle câhil kalanlar, din bilgisi diyerek, kısa akıllarına, boş kafalarına gelen hayâlleri yazarlar. Sapıkdır ve başkalarını da sapdırmakdadırlar. Buhârîdeki hadîs-i şerîf, bunların türeyeceklerini haber vermekdedir.]

Kabrde, hem rûha, hem de bedene ni'met ve azâb vardır. Buna, böylece inanmak lâzımdır. İmâm-ı Muhammed bin Hasen Şeybânî "rahime-hullahü teâlâ" 135-189 [m. 805], **(Akâid-i Şeybâniyye)** manzûmesinde, (Kabr azâbı vardır. Kabr azâbı, hem rûha, hem de bedene olacakdır) buyurdu. Ya'nî, kabrde ni'metler ve a-

---

[1] Teftâzânî Mes'ûd 792 [m. 1389] da Semerkandda vefât etdi.

zâblar, rûha ve cesede birlikde olacakdır. Diriler bunu görmezse de, inanmak lâzımdır. Gaybe îmân etmek lâzımdır. Buna inanmamak, kıyâmet günü olan **(ba's)** ya'nî, mezârdan kalkmağa inanmamağa yol açar. Çünki, ikisi de, Allahü teâlânın kudreti ile olmakdadır. Birine inananın, ötekine de inanması akla uygundur. İnsan kabr azâbını, diri iken anlıyamıyor ise de, âyet-i kerîmeler ve hadîs-i şerîfler ve bu ümmetin önce gelenleri, kabr azâbı olacağını haber vermişlerdir. Bu haberleri aşağıda ayrı ayrı bildireceğiz. Sonra, Allahü teâlânın sevdiği kullarının mezârlarından şefâ'at ve Allahü teâlânın yaratması için vâsıta, vesîle olmalarını istemek câiz olduğunu gösteren hadîs-i şerîfleri bildireceğiz. Bunları okuyup anlıyanlar, ölülerin kendilerinin birşey yapmadıklarını, mezhebsizlerin iftirâ etdikleri gibi, onlardan birşey yapmalarının istenilmediğini göreceklerdir. Bunlar, dirilerin hareket etdiklerini, iş yapdıklarını görerek, bunlardan yardım, şefâ'at istiyenlerin bunların kendilerinden istediklerini sanıyorlar. Hâlbuki, dirilerden istemek de, bunların, Allahü teâlânın yaratmasına sebeb olmalarını istemekdir. Herşeyi yaratan, yapan, yalnız Allahü teâlâdır. Diri de, ölü de, canlı da, cansız da, Onun yaratmasına sebeb olmakdadır. Onun yaratmasına, mahlûkların sebeb olmalarını, yine O dilemişdir. Âlemin nizâmlı, düzenli olması için, birçok şeyi, sebeb ile yaratmak istemişdir. Dilediği birçok şeyi de, sebebsiz yaratmakdadır.

Peygamberler "aleyhimüssalevâtü vetteslîmât" ve Evliyâ "rahime-hümullahü teâlâ" mezârlarında, kabr hayâtı denilen, bilmediğimiz bir hayât ile diridirler. Kendiliklerinden birşey yapamazlar. Allahü teâlâ, onlara sebeb olacak kadar kuvvet ve kıymet vermişdir. Onları sevdiği için, onlara, âdeti dışında olarak ikrâm, ihsân yapmakdadır. Onların hurmeti için, istenileni yaratır. İstenilenin yaratılmasına sebeb olmaları onlardan istenir. Mezhebsizlerin, Ehl-i sünnet, mezârlara tapınıyorlar, müşrik oluyorlar demeleri yalandır. Müslimânlara iftirâdır. Birkaç câhil veyâ dinsiz, sâf köylüleri soymak, dünyâ menfe'ati sağlamak için, islâmiyyete uymıyan, kötü iş yapabilir. İslâm bilgileri, islâm ahlâkı, bir memleketde azalırsa, böyle zındıkların, sapıkların türeyecekleri belli bir şeydir. Bunları behâne ederek, mezhebsizliği savunmak yerine, bu bozuk işleri düzeltmek, yıkıcı değil, yapıcı olmak îcâb eder. Müslimânlar arasında, kabr hayâtına ve kabrde ni'met ve azâblar olduğuna inanıp da, Peygamberlerin ve Evliyânın öldükden sonra, Allahü teâlânın yaratmasına sebeb olacaklarına inanmıyanlar var. Yâhud, Allahü teâlânın yaratmasını düşünmeden yalnız onlardan isteniliyor, onlardan şefâ'at istenmesi, dileklerin onlar vâsıtası ile elde edilmesi, islâmiyyetde bildirilmemişdir diyenler de vardır. Böyle söyliyenler, kabr hayâtına inanmıyanlar kadar zararlı değildir. Bunlar, Kur'ân-ı kerîmi ve hadîs-i şerîfleri bilmedikleri için yâhud inâd ederek böyle söyliyorlar. Müslimânların inâdcı olmaması, doğru sözü kabûl etmesi lâzımdır. Cevâblarımızı sekiz kısm hâlinde bildireceğiz.

Birinci kısm: Peygamberler "aleyhimüssalâtü vesselâm" kabrlerinde diridirler. Diri olmaları, sözde değildir. Tâm diridirler. Âl-i İmrân sûresinin yüzaltmışdokuzuncu âyetinde meâlen, **(Allah yolunda öldürülenleri ölü sanmayınız! Onlar, Rablerinin yanında diridirler. Rızklandırılmakdadırlar)** buyuruldu. Bu âyet-i kerîme, şehîdlerin diri olduklarını bildiriyor. Şehîdler, başka müslimânlar gibidirler. Onlardan bir üstünlükleri yokdur. Peygamberler, şehîdlerden elbet dahâ ileride ve dahâ üstündür. İslâm âlimlerine göre, her Peygamber, şehîd olarak ölmüşdür. Bunu bilmiyen yokdur. Burhâneddîn Alî Halebî,[1] **(İnsân-ül'uyûn)** ismindeki **(Siyer)** kitâbında, derecesi aşağı olanda, derecesi yukarı olanda bulunmıyan bir üstünlük bulunabilir diyor ise de, bu sözün burada yeri yokdur. Çünki bu söz, âyet-i kerîmede veyâ hadîs-i şerîfde açıkca bildirilmemiş olan üstünlük içindir. Peygamberlerin şehîd oldukları, hadîs-i şerîfler ile bildirilmiş olduğu için, Halebînin sözü, burada düşünülemez. Buhârîde ve Müslimde bildirilen hadîs-i şerîfde, **(Mi'râc gecesinde, Mûsâ aleyhisselâmın kabri yanından geçirildim. Mezârında, ayakda nemâz kılıyordu)** buyuruldu. Beyhekînin ve başkalarının bildirdikleri bir hadîs-i şerîfde, **(Peygamberler, mezârlarında diridirler. Nemâz kılarlar)** buyuruldu. Başka bir hadîs-i şerîfde, **(Allahü teâlâ toprağın Peygamberleri çürütmesini harâm etmişdir)** buyuruldu. Bunun doğru olduğunu, âlimler sözbirliği ile bildirmekdedir. Buhârîde ve Müslimde, **(Allahü teâlâ, Mi'râc gecesinde, bütün Peygamberleri, Peygamberimize gönderdi. Onlara imâm olup, iki rek'at nemâz kıldılar)** yazılıdır. Nemâz kılmak, rükû' ve secde yapmakla olur. Bu haber, diri olarak, cesed ile, beden ile kıldıklarını gösteriyor. Mûsâ aleyhisselâmın, kabrinde nemâz kılması da, bunu göstermekdedir. **(Mişkât)** kitâbının son cildinde, (Mi'râc) bâbının birinci faslı sonunda, Müslimden alarak Ebû Hüreyrenin bildirdiği hadîs-i şerîfde, **(Kâ'benin yanında, Kureyş kâfirleri, bana Beyt-ül-mukaddesin nasıl olduğunu sordular. Oralara dikkat etmemişdim. Çok sıkıldım. Allahü teâlâ bana gösterdi. Kendimi Peygamberler arasında gördüm. Mûsâ a-**

---

[1] Alî Halebî şâfi'î 1044 [m. 1634] de Mısrda vefât etdi.

leyhisselâm, ayakda nemâz kılıyordu, za'îf idi. Saçları dağınık ve sarkık değildi. Şen'e kabîlesinden bir yiğit gibi idi. Îsâ aleyhisselâm, Urve bin Mes'ûd Sekafîye benziyordu) buyuruldu. Şen'e, Yemende bulunan bir kabîlenin ismidir. Bu hadîs-i şerîfler, Peygamberlerin, Rableri yanında diri olduklarını gösteriyor. Onların cesedleri [bedenleri], rûhları gibi latîf olmuşdur. Kesîf, katı değildir. Madde ve rûh âleminde görünebilirler. Bunun için Peygamberler, rûhları ve bedenleri ile görünebilirler. Hadîs-i şerîfde, Mûsâ ve Îsâ aleyhimesselâmın, nemâz kıldıkları bildiriliyor. Nemâz kılmak, çeşidli hareketler yapmakdır. Bu hareketler, beden ile olur. Rûh ile olmaz. Mûsâ aleyhisselâmı, orta boylu, eti az, za'îf, saçları toplu gördüm buyurması, rûhunu değil, bedenini gördüğünü gösteriyor. Peygamberler, başka insanlar gibi ölmez. Geçici olan dünyâdan, sonsuz kalıcı olan âhırete göç ederler. İmâm-ı Beyhekî (İ'tikâd) kitâbında buyuruyor ki, Peygamberler, mezâra kondukdan sonra rûhları bedenlerine geri verilir. Biz Onları göremeyiz. Melekler gibi, görünmez olurlar. Yalnız, Allahü teâlânın kerâmet olarak ihsân etdiği seçilmiş kimseler görebilir. İmâm-ı Süyûtî de böyle bildirmişdir. İmâm-ı Nevevî ve Sübkî ve İmâm-ı Kurtubî üstâdından böyle haber vermişlerdir. [İmâm-ı Beyhekî 458 [m. 1066] de Nişâpûrda, imâm-ı Ebül-Hasen Alî Sübkî 756 [m. 1355] da Mısrda, Muhammed Kurtubî 671 [m. 1272] de vefât etmişlerdir.] Hanbelî âlimlerinden ibni Kayyım-ı Cevziyye (Kitâb-ür-Rûh)da, onun bu haberini yazmakdadır. Şâfi'î âlimlerinden ibni Hacer-i Hiytemî ve Şemsüddîn-i Remlî ve kâdî Zekeriyyâ ve hanefî âlimlerinden Ekmelüddîn ve Şernblâlî ve mâlikî âlimlerinden ibni Ebî Cemre ve talebesi İbnülhâc (Medhal) kitâbında ve İbrâhîm Lakânî (Cevheretüt-tevhîd) kitâbında ve dahâ birçok âlimler, böyle olduğunu bildirmişlerdir. [İbni Kayyım-ı Cevziyye 751 [m. 1350] de, İbni Teymiyye 728 [m. 1328] de, Şemsüddîn Muhammed Remlî 1004 [m. 1596] de, Kâdî Muhammed Zekeriyyâ 926 [m. 1520] da Mısrda vefât etmişlerdir.] Hicretin altmışbirinci senesinde (Harre) olayında Yezîdin adamları Medîne-i münevverede işkence yapdıkları gün, Saîd bin Müseyyib diyor ki, Mescid-i nebîde ezân okunamaz, nemâz kılınamaz olunca, (Hucre-i nebeviyye)den ezân ve ikâmet sesi işitildi. Bunu, ibni Teymiyye de, (İktizâ-üs-Sırât-il-müstakîm) kitâbında yazmakdadır. Çok kimse, selâmlara, Kabr-i se'âdetden cevâb verildiğini, çok zemân işitmişlerdir. Başka kabrlerden de, selâmlara cevâb verildiği, çok işitilmişdir. Bunu ileride, bildireceğiz. Peygamberlerin mezârlarında diri oldukları sözbirliği ile bildirilmiş olduğu anlaşıldı. Sahîh hadîsde, (Bana selâm verilince, Allahü teâlâ, rûhumu geri gönderip, ona cevâb veririm) buyuruldu.

Bu hadîs-i şerîf, yukarıda bildirilenlere uygun olmuyor denilemez. Ya'nî, mubârek rûhunun cesed-i şerîfinden ayrıldığını, selâm verilince geri verildiğini gösteriyor denilemez. Böyle söyliyenlere karşı, âlimler çeşidli cevâblar vermişdir. İmâm-ı Süyûtî "rahmetullahi teâlâ aleyh", bu cevâblardan onyedisini bildiriyor. Bu cevâbların en güzeli, Resûlullah "sallallahü aleyhi ve sellem", cemâl-i ilâhîyi görmeğe dalmışdır. Bedendeki duyguları unutmuşdur. Bir müslimân selâm verince, mubârek rûhu, bu dalgınlıkdan ayrılıp, beden duygularını alır. Dünyâda, böyle olanlar da az değildir. Bir dünyâ işi veyâ âhıret işi, aşırı düşünülürken, insan yanında konuşulanı duymaz. Cemâl-i ilâhîye dalan kimse, bir sesi işitebilir mi?

Resûlullah "sallallahü aleyhi ve sellem" uykuda ve uyanık iken görülebilir mi? Görülebilirse, görünen, kendisi midir, benzeri midir? Âlimlerimiz, buna çeşidli cevâb verdiler. Kabrde diri olduğunu, sözbirliği ile bildirdikden sonra, kendisinin görüldüğünü çoğunlukla beyân buyurmuşlardır. Böyle olduğu, hadîs-i şerîflerden de anlaşılmakdadır. Bir hadîs-i şerîfde, **(Beni rü'yâda gören uyanık iken görmüş gibidir)** buyuruldu. Bunun için, imâm-ı Nevevî hazretleri, Onu rü'yâda görmek, tâm kendisini görmekdir dedi. Nitekim, Abdürraüf Münâvînin,[1] **(Künûz-üd-dekâık)** kitâbında yazdığı ve Buhârîde ve Müslimde bulunduğunu bildirdiği hadîs-i şerîfde, **(Beni rü'yâda gören doğru görmüşdür. Çünki şeytân, benim şeklime giremez)** buyuruldu. Rü'yâda benzeri görülmüş olsaydı, doğru olarak görülmüş olmazdı. İbrâhîm Lakânî, **(Cevheret-üt-tevhîd)** kitâbında diyor ki, hadîs âlimleri, Resûlullahın uyanık iken de, rü'yada da görülebileceğini, sözbirliği ile bildirmişlerdir. Görülen, kendisi midir, benzeri midir, bunda ayrılmışlardır. Çokları, kendisidir dedi. İmâm-ı Gazâlî ve Ahmed Karâfî ve birkaç âlim ise, benzeridir dedi. Kendisi görülür diyenler çoğunlukdadır. İçlerinde otuzdan çok hadîs imâmı, büyük âlimler vardır. Herbirinin senedlerini, vesîkalarını, ayrı bir kitâbda bildirdim. [Ekmelüddîn Muhammed Bâbertî 786 [m. 1384] da, Şernblâlî Hasen 1069 [m. 1658] da Mısrda, Abdüllah ibni Ebî Cemre 675 [m. 1276] de ve Muhammed ibnülhâc Fâsî 737 [m. 1337] de ve İbrâhîm Lakânî 1041 [m. 1632] de ve Ahmed Şihâbüddîn Karâfî 684 [m. 1285] de vefât etmişlerdir "rahmetullahi teâlâ aleyhim ecma'în".]

İkinci kısm: Ölülerin işitmelerine ve görmelerine gelince, şehîdlerin, kabrlerinde diri oldukları, Kur'ân-ı kerîmde açıkça bildi-

---

[1] Münâvî 1031 [m. 1621] de Kahirede vefât etdi.

rilmişdir. Velîler, Allahü teâlânın, kerâmet olarak ihsân etmesi ile, işitir ve görürler. Allahü teâlâ, sevdiği kulları için, âdetinin, kanûnlarının dışında şeyler yaratır. Önce Peygamberlerin ve hele bunların en yükseği olan Muhammed aleyhisselâmın ve şehîdlerin ve Velîlerin, mezârlarında işitdiklerine ve görmelerine inanmıyan câhilleri susdurmak için, kâfirlerin bile mezârda duyduklarını ve işitdiklerini bildireceğiz. Buhârînin bildirdiği hadîs-i şerîfde, **(Meyyit mezâra konup, mezâr başındakiler dağılırken, onların ayak seslerini işitir)** buyuruldu. Buhârîde ve Müslimde yazılı olan hadîs-i şerîfde, Bedrde öldürülen kâfirlerin, birkaç gün sonra, bir çukura konulması emr olundu. Bundan da birkaç gün sonra, Resûlullah "sallallahü aleyhi ve sellem" çukurun başına gelip durdu. Çukurdakilere, ismlerini ve babalarının ismlerini birer birer söyliyerek, **(Rabbinizin, size söz verdiğine kavuşdunuz mu? Ben, Rabbimin söz verdiği zafere kavuşdum)** buyurdu. Hazret-i Ömer "radıyallahü anh" bunu işitince, (Yâ Resûlallah! Leş olmuş kimselere mi söyliyorsun?) deyince, Resûlullah "sallallahü aleyhi ve sellem", **(Beni doğru Peygamber olarak gönderen Rabbimin hakkı için söyliyorum ki, siz beni onlardan dahâ çok işitmiyorsunuz. Fekat cevâb veremezler)** buyurdu. Buhârînin ve Müslimin bildirdikleri hadîs-i şerîfde, **(Meyyit, yakınlarının kendisine bağırarak ağlamasından azâb duyar)** buyuruldu. İmâm-ı Nevevî, Müslim kitâbını açıklarken, bu hadîs-i şerîf için, (Meyyit, yakınlarının bağırarak ağlamasından azâb duyar ve onlara gücenir) dedi. Muhammed bin Cerîr Taberî de böyle söyledi. Kâdî Iyâd da, en iyi söz budur diyerek, Resûlullahın "sallallahü aleyhi ve sellem", oğlu için yüksek sesle ağlıyan bir kadını susdurduğunu bildirdi. **(Ey müslimânlar! Mezârdaki kardeşlerinize yüksek sesle ağlıyarak, onları incitmeyiniz!)** buyurdu. Bu hadîs-i şerîf gösteriyor ki, meyyit, yakınlarının ağlamalarını işitmekdedir. Bununla incinmekde ve azâb duymakdadır. [Muhammed bin Cerîr 310 [m. 923] da Bağdâdda, Kâdî Iyâd Mâlikî 544 [m. 1150] de Merrâküşde vefât etdi "rahmetullahi teâlâ aleyhim ecma'în".]

Resûlullah "sallallahü aleyhi ve sellem" buyurdu ki, **(Mezârda olanlara selâm vereceğiniz zemân, esselâmü aleyküm deyiniz!)** Bunun için, **(Esselâmü aleyküm! Yâ ehle dâril-kavmil mü'minîn)** denir. Böyle selâmın da, işiten ve anlıyan kimseye söyleneceği belli birşeydir. İşitmeselerdi, yokluğa ve taşa selâm vermek olurdu. Selef, ya'nî, islâmın büyük âlimleri, böyle selâm verileceğini, sözbirliği ile bildirdiler.

Üçüncü kısm: Meyyit, kendini ziyârete gelenleri tanır. Ebû

Bekr Abdüllah bin Ebiddünyâ, **(Kitâb-ül-kubûr)**da diyor ki, hazret-i Âişenin "radıyallahü anhâ" haber verdiği hadîs-i şerîfde, **(Bir kimse, din kardeşinin kabrini ziyârete gider ve mezârı başında oturursa onu tanır ve selâmına cevâb verir)** buyuruldu. Ebû Hüreyrenin "radıyallahü anh" bildirdiği hadîs-i şerîfde, **(Bir kimse, tanıdığının mezârı başına gidip selâm verince, meyyit onu tanır ve selâmına cevâb verir. Tanımadığı kimsenin kabrine gidip selâm verince, meyyit selâmına cevâb verir)** buyuruldu. Yûsüf ibni Abdülberr ve **(Ahkâm)** kitâbının sâhibi olan Abdülhak, bu hadîs-i şerîf için sahîhdir dediler. İbni Kayyım-ı Cevziyye, bu hadîs-i şerîfi **(Kitâb-ür-Rûh)**da bildiriyor. Sonra çeşidli haberleri de yazıp, burada yazacak dahâ birçok haberler vardır diyor. Hadîs-i şerîflerde, ziyâret kelimesi kullanılmakdadır. Meyyit, kabre geleni tanımasaydı, ziyâret kelimesi kullanılmazdı. Her dilde ve her lügatda, ziyâret kelimesi, tanıyan ve anlıyan kimselerin buluşmasında kullanılır. **(Selâmün aleyküm)** de anlıyan kimseye söylenir. Bir kimse, kabre yakın bir yerde nemâz kılarsa, meyyitler bunu görür. Nemâz kıldığını anlar ve imrenirler. Yezîd bin Hârûn Sülemî diyor ki: İbni Sâseb, bir cenâzede bulundu. Bir mezâr yanında iki rek'at nemâz kıldı. Sonra kabre dayandı. Diyor ki, vallahi uyanıkdım. Kabrden bir ses işitdim. (Beni incitme! Siz ibâdet yaparsınız, fekat işitmezsiniz, bilmezsiniz. Biz ise biliriz. Fekat hareket edemeyiz. Bana göre, şu kıldığın iki rek'atden dahâ kıymetli birşey yokdur) dedi. Meyyit, İbni Sâsebin kabre dayandığını ve nemâz kıldığını anlamışdı. İbni Kayyım, bunu bildirdikden sonra, meyyitin işitdiğini gösteren, Eshâb-ı kirâmdan gelen çeşidli haberleri yazmışdır. Mezhebsizler, İbni Kayyım için müctehid diyorlar. Onu aşırı övüyorlar. Fekat, İbni Kayyımın bu yazılarına inanmıyorlar. İnananlara da müşrik diyorlar. Bu hâlleri, islâm âlimlerine kıymet verdiklerini değil, işlerine geldiği zemân övdüklerini, hiçbir âlimi beğenmediklerini göstermekdedir. [İbni Ebiddünyâ 281 [m. 894] de Bağdâdda, İbni Abdülberr 463 [m. 1071] de Şâtibede, Yezîd bin Hârûn Sülemî 206 [m. 821] da vefât etdi.]

Hazret-i Âişe "radıyallahü anhâ", Bedr gazâsında çukura konulan kâfirlerin işitmediğini söyledi. Bunun için, ba'zı kimseler, hiçbir mevtâ, hattâ mü'minler bile mezârda işitmez sandı. Ba'zı câhiller, şehîdlerin, hattâ Resûlullahın "sallallahü aleyhi ve sellem" bile, işitmiyeceklerini söylediler. Meyyitin işitmesine inanmıyanlar aldandılar. Çünki Âişe "radıyallahü anhâ", yalnız o çukurdaki kâfirlerin işitmediğini söyledi. Mezârdaki kâfirlerin işitmelerini, Fâtır sûresinin yirmiikinci âyetinin, **(Sen ölüye duyuramazsın. Sen mezârlarda olanlara işitdiremezsin!)** meâl-i şerîfindeki işitmek gibi olduğunu sandılar. Hâlbuki, böyle değildir. Büyük âlimler bildiriyor ki, âyet-i kerîmedeki işitdirememek, işitip kabûl etmek ve îmân etmek demekdir. Allahü teâlâ, bunun gibi âyet-i kerîmelerde, diri olan ve kulakları, gözleri ve beyinleri olan kâfirleri mezârdaki ölülere benzetmekdedir. Bu benzetiş, duymak ve anlamak bakımından değil, duygusuzluk ve anlayışsızlık, ya'nî kabûl etmemek ve inanmamak bakımındandır. Hastanın rûhu gargaraya gelince, ya'nî âhıretdeki yerini görmeğe başlayınca, îmâna gelmesi fâide vermez. Allahü teâlâ meâlen buyuruyor ki, **(Ezelde şakî olarak yazılmış olanları îmâna çağırman, onlara fâide vermez).** Bunların îmâna çağrılması, mezârdakilerin îmân etmeleri gibi, kendilerine fâide vermez. Çünki kabrdekiler, görmeden inanmaları lâzım gelen şeyleri gördükden sonra îmân etmişlerdir. Böyle îmânları kabûl olmaz. Buradaki işitmek, kabûl etmek demekdir. Filân kadın şöyledir, hiç söz duymaz denir. Böyle söylemek, işitdiği hâlde kabûl etmez demekdir. Kâfirler için gelmiş olan iki âyet de böyledir. Onlar diridirler, gözleri ve kulakları vardır. Fekat Allahü teâlâ, onları şakî yapdığı için, kalblerini mühürlediği için, Peygamberine diyor ki: **(Sen onlara duyuramazsın).** Ya'nî, senin sözünle îmânı kabûl etmezler. Mezârda olanların îmânları kabûl olmadığı gibi, onlar da îmânı kabûl etmezler demekdir. Hadîs-i şerîflerde, ölülerin işitdikleri bildiriliyor. Bu işitmek kulakla olan işitmekdir. İki âyet-i kerîmede bildirilen işitdirememek ise, kabûl etdirememek demekdir. Aklı olan, iyi düşünebilen bir kimse, bu iki işitmeği birbirinden kolay ayırabilir. Allahü teâlâ, Neml sûresinin sekseninci âyetinde meâlen, **(Sen ölüye işitdiremezsin)** buyurdukdan sonra, **(Sen ancak îmân edenlere işitdirebilirsin)** buyurdu. Mü'minlerin işitdiğini bildirdi. İşitmek, kabûl etmek demek olduğu buradan da anlaşılmakdadır. Âyet-i kerîmede işitdiremezsin buyurulması, kulaklariyle duymazlar demekdir denirse, Allahü teâlâ, kabrdeki mü'minlerin işitdiklerini bildirmiş olur ki, bizim anlatmak istediğimiz de budur. Kabrdeki mü'minlerin işitdikleri, Kur'ân-ı kerîm ile açıkça bildirilince, buna kimse inanmamazlık yapamaz. Kur'ân-ı kerîmden sonra müslimânların en sağlam kaynağı olan hadîs-i şerîfe inanmıyanın da, buna inanması îcâb eder.

Hazret-i Âişe "radıyallahü anhâ", kabrdeki yalnız kâfirlerin işitmiyeceklerini söylemişdir. Çünki, yukarıda yazdığımız, Onun bildirmiş olduğu hadîs-i şerîfde, **(Bir kimse mü'min kardeşinin kabrini ziyâret eder ve kabr yanında oturursa ve selâm verirse, meyyit onu tanır ve selâmına cevâb verir)** buyuruldu. Onu tanıması ve selâm vermesi, meyyitin onu gördüğünü ve selâmını duyduğunu göstermekdedir. Âişe "radıyallahü anhâ" kâfirlerin işitmediğini haber verdi ise de, onların bildiklerini de haber vermekdedir. Kendisinin bildirdiği bir hadîs-i şerîfde, **(Benim doğru söylemiş olduğumu, onlar şimdi bilirler)** buyurulmakdadır. Âlimler buyuruyor ki, bilmek, işitmekle olur. Bunun için, ikisi arasında bir uygunsuzluk yokdur. İbni Teymiyye ve ibni Kayyım-ı Cevziyye ve ibni Receb ve Süyûtî ve dahâ birçok âlimler, böyle olduğunu bildirmişlerdir. Çünki ölmek, ba'zı câhillerin dedikleri gibi, yok olmak olsa idi, onun bütün duygularının yok olması lâzım gelirdi. Hazret-i Âişenin bildirdiği, Buhârîde yazılı olan hadîs-i şerîfde, meyyitin bildiği haber verildiği için, duygularının gitmediği anlaşılmakdadır. Diğer Sahâbîlerin haber verdikleri hadîs-i şerîflerde ölülerin işitdikleri bildirilmişdir. Hazret-i Âişenin, bu (işitmek) kelimesinin, kabûl etmek, îmân etmek demek olduğunu zan etmesi, âlimlerin söz birliğine uymamakdadır. Eshâb-ı kirâmın sözleri ile Onun sözünü ve Onun haberindeki sözlerini birleşdiren en doğru söz yine Onun haber verdiği ziyâret hadîs-i şerîfidir. [Abdürrahmân ibni Receb hanbelî 795 [m. 1393] de Şâmda vefât etdi "rahmetullahi aleyh":]

İbni Hümâm, **(Hidâye şerhi)** olan **(Feth-ul-kadîr)** kitâbında diyor ki, Hanefî mezhebinin âlimleri yemîn bilgilerini anlatırken diyorlar ki, (Meyyit işitmez. Bir kimse ile konuşmamak için yemîn eden bir kişi, onun ölüsü ile konuşsa, yemîni bozulmaz). (Hanefî âlimlerinin yemîn için olan sözleri örf ve âdete dayanmakdadır. Bu sözler, ölünün işitmediğini göstermez. Hanefî âlimleri, yemîn üzerinde bilgi verirken; bir kimse et yimemek için yemîn etse, sonra balık yise, yemîni bozulmaz. Hâlbuki, Allahü teâlâ balığa güzel et demişdir. Fekat âdetde balık eti, başkadır. Bunun gibi bir kimse, birisi ile konuşmamağa yemîn etse, öldükden sonra ona söylese, yemîni bozulmaz. Çünki, âdetde konuşmak demek, karşılıklı konuşmak demekdir. Meyyit işitir, fekat işitecek gibi konuşmadığı için âdete göre konuşulmuş olmaz. Bunun için, o kimsenin yemîni bozulmaz) denilmişdir. Meyyit işitmediği için, yemîni bozulmaz demek değildir. İbni Hümâm, hazret-i Âişenin (Bedr çukurundaki kâfirlere söylemesi ve diriler, onlardan dahâ çok işitici değildirler diye yemîn etmesi) hadîs-i şerîfine sahîh değildir dediğini bildiriyor. Âişe "radıyallahü anhâ", Allahü teâlâ, **(Sen kabrde olanlara işitdirici değilsin. Sen ölüye duyuramazsın)** buyurdukdan sonra, Resûlullahın öyle söylediği doğru olmaz demişdir diyor. Fekat bu hadîs-i şerîf sözbirliği ile bildirilmişdir. Hazret-i Âişenin buna inanmaması düşünülemez. Bu hadîs-i şerîf ile âyet-i kerîme arasında uygunsuzluk da yokdur. Âyet-i kerîmedeki ölü, kâfirleri bildirmekdedir. İşitdiremezsin demek de, fâideli olmaz demekdir.

İşitmezler demek değildir. Bekara sûresinin, **(Sağırdırlar, dilsizdirler, kördürler, anlamazlar)** meâlindeki yüzyetmişbirinci âyet-i kerîmesi de böyledir. Ya'nî kulakları vardır. Gözleri vardır. Fekat îmâna ve doğru yola çağırmanı işitmedikleri ve görmedikleri için, Allahü teâlâ, onlara sağır gibi ve kör gibi buyurmuşdur. **(Sen ölüye işitdiremezsin)** âyet-i kerîmesi için, imâm-ı Beydâvî hazretleri, onlar doğru söze karşı kulaklarını tıkayanlar gibidir. Allahü teâlâ dilediğine işitdirerek hidâyete kavuşdurur diyor. Küfrde inâd edenleri Allahü teâlâ, ölülere benzetiyor. Bu âyet-i kerîme, Kasas sûresinin, **(Sen sevdiğini îmâna getiremezsin. Fekat Allahü teâlâ, dilediğini îmâna kavuşdurur)** meâlindeki ellialtıncı âyet-i kerîmesine benzemekdedir. İbni Hümâm, sözüne devâm ederek, ölülere duyurmak yalnız Resûlullah içindir demekdedir. Buna karşılık, bir şeyin Resûlullaha mahsûs olduğunu söyliyebilmek için delîl, sened lâzımdır deriz. Burada böyle bir sened yokdur. Hazret-i Ömerin süâli ve verilen cevâb da, husûsî olmadığını göstermekdedir. İbni Hümâm, Bedr çukurundaki kâfirlere söylemek, bir atasözünü tekrârlamak gibi olur diyor ise de, hazret-i Ömere verilen cevâb, böyle olmadığını göstermekdedir. İbn-ül-Hümâma göre, Müslim kitâbındaki, meyyitlerin cenâzede bulunanların dönüşlerindeki, ayaklarının seslerini işiteceklerini bildiren hadîs-i şerîf, meyyitin kabre konulduğu zemân, süâl ve cevâb için işitmesini göstermekdedir. Ondan sonra, artık hiç işitmiyeceğini bildirmekdedir. Çünki, âyet-i kerîmeden, meyyitin işitmediği anlaşılmakdadır. Allahü teâlâ, kâfirlerin işitmediğini bildirmek için, onları ölüye benzetmişdir diyor. Buna cevâb verilir ki, bu söz, kendi kendini çürütmekdedir. Çünki, meyyitin kabre konduğu zemân, işiteceğini söyliyenin, her zemân işiteceğine de inanması lâzımdır. Başka zemânlarda işitmez denilmemişdir. Kabre konulduğu zemân işiteceğini söylemenin de, âyet-i kerîmeye uygun olmaması lâzım gelir.

Kabrde bulunan meyyitlere selâm vermenin sünnet olduğunu, Ehl-i sünnet âlimleri söz birliği ile bildirmişdir. Büyük âlim İbni Melek **(Mesâbîh)** kitâbını şerh ederken (Kabrde bulunanlara selâm vermek) hadîsini açıkladıkdan sonra, (Bu hadîs-i şerîf, meyyitin işitmiyeceğini söyliyenlerin yanıldıklarını gösterdiği gibi, imâm-ı Ahmedin ve Ebû Dâvüdün **(Sünen)** kitâblarında ve Hâkimin **(Müstedrek)** kitâbında ve İbni Ebî Şeybenin **(El-musannef)** kitâbında ve Beyhekînin **(Azâb-ül-kabr)** kitâbında ve Tayâlisî ile Abdü ibni Hamîdin **(Müsned)** kitâblarında ve Hammâd ibni Sırrînin **(Ez-zühd)** kitâbında ve ibni Cerîr ve ibni Ebî Hâtemin ve başka âlimlerin sahîh yollarla bildirdikleri Berâ' bin Âzibin "radıyallahü anh" bildirdiği, **(Kabrdeki fitne ve süâl)** hadîsinin sonunda,

(Mü'min olan meyyit için, kulum doğru söyledi sesi işitilir. Kabre Cennetden yaygı serilir. Cennet elbiseleri giydirilir. Meyyit için Cennetden bir kapı açılır. Kabre Cennet kokuları yayılır. Görebildiği yerlere kadar yayılır. Güzel yüzlü, güzel elbiseli, güzel kokular saçan birisi gelir. Buna, sen kimsin? Senin o hayrlı yüzün nedir der. Ben, senin sâlih amelinim der. Bunu işitince, Yâ Rabbî! Kıyâmet çabuk kopsa! Yâ Rabbî, kıyâmet çabuk kopsa da, çoluk çocuğuma ve mallarıma kavuşsam der) buyurulmuşdur. Kâfir olan meyyit için, bunların tersi, sıkıntılar olur. Bu hadîs-i şerîf, meyyitin işitdiğini ve gördüğünü ve konuşduğunu ve koku aldığını ve anlayışı olduğunu ve düşündüğünü ve cevâb verdiğini göstermekdedir. Bu işlerin hepsi, kabr süâlinden sonra olmakdadır. Böyle olduğunu, âlimler sözbirliği ile söylemişlerdir. İmâm-ı Süyûtî gibi hadîs imâmları, bu hadîsin (Mütevâtir), ya'nî en doğru hadîslerden olduğunu bildirmişlerdir. Bu hadîs-i şerîf, ölülere selâm vermenin, dirilere selâm vermek gibi olduğunu ve onların da işitdiklerini göstermekdedir) demekdedir.

[İmâm-ı Ahmed 241 [m. 855] de Bağdâdda, Ebû Dâvüd Süleymân Sicstânî hanbelî 275 [m. 888] de Basrada, Hâkim Muhammed Nişâpûrî 405 [m. 1014] de Nişâpûrda, Abdüllah ibni Ebî Şeybe 235 [m. 850] de, Ebû Bekr Ahmed Beyhekî 458 [m. 1066] de Nişâpûrda, Ebû Dâvüd Süleymân Tayâlisî Basrî 204 [m. 819] de, Ebû Muhammed Abdü ibni Hamîd Keşî 249 [m. 863] da, Hammâd ibni Sırrî Dârimî 243 [m. 857] de Kûfede, Muhammed bin Cerîr Taberî 310 [m. 923] da Bağdâdda, Ebû Bekr Muhammed ibni Ebî Hâtem Nişâpûrî 320 [m. 932] de, Abdüllatîf ibni Melek 801 [m. 1399] de İzmirde Tirede vefât etmişlerdir "rahmetullahi aleyhim ecma'în"].

(Fetâvâ-yı Hindiyye) kitâbında, (Kabr ziyâretinin yasak olmadığını imâm-ı a'zam Ebû Hanîfe bildirmişdir. [Vehhâbî kitâbı da, kabr ziyâretinin câiz olduğunu yazmakdadır.] İmâm-ı Muhammedin sözünden, kabr ziyâretinin, kadınlar için de câiz olduğu anlaşılmakdadır) diyor. (Tehzîb) kitâbında, (Kabr ziyâreti müstehabdır. Meyyiti ziyâret etmek, yakın ve uzaklığına göre onu diri iken ziyâret etmek gibidir) diyor. Hüseyn Sem'ânînin (Hazânetül-müftîn) kitâbında da böyle yazılıdır. Kabrleri ziyâret ederken, ayakkabılar çıkarılır. Meyyitin yüzüne karşı, kıbleye arka vererek durulur. (Esselâmü aleyküm yâ ehlel-kubûr! Allahü teâlâ sizi ve bizi mağfiret eylesin! Siz bizim öncülerimizsiniz. Biz de sizin eserlerinizsiniz!) denir. (Garâib) kitâbında da böyle yazılıdır. Kabristânda, yüksek sesle veyâ yavaşça, (Sûre-i mülk) okunabilir. Diğer sûrelerin de okunacağı, **(Zahîre)** kitâbında, (kabrlerin yanında Kur'ân-ı kerîm okumanın fazîleti) anlatılırken bildirilmekdedir. Kâdîhân Hasenin[1] **(Hâniyye)** fetvâlarında yazılı olduğu gibi, meyyitin Kur'ân-ı kerîm sesini duyarak râhatlamasını niyyet eden kimse, yüksek sesle okur. Böyle niyyet etmiyen kimse, yavaş okur. Çünki, Allahü teâlâ, Kur'ân-ı kerîmi nasıl okunursa okunsun işitir. **(Bezzâziyye)**de diyor ki, kabristândaki yeşil otları koparmak mekrûhdur. Çünki, bu otlar, tesbîh eder. Bu tesbîhler, meyyitin azâbdan kurtulmasına yarar. Meyyit bu tesbîhlerle râhat eder. Şernblâlînin **(İmdâd-ül-fitâh)** kitâbında ve Hanefî âlimlerinden başkalarının kitâblarında da böyle olduğu yazılıdır. Fetvâ vermek derecesine yükselmiş olan böyle büyük âlimlerin bildirdiklerine göre, meyyit dirilerin işitemediği, yeşil otların tesbîhi gibi sesleri işitince, kendisine seslenen insanın sesini işitmez olur mu? İşitmez diyenler, belki dünyâda kulakla işitildiği gibi işitmezler demek istemişlerdir. Böyle olunca, fıkh kitâblarında yemîn bahsinde yemîni anlatırken söylediklerinin araları bulunmuş olur. Resûlullahın "sallallahü aleyhi ve sellem" hadîs-i şerîfine de inanılmış olur. Âlimler arasında sözbirliği hâsıl olur. Mezhebin reîsi olan imâm-ı a'zam Ebû Hanîfe "rahmetullahi aleyh" buna inanmadığını bildirdi denilirse, bu yüce imâm da, öteki mezheb imâmları gibi, (Sahîh hadîsler benim mezhebimdir) buyurmuşdur. Hattâ, Resûlullaha "sallallahü aleyhi ve sellem" pek fazla uyduğu için, **(Mürsel),** hattâ **(Za'îf)** olan hadîs-i şerîfleri bile mezhebine sened olarak almışdır. Böyle bir imâmın, sahîh hadîslere uymıyacağı düşünülebilir mi? Buradan da anlaşılıyor ki, meyyitin işitmiyeceğini söyliyen birkaç âlim, dünyâda işitildiği gibi işitmez demek istemişlerdir. Çünki, sahîh hadîsi bırakıp da, başkasının sözüne uymak hiç bir âlim için câiz olmaz.

Resûlullah efendimizin ve iki kabr arkadaşı olan Ebû Bekr ve Ömer "radıyallahü teâlâ anhümâ"nın mubârek mezârlarını ziyâret etmenin ve onlara selâm vermenin ve kendilerinden şefâ'at istemenin sünnet olduğunu, hanefî mezhebinin âlimleri sözbirliği ile bildirmişlerdir. Resûlullahın "sallallahü aleyhi ve sellem" ve iki arkadaşının işitdiklerine inanmamış olsalardı, bu sözleri birbirini tutmazdı. Hattâ, (Her kabri ziyâret etmek sünnetdir) sözlerine uymazdı. Bunların yemîn üzerindeki sözlerinin, dünyâda dirilerin işitmesi için olduğu söylenince, sözlerinin arasında uygunsuzluk hiç kalmamakdadır.

---

[1] Kâdîhân Fergânî 592 [m. 1196] de vefât etdi.

FÂİDE: Ahmed ibni Teymiyye,[1] (Kitâb-ül-intisâr-fil-imâm-ı Ahmed) kitâbında diyor ki, (Bedr)de çukura doldurulan kâfirlerin işitmelerine, hazret-i Âişenin inanmaması, onun için suç olmaz. Çünki O, hadîs-i şerîfi işitmemişdir. Fekat başkalarının inanmaması suç olur. Çünki, bu hadîs-i şerîf her tarafa yayıldı. Zarûrî inanılması lâzım gelen bilgilerden oldu. İbni Teymiyyenin bu sözü, Bedr çukurundaki kâfirlerin işitdiklerine inanmıyanların kâfir olacağını göstermekdedir. Çünki, dinde inanılması zarûrî olan birşeye inanmıyanın kâfir olacağı mezheb kitâblarının hepsinde yazılıdır. Meyyitin işitmiyeceğini söyliyen birkaç âlim ve meselâ Âişe "radıyallahü anhâ", kabrdeki kâfirlerin işitmiyeceklerini söylemişlerdir. Fekat, Resûlullahın "sallallahü aleyhi ve sellem" ve ümmeti içinde şehîd olanların, Velî olanların, kabrlerinde işiteceklerine inanmıyan hiçbir âlim yokdur. Hazret-i Âişe de, başkaları da, buna inanmışlardır. Zemânımızda türemekde olan mezhebsizlerin ve bunlara aldanan ba'zı câhillerin, meyyit işitmez demelerinin, hattâ Resûlullahı da buna katmalarının kötülüğü, çirkinliği, buradan anlaşılmakdadır. Bu câhillerin, bu sapıkların cezâlarını, kahhâr olan Allahü teâlâ elbette verecekdir. İbni Teymiyye, ölülerin diriltilmesi üzerindeki fetvâlarında diyor ki, ölüler, kendilerini ziyâret edenleri bilirler mi? Tanıdıklarından veyâ tanımadıklarından biri kabre geldiği zemân, bunun geldiğini anlarlar mı? Cevâbında, (Evet bilirler ve anlarlar) diyor. Ölülerin buluşduklarını ve soruşduklarını ve dirilerin yapdığı işlerin onlara gösterildiğini bildiren haberleri yazıyor. Hazret-i Hâlid ibni Zeyd Ebû Eyyûb-i Ensârî hazretlerinin haber verdiği hadîs-i şerîfi Abdüllah ibni Mubârek nakl etmekdedir. Bu hadîs-i şerîfde, (Bir mü'min vefât ederken, bir rahmet meleği, bunun rûhunu alır. Meyyitler, dünyâda müjde istiyenlerin toplandığı gibi, bunun etrâfına toplanırlar. Ona sormağa başlarlar. İçlerinden birkaçı da, kardeşinizi bırakınız dinlensin! Çok sıkıntılı yerden geliyor derler. Etrâfına üşüşürler. Dünyâdaki tanıdıklarını sorarlar. Filân adam ne yapıyor? Filânca kadın evlendi mi? derler) buyurulduğunu bildiriyor. [Hâlid bin Zeyd "radıyallahü anh" 50 [m. 670] senesinde, Süfyân bin Avf emrindeki asker ile İstanbulu muhâsara ederken dizanteri hastalığından vefât etdi. İstanbulda (Eyyûb) denilen yerdeki türbesi çok muhteşem olup, ziyâretciler, mubârek rûhu ile tevessül etmekdedirler.]

Allahü teâlâ, şehîdlerin diri olduğunu ve rızklandırıldıklarını bildirdi. Bir hadîs-i şerîfde, şehîd rûhlarının Cennete girdikleri ha-

---

[1] İbni Teymiyye 728 [m. 1328] de Şâmda vefât etdi.

ber veriliyor. Âlimlerden birkaçı, bu ni'metlerin, yalnız şehîdler için olduğunu, sıddîkların böyle olmadıklarını söyliyorlar ise de, imâmlarımızın ve Ehl-i sünnet âlimlerinin çoğunun söylediği doğrudur. Bunlar, diri olmak ve rızklandırılmak ve rûhların Cennete girmesi, yalnız şehîdler için değildir dediler. Âyet-i kerîmelerden ve hadîs-i şerîflerden böyle anlaşılmakdadır buyurdular. Bunların yalnız şehîdler için bildirilmesi, şehîdlerin ölüp yok oldukları sanılarak, cihâddan korkulmasını önlemek içindir. Cihâda gitmeğe ve şehîd olmağa mâni' olan şübheyi gidermek içindir. İsrâ sûresinin **(Fakîrlik korkusu ile evlâdlarınızı öldürmeyiniz!)** meâlindeki otuzbirinci âyeti de, bunun gibidir. Fakîrlik korkusu olmadan da öldürmek câiz olmadığı hâlde, fakîrlik korkusu ile öldürenler çok olduğu için, âyet-i kerîme, vak'alara göre gönderilmişdir. Abdülvehhâb oğlu Muhammed bu âyet-i kerîmeyi ileri sürerek, kabr ziyâretini yasaklamakdadır.

Buraya kadar, Ahmed ibni Teymiyye-i Harrânînin kitâbındaki vesîkaları bildirdik. Vehhâbîler, ibni Teymiyyenin yolunda olduklarını söyliyorlar. Onun büyük âlim olduğunu bildiriyorlar. Kendisine Şeyh-ul-islâm diyorlar. Hâlbuki, onun kitâblarını ve fikrlerini kabûl etmiyorlar. O, bütün meyyitlerin, şehîdler gibi diri olduklarını ve şehîdler gibi rızklandırıldıklarını bildiriyor. Onun sözüne uymıyan ve onun sözüne uyanlara kâfir ve müşrik damgası basanların, onun yolunda olduklarına hiç inanılır mı? Resûlullah "sallallahü aleyhi ve sellem", işitmez ve ziyârete gelenleri, kendisine yalvaranları görmez, bilmez ve tanımaz diyen ahmaklar, ibni Teymiyyenin ve hiçbir kimsenin yolunda değildirler. Kendi nefsleri, keyfleri arkasındadırlar. Allahü teâlâ, bunlara akl versin ve doğru yolu göstersin. Âmîn!

Meyyitlerin, dirileri gördüklerini bildiren vesîkalardan biri, Buhârîdeki, **(Her meyyite, her sabâh ve her akşam âhıretdeki yeri gösterilir. Cennetlik olana, Cennetdeki yeri, Cehennemlik olana, Cehennemdeki yeri gösterilir)** hadîs-i şerîfidir. Gösterilir sözü, gördüklerini bildirmekdedir. Allahü teâlâ, **(Fir'avn)**ın adamları için, **(Onlara sabâh akşam ateş gösterilir)** buyurdu. Meyyit görmeseydi, gösterilir demek fâidesiz olurdu. Ebû Nu'aym, Amr bin Dînârdan alarak bildiriyor ki, **(Bir kimse ölünce, rûhunu bir melek tutar. Rûh, bedenin yıkanmasına, kefenlenmesine bakar. Kendisine, insanlar, seni nasıl övüyorlar işit, denir).** Abdüllah ibni Ebiddünyânın[1] Amr bin Dînârdan alarak bildirdiği hadîs-i şerîfde,

---

[1] İbni Ebiddünyâ 281 [m. 894] de Bağdâdda vefât etdi.

(Bir kimse, öldükden sonra çoluk çocuğunun başına gelenleri bilir. Kendisini yıkayanlara ve kefenliyenlere bakar) buyuruldu. (Buhârî)deki sahîh hadîsde, (Münker ve Nekîr melekleri, süâl ve cevâbdan sonra meyyite, Cehennemdeki yerine bak! Allahü teâlâ, değişdirerek, şana Cennetdeki yeri ihsân eyledi derler. Bakar. İkisini birlikde görür) buyuruldu.

İbni Ebiddünyâ ve Beyhekî (Şu'ab-ül-îmân) kitâbında, Ebû Hüreyreden "radıyallahü teâlâ anhüm" bildirdikleri hadîs-i şerîfde, (Bir kimse tanıdığı kabr yanına gelip selâm verirse, meyyit de onu tanır ve selâm verir. Tanımadığı kabrin başına gelip selâm verirse, selâmına cevâb verir) buyuruldu. Bu hadîs-i şerîfden anlaşılıyor ki, meyyit kendini ziyâret edeni, kabri başına geleni görmekdedir. Görmeseydi, dünyâda tanımamış olduğunu tanımaması bildirilmezdi. Birincisini tanıyarak cevâbı veriyor. İkincisinin selâmına, tanımayarak cevâb veriyor.

İmâm-ı Ahmed ve Hâkim, hazret-i Âişeden "radıyallahü teâlâ anhâ" haber veriyorlar ki, (Odama girer, elbisemi çıkarırdım. Çünki, kabrlerde babam ve zevcim vardı. Hazret-i Ömer "radıyallahü teâlâ anh" de defn edildikden sonra, odama girince, elbiselerimi çıkarmaz oldum. Çünki, o yabancı idi. Ondan hayâ ederdim). (Erbe'în-üt-tâiyye) kitâbında bildirilen hadîs-i şerîfde, (Bir meyyit, dünyâda sevdiği kimse, kendisini ziyârete geldiği zemân sevinir) buyuruldu. Bu hadîs-i şerîf, meyyitin, ziyârete geleni gördüğünü bildiriyor. Görmeseydi, tanımaz ve sevinmezdi. (Sahîh-i Müslim)de, Amr ibni Âsdan "radıyallahü anh"[1] haber veriliyor: Öleceği zemân buyurdu ki, (Beni defn edince, üzerime toprak atınız! Sonra bir hayvan kesilerek etleri parçalanacak zemân kadar, kabrimin başında bekleyiniz. Sizinle kabrime alışayım ve sizi göreyim. Böylece Rabbimin gönderdiği süâl meleklerine râhat cevâb vereyim). Kabrdeki meyyitlerin duyduklarını ve gördüklerini bildiren böyle sağlam haberler çokdur. Lüzûmu kadar bildirdik. Uzatmağa hâcet olmasa gerekdir. Dirilerin yapdığı işlerin ölülere gösterildiğini yukarıda bildirmişdik. Onlarda görmek olmasaydı, işlerin onlara gösterilmesi doğru olmazdı. Çünki, işlerin gösterilmesi demek, iki omuzda bulunan (Kirâmen kâtibîn) meleklerinin yazdığı şeylerin gösterilmesi olduğu anlaşılmakdadır. Bu da mevtâların gördüğünü bildirmekdedir. Bunun için, biz de, ölülerin görmesini anlatdıkdan sonra, dirilerin işlerinin onlara gösterilmesini bildiren hadîs-i şerîfleri yazmağı uygun bulduk.

---

[1] Amr ibni Âs 43 [m. 663] de Mısrda vefât etdi.

Bu bilgileri, câhiller anlamıyor. Çünki, Resûlullahın "sallallahü aleyhi ve sellem" sünnet-i seniyyesini ve bu konudaki hadîs-i şerîfleri işitmemişlerdir. Kendilerini âlim sanan bu adamlar, o kadar câhil ve o kadar ahmakdırlar ki, kabrde olan Peygamberler "salevâtullahi teâlâ aleyhim ecma'în" ve Velîler "rahime-hümullahü teâlâ" kabr başına gelip, kendilerinden şefâ'at istiyenleri ve yalvaranları nasıl bilirler diyorlar? Bunlara deriz ki, o büyüklere dünyâda iken birçok şeyler bildiriliyor. Öldükden sonra da, niçin bildirilmesin? Yâhud deriz ki, Allahü teâlâ, âdet-i ilâhiyyesinin dışında olarak, bunlara ikrâm ve ihsân ederek, işitiyorlar ve biliyorlar. Dirilerin işlerinin ölülere gösterildiği, hadîs-i şerîflerde bildirilmişdir. Buna inanmıyanlara karşı, vesîka olan hadîs-i şerîfleri yukarıda bildirdik. Bu hadîs-i şerîfleri okuyup anlamıyan biri, ölü yalnız dünyâda iken tanımış olduğu kimseleri görüp işitir derse, ona deriz ki, hadîs-i şerîfler, tanıdık ve tanımadık diye ayırmıyor. Fekat bunlar, inâd ediyorlar. Ölüp de, başlarına gelinceye kadar inanmazlar.

Ümmetin amellerinin Resûlullaha gösterildiğini bildiren pekçok hadîs-i şerîf vardır: Bezzâzın sahîh kimselerden alarak, Abdüllah ibni Mes'ûd hazretlerinden haber verdiği hadîs-i şerîfde, **(Hayâtım, sizin için hayrlıdır. Bana anlatırsınız. Ben de size anlatırım. Öldükden sonra, vefâtım da, sizin için hayrlı olur. Amelleriniz bana gösterilir. İyi işlerinizi gördüğüm zemân, Allahü teâlâya hamd ederim. Kötü işlerinizi gördüğüm zemân, sizin için afv ve mağfiret dilerim)** buyuruldu. Bu hadîs-i şerîf, Resûlullahdan işitdim denilerek bildirildi. Başka sağlam kimseler, bunu **(Mürsel)** olarak da bildirmişlerdir. Amellerin, işlerin, tanıdıklara gösterildiğini bildiren hadîs-i şerîfe gelince, imâm-ı Ahmed ve Hakîm-i Tirmüzî **(Nevâdir-ül-usûl)** kitâbında ve Muhammed bin İshak ibni Mende[1] adındaki meşhûr hadîs âlimlerinin bildirdikleri hadîs-i şerîfde, **(Yapdığınız işler, kabrde olan yakınlarınıza ve tanıdıklarınıza bildirilir. İyi işlerinizi görünce sevinirler. Böyle olmıyan işleriniz için, yâ Rabbî! Bizi doğru yola kavuşdurduğun gibi, bu kardeşimizi de kavuşdur. Ondan sonra rûhunu al! derler)** buyuruldu. Büyük hadîs âlimi Süleymân Ebû Dâvüd Tayâlisî[2] **(Müsned)** kitâbında, Câbir bin Abdüllahdan gelen hadîs-i şerîfi şöyle bildiriyor: **(Yapdığınız işler, mezârdaki yakınlarınıza ve tanıdıklarınıza gösterilir. İşleriniz iyi ise, sevinirler. İyi değil ise, yâ Rabbî! Bunla-**

[1] İbni Mende 395 [m. 1005] de vefât etdi.
[2] Ebû Dâvüd 204 [m. 819] da vefât etdi.

ra iyi işler yapmaları için kalblerine ilhâm eyle derler). İbni ebî Şeybe **(Musannef)** kitâbında ve Hakîm-i Tirmüzî ve ibni Ebiddünyâ, İbrâhîm bin Meysereden haber veriyorlar ki, Ebû Eyyûb-el-Ensârî, İstanbula gazâ etmeğe gitdi. Birinin yanından geçerken, (Bir kimsenin öğle vakti yapdığı işler, akşam olunca mezârdakilere gösterilir. Akşam yapdığı işleri, sabâh olunca, mezârdakilere gösterilir) dediğini işitdi. Ebû Eyyûb hazretleri, böyle ne söylüyorsun dedikde, vallâhi bunu sizin için söylüyorum, dedi. Ebû Eyyûb, yâ Rabbî, sana sığınırım. (Ubâdet-ebn-i Sâmitin ve Sa'd bin Ubâdenin yanında, onlar öldükden sonra, yapdıklarımdan dolayı, yüzümü kara etme) dedi. O kimse cevâbında, Allahü teâlâ kullarının kusûrlarını örter, amellerinin iyisini gösterir buyurdu. Hakîm-i Tirmüzînin **(Nevâdir)** kitâbında bildirdiği hadîs-i şerîfde, **(İnsanların yapdıkları işler, Pazartesi ve Perşembe günleri, Allahü teâlâya arz olunur. Peygamberlere, Evliyâya ve ana-babaya Cum'a günleri gösterilir. İyi işleri görünce sevinirler. Yüzlerinin parlaklığı artar. Allahdan korkunuz! Ölülerinizi incitmeyiniz!)** buyuruldu. İnsanların yapdığı işler, mezârdaki tanımadıkları ölülere de bildirilir. Abdüllah ibni Mubârek ve ibni Ebiddünyânın, Ebû Eyyûb-el-Ensârîden "radıyallahü teâlâ anh" bildirdikleri hadîs-i şerîfde, **(Yapdığınız işler, ölülere bildirilir. İyi işlerinizi görünce sevinirler. Kötü işlerinizi görünce üzülürler)** buyuruldu. Hakîm-i Tirmüzînin ve İbni Ebiddünyânın ve Beyhekînin **(Şu'ab-ül-îmân)** kitâbında Nu'mân bin Beşîrden bildirdikleri hadîs-i şerîfde, **(Mezârdaki kardeşleriniz için Allahü teâlâdan korkunuz! Yapdığınız işler, onlara gösterilir)** buyuruldu. Bu iki hadîs-i şerîf, bütün ölüler içindir. Ebüd-derdâ "radıyallahü teâlâ anh" buyuruyor ki, yapdığınız işler, ölülerinize gösterilir. Bununla sevinirler veyâ üzülürler. İbn-ül-Kayyım-i Cevziyye **(Kitâbür-rûh)** kitâbında, İbni Ebiddünyâdan, o da Sadaka bin Süleymân Ca'ferîden bildiriyor ki, bir kötü huyum vardı. Babamın ölümünden sonra, pişmân oldum. Bu taşkınlıklarımdan vaz geçdim. Bir aralık bir kabâhat yapdım. Babamı rü'yâda gördüm. Ey oğlum! Senin güzel işlerinle kabrimde râhat ediyordum. Yapdığın işler bize gösteriliyor. İşlerin sâlihlerin amellerine benziyor. Fekat, son yapdığından dolayı çok üzüldüm, utandım. Yanımdaki mevtâlar arasında beni utandırma, dedi. Bu haber, yabancı mevtâların da, dünyâdaki işleri anladıklarını gösteriyor. Çünki, çocuğun işleri babasına gösterildiği zemân, babası oğluna, beni yanımdaki ölülere utandırma demekdedir. Yabancı ölüler, çocuğun işlerinin babasına gösterildiğini anlamasalardı, babası rü'yâda böyle söylemezdi. Hazret-i Hâlid bin Zeyd Ebû Eyyûb-el-Ensârînin "radıyallahü teâlâ anh" bildirdiği hadîs-i şerîfde de, tanıdığı bütün ölülere dünyâdaki işlerin gösterildiğini, yukarıda bildirmişdik.

Dördüncü kısm: Meyyitlerin birbirini ziyâret etmeleri ve buluşmaları da, sahîh haberlerle bildirilmişdir. Hâris bin Ebî Üsâme ve Ubeydullah bin Sa'îd Vâyilî **(İbâne)** kitâbında ve Ukaylî, Câbir bin Abdüllahdan haber verdikleri hadîs-i şerîfde, **(Ölülerinizin kefenini güzel yapınız! Onlar, kabrlerinde birbirlerini ziyâret ederler ve övünürler)** buyuruldu. **(Müslim)** sahîhindeki hadîs-i şerîfde, **(Kardeşinin cenâze işini görenleriniz, kefenini güzel yapsın!)** buyuruldu. Çünki, meyyitler birbirini ziyâret ederler ve övünürler. Ebû Hüreyrenin bildirdiği hadîs-i şerîfde, **(Ölülerinizin kefenlerini güzel yapınız! Çünki, birbirlerini kefenleri içinde olarak ziyâret ederler)** buyuruldu. Tirmüzî ve İbni Mâce ve Muhammed bin Yahyâ Hemedânî **(Sahîh)** kitâbında ve İbni Ebiddünyâ ve Beyhekî **(Şu'ab-ül-îmân)** kitâbında, Ebû Katâdeden bildirdikleri hadîs-i şerîfde, **(Biriniz din kardeşinin cenâze işlerini görürse, kefenini güzel yapsın! Çünki onlar, kabrleri içinde birbirlerini ziyâret ederler)** buyuruldu.

[Hâris bin Ebî Üsâme Bağdâdî 282 [m. 895] de, Ubeydüllah Vâyilî 440 [m. 1048] de, Muhammed bin Ömer Hicâzî Ukaylî 322 [m. 934] de, Muhammed Tirmizî 320 [m. 932] de Bag şehrinde, Muhammed ibni Mâce 273 [m. 886] de Kazvinde, Muhammed Hemedânî Mısrî Şâfi'î 347 [m. 959] de, Abdüllah ibni Ebiddünyâ 281 [m. 894] de Bağdâdda, Ahmed Ebû Bekr Beyhekî 458 [m. 1066] de Nişâpûrun Beyhek köyünde vefât etmişdir "rahmetullahi teâlâ aleyhim ecma'în"].

İbni Teymiyye fetvâlarının çeşidli yerlerinde diyor ki, (kabrlerin bulunduğu şehrler, dünyâda birbirlerine yakın olsa da, uzak olsa da, mevtâlar birbirlerini ziyâret ederler. Uzak şehrlerde bulunan mevtâların rûhları, birbirleri ile buluşurlar.) Hanefî mezhebinin âlimleri, fıkh kitâblarında kefenin güzel olması sünnetdir. Çünki, mevtâlar, birbirlerine övünürler ve birbirlerini ziyâret ederler, yazılıdır. Hattâ, bütün mezheblerin âlimleri, fıkh kitâblarında, bunun böyle olduğunu bildirmekdedirler. Böyle olduğunu bildiren haberler ve insanı hayrete düşüren vak'alar çok bildirilmişdir. Okumak arzû edenler, hadîs âlimi imâm-ı Süyûtî hazretlerinin **(Şerh-us-sudûr)** kitâbına mürâce'at buyursun. [Mezhebsizler, hadîs âlimlerine güvendiklerini söylüyorlar. Hadîs kitâblarından, sened, vesîka olarak çok hadîsler yazıyorlar. En büyük islâm âlimi İbni Teymiyyedir diyorlar. Bu hadîs kitâblarında, ölülerin, bizim bilmediğimiz ve anlamadığımız bir görmekle ve işitmekle duyduklarını okuyorlar da, bunlara inanmıyorlar. Resûlullah efendimizin ve Evliyânın işitdiklerine inananlara kâfir diyorlar. Müşrik diyorlar. Peygamberimizin "sallallahü aleyhi ve sellem" mubârek türbesi önünde, **(Şefâ'at yâ Resûlallah)** diyen hâcıları müşrik biliyorlar. Bundan dolayı yüzbinlerce hâcının **(Minâ)**da kesdikleri yüzbinlerce kurbana necsdir, leşdir diyerek, bu kurban etlerini yimiyorlar. Toprakla örtüp üzerlerinden buldozer geçiriyorlar. Müşriklerin kesdikleri yinmez ve satılmaz diyorlar.]

Beşinci kısm: Ölüler, dünyâda diri olanların yapdıkları işleri, kendilerine gösterilmeksizin de bilmekdedirler. Mezhebsizlerin, allâme dedikleri, çok büyük bildikleri İbn-ül-Kayyım-ı Cevziyye **(Kitâb-ür-rûh)** kitâbında, şöyle yazmakdadır:

FASL: Hâfız, ya'nî hadîs âlimi, Ebû Muhammed Abdüllah Eş-bîlî "rahime-hullahü teâlâ" burada uzun şeyler bildirmekdedir. Ölüler dirilerin işlerinden haber sorarlar. Dirilerin sözlerini ve işlerini anlarlar. Kitâbında, bir sahîfe sonra, Amr bin Dînâr diyor ki, (İnsan ölünce, geride bırakdıklarındaki olan biteni bilir. Kendisini yıkadıklarını ve kefenlediklerini görür. Onlara bakar). İbni Kayyım-ı Cevziyye, kitâbında, bir sahîfe dahâ sonra, diyor ki, Sa'b bin Cüsâme ile Avf bin Mâlik, birbiri ile âhıret kardeşi oldular. Hangimiz önce ölürsek, rü'yâda görünelim dediler. Sa'b önce öldü. Avfa rü'yâsında göründü. Avf sordu: Allahü teâlâ sana ne yapdı? Afv eyledi dedi. Konuşmalarının sonunda, kardeşim: Ben öldükden sonra, bana yakın olanların yapdığı herşey bana bildiriliyor. Hattâ kedimizin, şu kadar gün önce öldüğünü haber aldım. Kızım, altı güne kadar ölecekdir. Ona vasî ol, dedi. Rü'yâda söylediği gibi oldu. Kitâbında bundan sonra, Sâbit bin Kaysın, Hâlid bin Velîdin "radıyallahü teâlâ anh" askeri arasında bulunan birisine rü'yâsında göründüğünü bildiriyor. Hâlid bin Velîde git, ona söyle ki, şehîd olduğum zemân, islâm askerinden birisi yanıma geldi. Sırtımdan çelik gömleğimi çıkarıp çadırına götürdü. Çadırı, en sondadır. Çadırı yanında uzun yuları olan bir at otlamakdadır. Gömleğimi ondan alsın, dedi. Bu kimse, Hâlide bunları bildirdi. Gitdiler. Gömleği çadırda buldular.

Altıncı kısm: Dirilerin yapdıkları işleri haber alınca, ölülerin incindikleri, İmâm-ı Süyûtînin **(Şerh-us-sudûr)** kitâbında, Deylemînin Âişe vâlidemizden "radıyallahü anhâ" bildirdiği hadîs-i şerîfi yazıyor. Burada, **(İnsan, evinde iken nelerden incinirse, kabrinde de onlardan incinir)** buyuruldu. İmâm-ı Kurtubî **(Tezkire)** kitâbında diyor ki, dünyâda olanların yapdıkları şeyleri Allahü teâlâ bir melek ile yâhud alâmet ile, işâretle veya başka bir yoldan, ölülere bildirir. İbnül-Kayyım-ı Cevziyye **(Kitâb-ür-rûh)** kitâbında diyor ki, (Dirilerin rûhları ile ölülerin rûhlarının buluşduklarını bildirenlerden biri de şudur: Diri, ölüyü, rü'yâda görerek, ondan birşeyler soruyor. Meyyit dirinin bilmediklerini ona haber veriyor. Verdiği, olmuş veyâ olacak haberler doğru çıkıyor. Çok def'a, diri iken gömmüş olduğu ve kimseye bildirmediği malın yerini haber veriyor. Alacağı olduğunu ve şâhidlerini bildirmesi de çok görülmüşdür. Kimsenin bilmediği, kendinin gizli yapdığı bir işi haber vermesi ve bildirdiği gibi çıkması çok görülmüşdür. Çok şaşılacak birşey de, şu zemânda öleceksin dediği kimsenin, o zemânda öldüğü görülmüşdür. Bir dirinin gizlice yapdığı bir işin, bir ölü tarafından başka bir diriye bildirilmesi de çok görülmüşdür. Sa'b ve Sâbit öldükden sonra rü'yâda dirilerle konuşmuşlardır. Bunları yukarıda bildirmişdik). İmâm-ı Süyûtî, **(Şerh-us-sudûr)** kitâbında, Muhammed bin Sîrînden "radıyallahü anh" bildiriyor ki, meyyitin bildirdiği şeyler, hep doğrudur. Çünki meyyit, hiç yalan ve yanlışlık olmıyan bir âlemdedir. O âlemde olanlar, hep doğru söyler. Gördüklerimiz ve anladıklarımız, bu sözümüzü kuvvetlendirmekdedir. İbnül-Kayyım ve başkaları da böyle söylediler. Rûh, latîf olduğu için, duygu organları ile anlaşılmıyan şeyleri anlamakdadır. Hâkim ve Beyhekî **(Delâil)** kitâbında, Süleymândan haber veriyorlar ki, Ümm-i Seleme hazretlerinin yanına girdim. Ağlıyordu. Niçin ağladığını sordum. Resûlullahı "sallallahü aleyhi ve sellem" rü'yâda gördüm. Ağlıyordu. Mubârek başında ve mubârek sakallarında toprak vardı. Mubârek yüzünüz niye böyle diye sordum. Oğlum Hüseynin şehîd edildiğini gördüm buyurdu. Bunu, Hatîb-i Tebrîzî **(Mişkât-ül-mesâbîh)** kitâbında da yazmakdadır. İbni Ebiddünyâ "rahmetullahi aleyh", Benî Esed kabîlesinden bir mezârcıdan bildiriyor. Mezârcı diyor ki, bir gece kabristânda idim. Bir kabrden şöyle ses geldi: Ey Abdüllah dedi. Ne istiyorsun yâ Câbir, cevâbı verildi. Yarın bizim yanımıza annemiz gelecek dedi. Onun bize fâidesi olmaz. Bize düâ olunmaz. Babam ona kızmışdı. Düâ etmemek için yemîn etmişdi, cevâbı verildi. Sabâh olunca, bir kimse geldi. Bu iki kabr arasına bir mezâr kazmamı söyledi. Gece ses işitmiş olduğum iki kabri gösterdi. Bu kabrdekilerin ismi nedir dedim. Bunun ismi Câbirdir. Şunun ismi Abdüllahdır diyerek gösterdi. Gece işitdiklerimi, ona söyledim. Evet, onun için düâ etmemeğe yemîn etmişdim. Şimdi yemînimi bozup düâ edeceğim ve keffâret vereceğim, dedi.

[Abdüllah Eşbîlî mâlikî 497 [m. 1104] de, Sa'b bin Cüsâme, Ebû Süfyânın hemşîresi Zeyneb binti Harbin oğlu olup, hazret-i Ebû Bekrin hilâfeti zemânında vefât etdi. Ebû Şücâ Şehrdâr Deylemî 558 [m. 1164] de, Hâkim Muhammed Nişâpûrî 405 [m. 1014] de, Süleymân bin Yesâr, Meymûne "radıyallahü anhâ"nın azâdlısı idi. 107 [m. 726] de, Veliyyüddîn Muhammed Hatîb-i Tebrîzî şâfi'î 749 [m. 1347] da, Ahmed ibni Hacer-i Askalânî 852 [m. 1448] de Mısrda, Hâfız Yûsüf ibnü Abdilberr mâlikî 463 [m. 1071] de Endülüsde, Şâtibede vefât etdi "rahmetullahi aleyhim ecma'în"].

Yedinci kısm: Ölülerin iş yapdıkları, Allahü teâlânın izni ile, onlarda birçok şeyler görüldüğü sahîh kitâblarda bildirilmekdedir. Hadîs âlimi, imâm-ı Süyûtî **(El-mütekaddim)** kitâbında ve hâfız ibn-i Hacer, fetvâlarında buyuruyorlar ki, mü'minlerin rûhları **(İlliyyîn)** denilen makâmda, kâfirlerin rûhları **(Siccîn)** denilen yerdedir. Her rûh, cesedine, bilinmiyen bir hâlde bağlıdır. Bu bağlılıkları, dünyâdaki bağlılıklar gibi değildir. Rü'yâ gören kimsenin gördüğü şeylere olan bağlılığı gibidir. Fekat, ölülerin cesedlerine ve başka şeylere bağlılıkları, rü'yâ görenin bağlılığından pekçok kuvvetlidir. Bunun içindir ki, ibnü Abdilberrin, rûhlar kabrlerinin yanındadır sözü ile yukarıdaki sözün arasını bulmak güç olmaz. Rûhların kendi cesedlerine te'sîr ve tesarruf etmelerine ve kabrde bulunmalarına izn verilmişdir. Meyyit kabrden çıkarılıp başka kabre konursa, rûhun bedenle olan bağlılığı bozulmaz. Beden çürüyüp, toprak maddeleri, sıvıları ve hâsıl olan gazları dağılınca, bu bağlılık yine bozulmaz. İmâm-ı Süyûtî buyuruyor ki, rûhun İlliyyînde olduğu hâlde, bedene bağlanmasına ve tesarruf yapmasına izn verildiğini İbni Asâkirin, Abdüllah ibni Abbâsdan haber verdiği şu hadîs-i şerîf göstermekdedir: Resûlullah "sallallahü aleyhi ve sellem", Ca'fer Tayyâr hazretleri şehîd oldukdan sonra buyurdu ki, **(Bir gece Ca'fer Tayyâr yanıma geldi. Yanında melek vardı. İki kanadlı idi. Kanadlarının uçları kana boyanmış idi. Yemendeki Bîşe denilen vâdiye gidiyorlardı.)** İbni Adînin hazret-i Alî ibni Ebî Tâlibden haber verdiği hadîs-i şerîfde, **(Ca'fer bin Ebî Tâlibi meleklerin arasında gördüm. Bîşe ahâlîsine yağmur geleceğini müjdeliyorlardı)** buyuruldu. Hadîs âlimlerinden Hâkimin Abdüllah ibni Abbâsdan verdiği haberde, Resûlullahın "sallallahü aleyhi ve sellem" yanında oturuyordum. Esmâ bint-i Umeys yanımızda idi. Resûlullah "sallallahü aleyhi ve sellem", aleyküm selâm dedikden sonra, **(Yâ Esmâ! Şimdi, zevcin Ca'fer, Cebrâîl ve Mikâil ile birlikde yanıma geldiler. Bana selâm verdiler. Selâmlarına cevâb verdim. Bana dedi ki, (Mûte) gazâsında kâfirler ile birkaç gün savaşdım. Vücûdümün her tarafında yetmişüç yerimden yaralandım. Bayrağı, sağ elime aldım. Sağ kolum kesildi. Sol elime aldım, sol kolum kesildi. Allahü teâlâ, iki kolum yerine bana iki kanad verdi, Cebrâîl ve Mikâîl ile birlikde uçuyorum. İstediğim zemân Cennet-**

den çıkıyorum. İstediğim zemân girip meyvelerini yiyorum) buyurdu. Esmâ, bunları işitince, Allahü teâlânın ni'metleri Ca'fere âfiyet olsun. Fekat, herkes bunu benden işitince inanmazlar diye korkuyorum. Yâ Resûlallah, minbere çık sen söyle! Sana inanırlar dedi. Resûlullah "sallallahü aleyhi ve sellem" mescide teşrîf edip, minbere çıktı. Allahü teâlâya hamd ve senâ eyledikden sonra, **(Ca'fer ibni Ebî Tâlib, Cebrâîl ve Mikâîl ile birlikde yanıma geldiler. Allahü teâlâ, ona iki kanad vermiş. Bana selâm verdi)** buyurdu. Sonra, Esmâya haber verdiklerini bir bir söyledi. Bu hadîs-i şerîfler gösteriyor ki, Allahü teâlâ, şehîd olan ve sâlih olan kullarına, insanlara fâideli olan işleri yapmak için izn vermekdedir. Bunu bildiren, dahâ nice haberleri hadîs âlimleri yazmışlardır. Bunlardan birini, imâm-ı Celâleddîn Süyûtî şöyle bildiriyor: İbni Ebiddünyâ diyor ki, Ebû Abdüllah Şâmî, rumlarla gazâya gitmişdi. Düşmanı kovalıyorlardı. İki kişi askerden uzaklaşdılar. Birisi şöyle anlatıyor: Düşman kumandanına rastladık. Üzerine hücûm etdik. Çok savaşdık. Arkadaşım şehîd oldu. Geri döndüm. Askerlerimizi aradım. Sonra kendi kendime dedim ki, sana yazıklar olsun! Ne için kaçıyorsun. Geri döndüm. Düşman kumandanına saldırdım. Kılıncım boşa gitdi. O, bana saldırdı. Beni devirdi. Göğsümün üstüne oturdu. Beni öldürmek için eline bir şey aldı. Tâm o sırada, şehîd olmuş olan arkadaşım yerinden fırladı. Ensesinden saçlarını yakaladı. Üstümden çekdi. Birlikde kâfiri öldürdük. Uzakdaki bir ağaca kadar birlikde konuşarak yürüdük. Orada ölü olarak yatdı. Arkadaşlarıma gelip, olanları haber verdim. Hanefî mezhebi âlimlerinden **(Ravdat-ül-Ulemâ)** kitâbının sâhibi Hüseyn Buhârî Zendüvistî ve **(Zübdet-ül-Fükahâ)** kitâbının sâhibi de, bu vak'ayı bildirmişlerdir. Hadîs âlimlerinden Mehâmilî **(Emâliyyül-İsfehâniyye)** kitâbında bildiriyor ki, Abdül'azîz bin Abdüllah dedi ki, bir arkadaşla Şâmda idik. Yanında zevcesi de vardı. Bunların oğlunun şehîd olduğunu dahâ önceden biliyordum. Yanımıza bir süvârî geldi. Arkadaşım, bunu karşıladı. Zevcesine dönerek, bu bizim oğlumuz dedi. Zevcesi, şeytân senden uzak olsun. Sen aldanıyorsun. Oğlunun çokdan şehîd olduğunu unutdun mu dedi. Adam, söylediğine pişmân oldu. Fekat, süvârîye yaklaşdı. Dikkat ile bakarak, vallâhi bu bizim oğlumuz dedi. Kadın da, bakmak zorunda kaldı. Vallâhi o diye bağırmağa başladı. Babası, oğlum sen şehîd olmuşdun değil mi? dedi. Evet babacığım. Fekat, Ömer bin Abdül'azîz şimdi vefât etdi. Şehîdler, onu ziyâret etmek için Rabbimizden izn istedik. Ben ayrıca size selâm vermek için de izn istedim, dedi. Vedâ' edip yanlarından ayrıldı. Az zemân sonra, Ömer bin Abdül'azîzin vefât etdiği işitildi. İmâm-ı Süyûtî buyuruyor ki, bu haberler, sağlamdır, doğrudur. Hadîs âlimleri, vesîkaları ile birlikde bunları yazmışlardır. Bunu, imâm-ı Yâfi'î "rahmetullahi aleyh" yazmışdır. Onun yazısını kuvvetlendirmek için, ben de bildirdim. Böyle vak'alar, imâm-ı Süyûtînin kitâbında çok yazılıdır. Anlamak istiyenler oradan okuyabilirler.

İmâm-ı Yâfi'î buyuruyor ki, mevtâları iyi veyâ kötü hâlde görmek, Cenâb-ı Hakkın ba'zı kullarına ihsân etdiği bir keşfdir, kerâmetdir. Dirilere müjde vermek, va'z olmak, yâhud ölüler için hayrlı bir iş yapılmasına, borçlarının ödenmesine yaraması içindir. Ölüleri görmek dahâ çok rü'yâda olmakdadır. Uyanık iken görenler de vardır. Evliyâ için, hâl sâhibleri için kerâmetdir. Kitâbının başka bir yerinde diyor ki, Ehl-i sünnet mezhebinin âlimleri buyuruyor ki, ölülerin İlliyyîndeki veyâ Siccîndeki rûhları, arasıra ya'nî Allahü teâlâ dileyince, mezârlarındaki cesedlerine red olunurlar. En çok Cum'a geceleri, böyle olur. Birbirleri ile buluşurlar, konuşurlar. Cennetlik olanlar, ni'metlere kavuşur. Azâb görecekler, azâb olunurlar. Rûhlar, İlliyyînde veyâ Siccînde iken, cesed olmaksızın da, ni'metlenir ve azâb çekerler. Kabrde ise, rûh ve cesed birlikde ni'metlenir. Yâhud azâblanır. İbn-ül-Kayyım-ı Cevziyye **(Kitâb-ür-rûh)**da diyorki, bu yazılardan anlaşılıyor ki, rûhun hâli, kuvvetli ve za'îf ve büyük ve küçük olduğuna göre değişmekdedir. Büyük rûhlar için olanlar, başka rûhlar için olmaz. Dünyâda da rûhların, kuvvetli, za'îf, sür'atli olduklarına göre başka başka hâlleri olduğu bilinmekdedir. Bedenin esâretinden ve bağlılığından ve tesarrufundan kurtulan rûhların kuvvetleri, nüfûzları, himmetleri, sür'atleri ve Allahü teâlâya ve madde âlemine te'allukları, bedene bağlı olan rûhlar gibi elbet değildir. Rûhun kendisi yüksekdir, temizdir, büyükdür, yüksek himmet sâhibidir. Bedenden ayrıldıkdan sonra, dahâ başka olur. Başka şeyler yapabilir. İnsanların öldükden sonra rûhları, rü'yâda görülüp öyle şeyler yapmışlardır ki, diri iken, bedene bağlı oldukları zemân bunları yapdıkları görülmemişdir. Bir kişi veyâ iki kişi veyâ birkaç kişinin, büyük bir orduyu mağlûb etmesi çok görülmüşdür. Resûlullah "sallallahü aleyhi ve sellem" ve Ebû Bekr ve Ömer "radıyallahü anhümâ", çok def'a rü'yâda görülmüş ve rûhları, kâfir ve zâlim askerlerini dağıtmış, kaçırmışdır. Bu yazdıklarımız, **(Nâzi'ât)** sûresinin beşinci âyetinin tefsîrinde, ba'zı müfessirlerin meselâ Beydâvînin (Evliyânın rûhu bedenden ayrılınca, melekler âlemine gider. Oradan Cennet bağçelerinde dolaşır. Bedenine de bağlılığı kalıp, te'sîr eder) demelerine uygun olmakdadır.

[Hüseyn bin Yahyâ Zendüvistî Buhârî 400 [m. 1010] de vefât etdi. **(Ravdat-ül-ulemâ)** kitâbı meşhûrdur. Ahmed Mehâmilî şâfi'î 415 [m. 1024] de Bağdâdda, Ömer bin Abdül'azîz 101 [m. 720] de, Afîfüddîn Abdüllah Yâfi'î şâfi'î 768 [m. 1367] de Mekkede, Kâdî Abdüllah Beydâvî Şîrâzî 685 [m. 1286] da Tebrîzde vefât etdi.]

Sekizinci kısm: Dirilerin, mezârdaki ni'metleri ve azâbları anlaması ve baş gözü ile görmesi câiz olduğu, Allahü teâlâ ve Resûlü tarafından haber verilmişdir. Ehl-i sünnet ve cemâ'at âlimleri, kabrde ni'met ve azâb olduğunu, bunun hem rûha, hem de bedene birlikde olduğuna inanmak lâzım geldiğini sözbirliği ile bildirmişlerdir. **(Akâ'id)** kitâbları, bunları uzun uzun bildirmekdedir. Kabr azâbına yalnız **(Mu'tezile)** ve **(Hâricîler)** inanmıyorlar. Kabr azâbının doğru olduğu, hadîs-i şerîflerle ve Eshâb-ı kirâmın "radıyallahü teâlâ aleyhim ecma'în" eserleri ile, Selef-i sâlihînin yazıları ile bildirilmekdedir. Ba'zı câhillerin kabr azâbına inanmamaları, bu vesîkalardan haberleri olmadığı içindir. Onların îmânını kuvvetlendirmek için, vesîkalardan bir kaçını bildirmek uygun görüldü.

Peygamberlerin kabrde bilmediğimiz bir hayât ile diri olduklarını, nemâz kıldıklarını yukarıda bildirmişdik. Peygamberlerin, vefâtlarından sonra, hac etdikleri, Buhârîde ve Müslimde bildirilmekdedir. Peygamber olmıyanlara gelince, Ebû Nu'aym bildiriyor ki, Sâbit-ül-Benânî diyor ki, Hamîd-i Tavîle sordum: Mezârda yalnız Peygamberler mi nemâz kılar? Hayır başkaları da kılabilir dedi. Sâbit, yâ Rabbî! Bir kimsenin mezârda nemâz kılmasına izn veriyor isen, Sâbitin de kabrde nemâz kılmasını nasîb eyle dedi. Ebû Nu'aym, yine bildiriyor ki, Şeybân bin Cisr dedi ki, kendinden başka ilâh bulunmıyan Allahü teâlâya yemîn ederim ki, Sâbit-i Benânîyi mezâra koydum. Hamîd-i Tavîl de yanımda idi. Üzerine toprak örtdük. Toprak bir yerinden çökdü. Kabre bakdım, nemâz kıldığını gördüm. İbni Cerîr **(Tehzîb-ül-Âsâr)** kitâbında ve Ebû Nu'aym, İbrâhîm bin Sâmitden haber veriyorlar ki, seher vaktlerinde kabristândan geçenler, Sâbit-i Benânînin kabrinden Kur'ân-ı kerîm sesi duyduklarını söylerlerdi. İbnül Cevzî **(Safvet-üs-Safve)** kitâbında da bunu bildirmekdedir. Tirmüzî ve Hâkim ve Beyhekî, Abdüllah ibni Abbâsdan haber verdiler ki, Eshâb-ı kirâmdan birkaçı, bir yere çadır kurmuşlardı. Burada bir kabr bulunduğunu bilmiyorlardı. Çadırda, **(Mülk)** sûresinin okunduğu işitildi. Resûlullaha "sallallahü aleyhi ve sellem" bunu haber verdiklerinde, **(Bu sûre-i şerîfe insanı kabr azâbından ko-**

– 218 –

rur) buyurdu. İbnül-Kâyyım-ı Cevziyyenin **(Kitâb-ür-rûh)** kitâbında diyor ki, meyyitin kabrde okuduğunu bu hadîs-i şerîf isbât etmekdedir. Çünki, Abdüllah ibni Ömer de bir yere çadır kurmuşdu. Çadırda Kur'ân-ı kerîm sesi işitdi. Resûlullaha "sallallahü aleyhi ve sellem" haber verdi. Bu sözü tasdîk buyurdu. Hadîs âlimlerinden Abdürrahmân ibni Receb **(Ehvâl-ül-Kubûr)** kitâbında diyor ki, Allahü teâlâ dilediği kuluna kabrde sâlih işler yapmağı ihsân eder. İnsan ölünce amel, ibâdet yapmak vazîfesi biter. Kabrdeki ibâdete sevâb verilmez. Fekat, Allahü teâlânın ismini söylemekle ve ibâdet etmekle zevklenir. Melekler ve Cennetde olanlar da böyledirler. İbâdet yapmakdan lezzet duyarlar. Çünki zikr ve ibâdet, rûhu temiz olanlar için, en tatlı şeydir. Rûhu hasta olanlar, bunun tadını duyamaz. İbnül Kayyım-ı Cevziyye **(Kitâb-ür-rûh)**da ve ibni Teymiyye ve dahâ birçok âlimler ve imâm-ı Süyûtî **(Şerh-us-Sudûr)** kitâbında bunu bildirmekdedirler. Ebül-Hasen bin Berâ' **(Ravda)** kitâbında bildiriyor ki, mezârcı İbrâhîm, (Bir mezâr kazmışdım. Mezârdan ve kerpiç parçalarından misk kokusu duydum. Kabre bakdım. Bir ihtiyâr oturmuş Kur'ân-ı kerîm okuyordu) dedi. Muhammed bin İshâk ibni Mende, Âsım-ı Sekâtîden haber veriyor ki, Belh şehrinde bir kabr kazdık. Yanındaki kabrin içi göründü. İçeride yeşil kefenli bir ihtiyâr, elinde Kur'ân-ı kerîm okuyordu. Bu kitâbda, bunun gibi çok şeyler yazılıdır. Hadîs âlimlerinden Ebû Muhammed Halâl **(Kerâmât-ül-Evliyâ)** kitâbında, Ebû Yûsüf Gasûlîden haber veriyor: Şâmda İbrâhîm bin Edhem hazretlerinin yanına gitdim. Bugün, şaşılacak birşey gördüm dedi. O nedir dedim. Karşıdaki kabristânda bir kabr yanında idim. Kabr yarıldı. Yeşil kefenli bir ihtiyâr göründü. Yâ İbrâhîm! Allahü teâlâ beni, senin için diriltdi. Dilediğini benden sor dedi. Allahü teâlâ seni nasıl karşıladı dedim. Etrâfımı kötü amellerim sarmışdı. Seni üç şey için afv etdim buyurdu: Benim sevdiklerimi severdin, dünyâda hiç içki içmezdin, aksakalınla huzûruma geldin. Böyle huzûruma gelen mü'minlere azâb yapmakdan utanırım buyurdu. İhtiyâr, bundan sonra kabrde gayb oldu. İbnül Cevzî **(Safvet-üs-Safve)** kitâbında Mu'âzeyi anlatırken bildiriyor: Ümmül Esved dedi ki, Mu'âze benim süt anam idi. Birgün dedi ki, Ebüs-sahbâ ve oğlum şehîd olunca, dünyâ gözüme zindan oldu. Hiçbir şeyden tad alamaz oldum. Yalnız şunun için yaşamak istiyorum ki, cenâb-ı Hakkın rızâsına kavuşduracak birşey yapabilsem de, Ebüs-sahbâ ile ve oğlum ile Cennetde buluşabileyim. Muhammed bin Hüseyn bildiriyor: Mu'âze vefât ederken ağladı. Sonra güldü. Sebebini sorduk. Nemâzdan, orucdan ve Kur'ân-ı kerîm okumakdan ve Allahü teâlâyı zikr etmekden ayrılıyorum diye üzülmüşdüm. Sonra Ebüssahbâyı gördüm. İki parça yeşil elbise giymiş. Dünyâda böyle görmemişdim. Bunun için de güldüm dedi. Mu'âze, hazret-i Âişeyi "radıyallahü anhâ" görmüşdü. Ondan hadîs-i şerîf haber vermişdi. Hasen-i Basrî ve Ebû Kılâbe ve Yezîd Rekâşî gibi büyük âlimler, Mu'âzeden hadîs rivâyet etmişlerdir.

[Zübde müellifi İbrâhîm Mısrî 957 de, Muhammed ibni Cerîr Taberî 310 [m. 923] da, Ebülferec Abdürrahmân ibnül-Cevzî hanbelî 597 [m. 1202] de, İbni İshâk Muhammed 151 [m. 768] de Bağdâdda, İbni Mende Muhammed 395 [m. 1005] de, Ebû Muhammed Abdüllah Halâl mâlikî 616 [m. 1219] da Mısrda, İbni Receb hanbelî 795 de vefât etmişdir "rahmetullahi teâlâ aleyhim ecma'în"].

Kabr azâbını görenler de vardır. Mü'min sûresinin kırkaltıncı âyet-i kerîmesinde meâlen, (Fir'avna ve adamlarına her sabâh ve akşam gidecekleri Cehennem ateşi gösterilir) buyuruldu. (Buhârî) ve (Müslim)deki hadîs-i şerîfde, (Eğer, gizli tutabilseydiniz, kabr azâbını, benim işitdiğim gibi, size de işitdirmesi için, düâ ederdim) buyuruldu. Kabr azâbı rûha ve cesede birlikde olmakdadır. Çünki, küfrü ve günâhları ikisi birlikde yapmakdadır. Yalnız, rûha azâb yapılması, hikmete ve ilâhî adâlete uygun değildir. Âlimler buyuruyor ki, beden kabrde çürüyüp yok olmakda görülüyor ise de, Allahü teâlânın ilminde vardır. Eshâb-ı kirâmdan birçoğu, ölülerin rûhlarına bedenleri ile birlikde azâb yapıldığını görmüş ve haber vermişlerdir. İbn-i Kayyım-ı Cevziyye (Kitâb-ür-rûh)da ve imâm-ı Süyûtî (Şerh-us-Sudûr)da ve Abdürrahmân ibni Receb hanbelî (Ehvâl-ül-kubûr)da bildiriyorlar ki, bir kimse, Resûlullahın yanında (Toprakdan birinin çıkdığını gördüm. Bir adam buna sopa ile vurarak yerde gâib olduğunu, böylece toprağa girip çıkdığını gördüm) dedi. Resûlullah "sallallahü aleyhi ve sellem" bunu işitince, (O gördüğün Ebû Cehldir. Kıyâmete kadar böyle azâb çeker) buyurdu. Bu ve bunun gibi haberler, Peygamberler ve Evliyâ gibi, herkesin de kabrdekileri görebileceğini bildirmekdedirler. Evliyânın görmesi, hiç inkâr edilemez. Allahü teâlânın kudreti ile görmekdedirler.

Buraya kadar yazdıklarımız, mevtâların mezârda, kabr hayâtı denilen bilmediğimiz bir hayât ile diri olduklarını göstermekdedir. İslâm âlimlerinin hepsi diyor ki, ölmek, yok olmak değildir. Bir evden bir eve göç etmek demekdir. Peygamberler "aleyhimüssalevâtü vetteslîmât" ve Velîler "rahime-hümullahü teâlâ" de, islâmiyyeti yaymak için çalışmışlardır. Hepsi şehîdlik derecesine kavuşmuşlardır. Şehîdlerin diri oldukları, Kur'ân-ı kerîmde açıkca bildirilmekdedir. Böyle olunca, onlardan tesebbüb ve teşeffû' ve tevessül etmek şaşılacak bir şey midir? **(Tesebbüb)** demek, onları sebeb yapmak, ya'nî Allahü teâlâ katında yardım etmelerini dilemekdir. **(Tevessül)** demek, bizim için düâ etmelerini dilemekdir. Çünki onlar, Allahü teâlânın dünyâda da, âhıretde de sevgili kullarıdır. Onların istediklerine kavuşacaklarını, her dilediklerinin verileceğini, Kur'ân-ı kerîm bildirmekdedir. Böyle olan meyyitlerden, dirilerden beklenen şeyleri bekliyen bir kimse kötülenebilir mi? Bunlardan beklenen şeyleri, Allahü teâlânın yaratacağına, Allahdan başka yaratıcı bulunmadığına inanan bir kimsenin, mezârdaki Peygamberleri, Velîleri sebeb kılması, vesîle yapması, hiç inkâr olunabilir mi? Bunları, onlar çürüdü, toprak oldu, yok oldu zan edenler inkâr eder. İslâmiyyeti bilmiyenler ve onların büyüklüğünü, yüksekliğini anlıyamıyanlar inanmaz. Peygamberlerin ve Evliyânın yüksekliklerini ve üstünlüklerini anlamıyan kimseler, din câhilleridir. İslâmiyyeti anlamamışlardır. Onların câhil dedikleri müslimânlar, kendilerinden dahâ bilgili ve dahâ anlayışlıdırlar. Evliyânın ve Peygamberlerin "aleyhimüssalevâtü vetteslîmât" mezârlarına gidip, onların vâsıtası ile, onları sebeb kılarak, Allahü teâlâdan birşey istemenin ve kıyâmet günü bize şefâ'at etmeleri için, kendilerine yalvarmanın câiz olduğu, hadîs-i şerîflerde bildirilmişdir ve islâm âlimleri sözbirliği ile haber vermişlerdir. İnsanların en üstünü olan Muhammed aleyhisselâmın hadîs-i şerîflerine ve Onun yolunda giden seçilmişlerin, sevilmişlerin kitâblarına inanmak ni'metini bize ihsân eden Allahü teâlâya hamd ve şükrler olsun! Bu büyük ni'meti Rabbimiz bize ihsân etmeseydi, kendimiz anlıyamaz, bulamaz, helâk olurduk.

Peygamberlerin ve Evliyânın vâsıtası ile ya'nî onları sebeb yaparak, vesîle ederek, Allahü teâlânın yaratmasını istemek câiz olduğunu gösteren âyet-i kerîmeleri bildirelim: Mâide sûresinin otuzbeşinci âyetinde meâlen, **(Ey îmân edenler! Allahü teâlâdan korkunuz! Ona yaklaşmak için vesîle arayınız)** ve İsrâ sûresinin elliyedinci âyetinde meâlen, **(Ol kimseler ki, düâ ve ibâdet ederler, Rablerine yaklaşmak için, vesîle ve sebeb ararlar. Sebeblerin Allahü teâlâya en çok yaklaşdıranını isterler)** buyuruldu. Bu âyet-i kerîmelerde Allahü teâlâ, sebebe, vesîleye yapışmağı emr etmekdedir. Vesîlenin kendisine en çok yaklaşdırıcı bir şey olduğunu bildirmekdedir. Vesîlenin belli bir şey olduğu bildirilmedi. Bunun için, Allahü teâlânın rızâsına kavuşduran herşey, ya'nî Hâricîlerin dedikleri gibi yalnız düâları değil, şefâ'atleri ve Allahü teâlâ indinde mertebeleri ve kıymetleri ve kendileri hep vesîledirler. [(**Veh-hâbî**) kitâbının doksanyedinci sahîfesinde de bu âyet-i kerîmelerden ikincisi yazılı olup, Katâdenin (Allahü teâlâya, râzı olduğu ibâdetleri yaparak yaklaşınız) dediğini bildiriyor. Vesîle, Peygamberlerin ve onların yolunda olanların gitdikleri yoldur. Onların yolu vesîledir, kendileri vesîle değildir diyor.] Ehl-i sünnet âlimleri ise, Peygamberlerin ve onlara tâbi' olanların gitdikleri yol, ya'nî îmân ve ibâdet ve ihlâs, vesîle olduğu gibi, o büyüklerin şefâ'atleri, makâmları, kerâmetleri, düâları ve kendileri de vesîledir dedi. Kendileri vesîle olamaz diyenler, Kur'ân-ı kerîme ve hadîs-i şerîflere ve Peygamberlere ve Evliyâya iftirâ ediyorlar. Peygamberlerin ve Evliyânın kendilerinin vesîle edilmesi, Kur'ân-ı kerîmde ve hadîs-i şerîflerde açıkca bildirilmekdedir.

Enfâl sûresinin otuzüçüncü âyetinde meâlen, (**Sen aralarında bulundukça, o kâfirlere azâb etmem**) buyuruldu. Tefsîr kitâblarında ve Buhârîde bildirildiği gibi, kâfirler Peygamberimiz ile alay ediyorlardı. Rabbine söyle de, bize çabuk azâb göndersin diyorlardı. Bu sözleri üzerine, yukarıdaki âyet-i kerîme nâzil oldu. Resûlullahın "sallallahü aleyhi ve sellem" mubârek cesed-i şerîfinin kâfirler arasında bulunması, onlara azâb gelmesini önlemekdedir buyuruldu. Resûlullah "sallallahü aleyhi ve sellem", Peygamberlik makâmı ile, yâhud düâ ederek, yâhud şefâ'at ederek, azâb gelmesini önlüyordu denilemez. Çünki, kâfirlere düâ ve şefâ'at edilmediği gibi, inanmadıkları Peygamberliğin onlara fâidesi olamaz.

Enfâl sûresinin otuzüçüncü âyetinin devâmında meâlen, (**Onlar istiğfâr etdikleri için Allahü teâlâ onlara azâb yapmaz**) buyuruldu. Selef-i sâlihînden birçoğu bu âyet-i kerîme için, onlardan, istiğfâr edecek olan çocuklar dünyâya geleceği için, onlara azâb etmem demekdir dedi. Allahü teâlâ, kâfirlerden mü'minler dünyâya getirmeği ezelde takdîr buyurduğu için, o kâfirlere azâb etmem buyurdu. Böyle söyliyen âlimlere göre, kâfirlerin kanında bulunan, mü'minlerin zerreleri, azâbı önlemeğe sebeb olmakdadır.

Bekara sûresinin ikiyüzellibirinci âyetinde ve Hac sûresi kırkıncı âyetinde meâlen, (**Allahü teâlâ insanları birbirine karşı serbest bıraksaydı, yeryüzü altüst olurdu**) buyuruldu. Tefsîr âlimlerinden birkaçı, bu âyet-i kerîmeye, Allahü teâlâ, mü'minleri yaratmayıp yalnız kâfirleri yaratsaydı, yeryüzü karmakarışık olurdu. Mü'minlerin vücûdları, yeryüzünün karışmasını önlemekdedir dedi. Se'âdet, insanın kendisindedir. İşleri ile hâsıl olmaz. Bunun için hadîs-i şerîfde, **(İnsan, dünyâya gelmeden önce Sa'îddir, iyidir. Yâhud şakîdir, kötüdür)** buyuruldu. İnsana sa'îd olmasında, iyi işlerinin te'sîri bulunması, görünüşdedir. Hakîkatde böyle değildir. Bunun içindir ki, hadîs-i şerîfde, **(Bir kimse, Cehenneme götürücü kötü işleri yapar. Cehenneme yaklaşır. Ümm-ül kitâbda, ya'nî ilm-i ilâhîde sa'îd ise, son günlerinde Cennete götürücü bir iş yaparak Cennete gider)** buyuruldu. Amel, insanı Cennete götürmez. Cennete gitmeğe sebeb olur. Bunun içindir ki, hadîs-i şerîfde, **(Hiç kimse iyilikleri ile, ibâdetleri ile Cennete girmez)** buyuruldu. Senin için de böyle midir? Yâ Resûlallah! dediklerinde, **(Benim için de böyledir. Ancak Allahü teâlânın merhameti ile, ihsânı ile kurtulurum)** buyurdu. İyi işler, ibâdetler yapan, elbet Cennete gider denilemez. Ezelde sa'îd yazılmış olan elbet Cennete gider denilir. Se'âdet ve şekâvet, insanların işlerine değil, kendisine göredir. Allahü teâlânın, Muhammed aleyhisselâmı, insanlar arasından seçmesi ve Onu bütün Peygamberlerinden üstün yapması, mubârek zâtı içindir, kendisi içindir. Bunu her mü'min bilmekdedir. Resûllerin, Nebîlerin, Velîlerin üstünlükleri de, hep böyledir. Mevkı', mertebe ve her yükseklik zâta tâbi'dir. Zât, mevkı'e tâbi' değildir. [Meselâ, insan pâşa olduğu için kıymetlidir, denilmez. Kıymetli olduğu için, pâşa olmuşdur denir.] Vehhâbîlerin, madde, cism ve zât, sebeb olamaz sözlerinin yanlış olduğu anlaşıldı. Âyet-i kerîmeler ve hadîs-i şerîfler ve Resûlullahın "sallallahü aleyhi ve sellem" sünnet-i seniyyesi, onların yanlış ve bozuk yolda olduğunu göstermekdedir.

Hadîs-i şerîfde, **(Toprağımızın ve birimizin tükrüğünün bereketi ile ve Rabbimizin izni ile hastamız şifâ bulur)** buyuruldu. Bir kimse temiz toprağı, temiz tükrüğü ile karışdırıp, hastaya ilâc yaparsa, Allahü teâlâ şifâ ihsân eder. Toprak ve tükrük ve eczâcının te'sîri belli olan ilâcları, hep maddedir, cismdir, ya'nî zâtdırlar. Bunların mevki'i, rütbesi ve şefâ'ati düşünülemez. İmâm-ı Müslim Şâfi'înin "rahmetullahi aleyh" **(Sahîh-i Müslim)** kitâbındaki hadîs-i sahîhde buyuruldu ki, **(Zemzem suyu, içenin niyyetine göre fâide verir).** Zemzem suyu, dünyâ ve âhıretin herhangi bir fâidesi için niyyet ederek içilirse, istenilen fâide hâsıl olur. Böyle olduğu çok görülmüşdür. Zemzem suyu, zâtdır, maddedir. Şifâ, fâide vermek için, rütbesi ile te'sîr etmesi, yâhud düâ ve şefâ'at etmesi düşünülemez.

Sahîh olan hadîs-i şerîfde ve bütün fıkh âlimlerinin sözbirliği ile bildirdikleri gibi, Kâ'be kapısı ile **(Hacer-ül-esved)** taşının arasındaki tavâf yerine **(Mültezem)** denir. Bir kimse, burada karnını Kâ'be dıvarına değdirip, **(Mültezem)**i vesîle ederek, Allahü teâlâya yalvarırsa, Allahü teâlâ onu zarardan, kusûrdan korur. Böyle olduğu çok tecribe edilmişdir. Herkesin bildiği gibi, Mültezem, Kâ'be dıvarında birkaç taşdır. Bu taşlar zâtdır. Ya'nî maddedir. Allahü teâlâ, her maddeye belli hâssalar, özellikler verdiği gibi, bu taşlara da, hayra, fâideye vesîle olmak hâssasını vermişdir. [Aspirine ağrı kesmek, kinine sıtma plasmodyumlarını öldürmek, ispirtolu suya aklı gidermek hâssalarını verdiği gibi, bu taşlara, başka taşlardan fazla olarak, düâların kabûl olmasına sebeb olmak hâssasını vermişdir.]

Kâ'benin kuzey tarafında bulunan su oluğunun altındaki tavâf yerine ve Mescid-i Harâm içindeki, Kâ'be kapısı karşısında bulunan (Makâm-ı İbrâhîm) denilen yere ve (Hacer-ül esved) denilen Kâ'be köşesindeki taşı öpmeğe ve elini yüzünü sürmeğe de, böyle fâideli hâssalar verilmişdir. Bunlara tevessül edenlerin, ya'nî bunları vâsıta kılarak düâ edenlerin, düâları kabûl olmak hâssasını, kıymetini, Allahü teâlâ bu maddelere vermişdir. Bu maddelerin, düâların kabûl olmasına vesîle oldukları biliniyor ve görülüyor ve inanılıyor da, Resûlullahı ve Onun yolunda olan, Allahü teâlânın sevgili kullarını vesîle ederek yapılan düâlar hiç kabûl olmaz mı? Eğer bir kimse, yerdeki toprağın ve ba'zı kimselerin tükrüğünün ve Zemzem suyunun ve Mültezemdeki taşların ve İbrâhîm aleyhisselâmın mubârek ayaklarının izi bulunan Makâm-ı İbrâhîmin ve Hacer-ül-esved taşının, ya'nî bu maddelerin hepsinin fâideli şeyler için vesîle, sebeb olmaları, Peygamberlerin ve Evliyânın mezârlarının da, vesîle olacağını göstermez derse, bu kimsenin din câhili olduğunu, Allahdan ve Resûlullahdan ve müslimânlardan utanmadığını gösterir. Çünki, Eshâb-ı kirâm "aleyhimürrıdvân", Resûlullahın "sallallahü aleyhi ve sellem" zât-ı şerîfini çok yüksek bilirler, pek saygı gösterirlerdi.

Urve-tebni Mes'ûd-issekafînin (Buhârî)de ve başka kitâblarda bildirilen sözleri meşhûrdur. Urve diyor ki, (Hudeybiye) sulhu için, müşriklerin elçisi olarak, Resûlullahın yanına gelmişdim. İşim bitdikden sonra Mekkeye, Kureyş büyüklerinin yanına döndüm. Onlara dedim ki, biliyorsunuz. Acem şâhı olan Kisrâlara ve Bizans kıralı olan Kayserlere ve Habeş pâdişâhı olan Necâşîlere çok gitdim, geldim. Bunlara yapılan hurmetin, Muhammed aleyhisselâmın Eshâbının, Muhammed aleyhisselâma yapdıkları hurmet kadar çok olduğunu görmedim. Muhammed aleyhisselâmın tükrüğünün yere düşdüğünü görmedim. Eshâbı avuçları ile kapışıp yüzlerine, gözlerine sürüyorlardı. Abdest almış olduğu suyu da kapışıp, bereket için saklıyorlardı. Traş olunca, bir kılı yere düşmeden önce Eshâbı kapışıyorlardı. En kıymetli cevher gibi saklıyorlardı. Saygılarından, edeblerinden, yüzüne bakamıyorlardı dedi. Eshâb-ı kirâmın "radıyallahü teâlâ anhüm ecma'în" Resûlullahın "sallallahü aleyhi ve sellem" zâtından ayrılan en ufak zerrelere, hattâ başkaları için pis, çirkin sayılan şeylerine bile nasıl kıymet verdikleri bu haberden anlaşılmakdadır. Bu saygı ve edebler mubârek tükrüğünün ve mubârek uzvlarına değmiş olan abdest sularının, onlara düâ etmeleri veyâ şefâ'at etmeleri, yâhud rütbe ve kıymetleri olduğu içindir denilebilir mi? Bunlar, maddedir. Fekat, en şerefli bir zâtdan, maddeden ayrıldıkları için, kıymetli olmuşlardır. Vehhâbîler ve onların yolunda olanlar, hakîkî din adamıyız, tevhîd ehliyiz diyerek övündükleri hâlde, Resûlullahı "sallallahü aleyhi ve sellem" Lât putu ile bir tutuyorlar. Resûlullahın "sallallahü aleyhi ve sellem" ve Onun Eshâbının "radıyallahü anhüm ecma'în" yapdıklarını ve emr etdiklerini puta tapmağa benzetiyorlar. Onlar gibi söylemekden, onlar gibi düşünmekden ve onlar gibi inanmakdan Allahü teâlâya sığınırız.

Peygamberleri "aleyhimüssalevâtü vetteslîmât" ve Onların yolunda olan seçilmiş, sevilmiş Velîleri vâsıta kılarak Allahü teâlâdan dilekde bulunmanın câiz olduğunu gösteren hadîs-i şerîfler o kadar çokdur ki, bunlara kötü düşmanlarımız hiç cevâb veremiyor. Şaşırıp kalıyorlar: Buhârî ve Müslim kitâblarında yazılı olduğu üzere, Esmâ bint-i Ebî Bekr "radıyallahü teâlâ anhâ ve Ebîhâ" yanındakilere Peygamberimizin yeşil bir cübbesini gösterdi. Yakası ipekden idi. (Bu palto, hazret-i Âişenin yanında idi. O vefât edince, ben aldım. Bu cübbeyi hastalarımıza giydirerek, tedâvî etmekdeyiz. Hastalarımız bununla iyi oluyorlar) dedi. Görülüyor ki, Allahü teâlânın sevgili Peygamberi "sallallahü teâlâ aleyhi ve Âlihi ve sellem" ve bütün üstünlüklerin sâhibi giymiş olduğu için, Eshâb-ı kirâm "aleyhimürrıdvân" bu cübbeyi şifâ bulmak için vesîle etmekdedirler.

Muhammed Humeydî Ezdî mâlikî Endülüsînin[1] iki sahîh kitâbdan toplıyarak hâzırladığı kitâbında, Abdüllah bin Mevhib diyor ki, zevcem beni, Ümm-i Seleme vâlidemize gönderdi. Elime içinde su bulunan bir kadeh verdi. Ümm-i Seleme hazretleri, gümüşden bir kutu getirdi. İçinde Resûlullahın "sallallahü aleyhi ve sellem" sakal-ı şerîfi vardı. Sakal-ı şerîfi, elimdeki suya sokup kaşık gibi çalkaladı ve çıkardı. Nazar değmiş olanlar ve başka derdi olanlar, su getirip, hep böyle yaparlar, bu suyu içerek şifâ bulurlardı. Gümüş kutuya bakdım, birkaç dâne kırmızı kıl gördüm dedi.

---

[1] Humeydî 488 [m. 1095] de Bağdâdda vefât etdi.

Humeydînin, Buhârîden ve Müslimin sahîhinden topladığı kitâbında, Sehl bin Sa'd diyor ki, Resûlullah "sallallahü aleyhi ve sellem" mubârek gömleğini bana hediyye etmiş idi. Annem, benden almak istedi. Bunu kefen yapmak için, saklıyacağım dedim. Resûlullah efendimizin mubârek gömleği ile bereketlenmek istedim, dedi. Görülüyor ki, Eshâb-ı kirâm, Resûlullahın "sallallahü aleyhi ve sellem" mubârek gömleğini, azâbdan kurtulmak için vesîle ve sebeb yapıyorlardı.

Buhârî ve Müslimde Ümm-i Selîmden haber veriliyor: Resûlullah "sallallahü aleyhi ve sellem" yanımda uyuyordu. Mubârek yüzü inci gibi terlemişdi. Terlerini alıp bir yere koyarken uyandı. **(Yâ Ümm-i Selîm! Ne yapıyorsun?)** buyurdu. Yâ Resûlallah! Mubârek terin ile çocuklarımızın bereketlenmesini istiyorum dedim. **(İyi yapıyorsun)** buyurdu. İbni Melek **(Mesâbîh)** kitâbının şerhinde diyor ki, bu hadîs-i şerîf gösteriyor ki, tesavvuf büyüklerinin ve âlimlerin ve sâlihlerin kullandıkları şeylerle de, Allahü teâlânın rızâsını kazanmak câizdir.

İmâm-ı Müslim "rahime-hullahü teâlâ" Sahîhinde diyor ki, Resûlullah "sallallahü aleyhi ve sellem" sabâh nemâzını kılınca, Medîne halkı, içinde su bulunan kablarla huzûruna gelirlerdi. Her kaba mubârek ellerini sokardı. İbn-ül Cevzî **(Beyân-ül müşkil-il Hadîs)** kitâbında diyor ki, Medîne ehâlîsi böylece, Resûlullah "sallallahü aleyhi ve sellem" ile bereketlenirler idi. Bir âlime gelip de böyle bereketlenmek istiyenleri, âlimin boş çevirmemesi iyi olur. İbni Cevzînin bu sözü ve imâm-ı Nevevînin **(Sahîh-i Müslim)** şerhindeki yazıları ve Kâdî İyâdın **(Müslim şerhi)** ve Hanefî âlimlerinden Abdüllatîf ibni Melekin "rahmetullahi aleyhim ecma'în[1] yazılarından anlaşılıyor ki, böyle bereketlenmek, fâidelenmek, Hâricîlerin zan etdikleri gibi, yalnız Resûlullaha "sallallahü aleyhi ve sellem" mahsûs değildir. [Hâricîlerin bu âlimlerin kitâblarından haberleri olmadığı yâhud bile bile inâd etdikleri anlaşılmakdadır. Bu ise, kötü niyyetli, ard düşünceli olmak demekdir.]

Buhârî kitâbında, İbni Sîrînden haber veriyor: İbni Sîrîn diyor ki, Resûlullah efendimizin sakal-ı şerîfinden bir parça elime geçdi. Bunu Ubeydeye söyledim. Bende bir sakal-ı şerîf bulunmasını, dünyâda olan herşeyden dahâ çok severim dedi.

Buhârî-i şerîfde diyor ki, Resûlullahın "sallallahü aleyhi ve sellem" çok zemân hizmetinde bulunmakla şereflenmiş olan Enes

---

[1] İbni Melek 801 [m. 1399] da Tîrede vefât etdi.

bin Mâlik, kendisi ile berâber bir sakal-ı şerîfin defn olunmasını vasıyyet etdi. Kabrde, Allahü teâlânın huzûruna sakal-ı şerîf ile birlikde çıkmak istedi. Kâdî İyâd **(Şifâ)** kitâbında diyor ki, Resûlullahın "sallallahü aleyhi ve sellem" fazîletlerinden ve kerâmetlerinden ve bereketlerinden birisi de şudur ki, Hâlid bin Velîd "radıyallahü anh", başında sarığı arasında bir sakal-ı şerîf taşırdı. Bunu taşıdığı her muhârebede zafer kazanırdı. Hâlid, mubârek bir kılı sebebi ile murâdına kavuşuyor da, Resûlullahın "sallallahü aleyhi ve sellem" mubârek zât-ı şerîfini vesîle ederek Allahü teâlâdan dilekde bulunanlar kavuşmaz olur mu? Büyük islâm âlimi, Resûlullahın "sallallahü teâlâ aleyhi ve sellem" âşıkı olan İmâm-ı Muhammed Busayrî şâzilî "rahmetullahi aleyh"[1] **(Kasîde-i bürde)**de bu inceliği çok güzel anlatmakdadır.

Buhârî ve Müslim sahîhlerinde diyor ki, Abdüllah ibni Abbâsın haber verdiği hadîs-i şerîfde, Resûlullah "sallallahü aleyhi ve sellem" iki kabrin yanına geldi. İkisinin de azâbda olduğunu anladı. Bir hurma dalı istedi. İkiye ayırıp, kabrler üzerine dikdi. **(Bunlar yeşil kaldıkca, azâbları hafîfler)** buyurdu. Bir kabrde azâbın hafîflemesi için, üzerine yeşil hurma dalı konulması, hadîs-i şerîfde bildirilmişdir. Allahü teâlâ, yeşil otların bereketi ile kabrdeki azâbı hafîfletmekdedir. Yeşil ot, bir zâtdır, bir maddedir. Bunu dikmekle azâbın azalması, Resûlullaha mahsûs değildir. Yeşil hurma dalının her zemân kabr üzerine dikilmesini, islâm âlimleri, sözbirliği ile bildirmekdedir. İslâm mezârlıklarına servi ağaçları dikilmesi bundan ileri gelmekdedir. Hurma dalı gibi bir madde, azâbın azalmasına sebeb oluyor da, varlıkların, maddelerin en kıymetlisi olanı sebeb ve vesîle etmek câiz olmaz mı? Aklı olan, doğru düşünebilen kimse, buna olmaz diyebilir mi?

Maddeyi, zâtı, Allahü teâlânın rızâsını kazanmağa vesîle etmek câizdir. Ebû Süfyânın zevcesi olan Hind, **(Uhud)** gazvesinde hazret-i Hamzanın "radıyallahü anhümâ" karaciğerinden bir parçasını, ağzına alarak, çiğnemişdi. Resûlullah "sallallahü aleyhi ve sellem", **(Hamza, ind-i ilâhîde çok kıymetlidir. Onun bedeninden hiçbir parçasını Cehennemde yakmaz)** buyurdu. [Hindin îmâna geldiği, Cehenneme gitmiyeceği buradan da anlaşılıyor.] Mâlik bin Sinân "radıyallahü anh", Resûlullahın mubârek kanını içdiği zemân, **(Cehennem ateşi seni yakmaz!)** buyuruldu. Bunun gibi, Abdüllah bin Zübeyr "radıyallahü anhümâ", mubârek hacamât kanından içince, **(İnsanlardan sana çok şeyler olur. Senden de insanlara**

---

[1] Busayrî 695 [m. 1295] de Mısrda vefât etdi.

çok şeyler olur) buyurdu. İçdiği için darılmadı. Mubârek artığını içen kadına da, **(Karın ağrısı hiç çekmezsin)** buyurdu. Bu hadîs-i şerîf sahîhdir. Kadının ismi **(Bereke)**dir. Bunu birçok âlimler, meselâ Kâdî İyâd, **(Şifâ)** kitâbında ve Kastalânî **(Mevâhib-ül-le-dünniyye)** kitâbında yazmışlardır. Ey müslimânlar! Resûlullahın "sallallahü aleyhi ve sellem" mubârek bedeninden ayrılan kan ve benzeri şeyler, bunları içenlerin Cehennem ateşinden kurtulmasına sebeb ve vesîle oluyor ve ağrıları önlüyor da, mubârek vücûdlarının, zâtının, bu iyiliklere vesîle ve sebeb olmasına niçin inanılmasın? Mubârek zâtı, Allahü teâlânın nûrundan idi. Gölgesi yere düşmezdi. Böyle olduğunu, Câbir ve başkaları "radıyallahü teâlâ anhüm" bildirdiler. Allahü teâlânın sevgilisi ve Peygamberlerin en üstünü için, vesîle edilmez, Allahü teâlânın yaratmasına sebeb olmaz diyen bir kimse, o yüce Peygamberin ümmetinden midir, yoksa düşmanlarından mıdır? Kâfirlere bile rahmet olduğu, âyet-i kerîmelerde bildirilmişdir. Müslimânlar için ve Ona âşık olan **(Ehl-i sünnet vel-cemâ'at)** için, rahmete, vesîle ve sebeb olmaz mı?

(Vesîle arayınız!) âyet-i kerîmesinin emr etdiği vesîle, hem ibâdetlerdir, hem düâlardır, hem de mubârek kıymetli zâtların kendileridir. Yukarıda bildirdiğimiz hadîs-i şerîfler ve olaylar bunu açıkca göstermekdedir.

Mahlûklardan herşeyi, hattâ insanın yapamıyacağı, fekat kerâmet olarak Allahü teâlânın Evliyâsına ihsân etdiği şeyleri istemek câiz olduğunu gösteren çeşidli âyet-i kerîmeler vardır. Bunlardan biri **(Neml)** sûresindeki âyet-i kerîmedir. Bu âyet-i kerîme, Süleymân aleyhisselâmın meâlen, **(Ey cemâ'atim! Onu kürsîsi ile hanginiz getirirsiniz?)** dediğini bildirmekdedir. Cemâ'atin içinde, cin ve insanlar ve şeytânlar da vardı. Cinnin kötü kısmlarından, İfrît, sen yerinden kalkmadan onu getiririm, dedi. Süleymân aleyhisselâm bundan dahâ çabuk gelmesini istiyorum dedi. Süleymân aleyhisselâmın kâtibi olan Âsâf bin Berhıyâ, ben dahâ çabuk getiririm, dedi. Belkısın kürsîsi Yemende idi. Süleymân aleyhisselâm, Şâmda idi. Arada, [insan yürüyüşü ile], üç aylık yol vardı. Oradan Şâma yer altından hemen getirdi. Bu kürsî, altın ve kıymetli taşlarla süslü bir kanepe idi. Bu bir kerâmet idi. Allahü teâlâ, Velîleri için, sevdiği iyi kulları için, âdetinin, kânûnlarının dışında olarak kerâmet vermekdedir. Allahü teâlâ, sâlih kulu olan bir Velîsine verdiği kerâmeti, Kur'ân-ı kerîmde, överek bildiriyor. Bu kerâmeti istediği için, Süleymân aleyhisselâma darılmıyor. Ben sana şah damarından dahâ yakın iken, niçin başkasından istedin? İnsanların yapamıyacağı birşeyi, benden başkasının gücü yetmiyeceği bir şeyi, niçin benden istemedin demedi. Çünki, Süleymân aleyhisselâm, Allahü teâlânın Peygamberi idi. Bu sözün, bu dileğin, sebeblere yapışmak olduğunu ve sebeblere yapışmanın Onun dînine uygun olduğunu biliyordu. Allahü teâlâ, sebeblere yapışmağı emr etmektedir. Resûlullahdan ve şehîdlerden ve sâlih kullardan birşey istemek de, bunun gibidir. Allahü teâlânın onlara ihsân etmiş olduğu kerâmetlerden fâidelenmekdedir. Onlar sebebdir, vâsıtadır, vesîledir. Yaratan ve yapan yalnız Allahü teâlâdır. Velîlerin kerâmeti, Peygamberlerin "salevâtullahi aleyhim ecma'în" üstünlüklerinden, mu'cizelerindendir. Velîler, Peygamberlere uydukları için, onların vâsıtaları ile kerâmetlere kavuşmakdadırlar.

Allahü teâlânın sevdiği kullarına ve herşeyden önce Peygamberlerin efendisi olan Muhammed aleyhisselâma tevessül etmenin, onlardan şefâ'at istemenin câiz olduğunu gösteren âyet-i kerîmelerden birisi de, Bekara sûresinin seksendokuzuncu âyet-i kerîmesidir. Hadîs âlimleri, sözbirliği ile bildiriyorlar ki, bu âyet-i kerîme, Hayber yehûdîleri için gelmişdir. Câhiliyye zemânında, ya'nî Resûlullahdan önce, bu yehûdîler, **(Esed)** ve **(Gatfân)** kabîleleri ile harb ediyorlardı. Harb ederken, (Yâ Rabbî! Âhır zemânda göndereceğin Peygamber hakkı için, bize yardım et!) diyerek yalvarıyorlardı. Âhır zemân Peygamberini vesîle ederek, zafer kazanıyorlardı. Fekat, Resûlullah gelip, islâmiyyeti bildirince, kıskandılar, inâd etdiler, inanmadılar. İbn-ül-Kayyım-ı Cevziyye **(Bedâyi'-ul-Ferâid)** kitâbında diyor ki, yehûdîler, câhiliyye zemânında komşuları olan arablarla harb ederlerdi. Resûlullah "sallallahü aleyhi ve sellem" dünyâya gelmeden önce, Onun mubârek vücûdu ile Allahü teâlâdan yardım isterlerdi. Allahü teâlâ, onlara yardım eder, gâlib gelirlerdi. Resûlullah "sallallahü aleyhi ve sellem", dünyâya gelip, islâmiyyeti yaymağa başlayınca, inanmadılar, kâfir oldular. Dünyâya gelmeden önce inanmamış olsalardı, Onun sebebi ile yardım istemezlerdi. **(Beydâvî)** tefsîrinin ba'zı açıklamalarında, Sa'deddîn-i Teftâzânîden şöyle nakl olunuyor ki, Resûlullahın mubârek ismini söyliyerek yardım istiyorlardı. Mubârek ismini, şefâ'atcı ediniyorlardı. Sâlih ve zâhid âlimlerden Takıyyuddîn Husnî, **(Mevlid-ün-nebî)** kitâbında diyor ki, bir müslimân, Resûlullahın iyi huylarını, yumuşaklığını, afvını ve sabrını öğrenince, Onun Allahü teâlâ yanındaki kıymetini, üstünlüğünü anlayıp, her işinde Onu vesîle eder. Çünki O, şefâ'atcıdır. Allahü teâlâ, Onun şefâ'atini red etmez. Allahü teâlânın sevgilisidir. Onu vesîle kılarak, Onu şefâ'atcı ederek istenilenleri, Allahü teâlâ verir. Allahü teâlâ, bunu Kur'ân-ı kerîmde bildiriyor ve Evliyâsına ilhâm ediyor. Onun ve bütün müslimânların düşmanı olan bile, Onu vesîle kılarak, istediklerine kavuşduklarını, Kur'ân-ı kerîm haber veriyor. Onu çok sevdiği, çok üstün yapdığı için, onların dileklerini verdim buyuruyor. Abdüllah ibni Abbâs buyuruyor ki, câhiliyye zemânında, Hayber yehûdîleri, Gatfân denilen arab kâfirleri ile döğüşürlerdi. Yehûdîler, mağlûb olurdu. Allahü teâlâya düâ ederek, yâ Rabbî! Âhır zemânda bize göndereceğini söz verdiğin sevgili Peygamberinin hakkı için, hurmeti için, bize yardım et diyerek yalvarırlardı. Her zemân böyle düâ ederek, Gatfân kâfirlerine gâlib gelirlerdi. Allahü teâlâ, Muhammed aleyhisselâmı, Peygamber olarak gönderince inanmadılar. Kâfir oldular. Allahü teâlâ, bunu, yukarıdaki âyet-i kerîmede bildirmekdedir. Muhammed aleyhisselâmın Allahü teâlâ yanındaki kıymetine, şerefine ve üstünlüğüne bakınız ki, Onu vesîle eden kâfirlerin bile düâsını kabûl buyurmakdadır. Yehûdîlerin, O sevgili Peygambere en büyük düşman olacaklarını ve O yüce Peygamberi çok inciteceklerini bildiği hâlde, Onu vesîle ederek yapdıkları düâları kabûl buyururdu. Dünyâya teşrîf etmeden önce, şerefi, şefâ'ati böyle olunca, âlemlere rahmet olarak gönderildikden sonra, Onu vesîle ve şefâ'atcı etmenin suç olacağını, hangi akıllı, insâflı kimse iddi'â edebilir? Buna inanmıyanların, yehûdîlerden dahâ kötü oldukları anlaşılmakdadır. Peygamberlerin "aleyhimüsselâm" birincisi olan Âdem aleyhisselâm da, Onu vesîle yaparak düâ edince, düâsı kabûl olmuş idi. Tefsîrler ve hadîs kitâbları, bunu uzun bildirmekdedir. Bunları anlıyanlar, Onu vesîle etmeğe inanmıyanların nasıl kimseler olduklarını iyi anlarlar.

FASL: Peygamberleri "aleyhimüssalevâtü vetteslîmât" ve Evliyâyı "rahime-hümullahü teâlâ" vesîle ve şefâ'atcı yaparak, Allahü teâlâdan istenilen şeylerin hâsıl olması, onların kerâmetinden ve üstünlüklerindendir. Öldükden sonra da kabrlerinde kerâmet sâhibidirler. Ehl-i sünnet vel-cemâ'at âlimleri, kerâmetin var olduğunu ve kerâmete inanmak vâcib olduğunu sözbirliği ile bildirmişlerdir. Evliyânın kerâmeti olduğunu, Allahü teâlânın kitâbı haber vermekdedir. Âyet-i kerîme, Süleymân aleyhisselâmın, Belkısın kürsîsinin bir ânda, Yemendeki Sebe' şehrinden Şâma getirilmesini istediğini haber veriyor. Bu kürsî, altın ve kıymetli taşlar ile süslenmişdi. Bunu, Âsâf bin Berhıyâ, bir ânda getirdi. Tahtın hiçbir yeri bozulmadan geldi. Âsâf, Velî idi. Tahtı bir ânda getirmesi, kerâmet oldu. Hazret-i Meryemin kerâmeti de Kur'ân-ı kerîmde, Âl-i İmrân sûresinin otuzyedinci âyetinde bildirilmekdedir. Hazret-i Meryemin yanına Zekeriyyâ aleyhisselâmdan başka kimse girmezdi. Zekeriyyâ "aleyhisselâm", her girişinde hazret-i Meryemin yanında tâze meyve görürdü. Bunların Allahü teâlâdan geldiğini söylerdi. Ehl-i sünnet âlimleri sözbirliği ile bildiriyor ki, Peygamberlerin mu'cizeleri olduğu gibi, Evliyânın da kerâmetleri vardır. Çünki, Peygamberlere tâbi' olanları, Onlara uyanları, Allahü teâlâ çok sever. Onlara diri iken de, öldükden sonra da, kerâmetler ihsân eder. Peygamberlerin ve Evliyânın öldükden sonra da, mu'cize ve kerâmet göstermeleri, onların doğru söylediklerini dahâ iyi bildirmekdedir. Çünki, diri iken olan mu'cizeleri ve kerâmetleri gören düşmanlar, kâfirler, bunları başkasından öğrenerek yapıyorlar sanırlar. Fekat, öldükden sonra hâsıl olan mu'cize ve kerâmetler için, öyle sanmak ve söylemek olmaz. Mu'cizeleri ve kerâmetleri, Allahü teâlâ yaratmakdadır. Yalnız Onun kudreti ile olmakdadır. Peygamberlerine ve Velîlerine ihsân ederek, ikrâm ederek, onların sebebi ile, onların şefâ'atleri ile yaratmakdadır. **(Mu'cize)** Peygamberlerden, **(Kerâmet)** ise, Peygamberin yolunda olduğu bilinen sâlih mü'minden hâsıl olmakdadır. Peygamberler ma'sûmdur. Hiç günâh işlemezler. Şeytân, Peygamberin şekline giremez. Evliyâ da, Peygamberlerin vârisleridir. Şeytân, onlara da yaklaşamaz. Ömer "radıyallahü anh" ve Abdüllah ibni Mes'ûd "radıyallahü anh" ve dahâ birçok Sahâbeden "radıyallahü anhüm" şeytânın kaçdığı kitâblarda yazılıdır. Alî Uşî Fergânevî "rahmetullahi aleyh" **(Bed'ül-emâlî)** kasîdesinde:

**Velînin kerâmetleri dünyâda,
Vardır, onlar ihsân sâhibleridir.**

buyuruyor. Anlayışlı, aklı kimseler için bu beytde takılacak birşey yokdur. Çünki, Velîlerin kerâmetleri dünyâda hâsıl olur demekdedir. Çünki, Ehl-i sünnet ile mu'tezile arasında dünyâdaki kerâmet için ayrılık olmuşdur. Onlar dünyâda kerâmet olmaz dedi. Kerâmet olursa, mu'cize ile karışır. Peygamber ile Velî ayrılamaz sandılar. Ehl-i sünnete göre, mu'cize sâhibinin, Peygamber olduğunu bildirmesi lâzımdır. Kerâmet sâhibinin, Velî olduğunu söylemesi yasakdır. Söylerse, Velî olmadığı anlaşılır. Mezhebsizler, bunu anlasalardı, zındıkların, yalancıların çirkin sözlerini ileri sürerek, Evliyâya dil uzatamazlardı. Yukarıdaki beyt, Velînin kerâmetleri, dünyâda da vardır. Kendilerinden istenilen şeyleri ve şefâ'at etmelerini, Allahü teâlâ dilek sâhiblerine ihsân eder demekdir. Anlayışı az olanlar, yukarıdaki beyti, Velînin yalnız dünyâda iken kerâmeti olur sanıyor. Velî ölünce, kerâmeti olmaz diyorlar. Böyle anlamak yanlışdır. Çünki, derin âlimler, meselâ Şerefüddîn

Halîl Neccârî Yemenî hanefî[1] **(Nefîs-ür-riyâd)** ismindeki Emâlî kasîdesi şerhinde ve Eşbâh muhşîsi şeyh Ahmed [ve Kâmûs mütercimi Ahmed Âsım Efendi "rahmetullahi aleyh" Emâlî kasîdesini şerh ederken] bu beyti bizim bildirdiğimiz gibi açıklamışlardır. Hattâ insanlar, kıyâmet kopuncaya kadar, ya'nî âhıret hayâtı başlayıncaya kadar, dünyâdadırlar denir. Muhammed bin Süleymân Halebî Reyhâvî "rahmetullahi aleyh", Emâlî kasîdesinin şerhi olan **(Nuhbet-ül-leâlî)** kitâbında da, bunu uzun açıklamakdadır.

Velîlerin, öldükden sonra, sayılamıyacak kadar çok kerâmetleri görülmüşdür. Âlimler bunları, sözbirliği ile bildirmişlerdir. Burada yalnız birkaç dânesini bildireceğiz: **(Buhârî)** kitâbında diyor ki, Eshâb-ı kirâmdan Âsım "radıyallahü anh", hiçbir müşrike dokunmamak için ve hiçbir müşrikin de kendisine dokunmaması için, Allahü teâlâya söz vermiş idi. Kâfirler kendisini şehîd edince, yanına yaklaşmak istediler. Cenâb-ı Hak, arılar göndererek Âsımı korudu. Arılar, o kadar çokdu ki, müşrikler yanına yaklaşamadılar. Bu, Âsıma ölümünden sonra ihsân edilen kerâmet idi. Eshâb-ı kirâmdan Hubeybi kâfirler yakaladı. Muhammed yalancıdır dersen seni bırakırız. Böyle söylemezsen öldürürüz dediler. Muhammed aleyhisselâmın mubârek ayağına bir diken batmaması için, cânımı fedâ ederim buyurdu. Şehîd etdiler. Birkaç Sahâbî gece gelip, şehîdin ipini kesdiler. [Alıp kaçırırlarken] Yere düşdü. Yerde göremediler. Nereye gitdiğini anlıyamadılar. Hanzala ismindeki Sahâbî, Resûlullah ile gazâya gitmek için acele etdi. Gusl abdesti almağa vakt bulamadı. Şehîd oldu. Kendisini melekler yıkadı. Bunun için, **(Gasîl-ül-Melâike)** adı ile meşhûr oldu. Bunların hepsi, **(Buhârî)** kitâbında yazılıdır. Muhammed bin Abdüllah Tebrîzî şâfi'î[2] **(Mişkât)** kitâbında diyor ki, Âişe "radıyallahü anhâ" buyurdu ki, Habeş pâdişâhı **(Necâşî)** îmâna geldi. Kabri üzerinde her zemân nûr parladığını çok kimseden işitdim. Hazret-i Alînin kardeşi olan Ca'fer, şehîd olduktan sonra, Yemendeki **(Bîşe)** şehrine meleklerle giderek yağmur yağacağını müjdelediğini Resûlullah haber verdi. Bunu yukarıda bildirmişdik. Hazret-i Hüseynin "radıyallahü anh" mubârek başı yanında kârî', ya'nî hâfız, (Kehf) sûresini okuyordu. **(Eshâb-ı Kehf, bizim âyetlerimizden şaşırıp kaldı)** meâlindeki âyet-i kerîmeyi okuyunca, mubârek başdan, (Beni öldürmek ve sürüklemek, Eshâb-ı Kehfden dahâ çok şaşılacak bir şeydir) sesi işitildi. Nasr-ül-Hazâî Me'mûn halîfe tarafından asıl-

---

[1] Halîl Yemenî 632 [m. 1235] de vefât etdi.

[2] Tebrîzî 749 [m. 1348] de vefât etdi.

mışdı. Elinde mızrak olan biri, yanına bırakılıp, Nasrın yüzünü kıbleden çevirmesi emr olunmuşdu. Gece karanlık basınca, mubârek yüzü kıbleye döndü. O sırada (**Ankebût**) sûresinin (**Îmân etdik diyenlerin kendi hâline bırakıldıkları mı sanıldı**) meâl-i şerîfindeki ikinci âyet-i kerîmesini okuduğu işitildi. Bir kabrde (**Mülk**) sûresinin sonuna kadar okunduğu işitildi. Bunu yukarıda yazmışdık. Bu haberlerin hepsi doğrudur. Hadîs âlimleri bildirmişdir.

İbni Asâkir Alî[1] bildiriyor ki, Umeyr bin Habbab Selemî dedi ki, sekiz arkadaşımla birlikde, Emevîler zemânında rumlara esîr olduk. Bizi, Rum kayserine götürdüler. Bunların boynunu vurunuz emrini verdi. Önce öldürülmek için arkadaşlarımın önüne geçdim. Papaslar bana acıdı. Benim bu hâlime şaşırdılar. Beni afv etmesi için Kayserin elini ayağını öpdüler. Papasın biri, beni evine götürdü. Güzel bir kızı yanıma getirdi. Bu benim kızımdır. Sana nikâh ediyorum dedi ve bizim dînimize gir dedi. Zevce için ve mal için dînimi bırakmam dedim. Birkaç gün geçdi. Bir gece, papasın kızı beni bağçeye çağırdı. Babamın dediğini niçin yapmıyorsun dedi. Ben, kadın için, mal için dînimden dönmem dedim. Burada kalmak mı, yoksa memleketine gitmek mi istersin dedi. Memleketime gitmek isterim, dedim. Gökde bir yıldız gösterdi. Geceleri bu yıldıza doğru git, gündüzleri gizlen! Böylece vatanına kavuşursun dedi ve yanımdan ayrıldı. Üç gece yürüdüm. Dördüncü günü saklanmışdım. Sesler işitdim. Umeyr, Umeyr diyerek beni çağırıyorlardı. Bakdım. Şehîd olan arkadaşlarımı gördüm. Siz şehîd olmadınız mı? Evet olduk. Fekat, Allahü teâlâ şimdi şehîdlere emr etdi. Ömer bin Abdül'azîzin "rahmetullahi aleyh" cenâzesinde bulununuz dedi. At üzerinde idiler. İçlerinden biri, yâ Umeyr! Elini uzat dedi. Elimi uzatdım. Beni arkasına oturtdu. Sür'at ile gitdik. Kendimi, Elcezîrede evimin yanında buldum dedi.

Abdürrahmân ibnül Cevzî[2] diyor ki, Ebû Alî Berberî, Şâmdan Tarsûsa ilk olarak gidip yerleşen üç kişiden biridir. Rumlarla gazâ ediyordu. Arkadaşları ile birlikde esîr oldu. Umeyrin başına gelenler, bunlara da oldu. İki arkadaşını şehîd etdiler. Papaslardan biri, bunu kurtarıp evine götürdü. Bunu aldatmak için, kızını araya koydu. Fekat Allahü teâlâ, kıza hidâyet ihsân eyledi. İkisi yola çıkdılar, gündüz saklandılar. Ayak sesi duydular. Şehîd olan iki arkadaşını gördü. Yanlarında melekler vardı. İki arkadaşına se-

---

[1] İbni Asâkir 571 [m. 1176] da Şâmda vefât etdi.
[2] İbnül-Cevzî hanbelî 597 [m. 1202] de vefât etdi.

lâm verdi. Hâllerini sordu. Allahü teâlâ, bizi sana gönderdi. Bu kız ile nikâhında sana şâhid olacağız dediler. Nikâhdan sonra gitdiler. Bunlar Şâma geldi. Berâber çok yaşadılar. Bu hâl, Şâmda yayıldı. [Muhammed Ma'sûm-ı Fârûkî Serhendî, 1068 [m. 1658] senesi ibtidâsında, Hindistândan ayrılarak, deniz yolu ile, önce Medîne-i münevvereye, sonra Receb başında Mekke-i mükerremeye geldi. Mubârek oğulları ile, hac yaparak, 1069 başında Hindistâna avdet eyledi. Bu bir sene içinde, Cennetül mu'allâda ve Cennetül Bakîde ziyâret etdiği zevât-ı kirâm ve Hucre-i se'âdeti ziyâretinde Resûlullah "sallallahü aleyhi ve sellem", mubârek bedenleri ile görünerek, verdikleri müjdeleri hergün oğullarına haber vermişdir. Bunlardan Muhammed Ubeydüllah, bu haberleri arabî olarak toplamış, hâsıl olan risâleye (Yevâkît-ül-haremeyn) ismini vermişdir. Üç sene sonra fârisîye terceme edilmişdir.] İbni Ebiddünyânın kitâbında böyle vak'alar ve ölülerin kabr hayâtı yazılıdır. Ebû Nu'aymın (Hilye) kitâbında ve İbn-ül-Cevzînin (Safvet-üs-Safve) ve (Uyûn-ül-Hikâyât) kitâblarında ve dahâ birçok kitâblarda yazılıdır. İbni Teymiyye ve İbn-ül-Kayyım-i Cevziyye de, Evliyânın kerâmetlerini güzel yazmışlardır.

[Şâfi'î âlimlerinin büyüklerinden İsmâ'îl Mûsulî "rahmetullahi aleyh", (Müzîl-ül-şübühât fî-isbât-il-Kerâmât) kitâbında, Evliyânın kerâmet sâhibi olduklarını vesîkalarla isbât etmekdedir. Kendisi, 654 [m. 1255] de vefât etmişdir.]

Hanefî mezhebindeki birkaç din adamının ve vehhâbîlerin, Evliyânın az zemânda uzak yerlere gitmelerine inanmamaları şaşılacak şeydir. Bu da, çeşidli kerâmetlerden biridir. Hanefî âlimleri, fıkh ve akâid kitâblarında bunlara güzel cevâb vermişlerdir. Meselâ, garbda bulunan bir kimse, şarkda bulunan bir kadınla evlense, zevcesinden uzun zemân uzak kalsa, birkaç sene sonra, zevcesi hâmile kalsa, doğacak çocuk, bu adamın olur dediler. Çünki, (tayy-ı mekân) ile zevcesinin yanına gelmesi, mümkindir. Böyle kerâmet sâhibi olması câizdir dediler. Fıkh âlimleri, bunu sözbirliği ile bildirmekdedir. Akâid kitâblarında da yazılıdır. (Vehbâniyye) kitâbında, tayy-ı mesâfe, ya'nî bir ânda uzak yere gitmek, Evliyâya ihsân olunan kerâmetlerdendir. Buna inanmak vâcibdir demekdedir. (Nesefî)de, (Fıkh-ı ekber)de ve (Sivâd-ı A'zam) ve (Vasıyyet-i Ebû Yûsüf)de ve bunların şerhlerinde ve (Mevâkıf) ve (Mekâsıd) kitâblarında ve bunların şerhlerinde [ve (İbni Âbidîn)de] de yazılıdır. Buna nasıl inanılmaz ki, âyet-i kerîmede açıkca bildirilmişdir. Ehl-i sünnet âlimleri, âyet-i kerîmeden alarak yazmışlardır. Kerâmete inanmak, vâcibdir demişlerdir. Âyet-i kerîmede bildirilen **(Belkıs)**ın arşının bir ânda Şâma getirilmesi, tayy-ı mesâfenin kerâmet olduğunu göstermekdedir.

Hakîm-i Semerkandî İshak bin Muhammedin "rahimehullahü teâlâ[1] **(Es-Sivâd-ül-A'zam)** kitâbının otuzikinci maddesinde, Evliyânın kerâmeti çok güzel anlatılmakdadır. Burada bildirmeği uygun gördük:

Evliyânın kerâmetine inanmak lâzımdır. Evliyânın kerâmetine inanmıyan, bid'at sâhibi, sapık olur. Evliyânın kerâmetine inanmamak iki dürlü olur: Kerâmetleri bildiren âyet-i kerîmelere inanmıyorsa, kâfir olur. Bu âyet-i kerîmelere inanır, fekat onlar Peygamber idi derse, yine kâfir olur. Âyet-i kerîmelere inanır ve onlar Peygamber idi demezse ve âyet-i kerîmeler, Evliyânın kerâmetlerini bildiriyor demesi câiz olur. Çünki, Allahü teâlâ, yukarıda bildirdiğimiz âyet-i kerîmede, Belkısın arşını bir ânda getirenin ilm sâhibi olduğunu bildiriyor. Bu da, Âsâf bin Berhıyâ idi. Velî idi. Peygamber değildi. Süleymân aleyhisselâmın ümmetinden idi. Süleymân aleyhisselâmın ümmetinden birinin kerâmeti, Kur'ân-ı kerîmde bildiriliyor da, Muhammed aleyhisselâmın ümmetinin kerâmetlerine niçin inanılmasın? Muhammed aleyhisselâm, Süleymân aleyhisselâmdan elbet dahâ üstündür. Muhammed aleyhisselâmın ümmeti de, Süleymân aleyhisselâmın ümmetinden elbet dahâ üstündür. Mezhebsizler, bu sözümüze karşılık, bu kerâmet Süleymân aleyhisselâmın idi derse, ona deriz ki, bu ümmetin Evliyâsının kerâmeti de, Muhammed aleyhisselâmdandır. Meryem sûresinin yirmidördüncü âyetinde meâlen, **(Hurma kütüğünü kendine doğru çek! Sana ondan tâze hurma düşer)** buyuruldu. Allahü teâlâ, hurma kütüğünden, hazret-i Meryem için meyve çıkardığını bildiriyor. Hazret-i Meryem, Peygamber değildi. Zekeriyyâ aleyhisselâmın, hazret-i Meryemin yanında gördüğü meyveler ve Eshâb-ı Kehf vak'ası hep kerâmet idi. Bu kerâmetlerin sâhibleri Peygamber değildiler. Önce gelen Peygamberlerin ümmetlerinde, kerâmet sâhibi Velîler bulunuyor da, Muhammed aleyhisselâmın ümmetinde kerâmet sâhibi Evliyâ niçin bulunmasın? Âl-i İmrân sûresinin yüzoncu âyetinde meâlen, **(Siz, ümmetlerin en iyisi oldunuz)** buyuruldu. Kerâmete inanmıyanlar bu sözümüze karşılık, bir kimsenin bir gecede Kâ'beye gidip gelmesi olamaz derse, Resûlullah "sallallahü aleyhi ve sellem", bir ânda yedi kat göklere ve Allahü teâlânın dilediği yerlere götürülüp getirildi. Bundan büyük

---

[1] Semerkandî 342 [m. 953] de vefât etdi.

kerâmet olur mu? Yine deriz ki, mü'min mi kıymetlidir, kâfir mi? Kâfirlerden birinin bir ânda şarkdan garba gidip geldiğini işitiyoruz ve inanıyoruz. Bu kâfir bildiğimiz iblîsdir. Bu kâfire verilen şey, Allahü teâlânın sevgili kullarına niçin verilmez olsun? Bunu iyi düşünmek ve insaflı konuşmak lâzımdır. **(Sivâd-ül A'zam)** kitâbının şerhinden terceme burada temâm oldu. İbni Teymiyye ve başkaları bildiriyor ki, Evliyânın kerâmetlerine inanmıyanlar, hâricîler ve mu'tezilî ve ba'zı şîîlerdir. Çünki, bu sapıkların kerâmetleri yokdur. Kerâmet sâhibleri de yokdur. Bunun için, görmüyorlar, işitmiyorlar ve inanmıyorlar.

(Feth-ul-mecîd) ismindeki vehhâbî kitâbına cevâb olarak, Dâvüd bin Süleymânın **(Minhat-ül-Vehbiyye fî Redd-il-Vehhâbiyye)** kitâbından yapdığımız terceme burada temâm oldu. Bu hayrlı sebeb ile, kitâbın temâmı terceme edilmiş oldu.

[Hasen-i Basrî 110 [m. 727] de Basrada, Ebû Kılâbe Abdülmelik 276 [m. 889] da Bağdâdda, Sa'düddîn-i Teftâzânî Mes'ûd şâfi'î 792 [m. 1389] de Semerkandda, Alî Ûşî 575 [m. 1180] de, Şerefüddîn Halîl Neccârî Yemenî 632 [m. 1235] de, Seyyid Ahmed Âsım efendi Ayntâbî 1235 [m. 1820] de İstanbulda, Muhammed bin Süleymân Halebî Reyhâvî 1228 [m. 1813] de, halîfe Memûn bin Hârûn 218 [m. 833] de ve Dâvüd bin Süleymân Bağdâdî 1299 [m. 1881] de vefât etmişdir "rahmetullahi aleyhim ecma'în"].

Abdülganî Nablüsî **(Keşf-ün-Nûr min-Eshâb-il-kubûr)** kitâbında buyuruyor ki, Allahü teâlâ, kendisine yaklaşmış olan kullarına kerâmetler ihsân etmişdir. **(Kerâmet),** Evliyâ denilen insanlarda Allahü teâlânın yaratdığı, âdet ve fen bilgileri dışında olan şeylerdir. Allahü teâlâ, kendi kudreti ile ve irâdesi ile, ya'nî dilediği zemân, bu şeyleri, bu kullarında yaratmakdadır. Kulun kudretini de Allahü teâlâ yaratmakdadır. Bu şeylerin yaratılmasında, kulun kudretinin ve irâdesinin te'sîri yokdur. Kulun irâdesi ve kudreti, kerâmetlerin yaratılmasına ancak sebeb olmakdadır. Kul, istediği zemân, kendi kuvveti ile kerâmet yapar diyen kimse ve böyle inanan kimse kâfir olur.

Kendisinde kerâmet hâsıl olan Velî, bu kerâmetin yalnız Allahü teâlânın dileği ile ve kudreti ile yaratıldığını, kendi dileğinin ve kudretinin hiçbir te'sîri olmadığını bilmekdedir. Bunun gibi, kendi bedenindeki, görmek, işitmek, tad almak, sertlik, sıcaklık duymak, düşünmek, ezberlemek, hâtırlamak gibi duygularının ve iç ve dış organlarının hareketlerinin, hâsılı bütün işlerinin hep Allahü teâlânın dilemesi ile ve kudreti ile ve yaratması ile olduğunu her an bilmekdedir. Evliyâlık da, bu demekdir. Ya'nî, böyle olduğunu her an bilen ve inanan kimse, Allaha yakîn olmuş, Velî olmuşdur. Bu bilgisi, her an bütün varlığını kaplamakdadır. Allahü teâlâ, Velîsine ba'zan gaflet verir. Bu bilgisini unutdurur. Bu zemân, Velîliği kalmaz ise de, önceki zemânlarında Velî olduğu için, böyle zemânlarda da, kendisine Velî denilir. Bunun gibi, îmânı olan insana mü'min denildiği için, uyku zemânında, gaflet hâlinde olduğu zemân da, kendisine mü'min denilmekdedir. Bu gaflet zemânı, Evliyânın aşağı hâlleridir. Allahü teâlânın **(Sen elbette ölüsün. Onlar da ölüdürler!)** buyurduğu ölü olmak hâli de bunun gibidir. Bunun için Velîler "rahime-hümullahü teâlâ", her şeylerinin Allahü teâlâdan olduğunu anlamaları hâllerine [**(Fenâ fillah)** veyâ] **(mevt-i ihtiyârî)** demişlerdir. Hadîs-i şerîfde, **(Kendini tanıyan, Rabbini tanımış olur)** buyuruldu. Bütün hareketlerinin ve işlerinin, görünen ve görünmiyen kuvvetlerinin kendisinden olmadığını, başka bir irâde ve kudret sâhibi tarafından meydâna getirildiğini anlıyan kimse, bu kudret sâhibi olan Allahü teâlâyı tanımış olur. Allahü teâlânın emr etdiği farzların hepsini yapan ve ayrıca Muhammed aleyhisselâmın ibâdetlerini, yaşayışını, hâllerini, ya'nî nâfile ibâdetleri de yapan bir müslimân Allaha yaklaşır, Velî olur. Duyguları ve hareketleri kendisinden değil, Allahü teâlâdan olduğu meydâna çıkar. Böyle olduğunu bildiren hadîs-i şerîf, tesavvuf kitâblarında yazılıdır.

Âriflere göre, Velî olmak için, kendisinin **(Mevt-i ihtiyârî)** denilen bir mevt ile ölü olduğunu bilmek lâzımdır. Velîlerde "rahime-hümullahü teâlâ" kerâmetin hâsıl olması için, böyle ölü olmaları lâzımdır. Böyle olduğunu anlayan kimse, meyyitde kerâmet olmaz diyebilir mi? Câhiller, gâfiller, kendi işlerini kendi irâdeleri ile ve kudretleri ile yapdıklarını sanırlar. Herşeyi Allahü teâlânın yaratdığını unuturlar.

Evliyânın, öldükden sonra da kerâmet sâhibi olduklarını fıkh kitâbları da bildirmekdedir. Hanefî mezhebinde kabr üzerine basmak, oturmak, uyumak, abdest bozmak mekrûhdur. Çünki bunlar ihânet, hakâret etmekdir. Hadîs-i şerîfde, **(Kabr üzerine basmakdansa, ateşe basmağı tercîh ederim)** buyuruldu. Bu sözler, insana öldükden sonra da saygı göstermek lâzım olduğunu bildiriyorlar. Ya'nî dînimiz, ölülerin kerâmet sâhibi ya'nî muhterem olduklarını bildiriyor. Kerâmet, âdet hârici yapılan iş demek olduğunu yukarıda bildirmişdik. İnsanın yer yüzünde yürümesi, oturması âdet olduğu için, mü'minin kabri üzerine basılmaması, oturulmaması, ona kerâmet ya'nî ikrâm ve ihsân olmakdadır. Her mü'mine öldükden sonra böyle kerâmet veren dînimiz, ilm, irfân sâhibi olan Evliyâya dahâ kıymetli kerâmetler de ihsân olunacağını göstermekdedir.

Peygamberimiz "sallallahü aleyhi ve sellem" (Bakî') kabristânını ziyâret eder, mezâr yanında ayakda düâ ederdi. Bu da, ölülerin kerâmet sâhibi olduklarını göstermekdedir. Çünki, mü'minin kabri başında yapılan düânın kabûl olacağını bilmeseydi, orada düâ etmezdi. Mü'minin kabri başında düânın kabûl olması, onun kerâmet sâhibi olduğunu göstermekdedir. Her mü'min için böyle kerâmet olunca, Evliyâ için "rahime-hümullahü teâlâ" dahâ çok olacağı meydândadır.

Mü'min ölünce, onu yıkamak, kefenlemek ve defn etmek lâzımdır. Dînimiz bunu emr etmekdedir. Bu emr, mü'minin öldükden sonra da, kerâmet sâhibi olduğunu göstermekdedir. Kâfirlerin ve hayvanların ölülerinde bu kerâmet yokdur.

Mü'min ölürken necâsetlenmekdedir. Onu bu necâsetden kurtarmak, temizlemek için yıkamak emr olundu. Bu emr, mü'minin öldükden sonra da kerâmet sâhibi olduğunu göstermekdedir.

(Câmi'ul-fetâvâ) kitâbında âlimlerin ve seyyidlerin mezârları üzerine binâ, türbe yapmak mekrûh değildir diyor. Yine bu kitâbda, ölü yıkayanın temiz olması lâzımdır. Cünüb olması mekrûhdur diyor. Bu da, her mü'minin öldükden sonra kerâmet sâhibi olduğunu göstermekdedir. Hâlbuki, diri iken her mü'min kerâmet sâhibi olmaz. Yalnız Evliyâ diri iken de kerâmet sâhibidir. İmâm-ı Abdüllah Nesefînin "rahime-hullahü teâlâ" (Umdet-ül-i'tikâd) kitâbında, (Her mü'min uykuda da mü'min olduğu gibi, öldükden sonra da mü'mindir. Bunun gibi Peygamberler, öldükden sonra da Peygamberdirler. Çünki, Peygamber olan ve îmân sâhibi olan rûhdur. İnsan ölünce, rûhunda bir değişiklik olmaz) demekdedir. İnsan, beden demek değildir. İnsan rûh demekdir. Beden, rûhun konak yeridir. Kıymetli olan, ev değil, evde oturanlardır. Cebrâîl aleyhisselâm, Peygamber efendimize insan şeklinde görünürdü. Ekseriye, Dıhye ismindeki sahâbî şeklinde görünürdü. Eshâb-ı kirâmdan ba'zıları da, Cebrâîl aleyhisselâmı insan şeklinde gördüler. Cebrâîl aleyhisselâm insan şeklinden çıkarak, kendi şekline girince, rûh gibi olunca, yok oluyor denilemez. Şekl değişdirdi denilir. İnsan rûhu da, bunun gibidir. İnsan ölünce, rûhu bir âlemden başka âleme geçmekdedir. Rûhun böyle değişikliğe uğraması, kerâmetinin kalmıyacağını göstermez. [(Câmi-ul-fetâvâ)nın yazarı Muhammed Semerkandî hanefî 556 [m. 1162] da, Abdüllah Nesefî hanefî 710 [m. 1310] da Bağdâdda vefât etdi.]

Evliyânın öldükden sonra da kerâmet sâhibi olduklarını bildiren bir çok vak'a ve hikâyeler kitâblarda yazılıdır. Meselâ, büyük Velî, Muhyiddîn-i Arabînin **(Rûh-ul-Kuds)** kitâbında, Ebû Abdüllah bin Zeyn-ül-bürî İşbilînin çeşidli kerâmetleri yazılıdır. Bir gece, Ebül Kâsım bin Hamdin ismindeki kimsenin imâm-ı Muhammed Gazâlîyi red eden, kötüliyen bir kitâbı okurken, gözleri kör oldu. Hemen secde edip yalvardı. Bu kitâbı hiç okumıyacağına yemîn etdi. Allahü teâlâ kabûl buyurup, görmek ihsân eyledi. Bu da, imâm-ı Gazâlînin öldükden sonra olan bir kerâmetini göstermekdedir.

İmâm-ı Yâfi'î **(Ravdur-Riyâhîn)** kitâbında diyor ki, Evliyâdan biri, kabrdekilerin derecelerinin kendisine gösterilmesi için düâ etdi. Bir gece çeşidli kabrler gösterildi. Kimi tahta üzerinde, kimi ipek yatakda, kimi kokulu çiçekler arasında, kimi sevinçli, kimi ağlar, kimi güler idi. Bir ses işitdi. Bu hâlleri, dünyâdaki amellerinin karşılığıdır diyordu. Güzel huylular, şehîdler, nâfile oruçları da tutanlar, Allahü teâlâ için sevişenler, günâh işleyenler, tevbe edenler, ayrı ayrı hâlde idiler. Mezârdakilerin hâlleri ba'zı Evliyâya uykuda, ba'zılarına da uyanık hâlde iken gösterilir. İmâm-ı Yâfi'înin "rahmetullahi aleyh" **(Kifâyet-ül-Mu'tekad)** kitâbında, ba'zı Evliyânın babasının mezârına gidip konuşdukları yazılıdır.

Elkâî, **(Es-sünnet)** kitâbında, Yahyâ bin Mu'în diyor ki, inandığım, güvendiğim mezârcı bir arkadaşım dedi ki, şaşılacak çok şeyler gördüm. En çok şaşdığım şey, bir meyyitin, müezzinin ezânını tekrâr etdiğini işitdim dedi. [Hibetullah Elkâî "rahmetullahi aleyh" 418 [m. 1027] de vefât etdi.]

Ebû Nu'aym, **(Hilye)** kitâbında diyor ki, Şeybân bin Cisrden işitdim. Sâbit-ül-benânîyi mezâra koyduk. Hamîd-üt-tavîl de yanımda idi, kabrin kerpici düşdü. Sâbitin kabrde nemâz kıldığını gördüm. Sâbit diri iken, her zemân, (Yâ Rabbî! Bir kuluna kabrde nemâz kılmak kerâmetini ihsân edersen, bana da ihsân et!) diyerek düâ ederdi. [Abdüllah Yâfi'î 768 [m. 1367] de Mekkede, Yahyâ bin Mu'în Bağdâdî şâfi'î 233 [m. 848] de Medînede, Ebû Nu'aym İsfehânî 430 [m. 1039] de vefât etdi "rahmetullahi aleyhim ecma'în".]

İmâm-ı Tirmüzî ve Hâkim ve Beyhekî bildiriyorlar: Abdüllah ibni Abbâs söyledi ki, birkaç Sahâbî yolculukda bir çâdır kurduk. Burada kabr olduğunu bilmiyorduk. Birisinin sûre-i Mülkü başından sonuna kadar okuduğunu işitdik. Medîneye gelince, bunu Resûlullaha "sallallahü aleyhi ve sellem" söyledik. **(Bu sûre, meyyiti kabrdeki azâbdan kurtarır)** buyurdu. Ebül-Kâsım Sa'dî, **(İsfâh)** kitâbında, bunu anlatıyor ve bu, meyyitin kabrde Kur'ân okuduğunu isbât etmekdedir diyor.

İbni Mende haber veriyor: Talhâ, Ubeydullahdan haber veriyor ki, ormanda idim. Akşam oldu. Abdüllah bin Âmir bin Hizâmın kabri yanında oturdum. Kabrde çok güzel sesle Kur'ân okuduğunu işitdim. Resûlullaha "sallallahü aleyhi ve sellem" haber verdim. **(Bunu okuyan Abdüllahdır. Allahü teâlâ rûhları kabz edince, Cennetdeki yerlerinde muhâfaza olunur. Her gece, sabâha kadar, kabrlerine bırakılır)** buyurdu. [Muhammed ibni Mendeh "rahmetullahi aleyh" 395 [m. 1005] de vefât etdi.]

İnsan ölünce, rûh da ölmez. Rûh bedenden başka bir varlıkdır. Mezârdaki beden ile, toprak olduktan sonra da, ilgisi yok olmaz. Ehl-i sünnet âlimlerinin kitâblarını okumamış olan câhiller ve mezhebsizler ve Cehenneme gidecekleri bildirilmiş yetmişiki fırkadan olan sapıklar, rûhun bedenden ayrı bir varlık olduğunu bilmiyorlar. İnsan ölünce, hareketi yok olduğu gibi, rûhun da bedenin bir sıfatı, özelliği olduğunu, hareketin yok olduğu gibi rûhun da yok olacağını sanıyorlar. Evliyâ da, her insan gibi, ölür, toprak olur, insanlığı ve rûhâniyyeti kalmaz diyorlar. Mevtâlarına hurmet etmiyorlar. Hakâret ediyorlar. Evliyânın kabrini ziyâret ederek, onlarla bereketlenmeği, tevessül etmeği inkâr ediyorlar. Bir gün Velî Arslan Dımışkînin kabrini ziyârete gidiyordum. Sapıklardan birisi, toprak ziyâret olunur mu dedi. Buna çok şaşdım. Müslimân olduğunu bildiren bir kimsenin böyle söylemesine çok üzüldüm.

Hadîs-i şerîfde, **(Kabr, yâ Cennet bağçelerinden bir bağçedir. Yâhud Cehennem çukurlarından bir çukurdur)** buyuruldu. Bu hadîs-i şerîf, rûhların, çürümüş cesedlerle birleşdiklerini açıkca bildirmekdedir. Mü'minlerin mezârlarının muhterem, mubârek olduğunu göstermekdedir. Âlime hakâret edenin, düşmanlık edenin kâfir olmasından korkulur.

Meyyitler de, diriler de Allahın mahlûklarıdır. Hiçbirinin, hiçbir şeye te'sîri yokdur. Herşeye te'sîr eden, yalnız Allahü teâlâdır. Fekat, mü'minin ölüsüne de, dirisine de ta'zîm, saygı göstermek vâcibdir. Çünki mü'minlerin ölüleri de, dirileri de, Allahü teâlânın **(Şe'âir)**i oldukları için, ta'zîm edilmelerini Kur'ân-ı kerîm emr etmekdedir. Hac sûresinin otuzikinci âyetinde meâlen, **(Allahü teâlânın şe'âirini ta'zîm etmek, kalblerin takvâsından dolayıdır)** buyuruldu. Şe'âir, Allahü teâlâyı hâtırlatan, bildiren şeyler demekdir. Âlimlerin, sâlihlerin ölüleri ve dirileri şe'âirdir.

Âlimleri, Velîleri ta'zîm etmek, bunlara saygı göstermek, çeşidli şeklde olur. Bunlardan biri, kendilerine tahtadan tabut yapmak ve mezârları üzerine kubbe yapmakdır. Sarıklarının büyük olması, elbiselerinin geniş ve temiz olması da bunları ta'zîm etmek içindir. **(Câmi'ul-Fetâvâ)**da Âlimlerin, Velîlerin, Seyyidlerin mezârları üzerine binâ, türbe yapmanın mekrûh olmadığı yazılıdır. Evliyânın kabrlerine nefret edilmemek, saygı göstermek için sanduka, örtü ve sarık koymak, bunları kabr sâhiblerini hakâretden korumak, ta'zîm ve saygıya sebeb olmak niyyeti ile yapmak, bize göre câizdir. Selef-i sâlihîn "rahmetullahi teâlâ aleyhim ecma'în" zemânında bunlar yapılmazdı. Fekat, o zemân herkes kabrlere hurmet ederdi. Fıkh kitâblarında vedâ' tavâfından sonra, geri geri giderek, Mescid-il-harâmdan çıkmalıdır. Böyle çıkmakla, Kâ'beye ta'zîm edilmiş olur yazılıdır. Selef-i sâlihîn, geri geri çıkmazdı. Fekat onlar, Kâ'beyi ta'zîm etmekde kusûr yapmazlardı. Kâ'beye örtü koymak eskiden yokdu. Buna sonradan fetvâ verildi, meşrû' oldu. Kabrler üzerini örtmek de, bunun gibi meşrû' olmakdadır. Hadîs-i şerîfde, **(Bir kimse güzel, ya'nî islâmiyyete uygun çığır açarsa, bu yolda bulunanların her birine verilen sevâb gibi, buna da verilir)** buyuruldu.

(Câmi'ul-Fetâvâ)da diyor ki: (Kabr üzerine el koymanın sünnet veyâ müstehab olduğunu bildiren bir haber görmedik. Câiz olmadığını da söyleyemeyiz). Bunların harâm olduğunu söyleyenlerin hiçbir delîli, vesîkası yokdur. Bunlara harâm diyebilmek için, **(Edille-i erbe'a)**nın birinden, ya'nî **(Kur'ân-ı kerîm)**den veyâ **(Hadîs-i şerîf)**den veyâ **(İcmâ'ı Ümmet)**den yâhud **(Kıyâs-ı Fükahâ)**dan birinden bir delîl göstermek lâzımdır. Müctehid olmıyanların yapdıkları kıyâsların, delîllerin hiç kıymeti yokdur. Ba'zı câhiller, Evliyânın kabrlerine hurmet edilirse, onlardan bereket ve yardım istenirse, bunların dilediklerini yapacaklarını, Allahü teâlâ gibi te'sîr edeceklerini zan edenler olur. Böylece, kâfir olurlar, müşrik olurlar. Bunun için mâni' oluyoruz ve kabrlerini, türbelerini yıkıyoruz. Onlara böylece hakâret edince, herkes bunların birşey yapamadıklarını, kendilerini hakâretden kurtaramadıklarını anlıyarak, kâfir olmakdan, müşrik olmakdan kurtulurlar diyorlar. Sapıkların bu sözleri küfrdür. Fir'avnın sözüne benzemekdedir. Mü'min sûresinin yirmialtıncı âyetinde meâlen, **(Bırakınız Mûsâyı öldüreyim. O, Rabbine yalvararak, kendini benden kurtarsın. Onun dîninizi değişdireceğinden ve yer yüzünde fesâd çıkaracağından korkuyorum)** buyuruldu. Bu câhiller, Allahü teâlânın Evliyâyı sevdiğini ve sevdiklerinin düâlarını kabûl edeceğini ve öldükden sonra rûhlarının dileklerini yaratacağını inkâr ediyorlar. Zan ile, şübhe ile, vehm ile ve hayâl ile konuşuyorlar. Hakkı bâtıldan fark edemiyorlar. Müslimân olan kimse, bin seneden beri gelen **(Ümmet-i Muhammediyye)**nin dalâletde olduklarını söyliyemez. Bunlara sû-i zan edemez. Resûlullah "sallallahü aleyhi ve sellem" münâfıkların hepsini, ya'nî kâfir oldukları hâlde müslimân görünenleri bildiği hâlde, hiçbirini açığa vurmazdı. Soranlara, (Biz söze, işe, görünüşe bakarız. Kalbleri ancak Allahü teâlâ bilir) buyururdu. **(Keşf-ün-nûr)** kitâbından terceme temâm oldu.

Bir müslimânın bir sözünde veyâ bir işinde yüz ma'nâ olsa, ya'nî yüz şey anlaşılsa, bunlardan biri, o kimsenin îmânlı olduğunu gösterse, doksan dokuzu ise, kâfir olduğunu gösterse, bu kimsenin müslimân olduğunu söylememiz lâzımdır. Ya'nî, küfrü gösteren doksan dokuz ma'nâya bakılmaz. Îmânı gösteren bir ma'nâya bakılır. Bunun için müslimânlara kâfir dememeli, müşrik dememelidir. Müslimânlara sû-i zan etmemelidir. Bu sözümüzü yanlış anlamamalı! Bunu yanlış anlamamak için, iki noktaya dikkat etmek lâzımdır. Birincisi, söz veyâ iş sâhibinin müslimân olduğu bildirildi. Yoksa, bir kâfirin, değil bir sözü veyâ değil bir işi, birçok sözleri ve işleri îmânı gösterse de, bu kâfire müslimân oldu denilemez. Bir fransız, Kur'ân-ı kerîmi överse, bir ingiliz, Allah birdir derse, bir alman felsefecisi, en iyi din, islâmiyyetdir derse, bunların müslimân olduğu söylenemez. Bir kâfirin müslimân olması için, (Allah vardır. Birdir. Muhammed aleyhisselâm Allahın Peygamberidir. Onu, dünyânın her tarafında, kıyâmete kadar gelecek olan bütün insanlara Peygamber olarak göndermişdir. Onun her dediğine inandım) demesi ve îmânın altı şartı ile otuzüç farzı hemen öğrenip, hepsine inanması lâzımdır. Dikkat edilecek ikinci noktaya gelince, bir sözün veyâ bir işin yüz ma'nâsı olsa denildi. Yoksa, yüz sözden veyâ yüz işden biri îmânı gösterse, doksan dokuzu küfrü bildirse, bu kimseye müslimân denileceği bildirilmedi. Çünki, bir kimsenin yalnız bir sözü veyâ bir işi, açık olarak küfrü gösterse, ya'nî îmânı gösterecek hiçbir ma'nâsı olmasa, o kimsenin kâfir olduğu anlaşılır. Başka sözlerinin ve işlerinin îmânı göstermeleri, îmânlı olduğunu bildirmeleri, o kimseyi küfrden kurtarmaz, müslimân olduğuna hükm olunmaz!

(Keşf-ün-nûr) kitâbı, el yazması olarak, İstanbulda, Süleymâniyye kütübhânesinde vardır. İlk olarak 1397 [m. 1977] târîhinde, Pâkistânın Lahor şehrinde, nefîs olarak basılmış, 1398 [m. 1978] senesinde, İstanbulda, bunun foto-kopisi alınarak **(Minhat-ül vehbiyye)** kitâbı ile birlikde basdırılmışdır.

25 - Ehl-i sünnet âlimlerinin "rahime-hümullahü teâlâ" haklı

olduklarını, vehhâbîler de söylemekdedir. Allahü teâlâ, bu doğru sözü, onlara da söyletmekdedir. Bakınız, bu kitâbın dörtyüzotuzikinci sahîfesinde Ehl-i sünneti nasıl övmekdedir: *(Resûlullah "sallallahü aleyhi ve sellem", Muâzı Yemene hâkim olarak göndereceği zemân,* **(Ne ile hükm edeceksin?)** *buyurdu. Allahın kitâbı ile dedi.* **(Allahın kitâbında bulamazsan?)** *O zemân, Resûlullahın sünneti ile hükm ederim dedi.* **(Orada da bulamazsan)** *buyurunca, ictihâd ederek, anladığıma göre, hükm edeceğim dedi. Bunun üzerine,* **(Resûlünün hâkimine, Resûlünün râzı olduğunu ihsân eden Allahü teâlâya hamd ederim)** *buyurdu. Muâz Eshâb-ı kirâmın fıkh, halâl ve harâm bilgilerini en çok bilenlerden idi. Bunun için, ictihâd yapabilecek, yüksek âlim idi. Allahü teâlânın Kitâbında ve Resûlullahın sünnetinde bulamadığı şeyleri, kendi ictihâdına göre hükm etmesi câiz idi. Fekat bugün ve bundan önce, Allahü teâlânın Kitâbındaki hükmleri ve Resûlünün sünnetini bilmiyenler, böyle câhil oldukları hâlde, kendilerinin ictihâd edebileceklerini sanıyorlar. Bunlara yazıklar olsun)* diyor.

Bütün vesîkalarını Ehl-i sünnet âlimlerinin "rahime-hümullahü teâlâ" kitâblarından almış olduğu gibi, bu satırlarını da, o büyük âlimlerin kitâblarından almışdır. Çünki, İbni Teymiyyeden önce, onun sapık fikrleri gibi yazanlar yokdu. Bu çığrı o açdı. Ondan sonra gelenler, işi azıtdılar. Taşkınlık yapdılar. Ehl-i sünnet kitâblarından aldıkları kıymetli yazılara, yanlış bozuk ma'nâlar verdiler. Herkes, arabî öğrenmeli ve ictihâd yapmalıdır dediler. Doğru yoldan ayrıldılar. Milyonlarca insanı da sapdırdılar. Yukarıdaki yazı, kendi iddi'âlarını çürütmekde, onlar gibi câhillerin ictihâd yapamıyacaklarını, çıkaracakları hükmlerin, ma'nâların yanlış, bozuk olacaklarını göstermekdedir.

Son günlerde, ictihâda inanmıyanlar çoğalmakdadır. *(Mezheb ne imiş. Mezhebler, müslimânları bölmüşler. Dîni güç duruma sokmuşlar. Allah kolaylık emr ediyor. İslâmiyyetde mezheb diye birşey yokdur. Bunlar sonradan uydurulmuşdur. Ben Eshâbın yolundayım. Başka yol tanımıyorum)* diyorlar.

Böyle sözleri din câhilleri çıkarmışdır. Şimdi de, müslimânlar arasına yayıyorlar. Hem de, çok kurnaz davranıyorlar. Önce, Ehl-i sünnet âlimlerinin kitâblarından doğru bir bilgi söyleyip, bundan sonra kendi yalanlarını söyliyorlar. Doğrusunu işitenler, hepsini doğru sanıp aldanıyorlar. Kurtuluş yolu, Eshâb-ı kirâmın yoludur "rıdvânullahi teâlâ aleyhim ecma'în". Beyhekînin haber verdiği ve **(Künûz-üd-dekâık)** kitâbında yazılı hadîs-i şerîfde, **(Eshâbım gökdeki yıldızlar gibidir. Hangisine uyarsanız, hidâyete kavuşur-**

sunuz!) buyuruldu. Bu hadîs-i şerîf gösteriyor ki, Eshâb-ı kirâmdan herhangi birine uyan, Onun yolunu tutan, dünyâ ve âhıret se'âdetine kavuşacakdır. Deylemînin bildirdiği hadîs-i şerîfde, **(Eshâbım, iyi insanlardır. Allahü teâlâ, Onlara hep iyilik versin)** buyuruldu. Yine Deylemînin "rahmetullahi aleyh" bildirdiği hadîs-i şerîflerde, **(Eshâbımın kabâhatlerini konuşmayınız!)** ve **(Mu'âviye elbet melik olacakdır)** buyuruldu.

Eshâb-ı kirâmın yolundayız diyenler, bu yolu nereden öğrenecekler? Bin sene sonra gelmiş olan mezhebsizlerden mi? Yoksa, Eshâb zemânında bulunan, onların yetişdirdikleri âlimlerin kitâblarından mı? Eshâb-ı kirâmın yetişdirdikleri ve onların talebesinin yetişdirdikleri âlimler **(Ehl-i sünnet vel-cemâ'at)** mezhebinin âlimleridir "rahime-hümullahü teâlâ". **(Mezheb),** yol demekdir. Ehl-i sünnet vel-cemâ'at mezhebi demek, Resûlullahın ve Onun cemâ'atinin ya'nî Eshâbının yolunda olan müslimânlar demekdir. Bu mubârek âlimler, hep Eshâb-ı kirâmdan öğrendiklerini yazmışlardır. Kendi görüşleri ile birşey yazmamışlardır. Kitâblarında, vesîkasız, senedsiz bir kelime yokdur. Dört mezhebin îmânları birdir. Eshâb-ı kirâmın "rıdvânullahi teâlâ aleyhim ecma'în" yolu, ancak Ehl-i sünnet âlimlerinin kitâblarından öğrenilebilir.

Eshâb-ı kirâmın "rıdvânullahi teâlâ aleyhim ecma'în" yolunda olmak istiyenin, Ehl-i sünnet mezhebinde olması lâzımdır. Sonradan türeyen bozuk yollardan sakınması lâzımdır.

26 - **(Feth-ul-mecîd)** ismindeki vehhâbî kitâbının dörtyüzseksenbeşinci ve sonraki sahîfesinde de, hak olan Ehl-i sünnet bilgilerini yazmak zorunda kalmış, bunların arasında bozuk, zehrli saldırılarından da geri kalmamışdır. Diyor ki:

(Resûlullah "sallallahü aleyhi ve sellem", kabr ziyâret ederken âhıreti hâtırlamağı, meyyite düâ ederek, ona ihsânda bulunmağı, ona acımağı, istiğfâr etmeği emr etmişdir. Ziyâret eden kimse, hem kendisine, hem de meyyite iyilik etmiş olmakdadır. Müslimin, Ebû Hüreyreden "radıyallahü anh" bildirdiği hadîsde **(Kabrleri ziyâret ediniz! Kabr ziyâreti, ölümü hâtırlatır)** *buyuruldu. Abdüllah ibni Abbâs diyor ki, Resûlullah "sallallahü aleyhi ve sellem" Medînede, kabristân yanından geçiyordu. Kabrlere bakarak,* **(Esselâmü aleyküm yâ ehlel-kubûr! Yagfirullahü lenâ ve leküm, entüm selefünâ ve nahnü bil-eser)** *buyurdu. Bu hadîs-i şerîfi imâm-ı Ahmed ve Tirmüzî bildirmekdedir. İbnül-Kayyım-ı Cevziyyenin, imâm-ı Ahmedden bildirdiği hadîs-i şerîfde,* **(Size, kabr ziyâretini yasaklamışdım. Şimdi, kabrleri ziyâret ediniz! Böylece âhıreti hâtırlarsınız)** *buyurdu. İbni Mâcenin Abdüllah ibni*

Mes'ûddan bildirdiği hadîs-i şerîfde, (**Kabr ziyâretini önce yasak-
lamışdım. Şimdi ziyâret ediniz! Böylece dünyâya gönül vermek-
den kurtulur, âhıreti hâtırlarsınız**) *buyuruldu. İmâm-ı Ahmedin,
Ebû Sa'îdden bildirdiği hadîs-i şerîfde,* (**Kabr ziyâretini size ya-
saklamışdım. Şimdiden sonra ziyâret edebilirsiniz. Böylece, ibret
alır, gafletden uyanırsınız**) *buyuruldu. İbn-ül Kayyım-ı Cevziyye,
Seleme-tebni Verdandan haber veriyor. Diyor ki, Enes bin Mâliki
gördüm. Resûlullaha selâm verdi. Sonra bir kabrin dıvarına
dayandı, düâ etdi. Müşrikler kabr ziyâretini değişdirdiler. Dîni
tersine çevirdiler. Kabre giderek, meyyiti, Allaha şerîk yapıyor-
lar. Meyyite düâ ediyorlar. Meyyit vâsıtası ile Allaha düâ ediyor-
lar. İhtiyâclarını meyyitden istiyorlar. Bereketin ondan gelmesini
bekliyorlar. Düşmanlarına karşı onun yardım etmesini diliyorlar.
Böylece, kendilerine de, ölüye de kötülük yapıyorlar. Resûlullah
"sallallahü aleyhi ve sellem", bu kötü âdetleri önlemek için, kabr
ziyâretini erkeklere yasak etmişdi. Sonra, tevhîd kalblere yerle-
şince, kabr ziyâretine izn verdi. Fekat kabrde hücr [saçma, çirkin
söz] söylemek yasak edildi. Hücrün en büyüğü, kabr başında, söz
ve hareket ile şirk yapmakdır. Şimdi, türbeleri süslüyorlar,
câmi'lere bakmıyorlar. Allahın Peygamberlerle bildirdiği dîni ter-
sine çeviriyorlar. Şî'îler, insanların en câhilleri ve dinden en uzak
kalanları olduğu için, türbeleri yapıyorlar. Câmi'leri yıkıyorlar)*
diyor.

Câhillerin ve sapıkların kabr başlarında ve türbelerde yapdık-
ları taşkınlıklara, şirke ve Allahü teâlânın yaratdığını düşünmiyen-
lere karşı, biz de vehhâbîlerle birlikdeyiz. Elbet şirkin ve müşrikle-
rin düşmanıyız. Bunu imâm-ı Rabbânî "rahmetullahi teâlâ aleyh"
çeşidli mektûblarında ve ençok üçüncü cildin kırkbirinci mektû-
bunda çok güzel ve açık anlatmakdadır. Bu mektûb (**Se'âdet-i
Ebediyye**) kitâbının üçüncü kısmının ikinci maddesinde yazılıdır.
Fekat, vehhâbîler kabr ziyâretine, Kur'ân-ı kerîm okuyup, sevâbı-
nı meyyitin rûhuna göndermenin, düâ etmenin meyyite fâide vere-
ceğine inandıklarını yazdıkları hâlde, meyyit işitmez, his etmez,
ona birşey söylemek, Peygamberden şefâ'at istemek, Evliyâyı vesî-
le ederek, Allahü teâlâya düâ etmek şirk olur diyorlar. Sözleri bir-
birini tutmuyor. Kitâbımızın başından beri görüldüğü gibi, vehhâ-
bîlerin Ehl-i sünnetden farkı, bu noktada toplanmakdadır. Biz de,
din kardeşlerimizi korumak için, bu nokta üzerinde durmağı
uygun görüyoruz.

Osmânlı devleti zemânında, mekteblerin, medreselerin, üni-
versite üstünlüğünde olan (**Medrese-tül-mütehassısîn**) adındaki

yüksek kısmında, tesavvuf müderrisi ya'nî profesörü bulunan, büyük islâm âlimi ve olgun Velî, seyyid Abdülhakîm Efendi "rahmetullahi aleyh" 1342 hicrî ve 1924 mîlâdî yılında, İstanbulda basılan **(Râbıta-i şerîfe)** kitâbında buyuruyor ki:

Allahü teâlânın sıfatları ile sıfatlanmış ve müşâhede makâmına varmış olgun bir Velîye, kalbini bağlıyarak, yanında iken ve yanında olmadığı zemânlarda, o zâtın yüzünü hayâlinde bulundurmağa **(Râbıta)** denir. **(Onlar görülünce, Allahü teâlâ hâtırlanır)** ve Buhârîde ve Müslimde bildirilen **(Onlarla berâber bulunanlar şakî olmaz)** hadîs-i şerîflerinde bildirildiği gibi, bu kemâle ermiş olanları düşünmek, insana birçok fâideler sağlar. Sâdık ve temiz bir müslimân, böyle bir Allah adamını düşünmekle, onun sıfatları, hâlleri kendisinde hâsıl olur. Hadîs-i şerîfler sâlih müslimânlarla, ya'nî Allahü teâlânın sevdiği kimselerle berâber bulunmağı emr etmekdedir. [Deylemîde ve Taberânîde ve Künûz-üd-dekâıkde bildirilen hadîs-i şerîfde, **(Ben ilm şehriyim. Alî onun kapısıdır)** buyuruldu. Bu hadîs-i şerîfin gösterdiği gibi, Allahü teâlânın sonsuz feyz deryâsının kapısı gibi olan, Allah adamlarının kalblerinden, bunları seven ve hâtırlayan müslimânların kalbine feyz, ma'rifet, nûr akar. Bu feyze kavuşmak için, Ehl-i sünnet i'tikâdında olmak, Resûlullaha tâm uymak ve Allahü teâlânın sevdiği Allah adamlarını sevmek, kalbinde onların sevgisini bulundurmak lâzımdır. Bu şartlardan mahrûm olanlar, Allah adamlarının feyzlerinden, ma'rifetlerinden mahrûm kalmışlardır. Bilmediklerini, inkârdan başka çâre bulamıyorlar. Allah adamının kalbinden feyz almak için ikinci şart, o zâtın Resûlullah efendimizin tam vârisi olması, Onun yolunda, izinde bulunması ve Allahü teâlânın sevgili kulu olması lâzımdır. Vehhâbîler arasında böyle bir Allah adamı bulunmadığından da, onlar için feyz ve ma'rifet kapıları kapalıdır. Putlara, heykellere tapınan müşriklerin ve câhillere, sahte Rehberlere gönül veren zevallı müslimânların bir feyz ve fâide edinememeleri, bundan ileri gelmekdedir. Ebû Cehl, Ebû Tâlib ve Ebû Leheblerin, Resûlullahdan "sallallahü aleyhi ve sellem" feyz ve hidâyet alamamaları ise, birinci sebebin kendilerinde bulunmamasından ileri gelmekdedir. Peygamberler "aleyhimüsselâm", Allahü teâlânın yeryüzünde halîfeleridir. Evliyâ-yı kirâm, Peygamberlerin vârisleri oldukları için, onlar da bu şerefden pay almışlar, mubârek kalbleri, Allahü teâlânın aynası olmuşdur. **(Sâd)** sûresinin yirmialtıncı ve **(En'âm)** sûresinin yüzaltmışbeşinci âyet-i kerîmeleri ve benzerleri, bu sözümüzün vesîkalarıdır.

Olgun bir Velînin "rahime-hullahü teâlâ" kalbine bağlanan bir müslimân, onun mubârek kalbi vâsıtası ile Allahü teâlâdan gelen feyzlere kavuşur. Deylemîde ve Künûz-üd-dekâıkde "rahmetullahi alâ müellifeyhimâ" yazılı hadîs-i şerîfde, **(Ehli arasında bir âlim, ümmeti arasındaki Peygamber gibidir)** buyuruldu. Kalbin feyzlere, ma'rifetlere kavuşmasında, Allah adamının diri ve ölü olması arasında hiç fark yokdur. Onun kemâlâtı, rûhâniyyetinden hiç ayrılmaz. Rûhâniyyet de, zemâna ve mekâna ve ölülüğe ve diriliğe bağlı değildir. Yukarıdaki iki şart mevcûd ise, her ncrede olursa olsun, diri olsun, ölü olsun, Allah adamlarına bağlanan, ya'nî onları seven ve hâtırlıyan müslimânlar, hemen feyz ve ma'rifete kavuşurlar. Bunların rûhlarının tesarrufları, Allahü teâlânın tesarrufu ile olduğuna inanmak lâzımdır.

İnsan, Allahü teâlâdan vâsıtasız feyz almağa kâdir olmadıkça, Allahü teâlânın sevdiği, Allahü teâlâdan feyz alıp, talebesine verebilen bir vâsıtaya muhtâcdır.]

Buhâra, Hîve, Semerkand ve Hindistân âlimlerinin "rahmetullahi teâlâ aleyhim ecma'în", hicretin ikiyüz senesinden, binikiyüz senesine kadar sözbirliği ile bildirmiş olmaları ve yapmış olmaları ve emr etmeleri, yukarıdaki yazımıza en büyük sened ve vesîka olmakdadır. Bunların üstünde başka bir vesîka aramağa kalkışmak, bin seneden fazla bir zemânda, koca Asya kıt'asında yetişmiş olan milyonlarca islâm âlimlerini küçültmek, hattâ kötülemek olur. Bunların âlim ve çoğunun da olgun Velî olduklarını gösteren kitâbları meydândadır.

Mâide sûresinin otuzbeşinci âyetinde meâlen, **(Ona kavuşmak için vesîle arayınız)** buyuruldu. Bu emrdeki vesîle, ya'nî vâsıta, bir şarta bağlanmamış, mutlak olarak, ya'nî umûmî olarak bildirilmişdir. İbâdetler, zikrler, düâlar ve Evliyânın rûhları bu emrin içinde bulunmakdadır. Umûmî olan bu emri sınırlamağa kalkışmak, âyet-i kerîmeye iftirâ etmek olur. Vesîlenin Resûlullah "sallallahü aleyhi ve sellem" olduğunu, Âl-i İmrân sûresinin otuzbirinci âyet-i kerîmesi bildiriyor. Bu âyetde meâlen, **(Allahü teâlâyı seviyorsanız, bana tâbi' olunuz! Allahü teâlâ, bana tâbi' olanları sever)** buyuruldu. Müslimân olduğunu söyliyen herkesin buna inanması lâzımdır. **(Âlimler, Peygamberlerin vârisleridir)** hadîs-i şerîfi, âlimlerin, Velîlerin "kaddesallahü teâlâ esrârehüm" de vesîle olduğunu göstermekdedir. Âyet-i kerîmedeki, **(Tâbi' olunuz)** emrine uymak için, sevmeden tâbi' olmak mümkin olamaz.

(Buhârî) kitâbında diyor ki, Ebû Bekr-i Sıddîk "radıyallahü anh" kalbinden ve hayâlinden Resûlullahın hiç ayrılmadığını söyledi. Hattâ halâda bile hayâlinde olduğundan şikâyet etdi.

Tevbe sûresinin yüzyirminci âyetinde meâlen, **(Ey îmân edenler! Allahdan korkunuz! Sâdıklarla berâber bulununuz!)** buyuruldu. Bu âyet-i kerîmede de **(Berâber bulunmak)** bir şarta bağlanmamış, mutlak olarak, umûmî olarak emr olunmuşdur. Bundan dolayı, beden ile ve rûh ile berâberlik demekdir. Beden ile berâberlik, sâdıkların yanında edeb ile, saygı ile ve sevgi ile bulunmakdır. Rûh ile berâberlik ise, Allahü teâlânın sevdiği sâdık bir kulunu, saygı ile hâtırlamakdır.

Yûsüf sûresinin yirmidördüncü âyetinde meâlen, **(Yûsüf** "aleyhisselâm", **Rabbinin burhânını görmeseydi)** buyuruldu. Burada bildirilen burhân, Ya'kûb aleyhisselâmın şeklinin görülmesinin olduğunu sözbirliğine yaklaşık olarak bildirmişlerdir. Keşşâf tefsîrinin sâhibi olan Zimahşerî, mu'tezilî mezhebindeki sapıklardan olduğu hâlde, bu da, müfessirlerin çoğunluğuna katılarak, Ürdünde bulunan Ya'kûb "aleyhisselâm" Mısrda, odada Zelîhânın yanında bulunan Yûsüf aleyhisselâma göründü diyor.

Hanefî âlimlerinden ve Eşbâh kitâbının muhşîsi Ahmed Hamevî "rahmetullahi aleyh", **(Nefehât-ül-kurb vel ittisâl bi-isbât-it-tesarrufi li-evliyâillâhi teâlâ velkerâmeti ba'del-intikâl)** kitâbında, Evliyâ-ı kirâmın rûhâniyyetlerinin, cismâniyyetlerinden dahâ kuvvetli olduğunu, bunun için aynı zemânda çeşidli yerlerde görülebileceklerini bildirmekdedir. Bu yazılarına vesîka olarak şu hadîs-i şerîfi yazmakdadır: **(Cennete her kapıdan girecekler vardır. Her kapı bunları kendisine çağıracakdır).** Ebû Bekr-i Sıddîk "radıyallahü anh", sekiz kapının hepsinden birden giren olur mu yâ Resûlallah dedi. Resûlullah "sallallahü aleyhi ve sellem", **(Umarım ki sen onlardan olursun)** buyurdu. İnsanın rûhu, **(âlem-i emr)** deki asl mertebesi ile irtibât kurabilecek gücünü kazanınca, insan bir ânda çeşidli yerlerde görünebilir. İnsan ölünce, rûhunun dünyâ ile ilgisi azalacağından, dahâ kuvvetli olur. Bir ânda çeşidli yerlerde görülmesi dahâ kolay olur. [Seyyid Ahmed Hamevî Mısrî, 1098 [m. 1686] de vefât etmişdir.]

Ahmed ibni Hacer-i Mekkî "rahmetullahi aleyh" Şemâil şerhinde ve Celâleddîn-i Süyûtî **(Tenvîr-ül-halek)** kitâbında, Abdüllah ibni Abbâsın (Resûlullahı rü'yâda gördüm. İltifât buyurdu. Uyanınca, mubârek zevcelerinden birisini ziyâret etdim. Aynaya bakdım. Aynada Resûlullahı gördüm, kendimi görmedim) dediği yazılıdır. Bu hâl, yalnız Resûlullaha mahsûs olan şeylerden değildir. Çünki, islâm âlimleri, Resûlullahın "sallallahü aleyhi ve sellem" hasâ'isini toplamışlardır. Bu hâli hasâis kitâblarına sokmamışlardır. Fıkhın ve üsûl-i fıkhın temel kâidelerine göre, Resûlullahın hasâ'isinden olmıyan her hâline ümmetinin âlimleri ve Velîleri vâris olurlar. Meselâ, nemâzda Resûlullah ile konuşmak nemâzı bozmaz. Bu, Resûlullahın hasâ'isindendir. Ya'nî yalnız Ona mahsûsdur. Âlimlerle, Velîlerle konuşmak, nemâzı bozar. Resûlullahı "sallallahü aleyhi ve sellem" gözünün önüne getirerek görür gibi salât ve selâm vermek, hasâ'isinden değildir. Evliyâyı da gözünün önüne getirip rûhâniyyetinden yardım beklemek câizdir. Şâfi'î âlimlerinden Celâleddîn-i Süyûtînin **(Kitâb-ül-Müncelî fî tetavvur-il velî)** kitâbında, Subkînin **(Tabakât-ül-Kübrâ)** kitâbından nakl ederek, kerâmetin yirmiikincisi, Evliyânın çeşidli insanların şekllerinde görülmesidir diyor. Meryem sûresinin onaltıncı âyetinde meâlen, **(Ona insan olarak göründü)** buyuruldu. Ya'nî Cebrâîl aleyhisselâm, hazret-i Meryeme insan şeklinde göründü âyet-i kerîmesinden, Evliyânın rûhlarının çeşidli şekllerde görüleceğini anlamışlardır. Kadîb-ül-Bân Hasen Mûsulînin meşhûr vak'ası da, bu çeşid kerâmetlerdendir. [Bu vak'a ve diğer kerâmetleri, Yûsüf Nebhânînin **(Câmi'ul-kerâmât-ül-evliyâ)** kitâbında uzun yazılıdır. Beşyüzyetmiş [570] de Mûsulda vefât etmişdir. Şâfi'î âlimlerinden allâme Ceylî **(Buhârî)** kitâbını şerh ederken, şeytân Resûlullahın "sallallahü aleyhi ve sellem" şekline giremediği gibi, Onun vârisi olan olgun Velîlerin şekline de giremez buyurdu.]

Hanefî âlimlerinden allâme Seyyid Şerîf Alî Cürcânî "rahmetullahi aleyh",[1] **(Şerh-ı Mevâkıf)** kitâbının sonuna doğru, müslimânların yetmişüç fırkasını yazmadan önce ve ayrıca **(Şerh-ı Metâli')** kitâbına yapdığı hâşiyesinde, Evliyânın "rahime-hümullahü teâlâ" çeşidli şekllerde talebesine göründüklerini ve diri iken de, ölü iken de görülen bu şekllerinden, talebesinin feyz aldıklarını, fâidelendiklerini yazmakdadır.

Mâlikî âlimlerinden Tâceddîn Ahmed ibni Atâullah İskenderî "rahmetullahi aleyh", **(Tâciyye)** risâlesinde, olgun Velîyi "rahimehullahü teâlâ" görmekle veyâ düşünmekle, onlardan istifâde edileceğini bildirmişdir. [Atâullah-ı İskenderî mâlikî şâzilî, 709 [m. 1309] da Mısrda vefât etdi.]

Hanbelî âlimlerinden allâme Şemseddîn ibni Kayyım-ı Cevziyye **(Kitâb-ür-Rûh)**da diyor ki, rûh bedende olduğundan başka bir hâlde de bulunur. Evliyânın rûhları **(Refîk-ı a'lâ)**dadır. Bir yandan ölünün bedenine de bağlıdır. Bir kimse, o rûhun sâhibinin mezârına gelip selâm verse, Refîk-ı a'lâda bulunan rûhu, oradan bu selâma cevâb verir. Böyle olduğu, imâm-ı

---

[1] Seyyid Şerîf 816 [m. 1413] de Şîrâzda vefât etdi.

Süyûtînin **(Kitâb-ül-Müncelî)**sinde de yazılıdır. Bütün bunlardan anlaşılıyor ki, Velîler vefât etdikden sonra, bilemediğimiz kuvvetli bir tesarrufa ve te'sîre mâlikdirler.

Mâlikî âlimlerinden **(Muhtasar)** kitâbının sâhibi Halîl bin İshâk Cendî "rahime-hullahü teâlâ" buyuruyor ki, Velî olgunlaşınca, kendisine Allahü teâlâ tarafından çeşidli şekllerde görünme kuvvetî verilir. Bu da, olamıyacak birşey değildir. Çünki, başka başka görünen şekller, rûhâniyyetdir. Bedeni, cismi, görünmemekdedir. Rûhlar, madde değildirler. Boşlukda yer kaplamazlar. [Halîl mâlikî Mısrî 767 [m. 1365] de vefât etdi.]

Bu kadar derin âlimlerin ve Velîlerin açıkça bildirmiş oldukları bilgilere ve vesîkalara inanmamak, dîne ve akla uymamak olur. Bu inanışlarından dolayı, Ehl-i sünnet olan müslimânlara kâfir ve müşrik damgasını basan vehhâbîlere, Allahü teâlâ, akl ve insâf ihsân eylesin! Buna inanan müslimânları, kabrlere tapınan, heykelleri, mahlûkları yaratıcı sanan müşriklere benzetenlere yazıklar olsun! Kalbi Resûlullahın ve Onun vârisi olan Evliyânın aşkı, sevgisi ile yanmış, tutuşmuş olan, sultân-ül-âşıkîn ismi ile tanınmış, mâlikî ve kâdirî Ömer bin Fârıd "rahmetullahi aleyh" **(Hamriyye)** adındaki meşhûr kasîdesinde, tesavvuf büyüklerini, şanlarına yakışacak sûretde övmekdedir. [Ömer bin Fârıd, 576 [m. 1180] da Mısrda vefât etdi.] Ezelde, dalâlet ve felâket damgası vurulmuş olan sapıklar, ne kadar anlatılsa, vesîkalar, hattâ kerâmetler gösterilse, inanmak ni'metine kavuşamazlar. Mevlânâ Abdürrahmân-ı Câmî "rahime-hullahü teâlâ" aşağıdaki rubâîsinde, bunlara çok güzel cevâb vermekdedir.

Cihân arslanları hep, bu zincire bağlıdır.
Bu zinciri, hîleyle, tilki nasıl koparır?
Evliyâya, bir sapık, dil uzatırsa eğer,
Onlara birşey olmaz, ahmaklığın anlatır.

[Molla Câmî "rahmetullahi aleyh" 898 [m. 1492] de Hiratda vefât etdi.]

Cenâb-ı Hakkın yakdığı çırayı üfürerek söndürmek istiyenin, ancak sakalları tutuşur. **(Râbıta-i şerîfe)** kitâbının yazısı burada temâm oldu.

27 - **(Feth-ul-mecîd)** kitâbının müellifi, dörtyüzseksenaltıncı sahîfesinde de, hakîkati yazmak zorunda kalmışdır. Ebû Dâvüdün Ebû Hüreyreden "radıyallahü anh" bildirdiği, **(Evlerinizi kabr yapmayınız! Kabrimi bayram yeri yapmayınız! Bana salevât getiriniz!**

Her nerede salevât getirirseniz, bana bildirilir) hadîs-i şerîfini yazmışdır. Kendi bozuk inanışlarını isbât etmek için yazdığı bu hadîs-i şerîf, Peygamberlerin "aleyhimüssalevâtü vesselâm" kabrlerinde diri olduklarını göstermekdedir. Çünki, bir söz, diri olana bildirilir.

28 - Dörtyüzdoksanıncı sahîfesinde: *(Müslim sahîhi ve Ebû Dâvüd ve Tirmizînin, İmrân bin Husayndan "radıyallahü teâlâ anh" bildirdikleri hadîs-i şerîfde,* **(Ümmetimin en iyileri, benim zemânımda bulunanlardır. Onlardan sonra, en iyileri, onlardan sonra gelenlerdir. Onlardan sonra da en iyileri, onlardan sonra gelenlerdir)** *buyuruldu. Bu hadîs-i şerîf, Buhârîde de yazılıdır ve (En iyiniz) diye başlamakdadır. En iyi olmak, ilmleri, îmânları ve işleri en iyi olanlar demekdir. Bunlar, çıkan bid'atleri inkâr etmişler, yok etmişlerdir. Üçüncü asrda bid'atler çoğaldı ise de, âlimler çok idi. İslâmiyyet revâcda idi. Cihâd yapılıyordu. Müslim sahîhindeki, Abdüllah ibni Mes'ûd tarafından bildirilen hadîs-i şerîf de böyledir. Yalnız burada sonra gelen asrlar üç kerre tekrâr edilmekdedir. Dördüncü asrın sonuna kadar hayrın, şerden çok olduğu anlaşılmakdadır)* diyor.

Bu hadîs-i şerîf, Ehl-i sünnet âlimlerini övmekdedir. Çünki, Ehl-i sünnet âlimleri "rahime-hümullahü teâlâ" en hayrlı olan bu dört asrın en üstünleri, en kıymetlileri idiler. Bu üstünlükleri, kendi asrlarında bulunan milyonlarca müslimânın sözbirliği ile bildirilmekdedir. Müellif, Ehl-i sünnet âlimlerini, işine geldiği yerde övmekde, onların yazılarını, ictihâd buyurarak bildirdikleri şeyleri kendi sözlerine vesîka olarak yazmakdadır. Bir yandan, Ehl-i sünnet âlimlerini övmek zorunda kalıyor, bir yandan da âyet-i kerîmelere ve hadîs-i şerîflere Ehl-i sünnet âlimlerinin verdikleri ma'nâları beğenmiyorlar. Bu ma'nâlardan birçoklarına şirk diyorlar. Ehl-i sünnete, müşrik damgasını basmakdan hayâ etmiyorlar. Müellif, birçok yerinde, hadîs âlimlerinden İsmâ'îl bin Ömer ibni Kesîr İmâdeddînin kitâblarından vesîkalar vermekdedir. Çünki, İmâd bin Kesîr, İbni Teymiyyeye göre fetvâ verirdi. [Ebülfidâ hâfız İsmâ'îl ibni Kesîr şâfi'î Basrî, 774 [m. 1372] de Şâmda vefât etdi.]

29 - Müellif, beşyüzüçüncü sahîfede diyor ki: *(Bir işin yapılması için, diri olan herkesden şefâ'at istemek, ya'nî yardım etmesini ve düâ etmesini istemek câizdir. Hazret-i Ömer, Medîneden Mekkeye Umre yapmağa giderken, Resûlullah "sallallahü aleyhi ve sellem",* **(Sâlih düâdan bizi de unutma kardeşim)** *buyurdu. Bu hadîs-i şerîf, Ebû Dâvüdün ve imâm-ı Ahmedin Müsnedinde yazılıdır. Hazret-i Ömer buyuruyor ki, bu hadîs-i şerîfdeki* **(Kardeşim)** *sözü kadar bana sevgili olan bir sözü hayâtımda hiç işitmedim. İs-*

lâmiyyet ölülere yalnız düâ etmeğe izn vermişdir. Fekat ölüden düâ istemek bildirilmemişdir. Âyet ve hadîsler, bunu yasak etmişdir. Fâtır sûresinin onüçüncü âyetinde, **(Allahü teâlâdan başka ibâdet etdiğiniz putlar, hurma çekirdeği üzerindeki zar kadar bile, size fâide veremezler. O putlara düâ edersiniz, işitmezler. İşitmiş olsalar dahî, fâide vermeğe güçleri olmadığı için, size cevâb vermezler. Kıyâmet günü de, putlar, kendilerini Allahü teâlâya ortak yapmanızın yanlış olduğunu söyler),** buyuruldu. Bu âyet, ölülerden düâ istiyenlerin, kıyâmetde kâfir olacaklarını bildiriyor. Böyle olduğunu, Ahkâf sûresinin altıncı âyeti olan **(Kâfirler, kıyâmetde haşr olunca, ma'bûdları onlara düşman olup, onların ibâdetlerinin yanlış olduğunu bildirirler),** cümlesi de bildirmekdedir. Öyle ise, hiçbir ölü ve gâib olan diri kimse işitmez, fâide ve zarar veremez. Sahâbe ve büyükleri olan Hulefâ-i râşidîn, Resûlullahın kabrine gelip birşey istememişlerdir. Hazret-i Ömer "radıyallahü anh" yağmur düâsına, hazret-i Abbâsı götürüp, yağmur için düâ yapmasını diledi. Çünki o, diri idi. Rabbine düâ edebilirdi. Ölüden yağmur düâsı istemek câiz olsaydı, hazret-i Ömer ve Eshâb-ı kirâm, Resûlullahın kabrinden isterlerdi) diyor.

Kitâbın dörtyüzseksenaltıncı sahîfesinde, **(Benim için, her yerde okuduğunuz salât ve selâm bana bildirilir)** hadîs-i şerîfini yazmış ve bu hadîs, sağlamdır ve meşhûrdur demişdi. Şimdi, Resûlullahın birşey işitmiyeceğini, düâ edemiyeceğini, Ondan düâ istemenin şirk olduğunu yazıyor. Yazıları birbirine uymıyor. Vesîka olarak yazdığı Fâtır sûresindeki âyet-i kerîme, Allahü teâlâya inanmıyan, Ona ibâdet etmeyip, putlara, heykellere tapınan kâfirleri bildirmekdedir. Allahü teâlânın sevgili Peygamberinin veyâ Velîsinin kabrine gidip, şefâ'at ve düâ etmesini istiyen mü'minlere müşrik damgasını basabilmek için, kâfirleri anlatan âyet-i kerîmeleri, vesîka olarak yazmak, Kur'ân-ı kerîme de, mü'minlere de iftirâdır. Bu âyet-i kerîme, mezârları ve ölüleri bildirmiyor. Allahü teâlâya inanmıyan, putlara tapınan kâfirleri bildiriyor. Mü'minlere karşı, bu âyet-i kerîmeyi ileri sürenlere hak verdirecek zerre kadar bir vesîka yokdur. Ahkâf sûresinde yazdığı âyet-i kerîmeden bir önce, Allahü teâlâ meâlen, **(Allahü teâlâya îmân ve ibâdet etmeyip, işitmiyen putlara ibâdet eden kimseden dahâ kötü, dahâ sapık yokdur)** buyuruyor. Bu âyet-i kerîme de, kâfirleri bildirmekdedir. Hazret-i Ömerin yağmur düâsına çıkması, sünnete uymak için idi. Çünki, Resûlullah "sallallahü aleyhi ve sellem" yağmur düâsı yapdığı için, hazret-i Ömer de, sünnete uyarak düâ yapdı. Yağmur düâsı, bir ibâdetdir. İbâdetler, elbette sünnete uygun yapılır. Böyle olmakla berâber, Hanefî mezhebi âlimlerinden Hasen Şernblâlî,[1] **(Nûr-ul-îzâh)** ve bunun şerhi olan **(Merâkıl-felâh)** kitâbında diyor ki, (Medînede olanların, yağmur düâsı için **(Mescid-i Nebî)**de toplanmaları dahâ iyi olur. Çünki orada, Resûlullahdan "sallallahü aleyhi ve sellem" başka birşey vâsıtası ile, Allahü teâlâdan birşey istenmez ve birşeye kavuşulmaz. Resûlullah efendimizin de "sallallahü aleyhi ve sellem" **(Mescid-i Nebî)** içinde yağmur düâsı yapmış olduğu Buhârîde ve Müslimde yazılıdır. Düâ edilen yer, ne kadar şerefli ise, rahmet yağması, o kadar çok olur. Önce, iki halîfesini vesîle yaparak, Resûlullaha yalvarılır. Sonra, üçü vesîle edilerek, Allahü teâlâya yalvarılır). Kitâbın, (Kabr-i se'âdeti ziyâret ederken, Kıbleye dönülüp, kabrler arkada bırakılır) demesi de iftirâdır. **(Merâkıl-felâh)**da, (Kabrlere dönülür. Kıble arkada bırakılır. Her kabrin ziyâretinde de, böyle yapılır) denilmekdedir. Yağmur istemek için, sünnete uygun toplanarak düâ etmek, âyet ile ve sünnet ile belli olan bir ibâdetdir. Bu ibâdeti, sünnete uygun yapmayıp da, Kabr-i se'âdete gidip istemek, ibâdeti değişdirmek olur. Kılınmıyan nemâzların günâhını afv etdirmek için, kazâların kılınması emr olundu. Kılınmıyan nemâzları kazâ etmeyip de, afv edilmelerini Kabr-i se'âdetden istemek câiz olmadığı gibi, yağmuru da, Kabr-i se'âdetden istemek câiz olmaz. Fekat, böyle ibâdetleri, Kabr-i se'âdetin yanında yapmak, başka yerde yapmakdan binlerce def'a fâideli olduğu meşhûr olan hadîs-i şerîfde bildirilmişdir.

Evet, Evliyâya nemâz kılınmaz. Evliyânın kabrine karşı nemâz kılınmaz. Böyle yapmak büyük günâh, hattâ şirk olur. Fekat, Evliyânın kabri yanında, yalnız Allah için ve kıbleye karşı nemâz kılmak çok sevâb olur. Çünki, Evliyânın kabrlerine rahmet yağmakdadır. Kabr yanında, türbe yanında nemâz kılmak câiz olmasaydı, Eshâb-ı kirâm, Kabr-i se'âdeti mescid içine almazlardı. Eshâb-ı kirâmın hepsi ve bindörtyüz seneden beri gelmiş olan milyarlarla müslimân, Kabr-i se'âdetin yanında nemâz kılmışlardır. Burada nemâz kılmanın fazîletinin çok olduğu hadîs-i şerîf ile bildirilmişdir. Mescid-i se'âdetde, arka safda nemâz kılanlar, Kabr-i se'âdete karşı durmakdadırlar. Bindörtyüz seneden beri hiçbir islâm âlimi buna birşey dememişdir. Evliyânın "kaddesallahü teâlâ esrârehüm" kabrleri yanında nemâz kılmanın câiz olduğuna bundan dahâ büyük vesîka olabilir mi? Kabre karşı kılmağı kasd etmek, bu niyyet ile kılmak hadîs-i şerîf ile nehy edilmişdir. Fekat, kıbleye karşı kılmağı kasd edince, kabre tesâdüf etmesi câiz olduğu icmâ'ı

---

[1] Şernblâlî 1069 [m. 1658] de Mısrda vefât etdi.

ümmet ile sâbitdir.

İbni Hacer-i Hiytemî Mekkî "rahime-hullahü teâlâ", **(Zevâcir)** kitâbında doksanbirinci sahîfede diyor ki, (Buhârîdeki hadîs-i kudsîde, **(Allahü teâlâ buyurdu ki, Evliyâmdan birine düşmanlık eden benimle harb etmiş olur. Kulumu bana yaklaşdıran şeyler arasında bana en sevgili olanları ona farz etdiğim şeylerdir. Kulum nâfile ibâdetleri yapmakla bana o kadar yaklaşır ki, onu çok severim ve her istediğini veririm)** buyuruldu. Doksanbeşinci sahîfesindeki hadîs-i şerîfde, **(Bir kimse bana salevât okursa, bana bildirilir. Ben de ona düâ ederim)** buyuruldu. Bir hadîs-i şerîfde, **(Bir müslimân bana selâm verince, rûhum bedenime gelir. Selâmına cevâb veririm. Peygamberler mezârlarında diridirler)** buyuruldu. Ebüdderdânın bildirdiği hadîs-i şerîfde, **(Toprak Peygamberlerin cesedlerini çürütmez. Cum'a günleri bana çok salevât okuyunuz! Ümmetimin okuduğu salevât, her Cum'a günü bana bildirilir)** buyuruldu. Yâ Resûlallah! Sen mezârda çürüdükden sonra, selâmlar nasıl bildirilir dediler. Cevâbında, **(Allahü teâlâ, toprağın Peygamberleri çürütmesini harâm etmişdir)** buyurdu. Bunlar gibi hadîs-i şerîfler gösteriyor ki, Peygamberler "aleyhimüssalevâtü vetteslîmât" mezârlarında diridir, çürümezler. Evliyâ da, onların vârisidir). İbni Ebî Şeybenin[1] ve Ebû Nu'aymin bildirdikleri ve **(Künûz-üddekâık)**de yazılı hadîs-i şerîflerde, **(Evliyâ görülünce, Allahü teâlâ hâtırlanır)** ve **(Allahü teâlânın Evliyâsı vardır. Bunlar görülünce, Allahü teâlâ hâtırlanır)** buyuruldu. Deylemînin bildirdiği ve **(Künûz-üddekâık)**da bildirilen hadîs-i şerîfde, **(Kabrdekiler olmasa, şehrdekiler yanardı)** buyuruldu. Bu hadîs-i şerîfler gösteriyor ki, cenâb-ı Hak, kabrdekilerin sebebi ile ve bereketleri ile, dirilere iyilikler vermekdedir. Askerînin bildirdiği ve Münâvînin **(Künûz)** kitâbında yazılı hadîs-i şerîfde, **(Yahyâ bin Zekeriyyânın kabrini bilseydim, ziyâret ederdim)** buyuruldu. [Abdürraüf Münâvî şâfi'î "rahmetullahi aleyh", 1031 [m. 1621] de Kâhirede vefât etdi.]

30 - Kitâbın yüzkırkaltıncı ve yüzellisekizinci sahîfelerinde, *(Allahdan başkası için hayvan kesmek harâmdır. Keserken, bu ümmetin münâfıklarının yıldızlara yaklaşmak için yapdıkları gibi, Besmele ile kesse bile, mürted olurlar. Kesdiklerini yimek halâl olmaz. Zemahşerî diyor ki, ev satın alınca, yâhud yeniden yapdırınca, cin çarpmasın diye hayvan kesmek de böyledir. İbrâhîm*

---

[1] İbni Ebî Şeybe Abdüllah 235 [m. 850] de vefât etdi.

Merûzî diyor ki, sultân veyâ devlet adamları gelince, onlara yaklaşmak için hayvan kesmek harâmdır. Çünki, Allahdan başkası için kesilmiş olur. İhlâl demek, yüksek sesle başkası için kesmek demekdir. Allahdan başkası için yapılan nezr, adak hayvanları böyledir. Kesmeden önce söylemek, meselâ bu hayvan falan seyyide içindir, filân seyyid içindir demek böyledir. Böyle olan nezrleri keserken Bismillâh demek fâide vermez. Allahdan başkası için yiyecek, içecek adayarak onlara yaklaşmak da böyledir. Ölüler için ve onlardan bereketlenmek için türbelere götürüp, türbe yakınlarındaki fakîrlere dağıtılan yiyecek ve içecekleri de, Allahdan başkası için nezr yapanlar ve putlar için, güneş, ay için, mezârlar için ve bunlar gibi adak yapanlar, Allahdan başkası için yemîn edenler gibidir. Her ikisi de şirkdir. Ba'zı sapıkların mezârlara mum, kandil için yağ adamaları da, müslimânların sözbirliği ile günâhdır. Türbelerde hizmet eden fakîrlere mal adamak, kilisedeki putların hizmetçilerine adamak gibidir. Bunlar, ibâdetdir. Bunları Allahdan başkası için yapmak şirk olur. Hanefî âlimlerinden şeyh Kâsım, Dürer kitâbında diyor ki, uzakda yolcusu olan veyâ hastası olan veyâ malı gayb olan câhiller, ba'zı sâlih kulların mezârlarına geliyor: Efendim, Allahü teâlâ yolcuma kavuşdurursa veyâ hastamı iyi ederse veyâhud da gayb olan malıma kavuşdurursa, sana şu kadar altın veyâ yiyecek veyâ su veyâ mum nezrim olsun diyorlar. Böyle nezrler bâtıldır. Adak yapmak ibâdetdir. Allahdan başkası için ibâdet olmaz. Ölünün malı mülkü olmaz. Ona birşey verilmez. Herşeyi Allah yapar. Ölü birşey yapamaz. Öyle inanmaları küfrdür. İbni Nüceym, Bahr kitâbında diyor ki, bu sapıklıklar, Ahmed Bedevînin türbesinde çokdur. Hanefî âlimlerinden şeyh Sun'ullah-ı Halebî, Evliyâ için hayvan kesmek ve adak yapmak câiz değildir diyor. Ahmed Bedevînin türbesi Tanta şehrindedir. Kendisi (Mülesseme) devletinin bir câsûsudur. Bu devlet, Fas tarafında idi. Bu câsûs, hîle ve yalanla müslimânları aldatdı. Şimdi türbesi bir kilise gibidir. Onun için adak yapıyorlar. Ona tapınıyorlar. Her sene üçyüzbin kişi hac yapmak için bu putun yanına geliyor) diyor.

Kitâbın yukarıdaki yazılarına dikkat edilirse, âyet-i kerîmeler ve hadîs-i şerîfler ve Ehl-i sünnet âlimlerinin kitâblarından kıymetli yazılar yazarak müslimânların gözlerini boyamakda, harâmlara, mekrûhlara hattâ mubâh olan şeylere şirk, küfr damgası basmakdadır. Allahü teâlânın sevdiği sâlih kullarına ve onların türbelerine put, kilise demekdedir. Sapık inanışlı yetmişiki fırkadan olan câhillerin ve ahmakların yapdığı çirkin ve bozuk işleri öne sürerek, Ehl-i sünnet Evliyâsına "rahime-hümüllahü teâlâ", hâlis ve temiz müslimânlara kâfir ve müşrik damgasını basmakdadır. Müslimânların, böyle hîlelere aldanmamaları ve Ehl-i sünnet âlimlerinin bildirdikleri doğru yoldan ayrılmamaları için, Dâvüd bin Süleymân Bağdâdînin "rahmetullahi aleyh", **(Eşedd-ül-cihâd fî İbtâl-i Dâ'vel-ictihâd)** adındaki kitâbının otuzbeşinci sahîfesinden i'tibâren on sahîfeyi arabcadan türkçeye terceme ediyoruz. Bunu okuyanlar, vehhâbîlerin yalan söylediklerini hemen anlıyacaklardır. [**(Eşedd-ül-cihâd)** kitâbı, **(Minhat-ül-Vehbiyye)** kitâbının devâmı olarak **(Hakîkat kitâbevi)** tarafından mükerreren basdırılmışdır.]

[Önce bu kitâbın put dediği Ahmed bin Alî Bedevînin "rahmetullahi aleyh" hayâtını kısaca bildirmek uygun görüldü. Şemseddîn Sâmî beğ **(Kâmûs-ül'a'lâm)** kitâbında diyor ki, (Ahmed Bedevî hazretleri, Evliyânın meşhûrlarından ve şerîflerdendir. Ya'nî hazret-i Hasenin soyundandır. Büyük dedesi, Haccâcın zulmünden, Fasa kaçmışdı. Kendisi hicretin 596 [m. 1200] yılında Fasda tevellüd etdi. Yedi yaşında iken, babası ve kardeşleri ile Mekkeye geldi. Altıyüzotuzüç (633) senesinde, gördüğü rü'yâ üzerine Irâka ve Şâma gitdi. Sonra, Mısrda Tanta şehrinde yerleşdi. Çok kerâmetleri görüldü. Yüksek bir Velî olduğu anlaşıldı. Şöhreti her tarafa yayıldı. Ziyâretcileri ve talebesi binleri aşdı. Altıyüzyetmişbeş 675 [m. 1276] senesinde Tantada vefât etdi.) Vehhâbî kitâbının, Ahmed Bedevî hazretlerine **(Mülesseme)** devletinin bir câsûsudur demesi de, alçakça ve çok çirkin bir iftirâdır. Mülesseme ve öteki ismi **(Murâbıtîn)** olan islâm devleti, hicretin dörtyüzkırk senesinde, Fasın cenûbunda kuruldu. Baş şehri **(Merrâkiş)** idi. İspanyayı ele geçirdi. Yüz sene sonra, hicretin beşyüzkırk (540) senesinde yok oldu. Yerine **(Muvahhidîn)** devleti kuruldu. Ahmed Bedevî hazretleri dünyâya geldiği zemân, Mülesseme devletinin yerinde yeller esiyordu. Kendi gitmiş, adı kitâblarda kalmışdı. Kitâbın müellifi, tefsîr ve hadîs ilmlerinde câhil olduğu gibi, târîh ve fen bilgilerinde de acınacak bir hâldedir. Arabca, ana lisânı olduğu için, âyet-i kerîmelere ve hadîs-i şerîflere ve islâm âlimlerinin kitâblarına çalakalem, bozuk ma'nâlar veriyor. Bunlardaki ince, yüksek bilgileri, günlük gazete haberi imiş gibi zan ederek, boş kafası ve kısa aklı ile anladığı gibi sanıyor. Böyle mezhebsizlerden ve din câhillerinden, Seyyid Kutb adında biri, kendi anladığına göre bir tefsîr yapmış, **(Fî-Zılâl-il-Kur'ân)** adındaki bu tefsîrini, Kâhire mason locası başkanı olan, dinde reformcu Muhammed Abdühün, islâmiyyeti yıkıcı, bölücü, bozuk yazıları ile doldurmuşdur. Allahü teâlâ, müslimân yavrularını böyle bozuk, zehrli kitâbları okuyup aldanmakdan korusun! Böyle türedi din adamlarının tuzaklarına düşürmesin! Âmîn].

Seyyid Dâvüd "rahmetullahi aleyh" buyuruyor ki: Allahü teâlâ için adak yapmak ve hayvan kesmek ve bunların etlerini fakîrlere dağıtıp, sevâblarını Peygamberlere "aleyhimüssalevâtü vetteslîmât" ve Evliyâya "rahime-hümullahü teâlâ" hediyye etmek küfr, şirk olurmuş. Bunlara hemen cevâb vermek lâzımdır. Böyle söyliyenler mezhebsizdir. Bunlar, mezheb imâmlarına, islâm âlimlerine uymuyorlar. Kendi kısa görüşleri ile, noksan aklları ile konuşuyorlar. Burada, önce onları red edeceğiz. Sonra islâm âlimlerinin bildirdiklerini yazacağız.

Bekara sûresinin ikiyüzyetmişinci (270) âyet-i kerîmesinde meâlen, **(Fakîre verdiğiniz sadakaları ve yapdığınız nezrleri, Allahü teâlâ biliyor)** ve Hac sûresinin yirmidokuzuncu âyetinde meâlen, **(Nezrlerini yerine getirsinler)** buyuruldu. Dehr sûresinin yedinci âyetinde, **(Onlar nezr etdiklerini yaparlar)** buyurarak övmekdedir. Bu âyet-i kerîmelerde, Allahü teâlâ, nezr edenleri bilirim diyor. Nezr edenleri övüyor. Nezrin, fakîrlere nafaka olduğunu bildiriyor. Resûlullah "sallallahü aleyhi ve sellem" efendimize sordular: Bir erkek veyâ bir kadın, Mekke şehrinden başka bir yerde, deve kesmeği nezr ediyor. Bu, câhiliyyet zemânında, putların önünde kesilen deve gibi mi olur? Cevâbında, **(Hayır öyle olmaz, nezrini yerine getirsin! Allahü teâlâ, her yerde hâzır ve nâzırdır. Herkesin nasıl niyyet etdiğini bilir)** buyurdu. Bu hadîs-i şerîf, sapık sözlere cevâb olarak yetişir. Allah rızâsı için kesilmesi nezr edilen hayvanı, sâlih kimselerin mezârları yanında keserek, etini orada bulunan fakîrlere dağıtmak ve sevâbını o sâlih kimsenin rûhuna bağışlamak câizdir. Bir zararı yokdur. Allah rızâsı için kesilmesi adak yapılan hayvan elbette kesilecekdir. Bu hayvanı kesmek, bir ibâdetdir. Etini fakîrlere dağıtmak da, ayrı bir ibâdetdir. Bu her iki ibâdetin başka başka sevâbları vardır.

[Müellifin, ölüler için adak yapılmasını ve mezâr yakınında, Allahü teâlâ için hayvan kesmesini, puta tapmağa benzetmesi, müslimânlara büyük iftirâdır. Bu sözünü, âyet-i kerîme ile ve hadîs-i şerîf ile isbât etmesi lâzımdır. Adak için, böyle bir isbât yapamıyor. Kâfirler için, müşrikler için gelmiş olan âyet-i kerîmeleri müslimânlara bulaşdırmağa kalkışıyor. Fıkh âlimlerinin kitâblarında harâm veyâ mekrûh hattâ câiz olduğu bildirilen şeyleri yazarak, küfrdür, şirkdir, yaygarasını basıyor. Zâten, mezheb imâmlarına, fıkh âlimlerine kıymet vermiyor. Ehl-i sünneti aldatmak için, müslimânların gözünü boyamak için, işine gelen, çıkarına yarıyan yerleri yazıyor. Hâlbuki, âyet-i kerîmelerden ve hadîs-i şerîflerden kendi anladığına uymakdadır. Bekara sûresinin yüzyetmişüçüncü âyet-i kerîmesinde meâlen, **(Müşrikler, Allahdan başkası için ihlâl ediyorlar)** buyuruldu. Bu âyet-i kerîmeyi ileri sürüyor. Hep bu âyet-i kerîmeyi koz olarak kullanıyor. Allahü teâlâdan başka niyyet ile hayvan kesen kâfir olur, müşrik olur diyor. Bunun sözüne göre, bütün müslimânlar kâfir olmakdadır. Çünki islâm memleketlerinde hergün yimek için milyonlarca hayvan kesiliyor. Bunların hiçbiri Allahü teâlânın rızâsı için, ibâdet olmak için değil, ticâret için veyâ yimek için kesilmekdedir. Allahü teâlâdan başkası için hayvan kesen müşrik olur diyen kimse, buna nasıl cevâb verebilir?]

Başka yerlerde keserek, sevâbını ölülerin rûhuna göndermek câiz olur diyorlar. Onlara göre, bunun da küfr ve şirk olması lâzım gelir. Bunları Allah için kesiyoruz, etini fakîrlere dağıtıp sevâbını ölülerimize bağışlıyoruz diyorlar. Onlara deriz ki, Peygamber için ve Evliyâ için diyerek de bu niyyet ile kesilmekdedir. Bunlar için hayvan kesenin niyyetinin bozuk olduğunu nereden anlıyorsunuz? Herkesin niyyetini yalnız Allahü teâlâ bilir ve Onun haber verdiği kimse bilir. Başka kimse bilemez. İleri sürdükleri, yukarıdaki âyet-i kerîmedeki **(İhlâl)** kelimesi, bağırarak söylemek demekdir. Câhiliyye zemânında, putlara tapanlar, hayvan keserken (Lât için) ve (Uzzâ için) diyerek bağırırlardı. Müslimânlar, **(Bismillâh)** veyâ **(Allahü ekber)** diyerek keser. Müşrikler, Allah adı yerine putların ismini söylerlerdi. Bir müslimân, Allahü teâlânın ismi yerine, meselâ Abdülkâdir-i Geylânî "rahmetullahi aleyh" veyâ Ahmed Bedevî "rahime-hullahü teâlâ" için diyerek keserse, bunu bilerek söylemesi, harâm olur, bilmiyerek söyledi ise, âlimlerin buna öğretmesi lâzımdır. Buna hemen kâfir denemez. Bu söylediklerimizi dahâ da îzâh edelim:

İbni Nüceym Zeynül'âbidîn-i Mısrînin[1] **(Bahr-ür-râık)** ve kardeşi Ömer ibni Nüceymin[2] **(Nehr-ül-fâık)** kitâblarında ve Kâsım bin Katlûbügünün **(Dürer-ül-bihâr)** şerhinden alarak **(Redd-ül-muhtâr)**ın yemîn kısmında diyor ki, (Câhillerin ölüler için yapmakda olduğu adaklar ve Evliyâya yaklaşmak için türbelerine götürülen kandil yağları, mumlar ve paralar yalnız ölü için olursa bâtıldır, harâmdır. Fekat yine küfr değildir, şirk değildir. Fukarâya dağıtmak ve sevâbını Evliyânın rûhuna göndermek için olursa câ-

---

[1] Zeynül'âbidîn 970 [m. 1562] de vefât etdi.
[2] Ömer 1005 [m. 1597] de vefât etdi.

izdir. Kâsım bin Katlûbüga, (Nezr yapmak ibâdetdir. Mahlûk için ibâdet yapmak câiz olmaz) diyor. Bu sözü, **(Nezr, bir fâide getirmez, cimrinin malının gitmesine sebeb olur)** hadîs-i şerîfine uymamakdadır. Bu hadîs-i şerîf, nezrin mekrûh olduğunu gösteriyor. Mekrûh olan şey, ibâdet olmaz. Müslimânların hayvan adamaları ve başka şey adamaları, hep Evliyânın türbesinde bulunan veyâ başka yerlerdeki fakîrlere dağıtmak içindir. Malın, etin ölüye verilmesini, ölünün kullanmasını düşünen hiç kimse yokdur. Hanefî mezhebinde, nezrin bir yerde yapılmasını belli etmek lâzım değildir. Belli edilen yerde yapılması da lâzım olmaz. Meselâ, falan Velî için nezrim olsun demek câizdir. Böyle söylemek, Allah için yapdığım nezrin sevâbı, bu Velî için olsun demekdir. Bu hayvanı, bu Velînin mezârı yanında kesmek lâzım olmaz. Başka yerde kesmek, başka yerdeki fakîrlere dağıtmak da câiz olur. Nerede kesilirse kesilsin, sevâbı niyyet edilen Velînin rûhuna gider. Bununla berâber, yukarıdaki yazı, Kâsımın sözüdür. Kendisi, Kemâleddîn Muhammed ibni Hümâmın talebesidir. [İbni Hümâm 790 [m. 1388] da tevellüd ve 861 [m. 1456] de vefât etmişdir.] Önce gelen âlimlerden hiçbiri Kâsım gibi söylememişdir. Yalnız İbni Teymiyye söylemişdir. İbni Teymiyye, çeşidli adaklar yapmak, bilhâssa hayvan kesmeği adamak ve kabr ziyâreti gibi işlerde müslimânları kötülemekde aşırı gitmekdedir. Kendisine, zemânında bulunan ve sonra gelen Ehl-i sünnet âlimlerinin çoğu cevâblar vermiş, ortaya atdığı sapık düşünceleri çürütmüşlerdir. Kâsımın sözüne doğru denilse bile bu sözün müslimânları lekelemiyeceğini islâm âlimleri bildirmişlerdir. Çünki Kâsım da, fakîrlere dağıtmak niyyet edilirse câiz olur demekdedir. Bütün müslimânların adaklarını bu niyyet ile yapdıklarını yukarıda bildirmişdik. Ehl-i sünnetin Kâsıma benziyen sözlerini, vesîka olarak ileri sürmeleri, müslimânları aldatmak içindir. Çünki onlar, Kur'ân-ı kerîmden ve hadîs-i şerîflerden başka sözleri vesîka olarak kabûl etmemekdedirler. Biz de, onlara sorarız: Peygamberlere ve Evliyâya adak yapmanın şirk olduğunu gösteren âyet-i kerîme ve hadîs-i şerîf isteriz. Karşımıza yalnız yukarıda yazdığımız **(ihlâl)** âyet-i kerîmesini çıkarıyorlar. Bu âyet-i kerîmeye dayanmaları, bir şübhe ve ihtimâldir. Şübhe ile ve ihtimâl ile mantık yürütülmez. İstidlâl yapılamaz. [**(Dürr-ül-muhtâr)** fıkh kitâbında, bu âyet-i kerîme için, hayvanı kesip, toprakla örtmek, fakîrlere dağıtmamakdır, diyor. Görülüyor ki, hac zemânında, Minâda kesilen yüzbinlerle hayvanı toprak altında bırakmaları, açlara, muhtâclara dağıtmamaları **(ihlâl)** olmakdadır. Böyle yapanların müşrik, kâfir olmaları îcâb eder.] Yimek için, meselâ müsâfir için hayvan kesmek, ihlâl olmaz. Çünki, İbrâhîm aleyhisselâmın sünnetidir. Yimek için hayvan kesmek ihlâl olsaydı, müşriklerin ihlâlini İbrâhîm aleyhisselâm elbet yapmazdı.)

[Zemahşerî Ebülkâsım Mahmûd cârullah mu'tezilî 538 [m. 1144] de Cürcâniyyede, Ebû İshâk İbrâhîm Merûzî şâfi'î 340 [m. 952] da, Sun'ullah Halebî Mekkî hanefî 1117 [m. 1705] de vefât etdi. Bunun **(Seyfullah alâ-men kezzebe alâ-Evliyâillah)** kitâbı, Evliyânın "rahime-humullahü teâlâ" kerâmetlerini uzun anlatmakdadır. Şerîf Ahmed Bedevî 675 [m. 1276] de Mısrda Tantada, Şemseddîn Sâmî beğ 1322 [m. 1904] de İstanbulda Erenköyde, vefât etdiler "rahmetullahi aleyhim ecma'în". Seyyid Kutb 1386 [m. 1966] da Mısrda çıkardığı fitne sonunda öldürüldü. Kâsım bin Katlûbüga Mısrî hanefî 879 [m. 1474] da vefât etdi. Şemsüddîn Muhammed Konevînin **(Dürer-ül-bihâr)**ı şerh ederken, nezr, adak bahsinde verdiği bilgileri, İbni Âbidîn açıklamakdadır.]

Tekrâr edelim ki, Evliyâ için, ya'nî Allahü teâlânın sevdiği kulları için hayvan kesmeği adamakda üç niyyet bir arada düşünülmekdedir: Hayvanı, Allahü teâlâ için kesmek. Etini ve başka şeylerini fakîrlere dağıtmak. Sevâbını Velînin rûhuna bağışlamak. Her müslimân, hayvanını böyle adamakdadır. Böyle hayvan adamak, müsâfir için kesmekden dahâ iyidir. Çünki, çok olur ki, müsâfir zengin olur. Sadaka alması câiz olmaz. Evet, devlet adamları ve sultân yâhud beklenilen yolcu gelince, onlar için hayvan kesmek ve etini fakîrlere dağıtmayıp, boş yere bırakmak, kâfirlerin putları için hayvan kesmesine benzemekdedir. Bu da, şâfi'î mezhebinde harâmdır.

Allâme ibni Hacer-i Mekkîye "rahmetullahi aleyh" soruldu: Diri olan Velî "rahime-hullahü teâlâ" için nezr yapmak câiz midir? Nezr olunan şeyleri o Velîye veyâ herhangi bir fakîre vermek lâzım mıdır? Ölmüş olan Velî için nezr yapmak câiz midir? Nezr olunan malı Velînin çocuklarına ve akrabâsına, yâhud onun yolunda bulunanlara, talebesine, hizmetçilerine vermek lâzım mıdır? Mezâr üzerine kabr, dıvâr, parmaklık, sıva gibi şeyler yapmak için nezr sahîh olur mu?

CEVÂB: Diri olan Velî için adak yapmak sahîhdir. Adak olunan malı ona vermek vâcibdir. Başka hiçbir yere vermek câiz olmaz. Ölmüş olan Velî için nezr yapmağa gelince, mal meyyitin olsun diye niyyet edilirse, nezr bâtıl olur, sahîh olmaz. Başka bir hayr için meselâ, çocuklarına, talebesine, türbesindeki veyâ başka yerdeki fakîrlere vermeği, yidirmeği niyyet ederse, adak sahîh olur. Niyyet etdiği şeyleri vermesi vâcib olur. Adak sâhibi hiçbirşey niyyet etmedi ise, zemânındaki müslimânların âdetlerine bakılır.

Hemen her müslimân, ölü için nezrim olsun diyerek, yazdığımız yerlerden birine vermeği ve sevâbını ölüye bağışlamağı düşünmekdedir. Adak yapan da, bu yerleşmiş, kökleşmiş âdetleri bildiği için, onlar gibi nezr etmiş olur. Vakfda olduğu gibi, nezri sahîh olur. Vakfda, şartlarını söylemese, yerleşmiş âdetlerdeki şartlara göre vakf etmiş sayılmakdadır. Mezârların yapılması, sıvanması için yapılan nezrler bâtıldır. Fekat imâm-ı İzra'î ve Zerkeşî ve başkaları buyurdu ki, Peygamberlerin, Evliyânın ve âlimlerin mezârlarını ve yırtıcı hayvanların, hırsızların ve düşmanların açmasından korkulan mezârları korumak için üzerlerine dıvâr, parmaklık gibi şeyler yapmak câizdir. Böyle fâideli şeyleri adamak sahîh ve câiz olur ve iyi olur. Bunlar için vasiyyet yapmak da böyledir. İbni Hacer-i Mekkînin fetvâsı dahâ uzundur. Kitâbımıza bu kadarı yetişir. Bu konuda Hayreddîn-i Remlînin de fetvâları vardır. Bu fetvâların aslı, imâm-ı Râfi'înin "rahime-hullahü teâlâ" Cürcândaki kabri için yapılan adak üzerindeki yazılardır. İbni Hacer-i Mekkî bunları **(Tuhfe)** kitâbında ve fetvâlarında uzun bildirmişdir. Şâfi'î mezhebinde sözbirliği ile câizdir. [Ahmed İzra'î şâfi'î 783 [m. 1381] de Şâmda, Muhammed Zerkeşî şâfi'î 794 [m. 1392] de Mısrda, Abdülkerîm Râfi'î şâfi'î 623 [m. 1226] de Kazvînde vefât etdiler "rahmetullahi teâlâ aleyhim ecma'în".]

[Hanefî mezhebindeki fıkh kitâblarının en kıymetlilerinden olan **(Dürer ve Gurer)** kitâbında Molla Husrev "rahmetullahi aleyh", yemîni anlatırken diyor ki, farz veyâ vâcib olan ibâdetlerden birine benziyen ve nemâz, oruc, sadaka, i'tikâf gibi başlıbaşına ibâdet olan birşeyi nezr edenin, bunu yapması lâzım olur. Hasta ziyâret etmek, cenâze taşımak, câmi'e girmek, yol, çeşme, hastahâne, mekteb, câmi' yapmak gibi, farz veyâ vâcib cinsinden olmıyan şeyler nezr edilmez. Bunlar nezr edilirse, yapılmaları lâzım olmaz. Allah rızâsı için Receb ayında oruc tutayım demek gibi **(Mutlak nezr)** ve yolcum gelirse, Allahü teâlâ için sadaka vermek nezrim olsun demek gibi, istenilen bir şarta bağlanan **(Mu'allak nezr)** söylenince, şart hâsıl olduğunda, nezr olunan ibâdetleri yapmak vâcib olur. Hadîs-i şerîfde, **(Nezr olunanı yapmak lâzımdır)** buyuruldu. Hastalıkdan kurtulursam, bir koyun kesmek nezrim olsun demek nezr olmaz ve koyunu kesmesi lâzım gelmez. Allahü teâlânın rızâsı için bir koyun kesmek demek lâzımdır. Allahü teâlâ için deyince, nezr olup, kesmesi lâzım olur. Bin lira sadaka vermeği, nezr eden kimsenin yüz lirası olsa, yüz lira vermesi lâzım olur. Malı varsa, satıp bin lirasını sadaka verir. Şu yüz lirayı, şu günde falan fakîre vermeği nezr edip, başka yüz lirayı, başka günde, başka yerde, başka fakîrlere vermesi câiz olur. [Molla Muhammed Husrev 885 [m. 1480] de Bursada vefât etdi.]

İbni Âbidîn, nâfile nemâzları anlatırken, **(Nezr, birşeyin husûlüne mâni' olmaz)** hadîsini bildirerek, bundan, bir nâfile nemâzı kılmadan önce, bunu şarta bağlı nezr etmenin yasak olduğu anlaşılıyor diyor. Çünki nezr olunan nemâzın bir isteğe karşılık olmasını andırmakdadır. Buhârî kitâbını şerh edenler, bunun yasak olması, nezr olunan nemâzın, şart edilen şeyin hâsıl olmasına te'sîr edeceğini sanan kimseler içindir dediler ise de, hadîs-i şerîf, nâfilelerin mutlak nezr yapılarak kılınmasını da yasaklamakdadır diyor. Bundan anlaşılıyor ki, şarta bağlı yapılan nezr, ibâdeti, şart edilen şeye karşılık yapmak değildir. Allahü teâlâya şükr olarak yapılmakdadır. Şükr secdesi yapmak gibidir. İbâdet ile ve ibâdetin sevâbı hediyye edilen sâlih kimsenin düâsı ile, Allahü teâlânın merhametini istemekdedir.].

Mâlikî mezhebi âlimlerinden şeyh Halîlin[1] **(Muhtasar-ı Halîl)**i şerhinde diyor ki, (Niyyet ederek veyâ söyliyerek, Mekkeden başka bir yere, meselâ Resûlullahın "sallallahü aleyhi ve sellem" veyâ bir Velînin kabrine, kesmek için deve, koyun gibi hayvan götürürse, bunları keser, etlerini fakîrlere dağıtır. Bu kabrlere elbise, para, yemek gibi şeyler göndermek isterse, oradaki hizmet edenlere, zengin olsalar bile, dağıtmağı niyyet etdi ise, onlara gönderir. Eğer sevâbını onlara bağışlamağı niyyet etdi ise, bunları kendi memleketinde fakîrlere dağıtır. Hiçbirşey niyyet etmedi ise, yâhud niyyetini bildirmeden kendisi öldü ise, memleketindeki âdete göre olur). İbni Arefe ve Bürzülî de, böyle yazmakdadırlar. [İbni Arefe Ahmed Endülüsî 536 [m. 1142] da Merâkişde, Ebülkâsım Muhammed Bürzülî mâlikî 844 [m. 1438] de Tunusda vefât etmişdir.]

Hanbelî mezhebine gelince, Mensûr Behütî, **(İknâ')** kitâbı hâşiyesinde ve İbni Müflih, **(Fürû')** kitâbında, İbni Teymiyyeden alarak bildiriyor ki, (Belli bir Velîden, sıkıntısını gidermesi veyâ özlediğine kavuşdurması için birşey adamak, Allahdan başkası için adamakdır. Allahdan başkası için yemîn etmek gibidir. Başkalarına göre bu nezr, sahîhdir. Fekat günâhdır.) Buradan anlaşılıyor ki, Evliyâdan yardım için, onlara nezr yapmak, İbni Teymiyyeye göre tenzîhen mekrûhdur. Hanbelî âlimlerinden başkalarına göre, günâhdır demesi, İbni Teymiyyenin günâh demediğini anlatmakdadır. Peygambere "sallallahü aleyhi ve sellem" kandil, mum adayan

---

[1] Şeyh Halîl 767 [m. 1365] de vefât etdi.

kimsenin bunları Medîne şehrinde bulunan fakîrlere vermesini, İbni Teymiyyenin bildirmekde olduğu, ((**İknâ'**) hâşiyesinde yazılıdır. [Mensûr bin Yûnus 1051 [m. 1642] de Mısrda, Şemsüddîn Muhammed bin Müflih 763 [m. 1361] de Şâmda vefât etdi.]

Peygamberler "aleyhimüssalevâtü vetteslîmât" ve Velîler "rahime-hümullahü teâlâ" için hayvan kesmeği adamak, Allahü teâlânın rızâsı için keserek sevâbını bunlara bağışlamak demekdir. Hadîs-i şerîfde, (**Allahdan başkası için hayvan kesene Allah la'net eylesin**) buyuruldu. İbni Kayyım-i Cevziyye (**Kitâb-ül-Kebâir**) kitâbında ve imâm-ı Zehebî (**Kebâir**) kitâbında ve ibni Hacer-i Mekkî (**Zevâcir**) kitâbında, bu hadîs-i şerîfi açıklıyorlar. Allahü teâlâdan başkası için kesmek demek, keserken, seyyidim, filân Velî için demekdir diyorlar. Kâfirler de keserken putun ismini söyliyerek kesiyorlar. Allahü teâlânın ismi yerine başka isimler söyliyerek kesmek böyledir. İmâm-ı Nevevî "rahmetullahi aleyh" (**Ravda**) kitâbında diyor ki, (Beytullah olduğundan dolayı, Kâ'be için diyerek kesmek ve Resûlullah olduğundan dolayı, Peygamber için diyerek kesmek câizdir. Mekkeye veyâ Kâ'beye hediyye göndermek de böyledir). [Muhammed Zehebî 748 [m. 1348] de Mısrda vefât etdi.]

Sultân veyâ devlet adamları gelince, onların gözüne girmek için hayvan kesmenin harâm olduğunu yukarıda bildirmişdik. Bunlar geldiği zemân, sevinerek kesmek ve çocuğu dünyâya gelince, sevinerek kesmek veyâ kızmış birinin gönlünü almak için kesmek câizdir. Gönlünü almak başkadır, gözüne girmek başkadır. Put için kesmek, büsbütün başkadır. Cin için kesilen kurbanlara gelince, Allah için keserek, Allahın, böylece cinden korumasını düşünmek câizdir. Böyle düşünmeden kesmesi harâmdır.

Görülüyor ki, islâm âlimleri, herşeyi cevâblandırmışlar, kimsenin birşey söylemesine ihtiyâc bırakmamışlardır. Herkes aradığını kitâblarda bulmuşlardır. Bir ahmak ve câhil kimse ortaya çıkarak, müslimânları parçalamak, bölücülük yapmak ve islâm âlimlerini kötülemek ve hak yolunda çalışanları gözden düşürmek için, bozuk fikrler yayarsa, bunun sapık veyâ zındık olduğu anlaşılır. Aklı olan kimse, buna inanmaz ve aldanmaz. Deccâlın askerleri gibi olanlar, ancak o ahmaka inanacaklardır. Her doğruya iğri, her güzele çirkin diyeceklerdir.

Müezzin efendi, ezân okurken, Resûlullahın "sallallahü aleyhi ve sellem" ismini söyleyince, bunu işitenler, iki elin başparmaklarının tırnaklarını, gözlerinin üstüne koyarak (iki gözümün nûrusun sen yâ Resûlallah!) der. Bunu ba'zı âlimler, meselâ Deyrebî

(**Mücerrebât**) kitâbında yazmakdadır. Bunu bildiren bir hadîs-i şe-rîf görmedik. Fekat (**Sâlihler zikr olundukda, rahmet iner**) hadîs-i şerîfi, bu işin câiz olduğunu göstermekdedir. İmâm-ı Ahmed ibni Hanbel ve ibni Cevzî ve ibni Hacer, bunun hadîs olduğunu bildiri-yorlar. İmâm-ı Süyûtî de, bu hadîsi (**Câmi-us-sagîr**)de bildirmek-dedir. Peygamberimiz "sallallahü aleyhi ve sellem", hiç şübhesiz, Peygamberlerin ve sâlihlerin en üstünüdür. Onun ismi anılınca, Allahü teâlâ rahmet ve merhamet etmekdedir. Allahü teâlânın rahmet etdiği zemânda yapılan düâ kabûl olur. Ezân okunurken, (Seninle gözüm nûrlanır, kalbim sevinir yâ Resûlallah!) demek, dünyâda ve âhıretde sevinmek için düâdır. Böyle düâ etmek islâ-miyyete uygundur. Hanefî âlimlerinden Tahtâvî, (**Merâkıl-felâh**) hâşiyesinde, Kuhistânîden bildiriyor ki, ezân okunurken, Resûlul-lahın "sallallahü aleyhi ve sellem" ismini ikinci işitince, iki baş par-mağı gözler üzerine koyup, (**Kurret ayneyye bike yâ Resûlallah, Allahümme metti'nî bissem'i vel-basari**) demek müstehabdır. Çünki, Resûlullah "sallallahü aleyhi ve sellem", böyle yapanı Cen-nete götürür. Şeyhzâde Muhammed hanefî, Beydâvî tefsîri hâşiye-sinde, Ebil Vefâdan alarak bildiriyor ki, ba'zı fetvâlarda gördüm ki, Ebû Bekr-i Sıddîk, ezân okunurken, Resûlullahın "sallallahü aleyhi ve sellem" ismini işitince, iki baş parmağının tırnağını öpdü. Sonra, gözlerine sürdü. Niye böyle yapdın buyurulunca, senin mu-bârek isminle bereketlenmek için yâ Resûlallah dedi. (**Güzel yap-dın. Böyle yapan, göz ağrısı çekmez**) buyuruldu. Tırnakları göze koyunca, (**Allahümmahfaz ayneyye ve nevvirhümâ**) demelidir. Deylemî, (**Firdevs**) kitâbında, Ebû Bekr-i Sıddîkın "radıyallahü anh" haber verdiği hadîs-i şerîfi yazıyor. Bu hadîs-i şerîfde, (**Müez-zin "Muhammeden resûlullah" deyince, bir kimse, iki baş parma-ğını öper, sonra gözlerine sürer ve "Eşhedü enne Muhammeden abdühu ve Resûlüh, Radıytü billâhi rabben ve bil-islâmi dînen ve bi-Muhammedin sallallahü aleyhi ve selleme nebiyyen" derse, şefâ'atim ona halâl olur**) buyuruldu. Tahtâvînin yazısı temâm oldu. Bir hadîs-i şerîfde, (**Ezân okunurken ismimi işitince, iki baş parma-ğını gözüne koyanı, kıyâmet günü arar, bulur ve Cennete götürü-rüm**) buyuruldu. Kuhistânî, (**Kenz-ül-ibâd**) kitâbından alarak di-yor ki, ezân okunurken, Resûlullahın "sallallahü aleyhi ve sellem" ismini ilk işitince, (**Sallallahü ve selleme aleyke yâ Resûlallah!**) demek ve ikinci işitmekde, (**Kurret ayneyye bike yâ Resûlallah!**) demek, sonra iki baş parmağını gözleri üstüne koyup, çekmeden, (**Allahümme metti'nî bissem'i vel-basari**) demek, müstehabdır. Resûlullah "sallallahü aleyhi ve sellem" efendimiz bu kimseyi Cennete götürür.

[Ahmed Tahtâvî 1231 [m. 1815] de, Şeyhzâde Muhammed hanefî 951 [m. 1544] de İstanbulda, Ebülvefâ 896 [m. 1490] da İstanbulda, Kuhistânî Muhammed hanefî 962 [m. 1508] de Buhârâda, Muhammed bin Süleymân Medenî şâfi'î 1194 [m. 1780] de Medînede, Muhammed bin Abdül'azîm Mekkî 1052 [m. 1643] de, İbni Hazm Alî Zâhirî 456 [m. 1064] de, Dâvüd-i zâhirî İsfehânî 270 [m. 883] de Bağdâdda, Ahmed ibni Hilligân 681 [m. 1281] de Şâmda, Haccâc-ı zâlim Sekafî, Abdülmelik ve oğlu Velîd zemânında Medîne ve Irak vâlîsi iken 95 [m. 714] de vefât etdi.]

31 - **(Eşedd-ül-cihâd)** kitâbında diyor ki, Muhammed bin Süleymân-ı Medenî Şâfi'î "rahmetullahi aleyh"den Muhammed bin Abdülvehhâb-ı Necdî soruldu. Cevâb olarak, (Bu adam son zemânın câhillerini sapık yola sürüklemekdedir. Allahü teâlânın nûrunu söndürüyor. Allahü teâlâ, müşrikler istemese de, nûrunu söndürmiyecek, her yeri Ehl-i sünnet âlimlerinin nûrları ile aydınlatacakdır) dedi. Muhammed bin Süleymânın fetvâlarının sonundaki süâl ve cevâb da şöyledir:

SÜÂL: Büyük âlimler! Mahlûkların en iyisinin yolunu gösteren yıldızlar! Size soruyorum: Bir kimse, çeşidli din kitâblarını okuyup, bilgilerini kısa görüşü ile ve noksan aklı ile dartarak, bu ümmetin hepsinin dînin özünden ve Resûlullahın "sallallahü aleyhi ve sellem" yolundan ayrıldıklarını, sapıtdıklarını söylese ve kendisinin müctehid olduğunu, Allah kelâmından ve Resûlullahın hadîslerinden bilgiler çıkardığını ileri sürse, hâlbuki âlimlerin, bir müctehidde bulunması lâzım dedikleri şartlardan hiçbiri bunda bulunmasa, bu sözleri yaymasına izn verilir mi? Yoksa, vazgeçip, islâm âlimlerine uyması lâzım mıdır? Kendisinin imâm olduğunu, her müslimânın ona uyması vâcib olduğunu, mezhebinin lâzım olduğunu söylüyor. Müslimânları mezhebine sokmağa zorluyor. Kendisine uymıyanlara kâfir diyor. Bunları öldürmeli, mallarını paylaşmalı diyor. Bu adam doğru mu söylüyor? Yoksa yanlış mıdır? Bir kimsede, ictihâd için lâzım olan şartların hepsi bulunsa, bir mezheb kursa, herkesi bu mezhebe girmeğe zorlaması câiz olur mu? Belli bir mezhebe girmek lâzım mıdır? Yoksa herkes dilediği mezhebi seçmekde serbest midir? Sâlih bir kulun veyâ Sahâbînin kabrini ziyâret eden, buna adak yapan, kabr yanında hayvan kesen, onu vesîle ederek düâ eden, toprağından alıp bereketlenmek için saklıyan, tehlükeden kurtulmak için, Resûlullahdan "sallallahü teâlâ aleyhi ve sellem" veyâ Sahâbîden yardım istiyen bir müslimân, dinden çıkar mı? Ben bu kabrin sâhibine tapınmıyorum, onun birşey yapacak güçde olduğuna inanmıyorum. Onun

Allahü teâlânın sevgili kulu olduğuna inandığım için, Allahü teâlânın dileğime kavuşdurması için, onu vesîle, sebeb yapıyorum dediği hâlde, böyle yapanı öldürmek halâl olur mu? Allahdan başka birşey ile yemîn eden kimse, dinden, îmândan çıkar mı?

CEVÂB: İyi anlamalıdır ki, ilm üstâddan öğrenilir. İlmi, dînî, kendi kendine kitâbdan öğrenenler çok yanılır, yanlışı, doğrusundan çok olur. Bugün, ictihâd edecek kimse yokdur. İmâm-ı Râfi'î ve imâm-ı Nevevî ve Fahreddîn Râzî dediler ki, bugün hiç müctehid kalmadığında âlimler sözbirliğine varmışdır. İmâm-ı Süyûtî gibi, her ilmde deniz gibi olan derin bir âlim nisbî müctehid, ya'nî mezheb içinde müctehid olduğunu bildirince, hiçbir âlim bu sözünü kabûl etmedi. Hâlbuki, mutlak müctehid olduğunu, mezheb sâhibi olduğunu söylememişdi. Beşyüzden fazla kitâb yazdı. Her kitâbı, tefsîr ve hadîs ilmlerinde ve din bilgilerinin herbirinde çok yüksek derecede olduğunu göstermekdedir. İmâm-ı Süyûtî gibi bir âlimin nisbî müctehid olduğu kabûl edilmeyince, onun yüksek derecesinden çok uzak olanların böyle sözlerine inanılır mı? Hiç dinlenmez bile. Hele islâm âlimlerinin kitâblarının bozuk olduğunu da söylerse, bunun aklından ve dîninden şübhe olunur. Çünki bu kimse, Resûlullahı "sallallahü aleyhi ve sellem" ve Eshâb-ı kirâmdan hiçbirini görmediğine göre ilmini nereden öğrendi? Birşeyler öğrendi ise, islâm âlimlerinin kitâblarından öğrenmişdir. O âlimlerin kitâblarına bozuk derse, kendisi doğru yolu nereden bulmuşdur? Bunu bize açıklasın! Dört mezhebin imâmları ve bunların mezheblerinde yetişmiş olan büyük âlimler, bütün bilgilerini âyet-i kerîmelerden ve hadîs-i şerîflerden çıkarmışlardır. Bu adam, onlara uymıyan bilgilerini nereden çıkarmışdır? Onun ictihâd derecesine varamamış olduğu meydândadır. Bu adama düşen iş, sahîh bir hadîs görüp, anlamadığı zemân, müctehidlerin bu hadîs-i şerîfden anlayıp bildirdiklerini araşdırmalıdır. Bunlar arasında beğendiğine uymalıdır. Böyle yapmak lâzım geldiğini, derin âlim imâm-ı Nevevî "rahime-hullahü teâlâ" **(Ravda)** kitâbında bildirmekdedir. Âyet-i kerîmeleri ve hadîs-i şerîfleri, ancak ictihâd derecesine yükselmiş olan derin âlimler anlıyabilir. Müctehid olmıyanların, âyet-i kerîmeleri ve hadîs-i şerîfleri anlamağa kalkışmaları câiz değildir. Abdülvehhâb oğlunun doğru yola gelmesi, bozuk sözlerinden vaz geçmesi lâzımdır.

Vehhâbî kitâbını yazan müellifin, müslimânlara kâfir demesine gelince, hadîs-i şerîfde, **(Bir kimse, bir müslimâna kâfir dese, ikisinden biri kâfir olur. Söylediği kimse müslimân ise, kendisi kâfir**

olur) buyuruldu. İmâm-ı Abdülkerîm Râfi'î "rahmetullahi aleyh"[1] **(Şerh-ul-kebîr)** kitâbında **(Tuhfe)**den alarak diyor ki, (Müslimâna kâfir diyen ve te'vîl edemiyen kimse, kâfir olur. Çünki, islâma küfr demekdedir). İmâm-ı Nevevî de, **(Ravda)** kitâbında bunu bildiriyor. Ebû İshak İbrâhîm İsferâînî[2] ve Hüseyn Halîmî Cürcânî[3] ve Nasr-ul-mukaddesî Nablüsî ve Gazâlî ve İbnü Dakîk-il-iyd ve dahâ birçok âlimler, te'vîl etse de etmese de, kâfir olur diyorlar. [Nasrulmukaddesî 490 [m. 1096] da vefât etdi.]

Müslimânların kanı ve malı halâl olur demesine gelince, hadîs-i şerîfde, **(Kâfirlere lâilâhe illallah dedirtinceye kadar, harb etmekle emr olundum)** buyuruldu. Bu hadîs-i şerîf gösteriyor ki, müslimânı öldürmek câiz değildir. Bu hadîs-i şerîf, Tevbe sûresinin altıncı âyetinin, **(Tevbe edenleri ve nemâz kılıp zekât verenleri serbest bırakınız)** meâl-i şerîfinden alınmışdır. Tevbe sûresinin onikinci âyetinde meâlen, **(Onlar din kardeşlerinizdir)** buyuruldu. Bir hadîs-i şerîfde, **(Biz görünüşe göre anlarız. Gizli olanları Allahü teâlâ bilir)** buyuruldu. [Kitâbın müellifi, bu hadîs-i şerîfe de inanmıyor. Yüzkırkaltıncı sahîfesinde, biz söze bakmayız, maksada ve ma'nâya bakarız diyor. Bunun gibi, kitâbının birçok yerlerinde âyet-i kerîmelere ve hadîs-i şerîflere uymıyan yazılar vardır.] Bir hadîs-i şerîfde, **(İnsanların kalblerini yarmak, gizli şeylerini anlamak için emr olunmadım)** buyuruldu. Üsâme hazretleri, Lâilâhe illallah diyen bir kimseyi öldürdüğü zemân, kalbinde îmân yokdu deyince, Peygamberimiz "sallallahü teâlâ aleyhi ve sellem" **(Kalbini yardın mı?)** buyurdu.

Bir müctehidin insanları kendi mezhebine girmek için zorlaması câiz değildir. Müctehid olan zât, mahkemede kâdî ise, o zemân kendi ictihâdı ile karâr verir ve bu karârın yapılmasını emr eder.

Evliyâ için adak yapmağa gelince, Şâfi'î âlimleri bunu uzun bildirmekdedir. **(Hibe)** kitâbı, **(Tuhfe)** kitâbından alarak bildiriyor ki, ölmüş bir Velî için nezr eder ve adak etdiği malın ölünün olmasını niyyet ederse, bu nezr sahîh olmaz. Ölünün olmasını niyyet etmezse, nezri sahîh olup, nezr olunan mal, hizmetcilere, türbe yanındaki mektep talebe ve hocalarına, fakîrlere verilir. Türbe yanında adak malını almağa alışık kimseler toplanmış ise ve Velî-

---

[1] Râfi'î 623 [m. 1226] da Kazvinde vefât etdi.
[2] İsferâînî 418 [m. 1027] de Nişâpurda vefât etdi.
[3] Halîmî 403 [m. 1012] de vefât etdi.

ye nezr olunan malın bunlara verilmesi âdet olmuş ise, bunlara verilir. Böyle bir âdet yoksa, nezr bâtıl olur. Semlâvîden ve Remlîden de böyle haberler gelmişdir. Herkes bilir ki, Evliyâ için adak yapanlar arasında hiç kimse yokdur ki, adak olunan malın ölüye verilmesini düşünmüş olsun. Çünki, ölünün birşey almıyacağını, birşey kullanmıyacağını herkes bilir. Bu malların fakîrlere veyâ türbede hizmet edenlere verileceğini bilmiyen yokdur. Bunun için ibâdet olmakdadır. Çünki, Şâfi'î mezhebinde mubâh olan, mekrûh ve harâm olan şeylerin nezr edilmesi sahîh olmaz. Yapması zâten farz ve vâcib olmıyan ibâdetler ve sünnetler nezr olunur.

Kabrleri öpmek, yüzünü gözünü sürmek için, câiz olur da denildi. Olmaz da denildi. Câiz olmaz diyenler mekrûh dedi. Harâmdır diyen olmadı.

Peygamberleri "aleyhimüssalâtü vesselâm" ve sâlih kulları tevessül etmek, onları vesîle ederek Allahü teâlâya yalvarmak câizdir. Hadîs-i şerîflerle bildirilmişdir. Bunları kitâbımızın başında bildirmişdik. Sâlih ameller ile tevessül etmek câiz olduğunu bildiren çok hadîs-i şerîf vardır. İyi işlerle tevessül câiz olunca, iyi insanlarla tevessül dahâ çok câiz olur.

Allahü teâlâdan başka şeylere yemîn etmeğe gelince, yemîn olunan şey, ta'zîm olunursa, Allahü teâlâya şerîk, ortak tutulursa, ancak o zemân küfr olur. Hâkimin ve imâm-ı Ahmedin bildirdikleri ve Münâvîde yazılı **(Allahdan başkası ile yemîn eden kâfir olur)** hadîs-i şerîfi de bunu bildirmekdedir. Fekat imâm-ı Nevevî "rahmetullahi aleyh" âlimlerin çoğundan alarak, mekrûh olduğunu bildirmekde ve müslimânların icmâ'ı huccetdir demekdedir.

Nisâ sûresinin yüzondördüncü âyetinde meâlen, **(Kendisine tevhîd ve doğru yol bildirildikden sonra, Resûlullahın doğru yolundan sapan ve i'tikâd ve amelde mü'minlerden ayrılan kimseyi, âhıretde kâfirlerle birlikde Cehenneme sokarız)** buyuruldu. Her mü'minin **(Ehl-i sünnet vel cemâ'at)** mezhebine uyması lâzım geldiği, bu âyet-i kerîmeden de anlaşılmakdadır. Sürüden ayrılan koyunu kurt kapar sözünü unutmamalıdır. Ehl-i sünnet vel cemâ'atden ayrılan da Cehenneme gider.

Derin âlim Muhammed bin Süleymân Medenînin fetvâsı uzundur. Biz kısaltarak bildirdik. Allahü teâlânın hidâyet nasîb etdiği kimseye bu kadar yetişir. Bu âlim 1194 [m. 1780] senesinde vefât etmişdir. Muhammed bin Abdülvehhâb 1111 [m. 1699] senesinde Necd çölünde tevellüd ve binikiyüzaltıda (1206 [m. 1791]) öldü. Muhammed bin Süleymân bunun câhilliğini ortaya çıkardı. Sözlerini çürütdü. İctihâd ediyorum demesini yalanladı. Onun hiçbir islâm âliminden ilm ve feyz almadığını, müslimânlara kâfir dediği için, kendisinin dalâlete düşdüğünü yaydı.

Hanefî âlimlerinden Muhammed bin Abdül'azîm Mekkînin "rahmetullahi aleyh"[1] **(El-Kavl-üs-Sedîd)** kitâbında, İbni Hazm Muhammed Alînin sapık yazıları bildirilmekde ve cevâb verilmekdedir. İbni Hazm, herkese ictihâd yapmağı emr ediyordu. Başkasına uymak harâmdır diyordu. Bu sözlerini, Nisâ sûresinin ellisekizinci âyetinin, **(Uyuşamadığınız şeyi Allahü teâlânın ve Resûlünün bildirdiği gibi yapınız!)** meâl-i şerîfi ile isbât etmeğe kalkışıyordu. Abdül'azîm, buna cevâb verirken, (Biz, elhamdülillâh büyük islâm âlimi imâm-ı a'zam Ebû Hanîfeye "rahime-hullahü teâlâ" uymak derecesinden dışarıda kalmıyoruz. Biz, o yüce imâma ve onun büyük talebelerine ve dahâ sonra gelen, Şemsüleimme gibi dünyâya nûr saçan derin âlimlere ve on asrdan beri yetişen böyle hakîkî âlimlere "rahime-hümullahü teâlâ" uymakla şerefleniyoruz) diyor.

İbni Hazm, Endülüslüdür. Zâhiriyye mezhebinde idi. Bu mezhebi Dâvüd-i İsfehânî kurmuşdu. Kendi de, mezhebi de yok oldu, unutuldular. İbn-ül-Ehed ve Zehebî ve İbni Hilligân diyor ki, İbni Hazma selâm verenler, ondan nefret ederlerdi. Sözlerini beğenmezlerdi. Onun sapık olduğunda sözbirliğine vardılar. Onu kötülediler. Sultânlara ondan sakınmalarını bildirdiler. Müslimânlara ona yaklaşmamalarını söylediler. İbn-ül Ârif diyor ki: İbni Hazmın dili ve Haccâcın kılıncı, aynı şeyi yapmışlardır. İbni Hazmın, hadîs-i şerîflere uymıyan habîs, sapık çok sözleri vardır. Haccâc-ı zâlim, yüzyirmibin ma'sûmu sebebsiz ve suçsuz öldürdü. İbni Hazmın dili de, hadîs-i şerîf ile bildirilen hayrlı zemânlardan sonra, yüzbinlerle müslimânı doğru yoldan sapdırdı. Çünki, kendisi 456 [m. 1064] senesinde öldü.

Allahü teâlâ, bütün müslimân kardeşlerimi sapık ve bozuk yola kaymakdan muhâfaza buyursun! Hepimize dört mezheb âlimlerinin hak olan ictihâdlarına uygun îmân ve ameller nasîb eylesin! Kıyâmet günü, onların mezhebinde olarak, Peygamberlerle, sıddîklarla ve şehîdlerle ve sâlihlerle birlikde haşr eylesin! Âmîn. Dâvüd bin Süleymânın **(Eşedd-ül-Cihâd)** kitâbından terceme burada temâm oldu. Bu kitâbın yazılması hicretin binikiyüzdoksanüç [1293] senesinde temâm olmuşdur. Arabîden türkçeye ter-

---

[1] İbni Abdül'azîm 1052 [m. 1642] de vefât etdi.

cemesi de, 1390 [m. 1970] senesinde yapılmış ve neşr edilmişdir.

32 - **(Mesâil-i mühimmeye cevâb-ı Nu'mân)** adında bir kitâb elimize geçdi. İslâm harfleri ile 1385 [m. 1965] de Şâmda ikinci baskısı yapılmış. Kitâbı yazan Anadolunun Gümüşhâne vilâyetinde, eski Şîrân müderrisi Mustafâ oğlu Osmân efendinin oğlu, Gümüşhâneli Osmân Zekî adında bir vehhâbî imiş. Bu çocuğun, Şîrân kazâsından Hicâza gidip, sapıtmış olduğu anlaşılmakdadır. Bu bozuk ve zararlı kitâb, Hicâzda Türk hacılarına, parasız dağıtılmakdadır. Din bilgisi az olanlar, kitâbdaki yanlış ve yalan yazıları doğru sanarak, felâkete sürüklenmekdedir. Bid'at ehline aldananların hacları ve hiçbir ibâdetleri kabûl olmaz. Hâcı olalım derken, doğru yoldan çıkmış, bid'at, dalâlet felâketine sürüklenmiş olurlar.

Doksanaltı sahîfe ve küçük olan bu kitâbında diyor ki:

(Kur'ân-ı kerîm ve Resûl-i Rabbil'âlemîn, nemâz kılmıyana müşrik ve kâfir dedi. Vitr nemâzını, kunût okumadan bir rek'at kılmak yetişir. Resûlullah dahî şevvâl ayının hilâlini bilmiyordu. Bunun için, filan gaybı biliyor. İmdâd ediyor diyenler, Allahdan korkup, insanlardan utansınlar. Çünki, böyle şeyleri Kur'ân ve Peygamber yasaklamışdır. Bu utanmazlar, Peygamber efendimizle konuşup, Onun emri ile hareket etdiklerini, yutduruyorlar. Eşekden dahâ aşağı olduklarını yayıyorlar. Bu doğru olsaydı, Eshâb-ı kirâm arasında harb olmazdı. Resûlullah ile konuşup, Onun emri ile sıkıntıdan kurtulurlardı. Vesîle âyet-i kerîmesinin ma'nâsı, emrleri yapmak, yasaklardan sakınmakdır. Nâfilelerle meşgûl olmakdır. Kabrde olanlardan imdâd ve bereket istemek değildir. Çünki böyle yapmak eşeklik ve müşriklikdir. Müslimânlıkda böyle bir şey yokdur. Dîn-i islâm, böylelere müşrik ve kâfir diyor.

Gayr-i ihtiyârî hâricinde farz nemâzı terk edeni Allah ve Resûlü tekfîr ediyor. Bunların kazâ kılmaları da kabûl olmaz.

Filan falanın sözleri, âhıretde insanı kurtarmaz. Kitâba ve sünnete güvenmeyip, filanların sözleri ile ibâdet yapanlar, Cehenneme gideceklerdir. Kabrde o büyük denilen zâtlardan süâl olmıyacak. Allahdan ve Resûlünden olacakdır. Allahü teâlâ, bilmediğinizi ehl olanlardan sorup anlayın buyurdu. Yakalarını kurtarmak için Kur'ânın ve hadîsin zâhirî ve bâtınî ma'nâları vardır. Biz bâtınîsini anlamayız derler. Allah, Ehl-i îmâna, anlıyamıyacağı, yapamıyacağı şeyleri emr etmez. Bu hususda (Ömer Rızâ)nın kitâbına bakınız. Pırlanta dürbin takınız, diyor.

Korkulu zemânda, ayakda yürürken de nemâz kılmak, Bekara sûresinin ikiyüzotuzsekizinci âyetinde emr olunuyor. Hadîslerde kunût okumak emr olunmadı. Kunûtsuz vitr kılmak sahîhdir. Yalnız farzları ve bir rek'at vitri kılana dil uzatılmaz. Sünnetleri kılanlara sevâb vardır. Kılmıyanlara günâh yokdur.

Ey kardeşlerim! Âyetden, hadîsden söyliyorum. Kafamdan söylemiyorum. Hırlıyan ve uluyan müşrikler, Resûlullaha yalancı, büyücü diyenler gibidir. Kitâbı ve sünneti bildirenlerden kaçanlar, Hakdan kaçan alçaklara benziyor, diyor.

Mevlid okumak, tarîkatlar, delâil-i şerîf okumak, iskat ve telkîn, sonradan ortaya çıkarıldı. Bâtıl ve merdûddurlar. Bunları çıkaranlar, kendilerini Allahü teâlâ yerine koymuş oluyor. Kabûl edip yapanlar da, bunlara tapmış oluyorlar. Dinde herşey bildirildi. Söylenmedik kalmadı. (Ümmet yetmişüç fırkaya ayrılacak, bunlardan yalnız, benim ve Eshâbımın yolunda olanlar kurtulacakdır) buyuruldu. Bütün tarîkatler bâtıldır. Resûlullah zemânında olmiyan şeyler merdûddur. Kâdirî, Şâzilî, Mevlevî, Nakşibendî, Rıfâî, Ticânî, Hâlidî, Üveysî... dahâ nice tarîkatler, doğru yoldan ayrılmak, Kur'âna uymamakdır. Müslimân adından başka her ismi atmalıdır. Zemân-ı se'âdetdeki gibi kardeş olmalıdır. Selâmeti, kabrlerden, ölülerin rûhlarından istemek gibi, dîn-i islâmda olmıyanı yaparak, kâfir müşrik olmamalıdır. Dînimiz, zikr, tesbîh ve tekbîr için boncuklar ve tekkeler ve kabrler üzerine türbe, kubbe yapmağı emr etmedi. Türbeleri yıkmağı emr eyledi. Allahü teâlâ, (Bana düâ ediniz! Kabûl ederim) dedi. Peygamberlere düâ ediniz veyâ Evliyâya düâ ediniz demedi. Ya'nî mevtâ ile tevessül veyâ kabrlerinden ve rûhâniyyetlerinden imdâd taleb ediniz demedi. Peygamberlerin bize fâide ve zarar veremiyeceğini Allah bildiriyor. Kur'ân-ı kerîmin yokdur dediğini istemek, Allahü teâlâya inanmamak olur. Mevtâdan imdâd taleb edenler kâfir ve müşrikdirler. Peygamberin okuduğu salevâtlar vahydir. Başkasının söylediği salevâtlar bid'atdir. Bid'at, vahyden üstün olamaz. Delâil kitâbını yazan, kendini Allah makâmına koymuş. İbâdet îcâd etmiş. Okuması için günler ta'yîn etmiş. Allaha inâbe yerine, şeyhlere inâbe ediyorlar. Eshâb-ı kirâm, tarîkat, mevlid ve salevât tertip ve ihdâs etmediler. Sonra gelenler, vatan himâyesi ve düşmanın kahr olması için, (salât-i münciyye), (salât-i nâriyye) gibi bid'atler emr etdiler. Millet, iskât yapılır diyerek, ibâdeti terk ediyor. Telkîni de ölü işitmez. İslâmda yeri yokdur). Vehhâbî kâfirin yalan, bozuk sözleri temâm oldu.

Allahü teâlâ ve Onun Resûlü, nemâzın emr olunduğuna inanmadığı, ehemmiyyet vermediği için kılmıyana kâfir dedi. Tenbellikle kılmıyan kâfir olmaz. Fâsık, günâhkâr olur. Hanefî mezhebinde vitr nemâzını üç rek'at kılmak vâcibdir. Peygamberimizin vitri üç rek'at kıldığı, **(Merâkıl-felâh)**da ve **(Sünen-i Ebî Dâvüd)**de ve **(Münâvî)**de yazılıdır. Kunût düâsı okumak da vâcibdir. İmâm-ı Ebû Yûsüfe ve Muhammede ve imâm-ı Ahmede ve Şâfi'îye "rahime-hümullahü teâlâ" göre sünnetdir. Ebû Dâvüdün bildirdiği ve **(Münâvî)**de yazılı olduğu gibi, (Resûlullah, vitr nemâzını kılarken kunût düâsını okurdu.) Kunût olarak, belli olan düâyı okumak, sözbirliği ile sünnetdir. Bunu bildiren hadîs-i şerîf, Şernblâlînin **(Merâkıl-felâh)** kitâbında yazılıdır. Vâcib ve sünneti ehemmiyyet vermediği için terk eden kâfir olur. Ehemmiyyet ve değer verip tenbellikle vâcibi bir kerre, sünneti ise, devâmlı terk eden günâha girer. Bu [bozuk kitâbı yazan] alçak vehhâbî, hanefî olan müslimânları mezhebinden çıkarmak istiyor. Mezhebsiz yapmak istiyor. Mezhebsiz olan, Ehl-i sünnetden ayrılmış olur. Ehl-i sünnetden ayrılanın da, yâ sapık, yâhud kâfir olduğu, **(El-besâir)** kitâbında yazılıdır. Bu kıymetli kitâbı Hindistân âlimlerinden Muhammed Hamdullah yazmış, 1395 [m. 1975] de İstanbulda da basdırılmışdır.

Resûlullah "sallallahü aleyhi ve sellem" kendiliğinden gaybı bilmez. Fekat, Allahü teâlâ, Peygamberine vahy ile ve Evliyâsına ilhâm ve kerâmet ile gaybı haber verir. Hazret-i Ömerin Îrândaki askeri görmesi ve kumandanları Sâriyyeye söylemesi, onun da işitmesi, böyle olmuşdur. Evliyânın kendisi gaybı bilmez. Fekat, Allahü teâlâ, dilediği şeyleri onlara bildirir. Veyâ rûhlarına kuvvet vererek, görür ve bilirler. Böyle olduğunu Kur'ân-ı kerîm ve hadîs-i şerîfler haber vermekdedir. **(Feth-ul-mecîd)** vehhâbî kitâbı da, (268). ci sahîfesinde, **(Yeryüzü bana küçültüldü. Doğuyu, batıyı, avucumdaki aynada imiş gibi, hep gördüm)** hadîs-i şerîfini yazmakdadır. 192.ci sahîfeden başlıyan yirmidördüncü maddeyi lutfen okuyunuz! Resûlullah, diri iken de, öldükden sonra da, Eshâbı arasında olacak fitneleri, dilediklerine söyledi. Kazâya râzı olmalarını bildirdi. Çoğuna şehîd olacaklarını müjdeledi. Taberânînin haber verdiği ve **(Künûz-üd-dekâık)** kitâbında yazılı hadîs-i şerîfde, **(Hüseyn, altmış senesinde öldürülür)** buyuruldu. Bunun gibi, hazret-i Osmânın ve hazret-i Alînin ve başka Sahâbîlerin "radıyallahü anhüm" şehîd olacaklarını haber verdi. Sabr eylemelerini emr buyurdu. Eshâb-ı kirâma şehîd olacaklarını bildirmek, onlara müjde vermek idi. Onlar, şehîd olmamak için değil, şehîd olmak için düâ ederlerdi. Resûlullah, Eshâbının imdâdına niçin yetişmedi sözü, câhilce bir sözdür. Allahü teâlâ, Uhud muhârebesinde Resûlünün imdâdına niçin yetişmedi demeğe benzemekdedir. Resûlullah, Eshâbı arasındaki muhârebeleri görseydi, seslerini işitseydi, onlara emr verir, sıkıntıdan kurtarırdı gibi ahmakca sözler, hâşâ Allahü teâlânın, Uhud günü olan fâci'a ve sıkıntıları görmediğini, düâ ve istigâseleri işitmediğini söylemek demekdir. **(Cevâb-ı Nu'mân)** vehhâbî kitâbının, böyle ahmakca, alçakça sözlerine inanmakdan, aldanmakdan Allahü teâlâya sığınırız. Din büyükleri, kazâ ve kaderi değişdirmek istemez. Onu haber alırlarsa râzı olurlar. Hadîs-i şerîfde, **(İşlerinizi şaşırdığınız zemân, kabrdekilerden yardım isteyiniz!)** buyuruldu. İşlerine gelmiyen hadîs-i şerîfleri örtbas ediyorlar. Fekat, güneş balçıkla sıvanamaz. Cevâb veremeyince, şirkdir, eşeklikdir diye, işi gürültüye getiriyorlar. Tenbellik ederek, dünyâ işlerine dalarak nemâz kılmıyan kâfir olmaz. Nemâzı vazîfe, borç bilmiyen, farz olduğuna inanmıyan kâfir olur.

Filan falanın sözleri diyerek, Ehl-i sünnet âlimlerine taş atmakdadır. **(Ehl-i sünnet âlimleri),** Kur'ân-ı kerîmden ve hadîs-i şerîflerden anladıklarını ve Eshâb-ı kirâmdan işitdiklerini kitâblarına yazmışlardır. Kendi görüşlerine ve düşündüklerine güvenmemişlerdir. Her yazdıklarına, âyetden, hadîsden veyâ Eshâb-ı kirâmın sözlerinden vesîkalar, senedler bildirmişlerdir. Kitâba ve sünnete uymak ve Eshâb-ı kirâmın yolunda bulunmak istiyenlerin, Ehl-i sünnet kitâblarını okumaları lâzımdır. **(Feth-ul-mecîd)** kitâbının dörtyüzdoksanikinci sahîfesinde de yazılı olan hadîs-i şerîf ile övülmüş, hayrlı asrın en iyileri olan, Ehl-i sünnet âlimleri, kitâbı ve sünneti anlıyamamış da, bin sene sonra, çölden meydâna çıkan vehhâbî sapıkları, dahâ iyi anlamış demek için deli veyâ ahmak, yâhud zındık olmak lâzımdır. Vehhâbî kitâbının, akla, ilme uymıyan saçma yazıları, Kur'ân-ı kerîmi ve sünnet-i nebeviyyeyi hiç anlamadığını açıkça göstermekdedir. Âyet-i kerîmeleri ve hadîs-i şerîfleri oyuncak yapmış, dilediği gibi ma'nâ veriyor. Kabrde Allah ve Resûlünden sorulacakdır. Bu süâller, Ehl-i sünnet âlimlerinin bildirdikleri gibi cevâb veremiyenler, Cehenneme gideceklerdir. **(Bilmediğinizi, ehl olanlardan sorup anlayın!)** meâlindeki âyet-i kerîmeyi kendi de yazıyor. Her müslimânın, bu âyet-i kerîmeye uyarak, Ehl-i sünnet kitâblarını okuyup öğrenmeleri lâzımdır. Ehl-i sünnet âlimlerinin kitâblarını okumıyanlar, bu âyet-i kerîmeye uymamış olur. Câhil kalır. Mezhebsizlerin yalanlarına aldanıp, Cehenneme gider. Deylemînin ve Münâvînin bildirdikleri hadîs-i şerîfde, **(Bâtın ilmi, Allahü teâlânın sırlarındandır. Emrlerinden biridir)** buyuruldu. Resûlullah efendimiz, ilm-i bâtını haber veriyor. Allahü teâlânın emridir diyor. Bu kitâb ise, ilm-i bâtını, Ehl-i sünnet uydurdu diyor. Allahü teâlâ, emrlerini ve yasaklarını herkes için bildirdi. Bunlar, anlaşılabilecek ve yapılabilecek şeylerdir. Bunlara uymak, herkese farzdır. Bâtın bilgilerini ve müteşâbih âyet-i kerîmeleri ise, herkes anlıyamaz. Bunlarda bildirilenleri anlamak ve yapmak, ulemâ-i râsihîne mahsûsdur. Bunlar, tesavvuf yolunda ilerleyip olgunlaşmış derin âlimlerdir. Bu ilmlerden ve bu râsih âlimlerden haberleri olmıyanlar, inkâr ediyorlar. Ömer Rızânın[1] bozuk yazılarını yalnız mezhebsizler beğenir.

Bekara sûresi, düşman karşısında ve boğulmak ve yanmak tehlükesinde olanın ve hayvan saldırırken, mümkin olan tarafa dönerek nemâz kılınacağını bildirmekdedir. Fıkh kitâbları buyuruyor ki, korku artdığı zemân, cemâ'at ile kılınmaz. Yalnız olarak ayakda durarak veyâ hayvan üstünde kılınır. Yukarıdaki tehlükelerden kaçarken, vakti kaçırmamak için, ancak hayvan üstünde giderek kılınabilir. Âyet-i kerîmenin ayakda mümkin olan tarafa dönerek kılmak olduğu (Merâkıl-felâh) hâşiyesinde yazılıdır. Âyet-i kerîmedeki (Ricâlen) kelimesinin (yürüyerek) demek değil, (ayakda durarak) demek olduğu tefsîrlerde ve (Cevhere) fıkh kitâbında açıkça yazılıdır. Bu bozuk vehhâbî kitâbı, burada da, hanefîleri aldatmağa, yürürken nemâz kıldırmağa çalışmakda, bunun için de âyet-i kerîmeye yanlış ma'nâ vermekden çekinmemekdedir. Bir müslimân, sünnetleri, ehemmiyyet vermiyerek kılmazsa kâfir olur. Ehemmiyyet verip, devâmlı kılmazsa, günâha girer. Bu kitâb, âyetden, hadîsden söylüyor ise de, bunlara uydurma ma'nâ veriyor. Ehl-i sünnet âlimleri "rahime-hümullahü teâlâ", Resûlullahın ve Eshâb-ı kirâmın anladıklarını araşdırıp, Onlardan öğrendikleri ma'nâları kitâblarına yazmışlardır. Böyle olduğunu vehhâbîler de bildiriyorlar. (Feth-ul-mecîd) kitâbı (388). sahîfesinde, *(Ebû Hanîfe "rahimehullah" dedi ki: Kitâbullaha ve Resûlullahın hadîsine ve Sahâbenin sözlerine uygun olmıyan bir sözümü bulursanız, bu sözümü bırakınız! Onları alınız! İmâm-ı Şâfi'î dedi ki: Kitâbımda, Resûlullahın sünnetine uymıyan birşey bulursanız, benim sözümü bırakıp, Resûlullahın sünnetini alınız!)* diyor. Ehl-i sünnet âlimlerinin "rahime-hümullahü teâlâ", Kitâbullaha ve hadîs-i şerîflere ne kadar sıkı sarılmış olduklarını, vehhâbî kitâbının bu yazısı da gösdermekdedir. Bunun içindir ki, Kur'ân-ı kerîmin ve hadîs-i şerîflerin doğru ma'nâlarını anlamak istiyenler, Ehl-i sünnet âlimlerinin kelâm ve fıkh kitâblarını okumalıdır. Kitâbı ve sünneti bildiren **(Ehl-i sünnet)** âlimlerinin kitâblarından kaçanların, Hakdan kaçan alçaklara benzedikerini, kendi kitâbları da yazmış oluyor.

(Mevlid okumak) demek, Resûlullahın "sallallahü aleyhi ve sellem" dünyâya gelişini, mi'râcını ve hayâtını anlatmak, Onu hâtırlatmak, Onu övmek demekdir. Her mü'minin, Resûlullahı çok

---

[1] Ömer Rızâ, Muhammed Âkifin dâmâdıdır. Mezhebsizdir. 1371 [m. 1952] de öldü.

sevmesi lâzımdır. Onu çok seven, Onu çok anar, çok söyler, çok över. Deylemînin bildirdiği ve **(Künûz-üd-dekâık)**da yazılı hadîs-i şerîfde, **(Birşeyi çok seven, onu çok anar)** buyuruldu. Bu hadîs kitâbını Münâvî toplamışdır. Resûlullahı çok sevmek lâzım olduğunu bütün islâm âlimleri uzun yazmışlardır. Vehhâbî kitâbı bile, üçyüzotuzaltıncı sahîfesinde bunu şöyle yazmakdadır:

(Hadîs-i şerîfde, **(Bir kimse, beni çocuğundan ve babasından ve herkesden dahâ çok sevmedikçe, îmân etmiş olmaz)** *buyuruldu. Ya'nî îmânı olgun olmaz. Allahı sevenin, Onun Resûlünü de sevmesi vâcibdir. Sâlih kulları da sevmesi lâzımdır.)*

Resûlullah "sallallahü aleyhi ve sellem" mevlid gecelerinde Eshâbına ziyâfet verir, dünyâya teşrîf etdiği ve çocukluğu zemânında olan şeyleri anlatırdı. Hazret-i Ebû Bekr, halîfe iken, mevlid gecesinde, Eshâb-ı kirâmı toplayıp, Resûlullahın dünyâya teşrîfindeki olağanüstü hâlleri konuşurlardı. Doğum gününe önem vermeği hıristiyanlar, müslimânlardan öğrenip almışlardır. Dünyânın her yerindeki müslimânlar, Peygamberimizin ve Eshâb-ı kirâmın yapdıkları gibi, mevlid gecesinde, Resûlullahı anlatan kitâbları okurlar ve Resûlullahın dünyâya teşrîf etdiği bu şerefli gecede şenlik yapar, sevinirlerdi. İslâm âlimleri, bu geceye çok önem vermişlerdir. Bu geceyi bütün mahlûklar, melekler, cin, hayvanlar ve cansız maddeler, birbirlerine müjdelemekde, Fahr-i âlem dünyâya teşrîf etdi diye sevinmekdedirler. Mevlânâ Celâleddîn-i Rûmî, (mevlid okunan yerden belâlar, sıkıntılar gider) buyurmuşdur. Mevlidi, nazm, şi'r olarak okumak dahâ te'sîrli ve fâideli olur.

Mevlid okumanın bir ibâdet olduğunu ve nasıl okumak lâzım geldiğini ve fâidelerini bildirmek için, islâm âlimleri, her dilde kitâblar yazdılar. Bu kitâblardan on adedini, Mustafâ Kâtib Çelebînin "rahmetullahi aleyh",[1] **(Keşf-üz-zünûn)** kitâbından ve zeylinden alarak bildiriyoruz:

1 - Bursalı Süleymân Çelebînin Türkçe mevlid kasîdesi çok şöhret kazanmışdır. Osmânlıların ve Türkiyenin her yerinde seve seve okunmakdadır. Asl ismi **(Vesîlet-ün-necât)**dır. Süleymân Çelebî, yıldırım sultân Bâyezîd "rahmetullahi aleyh" hânın imâmı idi. 800 [m. 1398] de Bursada vefât etmişdir.

2 - Muhammed Ak Şemsüddîn efendinin[2] oğlu Hamdullah efendi "rahmetullahi aleyh" de bir mevlid kasîdesi yazmışdır.

---

[1] Kâtib Çelebî 1067 [m. 1656] da İstanbulda vefât etdi.
[2] Ak Şemsüddîn 864 [m. 1460] da Göynükde vefât etdi.

3 - Molla Hasen-ül Bahrî "rahmetullahi aleyh" de, bir mevlid yazmışdır. 994 [m. 1586] de vefât etmişdir.

4 - Vâiz Muhammed bin Hamza da yazmışdır.

5 - Şemsüddîn Ahmed Sîvâsî "rahmetullahi aleyh" de yazmışdır. 1006 [m. 1598] da vefât etmişdir.

6 - Hâfız ibni Nâsıriddîn Dımışkî "rahmetullahi aleyh", **(Câmi'ul-âsâr fî mevlid-il-muhtâr)** kitâbını yazmışdır.

7 - İbni Esîr Muhammed Cezrî **(Et-ta'rîf bil-mevlid-iş-şerîf)** kitâbını yazmışdır. 833 [m. 1430] de vefât etdi.

8 - Ebül Kâsım Muhammed Lülüvî "rahmetullahi aleyh", **(Dürr-ül-munzam fî-mevlid-in-Nebiyy-il-mu'azzam)** yazmış, 867 [m. 1463] de Şâmda vefât etmişdir.

9 - Afîfüddîn Muhammed Tebrîzî, **(Mevlid-in-Nebî)** kitâbını yazmış, 855 [m. 1451] de Medîne-i münevverede vefât etmişdir.

10 - Seyyid Muhammed Kavukcu hanefî, **(Mevlid-in-Nebî)** kitâbını yazmış, 1305 [m. 1887] de vefât etmişdir.

Bunlardan başka, ibni Hacer Hiytemînin **(En-Ni'met-ül-kübrâ alel'âlem fî-mevlid-i Seyyid-i veled-i Âdem)** kitâbı ve Celâlüddîn-i Süyûtînin, **(Er-Reddü alâ men enkere kırâetel-mevlid-in-Nebî)** kitâbı ve Yûsüf Nebhânînin[1] **(Cevâhir-ül-bihâr)** kitâbının üçüncü kısmı ile **(Huccet-ullâhi alel'âlemîn)** kitâbının 233 ve sonraki altı sahîfesi ve Ahmed Sa'îd-i müceddidînin **(İsbât-ül-mevlid)** kitâbı ve allâme Muhammed Zerkanînin **(Şerh-ul-Mevâhib-il-ledünniyye)** kitâbının birinci kısmının 136. cı ve sonraki dört sahîfesi, Mevlid okumanın ibâdet olduğunu vesîkalarla isbât etmekdedirler. Bu son altı kitâb, bir arada 1397 [m. 1977] senesinde İstanbulda basılmışdır. Ahmed Sa'îd Fârûkî müceddidî 1277 [m. 1861] de Medînede vefât etdi. Urdu dili ile yazdığı **(Sa'îd-ül-beyân)** mevlid kitâbı ile seyyid Abdülhakîm Efendinin "rahmetullahi aleyh" türkçe **(Mevlid kırâetinin fazîleti)** de çok kıymetlidir.

Hindistândaki islâm âlimlerinin büyüklerinden mevlânâ Muhammed Fadl-ur-Resûl "rahime-hullahü teâlâ" 1266 [m. 1850] senesinde fârisî olarak yazdığı **(Tashîh-ul-mesâil)** kitâbında, vehhâbîlere satılmış olan Muhammed İshak ismindeki Hindistânlı bir din adamının **(Miete mesâil)** kitâbına cevâb vermişdir.

---

[1] Yûsüf Nebhânî 1350 [m. 1932] de vefât etdi.

Fadl-ür-Resûl-i Bedâyûnî "rahmetullahi aleyh" 1289 [m. 1872] de vefât etdi. Kitâbının 253. cü sahîfesinden başlıyarak diyor ki: Mevlid okumak, ilk üç asrda yokdu. Bundan sonra meydâna çıkdı. Bunun için âlimler, mevlid cem'ıyyetinin [toplanmanın] câiz olup olmamasında ihtilâf etdi. Sözleri birbirine uymadı. Âlimlerin bu ihtilâfları, (Sîret-i Şâmî) kitâbında uzun yazılıdır. Sîret-i Şâmî kitâbının yazarı, Muhammed bin Yûsüf Şâmîdir "rahime-hullahü teâlâ". 943 [m. 1536] de Mısrda vefât etmişdir. Kitâbında yalnız ihtilâfları bildirmiş, bunlar arasında bir tercîh yapmamışdır. Bununla berâber, mevlid cem'ıyyetinin müstehab olduğunu bildiren birçok büyük âlimleri haber vermişdir. Üstâdlarının, buna karşı olanları red etdiklerini de bildirmişdir. Çoğunluğu bırakıp da, birkaç muhâlifi ileri sürerek, mevlid cem'ıyyetine câiz değildir denilirse, fıkh mes'elelerinin çoğuna i'timâd kalmaz. Sîret-i Şâmîde diyor ki:

Hâfız, [ya'nî hadîs âlimi] Şemsüddîn Muhammed Sehâvî diyor ki, (Mevlid [cem'ıyyeti yapmak] hakkında, Selefden bir haber yokdur. Üçüncü asrdan sonra hâsıl oldu. Her sene, mevlid gecesinde, müslimânlar sadaka veriyorlar, seviniyorlar. Hayr ve hasenât yapıyorlar. Toplanıp, mevlid kasîdesi okutup dinliyorlar). [Şemsüddîn Sehâvî, 902 [m. 1496] de, Medîne-i münevverede vefât etdi.] Hâfız İzzeddîn Alî ibni Esîr Cezrî diyor ki, (Mevlid okumak, bütün sene, zarar ve korkulu şeylerden korur. Mevlid okunan yere, o sene, rahmet ve bereket yağar). [İbni Esîr Alî Cezrî, 630 [m. 1232] da, Mûsulda vefât etdi.] Hâfız İmâdüddîn İsmâ'îl ibni Kesîr, Erbil emîrinin, Rebîul-evvel ayında büyük mevlid cem'ıyyetleri yapdığını bildirmekdedir. [İbni Kesîr, 774 [m. 1372] de vefât etmişdir.] Ebül-Hattâb Ömer ibni Dıhye, (Et-tenvîr fî-Mevlid-il-Beşîr) kitâbında, Erbîl emîrinin yapdığı mevlid cem'ıyyetlerini uzun anlatmakdadır. Birçok âlimler, meselâ imâm-ı Nevevînin üstâdı hâfız Ebû Şâme, bu kitâbı medh ve senâ etmişlerdir. Abdürrahmân Ebî Şâmenin, (El-bâis alâ inkâr-il-bida' vel-havâdis) kitâbı bu senâlarla doludur. [Ebû Şâme 665 [m. 1266] de, Ebûlhattâb Ömer 633 [m. 1236] de vefât etmişlerdir.] Allâme Seyfüddîn ibni Tuğrul beg, (Dürr-ün-nazîm fî-mevlid-in-Nebiyyil-kerîm) kitâbında diyor ki, (Resûlullahın "sallallahü aleyhi ve sellem" âşıkları, mevlid gecelerinde, mevlid cem'ıyyetleri yapıyorlar. Bunlardan biri, İbni Efdal ismi ile meşhûr olan Ebül-Hasenin Mısrda yapdığı büyük mevlid cem'ıyyeti ve üstâdımızın üstâdı Ebû Abdüllah bin Muhammed bin Nu'mânın ve Cemâlüddîn acemî Hemedânînin ve Yûsüf bin Alî Haccâr-ı Mısrînin Mevlid cem'ıyyetleridir. Bunlar, Resûlullahı "sallallahü aleyhi ve sellem" rü'yâda gördüklerini ve **(Bizim için sevinenler, bizi de sevindirirler)** buyurduğunu söylemişlerdir.) [İbni Tuğrul beg, 670 [m. 1271] senesinde vefât etmişdir.]

İbni Battâl mâlikî, fetvâsında diyor ki, (Mevlid gecesinde sadaka vermek, müslimânları toplayıp câiz olan şeyleri yidirmek ve câiz olan şeyleri okutup dinletmek ve sâlih kimseleri giydirmek, bu geceye hurmet etmek olur. Bunları Allah rızâsı için yapmak câizdir ve çok sevâb olur. Bunları yalnız fakîrler için yapmak şart değildir. Fekat, muhtâc olanları sevindirmek dahâ sevâb olur. Zemânımızda olduğu gibi, toplantıda uyuşdurucu [serhoş edici] şeyler kullanılırsa, genç oğlanlar toplanır, kadın erkek karışık olursa ve şehveti tahrik eden şi'r ve şarkılar okunursa, [çalgı, ney, dümbelek gibi lehv âletleri çalınırsa], çok günâh olur). [Böyle harâm şeyleri, ibâdet olarak yapmanın, ibâdet arasında yapmanın günâhı katkat ziyâde olur. Böyle harâmlara, islâm müziği diyenlere aldanmamalıdır. İbni Battâl 449 da vefât etdi.] İmâm-ı Celâlüddîn Abdürrahmân bin Abdil-Melik Kettânî diyor ki, (Mevlid günü ve gecesi, mübecceldir, mukaddesdir, mükerremdir. Şerefi, kıymeti çokdur. Resûlullahın "sallallahü teâlâ aleyhi ve sellem" varlığı, vefâtından sonra, Ona tâbi' olanlar için, kurtuluş vesîlesidir. Onun mevlidi için sevinmek, Cehennem azâbının azalmasına sebeb olur. Bu geceye hürmet etmek, sevinmek, bütün senenin bereketli olmasına sebeb olur. Mevlid gününün fazîleti, Cum'a günü gibidir. Cum'a günü, Cehennem azâbının durduğu, hadîs-i şerîfde bildirildi. Bunun gibi, mevlid gününde de azâb yapılmaz. Mevlid geceleri sevindiğini göstermeli, çok sadaka, hediyye vermeli, da'vet olunan ziyâfetlere gitmelidir). [Harâm işlenen, harâm bulunan toplantılara gitmemeli, harâm işlemekden ve harâm işliyenlerin arasına karışmakdan ve ibâdetlere harâm karışdırmakdan çok sakınmalıdır.]

Allâme Zahîrüddîn bin Ca'fer diyor ki, (Mevlid cem'ıyyeti yapmak, bid'at-i hasenedir. Sâlihleri toplayıp, salevât okumak, fakîrleri doyurmak, her zemân sevâbdır. Fekat, bunlara harâm karışdırmak, çalgı, şarkı, raks gibi şeyler yapmak büyük günâh olur). Allâme Nasîrüddîn diyor ki, (Mevlid cem'ıyyeti yapmak, sünnet değildir. Fekat, o gün sadaka, hediyye vermek, neş'e ve sürûr izhâr etmek, oğlanlar ve kadınlar karışık olmadan mevlid kasîdesi okutmak ve bu cem'iyyete gitmek çok sevâb olur. Fekat, zarûret olmadan, kimseden birşey istememelidir. Zarûret olmadan istemek harâmdır. Sâlih müslimânların toplanarak, Allahü teâlâyı zikr etmeleri ve salevât okumaları ibâdet olur. Sevâbı çok olur).

Allâme Abdürrahmân Ebû Şâme,[1] **(El-Bâ'is)** kitâbında diyor ki, (Rebî, imâm-ı Şâfi'îden haber verdi ki, (Bid'at iki kısmdır. Bir kısmı, Kitâba, sünnete, esere [ya'nî, Eshâb-ı kirâmın sözlerine] veyâ icmâ'a uymaz. Bunlar, dalâlet, sapıklıkdır. Bid'atin ikinci kısmı, bu dört delîle uygun olan hayrlı şeylerdir. Hiçbir âlim bunların kötü olduğunu bildirmedi. Ömer "radıyallahü anh", Ramezân gecelerinde, câmi'lerde, cemâ'at ile terâvîh nemâzı kılmağa, (çok güzel bid'at) dedi. Böyle bid'atlere **(Bid'at-i hasene)** denir. Bid'at-i haseneyi işlemenin câiz ve müstehab olduğu, sözbirliği ile bildirildi ve bunları Allah rızâsı için yapana sevâb verilir denildi. İslâm ahkâmına uygun olan bütün yenilikler böyledir. Câmi'lere minber, yolculara hân, talebeye mekteb, medrese gibi, islâm ahkâmına uygun olan iyi şeyler, bid'at-i hasenedir. Bunlar, Eshâb-ı kirâm ve Tâbi'în-i ızâm zemânlarında yokdu. Sonradan meydâna çıkdı. Fekat, Allahü teâlânın emrlerini yapmak için yardımcı olduklarından, bid'at-i hasene denildi). Bu bid'at-i hasenelerden biri, Mûsul civârındaki Erbil şehrinde, her sene yapılan Mevlid cem'ıyyetleridir. Mevlid-i Nebî "sallallahü aleyhi ve sellem" gecelerinde, sadakalar verilir. Zînetler ve sevinçler gösterilir. Fakîrlere ihsânlar yapılır. Böylece, Resûlullaha "sallallahü aleyhi ve sellem" olan muhabbet ve ta'zîm i'lân olunur. Bu cem'ıyyeti Mûsulda ilk olarak, büyük âlim, sâlihlerden Ömer bin Melâ yapdı. Erbil sultânı [Ebû Sa'îd el-Muzaffer Kükbûrî], buna tâbi' oldu. [Ebû Sa'îd, Salâhuddîn-i Eyyûbînin "rahime-hümullahü teâlâ," eniştesi idi. 630 [m. 1232] senesinde, hıristiyanların (Haçlı orduları) denilen saldırılarına karşı yapılan Akka kal'ası cihâdında şehîd oldu.] Şâfi'î âlimlerinden allâme Sadr-üd-dîn Ömer diyor ki, (Mevlid cem'ıyyeti yapmak, câizdir. Mekrûh değildir. Niyyete göre sevâb verilir). [Niyyet, bozuk olursa, hiç sevâb verilmez.] Hâfız diyor ki, Mevlid cem'ıyyeti yapmak, bid'atdir. [Ya'nî, sonradan meydâna çıkmış olan bir ibâdetdir.] Fekat, iyi, fâideli şeyler yapıldığı için, fenâ şeyler bulunmadığı için bid'at-i hasenedir.

Resûlullah "sallallahü aleyhi ve sellem", Medîne şehrine gelince, yehûdîlerin, Muharrem ayının onuncu gününde oruc tutduklarını gördü. Sebebini sordu. Bugün, Allahü teâlâ, Fir'avnı boğdu. Mûsâ aleyhisselâmı kurtardı. Bunun için, sevincimizden oruc tutarak Allaha şükr ediyoruz dediler. **(Mûsâ aleyhisselâm kurtulduğu için, ben dahâ çok sevinirim)** buyurarak, oruc tutdu. Müslimânla-

---

[1] Ebû Şâme 665 [m. 1266] da vefât etdi.

ra da, Aşûre günü oruc tutmalarını emr etdi. Bir ni'met geldiği ve bir sıkıntıdan kurtulunduğu zemân, Allahü teâlâya şükr edildiği gibi, her sene, o gün yine şükr etmek lâzım olduğu, bu hadîs-i şerîfden anlaşılmakdadır. Allahü teâlâya şükr etmek, secde etmek ile, sadaka vermek ile, Kur'ân-ı kerîm okumak ile ve bunlar gibi, her ibâdeti yapmak ile olur. İhsân sâhibi, rahmeti bol olan yüce Peygamberin dünyâya gelmesinden dahâ büyük ni'met var mıdır? Her sene, o günü arayıp, bu ni'meti düşünmek lâzımdır. Böylece, Resûlullahın, Mûsâ aleyhisselâmın kurtulması ni'meti için şükr etmesine tâbi' olunur. Bu düşünülmezse, böyle niyyet yapılmazsa, Resûlullahın bu sünnetine uyulmuş olmaz, sevâbı olmaz). Hâfız Muhammed ibni Cezerî şâfi'î[1] diyor ki, (Ebû Leheb rü'yâda görülüp, ne hâlde olduğu soruldukda, kabr azâbı çekiyorum. Ancak, her sene, Rebî'ul-evvel ayının onikinci geceleri, azâbım hafîfliyor. İki parmağım arasından çıkan serin suyu emerek ferahlıyorum. Bu gece, Resûlullah dünyâya gelince, Süveybe ismindeki câriyem, bunu bana müjdelemişdi. Ben de, sevincimden, bunu âzâd etmiş ve Ona süt annelik yapmasını emr etmişdim. Bunun için, bu gecelerde azâbım hafîfliyor dedi. Âyet-i kerîme ile kötülenmiş olan Ebû Leheb gibi azgın bir kâfirin azâbı hafîfleyince, O yüce Peygamberin ümmetinden olan bir mü'min, bu gece sevinir, malını dağıtır, böylece, Peygamberine "sallallahü teâlâ aleyhi ve sellem" olan sevgisini gösterirse, Allahü teâlâ ihsân ederek, onu Cennetine sokar. Üstâdım fetvâlarında diyor ki, mevlid cem'ıyyeti yaparak, Kur'ân-ı kerîm ve Mevlid-in-Nebî okumak, sonra yiyecek ikrâm etmek, sonra dağılmak, bid'at-i hasenedir. Bunu yapana ve orada bulunanlara sevâb verilir.) Hâfız, Beyhekîden alarak diyor ki, (Resûlullah "sallallahü aleyhi ve sellem", Peygamber olduğu bildirildikden sonra, kendisi için, Akîka kurbanı kesdi. Hâlbuki, dünyâya geldiğinin yedinci günü, dedesi Abdül-Muttalibin, kendisi için, Akîka kesmiş olduğunu biliyordu. Akîkayı tekrâr kesmek de câiz değildir. İkincisini, kendisinin âlemlere rahmet olarak yaratılmış olduğuna şükr olarak kesdiği ve böyle yapmaları için, ümmetine örnek olmak istediği anlaşılmakdadır. Nitekim, ümmetini teşvîk için, kendine salevât okuduğu çok görüldü. Bunun için, müslimânların, mevlid gecelerinde toplanarak, mevlid kasîdesi okumaları, tatlı şeyler yidirmeleri ve hayrât ve hasenât yapmaları, böylece, o gecenin şükrünü yerine getirmeleri, müstehab oldu. **(Sünen-i ibni Mâce)** şerhinde, harâm, yasak şeyler karışdırmadan

---

[1] İbni Cezerî 833 [m. 1429] da Şîrâzda vefât etdi.

mevlid cem'ıyyeti yapmanın bid'at-i hasene ve müstehab olduğu bildirildi).

(Sîret-i Şâmî) veyâ **(Sübülül-hüdâ verreşâd)** denilen kitâbda, Fâkihânînin yazıları ve üstâdının bunlara vermiş olduğu cevâblar, şöyle yazılıdır:

Fâkihânî - Mevlid cem'ıyyeti yapmanın, Kitâba ve Sünnete uydurulacak bir yeri olduğunu bilmiyorum.

Üstâdı - Birşeyi bilmemek, onun yok olduğunu göstermez. Hâfızların imâmı İbni Hacer, mevlid cem'ıyyetinin sünnetden bir aslı olduğunu bildirdi. Biz de, ikinci bir aslı dahâ bulunduğunu yukarda bildirdik.

F. - Büyük âlimlerden birinin, mevlid cem'ıyyeti yapdığı bildirilmiş değildir.

Ü. - Mevlid cem'ıyyetini ilk olarak, âlim sâlih olan bir Emîr yapdı. Bunu Allah rızâsı için yapdı. Sayısız âlimler, sâlihler, bu cem'ıyyetde hâzır oldular. İbni Dıhye, bunu medh eyledi. Büyük âlimler, Emîrin bu işini öven kitâblar yazdılar. Kötüleyen, hiç olmadı.

F. - Mevlid cem'ıyyeti nasıl müstehab olabilir? Müstehab, islâmiyyetin taleb etdiği şey demekdir.

Ü. - İslâmiyyetin taleb etmesi, Nass ile veyâ Kıyâs ile olur. Burada Nass yok ise de Kıyâs vardır.

F. - Mevlid cem'ıyyetine mubâh da denilemez. Dinde bid'at çıkarmağa, hiçbir âlim mubâh dememişdir.

Ü. - Bid'at, yalnız mekrûh ve harâm değildir. Mubâh, müstehab ve vâcib olan bid'atler de bildirilmişdir. İmâm-ı Nevevî diyor ki, (Dinde bid'at, Resûlullahın "sallallahü aleyhi ve sellem" zemânında bulunmayıp da, sonradan meydâna çıkarılan şeyler olup ikiye ayrılır: Hasene ve seyyie). İzzeddîn bin Abdisselâm diyor ki, (Bid'at, vâcib, harâm, müstehab, mekrûh ve mubâh kısmlarına ayrılır. Han, mekteb ve her hayr ve hasene, müstehab olan bid'atlerdir. Terâvîh nemâzı ve tesavvuf yolları da böyledir). Beyhekî, imâm-ı Şâfi'îden haber veriyor ki, İmâm, (Bid'at, iki kısmdır. Kitâba veyâ Sünnete veyâ Esere veyâ İcmâ'a ters düşenler, dalâletdir. Bu dört temelden birine uygun olanlar, dalâlet değildir) buyurdu.

F. - Mevlid gecesi, çoluk çocuğunu ve arkadaşlarını toplayıp yidirirse günâh olmaz. Herkesi toplamak, çirkin bid'at olur.

Ü. - O mubârek gecede, herkesi toplamak, Kitâba, Sünnete, Esere ve İcmâ'a muhâlif değildir.

F. - Bu toplantılarda tegannî, raks bulunur ve oğlanlar, kadınlar karışık olursa ve başka harâmlar bulunursa, sözbirliği ile harâm olur.

Ü. - Bu söz doğrudur. Fekat, toplantının harâm olmasına, bu harâm şeyler sebeb olmakdadır. Böyle şeyler, Cum'a nemâzı kılmak için yapılan toplantıda da bulunursa, o toplantı da, harâm olur. Fekat, o toplantı harâm olduğu için, Cum'a nemâzı için toplanmak harâm olur denilemez. Bunun gibi, mevlid gecesi için toplanmak harâm olur denilemez. Ramezân gecelerinde terâvîh kılmak için yapılan toplantılara, böyle yasak şeyler karışdırıldığı görülmekdedir. Bunlar karışdırıldığından dolayı terâvîh nemâzı için toplanmağa harâmdır denilebilir mi? Aslâ denilemez. Terâvîh nemâzı kılmak için toplanmak iyidir. Bu toplantıya çirkin, yasak şeyler karışdırmak fenâdır denir. Bunun gibi, mevlid için toplanmak iyidir. Fekat, bu toplantıya çirkin, yasak şeyler karışdırmak fenâdır demek lâzımdır.

F. - Resûlullah "sallallahü aleyhi ve sellem" Rebî'ul evvel ayında dünyâya geldi ise de, vefâtı da, bu ayda olmuşdur. Bu ayda sevinmek değil, üzülmek, mâtem yapmak lâzımdır.

Ü. - Resûlullahın "sallallahü aleyhi ve sellem" vilâdeti büyük ni'met olduğu gibi, vefâtı da, şübhesiz büyük musîbetdir. Dînimiz, ni'metlere şükr etmemizi, musîbetlere de sabr ve sükût etmemizi, onları örtmemizi emr ediyor. Çocuk olunca, akîka kesmeği emr ediyor. Ölünce, hayvan kesmeği veyâ başka birşey yapmağı emr etmiyor. Hattâ bağırıp çağırmağı, mâtem yapmağı yasak ediyor. Bunun için, bu ayda ferah, neşeli, sevinçli olmak, üzüntülü olmamak, mâtem yapmamak lâzımdır. (Es-Sîret-üş-Şâmiyye)den terceme temâm oldu.

[(Sîret-i Şâmî) müellifi Muhammed bin Yûsüf şâfi'î 943 [m. 1536] da vefât etdi. Ömer bin Alî İskenderî mâlikî Fâkihânî, 734 [m. 1334] de, Şeyh-ul-islâm İzzeddîn ibni Abdisselâm şâfi'î, 660 [m. 1261] da vefât etdi. İslâm ahkâmına göre, hem sevinç, hem de üzüntü bulunan bir günün yıl dönümlerinde, üzülmeyip, sevinmek, o gündeki sevinçli şeyleri hâtırlayıp, üzüntülü şeyleri düşünmemek lâzımdır. Dînimizin bu emrine göre, Muharrem ayının onuncu günü mâtem tutmayıp, Resûlullahın sünnetine uyarak, şükr etmek, sevinmek lâzımdır. Evet, hazret-i Hüseyn "radıyallahü anh", o gün şehîd edildi. O yüce imâmın şehîd edilmesi, bütün müslimânlar için büyük musîbet ve üzüntüdür. Hazret-i Osmânın ve hazret-i Hamzanın, pek feci' şekilde şehîd edilmeleri de, böyle büyük musîbet ve üzüntüdür. Fekat, Peygamberimiz "sallallahü aleyhi ve sellem", hazret-i Hamzanın şehîd edildiği günün yıl dönümlerinde mâtem yapmadı. Mâtem yapılmasını emr etmedi. Rast geldiği günlerde kabrini ziyâret eder, düâ yapardı. Muharremin onuncu günlerinde, aklımıza uyarak, mâtem yapmamız değil, Peygamberimize uyarak, şükr orucu tutmamız, neşeli olmamız lâzımdır.]

Resûlullahın "sallallahü teâlâ aleyhi ve sellem" şâ'irleri vardı. Düşmanların iftirâlarına cevâb verirler ve Resûlullahı överlerdi. Bunlardan Hassân bin Sâbitin şi'rlerini çok beğenirdi. Resûlullah "sallallahü aleyhi ve sellem", mescide, Hassân için bir minber koydurdu. Hassân buraya çıkıp, düşmanları kötüler, Resûlullahı överdi. Resûlullah, **(Hassânın sözleri, düşmanlara ok yarasından dahâ çok te'sîrlidir)** buyururdu. Hadîs-i şerîfde, **(Allahü teâlâ bir kuluna yazı ve söz san'atı ihsân ederse, Resûlullahı övsün, düşmanlarını kötülesin!)** buyuruldu. İslâm memleketlerinde mevlid okunması, bu hadîs-i şerîfdeki emre de uygun bir ibâdet olmakdadır. Mevlid okumağa karşı gelen bir kimse, Resûlullahın ve Eshâb-ı kirâmın yapdıkları birşeyi beğenmemiş olduğu gibi, bu hadîs-i şerîfe de karşı gelmekdedir.

(Delâil-i şerîf), bir salevât kitâbıdır. Bir düâ kitâbıdır. Resûlullaha salât ve selâm okumağı Kur'ân-ı kerîm emr ediyor. Bu düâ kitâbını okumağa mâni' olan kimse, Kur'ân-ı kerîmin bu emrine karşı gelmekdedir. Her müslimân, her dil ile, düâ eder. Buna kâfir denemez. Evet, âyet-i kerîmelerde ve hadîs-i şerîflerde bildirilen düâları değişdirmeden okumak lâzımdır. Âyet-i kerîmede ve hadîs-i şerîflerde bildirilmemiş olan düâlar nemâz dışında okunabilir. İslâmiyyet bunu yasak etmemişdir. Okunamaz diyen, yalan söylüyor. Allahü teâlânın ve Resûlünün yasak etmediği şeye yasak diyenin ve hele küfr, şirk diyenin kendisinin kâfir olmasından korkulur. Resûlullahı, ulûhiyyet derecesine çıkarmamak şartı ile, çok övmek, mahlûkların en üstüne çıkarmak, Allahü teâlânın, sevgili Peygamberine verdiği üstünlükleri saymak ve Ondan şefâ'at istemek, büyük ibâdetdir. Buna karşı koymak, koyu bir câhillik, pek çirkin bir inâddır. Hele, (Delâil kitâbının yazarı, kitâbı yedi parçaya ayırmış, hergün bir parçasını okuyarak, hepsini bir haftada okumalı diyor. Bu sözü şirkdir. Hergün beş vakt nemâz kılınız demek gibi, Allahlık makâmını işgâl etmekdir. Kendisini Rabbül'âlemînden üstün tutmakdır) demek, ahmakca bir sözdür. Vehhâbî kitâbı da, üçyüzotuzbeşinci sahîfesinde, Allahü teâlâyı sevmek için, on sebeb vardır diyor. Bunları sıralıyarak anlatıyor. Onların Delâil-i hayrât kitâbının yazarına müşrik demelerine karşılık, birisi çıkıp da, onlara îmânın şartı altıdır. Siz bunu on'a çıkarıyor, müşrik oluyorsunuz demesine benzemekdedir.

(Delâil-ül-hayrât) kitâbına çok saldırıyorlar. Bu kitâbı, Ehl-i sünnet âlimlerinden, olgun velî, âriflerin önderi, Muhammed bin Süleymân Cezûlî Şâzilî "rahmetullahi aleyh" yazmışdır. 870 [m. 1465] de şehîd edildi. Resûlullaha Salevât okumanın önemini ve fâidelerini anlatmakdadır. Sonra, hadîs-i şerîflerden çıkardığı ve Eshâb-ı kirâmın okudukları salevât düâlarını toplayıp yazmışdır. Delâil kitâbını kötülemek, islâmiyyeti kötülemek olur.

Tarîkat, yol demekdir. Tesavvuf yolu demekdir. Tesavvufun bid'at olmadığını, hepsinin Resûlullah efendimizin sünnetine uygun olduklarını, imâm-ı Rabbânî müceddid-i elf-i sânî Ahmed Fârûkî ve Muhammed Ma'sûm-i Fârûkî "rahmetullahi aleyh" **(Mektûbât)**ında uzun yazmışlardır. Bunlardan birkaçını fârisîden türkçeye terceme ederek, yedinci ve ondokuzuncu maddelerde yazdık. Lûtfen oradan okuyunuz!

Tesavvufdan haberleri olmıyanlar, buna da saldırıyorlar. Müslimânları bu yüzden de kötülüyorlar. Muhammed Ma'sûm-i Fârûkî, birinci cildin yüzyetmişyedinci mektûbunda, tesavvufun ne olduğunu kısaca anlatmakdadır. Bu mektûbu da, aşağıya terceme etmeği uygun gördük:

Keşflere ve rü'yâlara güvenmeyiniz! Güvenilecek ve insanı Cehennemden kurtaracak şey, yalnız Kitâb ile Sünnetdir. Allahın Kitâbına ve Peygamberin sünnetine var kuvvetinizle sarılınız! Bütün işlerinizin bu ikisine uygun olmasına çok önem veriniz! Zikr etmek de, Allahü teâlânın emrlerinden biridir. Çok zikr yapınız! Her zemânınızı zikr ile geçiriniz!

[Enfâl sûresinin kırkaltıncı âyetinde meâlen, **(Ey mü'minler! Allahü teâlâyı kalb ile ve dil ile çok zikr ediniz. Felâh bulursunuz!)** ve Cum'a sûresinin onuncu âyetinde meâlen, **(Her zemân, Allahü teâlâyı çok zikr ediniz! Dünyâda ve âhıretde felâha kavuşursunuz!)** ve Ahzâb sûresinin kırkbirinci âyetinde meâlen, **(Ey mü'minler, Allahü teâlâyı her zemân zikr ediniz!)** buyurulmuşdur. Tibyân tefsîrinde, Abdüllah ibni Abbâs "radıyallahü teâlâ anhümâ" buyurdu ki, Allahü teâlâ bütün emrleri için bir sınır koymuş, bu sınırı aşınca, özr saymışdır. Özr olanı afv eylemişdir. Yalnız zikr ediniz emri, böyle değildir. Bunun için bir sınır ve özr tanımamışdır. Hiçbir özr ile zikr terk edilmez. Dururken, otururken ve yatarken de zikr ediniz dedi. Her yerde, her hâlde, dil ile ve kalb ile zikr edin buyurdu. Beni hiç unutmayın buyurdu. Bekara sûresinin yüzelliikinci âyetinde meâlen, **(Beni zikr edin! Ben de sizi zikr ederim!)** buyuruldu.

Tibyândaki hadîs-i kudsîde, **(Beni zikr eden kulumla birlikdeyim)** buyuruldu. Beyhekînin bildirdiği hadîs-i şerîflerde, **(Derecesi en yüksek olanlar, Allahı zikr edenlerdir)** ve **(Allahı sevmenin alâmeti, Onu zikr etmeği sevmekdir)** ve **(Allahın zikri, kalblerin şifâsıdır)** ve **(Zikr,** [nâfile] **sadakadan, orucdan dahâ hayrlıdır)** ve **(Allahı çok zikr edeni, Allah sever)** buyuruldu. Resûlullah, her ân zikr ederdi. Tesavvuf, Allahü teâlâyı çok zikr etmekdir. Böyle tesavvuf kötülenebilir mi?]

Bu yolun en üstün derecesinin, Allahü teâlâya ma'rifet, ya'nî Onu tanımak olduğunu, Allah adamları sözbirliği ile bildirmişlerdir. Bu ma'rifet de, Allahü teâlâda yok olmak demekdir. Ya'nî, Allahü teâlâyı tanımak demek, yalnız, Onun var olduğunu, Ondan başka herşeyin yok olduğunu anlamak demekdir. İşte, tesavvuf, bu ma'rifete, bu anlayışa kavuşduran yoldur. Nazm:

> *Kendini yok bil, kemâl ancak budur,*
> *Onda yok ol, kavuşmak, işte budur!*

Bu yokluğa **(Fenâ)** denir. İki dürlü fenâ vardır: Biri **(Fenâ-ı kalb)** olup, kalbin Allahü teâlâdan başka herşeyi unutmasıdır. Ne kadar uğraşsa, Ondan başka hiçbirşeyi hâtırlayamaz. Kalb, Allahdan başka hiçbirşeyi bilmez ve sevmez. Fenânın ikincisi, **(Fenâ-ı nefs)**dir. Nefsin fenâsı, onun yok olması demekdir. İnsan kendisine ben diyemez olur. Ârifin kendisi ve eseri kalmaz. Allahdan başka hiçbirşeyi bilmez ve sevmez. Kendine ve başkalarına bir bağlılığı kalmaz. İnsanları felâkete sürükliyen en büyük zehr, Allahü teâlâdan başka bir şeye düşkün olmakdır. Böyle bir ârifin îmânı, parlak bir ayna gibidir. Her işi islâmiyyete uygundur. Allahü teâlânın emrlerine ve yasaklarına uymak, Ârif olana çok tatlı ve kolay gelir. Kendinde ucb [ibâdetlerini beğenmek] ve riyâ gibi kötü huy hiç yokdur. Her işi, her ibâdeti ihlâs iledir. Ya'nî, yalnız Allahü teâlâ içindir. Nefs, önce, Allahü teâlânın emrlerine âsî ve düşman iken, şimdi itmînâna kavuşmuş, kuzu gibi olmuşdur. Hakîkî, tâm müslimân olmuşdur.

Tesavvuf yolunda ilerlemek, kendini yok bilmek içindir. Allahü teâlâya tâm kul olmak içindir. Bu yolda ilerlemeğe **(Seyr)** ve **(Sülûk)** denir. Bu yolun sonu **(Fenâ)** ve **(Bekâ)**dır. Ya'nî, Allahü teâlâdan başka herşeyi unutmak ve yalnız Allahü teâlâyı var bilmekdir. Fenâ ile bekâya kavuşan kimseye, **(Ârif)** denir. İnsanın yapabileceği kulluğu, ârif yapabilir. Nefsden ileri gelen tenbellik, gevşeklik kalmaz. Tesavvuf yolunda olmak Allaha kul olmakdan kurtulmak için değildir. Kendini, başkalarından üstün yapmak için değildir. Rûhları, melekleri, cin ve nûrları görmek için değildir. Herkesin gözle gördüğü, düzgün, güzel, tatlı şeyler yetişmiyormuş gibi, başka şeyler aramanın ne kıymeti olur? Onlar da, bunlar da, hep Allahü teâlânın yaratdığı varlıklardır. Hepsi yok idi. Sonradan yaratılmış şeylerdir. Allahü teâlâya kavuşmak, Onun cemâlini görmek ise, ancak âhıretde, Cennetde olacakdır. Dünyâda olamaz. Böyle olduğunu, Ehl-i sünnet âlimleri ve tesavvuf yolunun büyükleri "rahime-hümullahü teâlâ", sözbirliği ile bildirdiler. Dünyâda ele geçen, ancak **(İkân)**dır. [Bunun ne demek olduğu, **(Se'âdet-i Ebediyye)** kitâbının üçüncü kısmında uzun bildirilmişdir.]

Tesavvuf yolculuğu, dünyâda islâmiyyeti temâmlamak içindir. İslâmiyyet, üç şeyden meydâna gelmişdir. Bunlar, ilm, amel ve ihlâsdır. Tesavvuf, bu üçüncüsünü elde etmek içindir. Allahü teâlâya yaklaşmak, Ona kavuşmak, Onu görmek, ancak âhıretde olacakdır. Bunun için, bütün gücünüzle Muhammed aleyhisselâmın yoluna sarılınız! Emr-i ma'rûf ve nehy-i münker yapmağı huy edininiz! Unutulmuş sünnetleri ortaya çıkarmağa çalışınız! [Sünnetleri ortaya çıkarırken, fitne ve fesâd uyandırmayınız. Fitne çıkarmak harâmdır. Sünnet işleyeceğim derken, harâm işlemeyiniz! Kaş yaparken, göz çıkarmış olursunuz!]. Rü'yâlara güvenmeyiniz. İnsan, kendini rü'yâda pâdişâh ve kutb olmuş görse, ne kıymeti olur? Bu iki mevki' uyanık iken ele geçerse, kıymetli olur. Bir kimse, uyanık iken de pâdişâh olsa, yeryüzünde bulunan herşey onun emrinde olsa, büyüklük sayılır mı? Kabr ve kıyâmet azâblarından kurtulmağa yarar mı? Aklı olan, ileriyi görebilen kimse, böyle şeylere gönül bağlamaz. Allahü teâlânın râzı olduğu, beğendiği şeyleri yapmağa çalışır. Fenâ fillah derecesine varmağa uğraşır. Yüzyetmişyedinci mektûbun tercemesi temâm oldu.

İmâm-ı Rabbânî "rahmetullahi aleyh", birinci cild, üçyüzaltıncı mektûbunda buyuruyor ki: Fenâ fillah, mâ-sivâyı [ya'nî, Allahü teâlâdan başka herşeyi, ya'nî Onun sevmediklerini] kalbin unutması demekdir. Allahü teâlâdan başka şeylere muhabbeti, bağlılığı kalbden çıkarmak için, fenâ bulmak lâzımdır. Mahlûklar unutulunca, kalbin bunlara bağlılığı da yok olur. Vilâyet yolunda, mahlûkları sevmekden kurtulmak için, fenâ lâzımdır. Nübüvvet yolunda ise, lâzım değildir. Çünki, nübüvvet yolunda Allahü teâlâya [ve

Onun sevdiklerine] muhabbet vardır. Bu muhabbet varken, mah-lûkları unutsa da, unutmasa da, onlara muhabbet olamaz. Mahlûk-ları bilmek, onları sevmeğe sebeb olduğu için kötü olmakdadır. Mahlûkları sevmek kalmayınca, onları bilmek, tanımak kötü ol-maz. [Vilâyet yolu ile vâsıl olan için de böyledir.]

Muhammed Ma'sûm "rahmetullahi aleyh", birinci cildin 93. cü mektûbunda buyuruyor ki, fenâ fillah, bâtında [kalbde] olur. Ârif, fenâya kavuşdukdan sonra da, zevcesini, çocuklarını ve ahbablarını, eskisi gibi tanır. [İbâdetleri yapmakda, mahlûklara olan vazîfelerini, borçlarını ödemekde kusûr etmez.] Kalbin bilmesi başkadır. Zâhirin [aklın, fikrin] bilmesi başkadır. Kalb, görmekden, bilmekden kurtulduğu [ya'nî, fenâya kavuşduğu] zemân, zâhirin görmesi, bilmesi yine devâm eder.

Tesavvuf yollarının hepsi, Resûlullahdan feyz [ma'rifet, yardım] almakdadır. Eshâb-ı kirâmın hepsi, O kaynakdan, doğrudan doğruya ışık, ma'rifet aldı. Sonra gelenler, bu ma'rifetleri, Eshâb-ı kirâmdan aldı. Yalnız, hazret-i Ebû Bekr ile hazret-i Alîden alınan feyzler, ma'rifetler bugüne kadar geldi. Başka Sahâbîlerden gelen feyzler, birkaç asrdan sonraya varamadı. Feyz almak için, bu feyze kavuşmuş olan sâlih bir kimseyi bulmak, onu sevmek, onun yanında yetişmek lâzımdır. Vehhâbî kitâbı da, bunun lâzım olduğunu bildiriyor. Üçyüzotuzbeşinci sahîfesinde, *(Allahü teâlâyı sevmeğe kavuşduran on sebebden dokuzuncusu, Allahın sâdık olan sevenlerinin yanında bulunmakdır. Onların sözlerini dinleyip fâidelenmekdir. Onların yanında az konuşmakdır)* diyor. Böyle sâlih kullara **(Mürşid-i kâmil)** veyâ **(Rehber)** denir. Taberânînin bildirdiği ve **(Künûz-üd-dekâık)**de yazılı hadîs-i şerîfde, **(Herşeyin bir kaynağı vardır. Takvânın kaynağı, âriflerin kalbleridir)** buyuruldu. Deylemînin bildirdiği hadîs-i şerîfde, **(Sâlihleri anmak, günâhları temizler)** ve **(Âlimin yanında bulunmak ibâdetdir)** ve **(Âlimin yüzüne bakmak ibâdetdir)** buyuruldu. Muhammed ibni Hibbânın[1] bildirdiği hadîs-i şerîfde, **(Zikr, sadakadan dahâ fâidelidir)** buyuruldu. Deylemînin bildirdiği hadîs-i şerîfde, **(Zikr, nâfile orucdan dahâ hayrlıdır)** buyuruldu. **(Künûz-üd-dekâık)** kitâbında (Resûlullah, yürürken her adımda zikr ederdi) diyor. Buradaki hadîs-i şerîfde, **(Allahı çok zikr etmek, kalbi nifâkdan temizler)** buyuruldu. Deylemînin ve Münâvînin "rahime-hümullahü teâlâ" bildirdikleri hadîs-i şerîfde, **(Her hastalığın şifâsı vardır. Kalbin şi-**

---

[1] İbni Hibbân şâfi'î 354 [m. 965] de Semerkandda vefât etdi.

fâsı, **Allahü teâlâyı zikr etmekdir)** buyuruldu. Tesavvuf, zikr etmek ve ârifleri hâtırlamak, onları sevmek ve Resûlullahın "sallallahü teâlâ aleyhi ve sellem" yoluna yapışmakdır. Bu ve benzeri hadîs-i şerîfler ve bunların çıkarılmış oldukları âyet-i kerîmeler, tesavvufu emr etmekdedir.

Tesavvuf yollarının çeşidli ismler taşıması, câhilleri aldatmasın! Tesavvuf yolunda bulunanlar, kendilerine feyz gelmesine sebeb olan Rehberlerin adını söylemiş, bu ismler, tarîkat adı hâline gelmişdir. Meselâ, bir memleketde, yüzlerce lise vardır. Her lisede aynı, ortak dersler okunur. Fekat, hocaları başka başka olduğundan, yetişme şekilleri de başkadır. Fekat, her lise me'zûnu, ortak bilgilere ve ortak haklara mâlikdir. Herbiri, ölünceye kadar, hocalarını söyler ve över. Hocalarının ayrı olması, yetişme metodlarının farklı olması, hiçbiri için kusûr olmaz. Tesavvuf yollarının farklı olması da, böyledir. Hepsine Resûlullahın "sallallahü teâlâ aleyhi ve sellem" mubârek kalbinden saçılan feyzler, ma'rifetler gelmişdir. Üstâdlarının ve ismlerinin başka olması, hiçbiri için kusûr olamaz.

Tesavvuf yollarının başka ismleri taşımalarının sebebi, yedinci maddede de bildirilmişdir.

Evet, islâm ahkâmına uymıyan, ibâdet yapmıyan, dünyâ menfe'atleri peşinde koşan, nefslerine, şehvetlerine düşkün, kötü kimseleri, Allah da, kul da sevmez. Bunların tesavvufcuyum, kerâmet sâhibiyim demelerine inanmamalıdır. Fekat bu yüzden tesavvufu kötülememelidir. Yere düşmekle cevher sâkıt olmaz kadr-ü kıymetden demelidir.

İskat ve telkîn, bid'at değildir. Dînimizin emri ile yapıldıkları **(El-Besâir)** ve **(Se'âdet-i Ebediyye)** kitâblarında vesîkaları ile uzun yazılıdır. Lûtfen oradan okuyunuz! Buhârîde ve Müslimde ve imâm-ı Ahmedin Müsnedinde ve Münâvîde "rahime-hümullahü teâlâ" yazılı hadîs-i şerîfde, **(Ölülerinize kelime-i tevhîd telkîn ediniz!)** buyuruldu. Tenbellerin, kötü kimselerin [kabrdekilere yapılacak olan] iskâta ve telkîne güvenerek ibâdet yapmıyacaklarını, kötülük yapacaklarını söylemek, dînimizin bu iki emrini kötülemek olur. Tenbeller ve kötüler, Allahü teâlânın merhametini, afv edici olduğunu ileri sürerek, ibâdeti bırakıyor, her kötülüğü, taşkınlığı yapıyorlar. Acabâ buna karşı ne diyecekler?

Dinde herşey bildirildi. Ehl-i sünnet âlimleri "rahime-hümullahü teâlâ", bu bilgileri araşdırdı. Eshâb-ı kirâmdan işitdiklerini, öğrendiklerini kitâblarına yazdılar. Biz de, dînimizi bu kitâblardan öğreniyoruz. **(Cevâb-ı nu'mân)** kitâbının yazarı, bu bilgileri bozmağa, islâmiyyeti değişdirmeğe uğraşıyor. Herkesi aldatabilmek için, âyet-i kerîmelere ve hadîs-i şerîflere yanlış, bozuk ma'nâlar veriyor. Resûlullah "sallallahü aleyhi ve sellem", müslimân adını taşıyanların yetmişüç fırkaya [partiye] bölüneceklerini, bunlardan yetmişikisinin Cehenneme gideceklerini, yalnız Eshâbının yolunda gidenlerin Cennete gideceklerini bildirdi. Bu bir fırka, **(Ehl-i sünnet)** olan müslimânlardır. Çünki, Ehl-i sünnet âlimleri "rahime-hümullahü teâlâ", bütün bilgilerini Eshâb-ı kirâmdan aldılar. Her işlerinde Kitâba ve sünnete sarıldılar. **(Ehl-i sünnet vel-cemâ'at)** demek, Resûlullahın "sallallahü teâlâ aleyhi ve sellem" ve Onun cemâ'atinin, ya'nî Eshâbının yolunda olan müslimânlar demekdir. Ehl-i sünneti kötüliyeceği yerde, bozuk ve sapık olan yetmişiki fırkayı kötüleseydi, doğru bir iş yapmış olurdu. Fekat, böyle yapmadı. Çünki, âyet-i kerîmelerde meâlen, **(Habîs, kötü olanlar, habîslerle işbirliği yaparlar)** buyuruldu. Kendisi de habîs, sapık olduğu için, sapıklarla birleşerek, Ehl-i sünnete saldırdı. Bütün müslimânların birleşmeleri, kardeş olmaları lâzımdır. Fekat hak yolda, Ehl-i sünnet yolunda birleşmek lâzımdır. Resûlullah "sallallahü aleyhi ve sellem" sapıkların birleşemiyeceklerini, yetmişiki fırkaya parçalanacaklarını bildirdi. Müslimânlar, sapıtmamalıdır. Hak yola, Ehl-i sünnetin doğru yoluna gelmeleri, hidâyete kavuşmaları, sapıklıkdan kurtulmaları lâzımdır.

Resûlullah efendimiz, **(İşlerinizi şaşırdığınız zemân, kabrdekilerden yardım isteyiniz!)** buyurdu. Eshâb-ı kirâmın hepsi, bu hadîs-i şerîfe uyarak, kabr-i se'âdeti ziyâret etdi. Habîbullahdan "sallallahü teâlâ aleyhi ve sellem" istigâse etdiler, yardım dilediler. Böylece, murâdlarına kavuşdular. Resûlullah da "sallallahü aleyhi ve sellem", vesîleye yapışırdı. Kul ile istigâse ederdi. İbni ebî Şeybenin bildirdiği ve Münâvînin **(Künûz-üd-dekâık)** kitâbında yazılı olduğu gibi, (Resûlullah "sallallahü teâlâ aleyhi ve sellem" sıkıntılı olduğu zemânlarda Eshâb-ı kirâmın fakîrlerini vesîle ederek, bunlar hurmetine, Allahü teâlâdan yardım isterdi). Böyle yapdığı, imâm-ı Rabbânînin "rahime-hullahü teâlâ" **(Mektûbât)**ında da yazılıdır. Asrlar boyunca, islâm âlimleri de, Velîler de, Sâlihler de, bu hadîs-i şerîfe uydu. **(Cevâb-ı nu'mân)** kitâbının yazarı, islâmiyyetde böyle şey yokdur diyerek, bu ve benzeri hadîs-i şerîflere karşı geliyor. Yalanlarla, iftirâlarla, islâmiyyeti bozmağa kalkışıyor. Hakîkî müslimânlara kâfir, müşrik diyor. Allahü teâlâ, nice âyet-i kerîmelerde meâlen, **(Zikr ediniz, tesbîh okuyunuz! Allahü ekber deyiniz)** buyuruyor. Resûlullah da, bunları okuyor ve okumamızı emr ediyor. Çekirdeklerden dizilmiş tesbîhi görüp, mâni' olmadı. Bu ise, müslimânlıkda böyle şeyler yokdur diyor. Güneş balçıkla sıvanamaz! Dînimiz türbeleri yıkmağı emr etdi diyerek yalan söylüyor. Eshâb-ı kirâm "radıyallahü teâlâ anhüm ecma'în" Resûlullahın "sallallahü teâlâ aleyhi ve sellem" türbesini yıkdı mı? Yıkmadılar. Türbeyi, ağlıyarak, yalvararak ziyâret etdiler.

Allahü teâlâ, **(Peygamberime itâ'at ediniz!)** buyurdu. Resûlullah da, **(Kabrde olanlardan yardım isteyiniz!)** buyurdu. Deylemînin ve Münâvînin bildirdikleri hadîs-i şerîfde, **(Kabrdekiler olmasaydı, yer üstündeki insanlar yanarlardı)** buyuruldu.

Müslimânlar, hiçbir kabrden, hiçbir ölüden birşey istemez. Meyyit hurmeti ve hâtırı için, Allahü teâlâdan ister. Allahü teâlâ da, o sevdiği kulunun hâtırı için, bu dileği ihsân eder, verir. Müslimânlar, bir Ârifin, Velînin "rahime-hullahü teâlâ" rûhundan, feyz ve ma'rifet ister. Böylece o Velînin rûhâniyyetinden feyz alır. Fâidelenir. Böyle, rûhlardan istifâde ederek, Velî olanlara, **(Üveysî)** denir. Müslimânlar, dünyâ işleri için hem çalışır, teknikde ilerler. Hem de, Allahü teâlâya düâ eder, yalvarır, yardım dilerler.

33 - Vehhâbîlerin **(Feth-ul-mecîd)** kitâbı, tesavvufa inanmıyor. *(Mezhebler Eshâb zemânında yokdu. Bunlar, sonradan uyduruldu. Tesavvuf da, yehûdîler tarafından dîne sokuldu)* diyor. Bunun yalanlarına, iftirâlarına, Hindistânda yetişmiş büyük âlimlerden Muhammed Senâüllah-i Osmânî Dehlevî "rahmetullahi aleyh",[1] **(İrşâd-üt-tâlibîn)** adındaki fârisî kitâbında çok güzel cevâblar vermekdedir. Senâüllah-i Dehlevî buyuruyor ki:

Evliyâya inanmıyan var. Evliyâ vardı, şimdi yok diyen var, Evliyâ hiç günâh yapmaz, gaybleri bilirler, her diledikleri hemen olur, istemedikleri hemen yok olur diyenler ve bunun için, Evliyânın kabrlerinde dilekde bulunanlar var. Böyle sananlar, kendi zemânlarındaki Evliyânın böyle olmadıklarını görünce, bunların Evliyâ olduklarına inanmıyor. Bunların feyzlerinden mahrûm kalıyorlar. Müslimân ile kâfiri birbirinden ayıramıyacak kadar câhil olanlar da, kendilerinin Evliyâ olduklarını söylüyor. Böyle câhilleri Evliyâ sanarak, bunlara bağlanan ahmaklar da var. Evliyânın **(sekr)** hâlinde iken, ya'nî Allah sevgisi kaplayıp kendilerini unutdukları zemân, bilmiyerek söylediklerini dillerine dolayarak, Evliyâya kâfir diyenler de var. Evliyânın böyle sözlerinden kendilerine göre yanlış ma'nâ çıkararak, böyle yanlış inananlar, böylece Ehl-i sünnet âlimlerinin Kur'ân-ı kerîmden ve hadîs-i şerîflerden

_____

[1] Senâüllah pani-pütî 1225 [m. 1810] da vefât etdi.

çıkarmış oldukları doğru bilgilere inanmıyanlar, sapıtanlar var. Resûlullahın "sallallahü aleyhi ve sellem" hepsini teblîg etmeğe me'mûr olduğu zâhir bilgilerini öğrenip, Resûlullahın Eshâbından dilediğine dilediği kadar bildirmesi için izn verilen tesavvuf ma'rifetlerine inanmıyanlar var. Evliyâya kıymet vermiyen, saygı göstermiyenler bulunduğu gibi, Evliyâya tapınan, onlar için adak yapanlar, Kâ'be tavâf eder gibi, kabrleri etrâfında dönenler var. Bunun için, vilâyetin ya'nî Evliyâlığın ne olduğunu din kardeşlerime bildirmek istedim ve arabî dil ile **(İrşâd-üt-tâlibîn)** kitâbını yazdım. Şimdi de, bunu fârisî olarak yazıyorum. Bu kitâb beş kısmdır:

Birinci kısm, vilâyetin doğru olduğunu bildirmekdedir.

İkinci kısm, tesavvuf yolunda gözetilecek edeblerdir.

Üçüncü kısm, Rehberin gözeteceği edeblerdir.

Dördüncü kısm, tesavvuf yolunda ilerlerken gözetilecek edeblerdir.

Beşinci kısm, Allahü teâlâya yaklaşmağı ve yaklaşdırmağı bildirmekdedir.

Birinci kısm: İslâmiyyetde vilâyet ve tesavvuf ilmi vardır. İnsanda zâhirî olgunluklar, üstünlükler bulunduğu gibi, bâtınî üstünlükler de vardır. Zâhirî üstünlükler, Ehl-i sünnet âlimlerinin, Kur'ân-ı kerîmden ve hadîs-i şerîflerden anlayıp çıkardıkları bilgilere uygun olarak inanmak ve farzları, vâcibleri, sünnetleri, müstehabları yapmak ve harâmlardan, mekrûhlardan, şübhelilerden, bid'atlerden sakınmakdır. Bâtınî üstünlükler, insanın kalbinin, rûhunun yükselmesidir. **(Buhârî)** ve **(Müslim)** kitâblarında, hazret-i Ömer "radıyallahü anh" bildiriyor ki, bir gün, Resûlullahın "sallallahü aleyhi ve sellem" yanında oturuyorduk. Tanımadığımız bir adam geldi. **(İslâm ne demekdir?)** dedi. **(Kelime-i şehâdet söylemek, hergün beş kerre nemâz kılmak, Ramezân ayında oruc tutmak, zekât vermek ve gücü yetince Hacca gitmek)** buyurdu. Soran kimse, **(Doğru söyledin)** dedi. Sormasına ve sonra, verilen cevâbları tasdîk etmesine, biz dinleyiciler şaşdık. Sonra, **(Îmân ne demekdir?)** dedi. **(Îmân, Allaha ve Meleklere ve Kitâblara ve Peygamberlere ve kıyâmet gününe ve hayrın şerrin, Allahın takdîri ile, dilemesi ile olduklarına inanmakdır)** buyurdu. Buna da, **(Doğru söyledin)** dedi. Sonra, **(İhsân ne demekdir?)** dedi. **(Allahü teâlâya, Onu görür gibi ibâdet etmendir. Sen Onu görmiyor isen de, O seni hep görmekdedir)** buyurdu. Sonra, **(Kıyâmet günü ne zemân olacakdır?)** dedi. **(Bunu senden dahâ çok bilmem)** buyurdu. Sonra, **(Kıyâmetin alâmetleri nedir?)** dedi. Resûlullah "sallallahü aleyhi ve sellem" kıyâmet kopacağı zemânın alâmetlerini bildirdi. Sonra, bize dönerek, **(Bunları sorup giden, Cebrâîl aleyhisselâm idi. Size dîninizi bildirmek için gelmişdi)** buyurdu.

[**(Hadîs-i Cibrîl)** denilen bu hadîs-i şerîf, imâm-ı Nevevînin "rahmetullahi aleyh", kırk hadîsinin ikincisidir. Bu kırk hadîsi, Ahmed Na'îm efendi "rahmetullahi aleyh", türkçeye terceme etmiş ve basılmışdır. Mevlânâ Hâlid-i Bağdâdî "rahmetullahi aleyh", bunu fârisî olarak açıklamış, **(İ'tikâdnâme)** ismini vermişdir. Feyzullah efendi, İ'tikâdnâmeyi fârisîden türkçeye terceme ederek, **(Ferâid-ül-fevâid)** ismini vermiş, 1312 [m. 1894] senesinde İstanbulda basdırılmışdır. Bu terceme, latin harfleri ile **(Herkese Lâzım Olan Îmân)** ismi ile 1982 de basdırılmışdır. Kemâhlı Feyzullah efendi 1323 [m. 1905] de vefât etmişdir.]

Bu hadîs-i Cibrîlden anlaşılıyor ki, îmândan ve ibâdetlerden başka, **(İhsân)** denilen bir kemâl, bir üstünlük vardır ki, biz bu üstünlüğe **(Vilâyet)** diyoruz. Velîyi Allahü teâlânın sevgisi kapladığı zemân, onun kalbinde, mâ-sivânın varlığı ve sevgisi yok olur. Bu hâle **(Fenâ-i kalb)** denir. Bu müşâhede Allahü teâlâyı görmek değildir. Allahü teâlâ, bu dünyâda görülemez. Fekat, Velîde Allahü teâlâyı görmüş gibi bir hâl olur. Bu hâl, istemekle hâsıl olmaz. İşte, Resûlullah "sallallahü aleyhi ve sellem", **(Allahü teâlâyı görüyormuş gibi ibâdet etmekdir)** buyurmakla, bu hâli haber vermişdir.

İkinci olarak deriz ki, bir hadîs-i şerîfde, **(İnsanda bir et parçası vardır. Bu sâlih olursa, bütün beden sâlih olur. Fâsid olursa, bütün beden fâsid olur. Bu et parçası, Kalbdir!)** buyuruldu. Bedenin sâlih olması için, kalbin sâlih olmasına tesavvufcular **(Fenâ-i kalb)** demekdedir. Kalb, Allahü teâlânın sevgisinde fânî olur. Onun sevdiği şeyleri seven kalbi olunca, kalbin bu fenâsı, komşusu olan nefse de te'sîr eder. Nefs, emmâreliğinden kurtulmağa başlar. **(Hubb-i fillah ve Buğd-i fillah)** kazanır. Ya'nî Allahü teâlânın beğendiği şeyleri sever. Allahü teâlânın beğenmediklerini sevmez. Bundan dolayı, bedenin hepsi islâmın ahkâmına uymak ister.

Süâl: Kalbin sâlih olması için, îmândan ve amelden başka bir şey var mıdır?

Cevâb: Hadîs-i şerîfde, **(Kalb sâlih olunca, beden de sâlih olur)** buyuruldu. Bedenin sâlih olması, islâmın ahkâmına yapışması demekdir. Çok kimse vardır ki, kalbinde îmân var iken islâmın ahkâmına uymuyor. Îmânı olup da, sâlih işleri az, bozuk işleri çok olanların Cehennemde azâb görecekleri bildirildi. Demek ki, kalbde yalnız îmân bulunması, bedenin sâlih olmasına sebeb olamamakdadır. O hâlde kalbin sâlih olması, îmânlı olması demek değildir. Kalbin sâlih olması, hem îmânlı olması, hem de bedenin sâlih işler yapmasıdır da denilemez. Çünki, bedenin sâlih olmasına yine bedenin sâlih olmasını sebeb göstermek mantıksız bir söz olur. Bundan anlaşılıyor ki, kalbin sâlih olması, îmân ve ibâdetden başka birşeyin kalbde bulunması demekdir. Bu da, tesavvufcuların **(Fenâ-i kalb)** dedikleri Allah sevgisidir.

Üçüncü olarak deriz ki, Eshâb-ı kirâmın her birinin, Eshâb olmıyan müslimânların hepsinden dahâ üstün oldukları sözbirliği ile bildirilmişdir. Hâlbuki, kıyâmete kadar gelecek olan islâm âlimleri arasında ilmleri ve amelleri, Eshâb-ı kirâmın ba'zılarının ilm ve amelleri kadar olanları çok vardır: Bundan başka, hadîs-i şerîfde, **(Başkaları Allah rızâsı için Uhud dağı kadar altın sadaka verseler, Eshâbımın Allah yolunda verdiği yarım Sâ' arpanın sevâbına kavuşamazlar)** buyuruldu. Eshâb-ı kirâmın ibâdetlerinin böyle kıymetli olması, Resûlullahın "sallallahü aleyhi ve sellem" sohbetinde bulunmakla, kalblerinde hâsıl olan **(Bâtinî kemâl)**lerinden dolayıdır. Onların bâtınları ya'nî kalbleri, Resûlullahın mubârek bâtınından nûr aldı. Bâtınları nûrlandı. [Yedinci maddenin birinci sahîfesinde bildirdiğimiz gibi], hazret-i Ömer vefât edince, oğlu Abdüllah, (ilmin onda dokuzu gitdi) buyurdu. Orada bulunan gençlerin bu söze şaşdıklarını görünce, sizin bildiğiniz fıkh ve kelâm ilmlerini söylemiyorum. Resûlullahın mubârek kalbinden fışkırmış olan bâtın ilminin, ma'rifetin onda dokuzu gitdi diyorum dedi. Eshâb-ı kirâmdan sonra gelen müslimânlar arasında, bu bâtın nûruna kavuşanlar, Rehberlerinin sohbetlerinde kavuşdular. Onlar vâsıtası ile, Resûlullahın mubârek kalbinden fışkıran nûrlara kavuşdular. Bunların sohbetlerinde kavuşulan nûr, Resûlullahın "sallallahü teâlâ aleyhi ve sellem" sohbetinde kavuşulan kadar, elbet olamaz. Eshâb-ı kirâmın "radıyallahü teâlâ anhüm ecma'în" üstünlükleri, işte buradan gelmekdedir. Bundan anlaşılıyor ki, zâhirin kemâllerinden, ya'nî üstünlüklerinden başka, bâtının da kemâlleri vardır. Bu kemâllerin çeşidli dereceleri vardır. Böyle olduğunu, hadîs-i kudsî de göstermekdedir. Hadîs-i kudsîde, Allahü teâlâ buyurdu ki, **(Kulum bana biraz yaklaşırsa, ben ona çok yaklaşırım. Kulum bana çok yaklaşırsa, ben ona dahâ çok yaklaşırım. Kulum** [farzlarla birlikde] **çok nâfile ibâdet de yapınca bana öyle yaklaşır ki, onu çok severim. Onu sevince, düâlarını kabûl ederim. Onun görmesi, işitmesi ve gücü yetmesi benimle olur).** Allahü teâlânın böyle çok sevmesine sebeb olan nâfile ibâdetler, tesavvuf yolundaki çalışmalardır.

Dördüncü olarak deriz ki, bin seneden dahâ çok bir zemânda, dünyânın üç büyük kıt'asında gelmiş olan milyonlarca müslimân, tesavvuf yolunda çalışarak ve Sâlihlerin sohbetinde bulunarak, kalblerinde bir hâl hâsıl olduğunu söylemiş ve yazmışlardır. Yalan birşey için böyle dehşetli bir sözbirliği olabileceğini kimse düşünemez. Bu sözbirliği yapanların çoğunun hâl tercemeleri kitâblarda vardır. Hepsinin ilm, takvâ sâhibi, sâlih kimseler oldukları meydândadır. Böyle olgun, iyi kimselerin yalan söyliyecekleri, olacak şey değildir. İşte, böyle milyonlarca temiz, olgun insan sözbirliği ile bildiriyorlar ki, herbiri kendi Rehberinin sohbetinde bulunmakla, kalbleri Resûlullahın sohbetinde yayılan nûrlara kavuşmuşdur. Herbiri, (Sâlihlerden birinin sohbetinde bulunarak, kalblerimizde îmândan ve fıkh bilgilerinden başka bir hâl hâsıl oldu. Kalblerimizde bu hâl hâsıl olunca, Allah sevgisi ve Allahın sevdiklerinin sevgisi ve Allahü teâlânın emr etdiği şeylerin sevgisi kalblerimizi doldurdu. İyi işleri, ibâdetleri yapmak tatlı oldu. Ehl-i sünnet âlimlerinin bildirdikleri doğru i'tikâdlar gönüllerimize yerleşdi) demişlerdir. Kalblerde hâsıl olan bu hâl, elbet kemâldir, yükseklikdir. Kemâle sebeb olan bir hâldir.

Beşinci olarak deriz ki, Evliyânın kerâmetleri olur. **(Kerâmet)**, Allahü teâlânın, âdeti dışında, ya'nî fen ve tabî'at bilgilerinin dışında yaratdığı hârık-ul'âde şeyler demekdir. Fekat, bir insanda, fen kanûnları dışında şeyler bulunması, o kimsenin elbet bir Velî olduğunu göstermez. Allahü teâlânın sevmediği kimselerde, hattâ kâfirlerde de, böyle âdet dışında, şaşılacak şeyler hâsıl olabilir. Kâfirlerde hâsıl olan âdet dışı şeylere **(Sihr)** denir. Evliyâda "rahmetullahi aleyhim ecma'în" kerâmet ile birlikde takvâ da bulunur. Takvâ, Allahü teâlâdan korkmak, Onun emrlerine ve yasaklarına uymakdır.

VİLÂYET NEDİR? - Şimdi evliyâlık ne demek olduğunu bildirelim. Evliyâlık, Allahü teâlâya yakın olmak demekdir. Fekat, insanların Allahü teâlâya yakın olması, iki dürlü olur: Birinci yakınlık, Allahü teâlânın her insana yakın olmasıdır. Kaf sûresinin onaltıncı âyetinde meâlen, **(Biz ona, boynundaki şahdamarından dahâ yakınız!)** ve Hadîd sûresinin dördüncü âyetinde meâlen, **(Her nerede olursanız olunuz, Allahü teâlâ sizinle berâberdir)** buyuruldu. İkinci yakınlık, Allahü teâlânın, insanların yalnız üstün olanlarına ve meleklere olan yakınlığıdır. Alak sûresinin son âyetinde meâlen, **(Secde et ve Allahü teâlâya yaklaş!)** buyuruldu. Yukarıda bildirdiğimiz hadîs-i kudsîde, **(Kulum bana, nâfile ibâdetleri de yaparak öyle yaklaşır ki, onu çok severim...)** buyuruldu. Bu âyet-i kerîmede ve hadîs-i kudsîde bildirilmiş olan yakınlık, yalnız seçilmiş üstün kimselerde hâsıl olur. Bu yakınlığa **(Vilâyet)** ya'nî evliyâlık denir. Bu yakınlığa kavuşmak için, önce Ehl-i sünnet i'tikâdına uygun îmân lâzımdır. Âl-i İmrân sûresinin altmışsekizinci âyetinde meâlen, **(Allahü teâlâ, îmân edenleri sever)** buyuruldu. Fekat, mü'minler arasında seçilmiş olanları dahâ çok sever. Her mü'mini sevmesine **(Vilâyet-i âmme)** denir. Seçilmiş mü'minleri çok sevmesine, **(Vilâyet-i hâssa)** denir. Yukarıda yazılı hadîs-i kudsîde bildirilmiş olan sevgi, işte bu sevgidir. Bu sevginin de dereceleri vardır. Şunu da bildirelim ki, Allahü teâlâ, insan aklı ile anlaşılamıyacağı gibi, Onun sıfatları da insanın aklı ile anlaşılamaz. Allahü teâlânın kendisi gibi ve i'tibârâtından her hangi biri gibi, hiçbirşey yokdur. Bunun için, Allahü teâlânın insanlara olan her iki yakınlığı, insan aklı ile anlaşılamayan, bilinemiyen bir yakınlıkdır. İki zemânın ve iki cismin birbirlerine yakın olmaları gibi değildir. Allahü teâlânın kullarına yakın olması, akl ile düşünülen ve his organları ile anlaşılan yakınlıklar gibi değildir. Ancak ba'zı seçilmiş mü'minlere verdiği ma'rifet denilen ilm ile anlaşılabilir. Bu bilgiye **(İlm-i huzûrî)** denir. Bizim bilgilerimiz **(İlm-i husûlî)**dir.

Allahü teâlânın, kullarına olan bu iki yakınlığı, âyet-i kerîme ve hadîs-i şerîfler ile bildirilmiş olduğundan, her ikisine de inanmamız vâcibdir. Allahü teâlânın bizleri gördüğüne inanmamız lâzım olduğu gibi, bize olan bu iki yakınlığına da inanmamız lâzımdır. Allahü teâlânın görmesi, fizik kanûnları ile îzâh edilen, ışığın yansıması ile olan görmek olmadığı gibi, Onun bu iki çeşid yakınlığı da ölçü ile, metre ile, angstrom ile bildirilen yakınlık değildir. Ba'zı hadîs-i şerîflerde arşın, zrâ' [kol], karış, arpa boyu gibi birimler bildirilmesi, ölçü bildirmek için değil, azlık, çokluk bildirmek içindir.

Süâl: Vilâyet, Allahü teâlâ ile kul arasında olan, insanların anlıyamıyacağı bir hâl olduğuna göre, bunu niçin yakınlık sözü ile anlatmışlardır?

Cevâb: Bu süâle cevâb verebilmek için, önce iki şeyi bildirmek lâzımdır:

1 - Evliyâya hâsıl olan keşf ve herkesin gördüğü rü'yâlar, birşeyin misâlinin, benzerinin hayâl aynasında görünmesidir. Uykuda iken olursa, rü'yâ denir. Uyanık iken olunca, **(Keşf)** denir. Hayâl aynası, ne kadar çok sâf, temiz ise, keşf ve rü'yâ, o kadar doğru ve güvenilir olur. Bunun içindir ki, Peygamberlerin "aleyhimüsselâm" gördükleri rü'yâlara tâm inanılır ve güvenilir **(Vahy)**in bir

nev'idir. Çünki, Peygamberlerin hepsi ma'sûmdurlar. Ya'nî hiç yanılmazlar. Hayâlleri çok sâf, çok temizdir. Bâtınları, ya'nî kalbleri tertemizdir. Evliyânın rü'yâlarının çoğu da böyledir. Doğru olur. Çünki Eshâb-ı kirâmda olduğu gibi, doğrudan doğruya veyâ Eshâbdan sonra gelenlerde olduğu gibi, Rehberleri vâsıtası ile, Resûlullahın sohbetinde kazanılan nûrları ile ve Onun emrlerine uymak ile, Evliyânın hayâlleri temizlenmiş ve kalbleri cilâlanmışdır. Celâlüddîn-i Rûmî "rahmetullahi aleyh",[1] bu inceliği Mesnevîsinde ne güzel anlatıyor. Beyt:

Evliyâyı avlıyan hayâller bilirmisin nedir?
Hudâ bostanı güzellerinin görüntüleridir!

Peygamberlere uymaları sâyesinde, Evliyânın bâtınları cilâlanır, parlak ayna gibi olur "rahmetullahi aleyhim ecma'în". Ba'zan bâtınlarının eski zulmetleri, kara lekeler gibi meydâna çıkıp, hayâl aynaları bulanır. Keşf ve rü'yâlarında yanlışlık olur. Bu bulanıklık, ba'zan harâm veyâ şübheli birşey yaparak veyâ haddi aşarak, ba'zan da câhillerden, sapıklardan bulaşarak hâsıl olur. Günâh işliyenlerin rü'yâları çok kerre yanlış olur. Bâtınları zulmetli olduğundan çok yanılırlar.

2 - Allahü teâlânın yaratdığı şeylerin hepsine (**Âlem**) denir. Üç dürlü âlem vardır: (**Âlem-i şehâdet**), bildiğimiz madde âlemidir. (**Âlem-i ervâh**), maddî olmıyan, ölçüsüz olan rûh âlemidir. (**Âlem-i misâl**)de maddeli ve maddesiz hiçbirşey yokdur. Âlem-i misâlde, birinci ve ikinci âlemde bulunan herşeyin ve Allahü teâlânın, hattâ düşüncelerin ve ma'nâların misâlleri vardır. Allahü teâlânın misli yokdur. Misâli vardır denildi. Birşeyin kendisine ve sıfatlarına benziyen başka birşeye, birinci şeyin misli denir. Allahü teâlânın kendinin ve sıfatlarının misli yokdur, olamaz. Birşeyin kendine değil, yalnız sıfatlarına benzetilen başka şeye, birinci şeyin misâli denir. Meselâ, güneşe pâdişâh denir. Pâdişâh, güneşin misâli olur. Nûr sûresi, otuzbeşinci âyetinde meâlen, (**Mü'minin kalbindeki Allahü teâlânın nûru, fener içindeki mum gibidir**) buyuruldu. Bir hadîs-i şerîfde, Allahü teâlâya misâl bildirilmişdir: (**Öyle bir Hâkimdir ki, bir ev yapmış, içini maddelerle doldurmuşdur**). Bundan dolayı, Allahü teâlâ rü'yâda görülebilir denildi. Yûsüf aleyhisselâm, kıtlık senelerini za'îf sığırlar gibi, bolluk senelerini de, semiz sığırlar gibi ve buğday başakları gibi rü'yâda gördü.

---

[1] Celâlüddîn-i Rûmî 672 [m. 1273] de Konyada vefât etdi.

(Buhârî) kitâbında bildirilen bir hadîs-i şerîfde, **(Rü'yâda gördüm ki, çok kimseler yanıma geldi. Üzerlerinde gömlek vardı. Kiminin gömleği göğsüne kadar, kiminin dahâ aşağı idi. Ömeri** "radıyallahü anh" **gördüm. Gömleği yerlere kadar uzundu)** buyurdu. Ma'nâsını sordular. Gömlek, ilm demekdir buyurdu. Bu âyet-i kerîmeler ve hadîs-i şerîfler gösteriyor ki, misli olmıyan ve madde olmıyan şeylerin misâlleri rü'yâda görülebilir ve keşf yolu ile görülebilir.

Yukarıdaki iki açıklama öğrenildikden sonra deriz ki, vilâyet denilen, bilinemiyen bir hâl vardır. Bu hâl keşf yolu ile, âlem-i misâlde, iki cismin birbirlerine yakın olmaları gibi görünmekdedir. Vilâyet hâli ilerledikçe, keşfde, Allahü teâlâya doğru yürümek gibi, yâhud Onun sıfatlarının birinden ötekine gitmek gibi görünmekdedir. Evliyânın "rahmetullahi aleyhim ecma'în" bilinmiyen hâllerindeki değişmeler, Âlem-i misâlde böyle göründüğü için, bu hâllere **(Kurb-i ilâhî)** ve değişmelerine de **(Seyr-i ilallah)** ve **(Seyr-i fillah)** gibi ismler verilmişdir.

Tesavvuf yolunda **(Fenâ)** hâsıl olunca geriye dönülmez. Geri dönenler fenâdan önce dönmüşlerdir. Bu fakîr [ya'nî Senâüllah hazretleri] bunu, Bekara sûresinin yüzkırküçüncü âyet-i kerîmesinin, **(Allahü teâlâ îmânınızı gidermez. O, kullarına çok acıyıcıdır)** meâl-i şerîfinden anlamakdayım. Resûlullah "sallallahü aleyhi ve sellem" buyurdu ki, **(Allahü teâlâ, kullarının îmânlarını geri almaz. Fekat, âlimleri yok ederek ilmi giderir).** Bu hadîs-i şerîf de gösteriyor ki, Allahü teâlâ, hakîkî îmânı ve bâtın ilmini geri almaz. [Bu âyet-i kerîme ve hadîs-i şerîf, Eshâb-ı kirâmın hiçbirinin, sonradan mürted olmadığının şâhidisidir. Çünki, hepsinin îmânı, hakîkî idi. Şî'îler, bu inceliği bilselerdi. Eshâb-ı kirâmın "aleyhimürrıdvân" hiçbirine dil uzatamazlardı.]

Tâm takvâ, ancak Evliyâda hâsıl olur. Hased, kin beslemek, kibr, riyâ, şöhret ve benzeri nefsin kötülükleri büsbütün gitmedikçe, tâm takvâ hâsıl olamaz. Bunların büsbütün gitmeleri için de, **(Fenâ-i nefs)** ya'nî nefsin fânî olması lâzımdır. Allahı sevmek, başka şeyleri sevmekden dahâ çok olmadıkça, hattâ kalbde Allahdan başka şeylerin sevgisi yok olmadıkça, kâmil îmân ve tâm takvâ elde edilemez. Bu da, ancak **(Fenâ-i kalb)** ile hâsıl olur. Fenâ-i kalb için, hadîs-i şerîfde, **(Kalbin sâlih olması)** denildi. **(Buhârî)** ve **(Müslim)** kitâblarında bildirilen hadîs-i şerîfde, **(Bir mü'min beni ana babasından ve çocuklarından ve herkesden dahâ çok sevmedikçe, onun îmânı, kâmil olmaz)** buyuruldu. Bu hadîs-i şerîfin, **(Fethulmecîd)** vehhâbî kitâbında da yazılı olduğunu bildirmişdik.

Bir hadîs-i şerîfde, **(Üç kimse îmânın tadını bulur: Allahı ve Resû-lünü herşeyden dahâ çok sever. Yalnız Allahın sevdiği kimseleri sever. Îmâna kavuşdukdan sonra, kâfir olmakdan korkması, ateş-de yanmak korkusundan dahâ çok olur)** buyuruldu. Râbi'a hazret-leri, bir elinde su dolu, öteki elinde ateş dolu bir kap götürüyordu. Böyle nereye gidiyorsun dediklerinde, (Cehennem ateşini söndür-meğe ve Cenneti yakmağa gidiyorum. Böylece müslimânları Alla-hü teâlâya, Cehennem korkusu ve Cennete kavuşmak arzûsu ile ibâdet etmekden kurtarmak istiyorum) dedi ki, Evliyâlık da böyle-dir.

Resûlullah "sallallahü aleyhi ve sellem", **(Eshâbıma ikrâm edi-niz!)** buyurdu. Hucurât sûresi onüçüncü âyet-i kerîmesinde meâ-len, **(İkrâmâ lâyık olanınız, ittikâsı çok olanınızdır)** buyuruldu. Bunun için, islâm âlimleri sözbirliği ile bildiriyorlar ki, Eshâb-ı ki-râmın hepsi, bu ümmetin en üstünleri ve en müttekîleridir. Çünki, Eshâb-ı kirâmın hepsi "radıyallahü teâlâ anhüm ecma'în" Allahın Resûlünün sohbetlerinde bulunmakla, vilâyet makâmlarının en ilerisine vardılar. Tevbe sûresinin yüzbirinci âyetinde meâlen, **(Îmânları ileride olanlar ve hicretde önde olanlar)** buyuruldu. Bu âyet-i kerîme, Eshâb-ı kirâmı övüyor "radıyallahü aleyhim ec-ma'în". Vâkı'a sûresinin onuncu âyetinde meâlen, **(Îmânları ileri-de olanlar, Allahü teâlâya yaklaşmakda ileride olanlardır. Bunların hepsi mukarreblerdir)** buyuruldu.

Bâtının kemâle kavuşması için, tesavvuf yolunda çalışmak vâ-cibdir. Âl-i İmrân sûresinin yüzikinci âyetinde meâlen, **(Ey mü'minler! Allahü teâlânın yasak etdiği şeylerden tâm olarak sakı-nınız!)** buyuruldu. Ya'nî zâhirdeki işlerde ve bâtındaki ahlâk ve akâidde, Allahü teâlânın beğenmediği hiçbirşey kalmamasını iste-di. Bu âyet-i kerîmedeki emr, tesavvuf yolundaki çalışmanın vâcib olduğunu göstermekdedir. Tâm takvâ, ancak vilâyet ile elde edile-bilir. Nefsin, yukarıda yazdığımız kötülükleri harâmdır. Bu kötü-lükler temizlenmedikçe, tâm takvâ elde edilemez. Bunlar da, nef-sin fenâsı ile temizlenebilir. Takvâ, günâhlardan sakınmak demek-dir. Buna hadîs-i şerîfde, **(Bedenin sâlih olması)** denildi. Bedenin sâlih olması için de, kalbin sâlih olması lâzımdır. Kalbin sâlih olma-sına tesavvufcular **(Fenâ-i kalb)** demişlerdir.

Vilâyet, kalbin ve nefsin fânî olmaları demek olduğunu bildir-dik. Tesavvuf âlimleri "rahmetullahi aleyhim ecma'în" buyuruyor ki, vilâyet yedi derecedir. Beşi, âlem-i emrden olan Kalb, Rûh, Sır, Hafî, Ahfâ adındaki beş latîfenin fânî olmalarıdır. Altıncısı, nefsin fânî olmasıdır. Yedincisi, bedendeki maddelerin fânî olmasıdır. Beden maddelerinin fânî olmasına **(Bedenin sâlih olması)** adı verildi.

Takvâ, yalnız nâfile ibâdet yapmakla elde edilmez. Takvâ, farzları ve vâcibleri yapmak ve harâmlardan sakınmak demekdir. İhlâs ile yapılmıyan farzların, vâciblerin hiç kıymeti yokdur. Zümer sûresinin ikinci âyetinde meâlen, **(Allaha ihlâs ile ibâdet et! İbâdet, ancak Ona yapılır)** buyuruldu. Harâmlardan kaçınmak da, fenâ-i nefs olmadan hâsıl olamaz. Görülüyor ki, vilâyetin kemâllerine kavuşmak, farzları yapmakla olur. Fekat, vilâyete kavuşmak, Allahü teâlânın bir ihsânıdır. Dilediğine verir. Çalışmakla elde edilemez. Allahü teâlâ, insanlara güçleri yeten şeyleri emr etmişdir. Tegâbün sûresinin onaltıncı âyetinde meâlen, **(Allahın yasak etdiği şeylerden, gücünüz yetdiği kadar perhiz ediniz!)** buyuruldu. Görülüyor ki, elden geldiği kadar çalışmak lâzımdır.

Vilâyetin dereceleri sonsuzdur. Sa'dî Şirâzî "rahmetullahi aleyh", **(Gülistân)** kitâbında:

Onun güzelliği sonsuz, Sa'dînin sözü uçsuz,
hasta içmekle doymaz, deryânın suyu azalmaz!

beyti ile bunu anlatmakdadır. Bunun gibi, takvâ dereceleri de sonsuzdur. Hadîs-i şerîfde, **(Allahı en iyi tanıyanınız ve Ondan en çok korkanınız benim)** buyuruldu. Bir kimse, vilâyet derecelerinde yükseldikçe, Allahü teâlâdan korkusu da artar. Hucurât sûresinin onüçüncü âyetinde meâlen, **(Allahü teâlâ indinde en yükseğiniz, Ondan en çok korkanınızdır)** buyuruldu. Takvâ dereceleri sonsuz olduğundan, vilâyet derecelerinde ilerlemek için, her zemân çalışmak vâcibdir. Bâtın ilminin artmasını istemek her vakt farzdır. Tâhâ sûresinin yüzondördüncü âyetinde meâlen, **(Sevgili Peygamberim! Sen hep, yâ Rabbî benim ilmimi artdır düâsını söyle!)** buyuruldu. Bu âyet-i kerîme böyle olduğunu bildirmekdedir. Bir Velînin, kavuşduğu derecede kalması, yükselmek istememesi harâmdır. Muhammed Bâkî-billah "rahmetullahi aleyh" buyuruyor ki:

Allah yolunda edeb lâzımdır edeb!
ölünceye dek, taleb gerekdir taleb.

Deniz dolusu ağzına dökseler de,
hiç doymamak, hep su aramak gerek!

Celâlüddîn-i Rûmî de:

Kardeşim, bu yolun yokdur sonu,
çok gitsen de, yine yürümeli!

buyurdu. Hâce Muhammed Bâkî-billah:

Ne kadar çok içirsen de bana,
ateşim artıyor senden yana!

buyurdu.

Bâtında yükselmeğe çalışmak vâcib olduğu için, Rehber aramak da vâcib olmakdadır. Çünki, Rehber "rahmetullahi aleyh" arada olmaksızın Allahü teâlâya kavuşmak, çok az kimseye nasîb olmuşdur. Bunun için, Celâlüddîn-i Rûmî:

Rehberden başka yokdur insanı çeken,
bir Rehber ara, ona sarıl pek muhkem!

buyurdu. Fekat, yalancı Rehberlere aldanmamalıdır.

Mürşid-i kâmilin alâmeti, Ehl-i sünnet i'tikâdında olması ve islâm ahkâmına tâm uymasıdır. Sözleri, hareketleri islâm ahkâmına uygun olmıyan, [karısının, kızının, kolları, başları açık gezmelerine mâni' olmıyan] kimse, havada uçsa da, Rehber olamaz. [Müslimân olan, îmânı olan kadınların, kızların başları, kolları, bacakları açık olarak sokağa çıkmaları, kendilerini yabancı erkeklere göstermeleri harâmdır. Müslimân erkeklerin, kadınlarını, kızlarını örtmeleri farzdır. Ehl-i sünnet âlimlerinin "rahmetullahi aleyhim ecma'în" kitâblarına uymıyan kimse, Rehber olamaz. Bundan, insanın dînine fâide değil, zarar gelir.] İnsan veyâ Dehr sûresinin yirmidördüncü âyet-i kerîmesinde meâlen, **(Günâh işliyene veyâ kâfir olana itâ'at etme!)** buyuruldu. Allahü teâlâ, bu âyet-i kerîmede, önce günâh işliyene itâ'at etme buyurdu. Ondan sonra, kâfire itâ'at etme buyurdu. Çünki, müslimânın kâfirle buluşması az olur. Günâh işliyenden emr alması dahâ çok olur. Bundan başka, günâh işliyen ile birlikde bulunmanın, kâfirle berâber bulunmakdan dahâ çok zararlı olduğunu göstermekdedir. Kehf sûresinin yirmisekizinci âyetinde meâlen, **(Kalbi bizi zikr etmekden gâfil olan ve nefsinin arzûları peşinde koşan ve hareketlerinde islâmın dışına taşan kimseye itâ'at etme!)** buyuruldu. Bu âyet-i kerîmeden anlaşılıyor ki, nefse uymak, kalbin gâfil olmasını gösterir. Bedenin bozuk olması, ya'nî günâh işlemek, kalbin bozuk olmasını göstermekdedir.

[Şimdi açık gezen kadınlar, içki içenler, ya'nî günâh işliyenler ve ibâdet etmiyenler, müslimânlara karşı, sen kalbe bak, kalbimiz temizdir. Allah kalbe bakar diyorlar. Onların böyle konuşmalarının yanlış ve bozuk olduğunu, bu âyet-i kerîme göstermekdedir. Hadîs-i şerîfde, (Kalb bozuk olunca, bedenin işleri de hep bozuk olur) buyurulduğunu yukarıda bildirmişdik. Bu hadîs-i şerîf de, günâh işliyenlerin bu gibi sözlerini yalanlamakdadır. (Allah dışınıza bakmaz. Kalblerinize ve niyyetlerinize bakar) hadîs-i şerîfi, ibâdet yapanlar, hayr işliyenler içindir. Ya'nî, ibâdetin kabûl olması için, Allahü teâlânın rızâsı için yapılması lâzımdır.]

Mürşid-i kâmilin ikinci alâmeti, hadîs-i şerîfde bildirilmişdir ki, onunla konuşmak ve onu görmek, Allahü teâlâyı hâtırlamağa sebeb olur. Allahü teâlâdan başka herşey kalbe soğuk gelir. Nevevînin bildirdiği hadîs-i şerîfde, Resûlullahdan "sallallahü aleyhi ve sellem" Evliyânın alâmetleri sorulunca, (Onlar görülünce, Allah hâtırlanır) buyurdu. Bu hadîs-i şerîfi ibni Mâce de bildirmekdedir. Muhyissünne Hüseyn Begavînin,[1] (Mesâbîh) kitâbındaki hadîs-i şerîfde, (Allahü teâlâ buyurdu ki, ben zikr olunduğum zemân Evliyâm hâtırlanır. Onlar zikr olununca da, ben hâtırlanırım) buyurulmuşdur. Fekat, Allahı hâtırlamak için, Velî ile bağlılık lâzımdır. Velîyi inkâr eden, Velî olduğuna inanmıyan, ona bağlı değildir. İnanmıyan, bu ni'mete kavuşamaz. Beyt:

Allahın nasîb etmediği kimse,
feyz alamaz Peygamberi de görse!

Her Velîde böyle te'sîr vardır. Ba'zısında dahâ kuvvetli te'sîrler olur ki, talebeyi çekerek tesavvuf yolunun yüksek derecelerine çıkarırlar. Bunlara (Kâmil ve mükemmil) denir.

Câhiller ve yalancılar ilk görmekde ve birkaç görüşmekde Velîyi "rahmetullahi aleyh" tanıyamaz. Bunların, güvendikleri kimselerden sorup anlamaları lâzımdır. Allahü teâlâ, Nahl sûresinin kırkdördüncü âyetinde ve Enbiyâ sûresinin yedinci âyetinde meâlen, (Bilmediklerinizi bilenlerden sorup öğreniniz!) buyurdu. Hadîs-i şerîfde, (Cehâletden kurtulmanın yolu, bilenlerden sorup öğrenmekdir) buyuruldu. Rehber olarak tanınan bir kimsenin yanında yıllarca bulunup da, kalbinde bir değişiklik hâsıl olmıyan kimse, onun yanından ayrılmalıdır.

İmâm-ı Rabbânî müceddid-i elf-i sânî Ahmed Fârûkî Serhendî "rahmetullahi aleyh" buyuruyor ki, Resûlullah "sallallahü aleyhi ve sellem" vefât edince, Eshâb-ı kirâm "radıyallahü anhüm" sıra ile dört halîfeyi seçdiler. Halîfe seçmek, yalnız dünyâ işlerini düze-

---

[1] İmâm-ı Begavî 516 [m. 1122] de vefât etdi.

ne koymak için değildi. Bâtınlarını kemâle getirmek için de seçmişlerdi.

Süâl: Evliyâ ölünce, onun feyz vermesi kesilir mi? Feyz almak için hep diri olanı aramak lâzım mıdır?

Cevâb: Evliyâ ölünce, feyz vermesi bitmez. Hattâ artar. Fekat, nâkıs olanların, kendilerini kemâle erdirecek kadar, meyyitden feyz almaları pekaz nasîb olur. Velîden, öldükden sonra alınan feyz, diri iken alınan kadar olsaydı, Medînede yaşıyan müslimânların, bu zemâna gelinceye kadar, hepsinin Resûlullahdan "sallallahü teâlâ aleyhi ve sellem" feyz alarak, Eshâb-ı kirâm derecesinde olmaları lâzım gelirdi. Kimsenin Rehber aramasına lüzûm kalmazdı. Çünki, Rehberden feyz alabilmek için, feyz alan ile feyz veren arasında bağlılık lâzımdır. Rehber ölünce, bu bağlılık kalmaz. Evet, fenâ ve bekâya kavuşdukdan sonra, bâtınları arasında bağlılık hâsıl olup, kabrden de, çok feyz alınabilir ise de, bu feyz de, diri iken alınan feyz kadar olamaz.

Ehl-i sünnet âlimleri "rahmetullahi aleyhim ecma'în" buyuruyor ki, hiçbir Velî, gaybı bilmez. Allahü teâlâ keşf veyâ ilhâm ile bildirirse, ancak onu söyliyebilir. Evliyâ gaybı bilir diyen kâfir olur. Evliyâ, yok olan şeyi var edemez. Var olanı yok edemez. Kimseye rızk veremez. Çocuk veremez. Hastalığı gideremez. A'raf sûresinin yüzseksenyedinci âyetinde meâlen, **(Ey Sevgili Peygamberim! Onlara söyle ki, kendime fâide ve zarar vermeğe gücüm yetmez. Ancak Allahın dilediği olur)** buyuruldu. Allahü teâlâdan başkasından yardım beklemek câiz değildir. Fâtiha sûresinde, **(Ancak sana ibâdet eder, Senden yardım bekleriz)** dememizi emr etmekdedir. **(İyyâke)** yalnız sana mahsûsdur demekdir. Bunun için, Evliyâya adak yapmak câiz olmaz. Çünki, nezr yapmak ibâdetdir. Evliyâdan birine nezr yapan kimsenin, bu nezrini yerine getirmemesi lâzımdır. Çünki, elden geldiği kadar, günâhdan kaçınmak vâcibdir. Kabr etrafında saygı için dönmek câiz değildir. Çünki, Kâ'be etrafında dönmeğe benzemekdir ki bu dönmek, nemâz kılmak gibi ibâdetdir.

Peygamberlerin "aleyhimüssalevâtü vetteslîmât" ve ·Velîlerin dirilerine ve ölülerine düâ ederek, kendiliğinden birşey yapmalarını istemek câiz değildir. Hadîs-i şerîfde, **(Düâ ibâdetdir)** buyuruldu. Mü'min sûresinin altmışıncı âyetinde meâlen, **(Bana düâ ediniz! Düânızı kabûl ederim. Kibr edip bana ibâdet etmiyenler, zelîl olarak Cehenneme gideceklerdir)** buyuruldu. Câhiller, yâ

Abdülkâdir Geylânî, yâ Şemseddîn pânipütî, yâ Tezveren dede, Allah için bana şunu ver diyorlar. Böyle söylemek şirkdir, küfrdür. Yâ Rabbî! Abdülkâdir-i Geylânî hürmeti için bana şunu ver! Seyyidet Nefîse[1] hürmetine hastama şifâ ver demelidir. Allahü teâlâya böyle düâ etmek câizdir ve fâidelidir. A'râf sûresinin yüzdoksanüçüncü âyetinde meâlen, **(Allahdan başka her kime düâ ederseniz, onlar da sizin gibi kuldur. Kimseye yardım edecek güçleri yokdur)** buyuruldu.

Süâl: Bu âyet-i kerîme kâfirlerin putlarına tapınmalarının şirk olduğunu bildirmek için gelmişdir. Evliyâyı "rahmetullahi aleyhim ecma'în" putlara benzetmek doğru mudur?

Cevâb: Âyet-i kerîmede, Allahdan başka buyuruldu. Bu, Allahdan başka herşey demekdir. Evet, hadîs-i şerîfde, **(Peygamberi zikr etmek ibâdetdir. Sâlihleri zikr etmek günâhlara keffâretdir. Ölümü zikr etmek sadaka vermek gibidir. Kabri zikr etmek, sizi Cennete yaklaşdırır)** buyuruldu. Bu hadîs-i şerîf Ebû Nasr Deylemînin "rahmetullahi aleyh" **(Müsned-ül-firdevs)** kitâbında yazılıdır. **(Alîyi zikr etmek ibâdetdir)** hadîs-i şerîfini de Deylemî bildirmekdedir. Bu hadîs-i şerîflerdeki zikr etmek, onların yüksek mertebelerini, hâllerini, güzel huylarını hâtırlamak, söylemek demekdir. Böylece bunları sevmek, Allah sevgisindendir. Bunları işitenler, bunlar gibi olmağa çalışırlar. Yalnız ezânda ve ikâmetde, Allahü teâlânın ismi yanında Muhammed aleyhisselâmın ismini de zikr etmek ibâdetdir. İnşirâh sûresi dördüncü âyetinde meâlen, **(Senin için, senin zikrini yükseltdik)** buyuruldu. Bu yükseltmek, yalnız Muhammed aleyhisselâm içindir. Bir kimse, **(Lâ ilâhe illallah Muhammedün resûlullah)** dedikden sonra, Alî veliyyullah dese, bu kimse ta'zîr olunur. Ya'nî cezâlandırılır. Muhammed aleyhisselâmın ismini zikr etmek de, yalnız dînimizin bildirdiği yerde câiz olur. Meselâ, yâ Muhammed, yâ Muhammed diyerek tesbîh çekmek câiz değildir.

İsmet, Peygamberlere "aleyhimüssalevâtü vetteslîmât" mahsûsdur. İsmet, bilerek ve bilmiyerek, büyük ve küçük hiçbir günâh işlememek demekdir. Evliyâda ismet vardır demek küfr olur.

Eshâb-ı kirâmın hepsi "radıyallahü anhüm" Evliyânın hepsinden dahâ yüksekdirler. Tebe'i tâbi'înin büyüklerinden olan Ab-

---

[1] Seyyidet Nefîse hazret-i Hasenin torunu Hasenin kızı 208 [m. 823] de Mısrda vefât etdi.

düllah ibni Mubârek hazretleri[1] buyurdu ki, (Hazret-i Mu'âviyenin "radıyallahü teâlâ anh" Resûlullahın yanında bindiği atın burnuna giren toz, Veysel Karânîden ve Ömer bin Abdül'azîzden dahâ hayrlıdır).

Evliyânın kabrlerini yüksek yapmak, onlara saygı için üzerlerine türbe yapmak, yanında ziyâfet vermek, kabrlerinde kandil, mum yakmak bid'atdir. Kimisi harâm, kimisi mekrûhdur. Resûlullah "sallallahü aleyhi ve sellem", hazret-i Alîyi "radıyallahü anh", göndererek, kâfirlerin yüksek kabrlerini yıkdırdı ve resmleri yok etdirdi.

[Evliyâ öldükden sonra da, kendilerini sevmek, hurmet etmek lâzımdır. Böylece, rûhlarından feyz alınır. İstifâde olunur. İnsanın kalbi temizlenir. Ziyârete gelenlerin bu kabrin bir Velî mezârı olduğunu anlıyarak, saygı göstermeleri için ve ziyâret edenin soğukdan, sıcakdan, yağmurdan, yırtıcı hayvandan korunması için, Evliyânın "rahmetullahi aleyhim ecma'în" kabrleri üzerine türbe yapmak câiz, hattâ lâzımdır. Türbe, Velî için değil, ziyârete gelen diriler için yapılmakdadır.]

Resûlullahın "sallallahü aleyhi ve sellem" kabrini ziyâret etmek için sünnet şöyledir: Abdestli olmalı, Resûlullaha salevât getirmeli, önceden yapmış olduğu nemâz, sadaka, oruc, Kur'ân-ı kerîm okumak gibi hayrlı işlerin sevâbını Ona bağışlamalı, gönlü uyanık olmalı, Onu sevmeği ve sünnetine uymağı, Allahü teâlâdan dilemelidir. Eğer, ziyâret etdiği kabr, mensûb olduğu Velînin kabri ise, kalbinden dünyâ düşüncelerini çıkarıp, ondan feyz almağı beklemelidir. Kabr başında Kur'ân-ı kerîm okumak sünnetdir.

Dünyâlığa, mala, şöhrete kavuşmak, saygı toplamak için Rehberlik yapanlar, şeytânın vekîlleridir. Müseyleme-tül-kezzâb gibidirler.

Evliyânın "rahmetullahi aleyhim ecma'în" Allahü teâlâdan kendilerine gelen ni'metleri haber vermeleri, bulundukları yüksek dereceleri talebelerine bildirmeleri câizdir. Hadîs-i şerîfde, **(Allahü teâlânın verdiği ni'metleri bildirmek, bunlara şükr etmek olur)** buyuruldu. Öğünmek harâmdır. Kendindeki iyilikleri, ni'metleri, kendinden bilirse, Allahü teâlânın verdiğini düşünmezse, öğünmek olur. Ya'nî **(Tezkiye-i nefs)** olur. Bu ni'metlerin Allahü teâlâ-

---

[1] Abdüllah ibni Mubârek 181 [m. 797] de, Veysel Karânî 37 [m. 657] de vefât etdi.

dan geldiğini bilip, kendinin kusûrlu olduğunu düşünürse, **(Şükr)** olur.

İnsanların Allahü teâlâya yaklaşması, ancak Allahü teâlânın çekmesi ile olur. Eğer, vâsıtasız doğrudan doğruya çekerse, **(İctibâ)** denir. Vâsıta ile çekmesi, iki dürlü olur: İbâdet yapmak ve riyâzet çekmek vâsıtası ile yaklaşdırır. [Tesavvuf yolundaki vazîfelerin te'sîrleri tecribe edilmiş olduğu için, riyâzet olarak bu nâfile ibâdetleri yapmak tercîh edilmekdedir.] Buna **(Sülûk)** denir. Yâhud bir Rehberin sohbeti vâsıtası ile **(Cezb)** eder. Bütün bu çekişlerin asl sebebi, insanın kendi kâbiliyyetidir. Bu kâbiliyyetleri, insana yaratılışda verilir. İnsanların kâbiliyyetleri, isti'dâdları başka başkadır. İnsanın Allaha yaklaşmasına en büyük mâni' nefsinin şehvetleri ile bedenin ihtiyâc ve kötülükleridir. İkinci mâni', **(Âlem-i emr)** latîfelerinin kendilerinden ve Rablerinden gâfil olmalarıdır. İnsanı Allahü teâlâya yaklaşdıran ibâdetleri, riyâzetleri de, bir Rehberin göstermesi lâzımdır. Riyâzet ve ibâdet yapmakla, hem nefs ve beden tezkiye bulur. Ya'nî kötülüklerden temizlenirler. Hem de, âlem-i emrden olan latîfeler, beden maddelerinden ve nefsden bulaşmış olan zulmetlerden tasfiye olur. Gafletden kurtulurlar. Tesavvuf yollarının çoğunda, önce sülûk yapılır. Önce, iki mâni' ortadan kaldırılır. Böylece, Âlem-i emrin beş latîfesi sâf olur ve nefs **(Makâmât-ı aşere)** denilen güzel huylarla bezenir. Bundan sonra, Rehber sâliki Allahü teâlâya cezb eder. Bu sâlike, **(Sâlik-i meczûb)** denir. Böyle ilerlemesine **(Seyr-i âfâkî)** denir. Çünki Rehber sâlikin temizlenmesini Âlem-i misâlde görerek anlar. Bu seyr çok güçdür ve uzun sürer. Allahü teâlâ Behâüddîn-i Buhârîye "rahmetullahi aleyh" sülûkden önce cezb yapmasını ilhâm eyledi. Önce teveccüh ederek, her latîfede zikr yapdırırlar. Her latîfede fânî olurlar. Buna **(Seyr-i enfüsî)** denir. Seyr-i âfâkînin çoğu da, bununla birlikte hâsıl olur. Sonra, nefsi ve bedeni temizlemek için riyâzet yapdırılır. Bu sâlike, **(Meczûb-i sâlik)** denir. Bu seyr kolay ve çabuk olur. Nâkısların, câhillerin kendiliklerinden yapdıkları ibâdetlerle, terakkîleri pek az olur veyâ hiç olmaz. Çünki, bunların ibâdetlerinin sevâbı pek azdır. Elli sene ibâdet ile vilâyetin en aşağı derecesine yetişebilirler. O hâlde, yalnız mücâhede ve riyâzet ile vilâyet elde edilemez. İbâdetlerin, riyâzetlerin ancak sünnete uygun olanları fâidelidir. Bunun için, bid'atlerden sakınmak şartdır. Hadîs-i şerîfde, **(Amelsiz söz kabûl olmaz. Niyyetsiz amel kabûl olmaz. Sünnete uygun olmazsa, hiçbiri kabûl olmaz)** buyuruldu. Ya'nî, hiçbirine sevâb verilmez. İbâdetlerin, riyâzetlerin güç, sıkıntılı olması değil, sünnete uygun olmaları lâzımdır.

Süâl: Çok sıkıntılı riyâzetler çekenlerin çok ilerledikleri, keşf ve kerâmet gösterdikleri görülüyor. Buna ne dersiniz?

Cevâb: Riyâzet çekmekle keşf, kerâmet ve dünyâ işlerinde tesarruf elde edilir. Eski Yunan felesofları ve Hind papasları böyle yaparlardı. Allah adamları, bunlara kıymet vermez. Nefsi kötülüklerden kurtarmak, şeytânı öldürmek, ancak sünnete uymakla mümkindir.

Süâl: Yukarıdaki cevâba göre, yalnız riyâzet yapılan tesavvuf yollarında kimsenin Velî olmaması lâzım gelir. Buna ne dersiniz?

Cevâb: Tesavvuf yollarının hepsi sünnete uymakdadır. Ba'zılarına bir bid'at karışmış ise, başka işlerinde sünnete uymaları, bu bid'ati işlemekden kurtarabilir. Bunlara bid'at karışması keşf ve ilhâmlarını yanlış te'vîl etmelerinden hâsıl olur. Câhillerin, yalancıların bid'atleri böyle değildir. Bunlar zararlıdır. Feyzin kesilmesine sebeb olur.

Nâkıs ve kâmil, herkes dahâ kâmil olandan feyz alır. Vilâyet ancak kâmilin sohbeti ile elde edilebilir. Nâkısların, câhillerin sohbeti hiç kimseyi vilâyete kavuşduramaz. Çünki, bunların Hak teâlâ ile münâsebetleri yokdur. Kâmil olan rehberin zâhiri halk ile, bâtını Hak ile olduğu için, Allahü teâlâdan aldığı feyzi, insanlara vererek, onları vilâyete kavuşdurur. İsrâ sûresinin doksanbeşinci âyetinde meâlen, **(Eğer yeryüzünde melekler olup yürüselerdi, onlara gökden Peygamber olarak elbette melek gönderirdim)** buyuruldu. Bunun içindir ki, Resûlullahın "sallallahü aleyhi ve sellem" vefâtından sonra, görünüşde kendisi ile münâsebet kalmadığı için, herkes Kabr-i se'âdetden feyz alamaz oldu. Resûlullahın vârisleri olan âlimlerden, Rehberlerden feyz alındı. Çünki hadîs-i şerîfde, **(Zâhir ve bâtın bilgilerinde âlim olanlar, Peygamberlerin vârisleridirler)** buyuruldu.

Kemâle yetişen, Velî olan kimseler "rahmetullahi aleyhim ecma'în", Allahü teâlâdan vâsıtasız feyz alabilirler. İbâdet yapmakla da yükselirler. **(Secde et ve Allaha yaklaş)** âyet-i kerîmesi bunu bildirmekdedir. Bu Velî, Resûlullahın "sallallahü aleyhi ve sellem" ve Evliyânın kabrlerinden de feyz alabilir.

Peygamberlerin insanlardan gönderilmesi, sohbetde hâsıl olan te'sîr içindir. Çünki, i'tikâd ve fıkh bilgileri meleklerden de öğrenilebilir. Cibrîl hadîsi bunu göstermekdedir. Çünki Resûlullah, **(Bu gelen Cebrâîl idi. Size dîninizi öğretmek için gelmişdi)** buyurdu. Sohbetin te'sîri için, Rehberlerden feyz alabilmesi için, arada tâm münâsebet [tanımak ve sevmek] bulunması lâzımdır. Vilâyet elde etmek için de, bu te'sîr lâzımdır.

Az kimse vardır ki, isti'dâdları çok kuvvetli olup, Peygamberin "salevâtullahi aleyhim ecma'în" veyâ bir Velînin "rahime-hullahü teâlâ" rûhundan feyz alarak, vilâyet mertebesine kavuşurlar. Bunlara (Üveysî) denir. Eshâb-ı kirâmın sohbeti de, feyz verdi. Fekat bir sohbet yetişmezdi. Çok def'a sohbet etmek lâzım idi. Sonra gelen Evliyânın sohbetleri, ancak riyâzet çekmekle birlikde te'sîr etdi.

Allahü teâlâ, insanlarda kendine yaklaşmak ve kendini tanımak isti'dâdını yaratdı. Bu isti'dâdın mikdârı herkesde başkadır.

Farzları, vâcibleri yapdıkdan ve harâmlardan, şübhelilerden kaçdıkdan sonra, nâfile ibâdetlerin en te'sîrlisi zikrdir. Her zemân Allahü teâlâyı zikr etmelidir. Hadîs-i şerîfde, **(Cennetdekiler, en çok, dünyâda Allahü teâlâyı zikr etmeden geçirdikleri zemânlar için üzülürler)** buyuruldu. Fenâ-i nefs hâsıl olmadan önce, diğer nâfile ibâdetleri yapmakla ve Kur'ân-ı kerîm okumakla Allahü teâlâya yaklaşılamaz. Bâtını temizlemedikçe, bunlarla terakkî olmaz. Bâtını temizlemek, Allahı zikr etmekle olur. Hadîs-i şerîfde, **(Zikrin en iyisi, Lâilâhe illallahdır)** buyuruldu. Bunun için, boş zemânlarda hep bu **(Kelime-i tevhîd)**i okumalıdır. Zikrin çeşidleri arasında (Allahü ekber, Allahü ekber. Lâ ilâhe illallahü vallahü ekber. Allahü ekber ve lillâhil hamd) çok fâidelidir. Buna **(Tekbîr-i teşrîk)** denir. Bundan sonra kalan zemânlarda, âhıret adamları ile, sâlihlerle görüşmeli, sohbet etmelidir. Sâlih kimse bulamıyan, bunların kitâblarını arayıp, bulmalı, bunları okumalıdır. Mürtedlerle, bid'at sâhibleri ile, fâsıklarla arkadaşlık etmemeli, bunlarla oturmamalıdır. Harâm işliyenlere **(Fâsık)** denir. Din câhilleri ile, dünyâya düşkün olanlarla ve mezhebsizlerle görüşmemelidir. Bunlarla görüşmek, insanın bâtınını [Kalbini, rûhunu] harâb eder. Evliyânın sohbetinde bulunmak, zikrden ve diğer nâfile ibâdetden dahâ fâidelidir. Eshâb-ı kirâm "radıyallahü teâlâ anhüm", birbirlerini görünce, biraz benimle otur. Îmânımı tâzeliyeyim derlerdi. Celâlüddîn-i Rûmî "rahmetullahi aleyh" buyuruyor ki:

> *Evliyâ yanında geçen az zemân,*
> *fâidelidir yüzyıllık takvâdan!*

Hâce Ubeydullah-i Ahrâr "rahmetullahi aleyh" buyuruyor ki:

> *Kılınabilir her zemân nâfile nemâz,*
> *Bizim sohbetimiz bir dahâ bulunamaz!*

Birisine, Bâyezîdin sohbetinde bulun dediler. Ben her ân Rabbimin sohbetindeyim dedi. Bâyezîdin sohbeti sana dahâ fâidelidir cevâbını verdiler. Ya'nî cenâb-ı Hakdan, Ona bağlılığın ve isti'dâdın kadar feyz alabilirsin. Bâyezîdin sohbetinde ise, Onun yüksek derecesine uygun feyzlere kavuşursun demek istediler.

Kötü arkadaşla hiç görüşme,
O, zehrli yılandan da fenâdır!
Yılan alır insanın cânını,
O alır cânını, îmânını!

Senâüllah-i Dehlevînin fârisî **(İrşâd-üt-tâlibîn)** adındaki kitâbından seçerek, türkçeye terceme burada temâm oldu. Senâüllah-i Dehlevî, Mazher-i Cân-ı Cânânın yetişdirdiği Evliyânın büyüklerinden olup, 1225 [m. 1810] senesinde Hindistânda vefât etdi. Pani-pût şehrindedir.

TENBÎH: Muhammed Pârisâ, **(Risâle-i kudsiyye)** kitâbında buyuruyor ki, Yûsüf-i Hemedânîye,[1] Kâmil bir rehber bulamazsak, ne yapalım dediler. Hergün onların kitâblarını okuyunuz buyurdu. Şimdi, selâmete kavuşmak için, İmâm-ı Rabbânînin "rahmetullahi aleyh" **(Mektûbât)** kitâbını okumalıdır. **(Mektûbât)**ın birinci cildinin tercemesi, **(Mektûbât Tercemesi)** adı ile, 2005 de İstanbulda basdırılmışdır. Se'âdete kavuşmak istiyenlerin, bu kitâbı okumaları çok fâidelidir.

34 - Abdülganî Nablüsî **(Hadîka)** kitâbının yüzdoksanıncı sahîfesinde buyuruyor ki: İbâdetleri iktisâd üzere, ya'nî ne az, ne de pek aşırı olmıyarak, orta mikdârda yapmak lâzımdır. Bekara sûresinin yüzseksenbeşinci âyetinde meâlen, **(Allahü teâlâ, sizin için kolaylık istiyor. Güç işleri yapmanızı istemiyor)** buyuruldu. Bunun için, hastanın ve yolcunun oruc tutmamasına izn verdi. Bize ağır ve sıkıntılı işler yapmağı emr etmedi. İnsan iki işden birini yapmak karşısında bulunursa, bunlardan hafîf ve kolay olanını yapması dahâ doğrudur: Peygamberimiz "sallallahü aleyhi ve sellem", birinin mescidde sâatlerce nemâz kıldığını işitdi. Mescide gelip, bunu omuzlarından tutarak, **(Allahü teâlâ, bu ümmetden kolay işler yapmasını istiyor. Güç işleri beğenmiyor)** buyurdu. Allahü teâlâ, bu ümmete kolay şeyleri emr etdi. İslâm ahkâmına uymak pek kolaydır.

Mâide sûresinin doksanıncı âyetinde meâlen, **(Ey mü'minler! Allahü teâlânın size halâl etdiği tayyıb, ya'nî güzel şeyleri, kendi-**

---

[1] Yûsüf Hemedânî 535 [m. 1141] de Hirâtda vefât etdi.

nize harâm etmeyiniz! Halâllere harâm demeyiniz! Allahü teâlâ, halâl etdiği şeylere harâm diyenleri sevmez!) buyuruldu. [Abdül-vehhâb oğlu Muhammed, halâl olan şeylere, hattâ ibâdetlere harâm diyor. Hattâ, şirk diyor. Bu âyet-i kerîme, Allahü teâlânın bunu sevmediğini bildiriyor. Bir mü'min günâh işleyince, günâhın cezâsından, azâbından kurtulmak için, Allahü teâlâ yol gösterdi. Tevbe ile, keffâret vermekle afv edeceğini bildirdi. Vehhâbî kitâbı, devr ile iskât yapılmasına saldırırken, bunlar, kötü kimselerin günâh işlemesine yol açan, uydurma şeylerdir diyor. Günâhların tevbe ve keffâret ile afv edilmeleri karşısında acabâ ne diyecek? Bunlar, kötü kimselerin günâh işlemelerine yol açıyor diyerek, Allahü teâlânın gösterdiği kolaylığa ve merhamete de dil uzatacak mı?]

Hadîs-i şerîfde, **(Allahü teâlâ, emr etdiği şeyleri yapmanızı sevdiği gibi, izn verdiği şeyleri yapmanızı da sever)** buyuruldu. Zarûret olduğu zemân, harâm işlemeğe ve farzı terk etmeğe **(ruhsat),** izn verilmişdir. Ya'nî azâb yapılmaz. Zarûret zemânında da, dînin emrlerini yapmağa **(azîmet)** denir. Ba'zan, azîmet olanı yapmak dahâ iyidir. Meselâ, ölüm ile korkutulan kimsenin, îmânını gizlememesi böyledir. Öldürülürse, şehîd olur. Ba'zan ruhsat olanı yapmak, dahâ iyi olur. Yolcunun oruc tutmaması böyledir. Yolcu, orucu tutarak hastalanır, ölürse günâha girer.

Ahkâm-ı islâmiyyeye uymakdan kurtulmak için, mezheblerin ruhsatlarını, kolaylıklarını araşdırıp, bunlara göre iş yapmak câiz değildir. Böyle araşdırmağa **(Telfîk)** denir. İhtiyâc olunca, başka mezhebe geçmek veyâ birkaç şeyi başka mezhebe göre yapmak câizdir. Farzı yapmamak veyâ harâmı yapmak için hîle yapmak harâmdır. Buna, **(Hîle-i bâtıla)** denir. Birşey, farz veyâ harâm olmadan önce, farz veyâ harâm olmasını önlemek câizdir. Buna **(Hîle-i şer'ıyye)** denir.

Abdüllah Mûsulî,[1] **(Muhtâr)** kitâbının şerhi olan **(İhtiyâr)** kitâbında diyor ki, (Farzları yapamıyacak kadar za'îfleten riyâzet, ya'nî az yimek câiz değildir. Kendinin ve çoluk çocuğunun nafakasını kazanacak ve borçlarını ödiyecek kadar çalışıp kazanmak farzdır. Bu niyyet ile çalışan kimse, borcunu ödiyemeden ölürse, azâb çekmez. Hadîs-i şerîfde, **(Her erkeğin çalışıp** [nafakasını] **kazanması farzdır)** buyuruldu. Bundan fazlası için çalışmamak câizdir. Âdem a-

---

[1] Mûsulî 683 [m. 1285] de vefât etdi.

leyhisselâm buğday eker ve ekmek yapardı. Nuh âleyhisselâm neccâr, marangoz idi. İbrâhîm aleyhisselâm kumaş tüccârı idi. Dâvüd aleyhisselâm demirci idi. Süleymân aleyhisselâm zenbil yapardı. Muhammed aleyhisselâm, önce koyun güderdi. Sonra ticâret yapdı. Sonra cihâd yapardı. Asker idi. Ebû Bekr-i Sıddîk "radıyallahü anh", kumaş tüccârı idi. Ömer-ül-Fârûk, kösele dikerdi. Osmân-ı Zinnûreyn gıdâ maddeleri idhâlâtçısı idi. Alî "radıyallahü anhüm" işçilik ve cihâd yapardı "radıyallahü teâlâ anhüm ecma'în". Çoluk çocuğunun bir yıllık nafakasını toplıyacak kadar çalışmak mubâhdır. Müslimânlara yardım için, cihâd etmek için, fazla çalışıp kazanmak müstehabdır, iyidir. Hadîs-i şerîfde, (İnsanların en iyisi, insanlara fâideli olandır) buyuruldu.) İhtiyâr kitâbından terceme temâm oldu. Gösteriş için, övünmek için kazanmak tahrîmen mekrûhdur. Mültekâ kitâbında harâmdır denildi. Çalışmak rızkı artdırmaz. Rızkı veren, Allahü teâlâdır. Çalışmak, sebebe yapışmakdır. Sebeblere yapışmak sünnetdir.

Çalışan insan beş dürlü olur: Birincisi, rızkın yalnız çalışmakdan geldiğine inanır. Kâfirler böyledir. İkincisi, rızkın Allahdan geldiğine ve çalışmanın, sebebe yapışmak olduğuna inanır. Çalışırken, Allahü teâlâya âsî olmaz. Harâm işlemez. Hâlis, sâlih mü'minler böyledir. Üçüncüsü, rızkın Allahü teâlâdan geldiğine inanır ise de, çalışırken Allahü teâlâya âsî olur. Fâsık mü'minler böyledir. Dördüncüsü rızkın hem Allahü teâlâdan, hem de çalışmakdan geldiğini sanır. Müşrikler böyledir. Beşincisi, rızkın yalnız Allahü teâlâdan geldiğini bilir. Fekat rızkı verir mi vermez mi bilmez. Münâfıklar böyledir.

Âlim bin Alâ,[1] (Zâd-ül-müsâfir) ve (Tâtârhâniyye) ismindeki fetvâ kitâbında diyor ki, Câmi'de, evde kapanıp hep ibâdet etmek ve yiyip içip, evlenmek, gezmek gibi eğlenceleri ve halâl kazanmağı terk etmek, tahrîmen mekrûhdur.

Süâl: Din âlimlerinin yukarıdaki sözleri, tesavvufcuların "rahmetullahi aleyhim ecma'în" riyâzet ve sıkıntılı yaşamağı övmelerine uymıyor. Bu ikisinden hangisi dahâ iyidir?

Cevâb: Tesavvufculardan bir kısmı, (Kırk gün aç kalan, ilâhî sırları anlamağa başlar) dedi. Sehl bin Abdüllah, onbeş günde bir yirdi. İmâm-ı Gazâlî diyor ki, Ebû Bekr-i Sıddîk "radıyallahü anh" altı günde bir yirdi. Cüneyd-i Bağdâdî hergün dörtyüz rek'at nemâz kılardı. Sehl bin Abdüllah, yedi yaşında hâfız oldu. Hergün

---

[1] Âlim bin Alâ 688 [m. 1289] da vefât etdi.

oruc tutardı. On iki sene, yalnız arpa ekmeği yidi. Abdülvehhâb-i Şa'rânî "rahmetullahi aleyh" hergün akşam ile yatsı arasında Kur'ân-ı kerîmi iki kerre hatm ederdi. Buna inanmakda tereddüd etmemeli. Evliyâda rûhânî kuvvet vardır. Rûh, bir ânda çok şey yapar. [Sehl bin Abdüllah Tüsterî 283 [m. 896] de Basrada, Abdülvehhâb-ı Şa'rânî 973 [m. 1565] de, imâm-ı Gazâlî 505 [m. 1111] de Tus şehrinde vefât etdi.]

Âlimler, (ibâdetlerde aşırı gitmemeli, kendini sıkıntıya düşürmemeli) buyurdu. Bu sözleri, bütün ümmet için farz veyâ vâcib veyâ sünnet olan şeylerdedir. Her müslimânın böyle yapması lâzımdır. Tesavvufcuların çekdikleri sıkıntılar ise, nâfile ibâdetdir. Herkesin yapması lâzım değildir. Tegâbün sûresi onaltıncı âyetinde meâlen, (Gücünüz yetdiği kadar, Allahdan korkunuz!) buyuruldu. Furkân sûresi yetmişinci âyetinde meâlen, (Îmân edip tevbe eden ve sâlih ameller işliyenlerin günâhlarını sevâblara çeviririm. Allahü teâlâ günâhları afv edici, acıyıcıdır) buyuruldu. Vahşî, bu âyeti işitince, afv için şartlar bildiriyor. Bu şartları yapamazsam korkarım. Bunun dahâ kolayı yok mudur dedi. Buna karşılık, (Allahü teâlâ, dilediği kullarının şirkden başka herşeyini afv eder) meâlindeki âyet geldi. Vahşî, bunu işitince, Allahü teâlâ, beni afv etmek dilemezse, ne yaparım dedi. Bunun üzerine, (Ey kendilerine zulm eden kullarım! Allahın rahmetinden ümmîdinizi kesmeyiniz! Allahü teâlâ, bütün suçları afv eder. O, gafûr, rahîmdir) meâlindeki âyet-i kerîme geldi. Vahşî, bu müjde bana yeter dedi. Îmân etdi. Bu âyet-i kerîme, kıyâmete kadar gelecek olan herkes için müjdedir. Su bulamıyanların teyemmüm etmeleri için de, önce (Temiz toprakdan ellerinize ve yüzünüze sürünüz!) ve sonra, (Temiz topraklı ellerinizi, ellerinize ve yüzünüze sürünüz!) meâlindeki âyet-i kerîme geldi. Toprağı sürmeği emr eylemedi. Emri kolaylaşdırdı. Allahü teâlâ, Peygamberine "sallallahü teâlâ aleyhi ve sellem" Mekke dağlarını altın yapayım ister misin buyurunca, bu altınları Allah yolunda ve düşmanlarla cihâd için kullanmağı düşünmedi. İstemedi. Güçlük çekmeği arzû eyledi. Tebük gazvesinde ise, (Bu orduya lâzım olanları getirene Cenneti müjdeliyorum) buyurarak, Eshâbından yardım istedi. Resûlullahın uzun günler orucunu bozmadığı ve açlıkdan mubârek karnına taş bağladığı, kitâblarda yazılıdır. Mubârek ayakları şişinceye kadar geceleri, çok nemâz kıldığı da bildirilmişdir. Mubârek zevceleri de "radıyallahü teâlâ anhünne", böyle çok ibâdet yaparlardı. Fekat, ümmetine çok merhamet etdiği için, onların böyle sıkıntı çekmelerini istemezdi. Ümmetine ruhsat ile emr ederdi. Kendisi azîmet ile ibâdet yapardı. Din demek, yalnız emr demek değildir. Ruhsat ile azîmetin ikisi de dindir. Tahrîm sûresinde, **(Allahü teâlânın halâl etdiklerini kendinize harâm etmeyiniz!)** meâlindeki âyet-i kerîme, (Ruhsat, izn verilen şeyleri inkâr etmeyiniz! Bunları harâm etmeyip de, terk eder, çekinirseniz zühd olur, iyi olur. Yapması ise, günâh olmaz) demekdir. Hadîs-i şerîfde, **(Sünnetimi kabûl etmiyen benden değildir!)** buyuruldu ki, ruhsat, izn verdiğim şeyleri kabûl etmeyip, kendine sıkıntı veren benden değildir demekdir.

Tesavvuf büyükleri, ruhsat ve azîmetden, ikincisini seçmişlerdir. Ruhsat ile amel etmeği de inkâr etmemişlerdir. Herkese ruhsat ile amel etmeği emr etmişlerdir. Resûlullah "sallallahü aleyhi ve sellem" de, böyle yapardı. Tesavvuf demek, Kitâba ve sünnete uymak, bid'atlerden sakınmak ve tesavvuf büyüklerine saygılı olmak ve herkese merhametli olmak ve ruhsat olan ameli terk etmekdir. Ehl-i sünnet âlimleri, azîmet ile, vera' ile hareket etdiklerinden, bir harâm işlememek için, yetmiş halâli terk ederlerdi. Ebû Bekr-i Sıddîk "radıyallahü anh" buyurdu ki, (Biz bir harâma düşmek korkusundan, yetmiş halâli terk ederdik.)

Resûlullah "sallallahü aleyhi ve sellem", Ebû Hüreyreye "radıyallahü teâlâ anh", **(Vera' üzere ol ki, insanların en âbidi olursun!)** buyurdu. Bundan anlaşılıyor ki, din demek, yalnız ruhsat, her işde orta yol demek değildir. Azîmet, zühd ve vera' da dindendir. Riyâzetin, açlık çekmenin tahrîmen mekrûh olması, buna dayanamıyanlar, bedenine ve aklına zarar verecek olanlar içindir. Çünki, kendini tehlükeye düşürmek harâmdır. Rûhânî kuvvetleri, bu tehlükeyi önliyenler için, riyâzet çekmek câiz ve fâideli olur.

Rehberin lâzım olduğu buradan da anlaşılmakdadır. Kâmil olan Rehber, talebenin sıhhatini, mizâcını, rûhunun kuvvetini anlar. Ona uygun olan mikdârda riyâzet etmeği emr eyler. Onu tehlükeden korur. Kâmil olan Rehber, hem beden, hem de rûh ve din mütehassısıdır. Resûlullah efendimizin vârisi, vekîlidir. Kâmil olan Rehberin emri ile yetişenlerde hiçbir zarar ve tehlükeye düşen görülmemişdir. Hepsi yükselmiş, olgunlaşmışdır. Tesavvuf yolunda ilerlerken, islâmiyyete uymakda hiç gevşeklik göstermemişlerdir. Farzı terk etmeğe sebeb olan şeyi yapmak harâmdır. Rehber bundan korur "rahmetullahi aleyh". Nâfile ibâdetleri iznle yapmak, bunun için lâzımdır.

Resûlullah "sallallahü aleyhi ve sellem", ümmetine çok merhametli idi. Mi'râc gecesi, elli vakt nemâzın beş vakte inmesini diledi. Ümmetine sıkı emrler gelmesine yol açmaması için, Eshâbının sıkıntılı riyâzetler yapmalarına izn vermezdi. Onun, ümmetine çok fâideli olacak ibâdetleri bildirmiyeceği ve yapılmalarını önliyeceği düşünülemez. Herşeyin en iyisini, en fâidelisini söylemiş, yapmış ve yapdırmışdır. Ruhsat ile amel, aşırı ve noksan olmaksızın kulluk etmek, bütün ümmeti için fâideli olacağından, bunları açıkca yapmış ve emr eylemişdir. Eshâb-ı kirâmın yükseklerine ise, gizli bilgiler ve ibâdetler öğretmişdir. Bekara sûresinin ikiyüzseksenikinci âyet-i kerîmesinde meâlen, **(Allahdan korkunuz! Böylece, size çok şeyler öğretir)** buyuruldu. Bu (çok şeyler), ilâhî ma'rifetler, gizli bilgilerdir. Hadîs-i şerîfde, **(İlmin, inceleri ve gizlileri vardır. Bunları ancak Allah adamları bilir. Bildiklerini söylerlerse, câhiller bunlara inanmazlar)** buyuruldu.

İmâm-ı Kastalânînin **(Mevâhib)** kitâbında yazılı olan mi'râc hadîsinde, **(Rabbim bana başka başka üç ilm bildirdi. Birinci ilmi kimseye bildirme dedi. Çünki, bu ilmi benden başka hiç kimse anlıyamaz. İkinci ilmi, dilediğine bildirebilirsin dedi. Üçüncü ilmi, ümmetinin hepsine bildir dedi)** buyuruldu. Görülüyor ki, Resûlullah "sallallahü aleyhi ve sellem", Allahü teâlânın bana bildirdiği ilm, yalnız ümmetin hepsine bildirilmesi emr olunan ilmdir buyurmadı. Hak olan başka iki ilm dahâ bulunduğunu haber verdi. Resûlullahın, dilediğine bildirmesi için izn verilen, ikinci ilm **(Vilâyet)** ya'nî evliyâlık, tesavvuf ilmidir. Bu ilm, islâmiyyetin bâtınını ve hakîkatini bildirmekdedir. Bu ilm, ancak takvâ ile elde edilir. Kehf sûresinde, Hızır aleyhisselâm için, **(Ona Bizden ilm verildi)** buyuruldu. Bu âyet-i kerîme, **(Vilâyet ilmi)**ni bildirmekdedir. Herkese bildirilmesi emr olunan **(Fıkh bilgileri)**, Resûlullahın mubârek sözlerinden ve hareketlerinden alınmış olduğu gibi, vilâyet ma'rifetleri de, Onun mubârek kalbinden çıkıp, kalblere akmakdadır. Bunun içindir ki, Ebû Hüreyre "radıyallahü anh", (Resûlullahdan iki ilm aldım. Birisini sizlere bildirdim. İkincisini bildirmiş olsam, anlıyamaz, beni öldürürsünüz) dedi. Birincisi, **(İlm-i zâhir)**dir. İkincisi **(İlm-i bâtın)**dır. Bunu ancak, Evliyâ ve Sıddîklar bilir.

Tesavvufcular, bâtın ilmine kavuşmak için, riyâzetler çekiyor, mücâhedeler yapıyorlar. İlm-i zâhirde, sahte, yalancı ilm adamları olduğu gibi, sahte, bozuk kimseler, tesavvufcu kılığına girmişler, bu mubârek yolu, dünyâ çıkarlarına âlet etmişlerdir. Bu yalancılardan sakınmak, tuzaklarına düşmemek için, onları tanımak lâzımdır. Bunun için de, islâmiyyeti iyi öğrenmek lâzımdır. Doğru ile bozuğu ayıran biricik mi'yâr islâmiyyetdir. İslâmiyyete uyan bir kimse, tesavvuf yolunda da çalışırsa çok iyidir. Fekat, bu yolda ilerlemek için, kâmil olan Rehberin kontrolü lâzımdır. Kâmil olan Rehber, kalb ve rûh mütehassısıdır. Tâlibin kalbindeki hastalığı anlıyarak, ona uygun olan riyâzeti ve zikri seçer, yapdırır. Bekara sûresinin onuncu âyetinde meâlen, **(Kalblerinde hastalık vardır)** buyuruldu. Bu hastalığın tedâvîsi, Resûlullahın sohbeti ile oluyordu. Başkaca bir riyâzete, sıkıntıya lüzûm kalmıyordu. Eshâb-ı kirâmın hepsi, o sohbetin bereketi ile Resûlullahın mubârek kalbinden feyz aldılar. Tesavvufun en yüksek derecelerine kavuşdular. Kendilerinden sonra gelen Evliyânın hepsinden dahâ yüksek oldular. Onlardan sonra gelenler, Resûlullahın sohbetine kavuşamadıkları için, riyâzetler, sıkıntılar çekerek, kalb hastalıklarından kurtulmağa çalışmışlardır. İlm-i bâtın, ilm-i zâhirden ayrılmaz. Her ikisine kavuşanlara, **(Ulemâ-i râsihîn)** denir. Resûlullaha vâris olan ulemâ, yalnız bunlardır. Riyâzet, sıkıntı çekerek, kalblerini tedâvî edenler, ilm-i bâtına kavuşunca, riyâzeti bırakırlar. Yalnız farzları, sünnetleri yaparlar. Eshâb-ı kirâm "radıyallahü teâlâ anhüm" gibi bâtınları ile de, kalbleri ile de, ibâdet ederler. Pazarda alış veriş etmeleri onların bâtın ibâdetlerine zarar vermez. Allahü teâlâyı bir ân unutmazlar. Kur'ân-ı kerîmde, bunlar övüldü. Nûr sûresi, otuzyedinci âyetinde meâlen, **(Alış verişleri, Allahı unutdurmaz!)** buyuruldu. Eshâb-ı kirâm "radıyallahü anhüm ecma'în" riyâzet çekmeden bu dereceye kolayca ve az zemânda yükseldiler. Hazret-i Ömer "radıyallahü anh", ilk sohbetinde yükseldi. Eshâb-ı kirâma riyâzet çekmeleri için izn verilseydi, din âlimleri, mezheb imâmları, onların riyâzetlerini kitâblarına yazarak, bütün müslimânların böyle yapmaları lâzım olurdu.

Hadîs âlimlerinden Muhammed bin Abdüllah Hâkim Nişâpûrî-nin "rahime-hullahü teâlâ" **(Müstedrek)** kitâbında bildirdiği hadîs-i şerîfde, **(Deccâlın zemânında bulunan mü'minlerin gıdâsı, meleklerin gıdâsı gibi, tesbîh ve takdîs etmek olur. Allahü teâlâ, o zemân tesbîh ve takdîs edenlerin açlığını giderir)** buyuruldu. Bu da gösteriyor ki, Allahü teâlâ, dilediği kullarına öyle hâl verir ki, yimeğe, içmeğe ihtiyâcları kalmaz. Deccâl zemânında, bütün mü'minlere bu hâli ihsân edecekdir. Deccâlın fitnelerinden biri şudur ki, uğradığı şehrlere, (Bana ibâdet ediniz, bana uyunuz!) diyecek. Ona uyarlarsa, göke emr ederek yağmur yağacak, yere emr ederek, ekin çıkacakdır. Ona uymazlarsa, emr edip, hiç yağmur yağmıyacak ve yerden ot bitmiyecekdir. Herkes aç kalacakdır. Hadîs-i şerîf, bu fitnenin mü'minlere zarar vermiyeceğini bildiriyor. Mü'minler tesbîh ve takdîs okuyarak, açlık duymıyacaklardır. [Hâkim-i Nişâpûrî "rahmetullahi aleyh" 405 [m. 1014] de Nişâpûrda vefât etmişdir.]

Zühd, sabr, riyâzet, açlık gibi sıkıntı çekmenin islâmiyyete uymadığını zan etmemelidir. Çünki islâmiyyet, bedene eziyyet ve zarar veren şeyleri yasak etmişdir. Bu riyâzetler, tesavvufculara zarar vermemekdedir. Bunlar da, islâmiyyetin her hükmü gibi, Resûlullahdan "sallallahü teâlâ aleyhi ve sellem" gelen İslâm dîninden bir parçadırlar. Bu işleri ve bunları yapan Evliyâyı inkâr etmek, dînin bir parçasını inkârdır.

Tesavvufcular riyâzet yapıyor diyerek, bunları Peygamberlerden "aleyhimüssalevâtü vetteslîmât", hattâ Eshâb-ı kirâmdan "rıdvânullahi aleyhim ecma'în" dahâ üstün sanmamalı ve dahâ üstün tutmamalıdır. Evliyânın hiçbirine de dil uzatmamalıdır. Evliyânın büyüklüğünü anlıyamadığı için, kusûru kendinde bilmelidir. Hadîs-i şerîfde, (Kendi ayblarını, kusûrlarını düşünmekden, başkalarının ayblarını araşdırmıyana müjdeler olsun!) buyuruldu. Sehl bin Abdüllah Tüsterî buyurdu ki, (Günâhların en kötüsü, müslimâna kötü gözle bakmakdır. İnsanların çoğu, bunu günâhdan saymazlar. Tevbesini hiç yapmazlar). Bir kimse, Evliyânın hepsine hüsn-i zan edip, övse, yalnız bir Velîyi, dînimize uygun bir sebeb göstermeden kötülese, o hüsn-i zanlarının hiç fâidesi olmaz. Evliyânın hepsini tasdîk etmiyen kimse, Velî olamaz. Allahü teâlânın bir Velîsini, kötü gözle bakarak inciten kimse, dînin bir parçasını kötülemiş olur. Muhammed Ebül-mevâhib-i Şâzilî "rahimehullahü teâlâ" buyurdu ki, (Zemânındaki Evliyâya saygılı olmayan, Evliyâ defterinden silinir hemân). Muhyiddîn-i Arabî "rahmetullahi aleyh" buyurdu ki, (Evliyâya ve ilmi ile âmil olanlara düşmanlığın küfr olduğunu, büyüklerin çoğu bildirmişdir). Abdülvehhâb-i Şa'rânînin üstâdı, Aliy-yül-havâs buyurdu ki, (Evliyâdan ve ulemâdan birine düşman olandan uzaklaşmak lâzımdır). Velîye ve âlime karşı gelmek, dalâletdir. Kendini helâk etmekdir. Bunun için, vehhâbîlerden uzaklaşmak lâzımdır.

Allahü teâlânın Velîleri, ilmi ile âmil olan âlimlerdir. Bunlardan ölü veyâ diri olan birisini dil veyâ kalb ile inkâr etmek, açık bir küfrdür. İnkâr edenin kâfir olacağını bütün müslimânlar sözbirliği ile bildirmişlerdir. Müslimânların bütün mezheblerine göre kâfir olurlar. Çünki, dîn-i islâmı inkâr etmekdir. Câhil ve ahmak olduğu için, bu inkârını anlamamakdadır. Bâtıl ve bid'at olan birşeyi ve kendine göre çirkin olan birşeyi inkâr etdiğini zan etmekdedir. Velînin işini ve sözünü böyle sanarak, bu tehlükeye düşmekde, ona fâsık veyâ kâfir, zındık demekdedir. Hâlbuki, Allahın Velîsi, bunun kötülediği şeylerden çok uzakdır. Sözleri ve işleri islâmiyyete uygundur. Tâ'at ve kurbetdir. O câhil ise, inâd etmekde, Evliyânın ilmlerini, sıddîkların ma'rifetlerini anlamamakdadır. Kalbi ölmüş. Hakîkati göremiyor. Küfr veyâ dalâlet, ilhâd ve zındıklık çukuruna kendisi batmışdır. Tevhîd ehli olduğunu, tâ'at yapdığını, insanlara ilm ve feyz verdiğini sanıyor. Kıyâmet günü küfrünün cezâsını bulacak, zulmlerinin, iftirâlarının azâblarını çekecekdir. Dünyâda kendine ve benzerlerine kâfir demiyor. Çünki, hepsi inkârda ortakdırlar. Kendilerini müslimân sanıyorlar. Hâlbuki, müslimânlar, bunların kâfir olduklarını bilmekdedir. Çünki müslimânlar, Allahü teâlânın Evliyâsına "rahime-hümullahü teâlâ" inanıyorlar. Onların doğru hâllerine inanıyorlar. İnkâr edenlerin anlamamaları, bilmemeleri özr olmaz. Çünki, dînini bilmemek özr değildir. Bunların Evliyâyı bilmemeleri, yehûdîlerin, hıristiyanların ve mecûsîlerin ve putlara tapanların, Muhammed aleyhisselâmın hak dînini bilmemeleri gibidir. Onların bilmemeleri özr olmadığı gibi, bunların bilmemesi de özr olmaz.

Allahü teâlânın Evliyâsını "rahmetullahi aleyhim ecma'în" inkâr etmek, islâm dîninin herhangi bir hükmünü inkâr etmek gibi küfrdür. İslâmiyyeti inkâr eden mürtede yapılan cezânın, Evliyâyı inkâr eden kâfire de yapılması lâzımdır. Önce, bu inkârından vazgeçmesini, tevbe etmesini isteriz.

Evliyâ ve Peygamberler, ne kadar yüksek olurlarsa olsunlar, Allaha kul olmakdan kurtulamazlar. Hârika, kerâmet hâsıl olmasında, kulların hiç te'sîrî olmadığı gibi, âdet üzere yaratılmakda olan şeylerde de, te'sîrleri yokdur. Herşeyi, yalnız Allahü teâlâ yaratmakdadır. Evliyânın ve Peygamberlerin, hiçbirşeyin yaratılmasında te'sîrleri olmaz. Fekat Allahü teâlâ, Evliyâsını ve Peygamberlerini, başka kullarından üstün tutmuş, başkalarına vermediği ni'metlerini, bunlara ihsân etmişdir. Allahü teâlâ, her insanın istekli işlerini, insanların istemelerinden sonra, dilerse yaratmakdadır. İnsanların istediği şeyleri, O istemezse yaratmaz. İnsanların istedikleri ba'zı şeyleri, O da hep istemekde ve hep yaratmakdadır. Meselâ, insan kolunu kaldırmak, gözünü kırpmak isteyince, O da hemen istemekde ve hemen onun kolunu kaldırmakdadır. İstememesi pek nâdirdir. İnsanların ba'zı isteklerini ise, O nâdiren istemekde ve yapmakda ve çok zemân istemeyip yapmamakdadır. Dünyâdaki isteklerimizin çoğu böyledir. Fekat bu da, insandan insana değişmekde olduğu hergün görülmekdedir. İşte Allahü teâlâ, Evliyâsının ve Peygamberlerinin isteklerinin çoğunu, kol kaldırmak ve göz kırpmak gibi, hemen dilemekde ve yaratmakdadır. Bu onlara karşı, Allahü teâlânın bir ihsânıdır. Burada, Evliyânın birbirlerine göre farkları olduğu gibi, hiçbir Velî, hiçbir Peygamber derecesine varamaz. Hiçbiri dünyâya değer vermedikleri için, Allahü teâlâdan dünyâ için birşey istemezler. Dünyâdan her istedikleri de âhıret için ve Allah içindir. **(Hadîka)** kitâbından terceme burada temâm oldu.

Allahü teâlânın Evliyâsı "rahime-hümullahü teâlâ" mezhebsizlerin türeyeceklerini ve Evliyâyı inkâr edeceklerini, yüzlerce sene önce, kerâmet olarak anlamışlar. Sapık, hattâ kâfir olacaklarını bildirmişler. Müslimânların, bunlara aldanmamaları için lâzım olan herşeyi yazmışlardır. Evliyâya inanmak için yalnız bu açık kerâmetleri yetişmez mi?

35 - **(Hadîka)** kitâbının altıyüzkırksekizinci sahîfesinde diyor ki, ilm-i zâhirden birkaç şey öğrenip, ilm-i bâtından birşey bilmiyenler, tesavvuf kitâblarını okuyunca, âriflerin sözlerini küfr ve dalâl sanıyorlar. Anlamadıkları ma'rifet bilgilerine inanmıyorlar. Muhyiddîn-i Arabî ve Ömer bin Fârıd ve ibni Seb'in İşbîlî ve Afîf'üddîn-i Telemsânî ve Abdülkâdir Geylânî ve Celâlüddîn-i Rûmî ve Seyyid Ahmed Bedevî ve Ahmed Ticânî ve Abdülvehhâb-i Şa'rânî ve Şerefüddîn-i Busayrî gibi tesavvuf büyüklerini "rahime-hümullahü teâlâ" beğenmiyorlar. [Muhyiddîn-i Arabî 638 [m. 1240] de Şâmda, Ömer bin Fârıd 636 [m. 1238] da Mısrda, İbni Seb'in 669 [m. 1270] da Mekkede, Afîf-üddîn Süleymân Telemsânî 690 [m. 1290] da Şâmda, Abdülkâdir Geylânî 561 [m. 1166] de Bağdâdda vefât etdi.]

Bâtın ilmlerine inanmıyorlar. Bâtın bilgilerine inanmıyan ise, Muhammed aleyhisselâmın dîninin sırlarına inanmamış olur. Böyle kimseye bid'at ve dalâlet ehli, ya'nî sapık denir. Îmânlı görünür ise de, münâfık gibidir. İmâm-ı Süyûtînin ve Hatîbin bildirdikleri hadîs-i şerîfde, **(Din bilgisi iki kısmdır: Biri kalbde olan fâideli bilgilerdir. İkincisi, dil ile anlatılan zâhir bilgileridir)** buyuruldu. Yine Süyûtînin ve Deylemînin bildirdikleri hadîs-i şerîfde, **(Bâtın bilgileri, Allahü teâlânın sırlarından bir sırdır. Onun hükmlerinden bir hükmdür. Dilediği kulunun kalbine verir)** buyuruldu. İmâm-ı Mâlik buyurdu ki, (İlm-i zâhire mâlik olan, ilm-i bâtına kavuşabilir. Zâhir bilgisi olan kimse, ilmi ile amel ederse, Allahü teâlâ, ona bâtın bilgisi ihsân eder). Alî bin Muhammed Vefânın ârifâne sözlerine şaşırıp kalan imâm-ı Ömer Bülkînî, bunları nerden öğrendin deyince, Bekara sûresindeki, **(Allahdan korkunuz! Allahü teâlâ, kendinden korkanlara bilmediklerini öğretir)** meâlinde olan âyet-i kerîmeyi okudu. [Celâlüddîn-i Rûmî 672 [m. 1273] de Konyâda, Ahmed Ticânî 1230 [m. 1815] da Fasda, Şerefüddîn Muhammed Busayrî 695 [m. 1295] de Mısrda, İbnüvefâ 807 [m. 1404] de Medînede vefât etdi.] Ebû Tâlib-i Mekkî buyurdu ki, (İlm-i zâhir ile ilm-i bâtın, birbirlerinden ayrılmazlar. Beden ile kalbin bir-

– 317 –

likde bulunması gibidirler. Bâtın ilmleri, ârifin kalbinden kalblere akar. Zâhir ilmleri, âlimin sözünden öğrenilir. Kulaklara kadar gidip, kalblere girmez.) Hadîs-i şerîfde, (**Âlimler, Peygamberlerin vârisleridir**) buyuruldu. Bu âlimler, yalnız zâhirî ilm sâhibi olanlar değildir. Bu âlimler, bildikleri ile amel eden, takvâ sâhibi olan, Peygamberlerdeki ilmlerin hepsine kavuşan hakîkî âlimlerdir. (**Zâhirî ilm**) sâhiblerinin niyyetleri hâlis olmadığı ve şehvetlerinin pençesinden kurtulmadıkları için, ilmin nûru kalblerine girmez. Beyinlerine işlemez. Bunların kalblerini, beyinlerini Cehennem ateşi temizliyecekdir. İmâm-ı Münâvî, imâm-ı Gazâlîden "rahimehümullahü teâlâ" haber veriyor ki, âhıret bilgisi iki dürlüdür: Biri keşfle hâsıl olur. Buna (**İlm-i mükâşefe**) ve (**İlm-i bâtın**) denir. Bütün ilmler, bu ilme kavuşmak için sebebler, vesîlelerdir. İkincisi (**İlm-i muâmele**)dir. Âriflerden çoğuna göre, ilm-i bâtından nasîbi olmıyanın îmânsız gitmesinden korkulur. Bundan nasîb almanın en aşağısı, bu ilme inanmakdır. Bid'at veyâ kibr bulunan kimseye bâtın ilmi nasîb olmaz. Dünyâya düşkün olan ve hep nefsinin isteklerine uyan da, çok şey öğrense de, bâtın bilgisinden hiçbirşeye kavuşamaz. Bâtın bilgisi, temizlenmiş kalblerde hâsıl olan bir nûrdur. Peygamberimiz "sallallahü aleyhi ve sellem", (**Öyle ilmler vardır ki, çok gizlidirler. Bunları, ancak ma'rifet sâhibleri bilir**) buyurdu. Bu hadîs-i şerîf, bâtın ilmlerini göstermekdedir. İmâm-ı Mâlikin "rahmetullahi aleyh" ilm-i bâtına kavuşdurur dediği zâhir bilgisi, onun zemânındaki, kendisi ile amel olunan ilmdir. Şimdi, dünyâlığa kavuşmak, şöhret sâhibi olmak için öğrenilen şeyler değildir. Allahü teâlânın emr ve yasaklarını doğru yapabilmek için herkese lâzım olan (**İlm-i hâl**) bilgileri az zemânda ve kolayca öğrenilebilir. Bununla amel edince, ilmi bâtın hâsıl olabilir.

Bâtın ilmlerine kavuşmamış olan din adamları, bilmedikleri ilmlere inanmıyorlar. Bâtın ilmi olarak anladıkları ve söyledikleri de, kendi gibi bir câhilden işitdikleri veyâ bâtın âlimlerinin kitâblarından okuyup ezberledikleri şeylerdir. Paslı kalbleri açılmamış, rahmânî nûra kavuşamamışlardır. Kendilerini bâtın âlimi sanan bu câhiller, akllarının esîridirler. O büyüklerin "rahmetullahi aleyhim ecma'în" bildirdiklerini kısa aklları ile ölçerek yanlış anlamakdadırlar. Kur'ân-ı kerîmi ve hadîs-i şerîfleri de böyle yanlış anlıyorlar. Bozuk, zararlı tefsîr kitâbları yazıyor. Müslimânları felâkete sürüklüyorlar. Nûr sûresinin, (**Allahü teâlâ bir kimseye nûr vermezse, o münevver olamaz!**) meâlindeki kırkıncı âyet-i kerîmesi, bunları göstermekdedir.

[Sirâcüddîn Ömer Bulkînî Mısrî 805 [m. 1402] de, Ebû Tâlib

Muhammed Mekkî 386 [m. 996] da, Bağdâdda vefât etdi.]

[Allahü teâlâya kavuşmak, Allahü teâlâya yaklaşmak, Allahü teâlâyı tanımak, Allahü teâlâyı sevmek, feyz almak, nûrlanmak, Ârif olmak, ilm-i bâtın sâhibi olmak gibi şeyler, hep kalb ile olur. Bunlara akl eremez, anlıyamaz. Allahü teâlâ, herşeye kavuşmak için bir sebeb yaratmışdır. Birşeye kavuşabilmek için, o şeyin sebebine yapışmak lâzımdır. Bildirdiğimiz şeylere kavuşmanın sebebi, kalbi mâ-sivâdan temizlemekdir. Mahlûklarıñ varlığını, sevgisini kalbden çıkarmakdır. Buna, (Fenâ-i kalbî) denir. Kalb, Allahdan başka herşeyi tam unutursa, yukarıda bildirdiğimiz şeyler, kendiliğinden kalbe dolar. Kalb, görülmiyen, tutulmıyan bir şeydir. Ya'nî madde değildir. Yer kaplamaz. Yürek dediğimiz et parçası ile ilgisi vardır. Aklın, dimâg [Beyin] ile olan ilgisi gibidir. Bir şişeye hava sokmak için uğraşmak lâzım değildir. Sıvıyı boşaltmak lâzımdır. Şişedeki sıvı boşaltılınca, hava kendiliğinden girer. Kalb de böyledir. Mahlûkların sevgisi, hattâ düşünceleri kalbden çıkarılınca, Allah sevgisi, feyz, nûr, ma'rifet, kendiliğinden kalbe gelir. Kalbi mahlûklardan temizlemeğe sebeb de, Ehl-i sünnet i'tikâdı, harâmlardan sakınmak, farzları ve nâfile ibâdetleri yapmakdır. Nâfile ibâdetlerden, te'sîri en çok ve sür'atli olanı, zikr yapmak ve Allahü teâlânın Velîlerinden biri ile berâber bulunmakdır.]

(Hadîka) ikinci cild, yüzüçüncü sahîfesinde diyor ki, cemâ'at rahmetdir. Ya'nî müslimânların hak üzerinde birleşmeleri, Allahü teâlânın merhamet etmesine sebeb olur. Tefrika [bölünmek] ise azâbdır. Ya'nî, müslimânların topluluğundan ayrılmak, Allahü teâlânıñ azâb yapmasına sebeb olur. Demek ki, her müslimânın doğru yolda olanlara katılması lâzımdır. Îmânı doğru olanlar az olsa dahî, bunlara katılmalı, bunlar gibi inanmalıdır. Doğru yol, Eshâb-ı kirâmın yoludur. Bu yolda olanlara, (Ehl-i sünnet vel-cemâ'at) denir. Eshâb-ı kirâmdan sonra, ortaya çıkan bâtıl, bozuk kimselerin çok olması insanı şaşırtmamalıdır. İmâm-ı Beyhekî buyuruyor ki, (Müslimânlar bozulduğu zemân, bunlardan önce olanların doğru yoluna sarılmalısın! Bir kişi kalsan bile, o yoldan ayrılmamalısın!). Necmeddîn-i Gazzî buyuruyor ki, (Ehl-i sünnet vel-cemâ'at âlimi) demek, Resûlullahın ve Eshâb-ı kirâmın gitdikleri doğru yolda bulunan âlimler demekdir. (Sivâd-i a'zam), ya'nî islâm âlimlerinin çoğu böyle idiler. Hak olan cemâ'at ve yetmişüç fırka içinde Cehennemden kurtulacağı bildirilmiş olan (Fırka-i nâciyye) bunlardır. Kur'ân-ı kerîmde, (Parçalanmayınız!) buyuruldu. Bu âyet-i kerîme, i'tikâdda, inanılacak bilgilerde parçalanmayınız demekdir. Âlimlerin çoğu, meselâ Abdüllah ibni Mes'ûd, böyle olduğunu bildirmişdir. Ya'nî nefslerinize ve bozuk düşüncelerinize uyarak, doğru îmândan ayrılmayınız demekdir. Bu âyet-i kerîme, fıkh bilgilerinde ayrılmayınız demek değildir. Âyet-i kerîme, bozgunculuk olan ayrılmağı yasaklamakdadır. Bu ise, akâiddeki, inanılacak şeylerdeki ayrılıkdır. Ahkâmda, amellerde olan ictihâd bilgilerindeki ayrılık böyle değildir. Çünki bu ayrılık, hakları, farzları, amellerdeki, ibâdetlerdeki ince bilgileri ortaya koymuşdur. Eshâb-ı kirâm da, günlük işleri açıklıyan bilgilerde, birbirlerinden ayrılmışlardı. Fekat, i'tikâd bilgilerinde hiç ayrılıkları yokdu. Hadîs-i şerîfde, **(Ümmetimin ayrılığı rahmetdir)** buyurdu. Dört mezhebin amel, iş bilgilerinde ayrılması böyledir. [Şimdi] Dört mezheb olması, Allahü teâlânın hidâyeti ve rahmetidir. Hepsi sevâb kazanmışdır. Kıyâmete kadar, bu mezheblerde olanların ibâdetlerine verilen sevâbların bir misli de, bunların mezheblerinin imâmlarına verilmekdedir. Âlimlerin amel, iş bilgilerinde çeşidli ihtisâs kollarına ayrılmaları da böyledir. Böylece; bir çoğu hadîs bilgisinde, birçoğu tefsîrde, çoğu da fıkh bilgisinde, arabî bilgilerde yetişmişlerdir. Tesavvufcuların riyâzet çekmekde ve tâlibleri yetişdirmekde, ayrı yol tutmaları da, ya'nî çeşidli yolların meydâna gelmesi de, bu hadîs-i şerîfe uygun olmakdadır. Necmeddîn-i Kübrâ "rahmetullahi aleyh" (İnsanları Allahü teâlâya kavuşduran yollar, insanların sayısı kadardır) buyurdu. Bu söz de, tâlibleri yetişdirmek yolunu bildiriyor. Yoksa, i'tikâdlarında hiçbir ayrılık yokdur. Bütün Evliyânın i'tikâdları, îmânları birdir. Hepsi, **(Ehl-i sünnet vel-cemâ'at)** i'tikâdındadır. San'at sâhiblerinin çeşidli iş kollarına ayrılmaları da öyle rahmetdir. Fekat, i'tikâdda ayrılmak, parçalanmak, böyle değildir. Çünki, Resûlullah "sallallahü aleyhi ve sellem", **(Cemâ'at rahmetdir. Ayrılık azâbdır)** buyurdu. [Necmüddîn-i Kübrâ 618 [m. 1221] de, Hârezmde, Cengiz askerleri tarafından şehîd edildi.]

(Hadîka) ikinci cild, yüzonüçüncü sahîfede diyor ki, Resûlullah "sallallahü aleyhi ve sellem", **(Kişi, sevdiği ile berâber olur)** buyurdu. **(Müslim)** kitâbında bildirildiği üzere, bir kimse, Resûlullaha kıyâmeti sorunca, **(Kıyâmet için ne hâzırlık yapdın?)** buyurdu. Allahın ve Resûlünün sevgisini hâzırladım dedi. **(Sevdiklerinle berâber olursun)** buyurdu. İmâm-ı Nevevî, bu hadîs-i şerîfi açıklarken, (Bu hadîs-i şerîf, Allahü teâlâyı ve Onun Resûlünü ve sâlihlerin ve hayr sâhiblerinin dirilerini ve ölülerini sevmenin kıymetini, fâidesini bildiriyor) dedi. Allahü teâlâyı ve Onun Peygamberini sevmek demek, emrlerini yapmak, yasaklarından sakınmak, bunlara karşı edebli, saygılı olmak demekdir. Sâlihleri severek onlardan fâidelenmek için, onların yapdıklarını yapmak lâzım değildir. Çünki, onların yapdıklarını yaparsa, o da, onlardan olur. Hadîs-i şerîfde buyuruldu ki, (Bir kimse, bir cemâ'ati sever. Fekat onlardan olmaz). Onlarla berâber olmak, onların derecesine yükselmek demek değildir. Hadîs-i şerîfde, (Bir cemâ'ati seven kimse, onların arasında haşr olunur) buyuruldu. Ebû Zer "radıyallahü anh": Yâ Resûlallah! Bir kimse, bir cemâ'ati sevse, fekat onların yapdıklarını yapmasa, nasıl olur dedikde, (Yâ Ebâ Zer! Sevdiklerinle berâber olursun) buyurdu. Fekat, Hasen-i Basrî "radıyallahü anh" buyuruyor ki, (Bu hadîs-i şerîfler seni yanıltmasın! Sen iyilere, ancak onların iyi amellerini yapmakla kavuşabilirsin! Yehûdîler ve hıristiyanlar, Peygamberlerini seviyorlar ise de, onlar gibi olmadıkları için, onların yanına gidemiyeceklerdir). İmâm-ı Gazâlî bunun için, (Onların iyi amellerinden birkaçını veyâ hepsini yapmadıkca, yalnız sevmekle, onların yanına kavuşulamaz) dedi. Bütün bunlardan anlaşılıyor ki, bir cemâ'ati seven kimse, üç nev' olabilir: Onların bütün amellerini ve ahlâkını edinmişdir. Yâhud hiçbirini edinmemişdir. Yâhud da, birkaçını yapar. Başkalarını yapmayıp, bunların tersini yapar. Hepsini yapabilen, onlardan olur. Onlarla olur. Onlara olan sevgisi, onu da tâm onlar gibi yapmışdır. Muhabbetin en yüksek tabakasına erişmişdir. Elbet onlardan olur. Sevdiklerine hiç uymıyan, onlara hiç benzemiyen kimse, onlardan hiç olamaz. [Sevgisi, sözde kalır. Kalbine girmez. Sevginin yeri ise, kalbdir. Ya'nî gönüldür.] İmâm-ı Gazâlî "rahmetullahi aleyh" Hasen-i Basrînin bunları anlatdığını bildirmişdir. [Böyle sevgi, yalnız sözde kalmakdadır. Yalnız sözde kalan sevmeğe, sevmek denilmez. Seviyorum demesi doğru olmaz.] Sevdiklerinin birkaç ameline uyan kimseye gelince, îmânda uymamış ise, onlardan olamaz. Onları seviyorum demesi hiç doğru değildir. Onun kalbinde, onlara sevgi değil, düşmanlık vardır. Din düşmanlığından dahâ büyük düşmanlık olmaz. Yehûdîlerin ve hıristiyanların, Peygamberleri seviyoruz demeleri böyledir. Kişi, sevdikleri gibi inanıp, tâ'at ve ibâdetlerde, onlara tâm uymazsa, beğenmediği için uymamış ise, seviyorum demesinin yine fâidesi olmaz. Onlarla birlikte olamaz. Gücü yetmediği, nefsine hâkim olmadığı için, hepsine uyamamış ise, onlarla birlikte olmasına mâni' olmaz. Hadîs-i şerîfler, bu ikinci kısmı bildirmekdedir. Bir cemâ'ati seven, fekat tâm onlar gibi olmıyan kimseye karşı söylenmişdir. Ebû Zer hadîsi, bunu açıkca bildirmekdedir. Bu hadîs-i şerîf, müslimânları çok sevindirmekdedir. Yüzseksenüç 183 [m. 799] senesinde Kûfede vefât etmiş olan Muhammed ibnis-Semmâk "rahime-hullahü teâlâ", son nefesinde, (Yâ Rabbî! Sana hep ısyân etdim. Fekat, sana itâ'at edenleri hep sevdim. Beni bu sevgime bağışla!) diyerek düâ etdi.

[Seyyid Abdülhakîm-i Arvâsî "rahmetullahi aleyh" de, (Yâ Rabbî! Sana lâyık hiçbirşey yapamadım. Yüzüm kara olarak huzûruna geldim. Fekat, senin dînini yıkmak, islâmiyyeti yok etmek istiyenleri sevmedim. Senin için olan bu buğduma beni bağışla!) diyerek düâ ederdi]. Necmüddîn-i Gazzî "rahime-hullahü teâlâ", sâlihleri seven zâlimleri, üçüncü nev'in birinci kısmının sevgisine benzetmekdedir. Ya'nî sevdiklerinin îmânları gibi inanan, fekat onların amellerine ve ahlâklarına uymak istemiyen kimseye benzetmekdedir. Sâlihlere olan muhabbetleri ve yardımları, bu zâlimlere fâide vermez demekdedir. Biz deriz ki, böyle zâlimler, ikinci sevmeğe benzemekdedirler. Ya'nî sevdiklerinin îmânı gibi inanan, fekat onlar gibi olamıyan kimseler gibidirler. İbnis-Semmâk da, böyle olduğunu bildirmişdi. Bu zâlimler, nefslerine uyarak zulm yapmışlarsa da, sâlihleri sevmekde, düâlarını almağa çalışmakdadırlar. [Necmüddîn-i Gazzî Şâfi'î 1061 [m. 1651] de vefât etmişdir.]

(Hadîka), ikinci cild, yüzyirmidördüncü sahîfesinde diyor ki, Resûlullah "sallallahü aleyhi ve sellem", **(Kişi sevdiği ile birlikde olur)** buyurdu. Selef-i sâlihîni, ya'nî Ehl-i sünnet âlimlerini sevsek, onlar gibi olmasak bile, bu hadîs-i şerîfdeki müjdeye kavuşuruz. Allahü teâlânın sevdiklerinin ve Allahü teâlâyı sevenlerin dirilerini ve ölülerini seven kimse, büyük se'âdete, iyiliklere kavuşur. Onları sevmek, meselâ onların düşmanlarına karşı ve onları kötüliyen câhillere karşı, onları savunmak, övmekdir. Dünyâya düşkün olanların en kötüleri, Allahü teâlânın sevdiklerini, Evliyâyı kötüliyenlerdir. Dünyâya düşkün olmak, bütün kötülüklere yol açar. Hased, hırsızlık, rüşvet, kibr gibi harâmlara sebeb olur. Câhil din adamlarının kibrli olmaları, hep dünyâya düşkün olmalarından ileri gelmekdedir. Muhyiddîn-i Arabînin kalbinin açılması, bâtın ilmlerine kavuşması, tesavvuf büyüklerini sevdiği, onları savunduğu için olduğunu, kendisi bildirmekdedir. **(Rûh-ul-kuds)** kitâbında diyor ki, (Elhamdülillah! Câhil din adamlarına karşı, tesavvufcuları hep savundum. Ölünceye kadar da savunacağım. Bunun için, kalb bilgilerine kavuşduruldum. Onlara saldıran, ismlerini söyliyerek kötüliyen, kendisinin câhil olduğunu ortaya koyar. Bunun sonu felâket olur).

Muhyiddîn-i Arabî "rahmetullahi aleyh", kendisinin **(Vasıyyet-i Yûsüfiyye)** kitâbını açıklarken diyor ki, Resûlullahı "sallallahü teâlâ aleyhi ve sellem" rü'yâda gördüm. **(Allahü teâlânın bu ni'metine nasıl kavuşduğunu biliyor musun?)** buyurdu. Hayır, bilmiyorum dedim. **(Ehlullah olduğunu söyliyenlere, saygı gösterdiğin için kavuşdun!)** buyurdu. Sözü doğru olsa da, olmasa da, ona saygı göstermesi, se'âdete kavuşmasına sebeb oldu.

Kendi kusûrlarını araşdırıp düzeltmeğe çalışan kimse, başkalarının ayblarını görmeğe vakt bulamaz. Hep, kendinden dahâ iyi olan müslimânları görür. Ya'nî her gördüğü müslimânı kendinden dahâ iyi bulur. Velî olduğunu söyliyen kimsenin doğru söylediğine inanır. Başkalarının kötülüklerini araşdıran, kendi kusûrlarını görmiyen ise, Velîye inanmaz.

Necmeddîn-i Gazzî "rahmetullahi aleyh" **(Hüsn-üt tenebbüh)** kitâbında diyor ki, (Sâlihleri sevmek, sohbetlerinde bulunmak, ziyâretlerine gitmek, onlarla bereketlenmek lâzımdır. Evliyâ bunlardır). Şâh-ul-kermânî buyuruyor ki; (Evliyâyı sevmekden dahâ kıymetli ibâdet olmaz. Evliyâyı sevmek, Allahü teâlâyı sevmeğe yol açar. Allahü teâlâyı seveni, Allahü teâlâ da sever). Ebû Osmân Hayrî diyor ki, (Evliyânın sohbetine kavuşan kimse, Allahü teâlâya kavuşduran yolu bulur). Yahyâ bin Muâz "rahime-hullahü teâlâ" diyor ki, (Evliyânın sohbetine kavuşan sâdık bir kimse, herşeyi unutur. Allahü teâlâ ile olur. Böyle olmazsa, Allahü teâlâya hiç kavuşamaz). Muhammed bin Irak **(Sefînetül-ırâkıyye)** kitâbında diyor ki, (Fıkh âlimlerinden Muhammed bin Hüseyn Beclî, Resûlullahı "sallallahü aleyhi ve sellem" rü'yâda gördü. Hangi amelin en iyi olduğunu sordu. **(Evliyâullahdan olan bir Velînin yanında bulunmakdır)** buyurdu. Diri iken bulamazsak deyince, **(Diri iken de, ölü iken de onu sevmek, düşünmek böyledir)** buyurdu.) [Muhammed bin Alî Şâmî ibni Irak 933 [m. 1527] de Medînede vefât etdi.]

İmâm-ı Birgivî "rahmetullahi aleyh" düâ ederken, (Ey yardımcıların en iyisi! Ey ümmîdsizlerin sığınağı! Yâ Erhamerrâhimîn! Ey günâhları örten merhameti bol Allahım! Habîbin, sevgili Peygamberin hurmeti için ve bütün Peygamberlerin ve Meleklerin ve Peygamberinin Eshâbının ve Tâbi'înin hurmetleri için, günâhı çok olan bizlere acı! Suçlarımızı afv eyle!) derdi. Allahü teâlâya, Peygamberi "sallallahü teâlâ aleyhi ve sellem" ve Onun Eshâbı "radıyallahü teâlâ anhüm ecma'în" ve Tâbi'înin hurmeti için düâ etmek, düânın kabûl olması için bunları vesîle etmek câizdir, meşrû'dur. Onların şefâ'atini istemek olup, Ehl-i sünnet âlimleri "rahime-hümullahü teâlâ" câiz olduğunu bildirmişdir. Mu'tezile, buna inanmadı. Vesîle ederek yapılan düâ, o Velînin kerâmeti olarak kabûl olur. Bu da, öldükden sonra da, kerâmetin bulunduğunu göstermekdedir. Bid'at ehli olan sapıklar, buna inanmıyor.

[İmâm-ı Muhammed Birgivî 981 [m. 1573] de Anadoluda Birgide vefât etdi.]

İmâm-ı Münâvî "rahmetullahi aleyh" **(Câmi'ussagîr)**i açıklarken buyuruyor ki, (İmâm-ı Sübkî "rahmetullahi aleyh" düâ ederken, Resûlullahı "sallallahü aleyhi ve sellem" vesîle yapmak, Onu şefî yapmak, Ondan yardım istemek güzel olur. Selef-i sâlihînden ve sonra gelen âlimlerden hiç kimse "rahime-hümullahü teâlâ" buna karşı çıkmadı. Yalnız ibni Teymiyye bunu inkâr ederek, doğru yoldan ayrıldı. Kendinden önce gelenlerden, kimsenin söylemediği bir yola sapdı. Ehl-i islâm arasında sapıklığı ile nâm aldı buyurdu). Âlimlerimiz "rahime-hümullahü teâlâ", Resûlullaha "sallallahü aleyhi ve sellem" mahsûs olan üstünlükleri bildirirken, düâ ederken Resûlullahı "sallallahü aleyhi ve sellem" vâsıta kılmak câiz olur. Başkalarını vâsıta etmek böyle değildir dediler. Fekat, imâm-ı Kuşeyrî "rahmetullahi aleyh" diyor ki, (Ma'rûf-i Kerhî "rahmetullahi aleyh" talebesine, düâ ederken beni vâsıta ediniz! Ben, Allahü teâlâ ile aranızda vâsıtayım demişdir. Çünki Evliyâ "rahime-hümullahü teâlâ" Resûlullahın "sallallahü aleyhi ve sellem" vârisleridir. Vâris olan, vârisi olduğu zâtın bütün üstünlüklerine kavuşur). Yirminci maddeyi de lütfen okuyunuz! **(Hadîka)**dan terceme temâm oldu. [Abdülkerîm Kuşeyrî 465 [m. 1072] de Nişâpûrda vefât etdi. Ma'rûf-i Kerhî, Sırrî Sekatînin mürşidi idi. 200 [m. 815] de Bağdâdda vefât etdi.]

Hak teâlâ, intikâmını yine kul ile alır.
Bilmiyen (ilm-i ledünnî) anı kul yapdı sanır.

Cümle eşyâ Hâlıkındır, kul elîle işlenir.
Emr-i Bârî olmayınca, sanma bir çöp deprenir!

TEVHÎD DÜÂSI

Yâ Allah, yâ Allah. Lâ ilâhe illallah Muhammedün Resûlullah. Yâ Rahmân, yâ Rahîm, yâ afüvvü yâ Kerîm, fa'fü annî verhamnî yâ erhamerrâhimîn! Teveffenî müslimen ve elhıknî bissâlihîn. Allahümmagfirlî ve li-âbâî ve ümmehâtî ve li âbâ-i ve ümmehât-i zevcetî ve li-ecdâdî ve ceddâtî ve li-ebnâî ve benâtî ve li-ihvetî ve ehavâtî ve li-a'mâmî ve ammâtî ve li-ahvâlî ve hâlâtî ve li-üstâzî Abdülhakîm-i Arvâsî ve li kâffetil mü'minîne vel-mü'minât. "Rahmetullahi teâlâ aleyhim ecma'în."

VEHHÂBÎLİĞİN BAŞLANGICI
VE YAYILMASI

Gücendirmezsen kimseyi, kimse gücendirmez seni,
Kötülemezsen kimseyi, kimse kötülemez seni.
Herkese iyilik edersen, herkes iyi bilir seni,
Allaha kulluk edersen, herkes çok sever seni.

36 - Osmânlılar, Arab yarımadasının çoğuna sâhib olunca, her memleketde seçilen bir me'mûr ile, o memleket idâre edilirdi. Sonraları, Hicâzdan başka yerler kapışanın eline geçdi. Şeyhlikle idâre edildi.

Binyüzelli 1150 [m. 1737] senesinde Abdülvehhâb oğlu Muhammed, ingiliz câsûsu Hempherin Londrada hâzırladığı (Vehhâbîlik) inançlarını, az zemân sonra, siyâsî hâle çevirdi. İngilizlerin siyâsî ve askerî yardımları ile, Arabistâna yayıldı. Dahâ sonra, İstanbuldaki halîfe ikinci Mahmûd hân tarafından Mısr vâlîsi Muhammed Alî pâşaya emr verilerek, Mısrdan gönderilen asker, 1233 [m. 1818] de bunların elinden Arabistânı kurtardı.

Vehhâbîlere inanan Der'ıyye hâkimi Abdül'azîz bin Muhammed bin Sü'ûd ilk olarak hicretin binikiyüzbeş 1205 [m. 1791] senesinde, Mekke emîri şerîf Gâlib efendi ile harb etdi. Dahâ önce, vehhâbîliği gizlice yaymışlardı. Sayısız müslimânları öldürüp, kadınlarını, çocuklarını ve mallarını almışlar ve işkence etmişlerdi.

Abdülvehhâb oğlu Muhammed, Benî Temîm kabîlesindendir. Hicretin 1111 [m. 1699] senesinde Necd çölündeki (Hureymile) kasabasında (Uyeyne) köyünde doğmuş, binikiyüzaltıda (1206) [m. 1792] ölmüşdü. Önceleri ticâret için Basra, Bağdâd, Îrân, Şâm ve Hind taraflarına gitmiş, çok zekî ve bozguncu sözleri ile (Şeyh-i Necdî) adını almışdı. Dolaşdığı yerlerde çok şeyler görmüş, şef olmak düşüncesine kapılmışdı. 1125 [m. 1713] senesinde, Basrada tesâdüf etdiği, ingiliz câsûsu Hempher, bu tecribesiz gencin inkılâb yapmak, böylece insanların başına geçmek arzûsunda olduğunu anlıyarak, bununla uzun zemân arkadaşlık yapdı. İngiliz Müstemlekeler Nezâretinden aldığı hîle ve yalanları buna telkîn etdi. Muhammedin bu telkînlerden zevk aldığını görünce, yeni bir din kurmasını teklîf etdi. Bu yeni dînin esâslarını ona bildirdi. Câsûs da, Abdülvehhâb oğlu Muhammed de aradıklarına kavuşmuş oldular. Yeni bir din kurmak için, önce Medînede, sonra Şâmda, Hanbelî mezhebi âlimlerinden okudu. Necde dönünce köylüler için küçük din kitâbları yazdı. Bu kitâblara, ingiliz câsûsundan öğrendiklerini ve Mu'tezile ve başka bid'at fırkalarından aldığı bozuk düşünceleri de karışdırdı. Köylülerin çoğu buna tâbi' oldular. İslâmiyyeti içerden yıkmak için, İngilterede kurulmuş olan (Müstemlekeler nâzırlığı), bu hâli, Necd şeyhi olan **(Muhammed bin Sü'ûd)**a bildirdi. Çok para vererek ve siyâsî, askerî yardımlar va'd ederek, Abdülvehhâb oğlu Muhammed ile işbirliği yapmasını te'mîn etdi. Arabistânda hasebe ve nesebe çok ehemmiyyet verirlerdi. Kendisi ise, câhil olduğundan, Abdülvehhâb oğlu Muhammed **(Vehhâbîlik)** adını verdiği tarîkatini yaymak için, Muhammed bin Sü'ûdü maşa olarak kullandı. Kendisine **(Kâdî)**, Muhammed bin Sü'ûda **(Hâkim)** ismini takdı. Kendilerinden sonra da, çocuklarının bu makâma geçmelerini te'mîn eden bir anayasa yapdırdı.

(Mir'ât-ül Haremeyn) kitâbının yazılmış olduğu binüçyüzaltı 1306 [m. 1888] senesinde Necd emîri olan **(Abdüllah bin Faysal)**, Muhammed bin Sü'ûd soyundan olduğu gibi, kâdîları ya'nî diyânet işleri reîsleri de, Abdülvehhâb oğlu Muhammedin neslindendir.

Abdülvehhâb oğlu Muhammed, önceleri Medînede okurken, Medînenin sâlih, temiz âlimlerinden olan babası Abdülvehhâb ve kardeşi Süleymân bin Abdülvehhâb ve kendisine ders okutan hocaları, bunun sözlerinden ve davranışlarından ve sık sık söylediği düşüncelerinden bunun ileride islâm dînini içerden yıkacak bir sapık olacağını anlamışlardı. Kendisine nasîhat verirler ve müslimânlara, bundan sakınmalarını söylerlerdi. Fekat, korkdukları çabuk meydâna geldi. Düşüncelerini **(Vehhâbîlik)** adı ile açıkca yaymağa başladı. Câhilleri, ahmakları aldatmak için İslâm âlimlerinin kitâblarına uymıyan yeniliklerle, dinde reformculukla ortaya çıkdı. **(Ehl-i sünnet vel-cemâ'at)** mezhebinde olan doğru müslimânlara kâfir diyecek kadar taşkınlık yapdı. Peygamberimizi "sallallahü aleyhi ve sellem" ve başka Peygamberleri ve Evliyâyı vesîle ederek, Allahü teâlâdan birşey istemeğe ve bunların kabrlerini ziyâret etmeğe şirk dedi.

Abdülvehhâb oğlu Muhammedin, ingiliz câsûsundan öğrendiğine göre, bir kabr başında düâ ederken, meyyite karşı söyliyen, müşrik olurmuş. Allahdan başka bir kimse veyâ birşey için, yapdı demek, meselâ, (Falanca ilâcdan fâide oldu) veyâ (Peygamber efendimizi veyâ bir Velîyi vâsıta yaparak istediğim oldu) diyen müslimânlar müşrik olurmuş. Abdülvehhâb oğlunun, bu sözlerine vesîka olarak ortaya atdığı şeyler, hep yalan ve iftirâ ise de, câhil halk, doğruyu eğriden ayıramadıkları için sözleri, işsizlerin, çapulcuların, bilhâssa Der'ıyye hâkimi Muhammed bin Sü'ûdün hoşuna gitdi. Câhiller ve vurguncular, taş yürekliler, Abdülvehhâb oğlunun sözlerine hemen yanaşdılar. Doğru yolda olan hâlis müslimânlara kâfir dediler.

Abdülvehhâb oğlu, düşüncelerini kolayca yayabilmek için, Der'ıyye hâkimine başvurunca, o da topraklarını genişletmek ve kuvvetlerini artdırmak için ve Londradan aldığı emrleri yaymak için, Abdülvehhâb oğlu ile seve seve işbirliği yapdı. Onun fikrlerini her tarafa yaymakda bütün gücü ile uğraşdı. İnanmayıp karşı duranlarla harb etdi. Müslimânların mallarını yağma etmek, canlarına kıymak halâl denilince, çöldeki vahşîler, soyguncular, Muhammed bin Sü'ûda asker olmak için yarış etdiler. Sü'ûd oğlu ile Abdülvehhâb oğlu elele vererek, vehhâbîliği kabûl etmiyenlerin kâfir ve müşrik olduklarına, kanlarını dökmek ve mallarını almak halâl olduğuna binyüzkırküç 1143 [m. 1730] senesinde karar verip, yedi sene sonra vehhâbîliği i'lân etdiler. Buna göre, Abdülvehhâb oğlu, otuziki yaşında bozuk fikrleri yaymağa başlamış, kırk yaşında i'lân etmişdir.

Mekke-i mükerreme şâfi'î müftîsi Esseyyid Ahmed bin Zeynî Dahlân "rahmetullahi aleyh", (El-Fütûhât-ül-islâmiyye) kitâbının ikinci cüz' 228. ci sahîfesinden başlıyarak, (Fitnet-ül-vehhâbiyye) başlığı altında bunların bozuk inançlarını ve müslimânlara yapdıkları işkenceleri anlatmakdadır. Bu kitâb 1387 [m. 1968] senesinde Kâhirede ve 1395 [m. 1975] de İstanbulda ofset yolu ile basdırılmışdır. Bunun 234. cü sahîfesinde diyor ki, (Mekkedeki ve Medînedeki Ehl-i sünnet âlimlerini aldatmak için, buralara kendi adamlarını gönderdiler. Bu adamlar, islâm âlimlerine cevâb veremediler. Câhil ve sapık oldukları anlaşıldı. Kâfir olduklarını isbât eden bir karâr yazılıp her tarafa gönderildi. Mekke emîri olan şerîf Mes'ûd bin Sa'îd, bunların habs edilmelerini emr eyledi. Birkaçı kaçarak Der'ıyyeye gitdi. Olanları anlatdılar.) Zeynî Dahlân 1304 [m. 1886] de Medînede vefât etdi.

Hicâzda bulunan dört mezheb âlimleri ve bunların arasında Abdülvehhâb oğlunun kardeşi Süleymân efendi ve kendisine ders okutmuş olan hocaları, Abdülvehhâb oğlunun kitâblarını inceliyerek, İslâm dînini yıkıcı, bozguncu yazılarına cevâblar hâzırladılar, sapık yazılarını çürüten kuvvetli vesîkalarla kitâblar yazarak, müslimânları uyandırmağa çalışdılar. Süleymân bin Abdülvehhâbın, kardeşine karşı yazdığı kitâbın ismi, **(Savâ'ık-ul ilâhiyye firredd-i alel-vehhâbiyye)** olup, hicretin binüçyüzaltı [1306]. cı senesinde basılmış ve 1395 [m. 1975] senesinde İstanbulda ofset yolu ile ikinci baskısı yapılmışdır.

Bu kitâblar onları gafletden uyandıramadı. Müslimânlara karşı olan düşmanlıklarını artdırdı ve Muhammed bin Sü'ûdün müslimânlar üzerine saldırmasına, akıtılan kanların çoğalmasına sebeb oldu. Bu adam, **(Benî Hanîfe)** kabîlesinden olup, Müseyleme-tül Kezzâbın peygamberliğine inanmış olan ahmakların soyundan idi. Muhammed bin Sü'ûd, hicretin binyüzyetmişsekiz (1178) ve mîlâdın binyediyüzaltmışbeş (1765) senesinde ölünce, oğlu Abdül'azîz yerine geçdi. Abdül'azîz bin Muhammed bin Sü'ûd, hicretin binikiyüzonyedi (1217) ve mîlâdın binsekizyüzüç (1803) senesinde, Der'ıyye câmi'inde, bir şî'î tarafından, karnına hançer sokularak öldürüldü. Bundan sonra, oğlu Sü'ûd bin Abdül'azîz vehhâbîlerin şefi oldu. Arabları aldatmak, sapık inançlarını yaymak için müslimânların kanını dökmekde, üçü de, birbiri ile yarışırcasına çalışdılar.

Abdülvehhâb oğlunun bu düşüncelerini yayması, Allahı tevhîdde hâlis olmak için ve müslimânları şirkden kurtarmak için imiş. Müslimânlar altıyüz seneden beri şirk üzere imişler. Müslimânların dînini tâzelemek için, dinde reform yapmak için, ortaya çıkmış. Bu düşüncelerine herkesi inandırmak için, Ahkâf sûresinin beşinci âyet-i kerîmesini, Yûnüs sûresinin yüzaltıncı âyet-i kerîmesini ve Ra'd sûresinin ondördüncü âyet-i kerîmesini vesîka olarak ileri sürmüşdür. Hâlbuki bunlara benziyen, dahâ birçok âyet-i kerîmeler vardır. Bu âyet-i kerîmelerin hepsi, puta tapan kâfirleri, müşrikleri bildirmek için gönderildiğini, tefsîr âlimleri sözbirliği ile beyân buyurmuşlardır.

Abdülvehhâb oğlunun düşüncelerine göre, bir müslimân, Peygamberimizden "sallallahü aleyhi ve sellem" veyâ başka Peygamberlerden yâhud Velîlerden, Sâlihlerden birinin kabrinin yanında veyâ uzakda iken bundan **(istigâse)** etse, ya'nî sıkıntıdan, dertden kurtulması için yardım istese, yâhud o zâtın ismini söyliyerek şefâ'at etmesini dilese, yâhud kabrini ziyâret etmek için gitmek istese, o müslimân müşrik olurmuş. Allahü teâlâ, Zümer sûresinin üçüncü âyetinde, puta tapan kâfirleri bildirmekdedir. Peygamberleri ve Evliyâyı vesîle ederek düâ eden müslimânlara müşrik diyebilmek için, bu âyet-i kerîmeyi ileri sürüyorlar. Müşrikler de putların yaratıcı olmadığına, herşeyi Allahü teâlânın yaratdığına inanıyorlardı diyorlar. Hattâ Ankebût sûresinin altmışbirinci ve Zuhruf sûresinin seksenyedinci âyet-i kerîmesinde meâlen, **(Bunları**

kimin yaratdığını, onlara sorarsan, elbette Allah yaratdı derler) buyuruldu. Allahü teâlânın da böyle buyurduğunu söylüyorlar. Kâfirler böyle inandıkları için değil, Zümer sûresinin üçüncü âyetinde bildirilen, **(Allahdan başkalarını dost edinenler, onlar Allahü teâlâya şefâ'at ederek bizi yaklaşdırırlar derler)** meâl-i şerîfini söyledikleri için kâfir ve müşrik oluyorlar, diyorlar. Peygamberlerin, Evliyânın kabrlerinden şefâ'at, yardım istiyen müslimânlar da, böyle söyliyerek müşrik oluyorlarmış.

Abdülvehhâb oğlunun, bu âyet-i kerîmeyi ileri sürerek, müslimânları kâfirlere, müşriklere benzetmesi, çok çürük, ahmakca ve gülünç bir şeydir. Çünki, kâfirler, şefâ'at etmeleri için putlara tapınmıyorlar. Allahü teâlâyı bırakıp, dileklerini yalnız putlardan istiyorlar. Müslimânlar ise, Peygamberlere, Evliyâya tapınmıyorlar, herşeyi yalnız Allahdan bekliyoruz. Evliyânın vâsıta, vesîle olmasını istiyoruz, diyorlar. Kâfirler, putlarının diledikleri gibi şefâ'at edeceklerine, her dilediklerini Allaha yapdıracaklarına inanıyorlar. Müslimânlar ise, Allahü teâlânın, sevdiği kullarına şefâ'at için izn vereceğini, sevdiklerinin şefâ'atlerini ve düâlarını kabûl edeceğini, Kur'ân-ı kerîmde bildirdiği için, Kur'ân-ı kerîmde bildirilen bu müjdeye inandıkları için, Allahü teâlânın sevgilisi olarak tanıdıkları Evliyâdan şefâ'at ve yardım istemekdedirler. Kâfirlerin putlara tapınması ile, müslimânların Evliyâdan yardım istemeleri birbirine benzetilemez. Bir müslimân ile bir kâfir, görünüşde hep insandır. İnsanlıkları birbirlerine benzemekdedir. Fekat, müslimân, Allahü teâlânın dostudur. Sonsuz Cennetde kalacakdır. Kâfir olan ise, Allahü teâlânın düşmanıdır. Sonsuz Cehennemde kalacakdır. Görünüşde birbirlerine benzemeleri, hep aynı olacaklarına sened olamaz. Allahü teâlânın düşmanı olan putlara, heykellere yalvaran ile, Allahü teâlânın sevgili kullarına yalvaranlar, görünüşde benziyebilirler. Fekat, putlara yalvarmak, Cehenneme götürür. Evliyâya yalvarmak ise, Allahü teâlânın afv etmesine, merhamet etmesine sebeb olur. **(Allahü teâlânın sevdiği kulları hâtırlanırsa, Allahü teâlâ merhamet eder)** hadîs-i şerîfini, otuzuncu maddenin sonunda bildirmişdik. Peygamberlere "aleyhimüssalevâtü vetteslîmât", Evliyâya "rahime-hümullahü teâlâ" yalvarınca, Allahü teâlânın merhamet edeceğini, afv buyuracağını bu hadîs-i şerîf de gösermekdedir.

Müslimânlar, Peygamberlerin, Evliyânın ilah, ma'bûd, Allahü teâlâya şerîk, ortak olmadıklarına inanır. Bunların, Allahın âciz kulları olduklarına, ibâdete, tapınmağa, yalvarmağa hakları olmadığına inanır. Allahü teâlânın sevdiği, düâlarını kabûl eylediği kulları olduğuna inanır. Mâide sûresi, otuzbeşinci âyetinde meâlen, **(Bana yaklaşmak için vesîle arayınız)** buyuruldu. Sâlih kullarımın düâlarını kabûl ederim, dileklerini veririm buyuruyor. Buhârîde ve Müslimde ve Künûz-üd-dekâıkde bulunan hadîs-i şerîfde, **(Elbet, Allahü teâlânın öyle kulları vardır ki, birşey için yemîn etse, Allahü teâlâ, o şeyi yaratır. Onu yalancı çıkarmaz)** buyuruldu. Müslimânlar, bu âyet-i kerîmelere ve hadîs-i şerîflere inandıkları için, Evliyâyı "rahmetullahi aleyhim ecma'în" vesîle yapmakda, onlardan düâ ve yardım beklemekdedir.

Evet, kâfirlerin bir kısmı, putlarının, heykellerinin yaratıcı olmadıklarını, herşeyi Allahü teâlânın yaratdığını söyliyorlar ise de, putların tapınmağa hakları vardır. Onlar dilediğini yaparlar ve Allaha da yapdırırlar diyorlar. Putlarını Allaha şerîk, ortak yapıyorlar. Bir kimse, dünyâda başkasından yardım istese, bana elbette yardım yapar. Onun her istediği herhâlde olur dese, bu kimse kâfir olur. Fekat, benim işim onun istemesi ile kesinlikle olmaz. O bir sebebdir. Allahü teâlâ sebebe yapışanları sever. Sebeble yaratmak Onun âdetidir. Sebebe yapışmış olmak için, bundan yardım istiyorum, dileğimi Allahdan bekliyorum. Peygamberimiz de sebeblere yapışmışdır. Sebebe yapışmakla, o yüce Peygamberin sünnetine uymuş oluyorum diyerek birisinden yardım istiyen kimse sevâb kazanır. İşi olursa, Allahü teâlâya hamd eder. İşi olmazsa, Allahü teâlânın kazâsına, kaderine râzı olur. Kâfirlerin puta tapması, müslimânların Evliyâdan düâ, şefâ'at, yardım istemelerine benzemez. Aklı olan, doğru düşünebilen, bu ikisini birbirine benzetmez. Birbirinden başka olduklarını iyi anlar. Zararı ve fâideyi yaratan, ancak Allahü teâlâdır. Ondan başkasının tapınmağa hakkı yokdur. Hiçbir Peygamber, hiçbir Velî ve hiçbir mahlûk, hiçbirşey yaratamaz. Allahdan başka yaratıcı yokdur. Yalnız Allahü teâlâ, Peygamberlerinin, Velîlerinin, sâlih kullarının, ya'nî sevdiği kullarının ismlerini söyliyenlere, onları vesîle edenlere merhamet eder. Dilediklerini verir. Böyle olduğunu, kendisi ve Peygamberi haber vermişdir. Bu haberlere uyarak müslimânlar da böyle inanmakdadır.

Müşrikler, kâfirler ise, putların birşey yaratmadığını bildikleri hâlde, putları ilâh ve ma'bûd biliyorlar. Putlara tapınıyorlar. Kimisi ülûhiyyetde müşrik oluyor. Kimisi de, ibâdetde müşrik oluyorlar. (Putlarımız bize şefâ'at edecekdir. Allaha yaklaşdıracakdır) dedikleri için, müşrik olmuyorlar. Putları ma'bûd bildikleri için, putlara tapındıkları için müşrik oluyorlar.

Peygamberimiz "sallallahü aleyhi ve sellem", **(Bir zemân gele-**

cek, kâfirler için gelmiş olan âyet-i kerîmeleri, müslimânları kötülemek için vesîka olarak kullanacaklardır) buyurdu. Başka bir hadîs-i şerîfde, (En çok korkduğum şey, âyet-i kerîmeleri Allahü teâlânın dilemediği yerlerde kullanacak kimselerin ortaya çıkmasıdır) buyurdu. Bu hadîs-i şerîflerin ikisini de Abdüllah bin Ömer "radıyallahü anhümâ" bildirdi. Bu iki hadîs-i şerîf, mezhebsizlerin, zındıkların türiyeceklerini ve kâfirleri bildiren âyet-i kerîmelerin müslimânlar için geldiğini söyliyeceklerini, Kur'ân-ı kerîme iftirâ edeceklerini bildirmekdedir.

Mü'minler, Allahü teâlânın sevdiğine inandıkları kimselerin mezârlarını ziyârete gidiyorlar. Allahü teâlânın sevdiği kullarını vâsıta, vesîle ederek, Allaha yalvarıyorlar. Peygamberimiz ve Eshâb-ı kirâm da böyle yaparlardı. Peygamberimiz "sallallahü aleyhi ve sellem", (Yâ Rabbî! İstediklerini vermiş olduğun kullarının hakkı için, hurmeti için senden istiyorum) düâsını okurdu. Bu düâyı Eshâbına öğretir ve okumalarını emr ederdi. Mü'minler de, böyle düâ etmekdedir.

Hazret-i Alînin vâlidesi olan (Fâtıma binti Esed) "radıyallahü anhümâ" vefât edince, Resûlullah "sallallahü aleyhi ve sellem" kabre koydu ve (Yâ Rabbî! Bana annelik yapan Fâtıma binti Esedi afv eyle! Peygamberinin ve benden önce gelmiş olan Peygamberlerinin hakkı için, ona rahmetini bol eyle!) diye düâ eyledi. Gözlerinin açılması için düâ istiyen birisine, iki rek'at nemâz kılmasını, sonra (Yâ Rabbî! Kullarına merhamet ederek göndermiş olduğun Peygamberin Muhammed aleyhisselâmın hurmeti için, Onu vesîle ederek, senden istiyorum. Sana yalvarıyorum. Ey sevgili Peygamber, Muhammed "aleyhisselâm"! Seni vesîle ederek, düâmı kabûl edip, dileğimi ihsân etmesi için Rabbime yalvarıyorum. Yâ Rabbî! Düâmın kabûl olması için, o yüce Peygamberi bana şefâ'atcı eyle!) düâsını okumasını emr buyurmuşdur.

Âdem "aleyhisselâm", yasak edilen ağacdan yiyerek, (Seylan) ya'nî Serendib adasına indirilince, (Yâ Rabbî! Oğlum Muhammed aleyhisselâm hurmetine beni afv et!) düâsını yapdı. Allahü teâlâ da, (Ey Âdem! Muhammed aleyhisselâmı vesîle ederek, yerdekiler ve gökdekiler için şefâ'at isteseydin, şefâ'atini kabûl ederdim) buyurdu.

Hazret-i Ömer, hazret-i Abbâsı "radıyallahü anhümâ" berâber götürüp, onu vesîle ederek, yağmur düâsı yapmış, düâsı kabûl olmuşdur.

Gözlerinin açılmasını istiyen birisine, okuması emr olunan düâda, **(Yâ Muhammed! Seni...)** demek, Evliyâyı vesîle ederken ismini söyliyerek yalvarmanın câiz olduğunu göstermekdedir.

Eshâb-ı kirâmın ve Tâbi'înin "radıyallahü anhüm" hayâtını bildiren kitâblar, kabr ziyâretinin ve ismini söyliyerek şefâ'at istemenin ve meyyiti vesîle kılmanın meşrû' ve câiz olduğunu gösteren vesîkalarla doludur.

İbni Hacer-i Hiytemînin "rahime-hullahü teâlâ" **(Minhâc)** şerhi olan **(Tuhfe)** kitâbına hâşiyeleri ile meşhûr Muhammed bin Süleymân şâfi'î "rahmetullahi aleyh",[1] Abdülvehhâb oğlunun bozuk ve sapık bir yolda olduğunu, âyet-i kerîmelere ve hadîs-i şerîflere yanlış ma'nâlar verdiğini, vesîkalarla isbât etmişdir. Kitâbında şöyle demekdedir: (Ey Muhammed bin Abdülvehhâb! Müslimânlara dil uzatma! Allah rızâsı için, sana nasîhat ediyorum. Allahdan başka yaratıcı olduğunu söyliyen varsa, ona doğruyu bildir! Vesîkalar göstererek onu doğru yola çevir! Müslimânlara kâfir denilemez! Sen de bir müslimânsın. Milyonlara kâfir dememek için, bir kişiye kâfir demek dahâ doğru olur. Sürüden ayrılan koyunun tehlükede olduğu muhakkakdır. Nisâ sûresinin yüzondördüncü âyetinde meâlen, **(Doğru yol gösterildikden sonra, Peygamber aleyhisselâma uymıyan ve îmânda ve amelde mü'minlerden ayrılan kimseyi, küfr ve irtidâdda bırakır ve Cehenneme atarız. O Cehennem çok kötü bir yerdir)** buyuruldu. Bu âyet-i kerîme, Ehl-i sünnet ve cemâ'atden ayrılmış olanların hâlini göstermekdedir).

Kabr ziyâretinin câiz ve fâideli olduğunu bildiren hadîs-i şerîfler, pek çokdur. Eshâb-ı kirâm ve Tâbi'în-i izâm "radıyallahü anhüm" Peygamberimizin "sallallahü teâlâ aleyhi ve sellem" mubârek türbesini ziyâret ederlerdi. Bu ziyâretin nasıl yapılacağını ve fâidelerini bildirmek için kitâblar yazılmışdır.

Bir Velîyi "rahmetullahi aleyh" vesîle ederek düâ etmek, ismini söyliyerek ondan yardım istemek, hiç zararlı değildir. İsmi söylenen zâtın, te'sîr edeceğine, istenileni elbet yapacağına, gaybleri bileceğine inanmak küfr olur. Müslimânlar böyle inanmıyor ki, kötülenebilsin. Müslimân, Allahü teâlânın sevgili bir kulundan, yalnız vesîle olmasını, şefâ'at etmesini, düâ etmesini ister. İstenileni yaratan yalnız Allahü teâlâdır. Mâide sûresi, yirmiyedinci âyetinde meâlen, **(Müttekî kullarımın düâsını kabûl ederim)** buyuruldu. Bunun için, sevdiklerinden düâ istenir. Meyyitden, istekleri vermesi değil, Allahü teâlânın vermesine vâsıta olması istenir.

---

[1] Muhammed Kürdî 1194 [m. 1780] de Medînede vefât etdi.

Vermesini istemek câiz değildir. Müslimânlar bunu istemez. Verilmesi için vâsıta olmasını istemek câizdir. **(İstigâse)** ve **(İstişfâ')** ve **(Tevessül)** kelimeleri de, hep vâsıta, vesîle olmağı istemek demekdir.

Herşeyi yaratan, yapan yalnız Allahü teâlâdır. Birşeyi yaratmak için, başka bir mahlûkunu vâsıta ve sebeb yapması, Allahü teâlânın âdetidir. Allahü teâlânın birşeyi yaratmasını istiyenin, o şeyin yaratılmasına vesîle olan sebebe yapışması lâzımdır. Peygamberler "aleyhimüssalâtü vesselâm", hep sebeblere yapışmışlardır.

Allahü teâlâ sebebe yapışmağı övmekdedir. Peygamberler "aleyhimüssalâtü vesselâm" sebeblere yapışmağı emr etmekdedir. Dünyâdaki olaylar, hâdiseler de, sebebe yapışmanın lâzım olduğunu göstermekdedir. Birşeye kavuşmak için, o şeyin sebebine yapışılır. O sebebi, o şeye sebeb yapan ve insanın o sebebe yapışmasını sağlıyan, o sebebe yapışdıkdan sonra, o şeyi yaratan, hep Allahü teâlâ olduğuna inanmak lâzımdır. Böyle inanan bir kimse, bu sebebe yapışmakla, o şeye kavuşdum diyebilir. Bu sözü, o şeyi sebeb yaratdı demek değildir. Allahü teâlâ, o şeyi bu sebeble yaratdı demekdir. Meselâ (içdiğim ilâc ağrımı kesdi), (Seyyidet Nefîse hazretlerine adak yapınca, hastam iyi oldu), (Çorba beni doyurdu), (Su, harâretimi giderdi) sözleri, bu şeylerin hep vesîle ve vâsıta olduklarını göstermekdedir. Bunlar gibi konuşan müslimânların, yukarıda bildirdiğimiz gibi inandıklarını düşünmek lâzımdır. Böyle düşünene kâfir denemez. Vehhâbîler de, diri olandan, yanında bulunandan birşey istemek câizdir diyor. Birbirlerinden ve hükûmet me'mûrlarından çok şey istiyorlar. Vermeleri için yalvarıyorlar. Uzakda olandan ve ölüden istemek şirkdir. Diriden istemek şirk olmaz diyorlar. Ehl-i sünnet âlimleri ise, birisi şirk olmayınca, öteki de şirk olmaz diyor. Aralarında fark yokdur diyor. Her müslimân, îmânın, islâmın şartlarına, farzların farz olduklarına ve harâmların harâm olduklarına inanmakdadır. Her müslimânın, yaratıcı, yapıcı yalnız Allah olduğuna, Allahdan başkasının yaratmadığına inanmış oldukları da meydândadır. Nemâz kılmıyacağım diyen bir müslimânın, şimdi veyâ burada kılmıyacağım veyâ kılmış olduğum için kılmıyacağım demek istediği anlaşılır. Ben hiç nemâz kılmak istemiyorum demek istiyor diye, kimse buna dil uzatamaz. Çünki, söz sâhibinin müslimân olması, ona küfr, şirk damgasını vuracak dilleri kesmekdedir. Kabr ziyâret eden, meyyitden yardım, şefâ'at istiyen, şu işim olsun diyen bir müslimâna, küfr, şirk damgasını basmağa kimsenin hakkı yokdur. Bu sözleri söyliyenin veyâ kabr ziyâret edenin, yâ Resûlallah "sallallahü aleyhi ve sellem", bana şefâ'at et diyenin müslimân oluşu, bu sözlerinin ve işlerinin câiz ve meşrû' olan îmânla ve düşünce ile olduğunu göstermekdedir.

Yukarıdaki bilgiler iyi anlaşılır ve iyi düşünülürse, Abdülvehhâb oğlunun inançları ve yazıları temelinden yıkılmış ve çürütülmüş olur. Bununla berâber, bozuk yolda olduğunu, müslimânlara iftirâ etdiğini ve islâmiyyeti içden yıkmağa çalışdığını vesîkalarla isbât eden çok sayıda kitâb yazılmışdır. **(Zebîd)** müftîsi Seyyid Abdürrahmân "rahime-hullahü teâlâ" bunun bozuk yolda olduğunu göstermek için şu hadîs-i şerîf yetişir demekdedir: **(Arabistânın doğu tarafından kimseler çıkar. Kur'ân-ı kerîm okurlar. Fekat, Kur'ân-ı kerîm boğazlarından aşağı inmez. Ok yaydan çıkdığı gibi dinden çıkarlar. Yüzlerini kazırlar).** Yüzlerinin traşlı olması, bu hadîs-i şerîfde vehhâbîlerin haber verilmiş olduğu açıkca görülmekdedir. Bu hadîs-i şerîfi okudukdan sonra, başka bir kitâb okumağa lüzûm kalmaz. Başı, yanakları traş etmeği, Abdülvehhâb oğlunun kitâbları emr etmekdedir. Diğer sapık fırkaların hiçbirinde böyle bir emr yokdur.

BİR KADININ ABDÜLVEHHÂB OĞLUNA VERDİĞİ CEVÂB:

Abdülvehhâb oğlu kadınlara da başlarını traş etmelerini emr etdi. Bir kadın, bu emre karşı, (Saç, kadının kıymetli süsüdür. Sakal da erkeklerin süsüdür. İnsanları, Allahü teâlânın verdiği süsden mahrûm bırakmak olur mu?) demiş. Abdülvehhâb oğlu buna cevâb verememişdir.

Abdülvehhâb oğlunun gösterdiği yolda bozuk ve çirkin, birçok inanışlar varsa da, başlıca inanışları üçdür:

1. Amel, îmânın parçasıdır. Nemâz kılmak farz olduğuna inandığı hâlde, tenbellikle bir nemâz kılmıyanın îmânı gidermiş. Bir sene zekâtını vermiyen hasîs bir kimse, kâfir olurmuş. Böyle olan müslimânları öldürmeli, mallarını, vehhâbîlere dağıtmalı imiş.

2. Peygamberlerin "aleyhimüssalevâtü vetteslîmât" ve Evliyânın "rahime-hümullahü teâlâ" rûhlarını vesîle etmek ve korkduklarından kurtulup, umduklarına kavuşmak için, düâ etmelerini onlardan istemek, şirk imiş. **(Delâil-i hayrât)** düâ kitâbını okumak yasak imiş.

3. Kabrler üzerine türbe yapmak, türbede hizmet ve ibâdet edenler için kandil yakmak ve mezârlara sadaka, kurban adamak şirk imiş. Bunların üçü de, Allahü teâlâdan başkasına tapınmak imiş.

Sü'ûd bin Abdül'azîz, Mekkeye ve Medîneye hücûm etdiği zemân Resûlullahın "sallallahü aleyhi ve sellem" türbesinden başka, Eshâb-ı kirâmın ve Ehl-i beytin "radıyallahü teâlâ anhüm ecma'în" ve Evliyânın ve Şehîdlerin "rıdvânullahi aleyhim ecma'în" türbelerinin hepsini yıkdılar. Kabrleri, belirsiz hâle getirdiler. Resûlullah "sallallahü aleyhi ve sellem" efendimizin mubârek türbesini de yıkmağa başladılar ise de, eline kazma alanın aklına veyâ bedenine sakatlık geldiğinden bu cinâyeti işleyemediler. Medîneye girdikleri zemân, Sü'ûd, müslimânları bir araya toplayıp, (Vehhâbîlik gelmesi ile, dîniniz şimdi temâm oldu. Allah sizden râzı oldu. Babalarınız kâfir idi, müşrik idi. Onların dinlerine uymayınız! Onların kâfir olduklarını herkese anlatınız! Resûlullahın türbesi önünde durup, Ona yalvarmak yasakdır. Türbenin önünden geçerken, Esselâmü alâ Muhammed denir. Ondan şefâ'at istenmez) gibi, müslimânları kötüliyen şeyler söyledi.

37 - Vehhâbîliği yaymak için kıyasıya müslimân öldüren Abdül'azîz bin Muhammed, hicretin 1210 [m. 1795] senesinde, Mekkeye üç vehhâbî gönderdi. Mekkede yapılan toplantıda, Ehl-i sünnet âlimleri, âyet-i kerîmelerle ve hadîs-i şerîflerle bunlara cevâb verince, üç vehhâbî birşey söyleyemedi. Hakkı kabûl etmekden başka çıkar yol bulamadılar. Ehl-i sünnetin haklı olduğunu, kendilerinin yanlış ve sapık bir yol tutmuş olduklarını uzun yazdılar. Üçü de imzâladı. Fekat, Abdül'azîz, siyâsî emeller peşinde, başkanlık lezzetini artdırmak da'vâsında olduğundan, din adamlarının bu nasîhatine kulak bile vermedi. Din perdesi arkasında, işkencelerini hergün dahâ artdırdı.

Üç vehhâbînin Mekkedeki müslimânlara inandırmak istedikleri yirmi madde idi. Fekat bunların hepsi, yukarıda bildirdiğimiz üç maddede toplanmakda idi. Abdülvehhâb oğlu, ibâdetler îmânın parçasıdır sözünün, imâm-ı Ahmed bin Hanbelin "rahmetullahi aleyh" ictihâdı olduğunu ileri sürüyordu. Hâlbuki, imâm-ı Ahmedin bütün ictihâdları, kitâblara geçmişdi. Mekke âlimleri, bunları inceden inceye biliyorlardı. Abdülvehhâb oğlunun bu sözünün doğru olmadığını, bu üç vehhâbîye isbât etdiler.

Üç vehhâbî, ikinci inanışlarında haklı olduklarına çok güveniyorlardı. (Mekkedeki müslimânlar, Resûlullahın "sallallahü aleyhi ve sellem" ve Abdüllah ibni Abbâsın ve **(Mu'allâ)** kabristânında bulunan Mahcûbun mezârına giderek: Yâ Resûlallah! Yâ Mahcûb! Yâ ibni Abbâs! diyorlar. İmamımız Abdülvehhâb oğlunun ictihâdına göre, [Lâ ilâhe illallah Muhammedün resûlullah] deyip de, Allahdan gayrıya düâ edenler kâfir olur. Bunları öldürmek ve mallarını paylaşmak halâl olur) dediler. Ehl-i sünnet âlimleri, bunlara, (Allahü teâlânın sevdiği kullarının kabrlerine gidip, onlara tevessül etmek, düâ istemek, onlara tapınmak değildir. Onlara ibâdet etmek için değildir. Onları vesîle ederek, o sebeblere, vâsıtalara yapışarak, Allahü teâlâdan istemekdir) dediler. Sebeblere yapışmanın câiz, hattâ lâzım olduğunu vesîkalarla isbât etdiler.

Mahcûbun ismi, seyyid Abdürrahmândır "rahmetullahi aleyh". Zemânının en derin âlimi idi. Binikiyüzdört 1204 [m. 1790] senesinde vefât edip, Mu'allâ kabristânında defn edildi.

Evliyânın kabrlerine giderek, Allahü teâlâdan bir dilekde bulunurken, onları vesîle etmek, vesîle olmaları için onlara yalvarmak câiz olduğu, çeşidli yollardan isbât edilmekdedir. Mâide sûresi otuzbeşinci âyet-i kerîmesinde meâlen, **(Ey mü'minler! Allahü teâlâdan korkun ve Ona yaklaşmak için vesîle arayın!)** buyuruldu. Bütün tefsîrler, vesîlenin Allahü teâlânın sevdiği, beğendiği şeylerden herbiri olduğunu bildiriyor. Nisâ sûresinin yetmişdokuzuncu âyetinde meâlen, **(Resûle itâ'at eden, Allaha itâ'at etmiş olur)** buyuruldu. Bunun içindir ki, İslâm âlimlerinin çoğuna göre, birinci âyet-i kerîmedeki vesîle, Resûlullah demekdir. Böyle olunca, Peygamberleri ve onların vârisleri olan Velîleri, sâlih müslimânları vesîle etmek, onların yardımları ile Allahü teâlâya yaklaşmak câiz olmakdadır. Peygambere karşı söylemek, yalvarmak küfr ve şirk olsaydı, nemâz kılanların hepsinin kâfir olması lâzım gelirdi. Muhammed bin Süleymânın "rahmetullahi aleyh" yukarıda yazılı fetvâsına göre, vehhâbîlerin de kâfir olmaları lâzım olurdu. Çünki her müslimân, nemâzda otururken, (Esselâmü aleyke eyyühen-Nebiyyü ve rahmetullah) diyerek Resûlullaha selâm vermekde ve o yüce Peygambere düâ etmekdedir.

Kabrleri ziyâret etmekde ve Evliyâyı vesîle ederek düâ etmekde fâideler vardır. Çünki, İbni Asâkirin bildirdiği ve **(Künûz-üddekâık)**de yazılı hadîs-i şerîfde, **(Mü'min, mü'min kardeşinin aynasıdır)** buyuruldu. Dâre Kutnînin bildirdiği hadîs-i şerîfde, **(Mü'min, mü'minin aynasıdır)** buyuruldu. Bu hadîs-i şerîflerden anlaşılıyor ki, rûhlar, birbirlerinin aynaları gibidir. Birbirlerinde görünürler. Kabr başında, o Velîyi düşünüp, vesîle eden kimsenin rûhuna, Velînin rûhundan feyz gelir. Hangisinin rûhu za'îf ise, kuvvetlenir. Birleşik iki kapdaki sıvı gibidir. Yüksek olan rûh zarar eder. Kabrdekinin rûhu aşağı derecede ise, ziyâret edenin rûhu sıkıntı duyar. Bunun içindir ki, islâmiyyetin başlangıcında, kabr ziyâreti yasak edilmişdi. Çünki mezârda olanlar, câhiliyye zemânından kalmış olanlardı. Mü'minler de ölmeğe başlayınca, kabr ziyâretine izn verildi. Peygamberin "sallallahü aleyhi ve sellem" veyâ bir Velînin kabri ziyâret edilince, o Velî düşünülür. Hadîs-i şerîfde, **(Sâlihler düşünüldüğü zemân, Allahü teâlâ merhamet eder)** buyuruldu. Bu hadîs-i şerîfden anlaşılıyor ki, kabr ziyâret edene, Allahü teâlâ merhamet eder. Merhamet etdiği kulunun düâsını kabûl buyurur. Kabr ziyâret edilmez. Evliyâya tevessül olunmaz sözünün, senedsiz bir düşünce, bir görüş ayrılığı olduğu meydândadır. **(Ben öldükden sonra, hac eden bir müslimân beni ziyâret ederse, diri iken ziyâret etmiş gibi olur)** hadîs-i şerîfi, bu inanışı kökünden çürütmekdedir. Kabr ziyâretinin lâzım olduğunu göstermekdedir. Bu hadîs-i şerîf, vesîkaları ile, **(Künûz-üd-dekâık)** kitâbında yazılıdır.

Türbeleri yıkarken, **(Mezâr ziyâret eden kadınlara ve mezârların üstünü mescid yapanlara, mezârlara ışık yakanlara la'net olsun!)** hadîs-i şerîfini ileri sürüyorlar. Peygamber zemânında böyle şeyler yokdu. Hadîs-i şerîfde, **(Bizim zemânımızda olmayıp, sonradan yapılan şeyler, bizden değildir)** denildi, diyorlar. İkinci inanışlarına karşı verilen cevâb, bu sözü de çürütdüğü için, Ehl-i sünnet âlimlerinin sözlerini kabûl eylediler.

38 - Binikiyüzon 1210 [m. 1796] senesinde, Ehl-i sünnet âlimleri "rahime-hümullahü teâlâ" vehhâbîleri cevâb veremiyecek hâlde bırakınca, böyle inanmanın müslimânlıkdan ayrı bir yol olduğunu, islâm düşmanlarının ve ingilizlerin islâmiyyeti içerden yıkmak için sinsice hâzırladıkları bir tuzak olduğunu gösteren âyet-i kerîme ve hadîs-i şerîfler yazılarak, Mekkedeki islâm âlimleri imzâladılar. Tevbe eden üç vehhâbî de, bu vesîkaya şâhid oldular. Bu vesîka her memlekete gönderildi.

Mekkedeki vehhâbî din adamları, Der'ıyyeye, Abdül'azîzin yanına gelerek, cevâb veremediklerini, böyle inanmanın islâm düşmanlığı olduğu yazılarak her tarafa gönderildiğini anlatdılar. Abdül'azîz bin Muhammed bin Sü'ûd ve adamları, bunları işitince, Ehl-i sünnete diş bilediler. Binikiyüzbeş [1215] senesinde Mekkeye saldırdılar. Mekke emîri şerîf Gâlib bin Müsâ'id bin Sa'îd efendi, bunlara karşı koydu. Her iki tarafdan çok kan döküldü. Şerîf Gâlib efendi, bunları Mekkeye sokmadı. Mekke etrâfındaki Arab kabîleleri, vehhâbî oldular. Abdül'azîzin oğlu Sü'ûd, 1217 de, iki bayram arasında, Tâif şehrine asker gönderdi. Tâifdeki müslimânlara yapdıkları işkenceler ve kadınların, çocukların barbarca öldürülmeleri, Ahmed bin Zeynî Dahlânın **(Hulâsat-ül-kelâm)** kitâbında ve Eyyûb Sabri Pâşanın "rahime-hümullahü teâlâ"[1] 1296 [m. 1879] senesinde basılmış olan **(Târîh-i Vehhâbîyân)** ve **(Mir'ât-ül-Haremeyn)** kitâblarında uzun yazılıdır. Yüreği dayanabilenler oradan okuyabilirler. **(Hülâsat-ül-kelâm)** 1395 [m. 1975] de İstanbulda basdırılmışdır.

Tâife girdikleri zemân, kadınlara ve çocuklara ve bütün ehâlîye yapdıkları işkenceler (Osmân-ül-Mudâyıkî) adındaki islâm düşmanı, azgın bir vehhâbînin emri ile yapıldı. Bu adam, Muhsin isminde biri ile birlikde, şerîf Gâlib efendi tarafından Der'ıyyeye gönderilmişdi. Medîneye girmelerini ve müslimânlara işkence yapmalarını önlemek için, önceki sözleşmeyi yenilemeğe çalışacaklardı. Fekat bu münâfık, şerîf Gâlib efendinin yanında câsûsluk yapıyordu. Yolda arkadaşı olan Muhsini de, bir çok menfe'atler va'd ederek aldatdı. Der'ıyyeye gelince, Sü'ûd bin Abdül'azîze içlerini dökdüler. Sü'ûd, bunların, sâdık bir köle olduğunu anlayınca, Der'ıyye çapulcularını bunların emrine verip, **(Tâif)** yanındaki **(Abîle)** denilen yere geldiler. Şerîf Gâlib efendiye mektûb yazıp, Sü'ûd ve kendilerinin önceki sözleşmeyi tanımadıklarını ve Sü'ûdün Mekkeyi almağa hâzırlandığını bildirdiler. Şerîf Gâlib efendi, cevâb yazarak, tatlı sözlerle nasîhat etdi ise de, islâm düşmanı olan bu azgın, mektûbları yırtdı. Emîrin gönderdiği müslimânlara saldırıp, bozguna uğratdı. Şerîf Gâlib efendi, Tâif kal'asına çekilip savunma tedbîrleri aldı. Bu azgın vehhâbî, 1217 [m. 1802] Şevvâl ayı sonunda Tâife yakın **(Melîs)** denilen yerde ordusunu kurdu. Kendisinden dahâ taş yürekli ve gönlü islâm düşmanlığı ile dolu olan **(Bîşe)** emîri **(Sâlim bin Şekbân)** alçağını dahî yardıma çağırdı. Sâlimin yanında yirmi kadar çöl şeyhi ve her şeyhin yanında beşyüz kadar vehhâbî şakîsi vardı. Sâlimin emrinde ayrıca bin kişi vardı.

Şerîf Gâlib efendi "rahmetullahi aleyh", Tâiflilerle birlikde Melîsdeki eşkiyâ üzerine kahramanca saldırdı. Sâlim bin Şekbânın binbeşyüz çapulcusunu kılınçdan geçirdi. Sâlim ve yanında kalanlar kaçdı. Fekat toparlanarak Melîs denilen yeri basdılar. Ehâlînin mallarını yağma etdiler. Şerîf Gâlib efendi, yardım almak için Ciddeye gitdi. Tâifliler korkup, çoğu, çoluk çocuğunu alıp gizlice kaçdılar. Kal'ada sığınan Tâifliler, ard arda gelen vehhâbîleri

---

[1] Eyyûb Sabri pâşa 1308 [m. 1890] de vefât etdi.

bozup kaçırdılar ise de, düşmana yardımcı da gelmiş olduğundan, kal'aya teslîm bayrağı çekdiler. Cana ve ırza kıymamak şartı ile teslîm olacaklarını bildirdiler. O gün düşman da, çok ölü vererek dağılmağa başlamış idi. Anlaşmak için Tâiflilerin gönderdiği alçak ve südü bozuk bir kimse, düşmanın kaçdığını gördüğü hâlde, arkalarından bağırmağa başladı: Şerîf Gâlib, sizden korkup kaçdı. Tâif ehâlîsi de, dayanacak hâlde değildir. Kal'ayı size verip afv dilediklerini bildirmek için beni gönderdiler. Ben sizi severim. Geri dönünüz. Bu kadar kan dökdünüz. Tâifi ele geçirmeden gitmek doğru değildir. Size yemîn ederek söylüyorum ki, Tâifliler kal'ayı hemen verecekler. Her istediğinizi kabûl edeceklerdir dedi. Tâifin böyle boş yere vehhâbîlerin eline geçmesi, şerîf Gâlib efendinin hatâsı olmuşdur. O, Tâifde kalsaydı, müslimânların başına bu felâket gelmiyecekdi. **(Hâinler, korkak olur)** gereğince, bu sözlere inanamadılar. Fekat, kal'a üstünde teslîm bayrağını görünce, işin iç yüzünü anlamak için kal'aya bir adam gönderdiler. Adamı iple kal'aya çekdiler. Teslîm olmak istiyorsanız, cânınızı kurtarmak için bütün malınızı buraya toplayın dedi. İbrâhîm ismindeki bir müslimânın gayreti ile eşyâlar getirildi. Bunlar azdır, bu kadar mal ile afv olunamazsınız. Dahâ getiriniz dedi. Bir defter verip, mal getirmiyenlerin ismlerini buraya yazınız! Erkekleriniz istediği yere gidebilirler. Kadınlarınız ve çocuklarınız zincirlere bağlanacakdır dedi. Biraz yumuşak olması için yalvardılar ise de, azgınlığını ve sertliğini artdırdı. İbrâhîm, buna dayanamayıp, göğsüne bir taş vurdu, öldürdü. Bunun üzerine, kal'aya saldırdılar. Böylece, kurşun ve gülle dokunmasından kurtuldular. Demirlerle kapıları kırıp içeri girdiler. Önlerine çıkanları, kadın, erkek ve çocuk demeyip öldürdüler. Beşikdeki yavruları bile parçaladılar. Sokaklarda dere gibi kan akdı. Evleri basıp herşeyi yağma etdiler. Güneş batıncaya kadar azdılar, kudurdular. Kal'anın şark tarafındaki taş evlere giremediler. Fekat kurşun yağmuruna tutdular. İçlerinden bir habîs, sizi afv etdik. Çoluk çocuğunuzu alıp istediğiniz yere gidebilirsiniz diye bağırdı. Başka yere gitmek için yola çıkanları bir tepede topladılar. Bunların çoğu kadın ve çocuk idi. Etrâflarını sardılar. Bunları oniki gün aç, susuz bırakdılar. Her biri temiz âile, nâz ile büyümüş müslimânlardı. Bunlara söz ile, sopa ile ve taş ile eziyyet etdiler. Birer birer çağırıp, mallarınızı sakladığınız yerleri bildirin diyerek döverlerdi. Merhamet için yalvaranlara, ölüm gününüz yaklaşıyor derlerdi.

İbni Şekbân, taş evleri oniki gün sıkışdırmış, içeri giremeyince, (Evinden çıkıp silâhını bırakanlar afv edilecekdir) diye söz vermişdi. Bu söze inanıp evden çıkdılar. İbni Şekbân, bunların ellerini arkalarına bağlayıp tepedeki müslimânların yanına gönderdi. Böylece üçyüzaltmışyedi erkekle birlikde tepede beklemekde olan kadın ve çocukları kılıncdan geçirdiler "rahmetullahi aleyhim ecma'în". Şehîdleri günlerce hayvanlara çiğnetdiler. Yırtıcı hayvanların ve kuşların yimesi için onaltı gün açıkda bırakdılar. Müslimânların evlerine saldırdılar. Mal, eşyâ, ne varsa hepsini toplayıp kal'a kapısının önündeki meydâna dağ gibi yığdılar. Bunların ve topladıkları paraların, altınların beşde birini, Sü'ûda gönderdiler. Geri kalanı aralarında paylaşdılar. Hâinlerin ve yağmurun götürdüklerinden arta kalıp Ehl-i sünnetin eline geçen kırkbin riyâl altın ile sayısız kıymetli eşyâdan onbin riyâl kadınlara ve çocuklara dağıtıldı. Eşyâ da pazarlarda çok ucuza satıldı.

Kütübhânelerden ve mescidlerden ve evlerden topladıkları Kur'ân-ı kerîmleri, tefsîrleri, hadîs ve çeşidli din kitâblarının hepsini parçalayıp yerlere atdılar. Kur'ân-ı kerîmlerin ve din kitâblarının altın işlemeli meşin cildlerinden çarıklar yapıp pis ayaklarına giydiler. Ayaklarındaki kitâb cildinden çarıklar üzerinde âyet-i kerîmeler ve mubârek yazılar yazılı idi. Kıymetli kitâbların yaprakları, yerlere o kadar çok atılmışdı ki, Tâif sokaklarında basacak toprak kalmamışdı. İbni Şekbân, yalnız Kur'ân-ı kerîmlerin parçalanmamasını emr etmiş ise de, çöllerden vurgun için toplanıp gelmiş olan vehhâbî haydutları, Kur'ân-ı kerîmi tanımadıklarından, ele geçirdikleri Mushaf-ı şerîflerin hepsini parçalayıp yerlere saçdılar. Üzerlerini çiğniyerek geçdiler. Koca Tâif şehrinde yalnız üç Mushaf-ı şerîf ile bir Buhârî-i şerîf kitâbı bu yağmadan kurtulabilmişdi.

Mu'cize: Yağma yapıldığı günlerde hava durgundu. Hiç rüzgâr yokdu. Eşkiyâ çekilip gidince, bir fırtına çıkdı. Rüzgârlar, yerlerdeki Kur'ân-ı kerîm ve çeşidli din kitâblarının yapraklarının hepsini uçurup götürdü. Uçan kâğıdların nereye gitdikleri anlaşılamadı. Yere düşmüş hiçbir kâğıd görülemedi.

Şehîdlerin cesedleri "rahmetullahi aleyhim ecma'în" tepe üzerinde onaltı gün kalarak sıcakdan çürümüşlerdi. Her tarafı fenâ koku sarmışdı. Müslimânlar, İbni Şekbâna çok yalvardılar, ağladılar, sızladılar. Nihâyet izn alabilip, iki büyük çukur kazdılar. Babalarının, dedelerinin, akrabâlarının, arkadaşlarının, çocuklarının kokmuş cesedlerini bu çukurlara doldurup toprakla örtdüler. Tanınacak tam bir cesed hiç yokdu. Kiminin yarısı, kiminin dörtde biri kalmışdı. Yırtıcı kuşların ve hayvanların uzaklara taşıyıp bırakmış oldukları insan parçalarının kokuları, vehhâbîleri de râhatsız etdiğinden, bunların toplanmasına da izn verdiler. Müslimânlar, her tarafı dolaşıp, bunları da topladılar. İki büyük çukura gömdüler.

Eşkiyânın, şehîdleri, çürüyünceye kadar açıkda bırakmaları, müslimânların ölülerine de hakâret etmek ve intikam almak içindi. Beyt:

> *Yükselmeğe sebeb olur, gam yime düşdüm diye,*
> *Binâ ta'mîr edilmez, benzemezse harâbeye.*

Bedenleri açıkda kalıp, kuşlara kurdlara yem olan ve çürüyüp kokan şehîdlerin "rahmetullahi aleyhim ecma'în" Allah huzûrundaki dereceleri katkat artar.

Eşkıyâ, Tâif şehrindeki müslimânları kılıncdan geçirdikden ve eşyâları, paraları yağma edip paylaşdıkdan sonra, her tarafı dolaşarak, Eshâb-ı kirâmın, Evliyânın ve âlimlerin türbelerini yıkıp yerle bir etdiler. Türbeleri yıkarken, Eshâb-ı kirâmın büyüklerinden ve Peygamber efendimizin çok sevdiklerinden Abdüllah ibni Abbâs hazretlerinin mezârını kazıp, mubârek cesed-i şerîfini çıkarıp yakmak istediler ise de, toprağa ilk kazmayı vurunca, etrâfa yayılan güzel kokudan ürkdüler. (Bu mezârda büyük bir şeytân vardır. Toprağı kazmakla vakt geçirmiyelim. Dinamitle havaya uçuralım) dediler. Çok mikdârda barut getirdiler. Pek uğraşdılar ise de, barut ateş almadı. Barut ateş almayınca, şaşırıp dağıldılar. Böylece bu mubârek mezâr birkaç sene düz toprak hâlinde kaldı. Sonra, seyyid Yasîn efendi gâyet güzel bir sanduka yapdırarak bu mubârek mezârın unutulmasını önlemişdir.

Seyyid Abdülhâdî efendinin ve dahâ birçok Velîlerin "rahimehümullahü teâlâ" de mezârlarını kazmak istediler ise de, herbiri kerâmet göstererek, zarar vermelerine imkân olmadı. Güçlüklerle karşılaşarak, bu kötü düşünceden vazgeçdiler.

Osmân-ı Mudâyıkî ve İbni Şekbân mel'ûnları, türbelerle berâber, câmi'lerin ve medreselerin de yıkılmasını emr etmişler idi. Ehl-i sünnet âlimlerinin büyüklerinden olan Yasin efendi, (Cemâ'at ile nemâz kılmak için yapılmış olan mescidleri niçin yıkıyorsunuz? Eğer Abdüllah ibni Abbâsın "radıyallahü anhümâ" kabri bulunduğu için yıkmak istiyorsanız, onun mezârı, büyük mescidin dışındaki türbededir. Onun için mescidin yıkılması da îcâb etmez) dedi. Osmân-ı Mudâyıkî ile İbni Şekbân bu söze cevâb veremediler. İçlerinde bulunan Matû' adında bir zındık, (Şübheli olan şeyleri yok etmelidir) diye gülünç bir söz söyledi. Yasîn efendi buna karşılık, (Mescidde şübhe olur mu?) deyince, cevâb veremedi. Uzun bir sessizlikden sonra, Osmân-ı Mudâyıkî, (İkinizi de dinlemiyeceğim. Mescide dokunmayınız, türbeyi yıkınız!) emrini verdi.

39 - Tâifde müslimân kanı akıtan alçaklar, sonra Mekkeye saldırdılar ise de, hac zemânı olduğu için, şehre girmeğe korkdular. Mekke ehâlîsi, Tâifdeki müslimânların öldürülmesini işitince, Şerîf Gâlib efendi, vehhâbîlere karşı koymak için Ciddeye asker toplamağa gitdi. Fekat Mekke ehâlîsi, Tâif fâci'asından çok korkdukları için, bir hey'et göndererek yalvardılar. 1218 [m. 1803] senesi Muharrem ayında Mekkeye girip, inançlarını şehrde yaydılar. Kabr ziyâret edenleri, Resûlullahın türbesine gidip yalvaranları öldüreceklerini bildirdiler. Ondört gün sonra, şerîf Gâlib efendiyi yakalamak için Ciddeye gitdiler. Şerîf Gâlib efendi, Cidde kal'asından merdce saldırarak, vehhâbî eşkıyâsından çoğunu öldürdü. Geri kalanları, Mekkeye kaçdı. Halkın yalvarması üzerine, şerîf Gâlib efendinin kardeşi olan şerîf Abdülmu'în efendiyi Mekkede emîr bırakıp, Der'ıyyeye gitdiler. Şerîf Abdülmu'în efendi, vehhâbîlerin işkencesinden Mekkelileri koruyabilmek için bu emîrliği kabûl etdi.

Şerîf Gâlib efendi, eşkiyânın bozguna uğramasından otuzsekiz gün sonra, Cidde vâlîsi Şerîf pâşa ile, Ciddedeki askerleri alarak Mekkeye geldi. Burada bırakılmış olan eşkiyâyı çıkardı. Emîrliği tekrâr ele geçirdi. Eşkiyâ, Mekkelilerden intikam almak için, Tâif etrâfındaki köylere saldırıp çok cana kıydılar. (Osmân-ül-mudâyıkî) adındaki şakîyi Tâife vâlî yapdılar. Osmân, Mekke etrâfındaki eşkiyâyı da toplıyarak, büyük bir gürûh ile 1220 [m. 1805] senesinde Mekke şehrini kuşatdı. Mekkedeki müslimânlar aylarca sıkıntı çekdi. Aç kaldılar. Son günlerde, yimek için köpek eti dahî bulamadılar. Şerîf Gâlib efendi, milletin canlarını kurtarmak için, düşmanla anlaşmakdan başka çâre olmadığını anladı. Mekke emîrliği kendinde kalmak ve müslimânların canına, malına dokunmamak şartı ile, şehri teslîm etdi.

Mekkeyi aldıkdan sonra, Medîneye de saldırdılar. Şehre girdiler. (Hazîne-i nebeviyye)de bin seneden beri toplanmış olan dünyânın en kıymetli târihî eşyâlarını yağma etdiler. Müslimânlara buraya yazamıyacağımız kadar çirkin işler yapdılar. Mubârek bin Magyan adında birini vâlî bırakıp, Der'ıyyeye gitdiler. Mekkede ve Medînede yedi sene kaldılar. Yedi sene Ehl-i sünnet hâcılarını Mekkeye sokmadılar. Kâ'beyi (Kaylan) denilen siyâh kumaşdan iki örtü ile sardılar. Nargile içmeği yasak etdiler. İçenleri çok dövdüler. Mekke ve Medîne ehâlîsi, bunlara hiç sokulmazlar, bunları beğenmezlerdi.

Mekkedeki müslimânlara yapılan işkenceleri, Eyyûb Sabri pâşanın "rahime-hullahü teâlâ" binüçyüzbir 1301 [m. 1883] senesinde basılan **(Mir'ât-ül-Haremeyn)** kitâbının birinci cildi şöyle anlatmakdadır:

Mekke-i mükerreme şehrindeki müslimânlara ve her sene hâcılara yapılan işkenceler sayılamayacak kadar çokdur.

Sü'ûd, Mekke ehâlîsine ve bunların emîri şerîf Gâlib efendiye sık sık korkutucu mektûblar gönderirdi. Birkaç kerre asker göndererek, Mekkenin etrâfını sardı ise de, binikiyüzonsekiz 1218 [m. 1802] senesine kadar bu şehri alamadı. Şerîf Gâlib efendi, binikiyüzonyedi (1217) senesinde Cidde vâlîsi ile Şâm ve Mısr hâcı kâfilelerinin reîslerini toplayıp, (Eşkıyâ Mekke-i mükerreme şehrine saldırmak istiyor. Bana yardım ederseniz, onların reîsleri olan Sü'ûdü ele geçirebiliriz) dedi. Bunu kabûl etmediler. Şerîf Gâlib efendi, kardeşi şerîf Abdülmu'îni yerine vekîl bırakıp Ciddeye gitdi. Şerîf Abdülmu'în Mekke emîri olunca, Ehl-i sünnet âlimlerinden Muhammed Tâhir, seyyid Muhammed Ebû Bekr, Mîr Ganî, seyyid Muhammed Akkâs, Abdülhafîz Acemîyi Sü'ûd bin Abdül'azîze gönderip, afv ve iyilik istediler. Binikiyüzonsekiz (1218) senesi idi. Sü'ûd, kabûl edip, askeri ile Mekkeye geldi. Abdülmu'îni kaymakam yapdı. Türbelerin, mezârların hepsini yıkdırdı. Vehhâbîlerin inancına göre, Mekke ve Medîne ehâlîsi, Allahü teâlâya ibâdet etmiyorlarmış. Türbelere tapınıyorlarmış. Türbeler ve mezârlar yıkılırsa, herkes Allaha tapınmağa başlarmış. Abdülvehhâb oğlu Muhammede göre, 500 [m. 1106] senesinden sonra ölen müslimânların hepsi küfr ve şirk üzere ölmüş. İslâmiyyetin doğrusu, ona bildirilmiş. Vehhâbî oldukdan sonra ölenlerin, önce ölmüş olan müşriklerin yanına gömülmeleri câiz değilmiş.

Sü'ûd, şerîf Gâlib efendiyi "rahmetullahi aleyh" yakalamak ve Ciddeyi ele geçirmek için, Cidde üzerine yürüdü. Fekat Cidde ehâlîsi, oradaki Osmânlı askeri ile elele vererek kahramanca çarpışdılar. Sü'ûdün askeri fenâ hâlde bozuldu. Sü'ûd, kaçanları toplıyarak Mekkeye döndü.

Şerîf Abdülmu'în efendi "rahime-hullahü teâlâ", Mekkedeki müslimânları ölümden ve işkenceden kurtarmak için vehhâbîlere dost göründü ise de, azgın vehhâbîler, hergün işkenceyi ve soygunculuğu artdırdılar. Şerîf Adülmu'în efendi, tatlılıkla geçinmeğe imkân olmadığını anladı. Şerîf Gâlib efendiye "rahime-hullahü teâlâ" haber gönderip, (Sü'ûdün Mekkede ve askerlerinin [Mu'allâ] denilen meydândaki çadırlarda olduğunu, bir mikdâr askerle gelirse, Sü'ûdün ele geçirilebileceğini) bildirdi.

Şerîf Gâlib efendi "rahime-hullahü teâlâ", bunu duyunca, Cidde vâlîsi Şerîf pâşa ile birlikde ve seçme askerleri alarak, bir gece Mekkede vehhâbîlere baskın yapdı. Çadırları sardı ise de, Süûd kaçıp kurtuldu. Askerleri de silâhlarını teslîm etmek üzere afv dilediler. Dilekleri kabûl olundu. Mekke-i mükerreme şehri zâlimlerden kurtarıldı. Bu başarı, Tâifdeki vehhâbîleri korkutdu. Onlar da, kan dökmeden teslîm oldu. Osmân-ı Mudâyıkî zâlimi, adamları ile birlikde, Yemen dağlarına kaçdı. Mekkeden çıkanları, köylerde ve kabîlelerde vurgunculuk yapdıklarından şerîf Gâlib efendi "rahmetullahi aleyh", **(beni Sakîf)** kabîlesine hemen adamlar gönderdi. Tâife gidip, vehhâbîleri vurun! Ele geçirdikleriniz sizin olsun dedi. Benî Sakîf kabîlesi, eşkiyâdan intikam almak için, Tâife saldırdılar. Tâif de böylece kurtarıldı.

Osmân-ı Mudâyıkî, Yemen dağlarındaki câhil, vahşî köylüleri toplayıp ve yolda karşılaşdığı vehhâbîleri de alıp Mekkeyi kuşatdı. Ehâlî üç ay kadar şehrde çok sıkıntı çekdi. Şerîf Gâlib efendi, on kerre çemberi yarmak istedi ise de, başaramadı. Mekkede yiyecek kalmadı. Ekmeğin okkası beş riyâle, sâde yağın bir okkası altı riyâle çıkmakla berâber, satıcılar bulunamaz oldu. Halk, kedi, köpek yidi. Sonra bunlar da bulunamadı. Ot, ağaç yaprağı yidiler. Bunlar kalmayınca, eziyyet etmemek ve kan dökmemek şartı ile Mekke şehri Sü'ûda teslîm edildi. Şerîf Gâlib efendi, bunda suçlu değildi. Fekat önceden, kendini dinleyen kabîlelerden yardımcı getirmiş olsaydı, bu duruma düşmiyecekdi. Hattâ, Mekkeliler, şerîf Gâlib efendiye yalvarıp, bizi seven kabîlelerden yardımcı getirirseniz, hac zemânına kadar dayanabiliriz. Mısr ve Şâm hâcıları gelince, kurtuluruz demişlerdi. O da, bunu önceden yapabilirdim; şimdi yapılamaz diyerek, önceki yanlışlığını söylemişdir. Teslîm olmak da istemiyordu. Fekat ehâlî, (Efendim, mubârek ceddiniz olan Resûlullah "sallallahü teâlâ aleyhi ve sellem" düşmanla anlaşma yapmışdı. Siz de anlaşarak bizi bu sıkıntıdan kurtarınız. Resûlullah efendimizin sünnetine uymuş olursunuz. Çünki Resûlullah "sallallahü aleyhi ve sellem", anlaşmak ve sözleşme yapmak için hazret-i Osmânı [Hudeybiyeden] Mekkedeki Kureyşlilere göndermişdi) dediler. Şerîf Gâlib efendi, halkın bu isteğini oyalıyarak son ana kadar anlaşma yapmadı. Halk dayanamıyacak hâle gelince, Mekkede bulunan Abdürrahmân adındaki bir din adamının baskısı ile, sözleşmeğe râzı oldu. Şerîf Gâlib efendinin "rahmetullahi aleyh" böyle davranması, pek kurnazca olmuşdu. Abdürrahmânın aracılığı ile, Sü'ûdün işkence yapmasını önlemiş oldu. Müslimânlara da, (Anlaşmayı istemiyerek yapdım. Hac zemânına kadar bekliyecekdim) diyerek, halkı ve askeri kendine bağlamış oldu.

Bu anlaşma üzerine, Abdül'azîzin oğlu Sü'ûd, Mekkeye girdi. Kâ'be-i muazzamayı kaba bir keçe ile örtdü. Şerîf Gâlib efendiyi "rahmetullahi aleyh" işbaşından ayırdı. Fir'avn gibi, öteye beriye saldırmağa, akla gelmiyecek işkenceler yapmağa başladı. Şerîf Gâlib efendi, Osmânlılardan yardım gelmediğine gücenip, Sü'ûdün Mekkeye yerleşmesindeki sebeb, Osmânlı devletinin gevşekliğidir sözünü halk arasına yaydı. Osmânlı devletini harekete geçirmek için de, Mısr ve Şâm hâcılarının Mekkeye sokulmamasını Sü'ûda aşıladı.

Şerîf Gâlib efendinin "rahmetullahi aleyh" bu sözleri, Sü'ûdün azmasına ve işkencelerini artdırmasına yol açdı. Ehl-i sünnet âlimlerinden çoğunu ve Mekkenin ileri gelenlerini ve zenginlerini yakalatıp işkence ile öldürtdü. Vehhâbî olduğunu açıklamıyanları korkutdu. Çarşılarda, pazarlarda, sokaklarda, adamlar bağırtıp, (Sü'ûdün dînine giriniz! Onun geniş olan gölgesine sığınınız!) dedirtdi. Müslimânları Abdülvehhâb oğlu Muhammedin dînine sokmağa zorladı. Çöllerde olduğu gibi, hak dînini ve doğru mezhebini koruyabilecek sağlam kimseler çok azaldı.

Şerîf Gâlib efendi, bu acı hâlleri görüp, Arabistân çöllerinde olduğu gibi, Hicâzda ve mubârek şehrlerde de islâmiyyetin yok olacağını anlıyarak, Sü'ûda haber gönderdi: (Hacdan sonra, Mekkede kalırsan, Osmânlı hükûmetinin İstanbuldan göndereceği askere dayanamazsın. Yakalanır öldürülürsün. Hacdan sonra Mekkede kalma, çık, git!) dedi ise de, bu sözler Sü'ûdün azgınlığının ve işkencelerinin artmasına yol açdı.

Sü'ûd bin Abdül'azîz, her tarafa zulm, işkence ateşlerini yağdırdığı sırada, Ehl-i sünnet âlimlerinden birini çağırıp, (Hazret-i Muhammed "aleyhisselâm" mezârında diri midir? Yoksa bizim inancımıza uygun olarak, herkes gibi ölü müdür) deyince, (Resûlullah "sallallahü aleyhi ve sellem" bizim bilmediğimiz bir hayâtla diridir) cevâbını aldı. Sü'ûdün bu süâli sorması, onun cevâb verebileceğini düşünerek, işkence ile öldürmek içindi. (Hazret-i Peygamberin, kabrinde diri olduğunu, bize göster de sana inanalım. Saçmasapan sözlerle cevâb verirsen, benim hak dînimi kabûl etmemekde inâdcı olduğun anlaşılacağından, seni öldürürüm) dedi. Ehl-i sünnet âlimi, (Dışarıdan birşey gösterip de seni inandırmağa çalışmıyacağım. Geliniz, birlikde Medîne-i münevvereye gidelim! **(Muvâcehe-i se'âdet)** penceresi önünde duralım. Ben selâm vereyim. Selâmıma cevâb verirse, inanırsın. Resûlullah efendimizin,

Kabr-i se'âdetinde diri olduğunu, selâm verenleri işitdiğini ve cevâb verdiğini anlamış olursun. Selâmıma cevâb verilmezse, benim yalancı olduğum anlaşılır. Bana istediğin cezâyı verebilirsin) dedi. Sü'ûd, bu sözleri işitince, Ehl-i sünnet âlimini salıverdi. Sü'ûd bu cevâba çok kızmışdı. Çünki, bu işi yapsaydı, kendi inancına göre, kendisi de kâfir, müşrik olurdu. Şaşırıp kaldı. Çünki, buna karşılık verebilecek bir bilgisi yokdu. Rezîl olmamak için, âlimi serbest bırakdı. Sonra, kendi adamlarından birine, bu hocayı bulup öldüreceksin ve ölüm haberini bana hemen bildireceksin dedi. Allahü teâlânın takdîri ile, bu vehhâbî bir yoluna getirip de, o zâtı öldüremedi. Bu korkunç haber, ağızdan ağıza, o zâta kadar ulaşdı. Bu mücâhid zât, artık Mekkede bulunmanın doğru olmıyacağını düşünerek, başka yere hicret etdi.

Sü'ûd, mücâhid zâtın Mekkeden çıkdığını haber aldı. Arkasından kirâlık kâtil gönderdi. Bu kâtil, (Bir Ehl-i sünneti öldüreceğim, çok sevâb kazanacağım) diyerek, gece gündüz durmadan gitdi. Mücâhid zâta yetişdi ise de, o zât, biraz önce kendi eceli ile vefât etmiş idi. O zâtın devesini bir ağaca bağlayıp, su aramak için, bir kuyu başına gitdi. Gelince, yalnız deveyi gördü. O zâtı bulamadı. Sü'ûda gidip olanları söyledi. Sü'ûd, (Evet, evet! Ben o zâtın zikr ve tesbîh ile göklere çıkarıldığını rü'yâda gördüm. Nûr yüzlü kimseler, bu cenâze filân zâtdır. Âhır zemân Peygamberine "sallallahü teâlâ aleyhi ve sellem" dürüst inandığı için, cenâzesi semâya kaldırıldı dediğini işitdim) cevâbını verince, (Beni böyle mubârek bir zâtı öldürmek için, gönderirsin. Allahü teâlânın ona olan ihsânını gördüğün hâlde, bozuk inancını düzeltmezsin) diyerek sövüp saydı. Kendi tevbe etdi. Sü'ûd, adamının bu sözlerine kulak bile vermedi. Osmân-ı Mudâyıkîyi Mekkede vâlî bırakıp, Der'ıyyeye gitdi.

Sü'ûd bin Abdül'azîz, Der'ıyyede kaldı. Medîne-i münevvereyi de ele geçirdi. Hac etmek istiyenleri ve doğru dürüst konuşabilenleri, yanına alarak Mekkeye doğru yola çıkdı. Vehhâbîliği övecek ve yayacak olan din adamları, önde gidiyordu. Bunlar Mekkeye girince, 1221 [m. 1806] Muharrem ayının yedinci Cum'a günü, Abdülvehhâb oğlunun yazdığı vehhâbî kitâbını **(Mescid-i harâm)** içinde okuyup anlatmağa başladılar. Ehl-i sünnet âlimleri "rahime-hümullahü teâlâ" bunlara cevâb verdi. Bu cevâbları **(Seyf-ül-Cebbâr)** kitâbında yazılıdır. On gün kadar sonra, Sü'ûd bin Abdül'azîz de geldi. Şerîf Gâlib efendinin **(Mu'allâ)** denilen yerdeki konağına yerleşdi. Şerîf Gâlib efendiye dostluk gösterisi olarak, üzerindeki örtünün bir parçasını ona örtdü. Şerîf Gâlib efendi de, buna dostluk gösterisinde bulundu. Şerîf Gâlib efendi, Sü'ûd ile birlikde Mescid-i Harâma gidip, Kâ'be-i muazzamayı tavâf etdiler.

1221 [m. 1806] senesinde, Şâm kâfilesinin Mekkeye yaklaşdığı işitildi. Sü'ûd, bu hâcıları Mekkeye sokmıyacağını bildirmek için, Mes'ûd bin Mudâyıkî adında birini kâfileye gönderdi. Mes'ûd, kâfileye gidip, (Siz evvelce bildirilen şartlara uymadınız. Sü'ûd bin Abdül'azîz size Sâlih bin Sâlih ile emr göndermişdi. Askersiz geliniz demişdi. Yanınızdaki bu askerler nedir? Emre uymadığınız için, Mekkeye giremezsiniz) dedi. Hac kâfilesinin emîri Abdüllah Pâşa, hac için geldiklerini bildirmek ve izn almak için Yûsüf pâşayı Sü'ûda gönderdi. Sü'ûd, Yûsüf pâşayı görünce: (Pâşa! Allahdan korkmasaydım, hepinizi öldürürdüm. Haremeyn ehâlîsi için ve Arab köylüleri için getirmekde olduğunuz altın torbalarını buraya getirip, hemen geri dönünüz! Bu sene hac yapmanızı yasak etdim) dedi. Yûsüf Pâşa, altın torbalarını teslîm edip geri döndü.

Şâm kâfilesinin hac yapması yasak edildiği haberi her tarafa yayıldı. İşiten müslimânlar şaşkına döndü. Mekkedeki müslimânlar, kendilerinin de Arafâta çıkmaları yasak edildi sanarak ağladılar, sızladılar. Ertesi gün, Mekkelilerin Arafâta gitmelerine izn verildi ise de, mahfe ve taht-ı revân içinde gitmeleri yasak edildi. Hâkimler, âlimler ve herkes merkeb veyâ deve ile Arafâta gitdiler. Arafât meydânında hutbeyi Mekke kâdîsı yerine vehhâbîlerden birisi okudu. Hacdan sonra Mekkeye döndüler.

Sü'ûd, Arafât dönüşünde, Mekke kâdîsı Hatîb-zâde Muhammed efendiyi işinden ayırıp, yerine vehhâbîlerden Abdürrahmânı getirdi. Abdürrahmân da, Muhammed efendiyi ve Medîne mollası Sü'âdâ beği ve Mekke-i mükerreme nakîbi Atâyî efendiyi getirip yerdeki keçe üzerine oturtdu. Sü'ûda bî'at ediniz dedi. Bu âlimler, vehhâbî inancına göre, **(Lâ ilâhe illallah vahdehu lâ şerîke leh)** diyerek müsâfeha etdiler ve yine yerlerine oturdular. Sü'ûd güldü, (Ben sizi ve Şâm kâfilesi hâcılarını Sâlih bin Sâlihe bırakdım. Sâlih, iyi bir adamımdır. Ona güvenirim. Mahfe devesi ve yük devesi için üçer yüz ve merkeb için yüzelli kuruş vermek üzere Şâma gitmenize izn verdim. Bu kadar ucuz para ile Şâma gitmek, sizin için büyük bir ni'metdir. Sâyemde râhat ve sevinerek gidiniz. Bütün hâcılar, böylece gidip geleceklerdir. Bu da, benim bir adâletimdir. Pâdişâh-ı âl-i Osmân sultân üçüncü Selîm hân hazretlerine "rahmetullahi aleyh" mektûb yazdım. Kabrler üzerine türbe yapılmasının ve ölülere kurban kesilmesinin ve onları vesîle ederek düâ okunmasının yasak edilmesini istedim) dedi.

Sü'ûdun Mekkede yerleşmesi, dört sene devâm etdi. 1227 [m.

1812] senesinde, Mısr vâlîsi Muhammed Alî Pâşa, sultân Mahmûd-ı Adlîden "rahmetullahi teâlâ aleyhimâ" gelen emr üzerine Ciddeye geldi. Ciddeden ve Medîneden gönderdiği Mısr askerleri ile birleşerek kanlı bir muhârebeden sonra, Sü'ûdu Mekkeden çıkardılar.

40 - İslâm halîfelerinin yetmişbeşinci ve Osmânlı pâdişâhlarının onuncusu olan sultân birinci Süleymân hân "rahmetullahi aleyh", Medîne-i münevvere şehri etrâfındaki dıvârları yenilemişdi. Dıvârlar çok sağlam yapıldıkları için Medîne-i münevvere şehri ikiyüzyetmişdört sene, eşkıyâ baskınına uğramadı. Şehrdeki müslimânlar râhat ve huzûr içinde yaşadılar. Fekat, 1222 [m. 1807] senesi ilk aylarında Sü'ûdün eline düşdüler.

Sü'ûd, Mekke-i Mükerremeyi ele geçirdikden ve Londradan gelen altınlarla Mekke etrâfındaki köylüleri satın aldıkdan sonra, köylerden topladığı yağmacıları Medîne şehri üzerine gönderdi. Bunların başına Bedây ve Nâdî adında iki kardeşi kumandan yapmışdı. Yolda karşılaşdıkları müslimân köylerini yağma etdiler. Çok cana kıydılar. Bedây ve kardeşi Nâdî, Medîne etrâfındaki köylerden çoğunu yakıp yıkdı. Eşyâlarını yağma etdi. Ehl-i sünnet âlimlerinin "rahmetullahi aleyhim ecma'în" bildirmiş oldukları doğru yolda olan müslimânları kılıncdan geçirdi. Yakılan köyler, öldürülen müslimânlar, o kadar çokdu ki, belli bir sayı elde edilemedi. Medîne şehri etrâfındaki köyler, ölüm korkusundan ve yağmadan, işkenceden kurtulmak için, vehhâbî inanışlarını kabûl etdiler. Sü'ûda kul, köle oldular. Sü'ûd, Sâlih bin Sâlih ile Medîne şehrine bir mektûb gönderdi.

Sü'ûdün Medînedeki müslimânlara karşı yazdığı bu mektûbun tercemesi şöyledir:

Kıyâmet gününün mâlikinin adı ile başlıyorum. Medînenin âlimlerine, me'mûrlarına ve tüccârlarına bildiririm ki, dünyâda râhata ve huzûra kavuşmak, ancak hidâyet bulanlar içindir. Ey Medîne ehâlîsi! Sizi hak dîne çağırıyorum. Âl-i İmrân sûresi, ondokuz ve seksenbeşinci âyetlerinde meâlen, **(Allahın doğru bildiği din islâm dînidir. İslâmdan başka din edinenlerin, dinleri kabûl olmaz. Bunlar, âhıret gününde zarar edeceklerdir!)** buyurulmuşdur. Size karşı olan düşüncelerimin nasıl olduğunu bilmenizi istiyorum. Medîne ehâlîsine karşı sevgim ve bağlılığım vardır. Yanınıza gelip, Resûlullahın şehrinde bulunmak istiyorum. Beni dinlerseniz, emrlerime uyarsanız, size bir sıkıntı ve işkence yapmam. Mekke şehrine girdiğim zemân, orada bulunanlar, benden hep iyilik gördüler. Yeniden müslimân olmanızı istiyorum. Emrlerime itâ'at ederseniz, yağmadan, ölümden ve işkenceden kendinizi kurtarırsınız.

Allah sizi korur, ben de koruyucunuz olurum. Bu mektûbumu, güvendiğim adamım Sâlih bin Sâlih ile size gönderiyorum. İyi okuyunuz. Onun ile karara bağlayınız! Onun sözü, benim sözüm demekdir.

Sâlih bin Sâlih ile gelen mektûb, Medînelileri çok korkuttu. Dahâ önce Tâifde yapdıkları işkenceleri, kılıncdan geçirdikleri kadınları, çocukları "rahmetullahi teâlâ aleyhim ecma'în" birkaç gün önce işitmişlerdi. Tüyleri ürpermişdi. Sü'ûd bin Abdül'azîzin mektûbuna evet veyâ hayır diyemediler. Canlarından da, dinlerinden de vazgeçemediler.

Eşkıyâsının başı olan Bedây hâini, mektûba cevâb gelmeyince, Medînenin iskelesi olan (Yenbû') şehri üzerine yürüdü. Bunu ele geçirdikden sonra, Medîneye gelip, şehri kuşatdı. Sûrun, Anberiyye kapısına şiddetle saldırdı. O gün Şâm hâcıları Abdüllah Pâşanın emîrliği altında çıkageldiler. Şehrin sarılmış olduğunu görünce hâcılar ve birlikde bulunan askerler, Eşkiyâ ile döğüşmeğe başladılar. İki sâat süren kanlı muhârebede, ikiyüz kadar şakî kılıncdan geçirildi. Geri kalanları dağılıp kaçdılar.

Abdüllah Pâşa, hac vazîfesini yapıncaya kadar, Medînedeki müslimânlar râhat etdiler. Fekat, Şâm hâcıları, Medîneden çıkıp uzaklaşınca, Bedây hâini şehri yine kuşatdı. Kubâ ve Avâlî ve Kurban denilen yerleri ele geçirdi. Buralara iki de tabya yapdı. Şehrin ulaşdırma yollarını kesdi. (Ayn-i zerkâ) denilen su yollarını yıkdı. Böylece müslimânları aç ve susuz bırakdı.

MU'CİZE: Ayn-i zerkâ su yollarını yıkıp şehrde su kalmadığı zemân, Mescid-i Nebîdeki (Bağçe-tür-Resûl) içindeki kuyunun suyu çoğaldı. Acılığı ve sertliği kalmadı. Şehrdeki bütün müslimânlar su sıkıntısı çekmedi. Dahâ önce, bu kuyunun suyu acılığı ile meşhûr idi.

Muhâsara aylarla uzadı. Medînedeki müslimânlar, Şâm hâcıları gelir bizi yine kurtarır diyerek, ağır sıkıntılara katlandılar. Fekat, Şâm hâcıları gelince, emîrleri olan İbrâhîm Pâşa, karşı koyacak askeri olmadığı için, şehri onlara teslîm ediniz dedi. Medînedeki müslimânlar bunu işitince, İbrâhîm Pâşanın Bedây ile konuşup anlaşdığını, müslimânlara işkence ve zarar yapılmaması için ondan söz aldığını zan etdiler. Tercemesi aşağıda yazılı mektûbu yazarak, Muhammed Tayyâr ve Hasen Çavuş ve Abdülkâdir İlyâs ve Alî adında dört kişi ile Sü'ûda gönderdiler.

Mektûb tercemesi: Size karşı yapılması lâzım olan saygıyı bildirir ve selâmlarımızı arz ederiz. Allahü teâlâ, rızâsına uygun olan işlerinizi başarılı eylesin! Ey şeyh Sü'ûd! Şâm hâcılarının emîri olan İbrâhîm pâşa buraya geldi. Şehrin Bedây tarafından kuşatılmış, susuz bırakılmış ve yollarının kesilmiş olduğunu gördü. Sebebini sordu. Bu işlerin sizin emrinizle yapılmış olduğunu anladı. Bizler, senin Medîne ehâlîsine karşı kötü niyyetde olmadığını umduğumuz için, bu çirkin ve kötü şeylerden haberin olmadığını düşündük. Başımıza gelenleri sana bildirmek için, ileri gelenlerimiz toplandık. Sözbirliğine vararak aramızdan en iyi, temiz olan dört kişiyi seçdik. Sana gönderdik. Bunların, bizi sevindirecek bir cevâb ile geri dönmelerini Allahü teâlâdan düâ ediyoruz.

Sü'ûd, mektûbu alınca, elçilere çok sert davrandı. Medîne ehâlîsine çok kızgın ve düşman olduğunu bildirmekden hayâ etmedi. Elçiler, afv etmesi için çok yalvardılar. Onun pis ayaklarına kapandılar ise de, hak olan dînimi kabûl etmiyeceğinizi, emrlerimi yapmıyacağınızı, açlıkdan, susuzlukdan ve sıkıntıdan bunalarak, tatlı dille beni aldatmak istediğinizi, sıkıntıdan kurtulmak için yalvardığınızı, mektûbu okuyunca anladım. İsteklerimi yapmakdan başka kurtuluş yolu yokdur. Emrlerini kabûl eder görünüp de, uygunsuz söz ve hareketiniz olursa, sizi de Tâifliler gibi inletir ve yok ederim dedi. Müslimânları mezheblerini bırakmağa zorladı.

Sü'ûdün, Medîneden gelen elçilere kabûl etdirdiği bozuk ve sapık sözler **(Târîh-i vehhâbiyyân)** kitâbında uzun yazılıdır.

Medîneli elçiler, Sü'ûdün emrlerini zorla kabûl etdikden sonra geri döndüler. Medîneliler de, bunalmış olduklarından, boğulan kimsenin yılana sarıldığı gibi, başka birşey diyemediler. Anlaşmanın yedinci maddesi gereğince Bedây adamlarından yetmiş kişiye, Medîne kal'asını teslîm etdiler. Anlaşmanın bir maddesi, Medînedeki türbelerin yıkılması idi. İşkencelerden kurtulabilmek için, anlaşmada bulunan emrleri, istemiyerek yapdılar. İstemiyerek yapdılar ise de, bu işleri pek kötü sonuçlara yol açdı.

İstanbula yazılan imdâd mektûblarına bir cevâb alınamadı. Medîne ehâlîsi, üç sene işkence altında kaldı. Müslimânların, İstanbuldan yardım geleceğine ümmîdleri kalmayınca, Sü'ûda mektûb yazdılar. Afv ve merhamet etmesi için yalvardılar. Bu mektûbu, Hüseyn Şâkir ve Muhammed Segâyî adında iki kişi ile Der'ıyyeye gönderdiler. Fekat Sü'ûd, Medînelilerin, önce İstanbuldan yardım istemiş olduklarını işitdiğinden, elçileri kabûl etmedi. Üç seneden beri sıkıntı ve işkence altında yaşamakda olan Medînelileri dahâ çok sıkışdırmak ve hırpalamak için büyük bir haydûd sürüsü ile Medîne üzerine yürüdü.

Arabistân çölünde bütün vahşîler ve köylüler, Sü'ûdü Necd pâdişâhı olarak tanıyorlardı. O ahmak ve alçak da, öteye beriye yazdığı mektûblara, **(İmâm-üd-Der'ıyye-til-mecdiyye vel-ahkâm-idda'vetin Necdiyye)** diyerek imzâ ederdi.

Sü'ûd Medîneye girince, hemen türbelerin yıkılmasını, hem de türbe bakıcılarının yıkmalarını emr eyledi. Üç sene önceki anlaşmanın üçüncü maddesine göre, müslimânlar birçok kıymetli türbeleri önceden yıkmışlar, mezârları yerle bir etmişler idi ise de, büyük ve mubârek bildikleri birkaç türbeye dokunamamışlardı. Bunları da, kendi hizmetcileri, ağlaya sızlaya yıkmağa başladılar. Hazret-i Hamzanın "radıyallahü anh" Uhuddaki türbesinin bekçisi olan müslimân, çok ihtiyâr olduğu için, bu işi yapamıyacağını bildirince, Sü'ûd kendi kölelerinden bir hâini, kubbeyi yıkmak için göndermiş. Bu kimse türbeyi yıkmak için kubbe üstüne çıkınca düşüp ölmüş olduğundan, Sü'ûd habîsi, hazret-i Hamzanın türbesini yıkmakdan vaz geçdi. Fekat kapısını sökdürdü. Bu bayağı emrini yapdırdıkdan sonra, **(Menâha)** meydânında kurdurduğu kürsîye çıkıp, bir konuşma yapdı. Medînedeki müslimânların kendisine itâ'at etmek istemediklerini, korkudan münâfık olduklarını, eskisi gibi müşrik kalmak istediklerini söyledi. Sonra, kal'ada sığınmış olanların da gelip boyun bükmelerini, gelmiyenler için Tâife yapdırmış olduğu işkencenin bunlara da yapılacağını, pek çirkin ve şımarık sözlerle anlatdı.

Herkesin Menâha meydânında toplanmasını, sokak sokak bağırarak bildirdikleri için ve kal'a kapıları da kapatıldığı için, herkes korkmuşdu. Tâifliler gibi işkence ile öldürüleceklerini anlamışlardı. Çocuklarının gözlerinden öperek, kadınlarına vedâ' edip halâllaşarak, Menâha meydânında toplandılar. Erkekler bir tarafa, kadınlar başka tarafa çekilip, Resûlullahın "sallallahü aleyhi ve sellem" mubârek türbesinin nûrlu kubbesine karşı boyun bükdüler. Medîne-i münevverede o zemâna kadar, böyle bir kara gün görülmemişdi. Sü'ûd kuduruyor. Müslimânlara karşı görülmemiş bir kin ile köpürüyordu. Fekat, Resûlullahın "sallallahü aleyhi ve sellem" bereketi ile, Allahü teâlâ, Medîne şehrini kana boyamakdan korudu. Edebe, hayâya sığmıyan çok çirkin ve kötü sözlerle müslimânlara hakâret etdikden sonra, Medîne kal'asına eşkıyâsını yerleşdirdi. En güvendiği Hasen Çavuş adındaki bir alçağı Medîneye vâlî bırakıp, kendisi **(Der'ıyye)**ye gitdi. Hac zemânında Mekkeye gelip, hac yapdıkdan sonra, yine Medîneye geldi. Şâm kâfilesi Medîneden iki üç konak açıldıkda, Sü'ûd mahkeme binâsına geldi. Resûlullahın "sallallahü teâlâ aleyhi ve sellem" mubârek türbesinde ve Mescid-i Nebevî hazînesinde bulunan ve bin seneden beri çeşidli islâm sultânları, islâm kumandanları, islâm san'atkârları ve islâm ilm adamları tarafından ve bütün islâm dünyâsından seçilerek ve özenerek gönderilmiş olan pek kıymetli hediyyeleri, târîhî büyük ehemmiyyet taşıyan san'at eserlerini, altınlarla süslü, cevherlerle ve kıymetli taşlarla işlenmiş behâ biçilmez eşyâyı ve seçme mushaf ve nâdîde kitâbları, taş yüreği ve kara kalbi titremeden yağma etdirdi. Bu edebsizlikden ve alçaklıkdan da, müslimânlara karşı olan kin ateşi sönemeyince, yıkılmakdan kurtulmuş olan Eshâb-ı kirâmın ve şehîdlerin türbelerini de yıkdırdı. Resûlullahın "sallallahü aleyhi ve sellem" mubârek hücresinin kubbesini de yıkdırmak istedi ise de, müslimânların hıçkırık ağlamaları ve yalvarmaları üzerine, Şebeke-i se'âdeti harâb edip, dıvarları bırakdı. Medîne şehrini çeviren dıvarların ta'mîr edilmesini emr etdi. Medîne ehâlîsini Mescid-i Nebîye topladı. Mescid kapılarını kapatıp, kürsîye çıkdı. Şöyle dedi:

Ey cemâ'at! Size nasîhat vermek ve emrlerime uymanızı tenbîh etmek için buraya topladım. Ey Medîne ehâlisi! Bugün dîniniz temâm oldu. Müslimân oldunuz. Allahı sevindirdiniz. Artık babalarınızın, dedelerinizin bozuk olan dinlerine özenmeyiniz! Allahın onlara rahmet etmesi için düâ etmeyiniz! Onların hepsi şirk üzere öldüler. Müşrik idiler. Allaha nasıl ibâdet edeceğinizi, nasıl düâ edeceğinizi, din adamlarımıza verdiğim kitâblarda bildirdim. Din adamlarımın bildirdiklerine uymıyanlarınız olur ise, mallarınızın ve eşyânızın, çocuklarınızın ve kadınlarınızın, kanınızın, askerim için mubâh olduğunu biliniz! Hepinizi zincire bağlayıp, işkence yapacaklar ve öldüreceklerdir. Peygamberin "sallallahü teâlâ aleyhi ve sellem" türbesi önünde, dedelerinizin yapdığı gibi salât ve selâm söylemek için saygı ile durmak, vehhâbîlik dîninde yasakdır. Türbe önünde durmayıp, geçip gitmeli. Giderken yalnız, **(Esselâmü alâ Muhammed)** demelidir. Peygambere saygı, imâmımız Muhammed bin Abdülvehhâbın ictihâdına göre bu kadar yetişir.

Sü'ûd, bu sözleri ve bunlara benzer dahâ birçok yazamıyacağımız çirkin ve kaba sözleri söyledikden sonra, Mescid-i se'âdetin kapılarını açdırdı. Oğlu Abdüllahı Medîneye vâlî bırakıp, kendisi Der'ıyyeye gitdi. Bundan sonra, Abdüllah bin Sü'ûdün Medînedeki müslimânlara etmediği fenâlık kalmadı. Sü'ûd, Londrada hâzırlanan plânları, hep ingiliz silâhları ve altınları ile ve aldığı emrler ile yapdı.

41 - Osmânlı devleti, bu senelerde dış devletlerle uğraşmakda ve ingilizlerin körüklediği isyân ateşlerini söndürmeğe çalışmakda idi. Bunun için, hicâzdaki eşkıyâya karşı, müslimânlara yardım

etmek imkânını bulamadı. [Mekteb-i sultânî müdîri Abdürrahmân Şeref beğ, 1325 hicrî ve 1909 mîlâdî senesinde basılan **(Fezleke-i târîh-i devlet-i Osmâniyye)** kitâbında diyor ki, (1213 [m. 1798] de fransızlar Mısrı işgâl etdi. Uzun muhârebelerden sonra Mısr 1216 da istirdâd edildi. Anadoluda ve Rumelide zuhûr eden eşkıyâ ile uğraşıldı. 1221 de Rusya Hotin ve Bender kal'alarına hücûm etdi. İngiliz donanması, bunu fırsat bilerek Marmaraya girdi. Yedi-kuleye kadar gelerek, sâhilleri top ateşine tutdu. Halîcdeki donanmanın kendisine teslîm edilmesini istedi. Başda pâdişâh üçüncü sultân Selîm olmak üzere, bütün me'mûrların gayreti ile sâhillere binden ziyâde top yerleşdirilerek, ingiliz donanmasına ateş edildi. Donanma on gün dayanamayıp kaçdı. Fekat, dâhilî düşmanlar İstanbulda ihtilâl çıkarıp, 1223 de sultân şehîd edildi. Rusya 1224 de tekrâr hücûm etdi. Bu harb 1227 Bükreş müâhedesine kadar devâm etdi.)] 1226 [m. 1811] senesinde, Sü'ûdun müslimânlara işkenceleri ve islâm dînine olan hakâretleri, dayanılmıyacak hâl aldığından, müslimânların halîfesi sultân II. Mahmûd hân-ı Adlî "rahmetullahi aleyh" Mısr vâlîsi Muhammed Alî pâşaya "rahime-hullahü teâlâ" fermân gönderip, eşkiyâyı terbiye etmesini emr eyledi. Muhammed Alî pâşa, oğlu Tosun pâşanın kumandasında bir kolorduyu, Ramezân ayında Mısrdan yola çıkardı. Tosun pâşa, Medînenin iskelesi olan **(Yenbû')** şehrini aldı. Cüdeyde yolu ile Medîneye giderken, **(Safrâ)** vâdisi ile Cüdeyde boğazı arasında ve (1226) zilhicce ayı başında büyük bir muhârebe olup bozguna uğradı. Tosun pâşaya birşey olmadı ise de, Osmânlı müslimânlarının çoğu şehîd oldu. Muhammed Alî pâşa buna çok üzüldü. Büyük bir kolordu ile kendisi yola çıkdı. Orduda onsekiz top, üç havan topu ve pek çok silâh vardı. 1227 [m. 1812] senesinin Şa'bân ayında Safrâ ve Cüdeyde boğazlarını geçdiler. Ramezân ayında, birçok köyleri harbsiz ele geçirdiler. Muhammed Alî pâşa, çok kurnaz davranıp, bu başarıları para ile sağladı. Dahâ doğrusu, bu kurnazlığı ona şerîf Gâlib efendi "rahime-hullahü teâlâ" öğretdi. Para ile köyleri ele geçirdi. Bu yolda yüzonsekizbin riyâl dağıtıldı. Tosun pâşa da, babası gibi, şerîf Gâlib efendi ile görüşmüş olsaydı, koca bir orduyu elinden çıkarmamış olurdu. Şerîf Gâlib efendi, Mekkede vehhâbîlerin emîri idi. Fekat, Mekkenin o azgın şakîlerden kurtarılmasını gönülden istemekde idi. Muhammed Alî pâşa, Zilka'de sonunda Medîneyi de kansız ele geçirdi. Bu zaferleri, halîfe hazretlerine arz edilmek üzere Mısra bildirdi. Mısrda üç gün üç gece bayram yapıldı. Zafer müjdeleri bütün islâm memleketlerine bildirildi. Muhammed Alî pâşa, bir fırkayı da, Cidde yolundan Mekkeye göndermişdi. Bu fırka, (1228) Muharremi başlarında Ciddeye geldi. Mekkeye yürüdü. Şerîf Gâlib efendinin gizlice göndermiş olduğu plânlara uyarak, kolayca Mekkeye girdi. Osmânlı ordusunun Mekkeye yürüdüğü şehre yayılınca, Sü'ûdün askerleri, kumandanları ile birlikde, dağlara kaçdılar.

Sü'ûd bin Abdül'azîz binikiyüzyirmiyedi (1227) senesinde, hacdan sonra Tâife gitmiş, islâm kanı dökülen yerleri gezmiş, fesâd ocağı olan Der'ıyyeye dönmüşdü. Der'ıyyeye gelince, Medîne-i münevverenin ve sonra Mekke-i mükerremenin Osmânlıların eline geçdiğini işitince, şaşkına döndü. O sırada Osmânlı ordusu Tâife yürüdü. Tâif zâlimi olan (Osmân-ül-Mudâyıkî), askerleri ile birlikde, korkudan kaçmış olduğundan, şehr harbsiz ele geçirildi. Müjde haberi İstanbula, müslimânların halîfesine arz olundu. Sultân Mahmûd hân-ı Adlî "rahime-hullahü teâlâ" bu müjdeye çok sevindi. Allahü teâlânın bu ihsânına hamd eyledi. Muhammed Alî pâşaya teşekkürler ve ihsânlar gönderip, Hicâza tekrâr giderek eşkıyâyı teftîş ve kontrol etmesini emr buyurdu.

Muhammed Alî pâşa, sultân Mahmûd hânın fermânına uyarak, Mısrdan tekrâr yola çıkdı. Bu sırada, şerîf Gâlib efendi, Osmânlı ordusu ile birlikde Tâife gitmiş, elleri kanlı vâlî Osmânı aramağa dağılmışlardı. Plânlı davranarak, şakîyi yakaladılar. Mısra ve oradan İstanbula gönderildi. Muhammed Alî pâşa, Mekkeye gidince, Şerîf Gâlib Efendiyi İstanbula gönderdi. Yerine kardeşi Yahyâ bin Mes'ûd efendiyi "rahime-hullahü teâlâ" emîr yapdı. 1229 Muharrem ayında (**Mubârek bin Magyan**) şakîsi de ele geçirilip İstanbula gönderildi. Binlerle müslimân kanı akıtan bu iki şakî, İstanbul sokaklarında dolaşdırıldıkdan sonra, cezâları verildi. Yirmialtı sene Mekke emîrliği yapan şerîf Gâlib efendiye sevgi ve saygı gösterilerek Selânike gönderilmiş, orada istirâhat ederek, 1231 [m. 1815] de vefât etmişdir. Selânikde türbesi ziyâret edilmekdedir.

Hicâzın mubârek şehrleri eşkiyâdan temizlendikden sonra, Yemene kadar olan yerleri de temizlemek için bir fırka [tümen] gönderilmişdi. Muhammed Alî pâşa, kendi askeri ile bu fırkanın yardımına gitdi. Bütün oraları da temizledi. Mekkeye döndü. (1230) Recebine kadar orada kaldı. Oğlu Hasen pâşayı Mekke vâlîsi yapıp, Mısra döndü. Kadın, çocuk, binlerce müslimânın kanını akıtan ingilizlerin maşası, alçak Sü'ûd bin Abdül'azîz (1231) senesi ortalarında öldü. Yerine oğlu Abdüllah bin Sü'ûd geçdi. Muhammed Alî pâşa Mısra gelince, oğlu İbrâhîm pâşayı bir fırka asker ile Abdüllahın üzerine gönderdi. Abdüllah ibni Sü'ûd önceden Tosun pâşa ile bir anlaşma yaparak, Der'ıyye emîri kalmak şartı ile, Osmânlılara itâ'at edeceğini bildirmişdi. Fekat Muhammed Alî pâşa, bu anlaşmayı kabûl etmemişdi. İbrâhîm pâşa, (1231) senesi sonunda Mısrdan yola çıkdı. (1232) başında Der'ıyyeye vardı. Abdüllah ibn-üs-Sü'ûd, bütün askeri ile karşısına çıkdı. Çok kanlı muhârebelerden sonra, binikiyüzotuzüç 1233 [m. 1818] Zilka'de ayında Abdüllah ibn-üs-Sü'ûd yakalandı. Bu zafer müjdesi Mısra gelince, kal'adan yüz top atılıp, yedi gün yedi gece bayram yapıldı. Her taraf bayraklarla donatıldı. Minârelerde tekbîr getirildi ve münâcâtlar okundu.

Muhammed Alî pâşa, Arabistânın mubârek şehrlerinin eşkiyâdan temizlenmesine çok ehemmiyyet vermiş, muvaffak olmak için çok uğraşmış, bu yolda, sayılamıyacak kadar altın sarf etmişdir. Şimdi de, Sü'ûdî hükûmetinin, dahâ çok altın harcıyarak sapık inançlarını bütün dünyâya yaymak çabasında olduğunu üzülerek görmekdeyiz. Mezhebsizlik felâketinden kurtulmak için, **(Ehl-i sünnet)** âlimlerinin "rahmetullahi aleyhim ecmaîn" yazdıkları din kitâblarını okuyup, İslâmiyyeti doğru olarak öğrenmekden başka çâre yokdur.

Abdüllah bin Sü'ûd yakalandıkdan sonra, müslimânlara işkence yapan azğınlar ile birlikde Mısra gönderildi. Binikiyüzotuzdört (1234) Muharreminde, sayılamıyacak kadar çok seyirci arasında Kâhireye getirildiler.

Muhammed Alî pâşa, Abdüllah bin Sü'ûdü pek sevinçli olarak ve nezâketle karşıladı. Şöyle konuşdular:

Pâşa:

- Çok uğraşdınız!

İbn-üs-Sü'ûd:

- Harb, kader kısmet işidir.

- Oğlum İbrâhîm pâşayı nasıl gördünüz?

- Çok cesûrdur. Kurnazlığı dahâ çokdur. Biz de çok çalışdık. Fekat Allahın dediği oldu.

- Üzülme! Müslimânların halîfesine, senin için şefâ'at mektûbu yazacağım.

- Kaderde ne varsa, o olur.

- O çekmeceyi niçin yanında taşıyorsun?

- Babamın, Hucre-i nebeviyyeden aldığı çok kıymetli eşyâları koydum. Şanlı pâdişâhımıza takdîm edeceğim.

(Pâşanın emri üzerine çekmece açıldı. **(Hucre-i Nebeviyye)**den çalınmış olan eşyâ görüldü. İçlerinde değer biçilemiyecek kadar süslü üç mushaf-ı şerîf ve pek iri üçyüzotuz inci, bir büyük zümrüd ve ayrıca altın zincirler vardı). Muhammed Alî pâşa, bunları gördükden sonra sordu:

- **(Hazîne-i Nebeviyye)**den alınan kıymetli eşyâ bu kadar değildir. Dahâ çok şeyler olacakdır?

- Hakkınız var, devletli efendim. Fekat ben, babamın hazînesinde bunları buldum. **(Hucre-i se'âdet)** yağmasında babam yalnız değildi. Arab beğleri ve Mekke ileri gelenleri ve **(Harem-i se'âdet)** ağaları ve Mekke emîri olan şerîf Gâlib efendi, yağmada ortak idiler. Eşyâlar kapanın elinde kalmışdı.

- Evet doğrudur! Şerîf Gâlib efendinin "rahmetullahi aleyh" yanında, çok şeyler bulduk aldık.

(Şerîf Gâlib efendinin yanında bulunan eşyânın, vehhâbî yağmacılarından kurtarmak için alınıp saklandıklarını düşünmek lâzımdır. Muhammed Alî pâşanın, (Evet, doğrudur) demesi, şerîf Gâlib efendinin, yağma etdiğine inandığını değil, eşyânın az olmasının sebebini kabûl etdiğini bildirmek içindir).

Bu konuşmalardan sonra, Abdüllah bin Sü'ûd, suç ortakları ile birlikde, İstanbula gönderildi. Binlerle müslimânın kâtili olan bu azgın şakîler, **(Topkapı serâyı)** kapısının önünde i'dâm edilerek cezâları verildi.

İbrâhîm pâşa, Der'ıyye kal'asını yıkdı. Binikiyüzotuzbeş (1235) senesi Muharrem ayında Mısra döndü. Muhammed bin Abdülvehhâbın bir oğlu da Mısra getirilip, ölünciye kadar habs edildi.

Abdüllah ibn-üs-Sü'ûddan sonra, o soydan **(Terkî bin Abdüllah)** 1240 [m. 1824] de vehhâbîlere baş oldu. Babası Abdüllah, Sü'ûd bin Abdül'azîzin amcası idi. 1249 da, Sü'ûdün oğlu **(Meşârî)** Terkîyi öldürüp yerine geçdi. Terkînin oğlu Faysal da, Meşârîyi öldürüp, 1254 de vehhâbîlerin başına geçdi. Muhammed Alî pâşanın yeniden gönderdiği askere karşı koymak istedi ise de, binikiyüzellidört 1254 [m. 1838] senesinde mîrliva [tuğgeneral] Hurşîd pâşanın eline geçerek, Mısra gönderildi. Habs edildi. Sü'ûdün Mısrda bulunan oğlu Hâlid beğ Der'ıyye emîri yapılarak **(Riyâd)** şehrine gönderildi. Hâlid beğ, Mısrda Osmânlı terbiyesi ile yetişmiş, Ehl-i sünnet i'tikâdında, nâzik bir zât idi. Bunun için emîrlikde birbuçuk sene kalabildi. **(Abdüllah ibni Sezyân)** adında bir adam, Osmânlı devletine sâdık görünerek, birçok köyü eline geçirdi. Ansızın, Der'ıyyeye saldırıp, Necd emîri oldu. Hâlid Mekkeye kaçdı. Mısrda zindanda bulunan Faysal kaçarak, **(Cebel-i Semr)** emîri

İbnürreşîdin yardımı ile, Necde gidip, İbni Sezyânı öldürdü. Osmânlı devletine sâdık kalacağına yemîn ederek, 1259 da Der'ıyye emîri yapıldı. 1282 [m. 1865] senesinde ölünceye kadar va'dinde durdu.

Faysalın (Abdüllah, Sü'ûd, Abdürrahmân ve Muhammed Sa'îd) isminde dört oğlu vardı. Faysal ölünce, büyük oğlu Abdüllah, Necd emîri yapıldı. Kardeşi Sü'ûd, Bahreyn adasından topladığı kimselerle birlikte 1288 [m. 1871] de isyân etdi. Abdüllah, küçük kardeşi Muhammed Sa'îdi, Sü'ûdün üzerine gönderdi. Muhârebede Sa'îdin askeri dağıldı. Sü'ûd, bütün Necd şehrlerini ele geçirmek hulyâsına kapıldı ise de, Abdüllah, Osmânlı devletinin bir emîri olduğu için, altıncı ordu kumandanlarından ferîk [tümgeneral] Nâfiz pâşa, Sü'ûdün üzerine gönderildi. Sü'ûd ile yanındaki bütün çeteciler 1291 [m. 1874] de yok edildi. Necd ülkesi râhata ve huzûra kavuşdu. Bütün müslimânlar halîfe-i müslimîne "rahmetullahi aleyh" hayrlı düâ etdiler. 1306 [m. 1888] dan sonra, Muhammed ibn-ür-Reşîd, Necdi ele geçirdi. Abdüllahı esîr eyledi.

Yemeni elde etdikleri zemân, Tâif ile San'a şehrleri arasında (Sevvat) dağları üzerinde yaşıyan bir milyona yakın Asîrli vahşîleri dahî vehhâbî yapmışlardı. Muhammed Alî pâşa, eşkıyânın kökünü temizledikden sonra, bu dağlardaki temizliği sonraya bırakmışdı. Binikiyüzaltmışüç (1263) de Sultân Abdülmecîd hân "rahmetullahi aleyh" zemânında buralar da Osmânlıların idâresi ve kontrolu altına alındı.

Asîrlilerin, kendilerinin seçdikleri emîrleri ve Osmânlıların ta'yîn etdiği vâlîleri vardı. Yumuşak davranan vâlîlere isyân ederler, kendi emîrlerine itâ'at etmenin ibâdet olduğuna inanırlardı. Vâlî Kurd Mahmûd pâşa zemânında isyân ederek, Yemendeki Hudeyde şehrine bile saldırmışlar, öldürücü sâm rüzgârı eserek telef olmuşlardı. Binikiyüzseksenyedi (1287) de de, isyân edip, Hudeyde şehrine saldırdılar ise de, şehrde bulunan az sayıdaki Osmânlı askerleri kahramanca çarpışdıklarından, şehre giremediler. Bunun üzerine, Redîf pâşanın kumandasında bir tümen asker gönderildi. Redîf pâşanın ve Osmânlı kurmaylarının güzel plânları ve idâreleri ile sarp dağlardaki eşkıyâ yuvaları birer birer ele geçirildi. Fitne ve isyân ocakları temizlendi. Redîf pâşanın hastalanması üzerine, Yemen çöllerindeki ve Asîr dağlarındaki vahşîlerin kalkındırılması, islâm bilgilerinin ve ahlâkının oralara yerleşdirilmesi için, Gâzî Ahmed Muhtâr pâşa gönderildi.

Arabistân yarımadası, Mısr fâtihi ve ilk Türk halîfesi yavuz sultân Selîm hânın "rahmetullahi aleyh" zemânı olan 923 [m.

1517] senesinden beri Osmânlıların idâresinde kaldı. Şehrler tam bir huzûr ve râhatlıkla idâre edildi ise de, çöllerdeki ve dağlardaki göçebe, câhil olanlar, kendi şeyhlerinin ve emîrlerinin idâresi altında bırakılmışlardı. Bu emîrler, ara sıra isyân ederdi. Çoğu vehhâbî oldular. Halkâ saldırmağa, müslimânları soyup öldürmeğe de başladılar. Hâcıların yollarını kesip, soyarlar ve öldürürlerdi.

1274 [m. 1858] de, İngilizler Hindistânda ihtilâl çıkararak, oradaki islâm devletini yıkarken, Ciddede de fitne çıkardılar ise de, Mekke vâlîsi Nâmık pâşanın siyâseti ile sulh yapıldı.

Binikiyüzyetmişyedi (1277) senesinde bütün bu âsî ve cânî emîrler Osmânlı devletinin itâ'ati ve terbiyesi altına sokuldu.

(Mir'ât-ül-haremeyn) kitâbının yazıldığı 1306 [m. 1888] senesinde, Arabistân yarımadasında oniki milyon insan yaşadığı bildiriliyor. Çok zekî ve anlayışlı iseler de, çok câhil, soyguncu ve kan dökücüdürler. Sü'ûda tâbi' olmaları, onların bu vahşetlerini dahâ da artdırmışdır.

Birinci cihân harbinde Osmânlılarla birlikde İngilizlere karşı harb eden emîr İbn-ür-Reşîdin büyük dedesi de İbn-ür-Reşîd idi. Bunun oğlu Alî, Medînenin şimâl şarkında bulunan Hâil şehrinde e-mîr idi. 1251 [m. 1835] de vefât etdi. Yerine geçen oğlu Abdüllah el-Reşîd, onüç sene emîrlik yapdı. Bunun yerine geçen büyük oğlu Tallâla 1282 [m. 1866] de, İbn-üs-Sü'ûd Faysal zehrli şerbet içirip deli oldu. Tabanca ile intihâr etdi. Yerine kardeşi Mu'teb, Hâil emîri oldu ise de, iki sene sonra, Bender bin Tallâl, amcası Mu'tebi öldürüp emîr oldu. Fekat bu da amcası Muhammed-el-Reşîd tarafından öldürüldü. Muhammed, Necdi ve Riyâdı ele geçirdi. Sü'ûd oğullarından emîr Abdüllah bin Faysalı esîr alıp Hâile götürdü. Abdüllah bin Faysalın kardeşi Abdürrahmân ve bunun oğlu Abdül'azîz kaçarak Kuveyte sığındı. Muhammed-el-Reşîd 1315 [m. 1897] senesinde vefât etdi. Yerine geçen birâderi oğlu Abdül'azîz el-Reşîd zâlim olduğundan, vehhâbîliğin yeniden zuhûruna sebeb oldu. Riyâd ve Kasîm ve Büreyde emîrleri, (El-Mühennâ) köyünde bulunan Abdül'azîz ile anlaşdılar. Abdül'azîz bin Abdürrahmân bin Faysal oniki hecinli ile Kuveytden Riyâda geldi. 1319 [m. 1901] senesinde bir gece Riyâda girdi. Abdül'azîz ibnür Reşîdin Riyâd vâlîsi olan Aclânı bir ziyâfetde öldürdü. Zulmden yılmış olan halk, bunu emîr yapdı. Böylece, Sü'ûdî devleti Riyâdda kurulmuş oldu. Üç sene çeşidli muharebeler yapıldı. Abdül'azîz ibn-ür-Reşîd öldürüldü. 1333 [m. 1915] de, Osmânlılar işe karışarak, Abdül'azîz ibn-üs-Sü'ûd Riyâd kaymakamı olmak üzere sulh yapıldı. Sonra, Reşîdîlerle Sü'ûdîler arasında Kasîmde harb olup, Abdül'azîz mağlûb oldu. Riyâda çekildi.

17 Hazîran 1336 [m. 1918] de Abdül'azîz bin Abdürrahmân İngilizlerin teşvîki ile bir beyannâme neşr etdi. Mekkedeki şerîf Hüseyn ve onunla birlikde olanlar kâfirdir. Bunlarla cihâd ediyorum diyerek Mekkeye ve Tâife saldırdı. Fekat, bu şehrleri şerîf Hüseyn pâşadan alamadı. 1342 [m. 1924] de İngilizler, Mekke emîri şerîf Hüseyn bin Alî pâşayı yakalayıp Kıbrısa götürdü. Pâşa 1349 [m. 1931] de, kapatıldığı otelde vefât etdi. Abdül'azîz bin Abdürrahmân, 1924 de Mekkeyi ve Tâifi râhatça ele geçirdi. Osmânlı devletinin idâresini ellerine geçirmiş olan İttihâdcılarla arası açılan Mekke emîri şerîf Hüseyn pâşaya karşı Medîneyi muhâfaza eden Osmânlı askerleri, Mondros mütârekesine göre, 28 Şubat 1337 [m. 1919] da Hicâzdan ayrılmış, şerîf Hüseyn pâşanın oğlu şerîf Abdüllah da Medîneye yerleşmişdi. Babası ölünce, İngilizler bunu da Medîneden çıkarıp Ammâna sürdü. 1365 [m. 1946] da Ürdün devletini kurdu ise de, 1370 [m. 1951] de Mescid-i aksâda nemâz kılarken İngilizlerin kirâlık kâtilleri tarafından öldürüldü. Yerine oğlu Tallâl geçdi. Fekat, hasta olduğundan yerini oğlu Melik Hüseyne terk etdi. Şerîf Hüseyn pâşanın ikinci oğlu şerîf Faysal, 1339 [m. 1921] da Irâk devletini kurdu. 1351 [m. 1933] de vefât etdi. Yerine oğlu Gâzî geçdi. Bu da, 1939 da, yirmibir yaşında ölünce, yerine oğlu İkinci Faysal Irâk meliki oldu. Fekat, 1958 Ağustosunun ondördüncü günü ihtilâlinde general Kâsım tarafından, yirmiüç yaşında iken öldürüldü. İkinci bir ihtilâlde Kâsım da öldürüldü. Irâk ve Süriye devletleri, çeşidli ihtilâller sonunda sosyalist (Ba's) partisinin eline geçdiler ve Rusların kolonisi hâline geldiler.

Abdül'azîz bin Abdürrahmân, Medîneye çok saldırdı. 1926 hücûmunda, Resûlullahın "sallallahü teâlâ aleyhi ve sellem" mubârek türbesini de bombaladı. Fekat, şehre giremedi. 1344 ve 9 Eylül 1926 da İstanbulda çıkan Son Sâat Gazetesi, şu haberi vermişdi:

MEDÎNE BOMBARDIMANI

İbn-üssü'ûd Abdül'azîz tarafından Medîne-i münevverenin bombardıman edilmesi, Hindistân halkı arasında galeyân yapdığını yazmışdık. Hindistânda çıkan (The Times of İndia) diyor ki:

(Son zemânlarda Medîneye hücûm ve Kabr-i Nebevîyi bombardıman haberlerinin Hind müslimânlarında husûle getirdiği te'sîri hiçbir hâdise vücûde getirmemişdir. Hindistânın her tarafında bulunan müslimânlar, bu hâdise dolayısı ile, o makâm-ı mukaddese ne derece hurmetkâr olduklarını göstermişlerdir. Hindistânda ve Îrândaki bu mühim te'essürât, hiç şübhesiz İbni Sü'ûd üzerinde te'sîr yapacak ve onu bütün islâm memleketlerinin nefretini kazanmamak için, böyle alçak hareketlerde bulunmakdan men' edecekdir. Hind müslimânları İbnüssü'ûda bu fikrlerini açıkça bildirmişlerdir).

Birinci cihân harbinde, Osmânlı devletini eline geçirmiş olan (**İttihâd ve Terakkî**) komitacıları din câhili idi. İslâmiyyetden ve islâm terbiyesinden ve islâm ahlâkından mahrûm idiler. İş başındakilerin çoğu ingiliz masonu idi. İmperatorluğun her tarafında yapdıkları gibi, Arabistânda da, millete zulm, işkence yapılmasına sebeb oldular. Müslimânlara kan kusdurdular. Sultân ikinci Abdülhamîd hân "rahmetullahi aleyh" zemânında adâlete, merhamete, ihsâna ve saygıya alışdırılmış olan Arabistân ehâlîsi, Türkleri kardeş gibi severlerdi. İttihâdcıların sebeb olduğu zulm, işkenceler karşısında şaşkına döndüler. Mekke emîri şerîf Hüseyn bin Alî pâşanın "rahmetullahi aleyh" akrabâsı ve dâmâdı ve birçok arab beğleri, Cemâl Pâşa tarafından Şâmda işkence ile öldürüldü.

(**İttihâdcılar**) adındaki hareket ordusu, Selânikden İstanbula gelince, ilk iş olarak, Londradaki müstemlekeler nezâretinin`emri ile, son islâm halîfesi olan sultân ikinci Abdülhamîd hânı "rahmetullahi aleyh" tahtından indirerek, devlet işlerini kendi ellerine aldılar. Devlet işleri, ingiliz masonlarının yetişdirdikleri İslâm düşmanlarının eline geçdi. Halîfe zemânında iş başında bulunanları ve ilm adamlarını ve yazarları, kimini zindanlarda çürüterek, kimini kapıdan, câmi'den çıkarken arkalarından vurdurarak öldürdüler. Halîfe yapdıkları sultân Reşâdı "rahmetullahi aleyh" kukla gibi ve işbaşına getirdikleri meb'ûsları, tabanca tehdîdi ile, maşa gibi kullandılar. Memleketi harbden harbe, felâketden felâkete sürüklediler. Dîni, islâmiyyeti bırakarak, işkencelere, eğlencelere, sefâhete koyuldular. Dolu-dizgin giden bu kudurmuşca akıntıya (dur!) diyen hamiyyetli vatandaşları, ilerisini gören hâlis müslimânları sürdüler, asdılar. Bu uyanık müslimânlardan biri, şerîf Hüseyn bin Alî pâşa idi "rahmetullahi aleyh". Sultân Abdülhamîd hân "rahmetullahi aleyh" zemânında, İstanbulda mühim makâmlarda bulunan şerîf Hüseyn pâşa (**Mîr-i mîrân**) ya'nî Beğlerbeği rütbesini taşıyor, halîfeye ve devlete hizmetlerde bulunuyordu. İttihâdcıların, memleketi (**Birinci cihân harbi**) felâketine sürüklemelerine karşı çıkdığı için (**Mekke emîri**) vazîfesi ile İstanbuldan uzaklaşdırılmışdı. Enver pâşanın 22 Zilhicce 1332 ve 29 Teşrîn-i evvel 1914 de hâzırlatıp sultân Reşâda "rahmetullahi aleyh" imzâ etdirdikleri harb karârına (**Cihâd-ı ekber**) adını takarak bütün islâm memleketlerine dağıtdılar. Zevallı sultân Reşâd kendini hakîkî halîfe sanıyor. Arasıra müslimânlıkla bağdaşmıyan emrleri imzâlamağa zorlanınca, yakınlarına, (Yâhû bunlar beni hiç dinlemiyor) diyerek, ortada dönen dolapların farkına vardığını anlatmakdan geri kalmıyordu.

Şerîf Hüseyn pâşa "rahmetullahi aleyh" ittihâdcıların bir yandan dinden, îmândan ve din düşmanları ile cihâddan söz ederken, öte yandan da koca imperatorluğu parçalamağa sürüklediklerini, binlerce müslimân gencini ateşe atdıklarını anlıyor, daldıkları gafletin ve sefâhatin, hiç de sözlerine uymadığını görüyor. Milleti bu eşkiyânın elinden ve memleketi başımıza gelecek vahîm neticelerden kurtarmak yollarını arıyordu. Cemâl paşanın Şâmda yapdığı çılgınca eğlenceleri ve şerîf hânedânından kıymetli kimseleri öldürdüğünü işiterek, oğlu şerîf Faysal efendiyi Mekkeden Şâma gönderdi. Faysal efendi, bütün bu kötülüklerin vâkı' olduğunu anlayıp babasına bildirince, şerîf Hüseyn pâşa, artık dayanamadı. Bütün müslimânlara işin içyüzünü bildirmek için, 25 Şa'bân 1334 [m. 1916] târîhli birinci beyânnâmesini ve 11 Zilka'de 1334 de ikinci beyânnâmesini neşr etdi. İttihâdcılar, bu haklı çağrıya **(İsyân beyânnâmesi)** dediler. İstanbulda çıkan ittihâdcı gazetelerdeki kirâlık kalemler, Şerîf Hüseyn pâşaya ağza ve akla gelmiyen küfr ve iftirâları savurdular. Fekat hâdiseler şerîf Hüseyn pâşanın haklı olduğunu gösterdi. İttihâdcılar, şerîf Hüseyn pâşanın beyânnâmelerinden uyanacakları yerde, onu vatan hâini i'lân etdiler. Üzerine alaylar gönderdiler. Senelerce kardeşi kardeşe boğdurdular. Mekkeyi ve Medîneyi o hâlis müslimânlara, sevgili Peygamberimizin "sallallahü teâlâ aleyhi ve sellem" oğullarına vermemek için, çok ma'sûmun şehîd düşmelerine sebeb oldular. Bununla da kalmayıp, o mubârek yerleri, islâm kâtili, çöl eşkıyâsı, câhil, zâlimlere kapdırdılar. İttihâdcılar, koca Osmânlı İmperatorluğunu da düşmana teslîm edip kaçdılar. 30 Ağustos 1340 [m. 1922] târîhindeki Türk istiklâl zaferi olmasaydı, türklük ve müslimânlık onun dediği gibi, büsbütün yok olacakdı. İngilizlerin Sevr muâhedesi ile sapladıkları hançer, âlem-i islâmı mahv edecekdi.

Aşağıdaki iki beyânnâme dikkat ile okunursa, şerîf Hüseyn pâşanın hiç de **(Arab istiklâli)** diye birşey düşünmediği anlaşılır. O, kavmiyeti değil, bütün müslimânların islâm bayrağı altında kardeşçe yaşamalarını istiyordu. İttihâdcıların gazeteleri, kara köpeklere arab arab derken, arab saçı, arab sabunu gibi sözlerle ve kara fatma böceği gibi uydurma ismlerle arab milleti ile alay ederken, Mekkedeki ve Medînedeki temiz müslimânlar, bütün islâm milletlerinin kardeş olduklarına inanıyor, hepsini kardeş gibi seviyorlardı. Ne yazık ki, ittihâdcı komitacılarda bu îmânlı rûh ve bu güzel anlayış yokdu. Onlar, bu hâlis müslimânlara âsî derken, isyân hâlinde olan, Türk askerine saldıran ve Osmânlı topraklarını kapışmakda olan kimselere, birşey demiyorlardı. Mekkedeki Peygamberler soyundan olan temiz müslimânlar ile boğuşmağı tekrâr tekrâr emr eden ittihâdcılar, ısyân hâlinde olan Abdül'azîz bin Abdürrahmân bin Faysala dostluk mektûbları yazarak, (Askerinle Medîneye gel! Berâberce Mekkeye gidelim. Padişâha isyân etmiş olan Emîr Hüseyni yakalıyalım) diyordu. Abdül'azîz, bu mektûblara cevâb bile vermedi. Çünki o, Türklerin Mekkeye girmesini istemiyordu. Kendisi İngilizlerle anlaşmış olup, Arabistânın kendisine verileceği zemânı bekliyordu. Öyle de oldu. Abdül'azîz, o sıralarda, Bahreyn adalarında bulunan İngiliz kumandanı ile anlaşmış, İngilizlerden aldığı silâhlarla, Basra körfezi sâhilindeki Osmânlı şehrlerine saldırıp ele geçirmek çabasında idi. Şöyle ki:

Necd çöllerindeki Abdül'azîz ile ibn-ür-Reşîd kabîlelerinin senelerce döğüşerek kan dökmelerine son vermek için, Fârûkî Sâmi pâşa (Kasîm) mutesarrıfı yapıldı. Abdül'azîz, Sâmi pâşayı ve Türk askerlerini bir hücûmda esîr almak, bağlayıp Riyâda götürmek üzere sû-i kasd hâzırladı ise de, Kasîm şehrindeki şeyhler, devletle başa çıkılmaz diyerek, mâni' oldular. Abdül'azîz, Sâmi pâşaya, (Kasîm bu kadar askeri besliyemez. Aç kalırsınız. Medîneye dön) dedi. O da, bu sözü dost nasîhati sanarak, Medîneye çekildi. Asker çekilince, Abdül'azîz, Kasîm kal'asındaki Osmânlı sancağını indirdi. Kasîmi böyle ele geçirdikten sonra, Necd Mütesarrıflığının merkezi olan (El-Hâssa)ya saldırarak, Osmânlılardan zorla aldı. İttihâdcılar Abdül'azîzi beğeniyorlar, ona birşey demiyorlar. Bilhâssa dinde reformcu olan Basra meb'ûsu Tâlib-ün-Nakîb, onun bu saldırılarını hizmet kılığına sokuyordu. Abdül'azîz, o sırada ibn-ür-Reşîde saldırdı ise de mağlûb ve perîşân oldu. Sü'ûd oğullarından çoğu öldü. Abdül'azîzden alınan ganîmetler arasında İngiliz silâhları ve birçok şapka vardı. Abdül'azîzin bu darbeyi yimesi, Mekke ve Medîneye saldırmasını gecikdirdi. Fekat, İngilizlerin ve meşhûr câsûs yüzbaşı Lavrensin körüklemesi ile 17 Hazîran 1336 [m. 1918] de şerîf Hüseyn pâşaya harb i'lân ederek, Mekkeye saldırdı. Fekat, mağlûb olarak Necde çekildi. 1342 [m. 1924] de, Mekke ile Tâifi ve 1349 [m. 1931] de Medîneyi İngilizlerden teslîm aldı. 1351 [m. 1932] Eylül ayının 23. cü günü de (Sü'ûdî Arabistân devleti)ni kurdu.

[Abdül'azîz bin Abdürrahmân 1373 [m. 1953] de ölünce, yerine oğlu Sü'ûd geçdi. Sü'ûd oğullarının yirmincisi olan bu adam, sefâhate düşkün idi. Atinada içkili kadınlı sefâhet sürerek 1384 de öldü. 1964 de, kardeşi Faysal bunun yerine geçdi. Faysal, petrol şirketlerinden ve hâcılardan her sene aldığı milyonlarca altını, vehhâbîliği yaymak için, her memlekete saçdı. 1395 [m. 1975]

Mart ayında, yeğeni tarafından, Riyâddaki serâyında öldürüldü. Yerine kardeşi Hâlid geçdi. Hâlid 1402 [m. 1982] de öldü. Yerine kardeşi Fahd geçdi. Fahd, 1417 [m. 1996] de felç olarak kıpırdayamaz hâlde, İspanyadaki serâyında tedâvî edilmekde iken öldü.]

Medîne muhâfızları Basrî ve Fahrî pâşalar, Abdül'azîzin bu hıyânetlerini yakından gördükleri hâlde, ittihâdcılardan aldıkları emrlere uymağı vazîfe sayarak, şerîf Hüseyn pâşayı ve oğullarını âsî ilân etdiler. Kardeşi kardeşe boğdurmağa âlet oldular. Hicâz vâlî ve kumandanı Gâlib pâşa din bilgisi kuvvetli, ileri görüşlü, tecrübeli bir kumandan olup, ittihâdcıların emrlerine aldanmadı. Uzun ve esâslı inceleme ve araşdırmalar yaparak şerîf Hüseyn pâşanın haklı olduğunu ve iki Beyânnâmesini din ve millet sevgisi ile yazmış olduğunu anladı. Şerîf Hüseyn pâşaya yapılan iftirâlara karşı aşağıdaki günlük emri yayınladı:

Emîr hazretlerinden hiçbir sûretle şübhe edilmemelidir. Böyle bir ısyân çıkarması ihtimâli aslâ yokdur. Bu yolda çıkarılan sözlerin hiçbiri doğru değildir. Şerîf Hüseyn pâşa, halîfe-i müslimîne tâm bir itâ'at ile bağlı olup, ömr-i şâhânelerinin uzaması için her zemân düâ etmekdedir.

Gâlib pâşa, bu yazısından, ittihâdcı eşkıyâsının elebaşılarından olan dördüncü ordu kumandanı Cemâl pâşaya ve İstanbula da gönderdi. Bu yazısında şerîf Hüseyn pâşanın, hâlis müslimân olduğunu, da'vâsında haklı olduğunu açıkça savunmuşdu. Fekat ne yazık ki, ittihâdcılar şerîf Hüseyn pâşayı ve oğullarını, kendilerine büyük bir mâni' görüyorlar. Bunların milleti uyandırarak, işkence ve taşkınca davranışlarına son verileceğinden çok korkuyorlardı. Şerîf oğullarını âsî durumuna sokmak için, iğrenç hîleler hâzırlandı. Medînedeki kahraman Türk subaylarına savaş emri gönderildi. Senelerce kardeş kanı akıtıldı. Şerîfleri âsî, hattâ hâin sanarak onlara ateş açan ma'sûm subayların çoğu, sonunda aldatıldıklarını anladılar. Başlarında fırka kurmay başkanı albay Emîn beğ olmak üzere, yüzlerce subay birleşip, **(Merkez hey'eti)** kurdular. Çeşidli beyânnâmeler dağıtarak, Hicâzda oynanan cinâyetleri bildirdiler. (Kumandan ve dalkavukları yalan söylüyorlar. Arab-Türk, iki millet olarak bundan sonra da kardeş gibi yaşıyacakdır. Zâten kardeş değil mi idik? Târîh ve din bağları ile birbirimize bağlı değil miyiz? Kavm-i necîb-i arab istiklâlîni kazanmakla düşmanımız olabilir mi? Onlara da sorarsanız "Hayır!" diyeceklerdir. Elbirliği ile çalışacağız. Askerlerimizi Yenbû' iskelesine kadar göndermek için şerîf hazretleri develer hâzırladılar. Hastalarımıza ilâclar gönderdiler. Hepimizin sâhile kadar râhat naklini düşündüler. Bundan büyük insâniyyet olur mu? Bundan büyük kardeşlik olur mu? Böyle yapmayıp, Medîneden Yenbû' iskelesine yürüyerek gidiniz deselerdi, hayır biz kahramanız, asarız, keseriz, otomobil isteriz mi diyecekdik? Bundan sonra maksadsız olarak ölmeği göze almak yiğitlik değildir. Bu yazımız, hakîkati anlıyamıyanlar içindir. Ekseriyyet anlamışdır. Bu zulme, hazret-i Peygamber efendimiz "sallallahü aleyhi ve sellem" dahî evet der mi?) dediler.

Medîne muhâfızı Fahreddîn pâşa, hâlâ ittihâdcı hükûmetin emrine uymakda ısrâr ediyordu. Türk subayları, 10 Kânûn-i sânî 1337 [m. 1919] sabâhı pâşanın yatak odasını sardılar. Yâveri mülâzim-i evvel [üsteğmen] Şevket beğ gürültüyü işitince, dışarı çıkdı. Mîralaylar, kaymakamlar, binbaşılar, yüzbaşılar, mülâzimler, seçilmiş piyâde ve jandarma neferleri merdivenleri çıkıyorlardı. Yâveri götürdüler. Odaya girenler, pâşanın bileklerini yakaladı. Dışarı çıkarılıp otomobile bindirildi. İki subay arasında, Yenbû' iskelesine götürüldü. Subaylar ve askerler, anavatana İstanbula kavuşmak sevinci içinde idi. Fekat, İngilizler hepsini Mısra götürdü. Mısrda altı ay ingiliz esâretinde kaldılar. Pâşa, 5 Ağustosda, harb suçlusu olarak, Maltaya götürüldü. İki sene orada bırakıldı. Bu kahraman Türk kumandanı, ittihâdcıların çılgınca verdikleri emrlere uymağı bir vatan borcu bildiği için, Medînede hareketsiz kalmış, azılı islâm düşmanı İngilizlerle döğüşmek fırsatını bulamamışdı. İttihâdcılar, hükûmeti ele geçirdikden sonra, kahramanlar yurdunu parçalamakla kalmayıp, Fahreddîn pâşa gibi nice vatan evlâdlarının düşman zındanlarında, senelerce inlemelerine sebeb oldular. Mekke ve Medîne gibi mubârek yerlerimizi, Peygamber efendimizin soyundan, hâlis müslimân şerîf evlâdına vermemek için, binlerce ma'sûm Türk ve müslimân kanı dökülmesine sebeb olduktan başka, o mubârek toprakları, hakîkî müslimânların ve Türklerin târihî düşmanı olan, elleri kanlı, kalbleri katı kimselere bırakdılar.

ŞERÎF HÜSEYN PÂŞANIN
BİRİNCİ BEYÂNNÂMESİNİN TERCEMESİ

Târîhi iyi bilenler pek iyi anlar ki, islâm birliğinin kuvvetlenmesi için, islâm âmirlerinden ve hâkimlerinden (devlet-i aliyye-i Osmâniyye)ye ilk olarak bî'at edenler, bağlananlar, Mekke-i mükerreme emîrleridir.

Osmânlı sultânlarının (Kitâbullah) ve (Sünnet-i Resûlullah)ı icrâ ve islâmiyyete uymakdaki gayretleri ve bu uğurda vücûdlarını fedâ etmeleri dolayısıyle, bu (arab emîrleri), Osmânlılara her zemân sıkı bağlandılar. Hattâ, 1327 [m. 1909] senesinde ben, arablardan meydâna gelen bir kuvvetle, arabların üzerine yürüyerek devlet-i Osmâniyyenin şerefini ve haysiyyetini muhâfaza için **(Ebhâ)**nın kuşatılmasını kaldırmağa çalışdım. Ertesi sene, aynı maksadla oğullarımdan birinin kumandasında o hareketi icrâ eyledim. Herkesin bildiği gibi, bu büyük gâyeden hiç ayrılmadım.

(İttihâd ve Terakkî Cem'ıyyeti)nin ortaya çıkması ve devlet işlerini eline alması ve temelinden bozuk olan idâresi, dâhilde ve hâricde birçok karışıklıklara ve herkesin bildiği üzere, birçok muhârebelere sebebiyyet vermiş, devletin azametini ve kuvvetini sarsmış, hele son harbe gereksiz atılmakla, memleketi gâyet tehlükeli bir hâle sürüklemişdir. Bu acı durumu görmiyen, anlamıyan yokdur. Anlatmağa hâcet kalmamışdır.

Biz, bütün Ehl-i islâmın bu büyük islâm devletine olan bağlarının gevşemesini, üzülmelerini ve sıkılmalarını görmek istemiyoruz. Memleketimizin elimizde kalan parçasındaki müslimân ve gayr-i müslim vatandaşların i'dâm edilerek, zindanlarda çürütülerek ve yurdlarından sürülerek, Osmânlı milletinin birliği bozulmuş, böylece halkın, malına, canına emniyyeti bırakılmamışdır. Bu son muhârebeye katıldıkdan sonra, **(Mukaddes topraklar)**da bulunan ehâlînin çekdikleri sıkıntı o kadar büyükdür ki, orta hâlli olanlar evlerinin kapı ve pencerelerini ve bütün ihtiyâc eşyâsını satdıkdan sonra, damındaki tahtaları da satmağa mecbûr olmuşlardır.

İttihâdcılar bu kadarla da kalmıyarak, saltanat-ı seniyye-i Osmâniyye ile bütün müslimânların arasında yegâne bağ olan **(Kitâbullah)** ve **(Sünnet-i seniyye)**yi bozmağa kalkışmışlar ve **(Saltanat-ı seniyye)**nin başkentinde sadr-ı a'zam, şeyh-ul-islâm ve bütün vezîrlerin ve senatörlerin gözü önünde yayınlanan **(İctihâd)** gazetesi, Peygamberimize çirkin yazıları ile hakâret etmekden çekinmediği gibi, kimsenin ses çıkaramamasından yüz bularak, Kur'ân-ı kerîmin âyetlerini değişdirmeğe dahî kalkışmış, **(Mîrâs bölümü)**nü bildiren âyet-i kerîme ile alay etmek küstahlığında bulunmuşdur. [Bu küstahca yazı ve yazarının Ziyâ Gökalp olduğu **(Fâideli Bilgiler)** kitâbının, **(Doğru Söze İnan, Bölücüye Aldanma)** kısmında [196.cı sahîfede] bildirilmişdir.]

Bunlardan başka, islâmiyyetin beş esâsından birini yıkmağa kalkışmışlardır. Şöyle ki: Güyâ rus ordusu karşısında harb eden askerlere benzemek üzere, **(Mekke-i mükerreme)** ve **(Medîne-i münevvere)** ve **(Şâm)**da bulunan müslimân askerlerinin Ramezân-ı şerîf ayında oruc tutmamalarını emr etmişlerdir. Buna benzer birçok islâmî esâsları yıkmakdan ve Allahü teâlânın yasak etdiği şeyleri yapmakdan ve yapdırmakdan çekinmemişlerdir.

Şevketli yüce sultânımızın "rahmetullahi aleyh" bütün haklarını elinden aldıkları gibi, serâya bir başkâtib seçmek ve ta'yîn etmek hakkını dahî (Zât-ı şâhâne)den esirgemişlerdir. Osmânlı sultânını müslimânların işlerine bakmak hakkından da mahrûm ederek, kendi yapdıkları ve dünyâya i'lân eyledikleri anayasayı kendileri çiğnemişlerdir. Osmânlı pâdişâhını anayasanın vermiş olduğu selâhiyyetlerden, mahrûm bırakmışlardır. Bütün müslimânlar ve bütün yabancılar, bu alçak davranışları görmekde ve iğrenmekdedirler. Böyle, islâmiyyeti yıkıcı işler karşısında, şimdiye kadar hep anlamamazlıkdan gelmemiz, iyiye yormamız, müslimânlar arasına fitne ve ayrılık tohumları saçılmaması için olmuşdur.

(Devlet-i aliyye-i Osmâniyye)nin idâresi, Enver ve Cemal ve Tal'ât pâşaların ellerinde kaldı sözünün memleketin her tarafına yayılması, boş yere değilmiş. Bunun ne demek olduğu, gün geçdikce açığa kavuşmakdadır. İstediklerini yaparlar, dilediklerini yapdırırlar. Onların emrleri, anayasanın, kanûnların üstündedir, demek olduğunu herkes iyice anladı. Mekke (Mahkeme-i şer'ıyyesi kâdîsı)na gönderdikleri bir emrde, hâkim huzûrunda şehâdetlerin dinlenmesi ve hâkim huzûrunda yazılmıyan tezkiyelerin kabûl edilmemesi yazılıdır. Bu emr, Kur'ân-ı kerîmde açıkça bildirilen, müslimânlar arasında tezkiye yapılmasını ortadan kaldırmakdadır.

Bunlardan başka, meşhûr islâm âlimlerinden ve arab vatandaşların büyüklerinden emîr **Ömer-el Cezâirî** ve emîr **Ârif-el-Şehâbî** ve **Şefik beğ** ve **el-Müeyyed Şükrü beğ** ve **Asenî** ve **Abdülvehhâb** ve **Tevfîk beğ** ve **el-Besat** ve **Abdülhamîd Zerâvî** ve **Abdülgani-el-Arisî**'ler ve bunlar gibi dahâ nice kıymetli ve fâideli kimseler, mahkemesiz ve kanûnsuz, asılıyor, kurşuna diziliyor. Serhoş iken, şu'ûrsuz iken verilen emrlerle birçok ocaklar söndürülüyor. Katı kalbli, taş yürekli diktatörlerin bile yapamıyacağı bu cinâyetlerde ufak bir ma'zeret bulsam bile bunların geride kalan günâhsız, ma'sûm âilelerinin, kadınlarının, çocuklarının yurdlarından, yuvalarından uzaklaşdırılmasına, sürülmelerine, böylece, felâket üstüne felâket, musîbet üstüne musîbet çekdirilmelerine ne ma'zeret gösterilebilir?

Âile reîslerinin her ne sebeble olursa olsun öldürülmeleri, zındanlarda çürütülmeleri, evlerini, evlâdlarını cezâlandırmağa kâfi iken, bunları ayrıca sürüp inletmek hiçbir sûretde mantıka, adâlete, insanlığa sığacak birşey olmadığı meydândadır. En'âm sûresi, yüzaltmışdördüncü âyetinde meâlen, **(Hiç kimse başkasının suçu ile cezâlandırılmaz!)** buyuruldu. Adâlete ışık tutan bu emr meydânda iken, ittihâdcıların o canavarca hareketleri, hangi formül ile bağdaşdırılabilir? Bu ikinci cinâyeti de bir siyâsî sebebe bağlıyarak, bir maddeye uydurabilsek bile, âile reislerini gayb eden kadınların ve çocukların mallarının, mülklerinin ellerinden alınmasına ne denilebilir? Haydi bu en alçak hareketlerine de susalım. Milletin, memleketin selâmeti için, ma'sûmları, mazlûmları korumak vazîfemizi de ihmâl edelim. Fekat, meşhûr mücâhid, kahraman emîr **Abdülkâdir Cezâyirî**'nin nâmûs-u mücessem, iffetli ve şerefli kızının tahkîr edilmesine, haysiyyet ve nâmûsu ile oynanmasına ne sebeb gösterilebilir? Oynatılacak, eğlenilecek bayağı kadınlar bulunamadı da, târîhin vesîkalandırdığı, müslimânların gözbebeği mubârek hanımların asâletine, şereflerine saldıranların düşünce ve hedeflerini anlamıyacak kimse var mıdır?

İttihâdcıların kanûn, ahlâk, insâf dışı taşkın ve şaşkın hareketlerinden herkesin bildiği birkaç fâci'ayı yukarıda bildirdik. Bunları bütün insanlık âlemine ve bütün îmânlı kardeşlerime duyuruyorum. Okuyanlar, anlıyanlar, vicdânlarından doğan hükmü vereceklerdir. Bu komitacıların islâmiyyeti nasıl anladıklarını ve işi nereye kadar götürmek istediklerini bildirmek için, bütün müslimânların kalblerini sızlatan çok alçak, pek küstah bir davranışlarını da yazmadan geçemiyeceğim:

Mekke-i mükerreme halkının, cânlarına ve nâmûslarına yapılan saldırıların durdurulması için hâzırladıkları gösteri yürüyüşünde, bir ittihâdcı kumandanın emri ile **(Kal'a-i Ciyâd)**dan müslimânların kıblesi ve mü'minlerin Kâ'besi olan **(Beytullah)** üzerine atılan topların iki mermisinden birisi **(Hacer-ül-esved)** mukaddes taşına bir metre, ikincisi üç metre yakın yere isâbet etmişdir. **(Kâ'be-i mu'azzama)**yı örten **(Sütre-i şerîfe)** de bu mermilerden ateş almışdır. Vatandaşlar **(Kâ'be-i mu'azzama)** kapısını açarak ve üstüne çıkarak yangını söndürmek mecbûriyyetinde kalmışlardır. Bu sırada yangını gördükleri hâlde, **(Makâm-i İbrâhîm)** ve **(Harem-i şerîf)** mescidi üzerine sürekli topçu ateşi yapılmış, bir kaç müslimânın şehîd olmasına sebeb olmuşlardır. Halk, günlerce mescide girememiş, nemâz kılınamamışdır. Müslimânların mescidlere ve **(Kâ'be-i mu'azzama)**ya hurmet etmeleri ve ta'zîm eylemeleri lâzım iken, böyle hakâret ve tahrîb etmeğe kalkışan kimselerin îmânlarının ve düşüncelerinin nasıl olabileceğinin anlaşılmasını bütün dünyâdaki müslimânlara bırakıyorum. İslâm dîninin ve bütün vatandaşlarımın geleceğini, bu zihniyyetde ve bu inançda olan ittihâdcıların elinde oyuncak olarak bırakamayız. Allahü teâlâ, milletimizi gâfil avlanmakdan muhâfaza buyurdu. Hicâz müslimânları, şimdi kendi çalışması ile istiklâlini kazanmış, bu yiğitler diyârına musallat olan ittihâdcı komitacılarından memleketi kurtarmağa karâr vermişdir. Hiçbir dış ülke ile anlaşmıyarak ve böyle bir yardımı kabûl etmiyerek, kendi îmân kuvveti ve târîhde şanlı sahîfeler bırakan, kahramanlığı ile tam ve mutlak bir istiklâle kavuşmuşdur.

Ehl-i islâmın üzerine musallat olan ittihâdcı komitacılarının zulmü, işkencesi altında inliyen memleketlerden ayrılarak **(Dîn-i islâm)**ı korumakdan ve **(Kelime-i tevhîd)**i yükseltmekden ibâret olan mukaddes gâyemize doğru ilerliyoruz. İslâmiyyete yakışan ve uygun olan her dürlü fen bilgilerini öğreneceğiz. İleri sanâyi' kuracağız. Medeniyyet yolunda can ile, baş ile çalışacağız. Bütün islâm âlemindeki din kardeşlerimizin, vâcibi, vazîfeyi îfâ için olan bu hareketimizi kardeşçe destekliyeceklerini ve bu mukaddes cihâdımızda bize yardımcı olacaklarını beklemekdeyiz.

Ellerimizi rablerin rabbi olan yüce Allahımıza kaldırarak, bize doğru yolu göstermesi ve bu yolda başarıya kavuşdurması için Onun yüce Peygamberi hurmetine düâ ve istirhâm ediyoruz. Onun yardımı her yalvarana yetişir ve yeter. O çok iyi yardım edicidir.

25 Şa'bân, sene 1334 (1916)

Mekke-i mükerreme emîri

Şerîf Hüseyn bin Alî

ŞERÎF HÜSEYN PÂŞANIN
İKİNCİ BEYÂNNÂMESİNİN TERCEMESİ

Birinci beyânnâmede bildirilen sebeblerden dolayı harekete geçen biz Hicâzlıların gayret ve fikrlerinde, ba'zılarının tereddüde düşebileceğini düşünerek aydın vatandaşlar ve bilgili müslimânlar için bu ikinci beyânnâmeyi de yayınlamağı uygun gördüm. Açık ve pek yeni delîller, vesîkalar göstererek, milletimizi uyarıyorum.

İleriyi görebilen müslimânlar ve Osmânlı topluluğunun bilgili ve tecribeli olanları ve bütün dünyânın akllı ve anlayışlı olanları, Osmânlı devletinin umûmî harbe girmiş olmasına râzı değildirler. Bunun başlıca iki sebebi vardır:

Birincisi dâhilî sebeblerdir. Devlet-i aliyye-i Osmâniyye, **(Trablusgarb)** ve **(Balkan)** muhârebelerinden pek yakın zemânda çıkmış, bu savaşlarda askerî ve ekonomik kuvvetleri pek yıpranmış, hattâ bozulmuş ve güç kaynağı olan millet za'îflemişdir. Osmânlı milletinin askerleri yurdlarına dönerek çoluk çocuklarının nafakasını kazanmak için çalışmağa başlar başlamaz, birbiri arkasından tekrâr silâh altına çağrılmış, bu hâl millet için bir felâket olmuşdur. İttihâdcıların yeniden katıldıkları umûmî harb ise, öncekilerle ölçülemiyecek derecede korkunç ve yıkıcı olduğundan, yıpranmış bir milletin sırtına ağır vergiler ve işkence şeklinde vazîfeler yükleyerek böyle tehlükeli bir harbe milleti sürüklemek akl işi değildir.

İkinci sebeb hâricîdir. İttihâdcıların kurduğu hükûmet, harb eden iki tarafdan kendine ortak olanı seçerken çok yanılmışdır. Osmânlı devleti, bir islâm devletidir. Topraklarının coğrafî yeri pek mühim ve genişdir. Sâhilleri, kara sınırlarından dâha fazladır. Bunun için, Osmânoğulları, o yüce sultânlar, hemen her zemân, milletlerinin çoğu müslimân olan ve denizlere hâkim bulunan devletlerle işbirliği yapmışlardır. Bu siyâsetleri, hemen hemen her zemân başarı sağlamışdır. İttihâdcıların tecribesiz ve bilgisiz önderleri, görünüşe kapılarak ve ingilizlerin köksüz, yaldızlı sözlerine aldanarak, Osmânlı sultânlarının "rahmetullahi aleyhim ecma'în" bu siyâsetini bozmuşlardır. Doğruyu iğriden ayırabilenler ve târîh bilgisine vâkıf olanlar, bu şaşkın hareketin kötü ve çok acı netîcelerini hemen görmüşler. İttihâdcılarla işbirliği yapmakdan çekinmişlerdir. Hattâ, bu son harb felâketine katılmak hakkında fikrim telgrafla sorulduğu zemân, görüşümü uzun açıklamış, târihî misâller vererek, onları uyarmağa çalışmış idim. Cevâb olarak gönderdiğim telgraf, düşüncelerimi ve devlete karşı olan iyi niyyetimi ve bağlılığımı ve islâmın şerefini korumak için çırpındığımı gösteren sağlam bir vesîkadır.

Harbin başlangıcında, yanarak yakılarak bildirdiğimiz, korkduğumuz, çok acı, yıkıcı netîceler, şimdi ortaya çıkıyor. Bugün Osmânlı devletinin Avrupadaki hudûdları, hemen hemen İstanbul surlarına dayandı. Rus ordularının öncüleri, Sivâs ve Mûsul vilâyetlerinde Osmânlı halkını çiğnemekdedirler. İngilizler Basra vilâyeti ile Bağdâd vilâyetini aldılar. El-Arîş çölünde, Cemâl pâşanın ahmakca idâresi yüzünden binlerce Osmânlı evlâdı esîr düşdü. Hiç şübhe yok ki, bu çok elîm gidişi ve ittihâdcıların bu gidişle memleketi sürükledikleri felâketi gören sâdık vatandaşlar, iki şeyle karşı karşıya kalmakdadırlar.

Birincisi, Osmânlı devletinin haritadan silinmesi, yok olmasıdır.

İkincisi, bu felâketden, mahv olmakdan kurtulmanın çârelerini arayıp bulmakdır. Bunu araşdırmağı, düşünmeği, meşveret etmeği ve îcâb eden teklîflerde bulunmağı bütün islâm âlemine bırakıyorum.

Tehlükeler vatanı kuşatmadan, milleti mahv etmeden önce, haklı olarak harekete geçdik. Bir diktatör, mason azınlığın elinde oyuncak olan Osmânlı devletinin böyle gâfil ve şaşkın idâresine bağlı kalmakla, devlete, millete fâideli olacağımızı, bilsek değil, zan etsek bile, hiçbir şey söylemez, yerimizden kımıldamaz, her dürlü meşakkate, hattâ ölmeğe tehammül eder, sabr edenlerden olurduk. Fekat, bunun hiçbir fâidesi olamıyacağı, ateşi körüklemekden başka bir işe yaramıyacağı, artık gün gibi meydândadır. Nasıl meydânda olmasın ki, bizleri yürütmek istedikleri yoldan gitsek, bu yola düşen milletlerin uğradıkları felâkete düşeceğimiz yüzde yüzdür. İttihâdcıların birkaç sene içinde koca devleti parçaladıklarını, müslimânları ve islâm dînini perîşan etdiklerini görmiyen, anlamıyan hiç var mı? Koca imperatorluk, Enver, Cemâl, Tal'ât ve arkadaşları gibi masonların keyflerine kurban oluyor.

Osmânlı sultânlarının asrlardan beri tecribe ederek ve devletin ileri gelenleri ile meşveret ederek kabûl etdikleri temelli siyâseti, İngiltere ve Fransa hükûmetleri ile işbirliği yapmak siyâsetidir. Bu siyâset, târîh boyunca, devletimize, milletimize hep fâideli olmuşdur. Son harbde bu siyâsetden ayrılmamıza sebeb olanlar, adı geçen ittihâdcı diktatörlerdir.

Şimdi biz, ittihâdcıların câhil ve ahmak siyâsetlerine ve zâlim ve işkenceli idârelerine karşıyız. Memleketin felâkete sürüklendiğini görüyor, bunu aslâ tasvîb etmiyoruz. Herkes anlasın ki, bu muhâlefetimiz Enver, Cemâl, Tal'ât ve yardakcılarına karşıdır. Bizim bu haklı hareketimize her müslimân râzıdır. Her vatandaş haklı yolumuzda bizimle berâberdir. Hattâ, devlet başkanı, halîfe-i müslimîn de kalbi ile, vicdânı ile, bizimle berâberdir. Bu sözümüzün en kuvvetli vesîkası, velîahd Yûsüf İzzeddîn efendinin ittihâdcılar tarafından tecâvüze uğraması ve şehîd edilmesidir.

Tekrâr ediyorum: Koca Osmânlı devleti bu diktatörlerin kötü niyyetlerine ve yıkıcı dâvranışlarına kurban oluyor. Biz bunların şerrinden Allahü teâlâya sığınırız. İttihâdcıların bizi uyaran ve harekete getiren kötü bir davranışlarını da şerefli Türk milletine duyurmadan geçemiyeceğim:

İttihâdcı komitanın azgın şeflerinden Cemâl pâşa, **(Şâm)**da istediğini asmakda, dilediğini kurşuna dizmekdedir. Şâmda bir pavyon meydâna getirmiş, bu fuhuş ve içki batakhânesinde, emrle getirdiği subaylarla birlikde yapdığı âlemde, şehrin ileri gelen müslimân âilelerinin kızlarını hizmetci olarak kullanmış, millî ve dînî hislerimizi yıkıcı konuşmalar yapılmış, nâralar atılmışdır. Bu alçakca hareketleri Kur'ân-ı kerîmde, Nûr sûresinde bulunan emrleri hiçe saymak olduğu gibi, Türk ve müslimân kadınının şeref ve haysiyyetini ayaklar altına almak değil midir? Cemâl pâşanın bu hareketi, ittihâdcıların islâm dînine düşman olduklarını göstermiyor mu?

İttihâdcı komitacıların, masonların merkezi olan [müstemlekeler nezâreti]nin emrleri ile çok üzücü ve yıkıcı ve milleti, memleketi felâkete sürükleyici davranışlarından birkaçını bildirmiş bulunuyorum. Osmânlı topraklarında ve islâm memleketlerinde yaşıyan din kardeşlerimi gafletden uyandırmak, böylece milletime ve dînime hizmetde bulunmak için bunları yazdım. Bu komitacıların vatan ve milletin mukaddes dînimizin selâmetini düşünmiyerek, yalnız müstemlekeler nezâretinin emrleri ile hareket etdiklerini ve ilâhî emr ve yasaklara inanmak ve saygılı olmak şöyle dursun, bu kudsî hükmleri değişdirmek ve bozmak çabasında olduklarını vatandaşlarıma duyurmak istedim. Böylece, bu yıkıcı, bölücü, şaşkın ve alçak gidişlerine yardımcı olmamalarını ricâ ediyorum. Allahü teâlâya âsî olana, insanlara zulm yapana, itâ'at olunmaz. Bunun hareketlerini eli ile, dili ile ve kalbi ile değişdirmeğe gücü yeten, bunu yapmalıdır! İttihâdcıların zararlarını anlıyamayıp, hareketlerini beğenenler varsa, bunları da dinlemeğe hâzırım. Doğru yolda olanlara ve fâideli iş yapanlara bizden selâm olsun.

11 Zilka'de 1334 [m. 1916]
Mekke-i mükerreme emîri
Şerîf Hüseyn bin Alî

Yukarıdaki iki beyânnâme, şerîf Hüseyn pâşanın niyyetinin hâlis, îmânının bütün olduğunu göstermekle berâber, yanlış düşüncelerini ve zararlı hükmlerini de bildiriyor. En büyük hatâsı, ingilizlerin târîh boyunca, islâmiyyete karşı yapdıkları saldırıları anlıyamamış olmasıdır. [Denizlere hâkim, askeri, silâhları çok olan ingizlere karşı harbe girmek, elbet yanlış idi. Fekat, bu azılı islâm düşmanı ile işbirliği yapmak, dahâ şaşkın bir hatâdır.] İngilizlerin üçüncü Selîm hân zemânında, Osmânlıları ve islâmiyyeti yok etmek için, İstanbula kadar yapdıkları baskından habersiz olduğu anlaşılıyor. Hele onun zemânında Asyadaki ve Afrikadaki islâm memleketlerine barbarca saldırmışlar, buraları koloni yapıp, sömürmüşlerdi. Buralarda, islâm âlimlerini, islâm kitâblarını, islâm bilgilerini ve ahlâkını yok etmişlerdi. Osmânlı sultânı Abdülmecîd hânı "rahmetullahi aleyh" da aldatarak, devlet koltuklarına masonları yerleşdirdiler. Böylece, milletin îmânını, ahlâkını bozmağa başladılar. Birinci cihân harbinde İngilizlere câsûsluk yapanları, bu masonlar yetişdirdi. İçerden ve dışardan yıkarak, bu koca imperatorluğu yok etdiler. Sadr-ı a'zam Sa'îd Halîm pâşa, **(İnhitât-ı islâm)** kitâbında, devletin nasıl yıkıldığını uzun anlatmakdadır. Şerîf Hüseyn pâşa, târihî vesîkaları incelememiş olacak ki, en korkunç islâm düşmanının islâma yardım edeceğini ummakdadır. İttihâdcıların kötü olduklarını anlıyan, onun gibi güçlü bir kimse, Şâmda Cemâl pâşayı ve İngilizlere satılmış olan soysuzları etkisiz hâle getirebilir, post kavgası yüzünden, Filistin cebhesinde yapılan hıyânetleri önliyebilirdi. O, bunu kolay yapabilirdi. Yapsaydı, Osmânlı ordusu bozgundan kurtulurdu. Arabistân yarımadasında büyük bir Hâşimî islâm devleti kurulur, Mekke, Medîne, Kudüs mubârek şehrleri onun elinde kalırdı.

42 - Müslimânların halîfesi, sultân ikinci Mahmûd-i adlî hânın "rahmetullahi aleyh" emri ile Mısr vâlîsi Muhammed Alî pâşa, mubârek Hicâz topraklarını temizledikden sonra, Eshâb-ı kirâmın ve Resûlullahın zevcelerinin ve şehîdlerin "radıyallahü teâlâ anhüm" türbeleri yeniden yapıldı. **(Mescid-i se'âdet)** ve **(Hucre-i Nebevî)** ta'mîr edildi. Sultân Abdülmecîd hân, bunların yapılması ve işlenmesi ve bakımı için torbalar doluları yüzbinlerle altın harc eyledi. Sultân Abdülmecîd hânın bu yolda çalışması ve uğraşması, şaşılacak kadar çokdur. Bunu 15. ci maddenin sonunda bildirmişdik. [1285] senesinde, sultân Abdül'azîz hân "rahmetullahi aleyh" da, Medîne çevresindeki sûr dıvârlarını sağlam yapdırdı. Ayrıca büyük bir tophâne, hükûmet konağı, bir habshâne, bir de cebhâne, ya'nî silâh deposu yapdırdı. Sultân ikinci Abdülhamîd hân "rahmetullahi aleyh" Şâmdan Medîne-i münevvereye demiryolu yapdı. 1326 [m. 1908] senesinin ondokuz Ağustosunda ilk tren, Medîne-i münevvereye girdi. Mekke-i mükerremede onaltıncı fırka bulunmakda idi.

Sultân ikinci Abdülhamîd hân "rahmetullahi aleyh" zemânında Mekke şehrinde, minâreli altı câmi', altmışyedi mescid, altı medrese, iki kütübhâne, bir orta, kırküç ilkokul, iki bedestân, dokuz hân, ondokuz tekke, iki hamâm, yirmibeş mağaza, üçbin dükkân, bir hastahâne ve kırk çeşme vardı. Ayrıca hâcılar için büyük ve konforlu müsâfirhâneler yapılmışdı. Hârûn-ür-reşîd zemânında, Mekkeye üç günlük uzakdan Arafâta kadar bol su getirilmişdi. Sultân Süleymân hânın kızı Mihr-i-mâh sultân, bu suyu Mekke şehrine getirdi. O zemân seksenbin nüfûsu vardı.

Medîne şehri otuz metre yüksek bir dıvarla çevrilidir. Bunun kırk kulesi, dört kapısı vardır. Harem-i şerîfin boyu yüzaltmışbeş, eni yüzotuz adımdır. Harem-i şerîfin cenûb batı köşesinde mermerler ve altın yazılar ile süslü (Bâbüsselâm) kapısı vardır. Harem-i şerîfin içinde cenûb doğu köşesinde **(Hucre-i Nebevî)** bulunur. Kıble duvarı önünde, kıbleye karşı duran kimsenin sağ tarafında Bâb-üsselâm, sol tarafında da Hucre-i se'âdet bulunur. Bunun her yeri çok kıymetli zînetlerle süslüdür. Medîne evleri, Mekkedeki evler gibi kârgir [taşdan yapılmış] olup, çoğu dört, beş katlıdır. Sultân Süleymân hân "rahmetullahi aleyh", (Kubâ)dan, şehre su yolu yapmışdır. Şehrin iki sâatlik şimâlinde Uhud dağı vardır. On mescid, onyedi medrese, bir orta, onbir ilk mekteb, oniki kütübhâne, sekiz tekke, dokuzyüzotuziki dükkân ve mağaza, dört hân, iki hamâm, yüzsekiz müsâfirhâne vardı. Nüfûsu yirmibin idi.

1398 [m. 1978] de İngilterede basılan **(Memleket-ül-arabiyyet-üs-sü'ûdiyye)** atlasının bildirdiğine göre, son yapılan caddelerin uzunlukları, Medîne ile Riyâd arası 1011, Tâif arası 535, Cidde arası 424, Mekke arası 442, Tebük arası 686 kilometredir. Mekke ile Riyâd arası 989, Tâif arası 88, Cidde arası 72, Tebük arası 1133, Necran arası 898, Kuwait arası 1879 kilometredir. Mekkeden Tâife giderken, Minâ, Müzdelife ve Arafât meydânından geçilmekdedir.

Mekke ve Medîne şehrlerindeki kıymetli târîh ve san'at eserlerini vehhâbîler yıkmakda, yok etmekdedir.

(Mir'ât-i Medîne)de diyor ki, Medîne şehrindeki **(Mescid-i şerîf)**i, hicretin birinci senesinde Resûlullah "sallallahü aleyhi ve sellem", **(Eshâb-ı kirâm)** ile birlikde yapdılar. Hicretin ikinci senesi, Receb ayında, kıblenin Kudüsden Kâ'beye dönmesi emr olununca, mescidin Mekkeye karşı olan kapısı kapatılıp karşı tarafa, ya'nî Şâm tarafına yeni bir kapı açıldı. Şimdi bu kapıya **(Bâb-üt-tevessül)** denmekdedir. Medînede Kudüse karşı onaltı ay kadar nemâz kılındı. Mekkede iken, önce Kâ'beye karşı nemâz kılınırdı. Hicretden az bir zemân önce, Kudüse karşı kılınması emr olundu. Mescid-i şerîfin kıblesi değişdirilirken, Resûlullah "sallallahü aleyhi ve sellem" Kâ'beyi mubârek gözleri ile görerek, kıblenin cihetini ta'yîn eyledi. Resûlullahın "sallallahü aleyhi ve sellem" nemâz kıldığı yer, minber ile **(Hucre-i se'âdet)** arasında olup, minbere dahâ yakındır. Haccâcın Medîne-i münevvereye gönderdiği mıshaf, büyük bir sandık içinde olduğundan, bu sandık, bu yerin önündeki direğin sağ tarafına konulmuşdu. Buraya ilk mihrâbı Ömer bin Abdül'azîz koymuşdur. Mescid-i se'âdetin ikinci def'a yandıkdan sonra ta'mîrinde, 888 [m. 1483] senesinde, mermerden şimdiki mihrâb yapılmışdır. Fekat mermer mihrâb Hücre-i se'âdet tarafına biraz dahâ yakın konmuşdur. **(Mescid-ün Nebî)**de minber yapılmamışdı. Resûlullah "sallallahü aleyhi ve sellem" hutbeyi ayakda okurdu. Sonradan buraya bir hurma çubuğu dikildi. Dahâ sonra dört basamaklı bir minber yapıldı. Resûlullah "sallallahü aleyhi ve sellem" üçüncü basamakda ayakda dururdu. Hazret-i Mu'âviye zemânında minberin kapısına perde asıldı. Zemân-ı se'âdetde Mescid-i Nebînin sekiz direği var idi. Mescidin genişletilmesine dînen lüzûm görüldüğü zemânlarda direkler artdırılarak 327 olmuşdur. **(Ravda-i Mutahhera)**da üç sıra direk vardır. Her sırada dört direk mevcûddur. Bu direklerin bir kısmı duvarlar içindedir. Meydânda olan direk sayısı 229 dur. Mescidin cenûb dıvarı kıbleye karşıdır. **(Eshâb-ı soffa)**nın kaldıkları çardak, şimâl dıvarının dışındadır. Bu mubarek yerin zemîni, sonradan gayb olmaması için, döşemeden yarım metre kadar yükseltilmiş, etrâfına da, yarım metre yükseklikde ağaçdan parmaklık yapılmışdır.

Mescid-i şerîf yapılırken, yanına iki **(Zevce-i tâhire)** için de birer oda yapılmışdı. Odaların sayısı zemânla dokuz oldu. Tavanları üç metre kadar yüksek idi. Odalar, Mescidin şark, şimâl ve cenûb taraflarında idi. Her odanın ve ba'zı Sahâbî odalarının, biri mescide, diğeri sokağa olmak üzere iki kapısı var idi. Resûlullahın "sallallahü aleyhi ve sellem" en çok bulunduğu Âişe "radıyallahü anhâ"nın odasının mescide açılmış kapısı saç ağacından idi. Dört halîfe zemânında, Eshâb-ı kirâm, Cum'a nemâzı kılmak için, sekiz odada yer kapışırlardı. Hazret-i Fâtımanın odası, hazret-i Âişenin "radıyallahü anhümâ" odası yanında ve şimâl tarafında idi. Bu oda sonradan şebeke-i se'âdet içine alınmışdır. Resûlullah "sallallahü aleyhi ve sellem", vefâtından beş gün önce, mescide açılan kapılardan yalnız Ebû Bekrin kapısını bırakıp, diğerlerini kapatdırdı.

Birinci halîfe Ebû Bekr "radıyallahü anh", ilk iş olarak Arabistân yarımadasındaki mürtedlerle uğraşdığı için, Mescid-i se'âdetin genişletilmesine vakt bulamadı.

Hicretin onyedinci senesinde hazret-i Ömer "radıyallahü anh", Eshâb-ı kirâmı toplayıp, **(Mescid-i şerîfi tevsî' etmelidir!)** hadîs-i şerîfini okudu. Eshâb-ı kirâm sözbirliği ile kabûl edip, Şâm ve garb dıvarlarını yıkarak mescidi onbeş metre genişletdi. Birçok ev satın alınarak arsaları mescide katıldı. Otuzbeş senesinde hazret-i Osmân "radıyallahü anh", (Eshâb-ı şûrâ) ile istişâre ederek ve sonra Eshâb-ı kirâmın sözbirliğini alarak, kıble, garb, şimâl dıvarlarını yıkıp, mescidin genişliğini on metre, uzunluğunu yirmi metre kadar genişletdi. Bu arada, hazret-i Hafsanın ve Talha bin Abdüllahın ve Abbâsın odaları mescide katıldı. Halîfe Velîd, Medîne vâlîsi olan amcasının oğlu Ömer bin Abdül'azîze emr yazıp, seksenyedi senesinde, zevcât-i tâhirâtın ve Fâtımat-üz-Zehrânın şark tarafdaki evlerini yıkdırıp yerlerini mescide katdırdı. Böylece, Resûlullahın "sallallahü aleyhi ve sellem", mubârek türbesi mescid içine alınmış oldu. Eshâb-ı kirâm ve dört mezheb imâmı ve bindörtyüz seneden beri, hiçbir islâm âlimi buna karşı birşey söylememişdir. Sü'ûdî Arabistândaki Riyâd şehrinde bulunan (Câmi'a-ı islâmiyye) ismindeki medresenin hâzırladığı haftalık (Ed-da've) mecellesinin 1397 [m. 1977] şâ'ban nüshasında, (Yakında Mescid-i Nebevî büyütülürken, yalnız garb tarafı genişletilmeli, büyük bid'ate son verilmelidir. Büyük bid'at, üç kabrin mescid içine sokulmasıdır. Şark dıvarı eski hâline çekilmeli, kabrleri mescid dışında bırakmalı) diyor. Mecmû'anın bu yazısı, icmâ'ı ümmete karşı gelmek, islâm cemâ'atinden ayrılmakdır. Bunun küfr olduğunu, dört mezhebin âlimleri "rahime hümullahü teâlâ" sözbirliği ile bildirmişlerdir.

Sü'ûdî Arabistân hükûmetinin bu çirkin işe bulaşmamasını, dünyâdaki bütün müslimânların kalblerini yaralamamasını dileriz. Hucre-i se'âdete karşı edebsizlik yapıldığı çok olmuş, fekat Allahü teâlâ, yapanları dünyâda da cezâlandırmışdır. Bunların misâlleri çokdur. (Mir'ât-ı Medîne) sonunda diyor ki, 1296 [m. 1879] senesinde Hicâz vâlîsi Hâlet pâşa, Medîneye uğradığında, Hucre-i se'âdet hizmetçilerinin başı olan Tahsin ağa, pâşanın gözüne girmek için, (Ev hanımlarınıza Hucre-i se'âdeti ziyâret etdirelim. Bu fırsat bir dahâ ele geçmez) der. Pâşa, bundan çekinmiş ise de, ağanın ısrârı üzerine, bir gece yarısı, pâşaya uzak, yakın bağlılığı olan kadınları Şebeke-i se'âdete sokar. Abdestsiz, kirli kadınlar da bulunduğundan, Resûlullaha "sallallahü aleyhi ve sellem" karşı bu saygısızlıkdan dolayı, ertesi sabâh Medînede üç def'a şiddetli zelzele olur. Ehâlî korkudan kaçışırlar. Sebebi anlaşılınca, pâşa rezîl olur. Medîneden dışarı çıkarılır. Az zemân sonra vefât edip, evi barkı dağılmışdır. Bunun gibi, Resûlullahın "sallallahü aleyhi ve sellem" türbesine karşı edebsizlik yapanlar, her zemân mahv ve perîşan olmuşlardır.

Hucre-i se'âdet hizmetçilerinin başı Şemseddîn efendi zemânında Halebden gelen Îrânlı birkaç serseri, hazret-i Ebû Bekr ile hazret-i Ömerin "radıyallahü anhümâ" mubârek cesedlerini çıkarıp kaçırmak için, bir gece mescid-i Nebîye girdiler. Fekat, hepsi yere batıp, yok oldular. Bu olay, **(Mir'ât-i Medîne)** sonunda ve **(Riyâd-ün-nadara)**da uzun yazılıdır.

Şâm yakınlarında bulunan **(Nablüs)** şehrine yakın **(Kerek)** kal'a ve köylerinin hâkimi Ertat ismindeki şakî de, 578 [m. 1183] senesinde cesed-i Nebevîyi çalarak memleketine nakl için, küçük gemiler yapdırır. Bunları Kızıl denize çekdirir. Üçyüzelli şakî ile, Medînenin iskelesi olan **(Yenbû')** şehrine gönderir. Medîne şerîfleri bunu işiterek, Harrânda bulunan Salâhaddîn-i Eyyûbîye "rahmetullahi aleyh" bildirirler. Salâhaddîn çok üzülüp, Mısr vâlîsi Hüsâmeddîn Seyf-üddevleye "rahime-hümullahü teâlâ" emr gönderir. Hüsâmeddîn, Lülü' kumandasında asker gönderip, şakîler Medîneye yakın bir yerde katl ve esîr ve Mısra sevk edilirler. Bu olay **(Ravda-tül-ebrâr)**da uzun yazılıdır. Resûlullaha "sallallahü aleyhi ve sellem" karşı, diri iken de, vefâtından sonra da, edebsizlik etmek istiyenler, Allahü teâlâ tarafından çok acı şeklde cezâlandırılmışlardır. Sü'ûdîler, bozuk inançlarına, kötü düşüncelerine uyarak, böyle alçak bir işe yeltenirlerse, iyi bilsinler ki, o gün, devletlerinin de, mezheblerinin de sonu olacak, kıyâmete kadar la'net ile anılacaklardır.

[Vehhâbîler, Âdem aleyhisselâmın peygamber olduğuna inanmadıkları için ve bütün müslimânlara müşrik dedikleri için, kâfir oluyorlar. 92, 93 ve 108.ci sahîfelere bakınız!]

Ey yârenler, ey kardeşler!
Ecel gele, ölem birgün.
İşlerime pişmân olup,
ah neyledim, diyem birgün.

Yanlarıma kona elim,
söz söylemez ola dilim.
Karşıma gele amelim,
netdim ise, görem o gün.

Üç parça bezdir kefenim,
yılan, çıyan yerler tenim.
Yıllar geçer, bilinmez yerim,
unutulup kalam birgün.

Kabre konurum yalnızca,
ne gün tanırım, ne gece.
Son ümmîd sendedir hoca.
sana teslîm olam birgün.

BİR MEKTÛB TERCEMESİ

Hindistândaki islâm âlimlerinin büyüklerinden Muhammed Ma'sûm Serhendî "rahmetullahi aleyh", **(Mektûbât)** kitâbının birinci cildin, yüzseksenikinci mektûbunda buyuruyor ki:

Sebeblere yapışmak tevekküle **münâfî** değildir. Çünki, sebeblere te'sîr etmek kuvvetini de Allahü teâlâ vermekdedir. Sebeblere yapışırken, sebeblerin te'sîrini Allahü teâlâdan bilmeli ve Ona güvenmelidir. Te'sîr etdikleri tecribe edilmiş olan sebeblere yapışmak, tevekkül etmek demekdir. Te'sîri bilinmeyen, ümmîd dahî edilmeyen sebeblere yapışmak, tevekküle uygun olmaz. Te'sîri kat'î olan sebeblere yapışmak lâzımdır, hattâ vazîfedir. Ateş yakıcıdır. Ateşe yakmak hâssasını, te'sîrini veren Allahü teâlâdır. Aç olunca, gıdâ, ta'âm yiyeceğiz. Gıdâya doyurmak te'sîrini Allahü teâlânın verdiğine inanacağız. Fâideli te'sîri kat'î olan böyle sebebleri kullanmayarak zarar hâsıl olursa, Allahü teâlâya itâ'at etmemiş oluruz. Ona karşı gelmiş oluruz. Sebebler üç kısmdır: Te'sîri görülmemiş, işitilmemiş sebebleri kullanmak câiz değildir. Tecribe edilmiş, fâideli te'sîr etdikleri anlaşılmış olan sebebleri kullanmak vâcibdir. Bunları terk etmek günâh olur. Te'sîrleri şübheli olan sebebleri kullanmak vâcib, lâzım değil ise de, câizdir. Allahü teâlâ, mühim olan işleri yapmadan evvel, bunları tecribeli, bilgili kimselerle meşveret etmemizi, bundan sonra yapmamızı, yaparken de, Allahü teâlâya tevekkül etmemizi, netîceyi Ondan beklememizi emr etdi. Meşveret etmek de, sebebe yapışmakdır. Bu emr, fâideli sebebe yapışmanın vâcib olduğunu ve sebebin te'sîrini Allahü teâlâdan beklemek lâzım olduğunu bildirmekdedir. Âhıret işlerinde ya'nî ibâdet ve tâ'at yapmakda tevekkül olmaz. İbâdetleri yapmamız, bunun için çalışmamız emr olundu. Âhıret işlerinde tevekkül etmek değil, havf ve ümmîd etmek lâzımdır. Bu emrleri yapmak, bunların kabûl olunması ve sevâb verilmesi için Allahü teâlânın merhametine ve ihsânına i'timâd etmek, güvenmek lâzımdır. Emrleri yapmak ve yasaklardan sakınmak, kulluk vazîfesidir.

Dînimizde öyle bir yüksek makâm var mıdır ki, insan bu makâma varınca kendini ve herşeyi **unutmuş** olsun? Süâlinize karşı deriz ki, evet tesavvufda fenâ denilen bir makâm vardır. Tesavvuf yolunda çalışan bir kimse, bu makâma ulaşınca, kendisini ve herşeyi unutur. Fekat, fenâ ve bekâ **makâmına** insanın bâtını [kalbi, rûhu] vâsıl olur. Bu hâl insanın kalbinde, rûhunda hâsıl olur. İnsanın zâhiri [bedeni, aklı], kendi ihtiyâclarını te'mîn etmek mecbûriyyetindedir. İnsan, pekçok ilerlese bile, bu vazîfeden kendisini kurtaramaz.

Başkalarının düşündüklerini keşf etmek, gayb olan şeylerden haber almak ve yapılan düâların kabûl olması, tesavvuf yolunda ilerlemenin, Allahü teâlânın sevgisine kavuşmanın alâmeti midir diyorsunuz? Muhterem kardeşim! Bu saydıklarımız, hârik'ulâde şeylerdir. Allahü teâlânın âdetinin dışında olan şeylerdir. Bir insanda bunların hâsıl olması, onun yükselmesinin, kabûl olunmasının alâmeti değildir. Bunlar, istidrâc sâhiblerinde, se'âdetden mahrûm olanlarda da hâsıl olur. Riyâzet çekerek nefslerini parlatan kâfirlerde de hâsıl olur. Ba'zılarında riyâzet çekmeden de hâsıl olmakdadır. Velî olmak için, ya'nî vilâyet derecelerine kavuşmak için riyâzet çekmek şart olmadığı gibi, istidrâc sâhiblerinin hârikalar göstermesi ve Evliyânın "rahime-hümullahü teâlâ" kerâmetler göstermesi için de riyâzet şart değildir. Riyâzet çekmek, bunların çok hâsıl olmasına yardım eder.

Evliyânın çoğu ucb denilen günâhdan korunmuşdur. Fenâ makâmına kavuşanda ucb ve riyâ kalmaz. Evet insanlık îcâbı hatâ yapılabilir. Çünki, Evliyâ "rahmetullahi aleyhim ecma'în" hatâ yapmakdan mahfûz değildir. Fekat, gafletden hemen uyanır, istigfâr ederek ve hasenât yaparak onun zararından kurtulur.

Az yimek ve az uyumak tesavvuf yolunda ilerlemek için fâidelidir. Fekat, bedene ve akla zarar verecek kadar aşırı olmamak lâzımdır. Bunları ve riyâzetleri sünnete uygun yapmalıdır. Aşırı yapılırsa rûhbânniyyet olur. İslâmiyyetde rûhbânlık yokdur. Evliyânın keşfleri, hayâlî şeyler değildir. Kalbe ilhâm edilen şeylerdir. Hayâlî olan keşflere i'timâd edilmez. Vehm ve hayâl, kalbe gelen bilgilerin anlaşılmasına yardımcı olurlar. Hâlık ile mahlûk arasındaki elli bin senelik yol vehm sâyesinde az zemânda kat edilir. Hayâl de ledünnî bilgilerin kolay anlaşılmasına yardım eder. Tesavvuf yolunda her ikisinin de çok fâidesi vardır. Ba'zı düâların dünyâ işlerinde fâideli olduğu bildirilmişdir. Allahü teâlânın ismlerini zikr etmek [okumak], dahâ ziyâde fâideli olmakdadır.

Nemâz kılarken kendi bedenini hâtırlamamak, çok iyidir. Nemâzda hâsıl olan şeyler, nemâzın dışında hâsıl olanlardan dahâ kıymetlidir. Nemâzın ehemmiyyetini iyi anlamalıdır. Nemâzı, müstehab olan vaktlerde ve şartlarına ve ta'dîl-i erkâna dikkat ederek kılmalıdır. [Nemâza başlarken, vaktinde kılmakda olduğunu bilmek şartdır.] Nemâz kılan kimse ile Allahü teâlâ arasındaki perdelerin kalkdığı, hadîs-i şerîfde bildirilmişdir.

Evliyânın "rahime-hümullahü teâlâ" âlem-i misâldeki sûretlerini, şekillerini gördüğünüzü, onlarla konuşduğunuzu yazıyorsunuz. Bunlar iyi şeylerdir. Fekat maksadımız bunlar değildir. Maksadımıza zarar vermedikleri için üzülecek şeyler de değildir.

Hızır aleyhisselâmın hayâtda olduğuna inanmak lâzım olup olmadığını soruyorsunuz? Âlimlerimiz bunu sözbirliği ile bildirmedi. Evliyâdan ba'zıları "rahmetullahi aleyhim ecma'în", Hızır aleyhisselâmı gördüklerini, konuşduklarını bildirmişler ise de, böyle haberler onun hayâtda olduğunu göstermez. Rûhu insan şeklinde görülmüş, insanın yapacağı şeyleri rûhu ile yapmış olabilir. O zemân hayâtda olmuş ise, şimdi de hayâtda olması lâzım gelmez. **(El-İsâbe-fî-ma'rifetissahâbe)** kitâbında Hızır aleyhisselâmın yapdığı çok şeyler yazılıdır. Âlimlerin çoğu Hızır aleyhisselâmın öldüğünü bildirdi. Eğer hayâtda olsaydı, Peygamber efendimize gelir, birlikde Cum'a nemâzı kılar, sohbetinde ve cihâdlarında bulunurdu.

Vefât etmiş Velîlerin rûhları ba'zan âlem-i misâldeki sûretleri ile [insan şeklinde] görülür. Çünki, dünyâda olan herşeyin âlem-i misâlde bir sûreti vardır. Hattâ maddî olmayan ma'nevî şeylerin de orada sûretleri vardır. Âlem-i misâl, hayâlî şeyler değildir. Bu gördüğümüz madde âlemi gibi var olan bir âlemdir. Evliyânın rûhları, ba'zan kendi bedenleri şeklinde görünür. Ba'zan da bedensiz, şeklsiz olarak rûhları insanın rûhu ile buluşur, görüşür.

Rûhlar ve kabr hayâtı hakkındaki bilgiler çok ince bilgilerdir. Bunlar hakkında zan ile, tahmîn ile konuşmamalıdır. Nasslar ile [ya'nî âyet-i kerîme ve hadîs-i şerîf ile] açıkca bildirilmiş olanlara kısaca inanmalı, fazla konuşmamalıdır. Kabrde ni'metler ve azâblar olduğuna inanmalıdır. Mevtâların birbirleri ile konuşdukları da bildirilmişdir. Kabrdeki azâbdan dolayı bağırır, feryâd ederler. Feryâdlarını insanlardan ve cinden başka bütün mahlûklar işitir. Rûhları yalnız olarak da, bedenleri vâsıtası ile de feryâd eder.

İnsan tesavvufda ne kadar ilerlerse ilerlesin, kemâle gelsin, kurb-i ilâhîye kavuşsun, bedeni ile, rûhu da mahlûk olmakdan kurtulamaz. Allahü teâlâdan başka herşey hâdisdir, mahlûkdur. Var olmadan önce yok idiler. Sonra da yok olacaklardır. Müslimân olmak için böyle inanmak lâzımdır. Peygamberlerin "aleyhimüssalevâtü vetteslîmât", Evliyânın rûhları da böyledir. Âhıretde azâbdan kurtulmak için, Ehl-i sünnet âlimlerinin bildirdiklerine inanmak, uymak lâzımdır. Bu kitâblara uymayan keşfler, kerâmetler hiçbir işe yaramaz. Tesavvuf yolundan maksad, kendi nefsinin ayblarını, kusûrlarını anlamakdır ve ahkâm-ı islâmiyyeye uymakda kolaylık ve lezzet hâsıl olmakdır ve gizli olan şirkden, küfrden kurtulmakdır.

Talebelerinizin iyi hâllerini yazıyorsunuz. Bunun için, Allahü teâlâya çok şükr ediniz. Talebenizin tam müslimân olmaları, Allahü teâlânın rızâsına kavuşmaları için çalışınız! İslâmiyyetin edeblerini, Ehl-i sünnet âlimlerinin edeblerini ve selef-i sâlihînin hâllerini, ahlâklarını onlara bildiriniz! Onlara va'z ve nasîhatden geri kalmayınız! Edebsizi Allahü teâlâ sevmez. Kur'ân-ı kerîmi çok okuyunuz. Nemâzlarınızı [Ehl-i sünnet âlimlerinin yazdıkları] fıkh kitâblarına uygun olarak ve huşû' ile kılınız ve **(lâ ilâhe il-lallah)** güzel kelimesini her zemân söyleyiniz! Allahü teâlâ hepimize merhamet buyursun. Hepimize, kendi rızâsına kavuşduran iyi işler yapmak nasîb eylesin. Size ve doğru yolda olanlara ve Muhammed aleyhisselâmın izinde gidenlere selâm ve düâlar ederim, efendim! Şimdi Resûlullahın "sallallahü aleyhi ve sellem" zemânı çok uzakda kaldığı ve kıyâmet yaklaşdığı için, her tarafa bid'atler yayıldı. Bid'atlerin zulmetleri, zararları bütün âleme yayıldı. Sünnetler unutuldu. Sünnetlerin nûrları örtüldü. Şimdi, insanı Allahü teâlânın rızâsına kavuşduracak en kıymetli iş, unutulmuş sünnetleri meydâna çıkarmak için, ya'nî islâm ilmlerini yaymak için çalışmakdır. Kıyâmet günü Muhammed aleyhisselâmın yanında bulunmak istiyenlerin, bu yolda çalışmaları lâzımdır. Hadîs-i şerîfde, **(Terk edilmiş bir sünnetimi ortaya çıkarana yüz şehîd sevâbı vardır)** buyuruldu. [Ya'nî, bir din bilgisini ortaya çıkarmak, öğretmek, yaymak çok büyük sevâbdır.] Sünneti meydâna çıkarmak için ilk yapılacak şey, bu sünneti kendisinin yapmasıdır. Bundan sonra, başkalarının yapması için çalışmak gerekir.

Son nefes korkusunu yazıyorsunuz. Bu korkudan kurtulan kimse yokdur. Peygamberlerden "aleyhimüssalevâtü vetteslîmât" başka herkesin son nefesi şübhelidir. Son nefesde kurtulabilmek müjdesi ancak vahy ile ma'lûm olur. İyi alâmetler ve eserler ve beşâretler, son nefesin selâmetini haber verirlerse de, zann-ı gâlib hâsıl ederler. Zan, ne kadar gâlib, fazla olursa olsun, insanı bu derden, bu korkudan kurtaramaz.

İbâdetlerimi ve tâ'atlarımı kabûl olmağa lâyık göremiyorum. Bunun için ba'zen ibâdet yapmakda gevşeklik hâsıl oluyor, diyorsunuz. Bu dünyâda ibâdet yapmak için emr olunduk. Kabûl olunur mu olunmaz mı bilmesek dahî, yapmağa mecbûruz. Hem ibâ-

– 379 –

det yapacağız, hem de ibâdetdeki kusûrlarımıza istigfâr edip, kabûl olması için ağlayarak, sızlayarak yalvaracağız. Bu istigfâr ve yalvarmak, belki kabûl olmasına sebeb olur. Biz kuluz. Kulluk vazîfemizi yapmağa mecbûruz. Şeytân la'în, kulluk vazîfemizi yapdırmamak için, bizi aldatmağa çalışıyor.

Size karşı olan teveccüh ve sevgimizi soruyorsunuz. Bunu bildirmeğe hâcet var mı? Sizin bize olan sevginiz, bizim size olan sevgimizin eseridir, netîcesidir. Ağaçda hâsıl olan çiçekler, meyveler, hep gövdeden gelmekdedir. Bu kâide her zemân böyle gelmişdir. Mâide sûresinin ellidördüncü âyetinde meâlen, **(Onları severim. Onlar da beni severler)** ve yüzondokuzuncu âyetinde meâlen, **(Allah onlardan râzıdır. Onlar da Allahdan râzıdırlar)** buyuruldu. Kendi muhabbetini ve rızâsını, onlarınkinden önce bildirdi.

Mezhebsiz kimse kendi, doğru yolu bulamaz,
etse herkesi taklid, bu da, doğru olamaz!
dinde âlim olmıyan, bir müctehid olamaz,

Rahmetini umarım, yoksa da, isti'dâdım,
sana güçlük mü var ey, keremi bol Allahım!

Rahmetin mücrîmedir, kusûrum pek çok benim,
edemem cürmüm inkâr, hâlim ma'lûmun Senin,
yüz karasıyle geldim, sürüyerek zincirim,

Rahmetini umarım, yoksa da, isti'dâdım,
sana güçlük mü var ey, keremi bol Allahım!

Yanılmış şimdi herkes, muhakkak ki hak Sensin,
gayrı yok, ibâdete yalnız müstehak Sensin!
abd-i âciz ne yapar, kâdir-i mutlak Sensin!

Rahmetini umarım, yoksa da, isti'dâdım,
sana güçlük mü var ey, keremi bol Allahım!

Kâdî-zâde Ahmed efendi "rahime-hullahü teâlâ" 1197 [m. 1783] de vefât etmişdir. Türkçe **(Ferâid-ül-fevâid)** ismindeki **(Âmentü şerhi)** kitâbında diyor ki, bir insan hayrlı bir iş yapıp, sevâbını her hangi bir mevtâya hediyye ederse, ona gider. İmâm-ı Taberânî "rahime-hullahü teâlâ", **(Evsat)** kitâbında bildirdi ki, Enes bin Mâlik "radıyallahü anh" buyurdu ki, Resûlullahdan "sallallahü teâlâ aleyhi ve sellem" işitdim: **(Bir kimse, tanıdığı bir meyyit** için sadaka verse, Cebrâîl "aleyhisselâm" bu sadakanın sevâbını nûrdan tabak içinde ona götürür ve (Ey kabr sâhibi! Bu hediyyeyi senin ahbâbın gönderdi, bunu al!) der. Meyyit bu hediyyeyi alınca, sevinir. Kendilerine hediyye gönderilmiyen meyyitler, bunu görünce, üzülürler) buyurdu. [Meyyit için yapılacak en kıymetli sadaka, Ehl-i sünnet âlimlerinin bir kitâbını, bir kimseye hediyye etmekdir.]

İbni Ebiddünyâ, Amr bin Cerîrden "rahime-hümullahü teâlâ" nakl ederek buyurdu ki, bir kimse, âhırete gitmiş olan din kardeşi için düâ etse veyâ hayrlı bir amel işlese ve bunların sevâbını ona hediyye etse, bir melek bu sevâbları ol meyyite götürüp, (Ahbâbından filân kimse, bunu sana gönderdi der.) İmâm-ı Müslimin "rahime-hullahü teâlâ" Ebû Hüreyreden "radıyallahü teâlâ anh" nakl etdiği hadîs-i şerîfde, **(Bir mü'min vefât edince, bütün amelleri biter. Yalnız üç ameli bitmeyip, bunların sevâbı amel defterine yazılmağa devâm eder. Bu üç amel, sadaka-i câriye, ya'nî devâm edici iyi işleri ve fâideli kitâbları ve kendisine hayrlı düâ eden sâlih çocuklarıdır)** buyuruldu. Bütün mü'minlere hediyye edilen düâlar ve sevâblar, bunların hepsine vâsıl olur. Bir kimse, bir mü'minin kabrine gidip, ona selâm verse, kabrdeki meyyit işitip, selâmını alır, bildiği kimse ise, onu tanır. Resûlullah "sallallahü aleyhi ve sellem" kabrleri ziyâret etmeği ve kabrdekilere selâm vermeği emr eyledi. Abdüllah ibni Abbâsın "radıyallahü anhümâ" bildirdiği hadîs-i şerîfde, **(Bir kimse, tanıdığı bir mü'minin kabrini ziyâret ederek, ona selâm verse, bunu tanır ve selâmına cevâb verir)** buyurdu. Başka bir hadîs-i şerîfde, **(Bir kimse, din kardeşinin kabrini ziyâret edip, kabrin yanında otursa, meyyit sevinir)** buyuruldu.

Bir mü'min, Peygamberimize "sallallahü teâlâ aleyhi ve sellem" bir salevât-i şerîfe okusa, melekler o salevâtı alıp, Fahr-i âlem efendimize bildirirler. Hadîs-i şerîfde, **(Allahü teâlânın yer yüzünde dolaşan melekleri vardır. Ümmetimin benim için okuduğu salevâtı bana bildirirler)** ve **(Bir kimse, bana salât okursa, onun salâtı hemen bana bildirilir)** buyuruldu. Bu iki hadîs-i şerîf, (Ba'zılarını melek bildirir, ba'zılarını ben işitirim) demekdir. Ravda-i mukaddese yanında okunan salât ve selâmı kendisi işitip selâmına cevâb verdiğini bildiren çok hadîs-i şerîf de vardır.

Peygamberlerin "aleyhimüssalâtü vesselâm" mubârek cesedleri çürümez. Bunu bildiren çok hadîs-i şerîfler vardır. Bir hadîs-i şerîfde, **(Peygamberler, kabrlerinde diridirler)** buyuruldu. Ba'zı âlimler, şehîdler de çürümez dedi. İmâm-ı Kurtubî "rahmetullahi aleyh",[1] sıkıntılara, derdlere sabr eden mü'minlerin ve ahkâm-ı islâmiyyeye uyan sâlihlerin cesedleri çürümez, dedi. Günâh işlememiş olan cesed çürümez. İlmi ile âmil olan âlimlerin ve [günâh işlemiyen, bid'at sâhibi olmıyan, ho-parlör kullanmıyan] hâfızların ve müezzinlerin ve Evliyânın "kaddesallahü teâlâ esrârehümül'azîz" cesedleri çürümez. Hattâ bunların kefenlerine toprak te'sîr etmez. Başkalarının cesedleri çürür. Bir hadîs-i şerîfde, **(Her meyyitin vücûdunu toprak çürütür. Yalnız, kuyruk sokumu denilen kemik çürümez)** buyuruldu.

Rûhun nasıl olduğunu dînimiz açıkça bildirmedi. Rûh madde değildir. Sıfat da değildir. Fekat, madde gibi kendi kendine vardır. İnsan öldükden sonra, rûhu yok olmaz. Hiçbir maddeye muhtâc olmaksızın kendi kendine vardır. İdrâk etmesi, anlaması da vardır. Rûhun nereye gitdiği açıkça bildirilmedi. **(Cevhere)** şerhinde, İbrâhîm Lâkânî mâliki[2] çeşidli rivâyetleri yazmışdır. İmâm-ı Süyûtî, **(Şerhüs-sudûr)** kitâbında ve İbnül-Kayyım-ı cevziyye dediler ki, şakî olanların, ya'nî kâfirlerin ve fâsıkların ve bid'at sâhiblerinin rûhları azâbdadır. Sa'îdlerin, ya'nî mü'minlerin, sâlihlerin rûhları ni'metler, lezzetler içindedir. Yehûdînin rûhu, yehûdîlerin rûhu ile beraberdir. [Hıristiyanların, mezhebsizlerin, kitâbsız kâfirlerin rûhları da birbirleri iledir.] Azâb olunan rûhların bulunduğu yere **(Siccîn)** denir. Ni'metler, lezzetler bulunan yere **(İlliyyîn)** denir. İlliyyînin en yüksek derecesine **(Mele-i a'lâ)** denir. Peygamber efendimiz, vefât ederken, son sözü, **(Yâ Rabbî! Beni afv et! Bana merhamet et! Beni refîk-i a'lâya kavuşdur)** oldu. Burası Peygamberlerin makâmıdır. Bunların dereceleri de farklıdır. Peygamberimiz "sallallahü aleyhi ve sellem" mi'râc gecesinde, Âdem aleyhisselâmı birinci semâda, Îsâ aleyhisselâm ile Yahyâ aleyhisselâmı ikinci semâda, Yûsüf aleyhisselâmı üçüncü semâda, İdrîs aleyhisselâmı dördüncü semâda, Hârûn aleyhisselâmı beşinci semâda, Mûsâ aleyhisselâmı altıncı semâda, İbrâhîm aleyhisselâmı yedinci semâda gördü. Ehl-i sünnet âlimlerinin rûhları, Peygamberlerin "aleyhimüssalevâtü vetteslîmât" rûhlarına yakındır. Bir hadîs-i şerîfde, **(Şehîdlerin rûhları Arş-ı ilâhîdedir. İstedikleri zemân Cennetin diledikleri yerlerine gidip, tekrâr kendi makâmlarına dönerler)** buyuruldu. Âhıret hayâtında sabâh ve akşam, gece ve gündüz yokdur. Cennet nûrânîdir. Şehîdlerin ba'zıları Cennete girmez, Cennetin yanındaki **(bârık)** ismindeki nehr kenârında yeşil kubbeler altındadır. Kendilerine sabâh ve akşam Cennet ni'metleri getirilir. Burada sabâh ve akşam,

[1] Muhammed Kurtubî 671 [m. 1272] de vefât etdi.
[2] Lâkânî 1041 [m. 1632] de vefât etmişdir.

dünyâdaki zemâna benzetilerek, söylenmişdir. Böyle sözlere (**kinâye**) denir. Bir rivâyetde bütün mü'minlerin rûhları bu kubbeler altında bulunur. Şehîdler, (Dünyâdaki din kardeşlerimiz, bizim kavuşduğumuz ni'metleri, se'âdetleri bilseler, cihâda, muhârebeye koşarlardı) derler. Âl-i İmrân sûresi, yüzyetmişinci âyetinde meâlen, (**Allah yolunda şehîd olanlara ölü demeyiniz. Onlar diridirler. Kendilerine, her zemân rızk verilir. Onlarda azâb olunmak korkusu yokdur. Ni'metlerden mahrûm kalmak üzüntüsü de yokdur**) buyuruldu. Dünyâda onların cesedleri toprak altında kalınca, çürüyüp, fenâ kokarlar. Hayvanlar etlerini yirler. Bu hâllerini görenler, bunları acı çekiyor, azâb içinde sanırlar. Onların kavuşdukları ni'metleri, se'âdetleri anlamazlar. Şehîdler böyle diri olunca, Peygamberler de "salevâtullahi teâlâ aleyhim ecma'în" elbette diri olur. Çünki, her Peygamberde şehâdet mertebesi vardır. Bir hadîs-i şerîfde, (**İlm öğrenmekde iken eceli gelen kimseyi Allahü teâlâ Peygamberlerin mertebesinde karşılar**) buyuruldu. Osmân bin Affân "radıyallahü anh" diyor ki, Resûlullahdan işitdim, (**Kıyâmet günü, evvelâ Enbiyâ, sonra Ulemâ şefâ'at edeceklerdir**) buyuruldu. Bir hadîs-i şerîfde, (**Tâ'ûndan vefât edenler, şehîdlerin mertebesine kavuşur**) buyuruldu. Tâ'ûn, vebâ hastalığı gibi sârî hastalıklar demekdir.

Bir kimse, kıyâmet günü kimler arasında bulunacak ise, kabr hayâtında da, onların arasında bulunur. Dünyâda iken kimleri seviyorsa, kimlerin arasında yaşıyorsa, kıyâmetde onlar ile berâber haşr olunacakdır. İmâm-ı Ahmed bin Hanbel "rahime-hullahü teâlâ"[1] dedi ki, (Mü'minlerin rûhları Cennetdedir. Kâfirlerin rûhları Cehennemdedir). Ba'zı âlimlere göre, Cennet-ül me'vâdadırlar. Bu Cennet, Arşın altındadır. Zinâyı âdet edinen, fâiz ve yetim malı yiyenlerin ve mezhebsizlerin rûhları Cehennemde azâb içinde olurlar. Üzerinde kul hakkı bulunanların rûhları Cennete girmez. Böyle günâh işliyenlerin ve zulm edenlerin rûhları da böyledir. Evliyânın "rahime-hullahü teâlâ" ve sâlih mü'minlerin ve Ehl-i sünnet kitâblarını yayanların rûhları kabrlerine gelerek, cesedlerini ziyâret ederler. Mü'minlerin rûhları birbirlerini ziyâret ederler. Bilhâssa, Cum'a gecelerinde konuşurlar. Mü'min vefât edip, rûhu semâya çıkınca, mü'minlerin rûhları gelip, dünyâda tanıdıklarını sorarlar. Vasiyyet etmeden ölenlerin rûhlarına konuşmak için izn verilmez. [Vasiyyetlerin en kıymetlisi, Ehl-i sünnet kitâbı hediyye etmekdir.] (**Ferâid-ül-fevâid**)in yazısı temâm oldu.

(**Se'âdet-i Ebediyye**)de diyor ki, (Belâlardan, sıkıntılardan kurtulmak için, istigfâr çok okumalıdır. Ya'nî, çok (**Estagfirullah**) demelidir.)

---

[1] Ahmed bin Hanbel 241 [m. 855] de Bağdâdda vefât etdi.